KB218004

新 教 育 法

法學博士 김범주(金範柱)

現 한국교원대학교 교수
　일본히로시마대학 비상근강사
　성균관대학교 법과대학 강사
　한국법교육학회 회장
　한국공법학회 부회장
　한국헌법학회 상임이사
　미국헌법학회 감사
　천룡체육장학재단 이사
　공무원채용승진 시험위원

주요저서
　쉬운법편안한생활(형설출판사)
　신법학개론(대명출판사)
　신부동산공법(형설출판사)
　객관식헌법(해암사)
　한국헌법사(정신문화연구원)
　중고등학교 교과서(다수)

신교육법

초판발행일 / 2001년 1월 30일

지은이 / 김범주
펴낸이 / 이재호
펴낸곳 / 도서출판 지정
등 록 / 1995년 12월 20일 제13-663
주 소 / 서울시 중구 필동3가 21-22 202호
전 화 / 2268-0932　　팩 스 / 2264-4176

정 가 / 23,000원

ISBN 89-87315-29-0

新教育法

法學博士 金 範 柱 著

지성

머 리 말

　教育法은 行政法 중 福利助成法에 그 연원을 두고있기 때문에 행정법을 전공으로 하고 있는 본인은 평소에도 교육법에 대하여 관심을 가져왔지만, 이에 대하여 깊은 연구 검토를 하게된 것은 1987년 韓國敎員大學校에 公法 擔當敎授로 부임하면서부터 이다. 그러나, 敎育法學의 미발달로 敎員을 위한 특수목적대학인 교원대학에서도 敎育法科目은 대학원에 형식적 교과과목으로 설정되었고, 연수원 校長練修과정에서 事例中心으로 소개될 정도였다.

　民主化가 현실적으로 표면화되고, 法治主義가 敎育系에도 강하게 요청됨에 따라, 교육관계자 들에게도 法意識의 함양이 필요하여, 최소한 敎育法學에 대한 교육이 있어야 하겠기에 學部과정에도 교육법학의 강좌를 개설하고, 이에 대한 관심을 높이고자 하였다. 아울러 교육법에 대한 研究를 본격화하고 그 敎材開發을 시작한 것이다. 그러나, 천성적으로 만만성이 있어서인지 저서 활동의 진척은 싶지 않았는데, 1993년 말부터 약 2년 6개월을 日本 히로시마大學에 아세아법 擔當敎授로 파견근무를 하게 됨으로써 시간적으로 저서 활동을 할 수 있었으며, 자료수집도 만전을 기할 수 있었다.

　이러하던 중 1997년 12월에는 敎育法史에 대변혁이 있었다. 그 동안 계속적으로 논란이 되어 오던 '敎育基本法'이 제정 공포된 것이다. 이를 계기로 그동안 준비해 오던 '新敎育法'을 본격적으로 연구 검토하기에 이른 것이다. 과거의 敎育法時代에서 이제 敎育基本法時代로 전환됨에 따라, 敎育法規를 敎育基本法, 初中等敎育法, 高等敎育法, 平生敎育法, 地方敎育自治에關한法律, 私立學敎法 등을 중심으로 각각 검토한 후, 교육기본법과 상호연계시켜 '新敎育法'이란 책을 만들게 된 것이다. 이 과정에서 연수원 교장연수 과정에서 인지하게 된 學敎事故에 관하여도 이론 중심으로 소개하기로 하였다.

　처음에는 별로 어려움을 느끼지 않고 著述 활동을 시작했었는데, 시간이 갈수록 점차 어려움에 봉착했는데, 제일 큰 애로점은 이 분야에 대한 資料가 절대적으로 부족하다는 점 이였다. 앞으로는 더욱 많은 學者들의 研究가 있기를 바라면서 머리말을 맺을까 합니다.

　　본 저서의 출간이 있기까지는 많은 분들의 도움을 받았기에 이 기회에 感謝의 뜻을 전합니다. 특히, 초창기부터 관여해 온 최인화 박사, 박용조 박사, 마지막까지 원고정리를 도와준 정현승, 장경중 선생의 노고에 감사 드립니다.　그리고, 그 동안 자료수집에서 교정에 이르기 물심양면으로 도와준, 이동휘, 오연주, 이대성, 손순택, 전석재, 권병화, 오홍석, 최강병, 최정섭, 오현근, 이국형, 유희종, 한은경, 장윤기, 이수정, 장은조, 현성준, 권명숙, 신현장, 조기성, 박효식, 정현석, 조현분, 김수정 선생을 비롯한 한국교원대학교 법교육학회 회원 여러분의 노고에 심심한 감사의 뜻을 전합니다.

　　또한, 본서를 出刊해 주신　知情出版社 이재호 社長님께도 지면을 통하여 다시 한번 感謝 드립니다.

2001년 1월
한국교원대학교 연구실에서

저 자 白 民

차 례

■ 머리말

■ 표 차례

■ 그림차례

제 **1** 장

教育法學의 一般

Ⅰ. 敎育法學의 成立

1. 敎育法學의 學問的 要件

교육법학이 언제 생성되었고, 어떠한 성격인지를 한마디로 표현하기란 쉽지 않다. 아울러 교육법을 전문적으로 연구한 학자나 연구하고자 하는 사람도 많지 않다. 지금까지 우리나라에서는 교육법학을 행정법이나 교육행정을 강의하는 사람들에 의하여 단편적으로 연구되어왔다. 따라서 '敎育法規'니 '敎育行政法'이니 하면, 다소나마 감이 올 듯하다가도 '敎育法學'이라고 표현하면 그런 학문이 현실적으로 실재하는 학문인가하고 의문을 갖는 사람이 많은 것도 사실이다.

학자에 따라서는 '교육법학'을 교육학의 한 분야라고 생각할 수도 있고, 법학의 한 분야라고도 판단될 수 있다. 어느 쪽이라고 단정하기는 쉽지 않지만 분명한 것은 '교육법학'은 '교육'과 '법'의 만남임은 분명하다. 그러나, 교육법학을 어느 분야에서 다루고 어떻게 활성화시킬 것인가에 대하여는 문제가 된다. 즉, 교육학계열의 교육행정에서 다루어야 하는지 아니면 법학계열의 행정법 분야에서 다루어야 하는 것인지는 논란이 되고 있다.

'교육법'이란 용어는 '교육'이란 용어와 '법'이란 용어가 혼합하여 구성되어 있는데, 이 두 개의 용어는 학문적으로 분석할 때, 서로 다른 영역에 속하여 있다. 따라서, 교육법의 학문성에는 그 용어의 구성 자체로부터의 문제뿐만 아니라 법적 측면에서 볼 때도 교육법이 어떠한 법의 영역에 속하는지에 대한 문제가 있다.

심지어는 어떤 교육행정 연구가는 그것이 관료학의 일부가 아니냐고 매도하려 드는 경우도 있는 것이다. 이런 사실은 학문적 무지 때문에 있는 것만은 아니다. '교육법학'이라는 학문은 그다지 그 역사가 깊지 않은 까닭에 이 학문이 갖는 고유한 성격이 아직 모든 사람들에게 알려지지 않고 있는 것이 주요 원인인 것이다.

교육은 교육학이 이룩해 온 성과에 의하여 이해되고, 법은 법학의 고유한 원리에 의하여 다루어져야 하는 것이다. 이런 이유 때문에 이제까지 법의 형식으로 존재하는 교육법은 그 어느 쪽에서 보느냐에 따라 달리 이해되거나 상이하게 다루어져 왔다. 이는 교육학과 법학이 서로 학문적 전통을 달리하고 있을 뿐 아니라, 이들 학문은 서로 상대를 배척하는 과도한 배타적 관계를 맺어 오기까지 하였다. 그러나, 현실적으로 교육행위의 중요한 부분들이 법의 형식을 통하여 운영되고 있어 두 학문의 통합 없이는 교육의 올바른 운영을 기대할 수 없게 되어 있다. 따라서 교육법학은 교육학과 법학의 두 영역을 통합함으로써 교육을 올바르게 이해하고 이를 합리적으로 운영하자는 새로운 과학운동이라고 할 수 있다.

교육법의 체계는 헌법의 교육에 관한 조항을 기본법으로 하고, 교육기본법 및 초·중등교육법, 고등교육법, 지방교육자치에관한법률, 사립학교법 등 많은 교육관련법률과 교육에 관한 대통령령, 부령, 조례, 규칙 등으로 구성되어 있는데, 이러한 구성체계는 물론 종적인 관계(상위법 우선의 원칙)를 유지함을 원칙으로 한다. 그러나, 다른 법률과는 달리 교육법규에는 횡적인 관계를 중요시하는 경우도 많다. 이것은 교육이 바람직한 인간성을 형성하는데 그 중요 목적이 있으므로 획일적인 법집행보다는 다른 요소들을 고려하면서 교육에 관한 법들을 집행해야 하기 때문이다. 그리고 교육자의 입장에서 볼 때는 교육자는 교육행위를 직접 행하여야 하기 때문에 교육법과 직면할 뿐만 아니라 교육자 자신들의 권리를 보호하기 위해서도 교육법규의 이론과 실제를 연구해야 할 필요성을 느끼기 때문에 교육법의 성격은 복합적일 수밖에 없다.

이러한 교육법을 연구하는 교육법학은 아직도 독립된 학문으로서의 영역은 갖추지 못하고 행정법학 중 복리조성행정법의 한 분야를 벗어나지 못하고 있다. 그러므로 교육법규의 이론적 고찰도 아직은 행정법의 일반 이론에서 도출해야 하기 때문에 교육법을 연구하려면 먼저 일반 행정법을 알아야 한다. 이와 같이 교육법이 아직도 학문으로서 완전히 정립되어 있지 못하기 때문에 교육법의 접근방법도 교육현장에서 교육행정을 행할 때 교육법규가 어떻게 적용되는가에서부터 접근하는 것이 용이할 것 같다.

모든 학문은 학문으로서의 요건을 갖추기 위해서는 그 학문에 대한 연구대상, 연구목적 및 연구자와 연구단체가 있어야 한다. 그러나, 교육법학에서는 이러한 학문으로서 갖추어야 할 요건들 중에서 연구목적과 연구대상은 명확하다고 할 수 있는데, 연구자 및 연구단체는 아직도 미흡한 실정이다. 우리나라의 대학에서의 교육법에 관한 강의 실정을 보면, 사범대학이나 교육대학에서 거의 강좌가 개설되어 있지 않으며, 한국교원대학교에서도 교육법이 학부에 최근에 개설되었고, 각 교육대학원에서 소속 대학원의 교수진의 구성에 따라 교육법을 개설하고 있는 실정이다. 교육행위와 그 활동의 기준이 되는 교육법을 독립된 학문으로 정립하는 일은 교육의 목적 실현, 교육제도의 개선, 교육자의 지위 향상, 교육행정의 민주화 등을 위해서도 꼭 필요한 일이다. 이러한 교육법학이 독립된 학문영역을 갖추기 위해서는 무엇보다도 교육법학에 대한 연구자와 연구단체가 다수 형성되는 것이 필요하다.

가. 研究對象

교육법학을 연구하려면 교육학과 법학을 모두 전문적으로 연구해야 하는데, 교육학 연구자는 법학을 잘 모르고, 법학 연구자는 교육학을 연구하려고 하지 않는 경향이 있기 때문에 교육법학이 독립된 학문으로서 발전하지 못하고 있는 실정이다. 그러나, 이러한 현상에도 불구하고 교육행위 자체가 방대한 사회의 여러 현상의 집합이기 때문에 교육행위에 관련되는 모든 문제와 분쟁을 규제하는 법규도 방대할 수밖에 없다. 따라서, 교육법학의 연구대상도 방대할 수밖에 없으므로 교육법의 연구의 필요성은 절대적이다.

즉, 교육과 관련하여 발생하는 어떠한 분쟁에 대해서도 그 해결의 기준이 되는 것이면 교육법의 법원이 될 수 있으며, 교육법의 법원으로서 법규성을 갖는 사회규범은 모두가 교육법학의 연구대상이 된다. 헌법상의 교육조항(헌법 제31조), 교육의 기본법인 교육기본법, 초·중등교육법, 고등교육법은 물론 30여 개의 교육 관련 단행법, 교육에 관련된 대통령령, 교육부장관의 부령 등이 모두 교육법학의 연구 대상일 뿐만 아니라 법규성을 갖는 행정규칙과 교육자치법규도 교육법학의 연구 대상이 된다. 따라서, 교육법학의 연구 대상만을 분석·검토한다면 교육법학은 독립된 학문으로서의 요건을 충분히 갖추고 있다.

나. 研究目的

(1) 教育의 目的

교육기본법 제2조는 교육의 목적을 「교육은 홍익인간의 이념 아래 모든 국민으로 하여금 인격을 도야하고 자주적 생활 능력과 민주시민으로서 필요한 자질을 갖추게 하여 인간다운 삶을 영위하게 하고 민주국가의 발전과 인류공영의 이상을 실현하는데 이바지하게 함을 목적으로 한다」라고 밝히고 있다. 동 목적 속에는 ① 홍익인간의 이념 실현, ② 국민의 인격도야, ③ 국민의 자주적 생활능력 함양, ④ 민주시민으로서의 자질향상, ⑤ 인간다운 삶의 영위, ⑥ 민주국가의 발전, ⑦ 인류공영의 이상 실현 등 인간과 사회가 추구하는 모든 목적을 제시하고 있다.

그리고 각급 학교의 교육목적은 초·중등교육법, 고등교육법에 구체적으로 명시되어 있다. 이러한 목적은 모두 교육법의 목적을 설정하는데 있어서 기준이 된다고 볼 수 있다.

(2) 敎育法의 目的

법의 목적은 질서를 유지하고 문화를 증진시키며, 궁극적으로 정의를 실현하는 것이다. 따라서, 교육법의 목적도 교육현장의 질서를 유지하고 교육문화를 증진시켜 교육사회의

정의를 실현하는 것이다. 교육은 개인차가 있는 인간을 대상으로 하고 있으므로 학교
사회는 다른 사회와는 구별되어야 하며, 자율적 구조가 되어야 하며, 이를 지향하기 위한
제도적 장치가 마련되어야 한다. 그렇게 함으로써 교육질서를 유지시킬 수 있을 것이며,
그 결과로 교육적 정의가 실현될 것이다.

　또한 교육법의 목적 실현을 위해서는 교육법규의 바른 이해와 해석, 적용과 실현이
바탕이 되어야 한다. 다시 말해서, 혼란한 교육질서의 상태에서는 정상적인 교육활동을
기대할 수 없으며, 교육법의 바른 해석과 적용 없이는 정상적인 교육활동이 불가능하기
때문이다. 즉, 궁극적으로 모든 교육활동은 교육법의 해석과 적용으로 진행되어지기 때문
이다.[1] 교육법의 목적을 도식화하면 다음 <그림 1>과 같다.

다. 硏究者와 硏究團體

　교육법이란 '교육'과 '법'을 동시에 포괄할 수 있는 곳에서 연구가 이루어져야 한다.
이것이 가능한 곳이 국·공·사립의 사범대학이고, 특히, 교육과 법의 영향을 직접적으로
받는 교원[2]들을 위한 대학원 과정에서 연구가 필요하고 연구되어야 한다. 그럼에도 불구
하고 교육법에 관한 연구는 거의 이루어지고 있지 않았으나, 최근 몇몇 대학원을 중심으

---

[1] 한경주, 「교육법강의』(서울: 법문사, 1983), p.30. 참고.

[2] 교원, 교사, 교육공무원은 종종 혼용되고 있다. 정우현은 교사는 가르치는 사람 개개인을 부를
　때 사용되는 반면, 교원이란 교사들을 집단으로 보아 부를 때 사용하는데 여기에는 대학교에서
　가르치는 교수도 포함된다고 보고 있다(정우현, 『현대교사론』 서울: 배영사, 1983, p.24.).
　　동아 새국어사전에서는 교사와 교원을 같은 의미로 보고 있다. 교사는 ① 학술이나 기예를
　가르치는 사람 ② 유치원·초등학교·중학교·고등학교 등에서 소정의 자격을 가지고 학생을
　가르치거나 돌보는 사람이라고 기술되어 있다. 교육공무원은 국립 또는 공립의 교육기관 또는
　교육행정기관에 근무하는 교원 및 사무직원을 통틀어 이르는 말이라고 기술되어 있다(이기문
　감수, 『동아 새국어사전』 서울: 동아출판, 1997).
　　또, 구 교육법('97. 12. 13. 개정이전)은 교원을 「각 학교에서 원아·학생을 직접 지도 교육하는
　자」(구 교육법 제73조)로 정의하고 있다. 반면, 현행 초·중등교육법에서는 「교사는 법령이 정하는
　바에 따라 학생 또는 원아를 교육한다」(초·중등교육법 제20조 제3항)라고 하여 구 교육법에서의
　교원과 동일한 의미로 사용하고 있다. 현행 고등교육법에서는 「교원은 학생을 교육·지도하고
　학문을 연구하되, 학문연구만을 전담할 수 있다」(고등교육법 제15조 제2항)라고 하여 초·중등교
　육법에서처럼 학생을 교육·지도하고 학문을 연구하는 자를 교원이라 칭하고 있다. 이를 통해서
　볼 때, 구교육법은 초·중등과 대학을 같이 규정하였기 때문에 교원이나 교사에 대한 법적인
　의미의 차이가 없었으나, 현행 신교육법이 초·중등교육법과 고등교육법이 분리 규정되면서 초·
　중등교육법에서는 "교사"로, 고등교육법에서 "교원"으로 설명한 것은 착오에 기인한 것 같다.
　결국, 학생을 지도 교육하는 점에서는 교사나 교원이나 같은 의미로 사용되고 있다.

<그림 1> 교육법의 목적

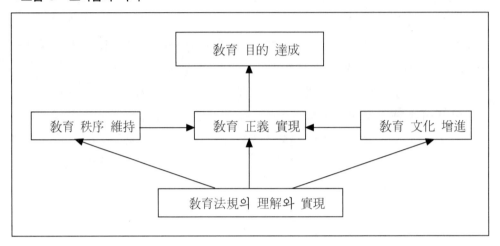

教育 目的 達成

教育 秩序 維持 → 教育 正義 實現 ← 教育 文化 增進

教育法規의 理解와 實現

로 이 분야에 대한 연구활동이 활발하게 전개되어지고 있는 것은 늦었지만 다행스러운 일이라고 생각한다.

대학이라면 공·사립을 불문하고 학부과정이나 대학원의 과정에서 교육법학이 하나의 강좌로 설정되어져야 하는 것은 당연한 일일 것이다. 특히, 교육대학원이라면 교육법학의 연구는 필수적이어야 할 것이다. 교사들이나 교사가 되고자 사범대학에 입학한 학생들은 교육법학을 통하여 교육현장의 질서를 유지하여 교육사회의 정의를 실현하고 교육문화를 증진하여 교육법의 목적을 실현할 수 있을 것이다.

이러한 교육법학에 대한 관심은 미국에서는 1960년대에 교육법에 관한 저서가 출판되면서 활발하게 전개되어졌다. 일본에서는 1970년 8월 교육법학회가 창립되면서 교육법학의 학문적 체계를 본격적으로 수립하기 시작하였다고 보고 있다. 우리는 이보다 비교적 늦게 80년대에 들어서부터라고 할 수 있다. 비교적 늦은 출발이라고 말할 수 있다. 그렇다고 이에 관한 연구가 이전에 전혀 없었다고 이해되어서는 안 된다.

우리나라에서 교육법에 대한 연구가 학문적으로 시작된 지 20여 년이 지났다. 하지만 아직 교육법학의 학문적 영역은 그 역사만큼 아직 학문적 체계를 이루지 못할 뿐만 아니라 그 연구자의 수도 많지 않다. 우리의 교육법 학계의 현실은 교육법학을 전문으로 연구하는 연구자가 별로 없고 아울러 연구단체도 별로 형성되어 있지 않은 실정이다. 따라서, 교육법학의 독립된 학문성이 미흡하고 이에 대한 연구도 제대로 이루어지지 않고 있다. 교육관계대학(교원양성기관)이 주체가 되어 교육법학을 연구하여 그 범위를 점차 확대해 나가는 것이 바람직하고 교육법학회 등을 범 교육자적으로 조직하여 현장 교원들이 적극적으로 참여하게 하는 것이 필요하다. 그리고 교원 재교육의 경우에는 필수적으로 교육법학을 연구할 수 있도록 하는 것이 교육법학에 학문적 동기를 부여하는 방법이라 하겠다. 특히, 교원이 교육행정을 담당하게 될 경우는 교육법학 연수를 필수적으로 이수하게 하는 것이 요청된다.

교육법학의 연구자는 교육현장의 사정을 자세하게 그리고 정확하게 알아야 한다. 왜냐하면, 교원들의 교육행위와 조직 사이의 관계는 교육현장을 경험하지 않은 연구자로서는 올바른 연구를 할 수 없기 때문이다. 따라서, 교육현장에 직접 관계된 교육행정 담당자를 중심으로 한 교육관계자가 교육법을 연구하는 것이 가장 이상적일 수 있다.

2. 敎育法學의 學問性

가. 敎育活動과 法

교육법학은 교육활동과 관련되는 것이므로 교육법을 연구하려면 법률행위와 교육행위를 먼저 분석·검토하여야 하겠다. 양자를 효과의사를 기준으로 비교하면, 법률행위란 의사표시에 의하여 효과를 발하는 것이므로 행위자의 내심의 효과의사가 외부에 그대로 표현될 때 의도한 대로의 법률효과가 인정되는 행위이다. 이와는 다르게 교육행위란 교육자 자신이 머릿속에서 다른 생각을 갖고 있다 하더라도 즉, 효과의사와 표시행위가 다르다 하더라도 학생에게 교육내용이 전달되어 교육적 효과를 얻으면 교육행위라고 말할 수 있다. 교육행위는 내심의 효과의사와 외부의 표시행위가 다르더라도 교원의 행위는 교육행위가 될 수 있다. 따라서, 교육행위와 법률행위는 효과의사의 면에서 서로 다르다. 그러나, 교육행위와 관련되어 이들이 법률 문제화될 경우는 그 행위를 법률행위 측면에서 다룬다는 점이 문제이다.

(1) 學生指導活動과 法

교육활동은 교육적 결과를 중요시하고 있다. 교사의 내심의 의사에 반하여 교육활동이 이루어 졌다 하여도 교육내용이 전달되어 그 행위로 교육적 효과가 나타나면 교육행위로 볼 수 있기 때문이다. 또한 교육이 결과적이란 특성 때문에 현장 교사에게는 교육행위에 관한 自由裁量權[3]이 강하게 부여되어 있다. 그 자유재량성 때문에 교사는 학생지도활동

---

3) 법률행위는 법에 구속되는 정도에 따라서 覊束行爲(기속행위)와 裁量行爲(재량행위)로 분류된다. 기속행위는 법이 행정청에 대하여 일정한 요건에 해당하는 사실이 있는 때에는 일정한 행위를

의 경우에도 법을 우선 적용하기보다는 관습이나 도덕 등 일반론적인 견지에서 재량권을 행사할 때가 많다.

그러나, 교육행위와 학생지도활동은 그 성격이 다른데 교사가 지도활동과 교육행위를 혼동하여 운용한 결과로 인하여 학생지도활동이 공평하지 못한 교육행위라 하여 문제가 되기도 한다. 즉, 교사의 자유재량권의 행사에 있어서 교사의 개인적 차가 심하면 법 적용과 교육지도와의 기준이 모호하여 재량권 행사가 공평을 잃게 되는 경우가 있다. 따라서, 학생지도활동에 법을 집행하는 경우나 교육행위로서 자유재량권을 행사할 경우 일관성 있는 행위규범이 필요하다.

(2) 敎育硏究活動과 法

교육현장에서 교육권 침해, 수업권과 학습권 침해, 알 권리 보장 미흡, 인권 침해 등의 사례가 많이 발생한다. 이러한 권리침해는 모두가 국민의 기본권 침해에 해당된다. 국민의 기본권은 국가의 안전보장, 사회의 질서유지, 국민의 공공복리를 위해서 제한을 하더라도 본질적인 내용은 제한을 받아서는 안 된다(헌법 제37조 제2항). 특히, 국민의 기본권 중 본질적인 부분이라 할 수 있는 교육연구활동의 경우는 그것이 순수한 학문연구활동이라면, 비록 국가나 교육부의 시책에 합치되지 않더라도 보장되어야 한다. 물론, 국가시책에 반하는 연구내용을 학생들에게 발표하거나 출판·배포할 경우에는 당해 교육연구활동이 제한을 받을 수 있다.[4] 교육연구활동이 민주주의의 기본질서를 침해하지 않는 방법으로 진행된

반드시 하여야 할 것을 명하는 경우이고, 반면에 재량행위는 법이 행정청에 대하여 판단여지 또는 여러 행위 중에서 선택을 허용하고 있는 경우를 말한다. 재량행위를 다시 羈束裁量行爲와 自由裁量行爲로 구분되는데 기속재량행위는 법이 기속된 처분에 있어서도 행정청은 적용하여야 할 법의 구성요건에 해당하는 사실유무를 조사하고 그 사실이 있다고 인정하는 경우에 있어서는 그 사실에 대하여 법을 적용하여야 하는 기속성이 인정된다. 이 재량을 그르친 행위는 위법이 되어 법원의 심사대상이 된다. 자유재량행위는 무엇이 공익이며 어떻게 하는 것이 공익을 위함이요 합목적적인가를 행정청의 자유재량에 의하여 결정케 하고 그 결정에 따라 일정한 처분을 하도록 하는 것이다. 자유재량을 그르친 경우는 단지 판단의 적합여부 만이 문제가 되고 법원의 심사대상이 되지 않는다(1952. 4. 26. 大判, 4294 行上 115).

4) 헌법 제22조는 "모든 국민은 학문과 예술의 자유를 가진다"라고 규정하고 있다. 여기서 학문의 자유라 함은 진리를 탐구하는 자유를 의미하는데, 그것은 단순히 진리탐구의 자유에 그치지 않고 탐구한 결과에 대한 발표의 자유 내지 가르치는 자유 등을 포함하는 것이라 할 수 있다. 다만 진리탐구의 자유와 수업의 자유는 같은 차원에서 거론하기가 어려우며, 전자는 신앙의 자유·양심의 자유처럼 절대적인 자유라고 할 수 있으나, 후자는 표현의 자유와도 밀접한 관련이 있는 것으로 경우에 따라 제약을 받는 자유이다.

경우라면, 교육자들의 연구활동이 제한되지 않도록 법적인 차원에서 보장되어야 한다.

(3) 教育行政活動과 法

교육행정은 그 특수성 때문에 다른 분야의 행정보다는 일반 국민과 밀착되어 있다. 교육이 국민생활에 중요한 역할을 하고, 교육행정은 교육당사자들에게 지대한 영향을 주기 때문이다. 대학 입시제도의 개선이나 고등학교 내신제도의 변경 등이 교육당사자들에게 민감한 반응을 보이는 것을 보면 잘 알 수 있다. 따라서, 입시방안이나 교육개혁안 등과 같이 교육행정의 정책을 입안하는 것은 일반 국민의 앞날에 중요한 역할을 한다는 것을 알 수 있다. 이러한 교육정책의 입안을 위해서는 전문가나 일선 교사나 국민들의 의견을 충분히 수렴하고 일반 학교에 적용하여 문제점은 없는지 의도했던 결과를 얻을 수 있는지를 충분히 검토한 후 실시되어져야 한다. 국민교육을 위한 효율적인 교육행정을 이루기 위해서는 우선적으로 법률의 보완과 개선이 필요하다. 즉, 법에 의한 교육행정이 이루어져야 할 것이다. 그러기 위해서는 우선, 교육관계자들이 교육기본법 등 각종 교육관련법규들과 교육행정의 일반적인 이론은 어느 정도 알고 있어야 할 것이다. 아울러 교육행정 활동에 있어서 법의 존재성과 중요성이 인식되어야 할 것이다.

나. 學問的 特性

교육법학의 학문성이 아직 확립되지 않은 상태에서 그 학문적 특성을 논하기란 쉬운 일이 아니나 일반 법학과 비교하여 교육법학의 특성을 찾아본다면 混合性, 包括性, 二重性 등을 들 수 있겠다.

(1) 混合性

교육법학의 혼합성이란 교육행위와 법률행위의 혼합적 성격을 말하는데 교육행위에 법률행위가 접목되고 법률행위에 교육행위가 접목되는 현상이다. 이 양자 사이의 혼합형태는 시대에 따라 다소 다르게 나타나는데 과거에는 교육행위에 법이 접목되어 있다

왜냐하면, 초·중·고교의 학생은 대학생이나 성인과는 달리 다양한 가치와 지식에 대하여 비판적으로 취사선택할 수 있는 독자적 능력이 부족하므로 사상·가치의 자유시장에서 주체적 판단에 따라 스스로 책임지고 이를 선택하도록 마냥 방치해 둘 수 없기 때문이다. 따라서, 수업의 자유는 무제한 보호되기 어려우며 초·중·고등학교의 교사는 자신이 연구한 결과에 대하여 스스로 확신을 갖고 있다고 하더라도 그것을 학회에서 보고하거나 학술지에 기고하거나 스스로 저술하여 책자를 발행하는 것은 가능하지만, 수업의 자유를 내세워 함부로 학생들에게 여과 없이 전파할 수는 없다는 것이다(헌법재판소 1992. 11. 2. 자 89 헌마 88 결정).

할 수 있었으나, 현재는 법률행위에 교육이 접목되는 경향이 있다. 이는 올바른 교육을 시행하는데 이상적인 것은 아니다.

예를 들면, 학생이 물건을 훔쳤을 경우에 법적인 측면에서는 당연히 절도죄에 의해서 처벌되어져야 하지만 교육적 입장에서는 다른 교육적 효과를 기대하며 법 이외의 방법을 택할 수도 있다. 호기심이나 배고픔 등의 요인으로 인하여 물건을 훔쳤을 경우라면, 그것은 법적인 차원에서는 죄가 되지만 순간적인 실수로 인한 점을 고려하고 참다운 인간성 회복을 위한 교화적 측면에서는 법적인 처벌보다는 교육적 지도가 더욱 효과적이기 때문이다. 이와 같이 동일한 행위라도 그것을 처리하는데는 교육적인 측면과 법적인 측면이 혼합되어 있음을 알 수 있다. 따라서, 교육법의 연구도 이러한 혼합성(특히 교육적인 면)을 잘 해결해야 하는 과제를 가지고 있다.

(2) 包括性

교육법학은 일반법학이나 교육학은 물론이고 정치학, 경제학, 사회학 등 다양한 접근방법을 통하여 해석되어야 하기 때문에 상당히 포괄적인 성향을 가지고 있다. 교육활동의 중요한 부분은 교사의 교육행위에 의하여 진행되기 때문에 포괄성을 내포할 수밖에 없다. 교육행위는 단순한 지식만을 전달하는 것이 아니라 정치적·경제적·사회적·문화적 측면 등을 고려하여 결과를 예측하면서 진행되어야 하기 때문에 그 내용은 포괄적인 것이어야 한다.

(3) 二重性

교육행위에는 절대성이 없기 때문에 사람에 따라 어떤 특정의 교육행위를 다르게 보는 견해가 있을 수 있는데 이는 교육법학의 이중성에 연계된다. 예를 들면, 교육제도의 하나인 남녀공학의 교육제도의 선택에 대해서도 의견이 분분하다. 즉, 정서적으로 보다 안정되고 이성을 사귀어 볼 기회가 많아짐으로써 대인관계가 더욱 원만해 질 수 있다고 찬성하는 사람도 있는 반면, 남학생이 여성화되고, 성적이 저하될 수 있기 때문에 반대하는 사람도 있다. 이처럼 교육행위 자체가 상대적인 상황에 따라 다르게 평가되기 때문에 그를 제도적으로 통제하고 있는 교육법학은 이중성을 갖는다 하겠다.

다. 敎育法學의 學問的 系譜
(1) 敎育學과의 관계

교육에 관한 일반적인 개념의 정의를 살펴보면, 교육을 '교육받은 사람이 장차 거기에 헌신할 가치 있는 것을 전수해 주는 일'이라고 보는 傳授型이 있고, 교육은 '인간의 성장가능성을 최대로 신장시키도록 돕는 일'이고 교육의 궁극적인 목적은 자아실현의 가능성을 최대한으로 발현하는 것이라는 인간의 잠재적 可能性型이라고 보는 견해도 있으며, 교육은 '인간행동의 계획적인 변화'라고 정의하는 인간행동의 變化型이라고 보는 견해도 있다.[5] 교육학은 교육을 대상으로 하는 학문이라고 정의할 때, 교육은 인간행동의 바람직한 방향으로의 변화를 추구하기 때문에 변화형이 교육현상을 잘 표현한 것이라 하겠다.

교육학은 인간형성에 관한 교육현상을 대상으로 하는 자율적 종합과학이며, 인문과학과 경험과학이라고 할 수 있는 사회과학의 합리성을 강조하는 목적과학이다. 반면에 교육법학은 법학의 영역에 속하기 때문에 의사표시를 중심으로 하는 법률행위가 그 행위의 중심이 되고, 관계자 사이의 질서를 파괴하는 것을 강제적으로 규제할 수 있는 타율적 강제법규를 연구하는 학문이다.

그러나, 교육학도 경험을 토대로 하는 사회과학적 요소가 강하기 때문에 법학과는 전혀 다른 영역에 있는 것은 아니다. 또한 교육법규는 참교육의 실현을 위한 제도적 보장으로서의 기능을 담당하는 것을 목적으로 하므로 교육현상과 교육행위를 고려하지 않고서는 교육법규의 존재 가치를 찾을 수 없다. 따라서, 교육법학은 교육학을 먼저 이해한 연후에 입문하는 것이 순서라 하겠다.

교육법학이 학문으로서의 역사가 짧기 때문에 교육현장의 현상학적 상태를 법적으로 정비하는 것이 문제가 되지만, 이러한 문제점을 보완하기 위해서는 교육관계자가 앞장서서 현장의 경험을 교육법 정립과정에 많이 반영해야 한다. 특히, 현행 교육법규가 교육현장과 괴리되는 경우가 많다는 현실은 재고되어야 한다. 교육행정의 가장 이상적인 방법은 교육법이 규정한 내용대로 교육행위를 하는 것인데 교육법 규정대로 행정을 하려면 그 전제조건인 교육법을 잘 만들어야 하고 법 제정에는 교육현장의 소리가 많이 반영되어야 하나 이것은 쉬운 일이 아니다. 이것이 교육법학과 교육학이 함께 풀어야 할 숙제이다.

(2) 法學과의 關係

교육법학은 그 대상이 많은 교육관계 법령으로 혼합되어 있고 교육 자체가 복합적인 가치 창조를 요구하는 것이기 때문에 그를 규율하는 교육법규를 연구하는 교육법학도 혼합적일 수밖에 없다. 법학을 분류할 때, 크게 공법과 사법으로 나누고 그 중간적인 성격을 갖는 법을 사회법이라 하는데 교육법규는 법학의 공법적 요소가 강하다. 이것은 공교육이

---

5) 하영철, 『교육학신강』(서울: 형설출판사, 1996), p.1.

교육의 중심을 이룬다는 뜻도 된다. 그러나, 사립학교법은 공법이라 할 수 없고, 오히려 사회법의 영역에 속한다. 그밖에 도서관및독서진흥법, 평생교육법 등도 사회법적 요소가 강하게 내포되어 있다. 이러한 측면에서는 교육법을 공법이라고만 할 수 없다. 그러나, 교육에서는 공교육이 주가 되고, 사교육 및 사회교육은 보완적 위치에 있기 때문에 교육법의 이론도 공법적인 측면에서 중점적으로 검토되어야 할 것이다. 그렇지만, 교육법이 행정법의 하나의 분야로 머물러야 한다는 뜻은 아니다. 또한 교육행위의 구심점인 교육기관, 교육자, 피교육자와 보호자, 교육과정들을 모두 포괄할 수 있는 공통 분모적인 기본 원리를 찾아 교육법학을 독립된 학문으로 정립해야 할 것이다.

3. 教育法學의 學際性

가. 法學的 측면에서 본 教育學

교육학과 법학사이에 그 학문적 특성 때문에 괴리 현상이 많이 존재하고 있다. 이러한 괴리 현상을 합리적으로 접합시켜 상호보완적으로 만드는 것이 교육법학의 과제이다. 교육현장에서 발생되는 모든 문제들을 교육법학이 모두 수용할 수 있어야 교육법의 존재 성을 인식시킬 수 있고, 그 학문성을 발전시킬 수 있다. 교육현장의 문제점이 학문적으로 체계화된다면 그 개선점을 제도적으로 보장할 수 있기 때문에 교육법학은 발전될 것이며, 그렇게 되면 행정가의 권한이 축소되고, 교사들의 권한이 상대적으로 확대될 것이며, 교육관계자들은 교육법학에 관심을 갖게 될 것이다.

나. 教育法學의 法學的 측면

교육법은 법학 중 공법에 속하는 행정법의 각 분야 중 하나를 차지하는 福利助成法의 일부에서 발전되어 독립된 학문으로까지 발전된 것이다. 그러나, 그 발전과정이 제도적 장치가 있어서가 아니라 교육행위의 법에 대한 의존과 행정법의 획일주의 상호간에 팽창 되면서 그 접목과정에서 생성된 것이다. 따라서, 순수한 법학적 측면에서 보면, 제도적 모순이 많을 수밖에 없다.

즉, 제도적 모순과 법적 미비는 더욱 많은 모순을 표출시킨다. 그 한 예가 교육법에는 다른 행정법에 비하여 재량권이 많이 부여될 수 있다는 점이다. 결국, 이러한 문제는 교육법학을 발전시켜 특별권력관계부터 제한시켜 교육관계자의 재량권을 줄여 가는 것이 교육법의 역할을 더욱 커지게 하는 것이다.

4. 教育法學과 教育行政學

행정을 단적으로 표현하면 법을 집행하는 행위이다. 따라서, 교육행정의 경우에도 교육행정을 진행하는 과정에서 법이 제정되지 않은 것, 제정되어 있으나 미비한 것, 법이 필요하나 제정할 수 없는 것 등에 관하여는 교육행정이 탄력적으로 운영을 하여 법의 불비나 미비점을 채워 나갈 수밖에 없다. 물론 이러한 경우는 교육법이 제자리를 찾지 못하고 있는 상황에서의 일이다. 교육법이 현실성을 갖고 국민 대다수의 지지를 받고 있다면, 교육행정은 그 교육법을 집행하기만 하면 될 것이다. 그러나, 지금의 우리 현실은 교육법의 미비로 교육행정에 단순한 법집행 뿐만 아니라 법적 보장을 확보하는 일까지 맡아야 했다. 교육행정은 좀더 교육법·교육사건과 가까워지고 교육학과도 밀접해야하며 교류되어야 할 것이다.

가. 教育行政學의 成立

지금까지 교육행정에 있어서 주축을 이루어 온 내용은 교육관계법에 규정되어 있는 교원 및 교육관계자의 인사행정이었다. 이러한 현상은 공권력의 영향력이 클수록 교원 개인의 의사가 인사행정에 반영되지 못하였기 때문이다. 그러나, 사회 전반에 걸쳐 민주화되면서 교원 개인의 인권이나 의사 반영이 신장되어 가고 있는 추세이고, 교육법에 근거한 인사행정이 이루어지고 있다. 따라서, 교육행정학의 분야도 학문으로서 발전하려면 교육법에 대한 올바른 이해가 필요하다. 교육행정은 교원뿐만 아니라 학생·학부모·학교법인 등도 그 대상이 된다는 점을 잊어서는 안 된다. 특히, 민주주의 원리에 충실하기 위해서는 학교 관계자 중 대다수가 해당되는 학생·학부모의 권익을 고려해야 만이 교육행정의 참 뜻을 살릴 수 있을 것이다.

나. 教育行政學의 對象

교육행위가 이루어지는 모든 교육현장에서 민주적 교육행정을 행하다 보면 자연히 교육법이 적용된다. 교육행위와 관계하여 발생되는 국가와 교육자, 교육자와 피교육자, 피교육자의 보호자, 피교육자 상호간의 모든 행위는 교육행정학의 대상이 된다. 또한 이러한 교육행정은 반드시 법에 근거를 두고 이루어져야 한다. 따라서, 모든 교육 행정행위에는 교육법이 적용된다. 그렇다면 교육행정학의 대상과 교육법학의 대상은 동일해질 수밖에 없다. 단지, 교육법의 미비나 불비한 상태에 있을 때 교육행정이 불가피하게 요청된다고 볼 수 있겠다.

다. 敎育行政學과 敎育法學의 關係

교육행정학에 대비한 교육법학을 설명하기란 용이하지 않는데 그것은 두 학문이 현실적으로 너무나 혼용되고 있기 때문이다. 교육행정을 가장 좁은 의미로 정의하면, 교육관계기관이 교육을 위하여 행하는 교육법규의 집행작용이라 할 수 있다. 교육행위를 진행시키는 제반과정을 공교육작용이라고 판단하고 그 공교육과정의 기준이 되는 법규를 집행하는 것이 교육행정이 되어야 하기 때문에 교육법규와 교육행정은 밀착되어 있다.

법의 기능에는 법집행작용 뿐만 아니라 법정립작용·법해석작용이 있다는 점을 전제한다면, 법집행작용이 중심이 되는 교육행정학은 교육법학의 넓은 범주 속에 들어있다. 따라서, 교육행정은 교육법규의 이론이 정립된 후에 그 기초 위에서 진행되는 것이다. 그런데 현실적으로 교육행정학이 교육법학보다 좀 더 학문으로서의 위치를 확고히 하고 있는 것은 아이러니컬한 문제이다.

교육행정을 넓게 보는 데도 그 원인이 있겠지만, 교육행정에서 운영의 묘가 지나치게 강조되는 것도 그 큰 원인이다. 그 외에도 교육대학원의 교육과정의 역할도 크다. 우리나라 대부분의 교육대학원은 특수대학원으로서 행정대학원적 성격을 강하게 갖고 있는데, 동 대학원의 운영을 행정학을 전공하는 자들이 전담하고 있기 때문에 교육행정의 쪽만 지나치게 강조한 경향이 있으며 그 교육과정도 행정학을 중심으로 구성되어 있는 실정이다.

그러나, 교육법의 정립이나 해석작용이 무시된 채 그 집행작용을 중심으로 학문이 진행된다는 것은 균형 있는 연구가 될 수 없으며 교육행정의 발전에도 도움이 못된다. 더욱더 교육행정을 교육법의 집행작용으로부터 완전히 이탈시켜 새로운 가치창조를 하려 한다면 그것은 현대 자유민주주의하의 법치주의 원리를 벗어난 것으로서 극히 위험스러운 현상이다.

5. 敎育法學과 敎育政策學

가. 敎育制度와 敎育政策

교육정책학도 현재의 우리나라 현상에서는 교육행정학에 포함되어 있는 것처럼 운영되고 있다. 교육정책학은 교육에 관한 기본 방침 내지 기본 지침을 설정하는 학문이므로 교육행정이나 교육법으로부터 독립하여 이들의 전 단계로서의 위치를 갖고 독립된 전문가에 의하여 연구·검토되어야 한다. 그러나, 우리나라의 현실은 교육행정가들이 교육정책에까지도 관장하고 교육정책을 마치 교육기획정도로 취급하고 있는 경향이 있다. 이렇게 교육행정분야에서 교육법규를 무시하고 교육정책을 장악함으로써 교육행정의 방향을 행정인의 업무처리에 편리한 방향으로 끌고 갈 수 있게 하고 있다. 교육부장관이 누가 되느냐에 따라 교육행정의 흐름이 바뀐다는 세간의 비난이 있는데, 이러한 현상도 교육행정의 지나친 권한 확대에 그 요인이 있다. 이러한 비난을 막는 길은 교육정책이 교육행정으로부터 분리되는 것이다.

나. 敎育政策 實現과 敎育法

교육정책은 미래지향적이지만, 현실의 국민 관심사에 맞추어 수립되어야 하고 교육법은 이를 뒷받침해 주어야 한다. 예를 들면, 국민 대다수의 관심사인 대학입시제도의 경우에도 미래지향적인 입시정책을 먼저 수립하고, 그렇게 수립된 입시제도에 따라 법을 정립한 다음, 그 법이 공평하게 집행되면, 교육정책의 실현이라고 볼 수 있다. 이런 절차로 진행되는 법집행에는 교육현장이나 국민들이 원하는 방향으로 자유경쟁의 원리에 따라 선의의 경쟁을 할 수 있는 장치를 하는 등 운영의 묘를 기할 수 있도록 하는 것이 필요하다. 교육제도도 많은 시행착오를 범한 후에 정착되는 것이지만, 교육의 중요성을 감안할 때 시행착오는 국민의 문화정서에 지대한 영향을 미친다는 사실을 간과해서는 안될 것이다. 따라서 보다 신중한 자세로 사전적 검토를 거친 후에 교육정책이 수립되어야 할 것이다.

Ⅱ. 敎育法의 槪念

1. 敎育法의 意義

'敎育法(Education law)'이란 개념 속에는 '敎育(Education)'과 '法(Law)'이라는 두개의 개념이 혼합되어 있는데, 두 개념은 각기 다른 범주에 속한다. 교육은 인간의 성장 발달을 내면으로부터 지도·조성하는 작용임에 반하여, 법은 사회질서를 유지하기 위한 규범으로서 이것을 위반하는 행위에 대하여는 외부로부터 강제성이 부여된다. 그러므로 교육법은 이 두 개념을 모두 충족시킬 수 있는 선에서 정의되어야 한다.

교육법의 정의를 살펴보면, 교육법은 '교육과 법의 관계를 정면에서 연구의 대상으로 하는 학문',[6] 교육법이란 '교육에 관한 법인 동시에 교육에 관계되는 내용을 가진 법',[7] 교육법은 '교육에 관한 법규범이며, 학교교육과 평생교육을 포함한 교육제도와 그 운영, 교육재정 및 교원의 지위에 관한 기본적인 사항을 규정한 법',[8] 교육법은 '교육제도에 특유한 법 논리의 체계',[9] 교육법은 '교육에 관한 제사상을 규율하는 실정법'(주권자 내지 집권적 권력기구가 제정·용인된 법)이고, 교육법학은 '교육법을 대상으로 하는 학문이다'[10]라고 정의하고 있는데, 이에 대한 학자간의 완전하게 일치하는 개념은 없는데 이것은 교육법을 보는 관점이 서로 다르기 때문이다. 이러한 개념들을 종합하여 교육법을 정의하면, 교육법이란 '인간성의 계발을 목표로 하는 가치창조의 활동인 교육행위의 지표와 기준이 되는 모든 법규를 총칭하는 것'이다.

교육이란 특수성 때문에 교육상에서 발생되는 여러 문제들을 도덕적·윤리적으로 해결하려는 경향이 있었기 때문에 그간은 교육법이 발달하지는 못하였으나, 교육현장에서 발생하는 사고가 점차 법적 문제화되는 경향이고 교육당사자간에도 분쟁을 해결할 제도적

---

6) 안기성, 『교육법학의 연구』(서울: 고려대출판부, 1994), p.3.

7) 강인수 외, 『교육법론』(서울: 도서출판 하우, 1995), p.3.

8) 허재욱, 『교육법신강』(서울: 형설출판사, 1998), p.13.

9) 兼子 仁, 『敎育法』(東京: 有斐閣, 1973), p.7.

10) 森部 英生, "敎育法學の生成と展開", <季刊敎育法 제108호>, 1997. p.43.

장치가 요구됨에 따라 교육법의 존재적 가치가 점차 증가되는 추세이다. 그러나, 교육법규는 교육행위에 관계된 모든 것을 대상으로 하기 때문에 대단히 복잡하고 다양성을 띨 수밖에 없고, 또한 행위규범성이 강하고 대부분의 법규가 강행성을 띠고 있기 때문에 행정법의 한 부류로 볼 수 있다. 교육법규는 일반성과 특수성을 모두 가지고 있다. 교육법은 교육행정에 관한 사항만을 규정한 것이 아니며 또 공법적인 특성만을 가지고 있는 것이 아니라 교육의 자주성과 전문성을 보장하기 위하여 이를 지원하고 조장하는 조장적·봉사적 성격을 가지고 있다. 또한 교육법은 교육목표를 달성하기 위하여 인적·물적 여러 조건을 정비·확립하는 데 필요한 합리적 수단을 제시하는 수단적·기술적 성격을 가지고 있다.

교육법규가 갖는 행위규범성 때문에 교육법은 교육행위의 준칙이 되는 것이 최선이다. 따라서, 교육행위와 관계없는 규범은 교육법규에서 제외시키고 교육현장에서 발생될 것이 예견되는 모든 교육적 분쟁을 해결할 수 있는 근본 기준이 되는 것들을 모두 함축시킬 수 있는 교육법규의 정립이 중요한 과제이다. 이러한 목적(교육법의 특수성)에서 교육법을 분설하면 다음과 같다.

첫째, 교육법은 교육행위의 준칙이 된다. 이 때의 교육행위는 교육에 관계되는 모든 의사표시를 중심으로 검토되어야 할 것이며 법률적 행위는 물론이요 사실적 행위까지도 검토대상이 된다. 의사표시의 주체는 물론 교육자가 될 것이다. 교육행정과의 관계에서는 국가·지방자치단체 및 교육행정가도 주체가 될 수 있겠지만, 넓은 의미에서는 모두가 교육자에 해당된다고 하겠다.

둘째, 교육법은 교육행위에 관계되는 모든 법규를 말한다. 따라서, 교육법규의 내용은 교육행위의 지표와 기준이 되는 것이면 된다. 교육법규에도 실질적 규범과 프로그램적 규범이 포함되어 있는데, 교육의 미래지향적인 특성을 볼 때, 교육법은 다른 법규보다 프로그램적인 규정이 많이 있을 수 있다. 특히, 교육관계기관의 다양성 때문에 이러한 부분이 많을 수밖에 없다. 교육행위에 관계되는 업무를 처리하는 관계부처는 교육부를 비롯하여 문화관광부, 보건복지부, 환경부 등이 있는데, 특히, 국민복지란 측면에서 연계될 경우는 프로그램적 성격을 갖는 경우가 많다. 교육은 교육부가 중심이 되어서 관장되어야 하겠지만 국민복지란 측면에서는 이러한 부처들도 교육의 일부를 관장한다고 보여진다. 국민복지란 미래지향성이 특히 강하기 때문에 프로그램적인 성향이 있을 수 있으나, 교육법은 이러한 교육관계기관에서 관장하는 교육에 관계되는 직접·간접의 모든 사항까지도 통제할 수 있어야 한다.

셋째, 교육법은 강제성을 갖는다. 법은 사회질서를 유지하기 위한 하나의 규범이며

,이것을 위반하는 행위에 대해서는 외부로부터 강제성이 부여된다. 따라서, 교육법도 법규성을 갖는다면 당연히 강행성도 가질 수밖에 없다. 교육의 경우 공적사업으로서 공공성을 띠고 있으므로 불가피하게 이를 통제하기 위해서는 강력력을 가진 법규성이 있어야 한다.

넷째, 교육법도 재판규범성을 갖는다. 교육법은 그 성격상 행위규범이 강하지만 교육분쟁을 해결하기 위해서는 재판규범성을 가지고 있어야 한다. 교육행위와 직결되는 경우는 행위규범성이 강하지만 교육당사자간의 분쟁을 해결해야 할 경우는 궁극적으로 재판에 의해야 하기 때문에 재판규범성도 갖는 것이다. 그리고 교육현장에서의 분쟁이 많아질 경우는 이 재판규범성도 강해질 수밖에 없다.

다섯째, 교육법은 조직규범성을 갖는다. 교육은 학교교육을 중심으로 이루어지는데 학교교육을 국가가 관장하게 될 경우는 그 조직을 위한 규범이 필요하다. 국가적 힘이 강해질수록 교육에 대한 국가의 관심도 높아질 수밖에 없을 뿐더러 현대사회가 복지사회를 지향하고 있기 때문에 복지사업의 중심이라 할 수 있는 교육에 대한 국가적 관심은 높아질 수밖에 없고 그에 따라 조직규범성도 점차 높아질 수밖에 없다.

2. 敎育法과 社會規範

가. 敎育法과 道德

교육법은 다른 법규보다 도덕과의 관계가 더욱 밀접할 수밖에 없다. 그러나, 모든 교육적 문제를 도덕적으로만 해결하기에는 한계가 있다. 교육현장에서의 문제점이 점차 가시화 되면서 교육자와 피교육자 사이에 발생한 사건을 해결하는데는 어려움이 따르게되어 필연적으로 일정한 제도의 틀을 만들게 되었다. 교육문제는 그 성격상 법으로 해결하기 어려운 많은 부분이 있기 때문에 이러한 경우에는 도덕적 규범을 통하여 해결할 필요가 있다. 교육의 조직규범의 경우는 법제화하는 것이 민주주의 하에서는 당연한 것이지만, 교육행위와 직결되는 경우에 교육자와 피교육자사이의 갈등은 도덕적으로 풀어 보는 것이 교육목표를 달성하는데 효과적일 수밖에 없다.

원래 교육이란 근대나 고대로 올라갈수록 국민복지란 측면에서는 사적·개인적인 측면이 강하였고, 국가나 사회적 측면은 약하였기 때문에 국민복지와 관계되는 교육의 경우는 교육자와 피교육자 사이에 발생되는 모든 분쟁과 사건은 도덕적으로 해결될 수 있었다. 그러나, 현대복지국가에서는 국민복지에 직결되는 교육은 점차 공교육화됨으로 국가의 관여가 있을 수밖에 없었고, 모든 국민이 그 대상이 되므로 교육이 대중화될 수밖에 없었다.

교육이 대중화됨으로써 교육적 평등권이 문제시되었고, 교육적 사고도 더욱 문제시되었는데, 이러한 다발적 사고는 도덕적 해결보다는 법적인 해결을 요청하기에 이르렀다. 그러나, 법과 도덕은 타율적이냐 자율적이냐, 외면적이냐 내면적이냐, 강제성 등의 유무에 따라 서로 다른 면이 있지만 인간의 생활을 규율하는 점에서 상호 밀접한 관계가 있고 아직까지 교육현장에서의 사고는 자율성이 강조되고 있기 때문에 교육에서의 도덕은 중요한 위치에 있다고 하겠다.

나. 敎育法과 慣習

관습(관행)이라 함은 사회생활상 반복하여 행하여지며 어느 정도까지 일반인 또는 일정한 직업 또는 계급에 속하는 사람을 구속하기에 이른 일종의 사회규범을 말한다. 이러한 관습이나 관행이 법규화되어 법적 확신을 갖게 되면 관습법이 되어 불문법으로서의 법적 효력을 갖는다.

관습은 사회생활상 오랫동안 선행되는 가운데 당연시되는 것이기에 법의 보완적 관계에 속한다고 보며 특정 지역의 특수한 상황에서는 법적인 효력까지 갖는다. 이러한 관습이 특정지역의 특정사건에 연계될 경우 그 관습을 따르지 않아서 사건화가 되었을 때는 경우에 따라서는 책임이 뒤따르게 되며, 이러한 관습이 판결 등을 통하여 법적 확신을 갖게 되면 관습법이 되기도 한다.

교육의 특수성과 다양성 때문에 교육제도에도 특정한 교육행위나 교육행정상에서 존재하는 관습을 배제할 수 없는 경우가 있다. 특히, 교육이 경우에 따라서는 동일한 교육과정으로 국가사회의 모든 지역에서 진행되어야 하는데, 그것이 특정지역에 연계될 경우는 그 지역에 맞는 교육과정으로 바꿀 수밖에 없기 때문에 그 지역성에 따른 관습이 생겨날 수 있다. 이 경우는 그 지역의 특수성에 맞추어 관습이 법제화되기까지 한다. 또한 교육행정에서 의전적 행사의 경우는 그 전통성을 존중하여 관행을 따르게 하는데, 그 경우는 그 관행이 법규로서의 성격을 갖게 될 것이다.

다. 敎育法과 宗敎

근대 이전에는 종교가 주로 교육을 담당해 왔다는 역사적 사실하나만 놓고 볼 때도 교육과 종교는 밀접한 관계가 있음을 알 수 있다. 현대사회에서는 종교가 교육에 관하여 과거와 같은 역할을 하지 못하지만 아직도 종교는 교육의 보조적인 기능을 충분히 수행하고 있다고 하겠다.

특히, 우리나라의 경우는 구한말의 신학문의 도입과정에서 서양식 학교운영이 도입되면서 기독교라는 종교가 중요한 역할을 담당하여, 기독교가 신학문을 주도하게 되었다. 기존의 불교나 유교 등의 종교단체도 학교운영에 적극적으로 참여하면서 종교계가 종교재산을 기반으로 학교의 설립에 참여하게 됨으로써 학교교육의 실시에 종교단체의 역할이 컸었다. 이러한 종교단체의 교육참여 뿐만 아니라 종교 그 자체가 사회규범성을 갖기 때문에 넓은 의미의 규범에 포함된다. 교육법이 종교의 교리나 역할에 영향을 받게 되는 경우가 많다.

그런데 일부 종교에서는 국가의 정치·경제·사회·문화제도와 종교의식의 상충 때문에 갈등상태를 유발하기도 한다. 즉, 타종교의 우상숭배금지로 인하여 국기에 대한 경례의 거부, 병역회피, 전통민속과 관혼상제 의식 등의 차이, 종교와 경제의 결탁 문제로 인한 종교재단과 민간경제 및 국가의 세법과의 불협화음 등이 있다. 또한 종교를 갖지 않은 학생이 추첨에 의해 종교재단의 학교에 진학했을 경우 종교행위에 참석해야 하는 갈등 문제, 국민의 대립된 종교관 등은 교육법적 차원에서 교육현장의 갈등과 고민으로 등장하여 많은 문제가 야기되기도 한다.

교육행위와 종교행위는 가치창조의 행위를 목적으로 한다는 점에서 같은 목적을 갖는 사회적 활동이라 할 수 있다. 따라서, 교육행위를 함에 있어서 종교적 교리나 사상이 교육행위를 이끌어 갈 경우도 있다. 이러한 경우의 종교는 교육법과 특수한 관계가 있다고 하겠다.

라. 敎育法과 國家

교육법이 국가와 국민간의 권력관계를 대상으로 하는 행정법의 복리조성행정의 일부이기는 하나, 일반행정법이 갖는 국가의 일방적 지시·명령에 의한 권력관계와는 다소 다르다. 교육법의 대상을 분석하여 볼 때, 교육기관의 조직에 관한 규범은 교육법의 성문성이 지켜져야 하기 때문에 이러한 점에서는 교육법은 공법적 성격을 갖지만, 그 교육기관의 교육행위, 즉 교사가 행하는 교육행위는 행정조직법상의 규범을 그대로 따를 수 없다는 점이 문제된다. 교사의 교육행위는 임의적으로 진행되어야 하고, 피교육자의 자발적 의사도 포함된다는 점에서는 반드시 권력작용으로 이루어지는 것이라 할 수 없다.

학생이 학교나 교사를 믿는 신의성실의 원칙, 교육행정 담당자의 교사나 학생에 대한 권리남용금지의 원칙, 교사가 학생을 믿는 신뢰의 원칙 등이 교육현장에서 그대로 적용된다는 점에서는 사법인 민법이 갖는 일반원칙이 그대로 적용되고 있음을 알 수 있다.

교육법이 지배하는 교육당사자들의 관계를 살펴보면, 교육조직에 관한 부분에서는 교육법이 직접적·강행적으로 적용되지만, 교육행위에 대해서는 직접적인 지배관계를 규율할 수가 없다. 물론 일부의 교육행위에 대해서는 교육기관이 교육법으로서 통제할 수도 있다. 오늘날과 같이 학교교육에서 행하는 교육행위를 일방적으로 따라가야 하는 현상 하에서는 선택의 폭이 점점 좁아지고 있는 실정이기 때문에 교육행위도 권력적으로 통제할 수 있다. 특히, 사립학교 보조금의 지급으로 그 조직운영을 국가가 관여하고 제재까지 하게 됨으로써 교육행위까지 국가적 통제가 가능한 실정이다.

국가는 국민 상호간의 관계에 대하여는 사적 불간섭의 원칙에 의하여 다른 법적 지위를 갖게 되지만, 국민과 국민간에 대등하지 않은 관계에서 필연적으로 강·약자의 출연이 야기될 때는 국가가 개입하여 약자의 권한을 강화시켜 대등한 관계를 이루도록 사회법을 정립한 바와 같이 교육법과 국가기관의 관계도 현실에 맞는 다양화가 필요하다. 이는 교사와 학생과의 관계에서 이루어지는 교육행위는 일반적인 권력작용으로 동일하게 볼 수도 없으며, 그렇다고 교사의 재량권에만 맡길 수만은 없기 때문에 어느 정도는 국가가 관여해야 한다.

(1) 國家敎育機關과 法

국가교육기관을 물적으로 구성하는 시설물 등은 국가의 영조물로서의 기능을 하기 때문에 교육기관의 설치·유지·관리는 국가 영조물 관리에 대한 규정을 따를 수밖에 없다. 교육관계법은 이러한 영조물 설치·운영관계까지도 규정하고 있으며, 국가교육기관의 관계자들은 국가 영조물 관리에 대한 책임을 정한 法의 범위 내에서 교육행위를 위하여 이를 이용할 수 있다. 아울러 국가와 교사간의 특별권력관계에서 영조물의 설치·관리상의 하자와 책임문제를 지게 된다. 수업중의 사고 발생, 일·숙직 시간 중에 발생하는 사고는 교사에게 책임을 부여하게 되는데, 그 법적 근거는 특별권력관계로부터 도출된다. 이러한 교육현장에서 발생되는 사고에 대하여 국가는 교육담당자와 연대하여 책임을 지게 되어 있고, 그것이 경과실일 경우는 교사의 민법상 책임이 면제된다. 이러한 책임론의 입장에서도 국가교육기관과 교육법은 밀접한 관계를 유지할 수밖에 없다.

(2) 公敎育化

구한말의 신교육의 도입이 국가적으로 이루어진 것이 아니라 기독교를 중심으로 한 종교단체를 중심으로 한 사교육에 의하여 진행되었기 때문에 우리나라의 학교교육은 사교육적 성격이 강하였다. 그러나, 국가가 점차 현대 국가적 체제를 갖추어 가고, 교육이 대중화됨으로써 의무교육의 범위가 확대됨에 따라 공교육화 현상이 더욱 가속화되었다. 더구나 중학교 입시제도의 폐지로 사립초등학교가 줄어드는 것을 계기로 공교육화가 더욱 가속화되고, 고등학교 입시제도의 개선과 함께 중학교까지 의무화 교육에 접근됨으로써 이제는 공교육이 학교교육의 중심이 되었다. 최근에는 유치원까지도 공교육화가 문제가 되고 있다. 이러한 공교육화 현상은 교육법의 공법으로서의 성격을 강화시켜 주는 데 일익을 담당하였다. 이 공교육화 현상은 결국 교육에 대한 국가의 역할을 강화·확대시켰다.

(3) 敎育에서의 國家機能의 확대

국가의 기능은 과거의 야경국가적 기능에서, 안전과 공공질서의 기능으로, 다시 현재의 복리주의적 기능으로(복리행정중심) 점점 적극성을 띠며 변천해 왔다. 이렇게 국가는 국민이 인간다운 생활(인간의 존엄성과 가치를 지닌)을 영위할 수 있도록 최대한으로 보장해 주어야 한다. 또한 전인교육과 사회교육을 통하여 문화인으로서의 자질을 육성할 수 있도록 국가의 교육에 대한 역할을 강화해야 한다. 이 경우에 중요한 것은 교육과정의 단순한 확대를 통하여 질적으로만 많은 것을 배우게 하는 것이 아니라, 많은 가운데서 취사선택하는 그러한 다양성 있는 교육이 이루어질 수 있는 여건이 만들어져야 한다는 것이다. 제 7차 교육과정에서는 선택과목의 폭을 다양화해서 수준별 수업이 가능하도록 하고 있는데 이것도 교육의 다양화에는 도움을 주는 것이다. 이렇게 다양한 교육을 받을 수 있음은 민주교육의 기본이요, 민주행정의 기본원칙인 동시에 복리국가 실현의 지름길이 된다. 교육에서의 국가기능의 확대와 축소의 문제는 교육행위와 교육행정으로 나누어 생각할 수 있다. 일반적으로 교육행위는 주로 교사가 담당하고 교육행정은 국가가 담당하는데, 국가는 교사에게 교육행정의 기능과 재량권을 되도록 많이 부여하고, 국가는 주로 감독하는 일만 맡는 것이 바람직한 일이다. 즉, 교육자를 보호하는 기능을 확대하고, 교사들의 교육행위를 북돋우고 교장의 행정권도 확대해 주어야 할 것이다. 교육에서의 국가기능의 확대를 위해서는 다음과 같은 점들이 사전에 검토되어야 할 것이다.

(가) 福利國家와 敎育

자유민주주의 국가의 목표는 복리국가의 실현이다. 즉, 국가는 국민이 인간으로서 존엄과 가치를 가지고 인간다운 생활을 하도록 최선을 다하여야 할 것이다. 우리 헌법의 정신에도 국민복지를 증대하여 국민이 안락한 생활을 영위할 수 있도록 최선을 다할 것을 선언하고 있다. 복리국가 실현을 위해서는 교육의 경우도 기술교육, 직업교육, 경제교육 등이 철저하게 실현되어야 하는데 그 역할을 공교육이 우선적으로 담당해야 할 것이다. 그러나, 공교육의 강화는 전인교육을 실시하여야 한다는 교육 본래의 목적과는 다소 모순

된다. 전인교육이라는 점에서 볼 때, 복리국가 실현을 중심으로 하는 교육은 상호간에 상충되는 면이 있기 때문이다. 인간의 가치함양과 전국민의 복리증진을 어떻게 조화시키느냐 하는 것이 교육법의 역할이라 하겠다. 이 경우 전체로서의 중요성이 강조되고 생활인으로서의 기능 증대를 국가적으로 관심을 갖는 것은 당연한 일이기 때문에 교육의 목적과는 상반되는 결과를 가져오는 것이 문제이다.

㈏ 國家의 未來指向性과 敎育

법은 원칙적으로 현실을 중요시 여기지만, 교육은 미래지향적으로 진행되어야 하기 때문에 교육을 규제하는 교육법 또한 미래지향적인 성격을 갖는 경우가 많다(예: 장려법, 육성법, 조성법). 이러한 미래지향성은 교육법이 일반법과 다른 특성이다. 결국은 현재의 상황을 중시하는 일반법과 미래지향적인 면을 추구하는 교육행위를 어떻게 잘 조화시킬 것인가 하는 것이 교육법의 과제라 할 것이다. 특히, 법규가 미래지향성을 띨 경우 그 법은 프로그램적 성격이 강하게 되는데, 프로그램적 성격이 강하면 강행성이 약하게 되어 법으로서의 존재가치에 문제가 된다. 이러한 점 때문에 교육법의 실효성이 문제되기도 한다.

㈐ 敎員團體와 國家

교육의 중추는 교원이라 할 수 있다. 그런데 교원도 생활인이기 때문에 현실 생활과 관계하여 교원들에게도 많은 이해관계가 상충되어 문제가 발생될 수 있고, 이러한 문제점을 해결하는데 법의 존재가 요청된다. 교원의 처우 문제와 관련하여 제기되는 것이 교총 문제, 교원노조 문제이다.

즉, 최근까지 문제시되었던 전국교직원노동조합(이하 전교조)문제는 새로운 교원단체를 조직하여 교육권을 확보하려는 혁신교사조직체와 이를 저지하려는 국가간의 갈등이었는데, 단체행동권의 확보 문제에서부터 첨예하게 대립되었었다. 이 전교조문제는 교육계에 많은 상처를 남기게 되는데, 전교조의 주장 중에 개혁과 혁신을 주장한 긍정적인 면도 있었으나, '노동조합'이라는 단체의 명칭을 사용함으로써 사회 일반에 확산시키는데는 실패했다.

교원단체의 기능은 교육 본래의 목적에 위반되어서는 안되고, 동질성을 회복하고, 정보 수집과 교환의 역할을 원활히 하며, 어려운 일을 상부상조할 수 있는 기능을 가져야 활성화된다고 볼 수 있다. 이러한 관점에서 본다면, 지금 활발하게 그 기능을 발휘하고 있는 교원공제조합의 경우도 상부상조의 기능 외에 요구되는 다른 기능을 보완할 필요가 있다.

교원의노동조합설립및운영등에관한법률에 의거 1999년 7월부터 복수 교원단체 시대
가 도래하였다. 따라서, 직원단체의 성격을 가지고 교원의 전문성을 중시하는 한국교원단
체총연합회(이하 '교총')와 노동조합의 성격을 가진 전교조, 한국교직원노동조합(이하 '한
교조')이 결성되었다. 앞으로 더욱더 교원단체가 다원화·다양화되어 교원들이 자유로운
의사에 따라 단체에 가입하여 활동할 수 있는 길이 열리게 되고 이를 통해 교직사회가
보다 활성화되고 민주화될 것으로 기대되지만 한편으로는 학생의 학습권 침해 및 교단분
열을 초래할 우려도 있다. 이러한 교원단체들의 국가와의 관계에 여러 가지 문제가 제기
될 수 있다. 이러한 교원단체들과 국가와의 문제의 원만한 해결을 위해서는 불가피하게
교육법의 정비가 필요하다.[11]

㈔ 教育人口의 擴大와 教育

현대복지국가에서의 복지기능 중 교육적 복지의 증진과 국가 경제력 확대 등으로 의무
교육이 확대됨으로써 교육인구도 확대되었다. 그리고 우리의 현실적 상황은 대학을 나와
야 인간 구실을 할 수 있다는 사회구조상의 문제로 대학을 가고자 하는 사람이 많아짐으
로써 자연히 교육인구가 증가되는 추세이다. 과거의 제도적 모순과 국가적 현상 때문에
대학을 가지 못한 학부모의 대학에 대한 동경 때문에 대학교육에 대한 국민적 관심이
높아짐으로써 이제는 대학교육까지 거의 대중화되었다. 이런 복합적 요인으로 교육인구
가 폭발적으로 확대됨으로써 교육당사자간의 문제도 많을 수밖에 없으므로 교육법도
달라져야 하였다. 그 결과 교육기본법을 만들어 법체계적 정비를 하고 교육에 관계되는
여러 법규들을 정리하였다. 물론, 교육계내의 문제만으로 새로운 교육법규를 창출할 수는
없으며, 국가·사회의 현실과 교육과의 관계를 고려하여 교육법규를 정비하여야 했다.

3. 敎育法의 性質

교육법은 행정작용법 중 복리조성법의 일부로서 교육행정에 관한 법이다. 물론, 교육법
의 다른 부분도 공법적 요소는 있지만, 교육법 중 공교육에 관한 중심적 부분은 교육조직
에 관계된 부분으로서 이 부분이 행정법과 밀접한 관계가 있다. 교육행위를 규제한 부분
도 공법적 요소가 있지만, 교육조직에 관한 부분보다는 공법적 요소가 강하지 않다. 공법

---

11) 교원단체의 구조적 문제점과 위상정립에 관한 자세한 내용은 정현승, "교원의 노동3권과 교원단
   체의 정립에 관한 연구", 한국교원대학교 석사학위논문. 2000. 참조.

성이 강한 교육조직에 관한 법으로서는 교육행위를 규제할 수 없는가? 이 문제는 교사의 교권과 관계가 있는데, 교육행위는 교사에게 일임하고 교육행위의 통제는 세미나·연구발표 등으로 하도록 하고 교육법으로의 통제는 가급적 피해야 할 것이다. 즉, 조직에 관한 법으로 작용에 관한 것까지 유추·적용하는 것은 피하는 것이 교육의 발전을 위하여 도움이 될 것이다. 이러한 일반적인 상황을 고려하여 교육법의 특질을 고찰해야 할 것이다.

가. 敎育法과 特別法

모든 국민에게 일반적으로 적용되는 행정조직이나 작용법이 일반법이라면, 교육적 조직과 작용에 관계되는 부분만 적용하는 교육법은 특별법이라고 할 수 있다. 물론, 특별법의 개념은 상대적인 것이기 때문에 교육에 관계되는 모든 법이 교육에 관한 일반법이라고 한다면, 교육법 중에서도 특별히 체육·유아교육 등에 관계되는 법만을 지칭할 때는 특별법이라고도 볼 수 있겠다.

교육법은 특별법적 특성이 있기 때문에 그 대상, 적용 범위, 장소 등에 따라 상당 부분이 일반법과 다르게 적용된다. 따라서, 교원의 품위유지와 신분보장을 위한 특별법인 교원지위향상을위한특별법 등을 규정하고 있다. 특히, 국가공무원 중에서 교육공무원에 대해서는 교육공무원법에 특별한 규정을 두고 있다. 인간의 의도적인 변화를 추구하는 교육을 행하는 교사의 교육행위에 대한 상당한 재량권이 필요한데, 이에 대한 법적 근거도 교육법의 특별법성에서 찾을 수 있다. 그리고 교육을 위한 독지가의 지원이 있는 경우도 상속세나 증여세의 면제가 필요한데, 이것 또한 특별법의 제정이 필요하다. 교육에 있어 꼭 필요한 국가내의 사정으로 제정하지 못할 경우는 대통령이 교육에 관하여 특별한 조치를 취하는 형태로 입법적 불비를 보완시켜야 하는데 이 경우도 일종의 특별법의 제정이라 하겠다.

나. 敎育法과 福利助成行政法

교육법은 사회공공의 복리 증진을 직접 목적으로 하는 경우가 많은데, 이 경우의 교육법은 비권력적 행정에 관한 법이라 하겠다. 복리증진이란 결과적으로 국가로부터 무엇인가 혜택을 받는 것 즉, 국민에게 국가가 무엇인가를 베푸는 것을 뜻하는데, 이러한 관점에서 보면 권력적 행위라 할 수 없다. 복리조성법은 사회공공의 이익 증진을 직접 목적으로 하는 비권력적 행위성이 강한 법으로서 사회보장법이 그 대표적인 것인데, 교육법도 이 범주에 넣을 수 있다. 그러나, 다른 복리조성법보다도 교육행정에 관한 법이 다소 권력적 성격이 강하다 할 수 있다. 복리증진이란 측면에서만 보면, 교육도 이를 위하여 진행되어야 하겠지만, 복리증진 이외에 교육이 갖는 국가적 목적에 비추어 볼 때는 교육행정은 권력적일 수밖에 없다. 즉, 복리증진에만 직접적으로 관계가 있는 교육행위를 진행시킬 때는 비권력적인 법이라 하겠지만 다른 국가목적을 실현시킬 경우는 권력적일 수밖에 없다.

결국, 교육법의 성격은 행정법, 특별법, 복리조성법의 혼합적인 성격을 가지고 있기 때문에 이를 이해하기 위해서는 다양한 접근방법이 요구된다.

다. 敎育法의 構造的 性質

국가의 모든 법질서는 그 논리적 성격을 달리하는 行爲規範性, 裁判規範性, 組織規範性을 갖는다. 교육법도 국가의 법질서이기 때문에 구조적으로 이 세 가지 특성을 지니고 있다. 그런데 모든 규범은 이러한 구조적 원리를 균등하게 갖고 있는 것은 아니다. 관점에 따라서 서로 중복되거나 혼합되기도 하여 복잡한 구조적 성질을 가질 수밖에 없다. 특히, 교육법에서는 이 구조적 성질 때문에 그 적용과정에서 더욱 복잡하게 나타난다.

(1) 行爲規範性

행위규범이란 어떠한 행위를 하도록 명하거나 어떠한 행위를 하지 말도록 금지하는 관계를 규정한 규범을 말한다. 이것은 사회규범의 전형적인 형태로서 특히 공법이 갖고 있는 특성이다. 교육법은 공법적 측면에 중점을 두고, 행위규범성이 재판규범성보다 강하다 하겠다. 그런데 교육법이 행위규범성이 강하다 하더라도 교사가 행하는 교육행위를 모두 규제할 수 있는 것은 아니다. 오히려 그 성격상 그 최소한에 그쳐야 할 경우가 많다. 교육행위는 학문의 다양성 때문에 교육과정의 테두리 내에서 재량권을 가지고 대상에 따라 다르게 작용하는 것이 최대의 효과를 거둘 수 있는 경우가 많다. 예를 들면, 교육기본법 제12조 제3항에 「학생은 규칙을 준수하여야 하며, 교원의 교육·연구활동을 방해하거나 학내의 질서를 문란하게 하여서는 아니 된다」라고 규정하고 있는데, 이 규정의 '교원의 교육·연구활동의 보장'은 교육행위의 자유로운 표출을 예상하고 있는 것으로서 재량성을 선언하는 것이다. 법규의 이러한 내용이 없다하더라도 교육의 특성상 이 교육자의 재량성은 최대한으로 보장되어야 한다. 그러나, 교육조직이나 일반적 교육통제작용에서는 이 행위규범성이 반드시 지켜져야 한다.

(2) 組織規範性

조직규범은 법규범의 제정·적용·집행을 담당하는 기관(국회, 법원, 행정관청)의 조직과 권한에 관한 규범이다. 교육법도 일반행정과 같이 교육행정과 관계될 경우는 조직규범성이 강하다. 교육법의 구조적 성질에서 조직규범의 중추는 인사행정이다. 교원과 교육행정담당자의 자격·임용·보수·연수·신분보장 등을 중점적으로 규정하고 있는 교육공무원법은 교육관계자들의 초미의 관심사일 뿐만 아니라 이들은 이 분야에 대한 상당한 법적 지식을 갖고 있다. 교육법이 공교육과 연계될 경우, 구조적으로 조직규범성이 강해질 수밖에 없다.

조직규범은 인적 구성을 다루는 규범이기에 인사행정의 지침이 되고, 인사는 만사라 하듯이 이것이 현실과 조화를 이룰 때 교육법의 역할론은 강해진다. 민주주의의 원칙은 서로가 피하려는 행위는 보상을 하고 서로가 취하려 하는 행위는 공개경쟁을 하도록 하는 것이다. 그런데 교사는 상대적으로 동일한 수준과 능력을 갖는 자들로 구성할 수밖에 없기 때문에 다른 분야보다 경쟁적이며 그 경쟁력이 공개되어있다. 특히, 교사가 맡아야 하는 교육행정 전담자를 선발하는 과정에서 이 공정성이 요청된다.

(3) 裁判規範性

법규범이 다른 사회규범과 다른 점은 행위규범이나 조직규범에 위반한 사건이 발생하면, 강제력을 발동하여 그 실현을 기하는 점이다. 이 강제력을 통하여 법의 실현을 보장하기 위해서는 사법부에 의하여 재판이 전개된다. 법원이 재판을 할 때는 반드시 법에 의하게 되는데, 이 때의 법을 재판규범이라 한다. 이것은 행위규범의 상대적 개념으로써 법률행위시에는 꼭 지켜지지 않으나 재판을 할 때는 꼭 지켜진다는 의미를 내포하고 있다.

교육행위에 관한 법은 공법에 속하기는 하지만, 그 성격상 행위시보다는 재판시에 효력을 발하는 재판규범으로서 성격이 강하다. 물론 교육행위에 직접적 관련이 없는 규범이라 하더라도 분쟁이 발생했을 때 재판규정의 기준이 되어질 때만 효력을 발하는 규범이라면 그것도 재판규범성이 강한 법이다. 행위규범과 재판규범은 비록 상대적 개념이지만 일정한 행위규범에 위반하거나 응하지 않을 경우에 제재는 재판규범에 의해 규제된다는 점을 놓고 볼 때는 보완적이란 표현도 할 수 있다.

4. 教育法의 基本原理

교육법은 독립된 학문으로 정립한다 하더라도 행정법으로부터의 파생은 부정할 수 없다. 따라서, 현대 행정법의 기본원리는 교육법에서도 지켜질 수밖에 없다. 일반적으로

인정되는 현대 행정법의 기본원리와 연계시켜 볼 때, 우리나라 현대 교육법의 기본원리[12)]
로는 법치국가의 원리와 복리국가의 원리를 들 수 있겠다.

가. 法治國家의 原理

　법치국가의 원리라 함은 국가작용 중에서도 국민통제작용인 행정은 법률에 의해서
행하여지며 이 법적 통제를 통해서 불이익을 입은 사람은 구제제도를 통하여 보호되어야
한다는 원리이다. 현대 교육행정도 이 법치주의의 지배를 절대로 벗어날 수 없다. 따라서,
교육행정의 경우도 법률적합성에 의하여 법률의 법규창조력, 법률우위, 법률유보의 원칙
을 지배받으면서 교육관계자를 통제해 나갈 수 있어야 한다.

나. 福利國家의 原理

　현대국가를 복리국가라 표현하고 있는데, 우리나라도 생활권(생존권)적 기본권 보장과
경제조항 등에서 복리국가성을 선언하고 있다. 제도적 보장으로서의 성격이 강한 교육권
도 생활권과 관계가 깊은 조항으로서 이 복리국가의 기본 구조 속에서 도출된 권리라
하겠고 교육권의 신장을 위한 교육법도 이 복리주의를 벗어날 수 없다고 본다. 특히,
교육이 공교육화 되면서 이 복리국가의 지배원리를 더욱 강하게 요청 받고 있다.

---

12) 한경주는 교육법의 기본원리로 복리주의, 자주주의, 법치주의를 이원정은 평등주의, 복지주의,
　　법치주의, 자주주의의 원리를 들고 있다(한경주, 앞의 책, pp.45~46; 이원정, 『교육법의 이론과
　　실상』(서울: 문음사, 1988), pp.41~45.).

Ⅲ. 敎育法의 存在形式

1. 敎育法의 法源

교육법의 법원(sources of educational law)이란 교육에 관계된 법의 존재형식을 의미하는데, 교육법의 지식을 얻기 위한 자료, 교육법을 제정하는 힘, 교육법의 타당근거 등이 모두 함축된 표현이다. 법률은 궁극적으로는 재판규범이라 할 수 있기 때문에 법의 분쟁이 발생하여 재판이 진행될 경우 판사가 적용하는 법이 무엇이냐가 문제이며 그 경우 법치주의 원리에서는 판사가 적용하는 규범이 법원이라 할 수 있다.

따라서, 교육관계 분쟁이 생길 경우 그 해결을 위하여 판사가 적용하는 규범은 모두 교육법의 법원이 된다. 요는 성문화된 법이 없을 경우에 어떻게 하여야 할 것인가의 문제이다. 이 경우는 불문법이라도 성문법을 보완하는 것이라면 경우에 따라서 교육법의 법원이 되기도 할 것이다.

가. 成文法
(1) 憲法

교육법의 법원으로서 가장 근원적인 것은 역시 헌법상에 규정된 교육관계조항이다. 헌법상의 교육에 관한 조항은 「교육의 기회균등」, 「의무교육」, 「교육의 자주성 · 전문성 · 정치적 중립성 및 대학의 자율성」, 「평생교육」등을 선언한 제31조가 중심이 된다. 그밖에도 제22조의 「학문과 예술의 자유」, 제9조의 「전통문화의 계승 · 발전과 민족문화의 창달」등의 규정도 교육법의 연원이 된다. 이러한 규정들은 선언적 · 프로그램적 성격이 강하기는 하지만 교육에 관한 국가의 의지를 표현한 것으로서 교육법의 법리와 방향을 제시하고 있다. 따라서, 하부의 법을 제정할 때는 이 헌법의 정신을 벗어나서는 안될 것이며, 또한 이러한 헌법적 정신을 실현할 수 있는 입법작용이 요청되기도 한다.

(2) 法律

법률 중 교육법의 법원으로서 가장 중추적 역할을 하는 것은 1997년 12월 17일에 제정하여 1998년 3월 1일부터 시행된 교육기본법이다. 교육기본법은 교육관계 법률 중에서 가장 기본적 사항을 규정한 것이므로 법률로서 법원성을 갖는 것은 당연하다. 교육기본법을 근간으로 하여 초·중등교육법, 고등교육법, 지방교육자치에관한법률, 평생교육법, 사립학교법 등이 교육법률의 법원으로서 중추적 기능을 한다. 그밖에도 각종 교육관계 진흥법 등을 중심으로 30여 개의 단행법이 법률로서 교육법의 법원이 된다.

(3) 命令

명령에는 국회의 법률 제정 과정에서 위임된 사항이나 행정기관이 법률 집행 과정에서 정립한 행정입법으로서 대통령이 발하는 대통령령과 국무총리가 발하는 총리령, 교육부장관이 발하는 교육부령 등이 있는데 이들은 교육법규의 법원이 된다. 명령에는 개개의 수권의 근거에 따라 직권명령과 위임명령, 법률과의 관계에 따라 위임명령과 독립명령, 내용에 따라 위임명령과 집행명령 등이 있다.[13] 헌법, 법률, 명령의 관계에서 명령은 헌법이나 법률에 근거하고 있어야 하며 명령사이에서도 법의 일반원칙이 유지되어야 한다. 그런데 명령은 행정부의 법집행과 관계되기 때문에 제정 당시의 정황과 역사에 따라 모순성을 갖는 경우도 있다. 예를 들면, 국립대학교설치령, 서울대학교설치령, 한국교원대학교설치령 등과 같이 다 같은 국립대학인데 설치령은 각기 다른 점이다. 한국교원대학교는 특수한 목적을 띤 목적대학이기 때문에 설치령을 따로 발할 수도 있다. 그러나, 서울대학교와 일반국립대학은 설립시기와 성립당시의 사회적 여건은 달랐지만 지금은 동일한 설립목적을 갖고 있다. 그런데도 별도의 명령으로 되어있고 그 시정은 이루어지지 않고 있다. 또한 대학입시기준령, 교육공무원임용령 등과 같이 중요한 명령은 법으로 정해져야 행정부의 독단을 막고 학교정책의 일관성을 기할 수 있을 터인데 그렇지 못하다.

반면에, 학교급식법 같은 법은 학교급식령으로 충분한데 법으로 정해놓고 있다. 대학입시에 관한 명령은 온 국민의 관심이 집중되는 중요한 사항인데도 명령에 머물러 있기 때문에 해마다 바꾸어 혼란을 가중시키고 있는 문제점이라든지, 교육자들의 권리에 관계되는 명령은 대부분 소홀히 취급되고 있는 점이 문제가 되고 있다. 이러한 문제에서 알 수 있는 것은 명령이 행정입법이기 때문에 행정부의 독단이 진행될 경우는 국회의 입법권을 침해하는 결과를 가져올 수 있다는 점이다. 그러나, 기술상 행정입법은 불가피하고 이것들이 법원성을 갖는다는 것은 의심할 여지가 없다.

---

13) 이상규, 『신행정법론(상)』(서울: 법문사, 1991), pp.236~238; 김도창, 『일반행정법(상)』(서울: 청운사, 1988), pp.284~285; 박윤흔, 『행정법강의(상)』(서울: 국민서관, 1992), pp.250~252.; 김남진, 『행정법(Ⅰ)』(서울: 법문사, 1991), pp.165~167.

(4) 自治法規

자치법규는 지방자치단체가 법령의 범위 안에서 정립한 자치에 관한 규정을 말하며, 지방의회가 제정하는 조례와 지방자치단체 집행기관이 제정하는 규칙이 그것이다. 이러한 조례나 규칙 중 교육에 관한 것이면 교육자치법규로서 교육법의 법원이 된다. 교육에 관련한 자치법규를 잘 제정하려면, 보다 전문적인 자격을 갖춘 교육위원이나 교육감이 필요하다. 그런데 전문적인 법에 대한 식견의 부족으로 여러 가지 문제가 발생될 우려가 있다. 따라서, 교육에 관련된 자치법규를 제정할 때는 전문가의 의견을 수렴하는데 최선을 다하여야 한다. 이러한 자치법규도 법으로서의 성격이 차츰 강해져 가고 있는데 이것은 지방자치제도의 발전을 위해서는 바람직한 현상이다. 그리고 지방의회에서 법을 만들 경우 상위법과의 저촉 문제도 고려되어야 할 것이다.

(5) 行政規則

행정권이나 국가기관의 자율성을 존중하여 그 소관사무나 권한에 관하여 상위법에 저촉되지 않는 범위 내에서 내부규율이나 사무처리준칙을 제정할 수 있는데 이것을 행정규칙이라 한다. 즉, 행정규칙은 특별권력관계에 있는 공무원에게 행정수행과 법률집행을 위하여 내리는 명령, 훈령, 지시 등으로서 법규성이 없는 규칙을 지칭한다. 그런데 특별권력관계 수정설의 입장에서는 행정규칙의 법규성을 문제삼고 있다. 이 수정설에 의하면 행정규칙 중에는 법규성이 있는 규칙도 있다.

예를 들면, 특별권력관계 내부에 있는 사람들에게 "기관 내에서 흡연·도박을 금지한다"는 행정규칙이 전달되고 일반 국민에게는 전달되지 않았다면 이런 경우에는 그 규칙은 법규성이 없다고 하겠으나, "금년에는 조기방학을 한다"같은 행정규칙이 발하여지면 이 경우는 해당학교 직원뿐만 아니라 학생과 학부모 등 일반 국민에게 영향을 미치게 되는데 이 경우는 법규성이 있으며 이러한 법규성이 있는 행정규칙은 교육법의 법원으로서 기능을 하게 된다.

나. 不文法

不文法(unwritten law)은 입법기관에 의하여 제정·공포되어 통일된 법전으로 문서화되어 있지 아니한 법으로서 불문법에는 慣習法, 判例法, 條理 등이 있다. 불문법은 특별한 절차를 거쳐 제정되는 것이 아니기 때문에 비제정법이라고도 하는데 성문법주의를 원칙으로 하는 우리나라에서는 불문법의 법원성은 상대적으로 약하다하겠으나, 성문법을 보완하여 법해석 작용이나 집행작용에 영향을 주기 때문에 그 범위 내에서는 법원성이 있다고 하겠다. 특히, 교육행위나 교육작용에서는 그 전통성과 관습성이 영향을 주기 때문에 법원으로서의 기능을 할 때가 많다고 하겠다.

(1) 慣習法

관습법이라 함은 장기간의 계속된 사회의 관행이 국민의 법적 확신에 의하여 승인되고 강행되는 것을 말한다. 교육분야에서도 관례라는 것으로 당연하게 매년 행해지고 있는 것이 많이 존재하고 있다. 이러한 관례들이 국민일반의 법적 확신에 의해 승인되어질 때 하나의 관습법이 될 수 있는 것이다. 전후 일본 헌법 제23조의 학문의 자유와 교육공무원특례법의 임용·징계·복무 등에 관한 규정을 근거로 하여 대학의 자치에 관한 상세한 사항은 당해 학교의 자치적 운영과 내부조직 등에 관한 관례를 따르도록 하였는데 이 경우의 관례는 관습법의 예로 볼 수 있다.14)

(2) 判例法

판례법은 법원의 판결이 그 이후의 동일한 사건에 대하여 사실상의 구속력을 갖게 되는 것을 말하는데, 특히 영미법계의 국가인 영국이나 미국에서 잘 발달되어 동일한 사건이나 문제를 해결하는 법적 규범이 되고 있는 것은 좋은 예라 할 수 있겠다. 선행사건의 판례는 기득권을 인정하는 기능을 하는데 학교교육에 관계하여 발생하는 많은 교육사고의 처리과정에서 재판에 의하여 처리된 경우 이 교육판례가 생길 수 있다. 일본의 경우 판례법의 예로서 교원근무평정, 전국학력테스트, 학습지도요령의 법적 성격 등을 들고 있다.15)

(3) 條理

조리는 「사물의 성질」(Natur der Sache, nature des choses)이다. 조리는 사물에 내재하는 원리와 법칙이다. 다시 말하면, 일반 사회인이 보통 인정한다고 생각되는 객관적인 원리 또는 법칙이다. 조리는 민법이나 행정법에서의 일반적인 조리로 공서양속, 신의성실, 사회통념, 사회적 타당성, 사회질서. 형평, 정의, 이성, 법의 일반원칙 등이 있다. 관습법이나 판례법 등이 존재하지 않은 경우 그 문제의 본질에 적합한 처리를 하기 위한 최후의 보충적 법원이 되는 것을 말한다. 이와 같이 조리는 기존의 성문법을 해석하는 경우의 기준 내지는 기본원리로서도 중요시되고 있는데, 교육영역에서는 조리의 존재가능성이

---

14) 上原貞雄, 『教育法規 要解』(東京: 福村出版, 1992), pp.26~27.

15) 위의 책, p.27.

많다고 보겠다.

교육조리는 교육 내지 교육제도의 성질에 내재하는 구체적인 원리와 법칙이다. 교육조리의 예로는 직원회의의 교육자치권, 초・중・고등학교의 직원회의는 학교교육법에 대학의 교수회의 설치기관과 같이 규정되어 있지는 않은데 법률 규정 없이 존재하는 것이다. 직원회의에서 고등학교 학생의 낙제판정에는 직원회의 더 많은 정족수를 요하는 것은 그 예라 볼 수 있다.[16] 우리나라도 이와 거의 유사하다. 고등교육법 시행령 제4조 제1항 제16호에 대학평의원회 및 교수회가 있는 경우에는 그에 관한 사항을 규정하여야 한다고 규정되어 있으나, 초・중등교육법에는 교무회의에 관한 규정이 전혀 없다. 우리나라에서도 초・중・고등학교에서의 교수회의도 교육조리의 예로 볼 수 있다.

2. 行政立法과 敎育法

행정상입법이라 함은 행정기관이 법률의 위임이나 법집행작용상 필요에 의하여 행정기관 스스로 정립한 일반적・추상적 법규를 말한다. 법은 국회에서 제정하는 것이 원칙이나 국회가 전문화되어 있지 않기 때문에 행정상에서 발생될 모든 상황을 예측할 수 없기 때문에 하부적 법률관계를 행정기관에 위임하게 되는 것이다. 교육법규의 경우도 교육행정을 원활하게 하기 위해서는 교육관계기관에서 하부적인 법률문제를 처리하는 것이 어느 면에서는 법의 전문화에 기여하리라고 생각된다.

행정입법은 대외적・일반적으로 법규로서의 성질을 가지는 법규명령(Rechtverordnung)과 특별권력관계 또는 행정조직 내부에서의 규율을 원칙으로 하는 행정규칙(Verwaltungs-vorschrift)이 있다. 권력분립, 법률에 의한 행정 및 의회주의를 기본원칙으로 하는 근대법치국가에 있어서는 법규를 정립하는 작용은 국회의 권한에 속한다. 그러나, 제 1차 세계대전을 전후한 행정기능의 확대강화는 권력분립의 원칙에 따르는 입법부와 행정부사이의 권한의 분배에 관한 '이데올로기'적 기본문제를 전제로 하면서도 현실적인 입법기술 및 행정현실상의 요청으로 말미암아 행정입법의 필요 불가결성과 그의 중요한 기능을 부인할 수 없게 만들었다.[17]

행정입법의 필요성에 대하여 ① 행정의 복잡 다기성, 전문・기술성에 따라 실제의 행정을 담당하고, 전문적 기관을 갖춘 행정부의 행정입법이 보다 능률적이라는 점, ② 법률로

---

16) 兼子仁, 앞의 책, pp.40~41.
17) 이상규, 앞의 책, p.230.

규율할 대상은 극히 변화가 많고, 유동적이어서 의회의 입법은 적응성·임기성을 잃게 되었다는 점, ③ 전시 기타 비상사태의 발생과 국제적 긴장의 장기화는 사태에의 신축성 있는 적응을 위하여 행정부의 광범한 수권을 불가피하다는 점, ④ 법률의 일반적인 규정으로서는 지방별 또는 분야별 특수사정을 고려하는 것이 곤란하게 되었다는 점 등이 행정입법의 필요성이 증가하게 된 경우이다.[18] 따라서, 행정의 한 분야인 교육행정도 일반적인 경우뿐만 아니라 교육의 특수성으로 인한 교육행정입법이 필요하다. 즉, 교육현상의 특수성, 교육이 인간을 대상으로 하기 때문에 일괄적인 규칙적용의 한계성, 급격한 사회변화에 따라 적응성 때문에 교육행정입법이 필요하다.

반면에 지나친 재량성으로 인하여 교육질서가 파괴되고, 교육부조리현상이 난무하여 교육목표달성을 위한 교육활동에 직접적으로 방해를 받게 될 것이기 때문에 재량성도 법치주의 원칙의 한도 내에서 해석·적용되어야 한다.[19]

행정상입법으로는 일반적으로 대외적 법규로서의 성질을 가지는 법규명령과 행정조직 내부에서의 규율에 관한 행정규칙이 있다. 행정규칙이란 관념은 객관적 의미로는 「행정에 관한 규칙」으로서 법규가 아닌 것을 말하고, 주관적 의미로는 「행정으로부터의 규칙」으로서 행정권에 의하여 정립된 법규와 객관적 의미의 행정규칙을 포함한 의미로 사용되는데, 일반적으로 행정규칙이라 할 때는 객관적 의미의 행정규칙을 말한다. 즉, 행정규칙이란 행정권이 정립하는 일반적 규정 가운데서 법규의 성질을 가지지 않은 것을 말한다. 따라서, 행정규칙은 행정권에 의하여 정립되는 규정이 아니라 행정조직내부와 공법상의 특별권력관계에 있어서의 조직과 활동을 규율한다.[20]

교육관계의 행정입법도 국회가 교육부를 중심으로 한 행정부의 구체적인 내용들을 모두 규율하기 어렵기 때문에 포괄적이고 개괄적인 교육관계법을 만들어 행정부에 위임하여 행정부가 그 집행과정에 구체적인 내용을 정립하도록 하고 있는데, 이에는 대통령령과 교육부령 등이 있다. 교육관계의 행정규칙은 교육부를 중심으로 한 행정조직 내규 또는 특별권력관계의 내규와 같은 행정 내부 관계에 있어서 조직과 활동을 규제하는 일반·추상적인 규정으로 법규성이 없는 것을 말하나, 예외적으로 행정규칙도 법규성이 있는 것도 있다. 교육부장관이 내리는 훈령은 내부관계의 지침이기 때문에 법규로서의 성질을 갖지 않는 것이 원칙이다. 그러나, 행정규칙도 일반적인 영향력을 가질 경우는 법규성이 문제가 된다. 예를 들면, 개학 일자 조정의 교육부 훈령을 학교장에게 전달했을

---

18) 박윤흔, 앞의 책, pp.244~245.

19) 한경주, 앞의 책, p.46.

20) 김범주, "행정규칙-행정규칙의 법규성을 중심으로", 한성대학논문집, 1979, pp.137~138.

때, 그 훈령에 법규성이 있으면 교장은 그에 따라야 하지만 법규성이 없으면 거부할 수도 있다. 법규성이 없어 이를 개별적으로 거부한다면 행정상 문제가 될 수 있다. 특별권력관계의 조직을 유지하기 위해서는 행정규칙의 법규성 유무는 중요한 문제이다.

우리 교육기본법과 교육에 관련된 법규 중에서도 행정규칙인 훈령이나 예규 등이 상당 수 규정되어 있다. 따라서, 이 많은 행정규칙이 과연 대외적 구속력을 가지는 법규성을 가질 수 있을까. 행정규칙의 법규성여부에 관한 논란은 지금도 계속되고 있다. 행정규칙에는 법규성이 없다는 비법규설은 행정규칙을 법규명령과는 달리 비법규적인 것으로 봄으로써 행정규칙을 구체적·개별적 명령과 동위에 있는 동가치적인 것으로 보고 그 재판기준성을 부인하는 견해이다. 이러한 비법규설은 주로 법규관념과 특별권력관계론에 그 바탕을 둔 것이라고 볼 수 있다.[21]

반면, 행정규칙도 법규로서의 성질을 가지고 있다는 법규설은 주로 현대국가에 있어서 법규관념의 확대와 특별권력관계에 대한 부정론 및 행정규칙(명령)의 현실적 기능을 바탕으로 행정규칙의 법적 구속력을 인정하는 견해이다.[22] 또 행정사무처리의 기준을 제시하는 행정규칙은 그의 법규명령을 규율 받는 하급관청 및 공무원에게 준수의무가 주어지는 것이 틀림없는 일이기 때문에 당해 하급관청 또는 공무원은 그 행정규칙에 따라 행정작용을 할 것이 기대되고 행정작용의 상대방인 국민은 결과적으로 그 행정규칙의 영향을 면할 수 없는 것인 바 행정규칙의 행정조직 내적인 규율의 성질만을 강조한 나머지 그의 대외적 법규성을 부정하는 것은 대내적 규율성과 대외적 법규성의 부조화를 자아내는 것이 되지 않을 수 없다.[23]

행정규칙을 이분하여 법규의 성질을 가진 특별한 행정규칙과 법규의 성질을 가지지 않고 단지 법조의 형식을 가진 일반 처분적 성질의 순수한 행정규칙으로 분리하여 이들에 대한 기능과 성질 및 사법심사대상 문제 등을 해결하는 것이 바람직하다는 것이다. 특히, 아직도 행정법에 통칙적 규정을 가지고 있지 않고 헌법상에서도 행정규칙에 대한 구체적인 규정이 없는 우리나라에서는 이렇게 함으로써 행정규칙의 법규성에 관한 문제점을 해결할 수 있을 것이다.[24] 현재는 행정규칙도 일반국민과 관계가 있다면 법규성이 있는 것으로 인식되고 있다. 이 법규명령과 행정규칙으로 대표되는 행정입법은 특히, 교육법에서는 중요한 위치를 차지하고 있는데 이것은 교육행위의 특수성 때문이다. 그리고 교육행

---

21) 이상규, 앞의 책, p.249.

22) 박윤흔, 앞의 책, pp.276~277.

23) 이상규, 앞의 책, pp.250~251.

24) 김범주, 앞의 논문, p.141.

정의 대상이 교육공무원에 한정되지 않고 학교교육의 모든 대상자가 포함된다고 볼 때는 다른 행정에 비하여 그 대상자가 많다는 점을 간과할 수 없다. 이 행정상 입법을 교육법규 와 관계하여 정립하면 다음과 같다.

가. 法規命令

행정입법 중 법규로서의 성질을 가진 법규명령은 새로이 국민의 권리·의무에 관한 사항을 규정할 수 있는지에 따라 규정할 수 없고 단지 집행상 필요한 행위만 하는 집행명 령과 권리·의무사항까지도 위임된 범위 내에서 할 수 있는 위임명령이 있다.

(1) 執行命令

헌법이나 상위법령에 직접적·개별적인 근거가 없더라도 법령의 집행을 의미하는 행 정의 성질상 당연히 제정할 수 있다고 본다. 헌법에 「법률을 집행하기 위하여…대통령령 을 발할 수 있다」라는 규정이 있고 또한 대개의 법률의 끝에 「이 법 시행에 필요한 사항은 대통령령으로 정한다」라는 규정을 두고 있으나 그러한 규정은 주의적 규정에 불과하며, 그러한 규정이 없더라도 집행명령을 발할 수 있다.[25] 특히, 교육에 관하여는 교육행위의 포괄성 때문에 이 집행명령의 기능이 중요하다.

(2) 委任命令

상위명령에서 구체적으로 범위를 정하여 위임받은 사항을 정하는 위임명령은 교육법 에서 중요한 위치를 차지하고 있다. 위임명령은 헌법상의 일반적 근거만으로는 제정할 수 없고, 「구체적으로 범위를 정하여」상위법령에 근거하여야 한다. 그러나, 법 기술상 국회에서 정립한 법률은 위임명령으로서 보완할 수밖에 없다.

나. 行政規則

교육행정입법 중에서 교육행위와 교육행정과 관계하여 중요한 역할을 하는 교육행정 규칙으로는 교육부장관의 훈령, 교육위원회의 지침, 각 학교의 학칙 등이 있다.

(1) 敎育部長官의 訓令

훈령(Anweisung)이란 상급관청이 하급관청의 권한의 행사를 지시하기 위하여 하는 명령

---

25) 박윤흔, 앞의 책, p.252.

을 말하며 훈령을 발할 수 있는 권한을 훈령권 또는 지휘권이라 한다. 상급관청의 하급관청에 대한 명령권에 대하여 법령에 규정이 있는 경우(정부조직법 제7조 등)도 있으나 그러한 규정이 없어도 상급관청은 필요하다고 인정하는 경우에는 감독권의 작용으로 훈령을 발할 수 있다. 교육부장관도 직무상 훈령을 발할 수 있음은 물론이다. 특히, 공교육의 기능이 강화되면서 교육지원행정도 그 중요성을 더하여가고 있기 때문에 교육부장관의 훈령도 그 기능이 점차 중대해지고 있다.

(2) 敎育委員會의 指針

교육위원회는 해당 학교의 교육관계를 총괄하기 때문에 해당학교의 입장에서는 교육위원회의 지침을 따라 학교행정과 학교교육행위를 수행해 나가야 한다. 특히, 초·중등학교의 일반화된 교육의 수행을 위해서는 통일된 조직관리가 필요한데, 이 경우 교육위원회의 지침은 중요한 기능을 한다.

(3) 學則(學校規則)

학칙은 교육의 기본법인 교육기본법 제12조 3항과 초·중등교육법 제8조, 동법 시행령 제9조와 교육위원회 지침, 교육부장관 지침 등을 준용한다. 각 학교의 학칙의 제정은 초·중등교육법 시행령 제9조의 필요기재사항을 규정하여야 한다. 유치원을 제외한 각 학교급별 학칙의 필요기재사항으로는 수업연한·학년·학기 및 휴업일, 학급편제 및 학생정원, 교과·수업일수 및 시험과 과정 수료의 인정, 입학·재입학·편입학·전학·휴학·퇴학·수료 및 졸업, 조기진급 및 조기졸업, 수업료·입학금 기타의 비용징수, 학생포상 및 학생징계, 학생자치활동의 조직 및 운영, 학칙개정절차, 기타 법령에서 정하는 사항을 규정하여야 한다. 학칙의 제정이나 개정시 학생과 학부모, 교원의 의견을 최대한 수렴하여야 함은 물론이다. 학칙은 행정규칙으로서 성격을 가지고 있기 때문에 법규성을 가지며 교육법의 법원이 된다.

3. 行政指導와 敎育法

가. 行政指導

행정지도란 행정주체 스스로 의도하는 바를 실행하기 위하여 상대편의 임의적 협력을 기대하여 행하는 비권력적인 사실행위를 말한다. 이 행정지도는 강제권을 발휘할 수 없기 때문에 이에 따르지 않아도 처벌할 수는 없는 사실행위로서의 지도행위를 말한다. 그러나, 우리나라에서는 비권력적 사실행위가 마치 권력적 법률행위로 오용되는 경우도 있는데, 이것은 직권남용에 의한 지도행위의 오용이라 하겠다. 오늘날 복지국가 차원에서 국가가 적극적으로 국민 생활에 개입하게 되자 복지행정의 기술상 이 행정지도의 활용이 확대되고 있다. 특히, 교육행정은 복리조성행정이기 때문에 지도행위 또한 많아질 수밖에 없다. 따라서, 교육법과 행정지도사이의 연관성은 많고, 교육행위와 관계하여서 비권력적 작용인 행정지도가 많을 수밖에 없다.

그런데 그 행정지도가 교육현장에서는 장학사에 의하여 이루어진 경우가 많기 때문에 행정지도는 장학사제도와 깊은 관계가 있다. 즉, 장학사의 현장지도가 교육행정에서는 행정지도의 대표적인 예가 된다. 장학사의 현장지도는 행정지도나 평가로서의 측면이 강하다. 특히, 행정지도는 인사, 재정지원의 측면에서 막대한 영향을 미친다고 할 수 있다. 이러한 비권력적인 행정지도의 시정사항이나 권장 사항은 법적인 구속력이 있는 경우가 있을 수 있다.

교육현장에서 이루어지고 있는 행정지도 사례를 조사해 보고, 행정지도가 교육현장에 주는 영향을 연구해 볼 필요가 있다. 즉, 행정지도가 교육 환경에 주는 영향과 그로 인한 피해 유무, 또한 행정지도가 가지고 있는 문제점은 무엇인가 등을 검토해 볼 필요가 있는 것이다. 또한 행정지도는 비권력적인 사실행위이고 상대방의 협력을 받을 수 있을 많은 효과를 발할 수 있기에, 관계 주민과의 연계성 있는 행위는 교육의 효과를 높일 수 있다. 여기서 한 가지 문제점으로는 현실적으로 행정기관의 행정지도가 주민에게 미치는 영향이 지나치게 크다는 사실이다.

4. 行政計劃과 敎育法

행정계획이란 행정주체가 일정한 행정활동을 위한 목표를 설정하고 그 행정활동을 할 때, 상호 관련성이나 행정 수단의 조정·종합을 통해 목표를 설정해서 보다 발전된 미래의 질서를 실현하려는 활동기준이나 설정행위를 말한다. 따라서, 교육의 특성상 교육행위와 행정계획은 밀접한 관계가 있다. 앞으로 어떻게 교육을 시킬 것이냐, 학기나 학제의 운영을 어떻게 하느냐 등도 교육행정계획의 일환이라 하겠다. 교육과 행정계획을 연계시켜 보면 다음과 같은 특성을 알 수 있다.

⑴ 계획은 미래에 관한 것(미래지향적)이고 법은 현재에 관한 것이다. 인간은 미래를

바라보고 현재의 활동을 하는데, 교육은 그 미래를 예측하는 능력을 배양하는 것이므로 교육계획은 현대인의 공적 생활에 지대한 영향을 미치게 된다.

⑵ 법의 일차적인 목표는 질서의 유지이므로 질서를 해치는 경우는 예측할 수 있어야 하며 예측에 따라 법을 만들어야 한다. 즉 경험과학을 기초로 미래를 예측하고 국민으로 하여금 예측가능성을 느끼게 해야만 한다. 이러한 예측이라는 측면에서 교육계획은 교육법과 연계되어 중요한 역할을 한다. 교육행정의 계획에서는 교육이 하루아침에 이루어지는 것이 아닌 이상 생활의 안정과 신뢰보호 차원에서도 교육행정계획은 필요하고 계획을 세워 예고한 후 교육행위가 그를 실현시켜야 한다.

⑶ 교육법에서 행정계획과 관계되는 조항들이 많이 있는데 법의 안정성을 위해서는 이에 대한 조정이 필요하다. 우리의 법 중에는 미래를 예측하지 못하고 만든 법이 많아 시행착오를 거친 후 불가피하게 이를 변경하여야 하는 경우가 많은데 이것은 교육행정과 교육법규를 명확히 구분함으로써 시정될 수 있는 문제이다.

Ⅳ. 韓國 敎育法의 變遷

　교육은 국가발전의 원동력이 되며, 국민의 자질을 계발하고 정신을 향상시키기 위하여 반드시 필요한 것이다. 따라서, 현대 자유민주주의 국가에서 국민생활에 있어서 교육은 중대한 위치에 있다. 아울러 교육은 국가정책의 백년대계의 차원에서 최우선적으로 인식되어야 하며, 교육문제는 오늘날 교육자뿐만 아니라 학부모를 중심으로 한 전국민의 관심사가 되고 있다.

　우리나라는 전통적으로 교육을 중시하여 고대국가 때부터 교육의 중요성을 깨닫고 교육에 국가적·사회적 관심을 기울여왔다. 즉, 학문 중시와 교육에 대한 열정을 간직한 우리의 전통을 바탕으로 교육에 대한 법적·제도적 장치를 갖고 있었다. 본 절에서는 우리나라에서 근대적인 교육법제의 모습이 형성된 뒤부터 현재에 이르기까지 어떠한 교육법적인 체제를 가지고 있으며, 교육에 관한 국가의 역할과 교육정책의 구체적 실현을 위하여 어떠한 법적 장치를 하여 왔는가를 살펴보고자 한다.

　우리나라 교육법의 변천과정을 알아보려면 고대국가 때부터의 교육법제를 살펴보아야 하겠지만, 우리나라가 전국민을 대상으로 하는 공적 관점에서 교육을 관리하기 시작한 것은 근대적 교육법제가 성립된 이후라고 볼 수 있으므로 이 때부터 검토하는 것이 교육법제를 연구하는데 도움이 될 것이다. 그 동안 우리나라 교육현실에서 나타나는 많은 문제점들이 교육법의 미비와도 관계가 깊다는 견해가 많았다.

　이런 문제점을 해결하기 위해 등장한 새로운 교육법 체제는 과연 헌법의 이념을 실현하며, 교육현실에 나타나는 많은 문제점을 어떻게 해결해 나갈 수 있을지 자못 기대가 된다. 새로이 실행되는 교육법 체제를 이해하는 바탕으로 삼기 위하여, 본 절에서는 우리나라의 구한말 교육법제와 일제시대, 그리고 대한민국 건국 이후의 교육법 개정사를 총괄적으로 살펴보고, 이를 바탕으로 현행 교육법 체제가 시사하는 바와 새 시대의 새 교육법제가 나아갈 방향을 살펴보고자 한다. 근대 이후의 교육법제의 변천을 알아보는데 있어서 그 편의를 돕고자 일차적으로 근대 교육법제 시대와 현대 교육법 시대로 구분하고자 한다.

1. 近代 敎育法制 時代

우리나라의 근대 교육법제 시대는 1894년 갑오경장 이후부터 시작된다. 이 근대 교육법제 시대는 다시 學校官制期, 學校令期, 敎育令期로 구분할 수 있다. '학교관제기'는 1894년부터 1905년까지로 주로 교육법제가 '官制'로 표기되던 시기이고, '학교령기'는 1906년부터 1910년까지로 이때는 '學校令'으로 모든 교육법제를 정하던 시대이다. '교육령기'는 1911년부터 1945년까지로 주로 일제의 수탈세력이 우리 교육법제를 운영하던 시기이다. 이 시기는 다시 개정시기와 관련하여 學校規則期(1911~1921), 學校規程期(1922~1937), 統合學校規程期(1938~1940), 戰時學校規程期(1941~1945), 過渡敎育令期(1945~1947)의 5단계로 나눈다.[26]

가. 學校官制期(1894~1905)

'學校官制期'는 1894년 갑오경장 이후 정부 내에 근대 교육행정기관인 '學務衙門'이 설치되어 교육개혁이 단행된 해인 1906년 이전까지의 기간을 말한다. 이 시기는 근대 교육제도의 창립기라고 볼 수 있는데 주로 교육법의 형식이 '官制'라는 표제를 붙여 공포되었기 때문에 학교관제기라고 명하기도 한다. 예를 들면, 한성사범학교관제, 중학교관제, 의학교관제 등이 있다. 이 '학교관제기'하에서는 공교육 등 새로운 근대 교육사상과 함께 근대 교육제도가 처음으로 제정되기 시작하였다.

나. 學校令期(1906~1910)

'學校令期'는 1906년 8월 교육 전반에 걸쳐 개혁이 시작된 시기부터 1910년 8월 한일합방으로 국권이 침탈되기까지의 기간을 가리킨다. 이 시기를 가리켜 '학교령기'라고 한 것은 이 당시에 개정되어 새롭게 제정된 교육법제의 대부분이 그 형식을 대체로 '학교령'으로 표기하였기 때문이다. 이 당시 대한제국 정부는 10여년의 근대 교육법제 운영에서 얻은 경험을 바탕으로 교육제도 전반에 대하여 개혁을 착수하였다. 이는 종래의 교육법제도에 미비한 점을 확인하고 이를 수정·보완하려고 하였다.

다. 敎育令期(1911~1945)

'敎育令期'는 1911년 8월 일제에 의해 '조선교육령'이 제정된 때로부터 1945년 8월 해방이 되어 그 법의 효력이 상실하게 된 때까지의 기간을 말한다. 이 때에는 주로 일제의

---

26) 강인수 외, 앞의 책, pp.32~75를 참조.

침략세력이 교육을 운영하던 시기이기 때문에 침략자의 교육제도를 이식하려한 때이다. '조선교육령'은 종전의 교육법제가 학교별로 별도의 법을 제정하던 것과는 달리 이를 한데 모아 그 기본적인 사항만을 규정하고, 구체적인 사항은 다시 학교별로 분리·제정한 하위법에서 규정하고 있는 것을 특색으로 하고 있다. 그런데 침략 세력이 제정한 이 '조선교육령'은 한민족의 저항에 밀려 크게 세 번이나 개정하게 된다. 첫 번째는 '3·1운동'이 있은 직후 오랜 숙고 끝에 있는 1922년의 개정이고, 두 번째는 한민족의 회유를 위하여 추진된 1938년의 개정이며, 마지막은 1941년에 있는 개정이다. 이런 일제침략하의 '교육령기'는 법의 형식과 특성에 따라 '학교규칙기', '학교규정기', '통합학교규정기', '전시학교규정기' 등으로 세분할 수 있다.

(1) 學校規則期(1911~1921)

학교규칙기는 '조선교육령'이 제정된 이후 1922년 한민족의 저항에 밀려 교육법제들을 개정할 때까지 유지되었으며, 그 가운데 주요 법제들이 '학교규칙'으로 표기되는 것을 특징으로 하고 있다. 이때 새롭게 제정된 일제의 교육법제는 교원양성제도인 사범학교를 폐지하고, 한민족과 일본인의 교육법제를 구분하여 2원체제로 하고 그 교육내용·수업연한 등을 차별화 하였으며, 고등교육을 제한하고 교육통제를 강화하고 있는 것이 특징이다. 이 때에 제정된 교육법제를 열거하면 다음과 같다.

① 교육기본법: 조선교육령(1911. 8. 24 칙령 229호)을 제정하고, 그 시행일을 공포하기 위하여 조선교육령시행일(1911. 10. 20. 부령 105호)의 명령 발포.

② 고등교육법제: 경성전수학교관제(1911. 10. 11. 칙령 251호), 조선전문학교관제(1916. 4. 1. 칙령 80호).

③ 초·중등·실업교육법제: 경성고등보통학교관제(1911. 10. 11. 칙령 252호), 평양고등보통학교관제(1911. 10. 11. 칙령 253호).

④ 교육행정과 학교경영에 관계되는 법제: 소학교 및 보통학교교원시험규칙(1916. 10. 9 부령 88호), 조선교비령(1920. 7. 29. 제령 68호).

(2) 學校規程期(1922~1937)

줄기찬 한민족의 저항으로 3·1운동 이후 교육법제 전반을 개정하지 않을 수 없었다. 그래서 1922년 2월 주요 교육법제를 개정하고 그 개정된 법제들의 대부분을 '學校規程'으로 표기하였다. 이 때에 일제침략자들은 사범학교법제를 제정하여 교원 양성을 재개하였고, 종래 별도의 관리체계에 두었던 한민족과 한국 거주 일본인의 학교를 다같이 '조선교육령'의 통제하에 두고 양자의 교육내용과 수준도 같이하여 외견상 차별을 없애는 조치를 취하였다. 또 우리의 민립대학설치운동에 곤혹스러워 하던 그들은 고등교육법제도를 새롭게 제정하여 제국대학을 설립하는 듯 맞대응 하여 한민족의 환심을 사려하였다. 곧, '사범학교규정', '소학교규정', '보통학교규정', '중학교규정', '고등학교규정', '경성제국대학관제' 등 새로 제정된 법제들이 바로 그것이다. 여기서 처음으로 고등교육기관인 대학과 교원양성기관인 사범학교가 새롭게 추가되었다. 이 시기에 제정된 주요 교육법제는 다음과 같다.

① 교육기본법제: 조선교육령 개정(1922. 2. 6 칙령 19호).

② 고등교육법제: 경성법학전문학교규정(1922. 4. 1. 부령 49호), 경성고등공업학교규정 (1922. 4. 1. 부령 51호).

③ 초·중등·실업교육법제: 보통학교규정(1922. 2. 15. 부령 8호), 실업학교규정(1922. 2. 15. 부령 9호).

④ 교육행정과 학교경영에 관계되는 법제: 관립학교수업료규정(1922. 3. 8 부령 22호).

(3) 統合學校規程期(1938∼1940)

1938년 3월 일제침략자들은 또 다른 교육개혁을 단행하였다. 종래 학교 명칭을 별도로 하고 동일 교육법 체계 안에서 교육의 내용과 수준을 같게 한다는 것만으로 유화책을 써서 한민족의 저항에 대응하여 오던 일제침략자들은 이때의 개혁을 한 걸음 나아가 학교의 명칭마저 통일하는 개혁을 단행하였다. 곧, 보통학교, 고등보통학교, 여자고등보통학교를 일본인들의 그것과 동일하게 소학교, 중학교, 고등여학교로 바꾸어 부르게 한 것이다. 이 시기를 '統合學校規程期'라 한 것은 한민족과 일본 왜인의 학교 체제가 같은 체제로 통합하게 된 것을 의미하는 것이다. 한민족의 지원이 무엇보다 필요하였던 일제의 침략세력은 한·일 학교의 무차별을 전제로 하는 '통합학교규정'의 조치를 내세워, 한민족에 대하여 한편으로는 저항을 무마하고 다른 한편으로는 지원과 참여를 유혹하는 간계를 세우던 무렵에 수정하여 제정된 교육법제를 열거하면 다음과 같다.

① 교육기본법제: 조선교육령 개정(1938. 3. 3 칙령 103호).

② 고등교육법제: 명륜전문학교규정(1939. 2. 18. 부령 13호), 경성광산전문학교규정 (1939. 4. 28. 부령 65호).

③ 초·중등·실업교육법제: 소학교규정(1938. 3. 15. 부령 24호), 사범학교규정(1938. 3. 15. 부령 27호).

④ 교육행정 및 기타 교육법제: 청년훈련소규정(1938. 3. 31. 부령 54호).

(4) 戰時學校規程期(1941~1945)

이 시기의 교육법제는 주로 전쟁 수행 목적과 관련하여 제정되었다. 일제침략자들은 1941년 7월 2일 지금의 베트남인 프랑스령 인도차이나에 무단으로 무력을 행사하여 침략하고, 이어 동년 12월 1일 미국의 하와이를 기습하여 태평양전쟁을 일으켰다. 이렇게 확대된 전쟁을 위하여 일제침략자들은 모든 학교체제를 전시체제로 바꾸어 어린아이까지도 전쟁 목적에 동원하려는 계획을 추진하였다. 초등단계의 학교인 소학교를 '국민학교'로 바꾸어 부르게 된 것도 이때부터이다. 일제침략자들은 모든 사람을 무모한 전쟁 수행에 동원하기 위하여 그 '국민학교'라는 명칭에 상징적인 의미를 두었던 것이다. 이 '국민학교'를 통하여 전쟁 도발을 일삼는 군국주의와 일제의 왕을 신격화하는 황국신민주의를 한민족의 모든 어린 아동에게 주입·세뇌하고 그들의 전쟁 목적에 통합시켜 근로에 동원하고, 또 전쟁터로 몰아 나갔던 것이다. 이 시기에 상하이의 임시정부는 일제의 패전을 예측하였기 때문인지 또 다시 '臨時約憲(1927. 3. 5.)'을 개정하여 '대한민국 임시헌장(1944년 4월 22일)'이라고 하고 이 헌장 제5조 인권조항 3항에 "법률에 의하여 취학 및 부양을 요구하는 권리"라는 조항을 삽입하여 처음으로 '교육권'의 전통을 수립하였다. 이 때의 주요 교육법제는 다음과 같다.

① 교육기본법제: 조선교육령이 1941년 3월 8일자의 칙령 113호와 1941년 3월 25일자의 칙령 254호로 개정. 전시교육령 시행규칙(1945. 7. 1. 부령 151호)이 제정됨.

② 고등교육법제: 관립공업전문학교규정(1944. 6. 30. 부령 260호), 관립농업전문학교규정(1944. 6. 30. 부령 261호), 관립의학전문학교규정(1944. 6. 30. 부령 262호), 관립경제전문학교관제(1944. 6. 30. 부령 263호), 관립수산전문학교규정(1944. 9. 2. 부령 263호), 경성제국대학 대학원의 특별연수생에 관한 건(1944. 10. 15. 부령 제346호).

③ 학교법제: 국민학교 제도의 실시에 따른 조선공립학교관제 등 규정의 정리 등에 관한 건(1941. 3. 25. 부령 71호).

④ 교육행정과 기타 법제: 면제·부제·도제·조선학교비령(1941. 3. 31. 제령 19호), 조선교직원공제조합령(1941. 3. 31. 왜칙령 361호), 조선교직원공제조합령(1941. 3. 31. 왜칙령 361호), 부산고등수산학교규정(1941. 4. 1. 부령 97호).

⑤ 교원양성법제: 국민학교교원 및 양호훈도시험규칙(1944. 3. 28. 부령 107호).

(5) 過渡的 敎育令期(1945~1947)

'過渡的 敎育令期'는 1945년 일제침략의 식민지체제가 끝난 때부터 1948년 대한민국 정부가 수립되어 새롭게 '교육법'이 제정되던 시기까지의 기간을 가리킨다. 이 시기를 과도적이라고 한 것은 이 시기가 한민족의 자주적이고 독립적인 국가를 수립하기까지 잠정적으로 미군의 군정에 의하여 이 땅의 교육이 관리·운영되던 기간이기 때문이다.

이 기간 동안 한민족은 독립된 국가로서 필요한 교육제도의 기초를 확립하였다. 이 기간 동안에는 종래 구제도의 개폐와 신학제의 수립을 통하여 이후 독립될 국가의 주요 교육제도가 마련되었다. 이때 마련된 교육 목적과 방침, 6·3·3·4제의 학제, 국립대학 설립안, 지방교육자치제 등은 이후 제정된 교육법의 기본적인 틀이 되었다. 이 '과도적 교육령기'에 제정된 교육관계 법령은 다음과 같다.

① 포고령 제1호, 법령 제102호의 개정: 국립 서울대학교 설립(1947. 3. 20. 법률 1호), 입법의원선거법(1947. 8. 12. 법률 5호)

② 일반명령 제4호의 개정: 공립학교의 개학 명령(1945. 9. 29. 법령 4호), 국립 서울대학교 설립에 관한 법령(1948. 8. 12.), 교육구회의 설치(1948. 8. 12. 법령 207호), 공립학교재정 경리(1948. 8. 12. 법령 218호)

2. 現代 敎育法 時代

우리나라에서 교육법제상의 현대라고 볼 수 있는 시기는 1945년 광복 이후로 보는 견해도 있으나, 제헌헌법 제정과 정부수립 후 다음 해에 교육법이 제정되었으므로 1948년부터 현대 교육법 시대로 보는 것이 타당하리라 본다.[27] 대한민국의 교육법은 1949년 12월 31일 법률 제86호로 제정·공포되었다. 동법은 제헌국회가 제헌헌법 제16조에 근거하여 제정한 것이다. 1948년 대한민국이 수립되자 초대 문교부장관이었던 안호상은 一民主義의 교육이념을 창도하였다. 이러한 일민주의에 기반을 둔 문교부와 국회 문교사회위원회는 국가교육의 기준이 될 교육기본법의 제정을 위하여 각각 기초적 준비작업을 착수하였다.[28] 그 후 국회문교사회위원회는 문교부가 제출한 '敎育基本法案', '學校敎育法案', '社會敎育法案'과 자체에서 준비한 '敎育法案'을 토대로 하여 교육계의 저명인사 20명을 초청하여 의견을 청취한 다음 기초위원 10명을 선임하여 이들을 하여금 종합된 敎育法案을 작성하도록 하였다.[29] 이 기초위원들에 의하여 작성된 교육법안은 1949년 10월 26일 국회 제5회 본회의에 상정되어 11월 30일 국회를 통과하고 12월 31일 공포와 동시에

---

27) 정태수, 『한국교육기본법제 성립사』(서울: 예지각, 1996), pp.11~12.

28) 김종철, 『한국교육정책연구』(서울: 교육과학사, 1990), p.14.

29) 김낙운, 『현행교육법해설』(서울: 하서출판사, 1986), p.28.

시행된 것이다. 최초의 교육법은 그 제정과정에서 알 수 있는 바와 같이 교육기본법안, 학교교육법안, 사회교육법안이 합쳐져서 만들어진 것이다. 그 당시의 사회여건과 교육여건으로 볼 때 3법안을 통합하여 하나의 교육법으로 하는 것이 시대적 여건에 부합했을지는 모르지만 결국 통합된 교육기본법을 만들지 못했다는 시행착오를 범한 것이다. 시행착오로 교육기본법을 만들지 못한 결과 제정 3개월만에 제1차 개정을 해야만 하였고, 그 후 지금까지 38차에 걸친 교육법 개정이 있었다. 이것은 모두가 교육법을 제정할 때 3법을 통합하여 제정함으로써 학교교육이나 사회교육의 개혁이나 변화에 따른 세부적인 사항까지도 교육법의 내용이 되었기 때문에 교육법이 교육관계법규의 기본법으로서의 역할을 할 수 없었기 때문이다. 1948년 7월 17일 헌법이 공포되고, 동년 8월 15일 대한민국 정부가 수립된 데 이어, 이듬해인 1949년 12월 31일에 '교육법'이 제정·공포되었다. 이때로부터 오늘날까지를 가리켜 '교육법기'라 한다. 그러나, 이런 교육법이 시행된 지 불과 3개월만에 제1차 개정이 있은 이후 무려 38차례의 개정이 있었고, 이렇게 누더기가 된 교육법은 제39차 개정으로 완전히 새로운 모습으로 탄생하게 되었다.

현대 교육법 시대를 어떻게 구분하느냐 하는 문제는 근대 교육법제 시대를 구분하는 것과 마찬가지로 어렵고 여러 견해가 있다. 교육체제와 정책의 변화를 반영하여 교육체제 형성기(1945~1955), 학교교육 정비기(~제3공화국시기), 국가교육체제강화기(제4공화국시기), 교육개혁추진기(1981~1997), 교육3법 체제기(1998~)로 나누기도 하고,[30] 학교교육규범의 형성기(1945~1949), 교육체제의 유지기(1950~1959), 학교교육법의 재정립(1960~1979), 학교교육법의 분화기(1980~1995)로 구분하기도 하나,[31] 여기서는 크게 태동기, 경제개발기, 확장기, 민주화기, 신교육법기의 5단계로 나누어 각 시대별로 특징을 알아보고자 한다.

가. 胎動期(1948~1960: 교육법 제정 - 제3차 개정)

교육법의 태동기라 함은 1948년 우리나라에서 최초로 교육법이 만들어진 시기부터 1960년 제3차 개정에 이르기까지의 시기를 뜻한다. 해방과 미군정기를 거치면서 건국이라는 과업수행이 완성되기도 전에 민족 동란인 6·25의 발발로 계속되는 어려움을 겪고, 이후 민주주의의 정착을 위해 새로이 국가 제도를 정비해 나가던 시기이다. 정치적인 혼란 속에서도 교육에 관한 제반 법령들은 새로이 제정되고 현장에 실천되었다. 이념적 분쟁과 시기적 어려움을 겪었음에도 불구하고 교육에 관련된 것들은 국민들이 이에 대한

---

30) 교육부, 『교육 50년사』(교육부, 1998), p.742.
31) 박재윤, 『학교교육법편람』(서울: 원미사, 1995), pp.35~43.

깊은 열의로 잘 유지될 수 있었다.[32) 1949년 제헌국회에서 구헌법 제16조에 근거하여 제정된 것인데, 그 당시 문교부와 국회 문교사회위원회는 국가교육의 기반이 될 교육법의 제정을 위하여 각기 기초작업에 착수하였다. 그리하여 국회의 문교사회위원회는 문교부가 제출한 교육기본법, 학교기본법 및 사회교육법과 자체에서 기초한 교육법을 종합하여 이를 토대로 교육계 저명인사 20명을 초청 이들의 의견을 들은 다음에 다시 기초위원 10인으로 하여금 최종안을 작성케 하였다. 이 기초위원들이 최종적으로 기초한 교육법안은 같은 해 9월 28일부터 문교사회위원회의 심의에 들어갔고, 10월 26일에 국회 제5회 본회의에 상정되어 11월 30일에 통과, 12월 31일 공포와 동시에 시행케 되었던 것이다. 이 법은 교육의 목적과 방침 등을 비롯한 모든 학교법 제도를 망라한 통일교육법제로서 그 안에는 주둔군의 군정 교육 유산까지도 받고 있다.

그 내용 중에는 군정 당시 교육위원회와 교육심의회 등이 제정한 교육 목적과 방침, 6 · 3 · 3 · 4제의 학제를 비롯하여 미군정안인 국립대학안과 교육자치제안이 들어 있다. 최초의 교육법에서 홍익인간의 건국 이상을 교육 이념으로 채택하였고, 민주주의적인 교육을 제도화시키기 위한 법적인 근거를 마련하였다. 교육의 중립성 확보와 초등교육의 의무교육화 등을 법제화하고, 학제, 교육 재정, 교원 등 교육 전반에 거친 기본틀을 마련하였다고 할 수 있다.

교육법이 만들어지고 정착되는 과정에서 중요한 역할을 한 것은 교육자치제의 실시였다. 교육자치제가 자리잡게 된 배경으로는 민주주의의 정착 과정에서 일어날 수 있는 교육에 대한 억압과 간섭을 배제하기 위함이라는 교육관계자들의 의식이 있었기 때문이라고 할 수 있다. 이는 그 당시 교육관계자들 가운데 미국에서 유학을 한 사람들이 많았다는 점과, 초기 미군정기의 교육제도의 영향을 받았기 때문이다. 이로써 지방 교육행정을 일반행정으로부터 분리하여 교육전문가들에 의해 능률적으로 운영하기를 도모하였던 것이다.

교육자치가 실현된 것은 1952년 4월로 郡에 둔 교육위원회의 기능은 의결기관으로 市의 교육위원회를 집행기관으로 중앙과 도단위에는 도교육위원회와 중앙교육위원회를 두어 자문기관으로 규정하여 이의 정착에 힘썼던 것이다. 교육자치제가 실시되자 이와 더불어 의무 교육을 계속적으로 강조하게 됨으로써 이 시기 말에 이르러서는 95.3%의 학령기 어린이들이 취학하게 되는 성과를 올리기도 하였다.[33)

교육법과 함께 교육에 관련된 주요 법규로 교사와 교육재정에 대한 관계 법령들이

---

32) 강인수 외, 앞의 책, p.56.

33) 손인수, 『한국교육사』(서울 : 문음사, 1998), p.421.

만들어지기 시작하였다. 먼저 '교육공무원법'34)은 교육공무원의 자격, 임면, 보수, 복무, 신분 보장과 징계 등에 관한 기준을 정하기 위해 1953년 4월 18일 제정되어 현재까지 그 틀을 유지하고 있다. 이 법에서 교육공무원의 종류, 대학교수의 자격 기준, 총·학장의 임명 절차 및 임기, 교육공무원의 보수, 우대, 신분 보장을 규정하고 있고, 현행범인 경우를 제외하고는 소속장의 동의 없이 학원 내에서 체포하지 못하도록 하며, 교원의 정년은 65세로 확정하였으며, 교육공무원에게 내리는 징계의 종류로 면직, 정직, 감봉 및 견책 등이 있음을 규정하고 있다. 교원의 정년 문제는 교육에관한임시조치에서 60세로 줄여졌다가 이후 정상화되었으나, 최근 이는 다시 62세로 낮추어 졌다.

교육재정에 관한 법률로는 '의무교육재정교부금법'이 있다. 이 법은 의무 교육을 위해 요구되는 비용을 충당하는 방법에 대해 규정하고 있다. 교육구의 재정 수입액과 재정 수요액의 산출 기준을 법정화 한 것으로 1958년 12월 23에 제정되어 1971년 12월 28일에 이르러 '지방교육재정교부금법'으로 탈바꿈 할 때까지 교육재정에 관한 내용들을 법제화하고 있었다.

주요 내용으로는 전국의 의무교육총재정부족액과 특별한 의무교육재정수요액을 매년 정부 예산에 의무교육재정평형교부금으로 계상하는 것과 보통교부금은 의무교육비의 재원이 부족한 교육구에 교부하고, 특별교부금은 천재지변으로 인한 특별한 재정 수요가 있거나, 재정 수입의 감소가 있을 때 교부한다는 것, 또 교부금은 매년 4기로 나누어 교부하는 내용을 담고 있었다. 교육법은 1949년 12월 31일 법률 제86호로 제정되었고 1950년 3월 10일 법률 제118호로 1차 개정, 1951년 3월 20일 법률 제178호로 2차 개정, 1951년 12월 1일 법률 제228호로 3차 개정되어 1960년까지 세 번의 개정이 있었다. 그 내용은 다음 <표 1>과 같다.

나. 經濟開發期(1960~1979: 제4차 – 제22차 개정)

경제개발기는 1960년 4·19 학생의거에서 1979년 10·26사태까지 군사정권이 등장하면서 막을 내리기까지의 약 20여 년 동안의 시기를 교육법상의 하나의 시기로 묶어 볼 수 있다. 이 때는 능률 지향적인 정치 체제를 표방하면서 군사정권의 장기 집권이 지속되던 시기로 경제개발과 함께 사회 전역에 걸친 변화가 촉진되던 시기이다.

정치적으로는 제2공화국, 제3공화국, 제4공화국에 걸친 시기였다. 제2공화국은 자유민주주의 발전을 위한 노력을 계속했으나, 제1공화국의 오랜 권위주의에 눌려있던 사회

---

34) 교육부, 『교육50년사』 (서울: 교육부, 1998)

<표 1> 태동기 교육법의 주요 개정 내용(1948~1960)

구 분	공포일자	법률번호	중 요 내 용
제 정	1949년 12월 31일	법 률 제86호	교육법 제정 　제1장 총칙 제14조 　제2장 교육구와 교육위원회 　　　제1절 교육구 제15조~제32조 　　　제2절 시교육위원회 제33조~제45조 　　　제3절 도교육위원회 제46조~제56조 　　　제4절 중앙교육위원회 제57조~제67조 　제3장 교육세와 보조금 제68조~제72조 　제4장 교원 제73조~제80조 　제5장 교육기관 　　　제1절 학교 제81조~제92조 　　　제2절 국민학교 제93조~제99조 　　　제3절 중학교 제100조 ~제103조 　　　제4절 고등학교 제104조~제107조 　　　제5절 대학 제108조~제117조 　　　제6절 교육대학과 사범대학 제118조~제128조 　　　제7절 기술학교와 고등기술학교 제129조~제136조 　　　제8절 공민학교와 고등공민학교 제137조~제142조 　　　제9절 특수학교 제143조~제145조 　　　제10절 유치원 제146조~제148조 　　　제11절 각종학교 제149조 　제6장 수업 제150조~제154조 　제7장 학교와 교과 제155조~제156조 　제8장 교과용 도서 제157조 　제9장 장학과 장학금 제158조~제162조 　제10장 벌칙 제163조~제166조 　제11장 부칙 제167조~제177조
제1차 개 정	1950년 3월 10일	법 률 제118호	1) 고등학교 수업 연한이 2년 내지 4년이던 것을 3년으로 하고, 그 입학 자격을 중학교(4년)졸업자로 하던 것을 중학교 3학년 수료자로 한다. 2) 사범학교의 수업 연한을 2년으로부터 3년으로 하고, 그 입학 자격을 고등학교의 경우와 같이 조정한다. 3) 초급대학제도를 창설하며, 중학교 졸업자를 입학 자격으로 하는 것은 4년제, 고등학교 졸업자를 입학 자격으로 하는 것은 2년제로 한다.
제2차 개 정	1951년 3월 20일	법 률 제178호	1) 중학교의 수업 연한을 4년으로부터 3년으로 단축하고 이에 따라 고등학교 사범학교의 입학자격을 중학교 졸업자로 함. 2) 초급학교의 수업 연한을 2년으로 단일화함
제3차 개 정	1951년 12월 1일	법 률 제222호	의무 교육비의 재원이 부족한 교육구 등에 대하여 국고가 그 부족액 전액을 보조하게 함

각층에서 개혁에 대한 요구를 하여 계속적인 정치 불안이 있었던 시기였다. 1960년 4·19 혁명으로 시작되어 1961년 5·16 군사 정변이 일어나기까지 사회의 여러 영역에서 여러 가지 개혁조치가 이루어지긴 하였으나 정치적 안정을 이루지 못하고 단명하는 결과를 낳고 말았다. 그러나, 헌법 조문이 수정된 것을 제외하고는 교육법상의 특별한 변화도 없었던 시기이다.

5·16 군사정변으로 60년대를 시작한 제3공화국은 조국의 근대화를 내세우며 경제 개발에 박차를 가했다. 경제개발기의 교육법은 바로 이 시기를 말하는 것으로 산업화가 진행되면서 많은 교육적인 조치를 취한 것이 특징이라고 할 수 있다. 이 정권이 교육에서 특히 강조한 것은 인간개조운동과 재건국민운동이었다. 5·16 군사정변은 밑에서부터의 혁명
이었던 4·19혁명과는 달리 군부에 의한 정권 장악이었기 때문에, 권력의 정당성을 확보 받지 못하였다. 따라서, 이 정권은 사회적으로는 이에 대한 반발을 막으려는 실제적·의 식적 억압 정책과 경제 개발에 따른 교육 진흥을 두 가지 큰 축으로 교육에 관한 법규들을 제정하였다.

교육법 개정의 핵심적인 내용으로는 사범학교 폐지와 교육 대학 설립에 관한 것(제6차 개정), 교육자치제도의 일시적인 폐지에 관한 것(제5차 개정)이 있었다. 또한 중학교 입학 에 대한 과열 경쟁과 과외 등을 막기 위해 중학교 무시험제도를 확립(제14차 개정)하였는 데 이는 국민적인 지지를 받은 성과로 기록된다.[35] 경제 개발과 기술 혁신을 위해 과학 기술적인 전문인을 양성하는 전문 학교와 방송통신대학을 마련함(제18차 개정)으로써 고등교육의 기회를 확대시키는 결과를 가져왔다. 산업체 부설 중·고등학교 등의 신설(제 21차 개정)도 경제 개발에 따른 교육기회 부여의 한 방법이었다.

한편, 사회적인 불만 세력이 분출되지 못하도록 하기 위한 제도적인 장치를 마련하였 다. 그 동안 비난의 대상이 된 교육의 정상화를 실현한다는 명목으로 '교육에관한임시특 례법'과, '사립학교법', 그리고 학교에 대한 임시조치와 학원에 관한 사항을 제정한 것이 그것이다. '교육에관한임시특례법'(법률 제708호)은 민법상의 비영리 법인인 사립학교에 대한 국가의 규제를 강화하고 법적 불비에 따른 교육계의 부패일소와 국민교육의 질서회 복 및 질적 향상을 도모하기 위해 1961년 9월 1일 제정되었다.

주요 내용으로는 ① 문교 행정의 중요 시책에 관한 자문기관으로서 '문교재건자문위원 회'를 설치하는 것, ② 학교 정비를 위하여 학교 및 학과의 폐합과 학급 및 학생 정원에

---

35) 강인수 외, 앞의 책, p.59.

대한 재조정권을 부여, ③ 의무교육 실시상 각급 학교 상호간 환치에 대한 규정, ④ 2년제 교육대학제 신설 및 대학 교원 임용시 실적 심사제 채택, ⑤ 교원 노동 운동 및 집단 행위 금지, ⑥ 대학 학사학위 수여시 국가고시제 도입 등이 있다. 이 법은 5·16 군사 정변 당시의 무질서한 교육행정 질서의 회복으로 1963년 12월 5일에 폐지되었다.

'중학교·고등학교및대학의입학에관한임시조치법'은 중학교와 고등학교의 입학을 학생의 거주지를 관할하는 시·도로 제한하고 이를 위한 필답 고사는 국가가 공동출제하며 대학의 입학자격으로 문교부 시행 국가고사의 합격을 요건으로 한다는 것을 주요 내용으로 1961년 8월 12일 제정되었다. 이 법은 1963년 4월 11일 대학입학지원의 제한 및 국가고시와 학교별 전형의 낭비 요인으로 폐지되었다.

'사립학교법'(법률 제1362호)은 사립학교의 설립주체, 재산 및 회계, 감독, 교원의 자격 및 신분 보장 등을 규정하기 위해 1963년 6월 26일 제정되어 오늘날에 이르고 있다. 이는 특히 사립대학이 기업화되는 현상을 저지하기 위한 것으로 사립학교에 대한 통제를 강화하는 동시에 사립학교 또한 국가가 관리하게 함으로써 공공성을 확보하려는 정책이었다. 제정시의 주요 내용으로 학교의 설립 주체를 학교법인, 공공단체 이외의 법인 및 사인의 세 종류로 한정하고, 학교급별 지휘 감독기관, 학교법인의 재산, 구성, 예산 사용 등의 요건, 학교법인이 경영하는 학교의 장 등 교원의 임면 절차 및 신분 보장을 규정하고 있다.

군정에서 민정으로 전환하면서 경제개발 5개년 계획을 통해 사회 개발에 박차를 가한다는 측면에서 나타난 교육법상의 새로운 점은 산업교육진흥법, 과학교육진흥법, 도서벽지교육진흥법 등의 제정에서 찾아볼 수 있다. 그리고 학교보건법과 특수교육진흥법 등도 경제 개발에 따른 교육적 조치라고 할 수 있다. 이러한 법률들의 요점만 정리하면 다음과 같다.

'산업교육진흥법'(법률 제1403호)은 경제개발 5개년 계획을 수행함에 소요되는 유능한 기술인을 양성하기 위해 1963년 9월 19일 제정되어 현재에 이르고 있다. 국가는 이 법 등에 의하여 산업교육 진흥을 위한 방책을 강구하고 학교의 실험 실습을 위해 예산편성 및 집행시 특별히 고려하도록 하고 있다. 산업 교육에 종사하는 교원의 자격, 정원, 대우에 관해 특별한 조치를 강구하며 문교부에 '중앙산업교육심의회'를 설치하였다.

'과학교육진흥법'(법률 제1927호)은 실질적인 과학 교육 진흥을 위한 교육시책으로 1967년 3월 30일 제정되어 현재에 이르고 있다. 국가 및 지자체는 이 법 등이 정하는 바에 따라 과학교육방안을 강구하고 문교부에 '과학교육심의회'를 설치하고 과학교육기금을 설치할 수 있게 하며 국가는 과학 교재의 생산에 필요한 조치를 강구하도록 한

법이다.

'도서벽지교육진흥법'(법률 제1870호)은 도서벽지의 의무교육 진흥을 위해 1967년 1월 16일 제정되어 현재에 이르고 있다. 국가는 학교부지, 교실의 구비, 교과서의 무상 공급, 통학에 필요한 조치, 교원에 대한 주택 제공 등의 조치를 우선적으로 하도록 하고 지자체는 도서 벽지의 특수사정에 적합한 학습 지도 자료를 정비하도록 하였으며, 교원에게는 도서벽지 수당을 지급하도록 하고 있다.

'학교보건법'(법률 제1928호)은 1967년 3월 30일 학교보건의 관행에 관한 사항을 규정하여 학생 및 교직원의 건강 보호를 증진하기 위해 제정되었다. 학교설립자는 학교보전 및 신체 검사에 필요한 시설 및 기구를 갖추도록 하고, 시·도교육위원회는 학교환경 위생 정화구역을 설정하고 학교의 장은 신체검사를 매년 실시하며, 감독청에게는 전염병 예방을 위해 당해 학교의 휴업을 명할 수 있는 권한을 부여하였다.

'특수교육진흥법(법률 제3053호)'은 1977년 12월 31일 시청각 장애자에 대한 특수교육을 발전시켜 사회에 기여할 수 있도록 하기 위해 제정되었다. 주요 내용으로 국가 및 지방자치단체가 특수교육진흥을 위한 시책을 강구하며 국·공립·사립의 특수교육기관 중 의무교육과정에 취학한 자의 교육은 무상으로 하며 특수교육대상자에게는 직업 훈련 및 직업 보도를 시행하도록 하고 있다. 경제개발기에 개정된 교육법의 주요 내용은 다음과 같다.

① 1961년 8월 12일 행해진 제4차 개정에서는 학기변경이 이루어지는데, 4월 1일부터 익년 3월말까지에서 3월 1일부터 익년 2월말로 변경한다.

② 1962년 1월 6일에 행해진 제5차 개정에서는 교육자치제 규정이 폐지되고, 교육위원회가 설립된다. 그리고 지방자치단체의 교육·학예에 관한 경비는 당해 지방자치단체의 특별회계로 하게 하였다.

③ 1963년 8월 7일에 행해진 제6차 개정에서는 교육대학제가 창설되어 그 당시 국민학교 교사양성기관이 만들어지고, 사범학교가 폐지된다. 또한 실업고등전문학교가 창설되어 중견 산업기술인 양성을 목적으로 하게 된다.

④ 1963년 11월 1일에 행해진 제7차 개정에서는 교육자치제가 부활되고, 4년제 실업대학에 실업교육과가 창설되어, 실업계 학교 담당의 교원 양성을 목적으로 하게 된다. 또한 대학교원에게 지급하는 봉급의 반액은 국고가 부담하게 하였다.

⑤ 1963년 12월 5일에 행해진 제8차 개정에서는 대학교와 4년 제 대학 및 사대에서는 명예교수를 추대할 수 있게 하였다.

⑥ 1963년 12월 16일에 행해진 제9차 개정에서는 헌법개정에 따르는 권력구조 변경에

수반되는 여러 조항을 개정하였다.

⑦ 1964년 10월 20일에 행해진 제10차 개정에서는 대학교원에게 지급하는 봉급에 대한 국고 반액 부담을 폐지하였고, 공립의 중·고·실업고등전문학교 교원에게 지급하는 봉급의 반액을 국고가 부담함에 있어서 서울특별시를 제외하였다.

⑧ 1967년 2월 28일에 행해진 제11차 개정에서는 교육감은 그 교육위원회의 사무로 인한 소송이나 재산의 등기에 관하여 당해 교육위원회를 대표하도록 하였다. 그리고 문교부장관은 임시로 교원 양성 기관 또는 계절제·야간제의 교육대학과정, 사범대학과정, 교육대학원과정과 기타 과정을 연수하는 교원 재교육 기관을 설치 또는 인가할 수 있도록 하였다.

⑨ 1968년 3월 15일에 행해진 제12차 개정에서는 교육자치단체에 교부하는 의무교육경비를 의무교육에 관련되는 경비로 개정하고, 이 경비의 일부를 국민학교 교원양성기관의 경비로 사용할 수 있도록 하였다. 그리고 연구교수제도를 마련하였다.

⑩ 1968년 7월 3일에 행해진 제13차 개정에서는 문화재 관리에 관한 사무를 지방자치단체에 이관하였다.

⑪ 1968년 11월 15일에 행해진 제14차 개정에서는 중학교의 무시험 입학제를 규정하였다. 그리고 대학, 대학원 등의 학생정원을 대통령령으로 정하도록 하였고, 대학입학예비고사 합격의 효력은 당해 학년도에 한하도록 하였다. 또한 국립대학교에 방송통신대학을 둘 수 있도록 하였고, 학위를 받은 자는 문교부에 등록하도록 하였다.

⑫ 1970년 1월 1일에 행해진 제15차 개정에서는 전문대학제도를 신설하고, 그 입학자격은 고등학교 졸업자로, 수업연한은 2년, 대통령령으로 정하는 전문학교는 3년으로 하였다.

⑬ 1972년 12월 16일 행해진 제16차 개정에서는 2개 이상의 시·군을 통합하여 하나의 교육장을 둘 수 있게 하였고, 교육위원회에 부교육감을 둘 수 있게 하였다. 또한 중학교의 감독권을 시·군 교육장에게 이관하였고, 교육공무원법에 규정되어 있던 교원의 자격기준을 교육법에 규정하였다. 그리고 서울특별시 및 부산시의 교육위원회의 하부집행기관으로 교육청을 둘 수 있게 하였고 대학원 수업연한을 3년에서 2년으로 하였다.

⑭ 1973년 2월 2일에 행해진 제17차 개정에서는 실업고등전문학교와 전문학교에 학감을 둘 수 있게 하였고, 체육중학교 또는 체육고등학교의 명칭을 쓸 수 있도록 하였다. 1973년 3월 10일에 행해진 제18차 개정에서는 고등학교 입학제도를 시·도별로 시행하는 선발고사에 의하도록 하였고, 대학입학예비고사 합격자 결정을 시·도별로 하고 예비고사합격자는 그가 지원합격한 시·도에 소재한 대학에 한하여 입학할 수 있게 하였다. 또한 국·공립의 중학교 및 고등학교에 방송통신교육과정을 설치할 수 있게 하였다.

⑮ 1974년 12월 14일에 행해진 제19차 개정에서는 중·고등학교의 방송통신교육과정을 방송통신중·고등학교로 개편하고, 방송통신대학 및 전문학교 졸업자를 초급대학 학력인정과 아울러 검정고시 시험에 합격한 후 대학에 편입할 수 있게 하였다. 또한 대학의 조기 졸업제도를 신설하였고, 외국에서 박사학위를 받은 자는 문교부에 신고하게 하였다. 그리고 전문학교 교과서 및 도서는 검정 또는 인정받은 것을 사용하게 하였고, 방송통신대학 초등교육과 졸업자에게 국민학교 교사자격 인정 및 승진제도 확립하였다.

⑯ 1975년 7월 23일에 행해진 제20차 개정에서는 교수의 임무에 학생지도를 추가하였다. 또한 감독청은 학교가 교육관련법령 또는 이에 의한 명령에 위반한 때는 학교의 경영자 또는 학교의 장에게 필요한 조치를 명할 수 있는 조항을 두었고 불법 학생모집 및 불법 학교명칭 사용자에게 1년 이하의 징역 또는 5만원 이하의 벌금에 처하도록 하였다.

⑰ 1976년 12월 31에 행해진 제21차 개정에서는 산업체에 부설중·고등학교를 신설·경영할 수 있게 하였고, 야간제 특별학급을 설치할 수 있게 하였다. 외국에서 중학교를 졸업한 자는 고등학교 선발고사를, 외국에서 고등학교를 졸업한 자는 대학입학예비고사를 면제하는 규정과 재외국민교육에 관한 근거를 마련했다. 또한 대학원 교육과 졸업자에게도 정교사 자격증을 수여하는 규정을 두었고, 교육대학 교원에게 교감 또는 정교사자격증을 수여하는 규정을 두었다.

⑱ 1977년 12월 31에 행해진 제22차 개정에서는 초급대학·실업고등전문학교 및 전문학교를 전문대학으로 개칭하였고, 대학입학예비고사 면제자의 범위를 조정하였다. 또한 방송통신대학 이수자에 대하여는 그 이수과정에 따라 전문대학 또는 대학졸업자의 학력을 인정하였고, 국비 유학생 제도를 신설하였다. 이를 정리한 것이 다음 <표 2>이다.

<표 2> **경제개발기 교육법의 주요 개정 내용**(1960~1979)

구 분	공포일자	법률 번호	중 요 내 용
제4차 개정	1961년 8월 12일	법 률 제680호	각급 학교의 학년이 4월 1일부터 익년 3월말까지이던 것을 3월 1일부터 익년 2월말일까지로 변경함.
제5차 개정	1962년 1월 6일	법 률 제955호	1) 지방의 교육자치기관인 종전의 교육구 및 시교육위원회를 폐지하고 지방의 교육·학예에 관한 행정 사무는 서울 특별시장·시장 또는 군수로 하여금 이를 관장하게 함으로써 교육자치제를 폐지함. 2) 서울특별시·도·시·군에 교육·학예에 관한 의결기관으로서 교육위원회를 두고, 교육의 전문성과 특수성을 살리게 함. 3) 지방자치단체들이 교육·학예에 관한 경비는 당해 지방자치단체의 특별회계로 함.

구 분	공포일자	법률 번호	중 요 내 용
제6차 개 정	1962년 8월 7일	법 률 제1387호	1) 사범학교제를 폐지하고, 국민학교 교육양성기관으로 2년제 교육대학을 창설하며, 그 입학자격을 고등학교 졸업자로 함. 2) 2년제 사범학교를 폐지하고 중학교 및 고등학교의 교원양성은 4년제 사범대학에서 행하게 함. 3) 중견산업기술인의 양성기관으로서 5년제 실업고등전문학교를 창설하고, 그 입학자격을 중학교 졸업자로 하며, 실업고등전문학교 교원에게 지급하는 봉급의 반액은 국고가 부담하게 함.
제7차 개 정	1963년 11월 1일	법 률 제1435호	1) 교육자치제의 부활을 위하여, 교육·학예에 관한 행정 사무의 집행기관으로서 서울특별시·부산시 및 도에 교육위원회를, 시 및 군에는 교육장을 두어 그 사무에 관하여 당해 지방자치단체를 대표하게 함. 2) 실업계 학과 담당의 교원양성을 목적으로 4년제 실업계 대학에 실업교육과를 설치할 수 있게 함. 3) 대학교원에게 지급하는 봉급의 반액은 국고가 부담하게 함.
제8차 개 정	1963년 12월 5일	법 률 제1464호	대학교와 4년제 대학 및 사범대학에서는 명예교수를 추대할 수 있음.
제9차 개 정	1963년 12월 16일	법 률 제1582호	헌법개정에 따르는 권력구조의 명칭 변경으로 '내각수반'을 '대통령'으로, '각의'를 '국무회의' 등으로 자구 수정함.
제10차 개 정	1964년 10월 20일	법 률 제1661호	1) 대학교원에게 지급하는 봉급에 대한 국고의 반액 부담제를 폐지함. 2) 공립의 중학교·고등학교 및 실업고등전문학교의 교원에게 지급하는 봉급의 반액을 국고가 부담함에 있어서 서울특별시를 제외함.
제11차 개 정	1967년 2월 28일	법 률 제1890호	1) 교육위원회의 소송 사무의 수행과 재산등기에 있어서는 교육감이 당해 교육위원회를 대표할 수 있게 함. 2) 문교부장관은 교원재교육기관으로 계절제·야간제의 교육대학과정·사범대학과정·교육대학원과정을 설치 또는 인가할 수 있도록 함.
제12차 개 정	1968년 3월 15일	법 률 제1995호	1) 의무교육에 관련된 제 경비의 국고부담 범위를 확대함. 2) 대학(교)에 연구교수제를 신설함.
제13차 개 정	1968년 7월 3일	법 률 제2021호	문교부가 관장하던 문화·예술사무를 문화공보부로 이관함.
제14차 개 정	1968년 11월 15일	법 률 제2035호	1) 중학교 입학에 있어서 무시험제를 채택함. 2) 대학입학예비고사제를 채택함. 3) 국립대학교에 방송통신대학제를 채택함.
제15차 개 정	1970년 12월 16일	법 률 제2175호	전문학교 제도를 신설하고, 그 입학 자격을 고등학교 졸업자로, 수업연한을 2년으로 하되, 대통령령으로 정하는 전문학교는 3년으로 함.
제16차 개 정	1972년 12월 16일	법 률 제2366호	제16차 개정 내지 제18차 개정은 1972년 10월 유신 이후 지방교육행정제도를 강화하고 고등학교 및 대학의 입학제도를 개선하기 위하여 이루어진 것으로, 이 3건의 개정 법률은 비상국무회의에서 통과·확정되었다. 1) 2개 이상의 시·군을 통합하여 하나의 교육장을 둘 수 있게 함. 2) 교육위원회에 부교육감을 둘 수 있게 함.

구 분	공포일자	법률 번호	중 요 내 용
			3) 교육위원회의 교육감 및 시·군의 교육장 소속 하에 지방공무원을 둘 수 있게 함. 4) 중앙교육위원회제도를 폐지함. 5) 중학교에 대한 지도·감독권을 시·군교육장에 위임함. 6) 예능·체육계 대학의 지원장에 대한 대학 입학예비고사제를 폐지함. 7) 교육공무원법에 규정되어 있던 교원의 자격 기준을 교육법으로 이기함. 8) 서울특별시 및 부산직할시의 교육위원회의 하부 집행기관으로 교육청을 둘 수 있게 함. 9) 교원 교육원제를 폐지함. 10) 대학원 수업연한을 3년에서 2년으로 함.
제17차 개 정	1973년 2월 2일	법 률 제2544호	1) 실업고등전문학교와 전문학교에 학감을 둘 수 있게 함. 2) 체육중학교 및 체육고등학교의 명칭을 사용할 수 있게 함.
제18차 개 정	1973년 3월 10일	법 률 제2586호	1) 고등학교 입학제도를 시·도별로 실시하는 선발고사에 의하도록 함. 2) 대학입학 예비고사 합격자 결정을 시·도별로 하고, 예비고사 합격자는 그가 지원·합격한 시·도에 소재한 대학에 한하여 입학할 수 있게 함. 3) 국·공립의 중학교 및 고등학교에 방송통신교육과정을 설치할 수 있게 함.
제19차 개 정	1974년 12월 24일	법 률 제2710호	1) 중·고등학교의 「방송통신교육과정」을 「방송통신중고등학교」로 변경함. 2) 방송통신대학 및 전문학교의 졸업자에 대하여 초급대학졸업학력을 인정하고 아울러 검정고사 후 대학에 편·입학할 수 있게 함. 3) 대학의 조기졸업제도를 신설함. 4) 외국에서 박사학위를 받은 자는 문교부에 신고하게 함.
제20차 개 정	1975년 7월 23일	법 률 제2773호	1) 교수의 임무에 학생 지도를 추가함. 2) 감독청은 학교가 교육관계법령 또는 이에 의한 명령에 위반한 때는 학교의 경영자 또는 학교의 장에게 필요한 조치를 명할 수 있게 함. 3) 불법 학생 모집 및 불법 학교 명칭 사용자에게 1년 이하의 징역 또는 5만원 이하의 벌금에 처하도록 함.
제21차 개 정	1976년 12월 31일	법 률 제2980호	1) 산업체에 부설중·고등학교를 설치·경영할 수 있게 함. 2) 산업체의 근로 청소년을 위한 야간특별학급을 중·고등학교에 설치할 수 있게 함. 3) 외국에서 중·고등학교를 졸업한 자에 대하여 입학 고사를 면제함. 4) 재외 국민교육에 관한 근거를 명시함. 5) 대학원 교육과 졸업자에게 정교사 자격증을 수여함. 6) 교육대학 교원에게 교감 또는 정교사 자격증을 수여함.
제22차 개 정	1977년 12월 31일	법 률 제3054호	1) 초급대학·실업고등전문학교 및 전문학교를 전문대학으로 개편함. 2) 대학입학예비고사 면제자의 범위를 조정함. 3) 방송통신대학의 이수자에 대하여는 그 이수 과정에 따라 전문대학 또는 대학 졸업자의 학력을 인정함. 4) 국비유학생제도를 신설함. 5) 전문대학에 관한 규정은 1979년 1월 1일부터 시행함. 6) 기술학교의 감독청을 시·군교육장으로 함.

다. 擴張期(1980~1986: 제23차 - 제26차 개정)

이 시기는 10·26사태로 오랜 군사 정권을 마감함과 동시에 새로운 군사 정권이 시작된 제5공화국에 해당되는 시기이다. 제5공화국은 유신 군사 정권을 그대로 이어받은 것으로 정권의 목표 달성을 위하여 획일적이고 강압적인 정치 형태를 고스란히 가지고 있었다. 또한 이제까지 지속적으로 추진 되어오던 경제개발 5개년 계획의 결과 경제적으로 성장 된 사회가 되었고 국제적으로는 아시안 게임이라는 행사를 치러낸 시기이기도 하였다.

제5공화국은 교육 개혁을 위한 국정 지표로 '전인교육', '정신교육', '과학교육', '평생교육'의 4개 원칙을 정하고, 이에 따른 교육 정책을 실시해 나갔다. 즉, 국민 정신교육의 강화, 과학 기술교육의 진흥, 전인교육의 충실, 평생교육의 확충의 구호들이 바로 여기에서 나온 것이다.[36] 따라서, 이와 관련하여 교육법이 개정되고 새로 관련 법규가 생겨나기도 하였던 것이다.

이 시기의 특징은 교육이 양적으로 확대된 시기라는데 있다. 평생교육의 개념이 도입되어 종적으로나 횡적으로 교육의 기회가 확대될 수 있었다. 교육의 대상이 확대되고 학교 교육뿐만 아니라 사회 전반에 거쳐서 지속적인 교육 활동이 일어날 수 있는 제도가 마련된 것이다. 조기교육을 강화하는 한편, 의무 교육을 중학교까지로 연장하기로 하여 우선 도서 벽지 지역을 대상으로 무상 의무교육을 시작하였다. 1983년의 학생수를 보면, 1945년과 비교하여 볼 때 초등교육에서는 약 4배, 중등교육에서는 56배, 고등교육에서는 137배의 성장을 가져오게 된 것에서도 이를 확인할 수 있다.

이러한 양적 확대를 위한 교육법상의 주요 개정 내용으로는, 교육대학의 수업연한을 4년으로 확대한 것(제23차 개정)과 방송통신대학을 독립적으로 설치할 수 있도록 하였고 (제23차 개정), 전문대학 졸업자의 편·입학을 인정해 주었으며, 전문학교, 방송통신대학, 개방대학제를 마련하였다.

또한 유아교육의 확충 및 초 중등학교 교육 환경 개선과 교육 내용의 충실을 기하여 기초교육을 다지게 되었다. 기초 과학 교육을 충실하게 하고 과학 영재 교육을 추진하였으며, 첨단 과학 교육을 강화하고, 직업 기술 교육을 심화시킨 것도 여기에 해당하는 교육 정책이었다.[37] 각각의 관계 법령을 살펴보면 다음과 같다.

먼저 유아교육진흥법(법률 제3635호)은 1982년 12월 31일 다원화된 유아교육 체계를 유치원과 새마을 유아원으로 정비하고 유아교육을 종합적으로 발전시키기 위해 제정되어 오늘에 이르고 있다. 사회교육법(법률 제3648호)은 1982년 12월 31일 사회 교육을 제도

---

36) 손인수, 앞의 책, p.494.

37) 위의 책, p.507.

화하고 모든 국민에게 평생을 통한 사회 교육의 기회를 부여하기 위해 제정되어 몇 차례
의 개정을 거쳐 현재에 이르렀다.

그리고 이시기에 학교급식법(법률 제3356호)이 제정되었다. 국가가 학교 급식 비용의
일부를 지원해 준다는 전제하에 1981년 1월 29일 학교 급식의 방향을 구호 급식에서
영향 급식으로 전환하기 위해 제정되어 현재까지 유지되고 있다. 학교 급식의 대상을
국민학교, 근로청소년을 위한 특별학교 및 산업체 부설학교로 정하며, 급식학교에 전담
직원을 두고 급식 경비중 시설비는 학교 설립 경영자가 부담하고 기타 경비를 학부모가
부담하고 학교에서 작물 재배, 동물 사육 등 생산품의 매각 대금을 경비에 사용할 수
있도록 하고 있다.

한편으로는 학생 운동의 심화로 대학의 자율권을 억제하기 위한 법규들이 만들어지기
도 하였던 시기이고, 아시안 게임의 개최와 관련하여 체육교육을 진흥토록 하였는데,
체육부를 문교부로부터 분리시켜 독립적으로 체육에 관한 사항을 일괄적으로 처리하게
한 것도 주목할 만하다.

확장기의 교육법 개정의 주요 내용은 다음 <표 3>과 같다.

<표 3> **확장기 교육법의 주요 개정 내용**(1980~1986)

구 분	공포일자	법률 번호	중 요 내 용
제23차 개 정	1981년 2월13일	법 률 제3370호	1) 대학입학예비고사제를 대학입학학력고사제로 변경함. 2) 교육대학의 수업 연한을 4년제로 함. 3) 교육회의 조직에 관한 기본 사항을 대통령령으로 정하도록 함. 4) 교원의 지위보장에 경제적 지위를 추가함. 5) 교육재정의 확보에 관한 국가 및 지방자치단체의 시책 강구 의무를 신설함. 6) 정당인도교육위원 피선자격을 부여하고, 교육위원의 정치활동금지를 해제함 7) 국민학교 졸업자와 동등 자격에 중학교 입학자격검정고시 합격자를 추가함. 8) 고등학교 입학방법에 내신성적을 감안할 수 있는 근거를 명시함. 9) 대학의 청강생 제도를 폐지함. 10) 국립대학에 부설하던 방송통신 대학을 따라 독립하여 설치할 수 있게 함. 11) 전문대학 졸업자의 대학 편·입학을 인정함. 12) 고등기술학교의 입학 자격에 고등공민학교의 졸업자를 포함함. 13) 기술원 자격제도를 교육법에서 삭제함. 14) 특수학교의 교육목적을 초·중·고등학교에 준하게 함.

구 분	공포일자	법률 번호	중 요 내 용
제24차 개 정	1981년 12월 31일	법 률 제3525호	1) 대구 및 인천의 직할시 승격에 따라 관계조문 자구를 정리함. 2) 학교의 종류에 전문학교, 방송통신대학 및 개방대학을 열거함. 3) 방송통신대학에 관한 조문을 정리하고, 개방대학제를 신설함.
제25차 개 정	1982년 3월 20일	법 률 제3540호	1) 체육부가 문교부로부터 분리·신설됨에 따라 체육에 관한 사항은 양부의 협의에 대하여 규정함. 2) 체육부 소관의 위임사무에 관하여는 체육부장관이 시·도교육위원회를 지도·감독할 수 있게 함.
제26차 개 정	1984년 8월 2일	법 률 제3739호	1) 중학교 의무교육제도를 신설함. 2) 학령초과자 등에 대한 교육시책을 강구할 수 있게 함. 3) 지방교육재정의 재원에 관한 규정을 조정함. 4) 중학교를 포함한 의무교육학교의 수업료는 면제함. 5) 모든 국민에게 그 보호하는 자녀를 중학교에 취학시킬 의무를 신설함.

확장기 교육법 개정의 주요 내용은 다음과 같다.

① 1981년 2월 13일에 행해진 제23차 개정에서는 대학입학 예비고사제를 대학입학 학력고사제로 변경하였고, 교육대학의 수학연한을 4년으로 하였다. 또한 교원의 지위보장에 경제적 지위를 추가하였고, 교육재정의 확보에 관한 국가 및 지방자치단체의 시책 강구 의무를 신설하였다. 그리고 국민학교 졸업자와 동등자격에 중학교 입학자격 검정고시자격자를 추가하였고, 고등학교 입학방법에 내신성적을 감안할 수 있는 근거를 명시하였다. 대학의 청강생 제도를 폐지하였고, 국립대학에 부설하던 방송통신대학을 따로 독립하여 설치할 수 있도록 하였다. 전문대학 졸업자의 대학 편·입학을 인정하였고, 특수학교의 교육목적을 초·중·고등학교에 준하게 하였다.

② 1981년 12월 31일에 행해진 제24차 개정에서는 대구 및 인천의 직할시 승격에 따라 관계 조문 문구를 정리하였였으며, 방송통신대학에 관한 조문을 정리하고, 개방대학제를 신설하였다.

③ 1982년 3월 20일에 행해진 제25차 개정에서는 체육부가 문교부로부터 분리·신설됨에 따라 체육에 관한 사항은 양부의 협의에 의하도록 규정하였고, 체육부 소관의 위임사무에 관하여는 체육부장관이 시·도 교육위원회를 지도·감독할 수 있게 하였다.

④ 1984년 8월 2일에 행해진 제26차 개정에서는 중학교 의무교육제도를 신설하였고, 학령 초과자 등에 대학 교육시설을 강구할 수 있게 하였다. 또한 지방교육재정의 재원에 관한 규정 조정, 중학교를 포함한 의무교육학교의 수업료 면제, 모든 국민에게 그 보호하는 자녀를 중학교에 취학시킬 의무를 신설하였다.

라. 民主化期(1987~1997: 제27차 개정 - 제38차 개정)

이 시기는 6·29선언 이후 제6공화국으로부터 교육법이 교육기본법으로 개칭되기까지의 10여 년에 해당한다. 제5공화국의 비민주적인 정치에 대하여 학생들과 지식인들의 저항이 지속되자, 정부는 6·29선언으로 민주적 정치 체제를 유지할 것을 약속하였다. 곧이어 제6공화국이 탄생하고 잠시 대학과 지식인들의 학생 운동이 주춤하였으나, 여전히 명령지향적이고 획일적 수직적인 군사 문화가 지속되었으며, 정치적인 혼란 또한 지속되던 시기이다. 사회의 모든 영역에서 민주주의를 표방하였으나, 실제로 이는 방만한 무정부주의의 모습을 띠었고, 해방이후 지금까지 꾸준히 구축하여 온 사회 체제를 해체하는 결과를 낳았던 것이다.

교육에 있어서도 괄목할 만한 큰 변화는 없었다. 교육법상의 변화를 보면 대학입학학력고사를 폐지(제27차 개정), 문교부에서 교육부로 명칭변경(제29차 개정), 방송통신대학의 학사 과정 수업연한 단축(제32차 개정), 초·중·고등학교의 조기 진급, 조기 졸업 인정, 국민학교의 명칭을 초등학교로 변경(제37차 개정)하도록 하였다. 또한 기술대학 설립을 위한 내용과 전문학사 학위제를 운영한 것(제38차 개정)이 그것이다. 청소년육성법, 대한민국학술원법, 사학진흥재단법, 청소년기본법 등의 법제가 제정된 것도 교육적 성과로 뽑을 수 있다. 다만 자유화의 바람이 교단에까지 영향을 미치면서 교사들은 전국교직원노동조합(전교조)을 결성하여 '참교육'을 구호로 내세워 지금까지의 천편일률적인 교육에 변화를 촉구하였던 것을 새로운 변화로 꼽을 수 있다. 정부는 전교조 가입 교사에 대한 탄압을 지속하면서 한편으로는 이러한 불만을 잠재우기 위해 '교원지위향상을위한특별법'을 만들어 교원의 처우를 개선해 주고자 하였다.

'교원지위향상을위한특별법'은 교원의 사회 경제적 지위 향상을 도모하기 위해 1991년 5월 31일에 제정되었다. 교원의 보수를 특별히 우대하고 사립학교에도 적용하도록 하였으며, 교원은 현행 범인이 아닌 한 학교장의 동의 없이 학원 안에서 체포되지 아니하는 불체포특권이 인정되고, 학교안전관리공제회를 설립하여 운영하도록 하였다. 교원은 형의 선고, 징계 처분 등에 의하지 아니하고는 면직되지 아니하며, 교원에 대한 징계처분 기타 의사에 반하는 불리한 처분에 대한 재심을 위해 교육부에 교원징계재심위원회를 설치하였다. 교육회는 교원의 처우 개선, 근무조건 및 복지후생에 관하여 교육감 또는 교육부장관과 교섭하거나 협의하도록 하는 것을 주요 내용으로 한다.

아울러 교육환경의 개선을 위한 법률도 제정하였다. '교육환경개선특별회계법'이 그것인데, 초·중·고 및 특수학교 노후 교실 개체와 교원 편의 시설 확충 도모하기 위해 1989년 12월 21일 제정된 것이다. 한편 그 동안 중단되었던 교육자치제를 부활시킨 것도 이 시기의 중요한 특징이라고 할 수 있다. 지방교육자치제도에 의해 임명제가 아닌 선출 교육위원과 교육감으로 이루어지도록 하였던 것이다. 지방교육자치에관한법률은 교육법에 규정되어 있던 교육 자치에 관한 조항을 별도의 법률로 제정한 것으로 1991년 3월 8일 제정되었다. 그리고 교육자치와 함께 교육재정에 대한 법률이 새로 제정되었다. 지방교육양여금법이 바로 그것인데 이 법은 지방 교육의 균형 있는 발전 도모하기 위해 1990년 12월 31일 제정되었다.

특히, 평생교육의 강조와 사회 교육 진흥에 이어 개인의 교육 기회의 확대를 보장키 위해 여러 가지 제도적인 장치를 마련하였다. '독학에의한학위취득에관한법률'은 고등학교를 마친 후 대학에 진학하지 못한 독학자에게 학사학위 취득기회 부여하기 위해 1990년 4월 7일 제정하였다. '학점인정등에관한법률'은 언제, 어디서나 평생에 걸쳐 교육을 받을 수 있는 사회를 실현하기 위한 제도적 장치를 마련하기 위해 1997년 1월 13일 제정되었다. 또한 '자격기본법'은 교육과 노동 시장과의 연계를 위해 학력과 자격의 연계를 강화, 민간 자격 제도를 확대하고 자격 제도의 평가 인정 등을 통해 자격이 질 관리 체제를 강화하기 위해 1997년 3월 27일에 제정되었다. 민주화기 교육법의 주요 개정 내용은 다음과 같다.

① 1987년 8월 29일에 행해진 제27차 개정에서는 대학입학학력고사를 폐지하여 대학(사범대학·교육대학·전문대학을 포함한다)에 입학할 수 있는 자는 고등학교를 졸업한 자 또는 이와 동등 이상의 학력이 인정된 자로 하였다.

② 1988년 4월 6일에 행해진 제28차 개정에서는 부칙에 있는 지방교육자치제에 관련된 조항을 두었다.

③ 1990년 12월 27일에 행해진 제29차 개정에서는 고등학교 입학방법의 개선과 외국박사학위의 신고와 교원양성기관에 관한 규정을 개정하였다. 또한 교육부장관의 권한 일부를 시도에 위임하는 내용을 두었다.

④ 1990년 12월 31일에 행해진 제30차 개정에서는 체육관련 행정의 체육부장관과의 협의 조항을 두었다.

⑤ 1991년 3월 8일에 행해진 제31차 개정에서는 지방자치의 전면적인 시행으로 지방자치단체와 관련되는 2장과 3장의 제15조에서 제72조에 이르는 조항을 삭제하였다. 그리고 敎育法 전체에 걸쳐 지방자치와 관련되는 조항을 지방자치법과 관련되는 부분을 개정하였다.

⑥ 1991년 12월 31일에 행해진 제32차 개정에서는 방송통신대학의 수업연한을 4년으로 단축하는 규정과 유치원의 설립 목적과 입학연령 등에 관한 조항을 개정하였다.

⑦ 1992년 12월 8일에 행해진 제33차 개정에서는 특수학교 규정에 관한 대폭적인 개정을 단행하여 특수학교 교육의 강화를 추진하였다.

⑧ 1993년 3월 6일에 행해진 제34차 개정에서는 정부기구 개편에 따라 체육부장관이라는 명칭을 문화체육부장관으로 개정하였다.

⑨ 1993년 12월 27일에 행해진 제35차 개정에서는 제9장의3을 신설하여 국제교육 및 국제교육협력에 관한 조항을 162조의3에서 162조의4 까지 두었다. 그리고 제9장의4도 신설하여 보칙에 관한 조항으로 제162조의5와 제162조의6 까지 두었다.

⑩ 1995년 1월 5일에 행해진 제36차 개정에서는 교육대학에 대학원을 신설하는 규정을 두었고 초·중등학교에서 조기진급 및 조기졸업 등에 관한 제154조의 2를 신설하였다.

⑪ 1995년 12월 29일에 행해진 제37차 개정에서는 국민학교의 명칭을 초등학교로 개칭하였다. 그리고 대학원 수업연한과 학위수여 등에 관한 조항을 개정하였다.

⑫ 1997년 1월 13일에 행해진 제38차 개정에서는 기술대학에 관한 제6절의4를 신설하여 제128조의12에서 제128조의17까지 전문학사에 대한 규정을 두었다. 민주화기의 교육법의 주요 개정 내용은 다음 <표 4>와 같다.

<표 4> 민주화기의 주요 개정 내용(1987~1997)

구 분	공포일자	법률 번호	중 요 내 용
제27차 개 정	1987년 8월 29일	법 률 제3932호	대학 입학 학력고사를 폐지하여 대학(사범대학, 교육대학, 전문대학을 포함)에 입학할 수 있는 자는 고등학교를 졸업한 자 도는 이와 동등 이상의 학력이 있다고 인정된 자로 한다.
제28차 개 정	1988년 4월6일	법 률 제4009호	교육위원회의 의결기관화, 특별시·직할시·자치구에 교육·학예에 관한 의결기관으로 교육위원회 설치.
제29차 개 정	1990년 12월27일	법 률 제4268호	제14조의 2중 '체육부 장관'을 '체육청소년부장관'으로 한다.
제30차 개 정	1990년 12월31일	법 률 제4303호	지방재정교부금법중 개정 법률 1) '지방재정교부금'을 '지방교육재정교부금, 지방교육양여금'으로 한다. 2) 의무 교육
제31차 개 정	1991년 3월 8일	법 률 제4347호	교육법 제2장 및 제3장(제15조 내지 제72조)을 삭제한다.
제32차 개 정	1991년 12월31일	법 률 제4474호	방송통신대학 학사과정 수업 연한 단축 등 1) 방송통신대학 학사과정의 수업연한을 5년에서 4년으로 단축함. 2) 대학과 대학교 구별의 폐지 3) 유치원 입학 연령을 4세에서 3세로 인하.
제33차 개 정	1992년 12월 8일	법 률 제4523호	특수학교 교사자격 기준 강화 및 전공과 설치 허용 1) 특수학교 교사를 1·2급 정교사 및 준교사로 하고 종별 자격 기준 신설 2) 고등학교 과정을 설치한 특수학교에 졸업자 교육을 위한 수업 연한의 1년 이상의 전공과 제도 신설 3) 대학의 명예교수를 추대할 수 있는 학교에 교육대학도 포함.

구 분	공포일자	법률 번호	중 요 내 용
제34차 개 정	1993년 3월 6일	법 률 제4545호	정부조직변경으로 체육과 관련되는 사항을 '체육청소년부장관'에서 '문화체육부장관'으로 변경.
제35차 개 정	1993년 12월 27일	법 률 제4621호	제9장의 3 국제교육(162조의 3) 및 국제경제협력(162조의 4)과 제9장의 4 보칙 162조의 5(청문), 162조의 6(권한의 위임 · 위탁규정)신설
제36차 개 정	1995년 1월 5일	법 률 제4879호	초 · 중 · 고등학교에서 재능이 우수한 자에 대해서는 조기 진급 및 조기 졸업을 허용.
제37차 개 정	1995년 12월 9일	법 률 제5069호	1) 국민학교의 명칭을 초등 학교로 변경함. 2) 만 5세 아동도 취학이 가능하도록 함. 3) 양호교사의 자격을 1 · 2급으로 구분. 4) 대학원만을 두는 대학의 설치도 가능. 5) 내실 있는 대학원 교육(수업 연한 단축 가능)
제38차 개 정	1997년 1월 13일	법 률 제5272호	1) 교감, 부총장, 부학장, 유치원의 원감의 임무 내용 수정 : 교장유고시 교장을 대리한다. → 교장이 부득이한 사유로 직무를 수행할 수 없을 때에는 그 직무를 대행한다. 2) 유치원(일정 규모 이하)에 원감을 두지 않을 수 있다. 3) 학교의 종류에 기술대학 추가 4) 효율적인 학교 운영을 위해 필요한 경우 초등학교와 중학교와 고등학교 또는 초등학교 · 중학교 · 고등학교의 시설 · 설비 및 교원 등을 통합하여 운영할 수 있다. 5) 대학의 시간제 등록 인정 6) 전문학사학위제 운영 7) 기술대학의 목적, 기술대학의 설립 기준, 기술대학의 학위과정 및 수업 한, 기술대학의 입학 자격, 기술 대학의 학위, 기술대학에 관한 내용을 대학에 관한 규정을 준용함. 8) 교사용 도서에 관한 규정중 '선정' 추가 9) 야간수업, 계절수업, 시간수업, 방송통신수업 가능학교 예시 내용 삭제 10) 부교재의 가격사정 조항삭제 11) 벌칙 중 벌금액수 인상(100만원 이하 → 300만원이하) 12) 전문학사 학위수여 대상자는 이 법 시행 이후 졸업자로부터 적용 13) 이 법 시행 이전 전문학사 수여대상자는 본인의 신청에 의함. 14) 학원의 설립 · 운영에 관한 법률 중 제3조 3항 '개방대학'을 '개방대학 · 기술대학'으로 변경

마. 新敎育法期(1998년 이후: 제39차 개정)

신교육법기는 1998년 3월 1일부터 효력을 발생하는 제39차 교육법 개정이 있었던 시기를 말한다. 1949년 12월 31일 법률 제86호로 제정 · 공포된 교육법은 그 동안 우리나라 교육 제도의 근간으로서, 모든 교육 활동의 근본규범으로서의 역할을 충실히 해왔다. 그러나, 지난 48년간 시대적 상황 변화에 따라 38차례의 부분 개정이 이루어진 결과,

오늘날 복잡·다양하게 전개되는 교육 수요자의 욕구를 충족시키기가 어려웠고, 개정된 부분과 개정되지 않은 부분과의 논리적·법해석적 모순의 문제도 제기되었을 뿐만 아니라 법 체계에 있어서도 많은 가지장, 가지절, 삭제장, 삭제조 등으로 법률의 일관성이 결여되어 그 개편의 필요성이 절실하게 대두되었었다.

이에 그 동안과는 다른 법체계를 가지는 새로운 교육법 체계를 확립하게 되었다. 1995년 5월 31일 이른바 5·31 교육개혁위원회는 교육개혁방안으로 누구나, 언제, 어디서나 원하는 교육을 받을 수 있는 길이 열려진 학습자 중심의 '열린 교육 사회', '평생 학습 사회'를 개혁의 근간으로 제시하였다. 따라서, 교육에 관한 학습자, 학부모, 교원, 설립경영자의 권리·의무를 구체적으로 규정함과 아울러 국가는 학교교육은 물론 학교 외에서의 사회교육 및 직업교육 등을 적극 지원하도록 하는 등 헌법의 정신을 적극 구현할 수 있도록 교육법 체제를 개편하게 된 것이다. 이 개편으로 교육개혁 추진을 위한 법적, 제도적 장치를 마련하게 되었다고 볼 수 있다.

教育基本法, 初·中等教育法, 高等教育法 등 이른바 교육3법은 1997년 11월 18일 정기국회에서 통과되었다. 이 교육3법은 1949년 12월 31일 법률 제86호로 제정·공포된 지금까지의 교육법을 개편하기 위하여 정부안으로 제출하였던 법안이었다. 제39차 개정에서는 교육법 체계를 모든 교육관계법령의 기본이 될 수 있는 '교육기본법'을 바탕으로 하여 각급 학교별 특성을 최대한 반영하고, 그 설립 이념과 목적에 맞는 다양한 교육이 창의적으로 이루어지도록 하며, 또한 교육 수요자의 입장에서는 학생의 학습권과 학부모의 교육참여 권리의 보장될 수 있도록 '초·중등교육법'과 '고등교육법'으로 분리하여 개편하였고, 각 법안의 고유한 정신과 목적·취지를 잘 살릴 수 있도록 하였다.

교육기본법은 학교교육뿐만 아니라 사회교육 등 모든 교육의 기본적인 방향의 설정을 위한 교육관계법령의 입법과 해석의 기준으로 실질적인 기본법이 되도록 하고, 헌법의 정신인 교육을 받을 권리의 구현을 위해 국민의 권리와 의무, 국가 및 지방자치단체의 책무에 관한 기본적 사항이 규정되어 있다. 먼저 모든 국민은 평생에 걸쳐 학습하고, 능력과 적성에 따라 교육받을 권리가 있음을 규정하였다. 이를 위해 학교운영의 자율성은 존중되며 교직원, 학생, 학부모 및 지역주민은 법령이 정하는 바에 의하여 학교 운영에 참여할 수 있도록 하였다. 평생교육을 위한 모든 형태의 사회교육은 존중되며, 사회교육의 이수는 그에 상응하는 학교교육의 이수로 인정하기로 정하고 있다.

또한 학습자의 기본적 인권의 존중, 학생은 학칙준수와 교원의 교육활동 방해금지, 보호자는 자녀 또는 아동을 교육할 권리와 책임, 교육에 관하여 학교에 의견 제시할 수도 있음을 명문화하였다. 학교 및 사회 교육시설을 설립·경영하는 자는 교육을 위한 시설 및 교원을 확보하도록 하며 학교의 장은 학습자를 선정 교육할 수 있도록 하였다. 끝으로 국가는 국민의 학습성과 등이 공정하게 평가되어 통용될 수 있도록 학력 평가 및 능력 인증 제도를 수립하여 실시하도록 한다.

초·중등교육법은 수요자 중심의 교육 체제 구축을 위하여 획일적인 학교 유형을 탈피하여 학교 유형의 다양화를 기하고 학생이 학교교육과정에서 한 사람의 인격체로서 존중받고 자아를 계발할 수 있도록 학생의 권리를 보호하며, 지역과 학교 실정에 맞는 교육 운영을 하고 학교 운영의 자율성을 신장하도록 하였다. 주요 내용으로 교육부장관 및 교육감은 학교에 대하여 장학 지도를 실시하고 학교의 장은 학교 규칙을 정하여 운영하며, 교육부장관은 학생의 학업 성취도를 측정하기 위한 평가와 함께 지방 교육 행정기관 및 각급 학교에 대하여 평가를 실시할 수 있도록 하였다. 학생의 자치 활동을 보장하며 학생을 징계할 때에는 의견 진술의 기회를 부여하는 등 적정한 절차를 거치도록 하였다. 학교에는 교육상 필요할 경우 산학 겸임교사, 명예교사 및 강사 등을 둘 수 있도록 하였다. 또한 학교운영위원회에 관한 규정과 학교운영위원회가 학교발전기금을 조성할 수 있도록 하는 근거를 마련하였다. 초등학교 취학 직전의 1년의 유치원 교육은 무상으로 하되 대통령령이 정하는 바에 따라 순차적으로 실시하며, 근로 청소년 등이 교육받을 기회를 확대시키기 위하여 고등학교에 4년제 과정으로 운영되는 시간제 또는 통신제의 과정을 둘 수 있도록 하였다.

고등교육법은 국민들에게 고등교육을 받을 기회를 확대하기 위한 다양한 제도적 장치를 마련하고, 특히 대학의 자율성이 실질적으로 신장될 수 있도록 대학에 대한 정부의 최소한의 통제만을 규정하고 있다. 종래의 개방 대학을 산업 대학으로, 방송통신대학을 방송·통신대학으로 명칭을 변경하였다. 학교의 장은 법령의 범위 안에서 학교 규칙을 제·개정할 수 있도록 하고 학칙을 제·개정한 경우 교육부장관에게 보고하도록 하였다. 고등교육기관의 명칭 사용은 자율화하되 당해 학교 설립 목적의 특성을 반영하도록 하였다. 또한 학생을 징계하고자 하는 때는 의견 진술의 기회를 부여하는 등 적정한 절차를 거치도록 하였다. 특히, 고등교육기관의 수업과 산업 현장과의 연계를 강화하기 위하여 현장 실습 수업 및 실습 학기제를 도입하고, 국내·외의 다른 학교에서 취득한 학점을 대학의 학점으로 인정할 수 있도록 하였다. 끝으로 대학 및 전문대학에 준하는 각종학교 중 교육부장관의 학력 인정 지정을 받은 학교 졸업자에 대하여도 학위를 수여할 수 있도록 하였다. 신교육법기의 개편된 교육법의 기본 내용은 다음과 같다.

① 교육기본법은 학교교육뿐만 아니라 사회교육 등 모든 교육의 기본적인 방향의 설정을 위한 교육관계법령의 입법과 해석의 기준으로 실질적인 기본법이 되도록 하고, 헌법의

정신인 교육을 받을 권리의 구현을 위해 국민의 권리와 의무, 국가 및 지방자치단체의 책무에 관한 기본적 사항이 규정되어 있다.

② 초·중등교육법은 수요자 중심의 교육 체제 구축을 위하여 획일적인 학교 유형을 탈피하여 학교 유형의 다양화를 기하고, 학생이 학교교육과정에서 한 사람의 인격체로서 존중받고 자아를 계발할 수 있도록 학생의 권리를 보호하며 지역과 학교 실정에 맞는 교육 운영을 하고 학교 운영의 자율성을 신장하도록 하였다.

③ 고등교육법은 국민들에게 고등교육을 받을 기회를 확대하기 위한 다양한 제도적 장치를 마련하고, 특히 대학의 자율성이 실질적으로 신장될 수 있도록 대학에 대한 정부의 최소한의 통제만을 규정하고 있다. 우리나라 주요한 교육관련법률의 제정연도별로 변화추이를 정리·요약한 것은 다음 <표 5>와 같다.

<표 5> 현대의 주요 교육 관련 법규의 제정과 존속 추이

주요법규 \ 연도	제정과 존속 추이
· 교육법	49. 12 .31 ~ 97.12.13
· 교육공무원법	53 .4 .1 8~
· 의무교육재정교부금법	58 .12 .29 ~ 71. 12 .28
· 교육에관한임시특례법	61.9.1 ~ 63.12.5
· 중·고등학교및대학의입학에관한 임시조치법	61.8.12 ~ 63.4.11
· 학원의 설립 ·운영에 관한 법	61 .9 .18 ~
· 사립학교법	63 .6 .26 ~
· 산업교육진흥법	63 .9 .19 ~
· 도서벽지교육진흥법	67. 1 .14 ~
· 과학교육진흥법	67 .3 .30 ~
· 학교보건법	67 .3 .30 ~
· 지방교육재정교부금법	71 .12 .28 ~
· 한국교육개발원육성법	73 .3 .14 ~
· 특수교육진흥법	77 .12 .31 ~
· 학교급식법	81 .1. 29 ~
· 유아교육진흥법	82. 12 .31~
· 사회교육법	82. 12 .31~99. 8. 31.(평생교육법으로 대체).
· 교육환경개선특별회계법	89 .12 .21~
· 독학에의한학위취득에관한법	90 .4 .7~
· 지방교육양여금법	90. 12 .31~
· 지방교육자치에관한법률	91. 3 .8 ~
· 교원지위향상을위한특별법	91 .5 .31~
· 학점인정등에관한법률	97 .1.13~
· 한국교육과정평가원법	97. 1.13~
· 자격기본법	97. 3.28~
· 직업교육훈련촉진법	97. 3.27~
· 한국직업능력개발원법	97. 3.27~
· 교육기본법	97.12.13~
· 초·중등교육법	97.12.13~
· 고등교육법	97.12.13~
· 한국교육방송공사법	2000. .1. 12~

제 **2** 장

憲法과 敎育權

Ⅰ. 憲法上 敎育權의 存在

교육은 현대국가들이 지향하는 자유 민주적 복지국가의 실현에 있어서 필수적 조건이 되는 요건이라 하겠다. 그러므로 현대 세계 각국은 교육을 받을 권리를 헌법에 명문화하고 있으며, 의무교육 연한을 확대하기 위하여 국력을 기울이고 있다.

우리나라도 복지국가를 지향하고 있으므로 헌법상에 교육을 받을 권리를 명문화하고, 이를 교육기본법을 통하여 보다 더 구체화하고 있으며, 각종 교육법에서 교육권을 신장시키고 있다.

현대사회에서는 공교육제도에 의하여 교육기회가 모든 계층에 개방되고 있으므로 교육을 받을 대상은 일반화되고, 교육의 내용까지도 균등화되어 가고 있다. 이와 같이 교육기회가 확대·균등화됨으로써 교육권도 청구권적 기본권으로 승화되어 '기본적' 인권의 일부로 인식되기에 이르렀다.

우리 헌법상에 규정된 교육의 기본원리는 교육기본법의 기초가 됨은 당연하며, 교육관계법에서는 헌법의 이러한 기본원리까지 커져야 한다. 그러나, 이러한 원리를 무시하고 교육관계법들이 그 자체적인 독자성을 가지고 교육활동을 규율하려 하거나, 교육관계법은 교육행정의 하나의 제도적 장치로 이해되는 경향이 있다.

이러한 입장에서는 교육을 법적 견지에서 파악하는 것을 회피하는 경향이 있는데, 이는 극히 위험한 생각이다. 그간 수 차례의 교육법의 개정과정을 거치는 과정에서 교육법은 교육행정을 정당화시켜 주는 교육행정법 정도로 이해되는 경향이 있었는데, 이러한 선입관에 의하여 제정 및 개정된 교육법이 교육법의 기본원리에 충실할 수 있었는지에 대하여 의문이 간다.

우리의 교육법이 여러 차례 개정되면서도 국민의 교육권 실현을 위한 실질적 법치주의 체제에 적합한 교육기본법 체계를 갖추지 못하였다. 그러나, 인류의 보편적 가치의 합의라 할 수 있는 국제법상의 교육조항만은 그 이념을 발전시켜 헌법의 교육 관련 조항과 교육기본법 총칙 조항에서 통합적으로 적용되어 우리 교육법의 기본원리로 까지 승화되었다고 판단된다.

우리나라의 헌법이 자유민주주의의 이념 하에서 법적 체계를 전개하고 있기 때문에,

헌법의 교육관련조항은 인간으로서의 교육을 받을 권리 즉, 기본적 권리로서의 교육권에 대한 보장을 강화해 왔다.

교육관계의 모든 법규를 통할하는 교육법의 논리탐구는 교육법 원리의 규명과 직결되는 것이라 하겠다. 따라서 이러한 인식을 바탕으로 여기에서는 우리나라 헌법의 교육관련조항과 교육관계에 우선적으로 적용될 수 있는 법리를 고찰하여 교육관계법규에 있어서 적용되는 교육법의 원리를 규명해 나가야 할 것이다.

II. 憲法上 敎育에 關한 直接 規定

　헌법상 교육에 관한 조항은 직접적 교육조항과 간접적 교육조항으로 나눌 수가 있다. 헌법상 직접적 교육조항은 교육을 주 대상으로 하여 그에 관한 기본적 조항을 규정하고 있는데 반하여, 간접적 교육조항은 일반적 사항을 규정하면서 교육에 관한 내용까지도 포함하고 있는 것을 말한다. 교육에 관하여 직접적으로 규정하고 있는 '직접적 조항'은 헌법 제31조인데, 동 조항은 6항으로 구성되어 교육에 관한 기본적 사항을 명문화하고 있다. 교육에 관하여 간접적으로 관계가 있는 조항으로는 제10조(기본적 인권의 보장), 제11조(평등권), 제14조(거주이전의 자유), 제19조(양심의 자유), 제20조(종교의 자유), 제21조(언론·출판·집회·결사의 자유), 제22조(학문과 예술의 자유), 제26조(청원권) 등이 있다.

　헌법상 교육에 관한 조항 중 직접규정에 관한 조항은 교육에 관한 권리·의무를 규정하고 있는 제31조를 칭한다. 동조 제1항은 교육을 받을 권리, 제2, 3항은 의무교육의 무상, 제4항은 교육의 자주성·전문성·정치적 중립성 및 대학의 자율성, 제5항은 평생교육의 진흥, 제6항은 교육제도법정주의를 내용으로 하고 있다.

1. 敎育을 받을 權利

가. 敎育을 받을 權利의 의의

　우리 헌법 제31조는 문화국가·복지국가에서 교육이 차지하는 중요성을 감안하여, 교육을 받는 것은 모든 국민의 권리라고 규정하면서 국민교육은 가정과 사회 및 국가의 공동적 의무임을 명백히 선언하고 있다.[38] 오늘날 교육을 받을 권리는 국민 개인의 생활권적(생존권적) 기본권으로서 승화되고 있다. 교육에 관한 권리는 교육을 받는데 필요한 제 수단을 국민된 자격으로 국가에 요구해 나가는 개인의 권리 또는 주민의 권리라고도 해석된다.[39]

---

38) 허재욱, 『교육법규론』(서울: 형설출판사, 1997), p.71.
39) 今橋盛勝, 『敎育法と 法社會學』(東京: 三省堂, 1991), p.239.

헌법상의 「교육을 받을 권리」에 관한 규정은 프로그램적 규정에 그치는 것인지, 아니면 어느 정도 실질적 권리인지에 대해서는 논란이 있다. 교육을 받을 권리는 교육을 받는 것을 국가로부터 방해받지 아니함은 물론이고 아동의 인간적인 성장과 발달의 보장이 가능한 교육이 이루어 질 수 있도록 국가에 요구할 수 있는 권리, 즉 修學權을 포함한다. 이 경우 국가로부터 방해받지 않을 권리란 점에서는 실질적 권리인 것만은 틀림없다. 교육권이 국민의 권리로서 국가로부터 보장되는 것이기 때문에 이 권리는 최소한 국가로부터 방해받는 일은 없어야 한다는 것이다. 교육을 받을 권리를 헌법이 특히 보장하는 제도적 원리를 분석하면, 대국민적 측면에서는 의무성과 무상성이 보장되어야 하고, 대국가적 측면에서는 중립성이 보장되어야 한다. 교육권의 기본권성을 보완하기 위하여 제도적 보장을 더욱 확보할 필요가 있는데, 이를 위해서는 교육에 관한 모든 법을 의회 입법으로 해야한다는 '교육제도법정주의'를 헌법으로 선언하고 있다.

나. 沿革

교육의 권리가 근대 헌법에서 처음으로 선언된 것은 1815～1830년 사이의 독일 각주 헌법이었으며, 그후 1831년의 벨기에 헌법, 1919년의 Weimar 헌법(§143- §146), 1936년의 소련 헌법(§121) 등에서도 이 교육권을 선언하고 있다.[40] 그후 제2차 세계대전 후에는 자유주의 여러 국가의 헌법에 교육권을 국민의 권리로 규정하게 되었고, 초등교육 내지 중등교육의 무상교육까지도 보장하려 하였으며, 장학제도 등의 실질적인 조치까지도 규정하기에 이르렀다. 오늘날에는 교육권을 단지 국가권력으로부터 국민의 자유를 보장한다고 하는 19세기적인 성격을 탈피하여 교육을 받을 기회균등이라고 하는 평등이념의 실질적 보장을 바탕으로 하면서 평화유지와 문화창조의 방향성까지 적극적으로 제시하려는 경향이 있다.[41] 이러한 추세에 편승하여 교육을 받을 권리를 기본적 인권의 단계에까지 승화시켜가고 있는 추세이다.

다. 法的 性格

「교육을 받을 권리」라 함은 교육을 받는 것을 국가로부터 방해를 받지 아니할 뿐만 아니라(자유권적 측면), 교육을 받을 수 있도록 국가가 적극적으로 배려해 줄 것을 요구할 수 있는 권리(생활권적 측면)를 말한다. 즉, 교육권의 자유권적인 측면은 주관적 공권이라 할 수 있고, 생활권적 측면에서는 객관적 제도 보장의 성격을 가진다하겠다. 교육을 받을

---

40) 구병삭, 앞의 책, pp.482～483.
41) 권영성, 『헌법학원론』(서울: 법문사, 1998), p.536.

권리의 자유권적 측면에서는 교육을 받을 수 있는 재능과 경제력을 가진 자는 누구나 능력에 따라 균등하게 교육을 받는 것을 국가권력 또는 제3자로부터 침해받지 않으며, 침해할 경우 그 침해를 배제하여 주도록 요구할 수 있다. 그러면, 생활권적 측면에서는 능력이 있으면서도 경제적 이유로 교육을 받을 수 없는 자가 교육을 받을 수 있도록 국가에 대하여 외적 조건 정비를 요구할 수 있는가가 문제이다. 이 경우의 교육권이 실질적 권리라면 이것이 가능하나 프로그램적 권리성을 갖는다면 이러한 요구까지 하는 것은 무리이다. 단지 제도적 보장으로서 미래지향적으로 규정한다는 것은 가능하다.

그러나, 최근에는 교육권의 법적 성격을 자유권과 생활권의 측면에서 논의하는 것보다는 객관적 가치질서로서의 성격을 강조하여 제도적 보장으로서의 성격을 강조하는 견해도 나타나고 있다.[42] 즉, 교육을 받을 권리의 법적 성격은 자유권과 생활권 그리고 제도적 보장으로서의 성격이 혼합되어 있다고 보는 것이다.

(1) 自由權說

자유권설이라 함은 양식 있는 국민이 되는데, 필요한 정치적 소양을 중시하고, 민주정치의 운영에 있어서 국민의 교육권을 국가가 간섭해서는 아니 된다는 견해이다. 즉, 국민의 자녀에 대한 교육권을 강조하고 국가가 이에 간섭해서는 안 된다는 것이다. 자유권설의 입장에서는 국가권력이나 제3자가 교육을 받을 권리를 방해할 경우에는 그 방해를 배제하여 주도록 요구할 수 있다는데 중점을 두고 있다. 이와 같이 자유권적 측면에서 교육을 받을 권리는 사법적으로 청구 가능한 실질적이고 구체적 권리로서의 성질도 지닌다. 그러나, 현대복지국가에서 교육의 중요성을 강조하고, 국가는 적극적으로 교육환경조성에 노력하고 있다는 점을 이 학설로는 설명할 수 없다.

(2) 生活權說

생활권설에서의 교육을 받을 권리라 함은 교육을 받는 것을 국가로부터 방해받지 아니할 뿐만 아니라 교육을 받을 수 있도록 국가가 적극적으로 배려해 줄 것을 요구할 수 있는 생활권(사회권)의 하나로 파악하고 있다. 교육을 받을 권리를 생활권까지 확대하는 입장에서도 또다시 교육의 기회균등을 위하여는 법적 조치가 요구된다는 프로그램규정설, 헌법의 규정만으로는 추상적인 성격을 가질 뿐이라는 추상적권리설, 특정 개인이 교육을 받는데 필요한 내용을 국가에 대하여 청구할 수 있는 구체적권리설 등이 대립하고 있다.[43]

---

42) 허 영, 『헌법이론과 헌법(중)』(서울: 박영사, 1998), p.255.
43) 김철수, 『헌법학신론』(서울: 박영사, 1997), p.358.

㈎ 프로그램(Program) 규정설

프로그램(Program)규정설은 교육권의 헌법상 규정에 대하여 실정적 권리가 부여된 것이 아니며, 입법자에게 입법 방침을 제시한 규정으로 파악하는 설이다. 헌법상 생활권으로서의 교육권은 국가의 사회정책인 목표와 강령을 선언한 것에 지나지 않는 까닭에 국가가 교육권의 실현에 필요한 입법조치 또는 적당한 조치를 하지 않는 한 헌법의 규정만으로는 국가에 대한 구체적인 청구권이 인정되지 아니한다. 이 프로그램 규정설은 입법자에 대하여 장래의 정책적 지침을 제시할 뿐으로 법적으로는 강제력이 없기 때문에 그 권리성이 그 만큼 약화된다.

㈏ 抽象的 權利說

교육권에 관하여 구체적인 법률이 제정된 경우에 이 법률에 의거하여 국가에 대한 구체적인 청구가 가능하고 헌법규정만으로는 추상적인 성격을 가질 뿐이라고 보는 설이다. 이러한 추상적 권리설에서 교육을 받을 권리란 교육시설의 정비·확충, 기타 국가의 적극적인 시책에 의하여 실현되어질 권리일 뿐이고, 교육을 받는데 필요한 비용을 청구할 수 있는 등의 구체적인 청구권은 아니라고 본다. 즉, 이 설은 교육권을 생활권적 법적 권리로 인정받아, 그 시책을 실현할 것을 입법 정책적으로 요구할 수는 있으나, 그 권리가 헌법에 규정되어 있다는 이유로 구체적인 실현을 국가에 요구할 수는 없다는 것이다.

㈐ 具體的 權利說

특정한 개인이 이러한 헌법의 규정을 근거로 교육을 받는데 필요한 내용을 국가에 청구할 수 있는 청구권을 의미하는 입장이다. 구체적 권리설은 헌법규정에 의거한 구체적 법률이 규정되어 있거나 없거나를 불문하고 국민은 당연히 이 헌법규정을 근거로 청구권이 인정되는 것이므로 입법조치가 없더라도 교육을 받을 권리의 침해에 대하여 위헌을 주장할 수 있고, 현실적으로 강구되어 있는 입법조치가 불충분할 경우에도 입법상 시정조치를 취하도록 청구할 수 있으며, 헌법에 의거하여 부작위 또는 불완전한 국가활동에 관하여 위헌확인소송을 제기할 수 있다는 견해이다.

이상에서 생활권(사회권)으로서의 교육권의 법적 성격을 살펴보았는데, 오늘날의 학습권 중심의 권리보장의 원리에 비추어 구체적 권리설까지 확대해석하는 것이 타당하다고 본다.[44] 구체적 권리설이 타당한 이유를[45] 보다 상세히 제시하면 다음과 같다.

---

44) 김철수, 앞의 책, p.469; 안용교, 앞의 책, pp.531-532; 신현직, 앞의 논문, p.87.

45) 안용교, "교육을 받을 권리", 『사법행정』, 1980, 11월호, pp.6-9.

첫째, 교육권과 관계된 생활권적 기본권의 법적 권리성은 교육권에 대한 역사적 발전과 헌법이 갖는 최고규범으로서의 규범논리적 구조에서 연원되는 것이지, 사회경제적 배경의 변화에 따라 생활권의 권리성이 영향을 받는 것으로 볼 수는 없다. 즉, 자본주의사회의 경제적 수준의 변화에 다른 개인의 생활수준의 감축 또는 확충의 문제가 권리의 법적 성질의 변화를 좌우할 수 있다거나 법적 권리성을 부인한다고 하는 것은 구 시대적 사고라 하겠다.

둘째, 헌법상 교육관계조항을 보면, 교육제도법정주의(헌법 제31조 제6항)를 통하여 헌법이 직접적으로 국가에 입법의무를 지우고 있으며, 입법권의 부작위에 의한 권리침해를 당하는 경우, 위헌확인소송에 의하여 기본권의 효력을 보장받도록 하고 있기 때문에[46] 입법권은 그 규범 내용에 적합한 입법, 예산 조치를 하고 사법권은 그 규범을 재판 기준으로 유지할 것을 헌법상 의무 지우고 있다고 하겠다.

「교육을 받을 권리」에 대한 법적 성격에 관해서는 생활권적(사회권적) 기본권, 자유권적 성격의 인정, 추상적 권리로서 사회권인지, 구체적이고 적극적 청구권을 수반하는 문화적 생존권 인지의 여부 등 많은 견해 차이에 다른 학설이 있으나, 이러한 문제들은 근본적으로 교육의 본질로부터 고찰될 문제이다. 또한 객관적 가치질서로서의 성격을 무시한 채 자유권과 생활권(사회권)등으로 구분하는 개별 논쟁 그 자체가 형식 논리일 수 있다.[47]

이 같은 견해차를 해소하기 위해서는, 단순한 대립관계로서만 권리성을 구분한다는 것이 사회적 변화에 따른 새로운 기본권들의 생성이란 중요성을 약화시킬 수 있다는 점을 고려하여, 기존의 전통적인 기본권들에 대한 구체적 권리 내용에 따른 형식적 구별론은 재고되어야 하며, 이에 집착하지 않는 것이 바람직하다고 하겠다.

다. 敎育權의 主體

교육을 받을 권리에 있어서 교육을 받을 주체인 피교육자와 교육을 시키는 주체인 교육자는 구별을 하여야 한다.

⑴ 敎育을 받을 權利의 主體

교육을 받을 권리의 주체는 그 성질상 자연인에게만 보장되고 法人은 제외되는 것이 원칙이다. 외국인의 경우는 원칙적으로 제외되지만 학문의 성격이나 국제조약에 의하여

---

46) 문홍주,『한국헌법』(서울: 해암사, 1992), p.303.
47) 허영, 앞의 책, pp.254~255.

주체가 되는 경우가 있다. 이 권리는 교육 적기의 학생만의 권리가 아니며, 모든 국민에게 보장되어 평생교육의 향유자로서 그 주체가 되어 교육을 받을 기회를 가질 수 있다. 이 평생교육과 관계하여 회사들이 실시하는 교육을 검토할 때 법인에게도 그 주체가 되는 기회를 부여할 필요가 있겠다.

(2) 教育을 하는 權利의 主體

균등하게 교육을 받을 권리의 실제적인 효력을 보장하기 위해서는 교육을 하는 주체가 전제되어야 할 것이다. 누가 국민의 교육을 담당할 주체가 되어야 할 것인가에 관해서는 세 가지 견해가 있다.[48]

① '國家敎育權說' : 국민이 국가와 지방자치단체에 자녀를 위탁했다는 것을 전제로 국가 또는 지방자치단체를 교육시키는 권리의 주체로 본다. 따라서, 국가는 교육정책에 관여하게 되고, 지방자치단체의 행정기관이나 학교 등에 대하여 그 역할을 분담하게 하고, 교육정책의 문제를 국민전체의 의사를 대변하여 결정하게 된다고 본다.

② '國民敎育權說' : 국민의 교육을 받을 권리 중에서 특히, 아동의 교육을 받을 권리를 강조하여 이것을 기본으로 학부모·교사·국가의 권리 내지 역할을 이끌어 내려는 견해이다. 즉, '장래에 충분히 인간성을 계발할 수 있도록 스스로 학습하게 하고 사물을 알리며 이것을 바탕으로 스스로 성장하게 하는 것이 아동의 생래적 권리'라고 보고, 이와 같은 아동의 학습권에 대응하여 부모를 중심으로 한 국민 전체는 아동을 교육할 의무를 지고 있으며, 국민은 교육의 자유를 가지고 있다고 본다. 그리고 교사는 아동의 학습권을 충분히 육성시켜 줄 직무를 담당하고 있는 동시에 학부모와 함께 국민 전체의 교육사상을 그들에게 교육시킬 책임과 의무를 지고 있다고 본다.[49] 한편, 이 설은 의무교육 실시에 있어서 교육을 받게 할 의무의 주체를 학령아동의 보호자라고 본다.

③ '國家·國民 共同敎育主體說' : 국민을 대표하여 국가기관이 권력을 행사하는 것이므로 교육주체가 국가냐 국민이냐 하는 양자택일적 성격을 갖는 것은 아니라고 보고, 국민에게 교육권이 있다고 하여 반드시 국가의 교육권을 부정할 필요는 없다는 것이다. 이 설은 국가는 필요하고도 상당하다고 인정되는 범위 내에서 교육내용을 결정할 권능을 가진다고 보는 동시에 양친의 교육의 자유, 사학교육에 있어서의 자유, 교사의 교육의 자유도 한정된 일정한 범위에서 긍정하고 있다.

공교육의 강화라는 시대적 현상에서 볼 때는 국가교육권설이 현실성을 갖는다 볼 수

---

48) 김철수, 앞의 책, p.358.
49) 구병삭, 앞의 책, p.485.

있으나 평생교육이라는 측면과 교육의 복합성을 고려할 때, 국가·국민공동교육주체설이 보다 더 실효적인 학설이라 하겠다.

2. 敎育의 機會均等

헌법 제31조 제1항에 「모든 국민은… 균등하게 교육을 받을 권리를 가진다」고 하였다. 이는 능력에 상응하는 교육을 요구할 수 있는 권리와 교육을 받을 기회를 균등하게 향유할 권리를 보장하도록 하는 것이다. 이것은 법 앞에서의 평등의 이념을 교육의 영역에서도 구체화한 것이다. 교육의 기회균등의 문제는 근대화의 산물이라 할 수 있다. 근대 산업화 이전의 농업사회에서는 아동들의 사회적 신분까지도 귀속적 지위에 의하여 결정되었다. 부모의 직업이나 신분이 자녀에게도 전승되어, 교육의 경우에도 기회균등이란 것은 가상될 수 없었다. 산업혁명 이후 직업상의 기술을 공립학교에서 가르치기 시작하면서부터 지금까지 교육대상에서 제외되었던 사람들이 교육의 기회를 가지게 되었다. 그 이후로 새로이 교육의 기회를 갖게 되는 대중이 증가되면서 전통적인 특권계급의 교육전유사상에 변화가 일어났고, 그 이해관계의 대립이 심각해지면서 교육의 기회균등 문제가 나타난 것이라고 할 수 있다. 헌법상의 균등하게 교육을 받을 권리는 두 가지로 분석될 수도 있다. 하나는 「능력에 따라」교육을 받는 것이고, 다른 하나는 「균등하게」교육을 받을 수 있는 것이다.

가. 能力에 따라 敎育을 받을 權利

헌법 제31조 제1항의 모든 국민은 「능력에 따라」교육을 받을 권리를 가진다에서 능력이라 함은 인간이 소지한 정신적·육체적 능력을 말한다. 물질적 능력은 이 경우의 능력에 해당되지 않으며, 인종, 성별, 사회적 신분, 가정환경 등에 의한 능력의 차이는 원칙적으로 배제된다.[50] 교육과 관련 있는 능력으로 해석하면 능력이란 주로 지적인 능력을 의미한다.

또한 「능력에 따라 균등하게 교육을 받을 권리」란 정신적·육체적 능력만 있으면 수학할 기회를 균등하게 부여 받는다는 뜻이고, 모든 국민의 교육수준을 균등화하자는 것은 아니다. 단지, 능력에 따라서 교육을 받을 권리가 균등하다는 것이므로 균등한 교육을

---

50) 김철수, 앞의 책, p.359.

받을 권리가 있다는 것이지, 균등하게 교육을 받을 권리를 실현시켜야 한다는 것은 아니다. 사람의 선천적·후천적인 능력의 차이를 고려해서 모든 계층의 국민이 그의 능력에 상응하는 교육을 받을 수 있도록 기회를 부여하여야 하며, 영재교육뿐만 아니라 평균인의 교육과 지진아의 교육도 함께 중요시하여, 이들 모두에게 그들의 능력에 맞는 교육을 받을 기회를 보장하여야 한다는 것이다. 우리 교육에서도 능력에 따른 차별교육을 인정하고 있는데, 예를 들면 공개경쟁으로 학생을 선발한 후 이들에게만 수학의 기회를 주는 것은 그 예라 하겠다.

「균등하게 교육을 받을 권리」는 자유권적 측면에서는 교육의 기회균등을 의미하고, 생활권(사회권)적 측면에서는 교육의 외적 조건의 균등화를 요구할 수 있음을 의미한다.[51] 전자는 소극적 평등권설이라 하고, 후자를 적극적 생활권설이라 하겠다. 자유권설에 의하면, 우리 헌법 전문에서 선언한 모든 면에 있어서의 기회균등이란 점을 감안하여 국가는 국민을 교육하는 의무를 지고, 국민은 국가에 대하여 교육을 받을 권리를 인정한 것이 균등한 교육을 받을 권리란 것이다. 생활권설에 의하면, 현실적으로 국가에 대하여 균등하게 교육을 시켜줄 것을 청구할 수 있는 권리가 있다는 것이다. 능력에 따라 교육을 받을 권리는 교육을 받을 권리의 중요한 요건으로서 소극적 평등권이라기보다는 적극적 생활권이라고 이해하는 것이 현실적으로 적합한 것이라 하겠다.

따라서, 모든 국민은 능력에 따라 균등하게 교육을 받을 권리를 가지고 있으므로, 국가는 교육시설의 정비확충, 교육기회의 균등·확충을 행하여야 할 의무를 지는 것이다. 「능력에 따라 균등하게 교육을 받을 권리」에서 교육을 받을 권리의 대상이 되는 교육에는 학교교육, 사회교육, 공민교육, 가정교육 등의 여러 형태가 있지만, 그 중에서 가장 조직적이고 일반적인 것이 학교교육이므로 여기서 말하는 교육은 주로 학교교육을 지칭한다. 물론 여기에서의 학교교육은 의무교육뿐만 아니라 고등교육까지 포함한다.

나. 均等하게 敎育을 받을 權利

헌법 제31조 제1항에 모든 국민은 능력에 따라 「균등하게」 교육을 받을 권리를 가진다고 하였다. 이 경우의 「균등하게」란 교육의 기회균등으로서 모든 국민은 성별·종교·사회적 신분·경제적 지위 등의 불합리한 조건에 의하여 교육을 받지 않고 능력에 따라 균등하게 교육을 하여 줄 것을 요구할 권리를 가진다는 것이다.[52] 이 교육의 기회균등의 개념 속에는 입학기회의 균등, 교육결과의 균등, 교육과정상의 균등, 교육평가에 대한

---

51) 위의 책, p.359.
52) 김계환, "평등권에 관한 연구", (성균관대학교 박사학위논문, 1980), p.123.

균등, 학교선택의 균등 등으로 요약할 수 있다.

① 入學機會의 均等은 학교 등의 동일한 환경에서의 교육을 받을 권리를 부여하는 것으로서 동일한 아동들이 일정한 시기에 학교 등의 교육기관에 들어갈 수 있는 기회가 공평하게 주어지는 것을 말한다. 1950년대까지의 교육의 평등개념이라 할 때는 주로 이 개념을 지칭하였다. 이 개념에 의하면, 모든 아동을 무차별적으로 같은 학교에 수용될 수 있는 기회가 부여된 것만으로는 교육평등을 달성한 것이라고 보는 것이다. 초·중등교육법 제13조 제1항의 「모든 국민은 그가 보호하는 자녀 또는 아동이 만 6세가 된 날의 다음날 이후의 최초 학년초부터 만 12세가 되는 날이 속하는 학년말까지 그 자녀 또는 아동을 초등학교에 취학시켜야 한다」는 규정에 따른 취학연령 상한선과 하한선에 따른 의무교육대상 연령의 제한이 한 예라고 볼 수 있다.

② 敎育結果의 均等은 모든 아동이 교육목표에 균등하게 접근하도록 하여 하나의 교육결과에 도달되도록 하여야 한다는 것이다. 1960년부터 등장한 교육의 평등개념이다. 이 개념은 모든 아동이 학교의 시험성적, 최종학교를 마친 후의 직업, 수입 등까지 우열이 없어야 교육평등이 이룩된 것이라고 보는 것이다. 그러나, 이것은 인간은 지적 능력의 차이가 있다는 점을 감안하면 쉽게 실현될 수 없는 개념이다.

③ 敎育課程上의 均等은 아동의 문화적 접촉이 지적 발달에 기여하므로 불평등한 사회구조에 따른 문화적 격차를 교육과정상에서 보충교육으로써 해결하는 것이다. 실제로 모든 아동이 우열의 격차가 심화되고 학교교육의 기능과 능력의 한계를 드러내고 있으므로 이 개념은 사회구조상 불리한 입장에 있는 아동들에게 교육과정성에서 더 많은 자원을 투입함으로써 문화적 격차를 시정시키는 것을 교육평등으로 보는 것이다. 대학입시제도에 있어서 농어촌 출신 학생들에 대한 특례입학제도의 실시와 소년소녀가장과 효행학생에 대하여 정원의 범위 내에서 일정수의 학생을 선발하게 하는 제도를 도입하는 것을 예로 볼 수 있다.

④ 敎育評價의 均等은 아동이나 학생에게 동일하고 균등한 교육의 기회를 부여하여 교육을 시킨 후, 그 평가까지도 균등하게 이루어져야 한다는 것이다. 특히, 내신제도의 대도시와 지방의 명문학교에서의 불이익, 일등주의를 강조함으로써 야기되는 학생의 지나친 이기주의 등의 여러 가지 평가의 부작용이 생기는 점을 감안하면, 이를 해결할 수 있는 교육평가의 대책이 요구된다고 본다.

⑤ 學校選擇의 均等이란 동일조건에서의 학교의 선택까지도 균등하게 이루어져야 한다는 것이다. 학교의 기회균등에 대한 접근은 지역간, 학교간, 학생간의 격차에 대하여 형평을 위한 투입의 측면으로부터 산출된다고 보고, 교육결과의 균등과 관계하여 문제시

될 수 있다. 따라서 지역간·학교간의 불균형을 해소하기 위해서는 국가에서 농촌지역학교의 교육시설 개선이나 상대적으로 성취도가 낮은 학생의 재교육(보충교육)을 강화하여야 한다. 이를 위해 우수교사들이 농촌지역이나 도서벽지지역의 학교에도 배치할 수 있는 현실적인 시책이 요구된다 하겠다.

3. 教育의 義務性

가. 意義

교육을 받을 권리를 실질적으로 보장하기 위해서는 개인의 차원을 초월한 국가적·사회적 차원에서 일정한 단계의 교육은 강제성 및 법적 의무성이 요구된다. 현대 공교육제도에 있어서의 의무성은 무상성과 함께 교육을 받을 권리의 보장을 위한 제도적 원리의 외적 측면(기회균등의 실현)을 이루고 있다. 즉, "의무성이란 모든 국민(특히 어린이)에게 학교를 포함한 여러 종류의 학습의 장이나 기회를 균등히 제공하는 것으로서 공적인 의무로 되어 있다"고 하는 원리로서 교육제도 전반에 널리 관계되며 전형적으로는 의무교육제도의 기본원리이다.[53] 즉, 교육권이 인권의 하나로 인식되고 있으며, 인간은 누구나 교육을 받음으로써 인간다운 삶을 누리고 자아를 실현할 수 있으며, 행복을 추구할 수 있는 것으로 생각되고 있다.

따라서, 교육기회의 확대와 교육기회의 균등보장은 국가의 중요한 의무중의 하나이다. 의무교육은 교육의 기회균등 사상에 입각하여 모든 국민에게 사회적 신분이나 경제적 지위에 차별을 두지 않고 국민으로서 요구되는 자질을 함양하기 위한 최소 필수의 공통교육을 보장하기 위한 제도이다.

나. 法的 性格

교육의 의무는 국민의 인간다운 생활을 유지하고 문화국가를 건설하는데 수반되는 의무이다. 즉, 납세·국방의 의무가 국가의 존립유지와 보장을 위한 고전적인 의무인데 반하여, 교육의 의무는 현대의 사회국가·복지국가를 유지하기 위하여 등장한 사회적 기본권과 함께 발생한 새로운 의무이다. 즉, 국가와 지방자치단체는 필요한 학교의 설립과 운영은 물론 필요한 교재와 경비를 부담할 의무가 있다.[54]

---

53) 최희선, "의무교육제도의 성격과 과제", 김종철 회갑기념논문집(교육과학사), p.445.

54) 허재욱, 앞의 책, p.76.

다. 內容

교육을 받게 할 의무가 있다는 것은 교육은 본질적으로 개인의 자유에 속하는 동시에 소정의 최저 수준의 교육은 국가에 의해 무상의 의무교육이 이루어져야 함을 의미하는 것이다. 물론 아동을 학교에 취학 시켜야 할 의무를 부담하는 것은 아동의 친권자나 후견인이 되며, 국가는 이러한 의무이행을 독려해야 한다. 이 의무를 이행하지 않는 경우에는 법적인 제재가 가해진다.

또한 국가나 지방자치단체는 사전에 의무교육에 필요한 제반시설을 설치·운영하여야 할 것이며(국가의 의무), 경제적 이유로 의무교육을 받지 못하는 경우가 없도록 미리 조치하여야 할 것이다(수업료, 기타 교육경비의 무상 등). 사립학교에 입학한 경우에는 무상의 혜택을 포기한 것이므로, 수업료 징수는 문제가 되지 않는다. 하지만, 문제가 되고 있는 것은 초등학교는 의무교육이기 때문에 학생을 퇴학시킬 수가 없다는 점이다. 이로 인하여 수업상·학생지도상 많은 문제가 발생하고 있어 교육의 내실을 위해서는 유급제도와 더불어 퇴학제도도 도입할 필요성이 절실하다 하겠다.

라. 義務敎育의 發展 過程

근세의 의무교육제도는 서구의 봉건체제의 붕괴과정에서 비롯되었다. 18세기 독일의 영방국가인 프러시아에서는 절대주의 체제를 유지·강화하기 위해 부국강법을 도모하는 한편, 민중을 순종시키려는 의도하에서 의무교육제도를 확립하였다. 프러시아에서 의무교육을 규정한 가장 대표적인 법령은 1763년 프레드릭 대왕의 地方學事通則이다. 반면 영국은 1876년 초등교육법에서 산업혁명을 배경으로 연소자의 보호 및 치안유지를 목적으로 하여 5세 이상 14세 이하의 아동을 대상으로 하는 또 다른 형태의 의무교육제도를 고안하였던 것이다.[55]

이와 같은 의무교육의 강제성에 대하여 자유로운 교육, 권리로서의 교육의 관념으로서 등장한 것이 프랑스 시민혁명기에 콩도르세 등 혁명지도자들이 주장한 국민주권·국민입법을 통한 민주국가를 위한 주권자인 개개 국민의 계몽·교육사상이다. 모든 국민의 정치적 평등을 보장하고, 개개인의 천직의 재능을 계발시키기 위해 보편적인 교육의 기회를 제공하는 여건을 갖추는 것이 국가의 의무라고 보게 되었으며, 동시에 인간 내면의 가치관 형성으로서의 교육은 본질적으로 개인의 자유에 속하는 것이므로 국가가 이 개인의 자유에 개입하는 것은 허용되지 않는다는 것이다.[56] 이들의 주장은 「권리로서의 교육」

---

55) 김낙운, 앞의 책, p.107.

56) 김윤섭, "우리나라 교육법의 기본원리에 관한 연구", 성균관대 석사학위논문, 1990, p.99.

을 공교육의 중심과제로 다루었다. 이 「권리로서의 교육」을 중심으로 의무교육제도가 완전하게 구성된 것은 1930년대에 이르러서이며 이로부터 세계적으로 정착되었던 것이다. 독일에서는 1891년 에르푸르트 강령에 의하여 학교는 비종교화하고 취학을 의무화·무상화하며 진학은 능력을 기준으로 하여 경제적인 보장을 하도록 하다가, 1919년 Weimar 헌법이 공포되고 1920년 기초학교법이 제정됨으로써 실현되었다.[57] 미국에서는 1852년 메사추세스주의 교육법에 8~14세의 아동은 최소한 12주간 취학시켜야 한다고 규정함으로써 의무교육이 성립되었다.[58]

우리나라에서는 1948년에 제정된 헌법과 1949년에 제정·공포된 교육법에서 6세-12세까지의 아동에게 초등교육을 의무적으로 무상으로 받도록 하여 1950년 6월 1일을 기하여 의무교육을 시행하게 되었다. 또 교육법 제26차 개정(1984. 8. 2 법률 제3739호)에서는 의무교육의 범위를 중등교육 3년까지 받도록 확대했다. 실제로 1986년에는 의무교육 대상을 도서·벽지 중학교의 전학년으로 하였다가, 1992년부터는 읍·면지역까지 확대되어 실시하고 있다.[59]

마. 義務敎育의 對象

이 의무의 대상이 되는 교육으로서 우리 헌법 제31조 제2항은 「적어도 초등교육과 법률이 정하는 교육」이라고 규정하고 있는데, 이러한 헌법의 규정은 초등교육뿐만 아니라 중등교육까지도 의무화하기 위한 것이다. 현행 교육기본법 제8조에 「의무교육은 6년의 초등교육 및 3년의 중등교육으로 한다. 다만, 3년의 중등교육에 대한 의무교육은 국가의 재정여건을 고려하여 대통령령이 정하는 바에 의하여 순차적으로 실시한다」고 규정하고 있다. 초·중등교육법 제2장, 초·중등교육법시행령 제2장에 무상 의무교육에 관한 상세하게 규정하고 있다.

우리 헌법재판소는 의무교육의 무상원칙을 정한 헌법 제31조 제3항이 초등교육에 관하여는 직접적 효력규정이라고 보면서도, 중등교육 이상의 교육에 대하여는 국가의 재정형편 등을 고려하여 입법자가 법률로 정한 경우에 비로소 헌법상의 권리로 인정된다고 하여, 중등무상 義務敎育의 인정은 입법자의 형성의 자유에 속한다고 보아, 중학의무교육의 실시여부 자체라든가 그 연한은 교육제도의 수립에 있어서 본질적 내용으로서 국회입법에 유보되어 있어서 반드시 법률로 정해야 할 기본적 사항이나, 그 실시의 시기·범위

57) 정재철, 『서양교육사』(서울: 교육출판사, 1967), p.275.
58) 김용기, 『서양교육통사』(서울: 일조각, 1975), p.166.
59) 윤정일외 4인, 『한국의 교육정책』(서울: 교육과학사, 1993), p.23.

등 세부사항은 대통령령에 위임해도 무방하다는 결정을 내리었다. 즉, 소정의 최저수준의 교육을 국가가 강제할 수 있다는 것을 의미하며, 이러한 강제는 직접 아동에게 과하는 것이 아니고 그 보호자나 사용자 등에 과하는 것이고, 국가는 이러한 의무이행을 독려해야 한다. 또한 국가는 사전에 의무교육에 필요한 제반시설을 설치·운영하여야 할 것이며, 경제적 이유로 의무교육을 받지 못하는 경우가 없도록 미리 조치하여야 할 것이다. 따라서, 의무교육에 있어서 아동은 교육을 받을 권리의 주체이며 의무의 주체는 아니다. 교육의 의무성의 기능은 의무교육을 받을 아동의 권리에 대응한 권리실현 수단이다. 보호자 등에 있어서는 단순한 윤리적 의무가 아닌 법적으로 벌칙에 의해 강제되는 법적 의무이다.[60]

바. 義務敎育에 있어서 無償의 範圍

헌법 제31조 제3항은 「의무교육을 무상으로 한다」고 규정하고 있는데, 어느 정도까지의 비용을 무상으로 해주어야 할지 그 무상의 범위에 대해서는 학설이 대립되어 있다.[61]

(1) 無償範圍 法定說

이 학설은 무상의 내용에 대해서는 법률이 정하는 바에 따른다는 설이다. 그러나, 이 학설은 헌법의 규정을 공동화시킬 염려가 있다.

(2) 就學必須費 無償說

이 학설은 취학 필수비는 모두 무상이어야 하며, 이를 보호자에게 부담시키는 것은 위헌이라는 설이다. 그러나, 이 학설에 대해서는 국가의 재정을 무시한 것이라는 비판이 있다.

(3) 授業料 免除說

이 학설은 절충적인 입장을 취하여 무상이라 함은 다만 수업료의 면제만을 뜻한다고 보는 견해이다. 생각건대, 무상이라 함은 수업료 면제만이 아니라, 국가의 재정이 허용하는 경우에는 학용품, 수업에 사용되는 모든 물품을 비롯한 급식의 무상까지도 포함한다고 보아야 할 것이다. 국가와 지방자치단체는 의무교육의 실시에 관한 의무를 가지고 있으며, 국가는 가능한 최대의 배려를 하여 보호자의 부담을 경감시켜주어야 할 것이다. 의무

---

60) 김윤섭, 앞의 논문, p.101.
61) 김철수, 앞의 책, p.513.

교육의 무상과 관련하여 사립초등학교의 경우에는 문제가 있으나, 국·공립학교의 수용능력이 있는데도 불구하고, 사립학교에 자원해 취학하는 경우에는 유상으로 할 수도 있다고 하겠다. 한편 무상교육 등에 소요되는 재원의 확보를 위한 교육세의 징수는 위헌이 아니라고 볼 것이다.

이상에서 교육의 의무성 원칙에 대한 의의와 보장내용, 그 발전과정에 대하여 살펴보았다. 특히, 오늘날의 의무교육 기회의 확대에 대한 의의는 교육인권과 직결된다. 의무교육 기회의 확대는 우리의 경제·사회 구조가 양적으로 또 질적으로 고도화됨에 따라 높은 국민의 자질을 요구하는 국가발전 추세와 국제적인 교육경쟁의 양상 속에서 찾을 수 있다. 인력 개발의 저력을 확대하고 국민의 기초학력수준을 향상시키기 위해서 1984년 교육법 개정을 통하여 중학교까지 의무교육을 확대, 실시해오고 있다. 이는 교육 복지적 측면에서 당연하며, 교육기회의 확대와 균등화를 실현하는 것으로써 민주사회에 있어서 사회적 정의를 구현하는 적극적인 정책이며, 모든 청소년들의 인간적 권리를 보장한다는 점에서 그 법적 의의를 찾을 수 있다.

그러나, 이와 같은 의무교육 기회의 확대에도 불구하고 중학교 진학률이 99%를 상회하는 현실에서 의무교육의 확대는 교육기회 확대라는 의미는 없고, 단지 무상교육의 확대에 불과하며, 부담능력이 있는 계층까지 획일적으로 무상화가 실현되고 있는 상황에서 중학교 의무교육의 실시는 실효성이 없으며, 형식적이므로 초등학교나 중학교의 교육여건(과대학교, 과밀학급, 교원의 수업부담 등)을 개선하는 것이 더 우선되어야 한다는 지적이 있다.[62]

여기에 덧붙여 유치원 교육의 공교육화를 전제로 한 의무교육화에 대한 요구가 이미 사회적 논의로 대두되어 있으며, 중학교에서 고등학교로의 진학률이 90%를 상회하는 현 상황에서 21세기를 맞는 국가적 대응으로서의 의미를 갖는 고교교육의 의무교육화에 대한 논의 또한 제기되고 있는 실정이므로, 이에 대한 최대한의 수용을 통한 교육인권과 사회적 정의의 구현을 위한 국가적 노력이 요청된다 하겠다. 그것은 사회적 요구와 국가적 수용능력의 최적화의 문제로서, 교육에 대한 투자의 우선과 미래지향적인 발전 정책의 수립·시행이 필요한 일이 아닌가 생각된다.[63]

---

62) 교육개혁심의위원회, 『중학교 의무교육 확대 실시 방안』, 1987. p.77.

63) 김윤섭, 앞의 논문, pp.102~103.

4. 敎育의 自主性·專門性·政治的 中立性

헌법 제31조 제4항에 「교육의 자주성·전문성·정치적 중립성 및 대학의 자율성은 법률이 정하는 바에 의하여 보장된다」고 규정하고 있다. 이는 특정한 세계관만을 강요하거나 특정한 정치세력과 교육이 영합하는 것을 막고, 교육의 왜곡과 침체를 방지하기 위한 제도적 장치인 동시에 간접적으로 교육을 받을 권리를 보호하기 위한 규정이다. 교육의 자주성은 교육을 받을 권리의 내용적 실질을 이루는 원리이다.

가. 敎育의 自主性

교육의 자주성이란 교육기관의 운영과 교육내용이 교육자들에 의하여 자주적으로 결정되고 행정상의 필요에 의하여 교육통제가 이루어질 경우라도 법적인 절차를 통하여 최소한에 한하여 이루어져야 함을 의미한다. 즉, 교육 본래의 목적과 그 기능을 충실히 이행하기 위하여 교육기관과 교육자가 그 방향을 정하여 교육을 존속·유지하여야 한다는 것이다. 따라서, 교육의 자주성은 국가권력으로부터 교육의 독립을 그 핵심으로 한다. 즉, 교육은 일반행정이나 국가의 활동영역과는 달리 독립적으로 운용되어야 하는 것이다. 종래 교육행정이 내무행정의 일부분으로 예속되어 있던 것을 독립적인 행정으로 분리시킨 것은 자주성의 확보를 위한 하나의 대책이라 할 수 있다.[64]

(1) 敎育의 自主性의 保障

교육의 자주성은 다음과 같은 이유에 의해서도 반드시 보장되어야 할 교육권의 전제조건이다.[65]

① 교육은 교육자와 피교육자간의 인격적 접촉을 통하여 이루어지므로 법의 테두리 안에서 교육자 스스로가 방향을 잡지 못하고, 외부의 힘에 의한 교육활동이 이루어 질 경우에는 인격적 결합이 어려워지기 때문이다.

② 교육은 무한한 지식의 개발을 전제로 하여 그 교육활동을 전개하는 것이므로 학문연구의 자유가 보장되지 않고서는 심원한 학문의 연구는 물론 충분한 교육활동도 이루어지기 어렵다. 지식은 보다 타당한 결론에 도달하기 위한 탐구의 소산이며, 이 세계를 합리적으로 이해하려는 노력의 소산이기 때문에 권위가 개입하여 탐구의 결과를 좌우할 수는 없는 것이다.

---

64) 김낙운, 앞의 책, p.67.
65) 백현기, 『교육행정의 기초』(서울: 배영사, 1977), p.110.

③ 교육은 재정 및 행정상의 뒷받침이 어려울 경우에는 그 실효성을 거두기가 힘든 처지에 놓이게 되는데, 이를 이유로 교육활동에 국가적 권력이 개입될 수 있다. 따라서, 교육의 자주성은 더욱 보장되어야 한다.

④ 교육은 전국민적인 것이요, 전문적인 것이기 때문에 그 자체의 자주성이 보장되지 않는다면 교육 본래의 기능을 다하기가 어렵다. 참교육의 실현이란 결국 교육자가 자주성을 갖고 교육에 임할 때 가능한 것이다. 따라서, 교육의 자주성은 교육권의 핵심을 이루는 것이다.

(2) 公敎育과 國家的 監督

교육에는 「교육을 받는」 경우와 「교육을 행하는」 경우의 두 가지 면이 있다. 교육의 자주성은 교육을 행하는 자에겐 교육내용과 방법의 자주적 결정을, 교육을 받는 자에겐 교육내용의 선택권을 의미한다.[66] 교육은 교육자와 피교육자만으로 그 목적을 충분히 달성할 수 없다. 양자가 각종 형태의 물질적·정신적 원조가 필요하며, 또 이러한 지원은 복합적으로 이루어져야 한다. 현대 복지국가의 공교육은 이 교육을 원활히 운영하기 위하여 교육에 대한 여러 측면에서의 원조를 제도화하고 있다. 따라서, 국가가 합리적인 범위 내에서 교육내용과 방법에 지원하는 것은 국가의 당연한 책무라고 보아야 할 것이다. 그러나, 이 국가적 감독이 필요하다고 하여 합리적인 범위를 넘어서 교육의 자주성을 침해하는 것이어서는 아니 된다. 이점에서 교육의 공공성과 자주성은 상반되는 개념이 아니라 상호보완적 관계라고 할 수 있다.

(3) 敎育의 自主性의 內容

현대 자유 민주국가에 있어서 교육의 자주성을 중요시하는 목적은 원래 평화적이고 민주적인 문화국가의 주권자를 육성시키기 위한 것이므로 교육의 자주성을 보장하기 위해서는 자주입법권, 자주재정권, 자주집행권이 보장되어야 한다.[67]

⑺ 自主立法權

교육기본법 제5조 제1항은 「국가 및 지방자치단체는 교육의 자주성 및 전문성을 보장하여야 하며, 지역의 실정에 맞는 교육의 실시를 위한 시책을 수립·실시하여야 한다」고 하여, 지방교육의 특수성과 자주성을 인정하면서, 교육 시책의 수립과 실시를 하기 위해

---

66) 高木太郎 外, 『敎育行政と敎育法學』(東京: 協同出版, 1978), pp.124~125.

67) 위의 책, p.110.

서는 어떠한 전제가 요구된다고 하여 입법권을 예고하고 있다. 따라서, 지방자치단체가 지방교육의 특수성을 살리기 위해서는 지방의회를 통하여 그 지역의 교육에 필요한 입법적 조치를 취하고 그에 따라 자주적인 지방교육을 실시할 수 있다.

(나) 自主財政權

교육기본법 제7조 제1항은 「국가 및 지방자치단체는 교육재정을 안정적으로 확보하기 위하여 필요한 시책을 수립·실시하여야 한다」고 하여 교육활동을 충실히 수행해 나가기 위한 교육재정의 안정적 확보를 요구하고 있다. 이는 교육기관을 유지·경영함에 필요한 교육재원의 확보를 위한 법적 근거를 마련한 것이다.

(다) 自主執行權

교육기본법 제5조 제2항에서 「학교운영의 자율성은 존중되며, 교직원·학생·학부모 및 지역주민 등은 법령이 정하는 바에 의하여 학교운영에 참여할 수 있다」고 하여 교육의 자주집행권은 교육의 자주성 보장에 따른 학교운영의 수립, 실시를 규정하고 있다.

(라) 敎育 自主性의 實現

이상에서 자주입법권·자주재정권·자주집행권을 확보하기 위해서는 ① 교육자의 교육시설 설치자나 감독권자로부터의 자유, ② 교육내용에 대한 교육행정권의 개입금지, ③ 교육관리기구 특히 교육감 등의 공선제가 유지되어야 한다. 이러한 자주성 확보 방안을 실현하는 중요한 제도로서 지방교육자치제를 들 수 있다. 지방교육자치제는 지역적 특수성의 존중, 교육행정에의 민중참여, 일반행정으로부터 교육행정의 분리독립, 교육행정의 전문적 관리 등이 이루어져야 할 것이다.

나. 敎育의 專門性

헌법 제31조 제4항은 교육의 「전문성」은 법률이 정하는 바에 의하여 보장된다고 하여 교육이 갖는 전문적 특성을 인정함과 동시에 법령의 범위 내에서 이를 보장하고 있다. 우리는 흔히 교직을 전문직이라고 부른다. 과연 교직이 진정한 전문직으로서 요건을 갖추고 있는지 사회·경제적으로 전문직에 상응하는 대우를 받고 있는지 의심스러운 면이 존재하고 있는 것도 사실이다. 그러나, 교직의 전문성은 교사의 자율성을 인정하는 전제에서 찾을 수 있다. 전문성의 특성에 대하여 여러 학자나 교육단체에서 정의하고 있다.

리벨만은 ① 독특한 사회적 봉사기능 기능, ② 고도의 지적 기술활용, ③ 장기간의 준비기간 소요, ④ 전문적 판단과 행위에 대한 책임, ⑤ 경제적 이득보다 봉사 우선, ⑥ 광범한 자율권 행사, ⑦ 자치조직의 결성, ⑧ 윤리 강령의 준수 등을 들고 있다.[68]

김종서는 교원의 전문성의 요건을[69] ① 교직에는 고도의 지적 능력이 필요하며 교직수행을 위하여 계속적으로 연구해야 한다. ② 교원이 되기 위해서는 장기간의 준비교육이 필요하며 계속적인 노력을 해야한다. ③ 교원은 봉사 지향적이어야 하며 사회적 책임이 강조된다. ④ 교원은 자신들이 지켜야 할 윤리강령을 가지고 있다. ⑤ 교원은 자율권을 가지고 단체교섭활동을 위한 자치적인 단체를 조직한다 등을 들고 있다.

이를 고려해서 교원이 전문성을 가질 수 있는 조건을 열거하면, 고도의 지적 능력, 장기간의 준비기간(적어도 교원양성대학에서 대학원 석사과정까지 이루어져야 한다), 고도의 자율성, 자신들의 윤리강령과 자치단체의 결성, 전문성에 상응하는 경제적, 사회적 우대 등이다.

(1) 敎育에 있어서 專門性의 必要性

교직은 전문직으로서의 특성을 갖고 있으며 그 전문성은 교육의 본질적 요건이 되는 교사의 자율성을 보다 발전시키기 위한 조건이 되며, 권위 있는 교권을 확립시킬 수 있는 중요한 요인의 하나가 되고 있다. 여기에서 교원의 전문성이 요청되는 몇 가지 근거를 알아보면,[70] ① 교원의 전문성이 높지 않으면, 권위 있는 교직자로서의 권익보장을 주장할 근거가 미약해지고, 교원의 자율권은 침해되고 위축된다. ② 교원이 교육자로서의 과업을 수행하고 교사의 의무를 이행함에 있어 전문적인 능력을 발휘하지 못하면 외부의 간섭과 지시·통제는 증가되어 교사의 교육자주권은 보장받기 어렵다. ③ 교원이 사회적 책임과 봉사를 소홀히 할 경우, 사회적 지탄을 면키 어렵고 교원의 신분 보장에까지 영향을 준다. ④ 교직의 직업윤리성이 확립되지 못할 때 교육의 자율성에 대한 외부의 간섭과 지배가 따를 수 있다.

(2) 內容

교직의 전문성의 요소로는, ① 교사의 학교교육활동의 자주성을 보장하는 교원의 교육권보장, ② 학교 교원의 책무이면서 권리라 할 수 있는 연수를 스스로 받아야 하는 교사의 자주연수권, ③ 학교 교원의 전문자격을 공증하는 교원면허제, ④ 학교 교원의 특별한

---

68) Myron Lieberman, 『Education as a Profession』(N.J. prentice Hall, 1956), pp.13~15.

69) 김종서, "교원의 전문성", 『현대사회와 교원(서울특별시교육위편)』 1982, p.71.

70) 이종재, "교권과 교사의 자율성", (서울: 서울특별시교육위원회, 1983).

신분보장 등을 들기도 한다.[71] 여기에서는 교직의 전문성과 관계하여 사회적 우대, 직업
윤리, 교직에서의 현장연수, 교직의 자율성 등을 그 내용으로 하여 검토하기로 한다.

(가) 社會的 優待

교육기본법 제14조는 「학교교육에서 교원의 전문성은 존중되며, 교원의 경제적·사회
적 지위는 우대되고 그 신분은 보장된다」고 하여 전문직으로서의 교원의 사회적·경제적
지위를 우대하게 함으로써 교직의 사회적 존재가치를 중요시하고 있다. 그밖에 교원의
사회적 우대와 관계되는 조항으로는 의사에 반한 불리한 신분조치의 금지를 규정한 「교
권의 존중과 신분보장」조항인 교육공무원법 제43조 및 사립학교법 제56조를 들 수 있다.
또한 교육공무원법 제47조 제1항은 교직의 전문성과 경험을 중시하여 교육공무원의 정년
을 62세로 규정하고 있고, 교육공무원법 제48조에 「교원은 현행범인인 경우를 제외하고
는 소속 학교의 장의 동의 없이 학원 안에서 체포되지 아니한다」라고 규정하고, 사립학교
법 제60조와 함께 교원의 불체포특권을 인정하고 있다.

(나) 職業倫理

교직은 일반적으로 다른 어떤 직업보다 더 높은 윤리의식을 필요로 한다. 교직윤리는
성실성과 진실성, 인간에 대한 존경심과 애정 등 교육적 가치와 원리가 상호작용하면서
교사의 행동과 생활을 지배하며, 교직의 사명감이나 정열보다 더 우선시 되어야 할 조건
이다. 이를 지키지 못할 때 교직의 전문성은 왜곡되고 지탄의 대상이 될 수 있다.

우리 교육법에서 규정하고 있는 교직윤리조항으로는 교원은 교육자로서 갖추어야 할
품성과 자질을 향상시키기 위하여 노력하여야 한다고 규정한 교육기본법 제14조와 국가
공무원법 제55조(선서의 의무), 제56조(성실의 의무), 제57조(복종의 의무), 제59조(친절공
정의 의무), 제60조(비밀엄수의 의무), 제61조(청렴의 의무), 제63조(품위유지의 의무), 제64
조(영리업무 및 겸직 금지) 등의 규정에 의하여 교육공무원에게도 당연히 직업윤리가
요구되는 것이다.

(다) 敎職에서의 現場硏修

직무수행상 고도의 지식을 요하는 전문직일수록 취업 후의 능력신장은 동일행위의
반복보다는 새로운 이론을 계속 습득함으로써 이루어지기 때문에 계속적인 연구를 요한

---

71) 兼子 仁, 앞의 책, p.311.

다. 교원의 전문성을 제고하기 위하여 현직연수는 직전 교육과 연계성을 갖도록 하고, 그 내용은 전문적 지식에 익숙하게 하고 있다. 또한 개인의 부단한 자기 연수를 통하여 재교육에 힘쓸 뿐만 아니라, 학교장도 교원의 연구와 연수활동에 최대한 지원을 하여야 하며, 교육부에서 추진하고 있는 교과교육연구회의 연구활동지원은 좋은 예라고 할 수 있다. 아울러 개인의 스스로도 대학원 등에 진학하여 학문적 분위기에서 자기 성장을 할 수 있도록 노력하여야 하며, 국가도 교과교육연구회 활동에 대한 지원과 같은 연구활동에 지원을 확대하여야 한다.

㈃ 專門職의 自律性

전문직일수록 개인적으로나 집단적으로 광범위한 자치권의 향유를 그 바탕에 두고 있기 때문에 자율성과 이에 따른 책임성이 강조된다. 전문직의 자율성을 보장하는 일은 그 직의 종사자 자신의 지위를 향상시키는 일이라기보다는 그 전문직에 기대하는 업무의 수행을 잘하게 하기 위한 전제조건이다. 교육의 전문성 보장은 교육현장에서 바람직한 인간형성에 도움을 주는 교육자의 활동을 자유롭게 보장하여 창의적으로 교육업무를 수행하도록 하는 것이 필요하다. 즉 교직은 어느 전문직 못지 않게 자율성을 행사할 수 있는 여지가 많아야 하고 또 자율성이 발휘될 수 있는 여건이 마련되어야 한다. 이것은 교육이 지향하는 바 삶의 전체적인 현실을 위한 참다운 봉사가 이루어지도록 교육의 법칙과 사회의 규범에 따라 자라나는 아동의 전체적인 소질을 충분히 발전시키기 위함이다.[72]

다. 敎育의 中立性

우리나라는 민주시민의 육성에 교육의 목표를 두고 민주주의를 부정하는 교육을 인정하지 않는다. 민주주의는 자유·평등한 사회의 실현을 목적으로 한다. 국가는 특정 집단의 교육목적의 충족에 치우치지 않고, 모든 국민의 교육목적을 충족시킨다는 원칙에 기초하여 교육의 중립성을 인정하고 있다.

(1) 中立性의 內容

교육의 중립성은 교육의 자주성과 구분된 것 같으나 교육의 자주성안에 중립성도 포함되는 것으로 볼 수 있으며, 교육의 중립성은 정치적 중립성과 종교적 중립성으로 나누고, 정치적 중립성은 정치에 대한 교육의 중립, 교육에 대한 정치의 중립, 교원의 정치활동제

---

72) 정우현, 『현대교사론』(서울: 배영사, 1989), p.111.

한 및 교육행정의 정치적 중립 등으로 요약된다.

(가) 教育의 政治的 中立性

「교육의 정치적 중립성은 법률이 정하는 바에 의하여 보장된다」는 헌법 제31조 제4항에 따라 교육의 본질에 위반되는 국가적 권력이나 정치적·사회적·종교적 세력 등에 의한 영향을 배제하고 있다.[73] 교육의 정치적 중립성은 정치에 대한 교육의 중립과 교육에 대한 정치적 중립성으로 나누어 볼 수 있다. 여기서 중요한 것은 정치에 대한 교육의 중립성이다.

정치에 대한 교육의 중립이란 정치교육을 하여서는 아니 된다는 뜻이 아니라 교사로서 정치적 편견을 가르치면 안 된다는 것이다. 즉, 학생들을 정치활동에 동원한다거나, 수업시간 혹은 기타 교사의 입장에서 학생들을 대할 때 자신의 정치적 편견, 즉 파당성을 담아 가르치면 안 된다는 의미이다. 정치교육은 민주국가의 시민으로서 정치적 교양을 갖추기 위하여 반드시 필요한 것이며 가치 중립적인 내용이어야 한다. 더불어 교사가 정치에 대해 옳은 것은 옳다고 하고, 그른 것은 그르다고 하는 것은 정치에 대해 중립을 지키는 것이다. 정치세력들은 교육을 정치를 위한 방편으로 이용하여 정치에 대한 교육의 수단화, 교육의 정치종속화에 관심을 갖기 때문에 이를 막고자 하는 것이다. 모든 국민의 정치적 교양은 중시되어야 하고, 더욱이 민주국가의 주권국민이 정치교육을 받아야 한다. 여기의 정치적 중립성은 교육은 정치를 위한 방편으로 이용되어선 안 된다는 뜻이다. 즉 정치 그 자체에 대한 부정이 아니고 복수의 여러 정치이념 및 상황에서 어떤 하나만을 강제하지 않으며 특정 정당의 지지 또는 반대를 위한 교육은 금지된다는 취지로 해석할 수 있다

(나) 教育의 宗敎的 中立性

헌법 제20조는 「모든 국민은 종교의 자유를 가진다. 그리고 국교는 인정되지 아니하며 정치와 종교는 분리된다」고 하여 종교의 자유와 政敎分離의 원칙을 명백히 하고 있다. 종교의 개념에 대한 정설은 없지만, 「인간이 신의 존재 등 초인적인 것을 신봉하고 그것에 귀의하는 것」[74] 이라 할 때 인간내면의 활동을 보장한 종교의 자유는 자유와 평화를 존중하는 자유민주국가의 커다란 이상이라 할 것이다. 그리고 정교분리는 종교교육의 강제를 부정하는 것이지 종교에 대한 무관심을 정한 것은 아니다. 즉, 종교에 관한 지식을

---

73) 권영성, 앞의 책, p.501.

74) 위의 책. p.435.

부여하여 인간의 종교심을 계발하여 인격을 완성하려는 방법을 교육하는 것은 가능하다고 보아야 할 것이다. 또한 각급 학교에서는 특정 종교를 교육해서는 안 된다고 밝히고 있다. 그러나, 종교에 관한 일반교양교육과 사립학교에서의 종교교육은 종교적 행위의 자유로서 보장되고 있다. 그것은 그 종교의 이념을 목적으로 설립한 학교이기 때문이다. 하지만 사립학교의 종교교육도 그 종교의 교리를 지도하는데 그쳐야 하고 어느 특정 종교를 비방하는 교육은 금지되어야 할 것이다.

　이상에서 고찰한 교육의 정치적·종교적 중립성이 제대로 지켜지기란 현실적으로 많은 어려움이 있으나, 교육법상의 교육의 중립이 잘 지켜지도록 하기 위해서는 다음과 같은 교육적 인식을 새로이 할 것이 요청된다 하겠다. 그것은 다름이 아니라 교육활동이 인간의 개인적 가치와 존엄을 인정하여 이들로 하여금 개인적 창조를 이루어 나갈 수 있는 가치의 중립을 지향해 나가야 한다는 점을 인식하는 것이다. 개인은 국가의 이익을 위한 종속적· 도구적 객체로 전제될 수 없으며, 개인의 개성과 흥미가 그 의사와 무관한 방향으로 강제될 수 없다. 교육의 실제에 있어서 이와 같은 교육적 인식과 방향, 즉 가치의 중립을 지향하며, 개인적 가치와 존엄을 중시하는 일은 공권적 결정이나 법조문의 규범적 의미해석만으로는 해결할 수 있는 것이 아니며, 법의 힘만으로 교육적 추락이나 부진, 불균형을 해소할 수는 없는 것이므로 교육자의 양식이 더욱더 요구된다하겠다. 물론 법제도가 우선적으로 교육의 중립성을 보장하는 방향으로 발전되어 나가야 함은 물론이다.

5. 憲法과 教育制度

가. 教育制度의 法定主義

　헌법 제31조 제6항은 「학교교육 및 평생교육을 포함한 교육제도와 그 운영, 교육재정 및 교원의 지위에 관한 기본적인 사항은 법률로 정한다」라고 규정함으로써 교육의 물적 기반이 되는 교육재정과 교육의 인적기반이 되는 교원의 지위에 관한 기본적인 사항을 법률로써 규정하도록 하고 있다. 교육제도를 비롯하여 학제·교육재정의 확보 그리고 교원의 신분보장과 사회적·경제적 지위의 향상 등에 관한 법정주의는 현대국가에 있어서 교육중시주의를 선언한 것이다. 여기에서 교육제도란 교육의 이념과 기본방침, 내용, 교육행정의 조직과 학제, 학교의 감독에 관한 제도를 말한다.[75] 또한 교육에 관한 기본적

---

75) 권영성, 앞의 책, p.501.

사항만을 법률로 정하게 함으로써 교육의 자주성을 보장하려는 것이기도 하다. 교육제도에 관한 기본법으로는 교육기본법, 초·중등교육법, 고등교육법 등이 있다.

국가가 학제·교육제도를 비롯한 교육재정의 확보와 교원의 지위를 법률로 정한 것은 교육이 일시적인 정치세력에 좌우되거나 집권자의 자의에 의해 수시로 변경되는 것을 방지하고 일관성을 유지하려는 것이다. 또한 국가가 교육에 보다 많은 역점을 두게 하기 위하여 입법권을 국민의 대표기관인 국회에 부여하고 있다.[76] 다시 말하면, 현대국가가 교육방임주의를 지양하고 교육의 중시를 선언한 것인 동시에 행정부에 의한 행정권의 남용을 예방하고 교육의 자주성을 보장하려는 것이다. 교육제도에 있어서의 이러한 법률주의는 교육기관 및 그 교육의 기본적 권리를 제도적으로 보장케 하기 위한 규정이라고 할 수 있다.

나. 敎育財政의 法定主義

교육재정이라 함은 '국가나 지방공공단체가 교육활동을 지원함에 필요한 재원을 확보하고 배분하며 평가하는 일련의 활동'을 말한다. 교육활동에는 막대한 재화와 용역이 필요하며 이것의 뒷받침이 없으면 교육이 효과적으로 이루어질 수 없기 때문에 교육재정은 교육에 있어 중요한 의미를 가진다. 교육재정이 가지는 특성은 고도의 공공성·장기효과성 등을 들 수 있다.

다. 敎員地位의 法定主義

교원은 공교육제도의 주관자로서 주도적 지위를 담당하도록 주권자인 국민으로부터 위임받은 사람이지만, 학생들에 대한 지도교육이라는 노무에 종사하고 그 대가인 임금·급료 기타 이에 준하는 수입으로 생활하는 사람이므로, 근로기준법에서 정의하고 있는 통상적인 의미의 근로자로서의 지위도 가지고 있음에 틀림이 없다. 교원의 지위는 교직업무의 중요성, 사회적 대우 또는 존경, 근무조건 및 물적 급부 등을 포괄적으로 고려하여 결정되어야 한다. 헌법 제31조 제6항에 근거하여 제정되는 법률에는 교원의 신분보장, 경제적·사회적 지위의 보장 등 교원의 권리에 관한 사항뿐만 아니라 국민의 교육을 받을 권리를 저해할 우려가 있는 행위의 금지 등 교원의 의무에 관한 사항도 규정할 수 있다. 최근 교원의 지위향상을 위한 방안의 하나로 교원지위향상을위한특별법과 교원의노동조합설립및운영등에관한법률, 교원지위향상을위한교섭·협의에관한규정 등에

---

76) 구병삭, 앞의 책, p.646.

근거하여 교원의 단결권과 단체교섭권을 인정하고 있다.

　결론적으로, 교육제도의 법정주의는 입법부에 의하여 제정되는 법률에 의거하여 운영되게 함으로써, 교육이 정치적 수단이나 도구로 오용됨을 차단하여 교육의 공공성, 전문성이 지켜져 나가게 하는 데에 그 의의가 있다고 하겠다. 이러한 법적 기본취지가 보다 충실하게 구현되려면 기본법제의 안정성이 요구된다.[77]

---

77) 김윤섭, 앞의 논문, p.170.

Ⅲ. 憲法上 敎育에 관한 間接 規定

1. 人間의 尊嚴性과 幸福追求權

가. 意味

헌법 제10조 제1항 전단에서 「모든 국민은 인간으로서의 존엄과 가치를 가지며…」라고 하여 인간이 인간으로서의 존엄과 가치의 소유자임을 명백히 하고 있다. 「인간의 존엄성 존중의 원리」는 도덕적 차원에서는 윤리적 가치를 의미하지만, 법적 차원에서는 초국가적 자연법 원리를 의미하며, 현행 헌법처럼 실정 헌법에 수용될 경우에는 그것이 법적 가치화 되어 법규범성을 가지게 된다. 이 조항은 구체적인 기본권을 보장한 것이 아니라 모든 기본권의 이념적 전제가 되고 모든 기본권 보장의 목적이 되는 객관적 헌법 원리를 규범화한 것으로 보아야 한다. 인간은 이성적 존재로서 인격의 주체가 될 수 있다는 데에 존귀한 가치가 있는 것이다. 인간으로서의 존엄과 가치란 인간의 본질로 간주되는 존귀한 인격주체성을 의미한다고 할 수 있으며, 이 인격주체성은 양도하거나 포기할 수 없는 것으로 인간에게 고유한 것이다. 따라서, 교육권의 실현 목표는 물론이요 그 실현과정에서도 인간의 존엄성과 가치성이 존중되고 보장될 수 있도록 하여야 함은 물론이다.

헌법 제10조 제1항 후단은 「모든 국민은 …행복을 추구할 권리를 가진다」라고 규정하여 행복추구권을 보장하고 있다. 행복이라는 관념은 다의적이고 행복의 감정은 주관적인 것이므로 인생관이나 가치관에 따라 상이한 내용으로 이해될 수 있다. 행복이란 물질적 풍요와 정신적 만족의 동시적 충족을 행복으로 이해하고 행복추구권의 성격을 포괄적 기본권으로 이해한다면 행복추구권은 자유권으로서의 성격과 사회적 기본권으로서의 성격을 아울러 가지는 것이므로 기본권 전반에 관한 총괄적 규정으로 보아야 하며 안락하고 만족스러운 삶을 추구할 수 있는 권리라고 할 수 있다.[78] 결국, 행복추구권의 목표인 행복한 생활은 교육권의 실현과 밀접한 관계를 가질 수밖에 없다. 참다운 인간상을 형성시켜 인간의 존엄성과 가치성을 갖게 하는 것이 교육의 최종적 목표가 되기 때문이다.

---

78) 권영성, 앞의 책, p.344.

나. 法的 性格

(1) 一般的 性格(根本 規範性)

제10조는 단순한 프로그램적 규정의 의미를 갖는 것이 아니라, 직접적으로 국가권력을 구속하는 원칙적이고 총체적인 근본규범이라 하겠다. 제10조는 모든 개개 기본권의 원리로서 적용되고, 또한 기본권 제한의 한계 기준으로서 중요한 의의를 가지고 있기 때문에, 이에 위반하는 모든 국가작용은 위헌법령심사제도와 행정소송제도 등에 의하여 그 효력이 부인된다.[79]

(2) 具體的 權利性

제10조가 구체적 권리성을 갖느냐 하는 것이 문제된다. 이에 대하여는 개인의 구체적인 주관적 공권을 부여한 것이 아니라 단지 헌법의 최고원리로서 규정한 선언적 규정에 불과하다고 보는 입장이 있다. 그러나, 제10조는 인격적 생존에 불가결한 모든 것을 포함한 포괄적 권리이며, 모든 생활에 있어서 일반적 자유를 보장한다는 점에서 구체적 권리성을 인정하는 것이 타당하다고 본다.

다. 人間의 尊嚴과 敎育

각급 학교에서 근무하는 교원은 항상 사표가 될 품성을 지니고 있어야 하며, 그 학문적 자질의 향상에 노력하여야 하며, 피교육자인 원아와 학생의 인격을 존중하고 개성을 중시하여 교육을 받는 자로 하여금 능력을 최대한으로 발휘할 수 있도록 전심전력을 다하여야 할 것이다. 교원이 학생 개개인의 인격을 존중하고 올바른 인격 형성을 위해서 취하게 되는 조치는 다각적일 수 있지만 그 전제조건 중 하나가 학생의 친권자에 대한 차별 대우의 금지와 피교육자에 대한 차별의 금지 및 인격에 훼손될 만한 체벌의 금지 등이 전제되어야 한다. 차별대우와 체벌은 국민의 신체와 정신을 황폐화시키는 가장 근원적 문제이기 때문이다. 특히, 학습자의 기본적 인권과 학생 체벌의 문제는 다분히 이중적 성격을 띤 문제로 볼 수 있다. 그러나, 초·중등교육법에 체벌남용금지의 원칙이 천명됨으로써 학교장은 교육상 불가피한 경우를 제외하고는 학생의 신체적 고통을 가하지 아니하는 훈육·훈계 등의 방법으로 행하여야 한다. 이는 교육활동에 있어서 어떠한 경우에도 육체적 고통이 따르는 구타나 폭행 등의 체벌을 금지하고 있다고 볼 수 있다. 이는 인간의 존엄성을 존중하는 학생 훈육방법의 정착으로 볼 수 있다.

---

[79] 허재욱, 앞의 책, p.94.

2. 法앞의 平等(제11조)

가. 意味

헌법 제11조 제1항 전단은 「모든 국민은 법앞에 평등하다」라고 선언하여 일반적 평등의 원칙을 규정하고 있다. 이 일반적 평등의 원칙은 한국 헌법에 내재하는 기본적 가치로서, 비록 헌법에 이 규정이 없을 지라도 그것은 무릇 모든 민주주의적 헌법의 내용을 규제하는 초실정법적 법원칙을 의미하고 있다. 평등의 원칙은 자연인에 대해서만 적용되는 것을 원칙으로 한다. 자연인에는 물론 내·외국인에 대하여 동등하게 보호되어야 함은 물론이다. 다만, 한국 국민만이 누릴 수 있는 참정권 등과 같은 공권과 일정한 사법상의 권리(선박, 항공기 소유권 등)는 외국인에게 제한된다. 평등의 원칙은 자연인뿐만 아니라 법인 또는 법인격 없는 사단에 대해서도 적용된다.

헌법 제11조 제1항 후단에 있어서 남녀의 평등을 규정하고 있다. 즉, 「성별…에 의하여…차별을 받지 아니한다」라는 규정이 바로 그것이다. 따라서, 이 규정에 의하여 참정권을 비롯한 그 밖의 공법·사법상의 차별은 금지되고 있다. 교육에 있어서의 남·여의 차별도 물론 금지된다. 과거에는 교육에 대한 남·여 차별이 가정에서 일어나고 있었다는 사실은 간과할 수 없다. 제11조 제2항에는 「사회적 특수계급의 제도는 인정하지 않으며, 어떠한 형태로도 이를 창설할 수 없다」라고 규정하고 있다. 여기에서 특수계급이란 과거의 경험으로 미루어 귀족제도, 노예제도와 같은 봉건적 제도를 말한다. 특권층의 인정도 일종의 특수계급의 인정에 해당되는데 교육의 경우도 이 특권층의 특혜가 문제되기도 한다. 제11조 제3항에는 「훈장 등의 영전은 이를 받은 자에게만 효력이 있고, 어떠한 특권도 이에 따르지 아니한다」고 하여 영전일대의 원칙을 규정하여 국가에 대한 공로의 표식인 훈장과 그 밖의 영전에는 아무런 특권도 따르지 않으며, 또한 그 세습도 인정되지 않음을 규정하고 있다.[80] 따라서, 평등하게 다루어야 할 것을 불평등하게 다루거나 불평등하게 다루어야 할 것을 평등하게 다루는 것은 정의의 원칙에 반하고 평등의 원칙에 위배된다. 평등의 원칙은 원래 미국의 독립선언과 프랑스 인권선언에서 최초로 명문화된 것이지만 오늘날에는 세계인권선언과 대부분의 헌법이 이를 규정하고 있다.

나. 法的 性格

(1) 主觀的 公權으로서의 平等權

---

80) 한태연, 『헌법학』(서울: 법문사, 1985), p.324.

평등권은 개인이 국가에 대하여 갖는 개인적 공권으로서, 법의 반사적 이익이 아니라 개인이 불평등한 처우를 받지 아니할 대국가적 방어권으로서의 성격과 더불어 평등보호를 요구할 수 있는 주관적 공권이다.

(2) 客觀的 法秩序의 平等原則

평등의 원칙은 기본권 보장을 위한, 그리고 기본권 보장에 관한 헌법의 최고원리의 하나로서 모든 인간관계에 있어서 어떠한 불합리한 조건으로도 불평등한 차별대우를 해서는 안 된다는 원칙이다. 특히, 예민하고 사춘기인 청소년의 교육에서의 교사의 차별대우는 평생동안의 상처가 될 수 있으므로 최대한의 동등한 대우를 하고 이를 학생들이 느낄 수 있도록 하는 것이 무엇보다 중요하리라 본다.

다. 敎育과의 關聯性

우리 헌법은 모든 국민이 능력에 따라 균등하게 교육을 받을 권리를 보장하고 이를 뒷받침해 주기 위해 적어도 초등학교 및 중학교는 무상 의무교육으로 함으로써 누구나 최소한의 교육을 받을 수 있는 길을 마련해 놓고 있다. 교육에서 기회균등의 원칙은 중등교육과 고등교육 그리고 평생교육에서도 존중되어야하기 때문에 국가는 교육여건의 개선을 위해 노력할 의무가 있다. 교육은 개인의 능력과 관계가 있으므로 시험성적에 따른 입학 등은 당연히 허용된다. 평등권은 획일적 평등이 아니라 능력에 따른 상대적 평등이기 때문이다. 그러나, 여기서 능력이란 재력을 의미하는 것은 아니므로 재력의 유무에 의한 차별대우는 금지되고 있다. 또한 재력에 의한 차별대우의 금지만으로는, 사실상의 평등의 실현은 어려우므로 장학금 제도와 같은 빈자의 보호와 우대가 오히려 평등원칙에 적합하다고 하겠다. 피교육자 신분인 학생은 학칙 등에 의해 여러 가지 의무를 부과하여 통제하고 있는바, 이는 평등의 원칙에 대한 예외로서 허용되고 있다. 교사는 예민하고 사춘기인 청소년의 차별대우는 평생동안의 상처가 될 수 있으므로 최대한의 동등한 대우를 하고 이를 학생들이 느낄 수 있도록 하는 것이 무엇보다 중요하리라 본다. 특히, 미국에서는 흑인과 백인에 대한 인종차별문제가 교육상 크게 문제가 되었었다.[81]

---

81) 미연방최고법원은 1896년 Plessy v. Ferguson, 163 U.S. 537 사건에서 흑인·백인의 공학문제에 대하여 「분리하되 평등의 원칙」(separate but equal)의 이론에 따라 「교사, 교육과정, 교원봉급 등 기타 유형적인 것은 모두 동등하고 교육의 장소만을 분리하는 것은 합헌이다」라고 판시하여 흑인에 대한 인종적 차별이라 하여 많은 반발이 있었다. 그 후 1954년 Brown v. Board of Education of Topeka, 347 U.S. 483 사건에서 「헌법이 보장하는 평등보호는 진정한 또는 실질적 평등을

3. 居住・移轉의 自由(제14조)

가. 意味

헌법 제14조는 「모든 국민은 거주・이전의 자유를 가진다」고 하여 거주・이전의 자유를 규정하고 있다. 거주・이전의 자유란 국민이 자기가 원하는 주소나 거소를 설정하고, 또 그곳을 이전할 자유 및 일단 정한 주소・거소를 그의 의사에 반하여 옮기지 아니할 자유를 말한다. 거주・이전의 자유는 ① 국내 거주・이전의 자유, ② 국외 거주・이전의 자유, ③ 국적 이탈의 자유를 포함하고 있다. 여기서 「모든 국민」이란 한국의 국적을 가진 내국인만을 의미하며 외국인에 대해서는 거주・이전의 자유가 원칙적으로 보장되지 않는다.

나. 教育과의 關聯性

교육에 있어서도 국민의 거주・이전의 자유는 보장되어야 한다. 부모의 직업에 따른 거주지 변경으로 인한 학생들의 전학 등의 경우, 학교급이 동일할 경우 학교간의 전・편입학은 허용되어야 한다. 국내뿐만 아니라 장기간에 걸친 해외거주에 따른 자녀들의 국외 편입의 경우에도 교육권은 보장되어야 한다. 귀국 학생들이 조기에 국내 학교 생활에 적응할 수 있도록 특별학급을 설치하는 등 적극적인 보장이 이루어져야 한다. 판례에 따르면, 거주지를 기준으로 중・고등학교 입학을 제한하는 현행 제도는 거주・이전의 자유를 다소 제한한다고 하더라도 입법 목적이나 입법 수단이 정당하므로 그 제한의 정도는 기본권의 본질적인 내용을 침해한 것이 아니라고 본다.[82]

4. 良心의 自由(제19조)

가. 意味

헌법 제19조에 「모든 국민은 양심의 자유를 가진다」고 규정하고 있다. 이 자유는 인간으로 하여금 올바르게 행동하도록 하는 윤리적 범주로서 인간의 내면적 정신활동을 보장

의미하는 것이며, 분리하되 평등의 원칙이란 있을 수 없고, 이것은 흑인에 대한 차별에서 나온 것이며, 헌법에 위배됨으로 흑인・백인의 공학은 실질적으로 인정되어야 한다」라고 함으로써 「분리하되 평등의 원칙」(separate but equal)의 원칙은 위헌임을 판시하여 판례를 변경하였다.

82) 헌재 1995. 2. 23 선고, 91 헌마 204, 헌재판례집 제7권 1집, 279면 이하

하는 것이고, 정신적 자유의 근원이며 자연법상의 권리로서 절대적 기본권에 해당하고 일신 전속적인 권리로서의 성격을 가진다.[83] 종래에는 양심의 자유는 종교자유의 일부에 속하는 것으로 생각하여 왔다. 그리하여 제5차 개헌 전까지는 양심의 자유와 신앙의 자유를 동일 조문 안에 규정하였었다.[84]

이러한 양심의 자유는 개인의 고유한 양심세계를 보장하고, 사물의 옳고 그름에 대한 국가의 독점적 결정권을 배제함으로써 각자의 고유한 개성과 다양한 가치관이 존중되도록 하며, 학문적으로는 자유로운 연구와 진리탐구를 통한 지적 발전에 기여하며, 사회적으로는 구성원의 자유로운 합의에 의하여 창설되고 유지되는 자유 민주적 기본질서를 정당화시키며, 합법을 가장한 불법이나 불법적인 통치권력의 출현을 방지하는 기능을 수행한다. 이 양심의 자유는 자연법상의 권리로서 그것이 내심의 작용으로 머무는 한 절대적 자유권이다. 내심의 작용이란 사실이 교육과 연계될 경우는 문제가 될 수 있다. 교육의 상당부분이 주관적으로 진행되기 때문에 그것을 객관적으로 평가해야 할 경우는 이 양심의 자유가 작용을 한다. 특히, 교육에 있어서 교사의 양심의 자유는 교육내용과 학생지도에 있어서 하나의 가치 기준이 될 수 있다.

나. 敎育과의 關聯性

교육은 인간의 양심의 형성 과정에 중대한 영향을 미친다. 그런데 여기서 문제가 되는 것은 국가가 교육을 통해 어떤 특정한 사상 및 도덕만의 홍보에 노력한다면 이것은 양심의 자유의 침해가 되는 것이 아닌가 하는 문제이다. 국가가 특정한 사상 또는 도덕을 일반적으로 또 계속적으로 선전한다고 하면 설령 그것이 하등의 강제적 수단에 의한 것이 아니라고 하더라도 국민의 사상 혹은 양심의 자유로운 형성에 대하여 상당한 영향을 줄 수 있다.

특히, 초 · 중 · 고교 교과서의 국정교과서 제도나 검인정 제도는 이런 측면에서 문제를 유발할 수 있다. 일본 판례에는 초 · 중 · 고등학교의 교과서 검인정에 대하여 이것은 검열은 아니나 검정 불합격 처분은 집필자의 사상 내용을 사전에 심사함으로써 사상 · 양심의 자유를 침해한다는 것이 있다. 그러나, 우리의 헌법재판소는 교과서의 국정화가 위헌이 아니라고 판시하였다.[85]

---

83) 안용교, 앞의 책, p.389.

84) 구병삭, 『신헌법개론』 (서울: 박영사, 1993), p.170.

85) 헌재 1992. 11. 12 선고, 89 헌마 88, 헌재판례집 제4권, 739면 이하.

5. 宗教의 自由(제20조)

가. 意味

헌법 제20조에 「모든 국민은 종교의 자유를 가진다. 국교는 인정되지 아니하며, 종교와 정치는 분리된다」고 규정하여 주관적 공권을 의미하는 종교의 자유와 政·敎分離制를 선언하고 있다. 종교의 자유라 함은 자신이 선호하는 종교를 자신이 원하는 방법으로 신봉하는 자유를 말한다. 개인의 내심의 작용인 신앙의 자유를 핵심으로 하지만 신앙은 교리로 형성되어 보급되기 마련이고, 동일한 교리를 신앙하는 자들은 공동으로 종교적 행사를 영위하고 종교적 단체를 결성하며 선교활동을 하기도 한다. 종교의 자유는 신앙, 종교적 행사, 종교적 집회·결사, 선교활동 등을 자유로이 행할 수 있는 적극적인 자유만이 아니라 무신앙의 자유, 종교적 행사, 집회·결사 등을 강제 받지 아니할 소극적 자유까지 그 내용으로 한다. 또한 종교의 자유는 인간의 권리이므로 자국민만이 아니라 외국인에게도 그 주체성이 인정된다.

나. 敎育과의 關聯性

국가나 지방자치단체가 국·공립학교에서 특정 종교를 위한 종교교육을 하는 것은 정교분리의 원칙에 따라 금지된다. 그러나, 사립학교에서는 포교의 일환으로 어떤 종교를 위한 학과를 설치하여 종교 교육이나 종교상 행위를 하는 것은 보장된다. 현재 중·고등학교의 진학이 타의적인 추첨 배정 방식으로 이루어지고 있어, 학생의 종교 교육을 받을 자유, 받지 않을 자유, 종교계 학교의 종교 교육을 실시할 자유가 상호 충돌하는 모순이 있다. 종교의 자유와 관련한 부분적 조정 내지 배려가 필요하다. 가정에서의 종교 교육의 자유도 부모의 교육권과 자녀의 종교의 자유를 합리적으로 조화시킬 수 있도록 행사되어져야 한다.

6. 言論·出版·集會·結社의 自由(제21조)

가. 意味

헌법 제21조 제1항에서 「모든 국민은 언론·출판의 자유와 집회·결사의 자유를 가진다」고 규정하고 있다. 이 언론·출판·집회·결사의 자유는 정신적 자유의 외부적 표현이요, 현대 대중민주정치에 있어서 필수 불가결한 자유이기 때문에 이는 정치적 자유의 성격을 띠고 있다. 표현행위는 소극적으로 일정한 내용표현을 강제 당하지 아니할 자유와 적극적으로는 자기의 특수적 의사를 외부로 표현할 수 있는 자유를 말한다. 표현의 자유는 주로 사상 또는 의견의 자유로서 학문의 발달과 밀접하다. 표현의 자유에는 고전적 형태인 언론·출판의 자유 이외에도 집회 결사의 자유가 있고, 그 외에도 현대에 와서는 라디오·TV 등에 의한 표현의 자유와 집회, 시위행동에 의한 표현의 자유가 포함되어 있다.[86] 따라서, 언론·출판의 자유가 가지는 현대적 의의는 다음에서 찾아볼 수 있다.

① 사상 또는 의견을 자유로이 발표할 수 있을 때 개개인은 인간으로서의 존엄과 가치를 유지하고 자유로운 인격발현을 이룩할 수 있다.

② 민주시민으로서 국정에 참여하고 인간다운 생활을 영위하기 위해서는 합리적이고 건설적인 사상 또는 의견의 형성이 불가피하다.

③ 특히, 민주정치체제는 사상의 자유로운 형성과 전달에 의하여 비로소 기능하기 때문에 민주적인 정치적·법적 질서를 형성하고 유지하기 위해서는 자유로운 의사전달의 수단과 기회가 보장되어야만 한다.[87]

그리고 집회·결사의 자유에 있어서 집회란 비교적 일시적이고 일정한 장소를 전제로 하여 공공적인 사건에 대한 공적인 토의나 사실고지를 위한 목적으로 불특정 다수인이 회합함을 말하고, 결사라 함은 다수인이 일정한 공통된 목적을 위하여 계속적인 단체를 형성한 것을 말한다. 물론 그 목적 여하는 불문하지만 그 가입의 자유와 탈퇴의 자유가 인정되는 자의적인 단체를 말하며, 집회·결사의 자유는 자연인뿐만 아니라 법인에 대해서도 제한된 범위 내에서 주체가 될 수 있지만, 외국인이 주체가 되는지 여부에 대해서는 논란이 있다. 이러한 언론·출판·집회·결사의 자유는 교육과 관계하여 문제가 되기도 한다.

나. 敎育과의 關聯性

언론·출판의 자유는 알 권리를 보장하는 것이다. 국민이 무엇을 읽고 듣고 볼 것인가를 국가가 자의적으로 선별하고 결정하는 것은 알 권리의 침해라고 볼 수 있다. 내심의 자유인 양심의 자유에서도 지적한 바 있듯이, 교과서의 검인정 제도는 언론 출판의 자유에 대한 사전 통제라는 점에서 논란이 될 수 있다. 결사의 자유와 관련하여 교사의 정치활동의 제한이 문제가 될 수 있다. 교사가 정치적 견해를 표명하며, 정치적 결사에 가입하여 단체 활동도 할 수 있어야 한다. 물론 교사가 교단에서 학생들에게 당파적 정치 교육과

---

86) 김철수, 앞의 책, pp.227~230.
87) 권영성, 앞의 책, pp.441~442.

선전을 하는 것은 인정될 수 없으나, 이것이 정치 활동을 제한하는 것으로까지 확대되어서는 안 된다. 학교에서 학생의 결사의 자유를 위해 자치 활동은 권장 보호되며, 그 운영은 학칙에서 정하도록 하고 있다. 학교에서 학생회가 유명무실하지 않고, 실질적인 활동을 하기 위해서는 학칙의 정비가 필요하다.

7. 學問과 藝術의 自由(제22조)

가. 意味

헌법 제22조 제1항에 「모든 국민은 학문과 예술의 자유를 가진다」고 규정하고 있다. 학문의 자유란 진리탐구의 자유를 뜻하며, 학문의 자유의 주체는 대학이나 연구소의 구성원뿐만 아니라 모든 국민이며 외국인도 포함된다. 학문의 자유는 원칙적으로 공권력에 대한 권리이며 공권력에 의한 침해나 간섭을 받지 아니할 자유를 의미한다.[88]

학문의 자유는 진리탐구를 위한 모든 인간적인 노력을 그 보장대상으로 하는데 구체적으로는 학문연구의 자유, 강학의 자유, 학술활동의 자유, 연구결과 발표의 자유, 학문을 공동으로 발표하기 위한 집회·결사의 자유 등도 포함된다.[89] 또한 학문의 자유는 헌법의 통일성의 관점에서 일정한 내재적인 제약을 받으며, 학문의 자유가 그 내재적 한계를 지키는 한 학문의 자유의 자체통제력에 맡겨두는 것이 옳다고 생각한다. 예술의 자유는 인간의 '미적인 감각세계' 내지는 '창조적인 경험세계'의 표현형태에 관한 기본권이다. 헌법상 예술의 개념은 기술적·형식적 측면에서가 아니라 실질적 측면에서 규정되어야 한다. 독일연방헌법법원의 「메피토스-클라우스만」판결에서 「예술적 활동의 본질은 예술가의 인상·견문·체험 등을 일정한 형태언어를 매개로 하여 직접적인 표상으로 나타내는 자유로운 창조적 형성에 있다. 모든 예술적 활동은 논리적으로는 해명할 수 없는 의식적·무의식적 과정들의 혼합이다」라고 하였다.[90] 또한 예술의 자유는 자유로운 인격의 창조적 발현으로서 고도의 주관성을 특징으로 하는 주관적 공권인 동시에 문화국가의 구현을 이념으로 하는 문화헌법의 일부를 이루는 문화적 기본권이기도 하다. 그러나, 예술의 자유도 일정한 내재적 한계 내에서 보호받을 수 있다. 즉, 헌법의 통일성의 관점에

---

88) 구병삭, 앞의 책, p.178.

89) 권영성, 앞의 책, p.471.

90) Mephisto - klaus Mann 결정은 예술의 자유의 개념과 그 보장범위 및 그 제한에 관하여 독일연방법원이 1971년 2월 24일 그 입장을 명확히 밝힌 대표적인 결정으로 유명하다.(Bverfge30. 173, [188f.])

서, 우리 헌법이 추구하는 민주적 기본질서에 반하는 예술활동이 허용될 수 없는 것은 당연하고, 헌법이 보호하고 있는 타인의 권리와 명예·재산권 등을 침해해서는 아니 되고, 사회공동생활에서 금지되는 것은 물론 허용될 수 없다. 이와 같은 예술의 자유를 보장하기 위해서는 내재적인 한계를 벗어난 행위에 대해서 예술적 활동에 대해 가해지는 제약은 불가피하다고 할 것이다. 예를 들어 공산주의를 찬양하는 예술작품이 금지되고, 예술작품에 의해 타인의 명예나 인격을 침해해서는 아니 되고, 음란물의 제작·반포행위가 금지되는 것은 그 때문이다.91)

나. 法的 性格

학문의 자유의 법적 성격에 관하여는 ① 학문의 자유는 공권이 아니고 제도보장이라는 견해(制度保障說)와 ② 학문의 자유는 개인의 학문연구의 기본권이라는 견해(自由權說)가 있다. 그러나, 학문의 자유는 주관적으로는 개인의 자유권을 의미하고, 객관적으로는 헌법이 지향하는 하나의 문화국가로서 학문의 자유를 보장하며 학문을 보호·장려한다는 점에서 제도보장을 의미한다고 하겠다.92)

다. 學問의 自由의 內容

(1) 學問研究의 自由

학문의 자유에 있어서 학문이란 진리의 발전에 관한 제반 이론을 말한다. 그런 의미에서 학문은 개인의 의사의 자유를 문제로 하는 것이 아니라 진리 그 자체의 발전을 문제로 한다. 학문의 자유의 가장 본질적인 것이 바로 학문연구의 자유이다. 학문연구의 자유는 학문의 자유의 본질적인 내용을 형성하는 자유로서 누구든지 학문을 연구하는데 필요한 대상, 방법, 과정에서 국가와 사회적 세력에 의한 간섭을 받지 않을 자유를 말한다. 이는 법률로서도 제한할 수 없는 가장 본질적인 자유이다.

(2) 研究發表의 自由

연구성과를 외부에 공표하는 자유로서 이는 표현의 자유의 한 형태로 볼 수 있다. 그러나, 이는 '공공복리'에 관련되고 '명백하고 현존하는 위험'이 있는 경우에 한하여 제한 가능성이 있는 상대적인 권리라고 볼 수 있으나, 학문을 위한 본질적인 내용이나 비록

---

91) 허영, 앞의 책, pp.403~410.
92) 허재욱, 앞의 책, p.105.

현재의 쟁점에 관한 비판적인 내용을 담고 있더라도 가능한 한 최대한 보장되어야 한다.

(3) 教授의 自由(Lehrfreiheit)

대학이나 고등교육기관에 종사하는 교육자가 자유롭게 교수하고 교육하는 자유이다. 강의실에서의 교수는 물론 일반 공중에 대한 공개강의나 공개집회에 있어서의 교수행위도 보장된다. 여기서 문제가 되고 있는 것이 초·중·고등학교의 교사에게도 교수(수업)의 자유가 인정되느냐에 대해서 논란이 되고 있다. 현재로는 부정되고 있으나, 궁극적인 교육과정은 교사의 역할이다. 교육과정에 충실한 한 교사에게도 교수의 자유가 보장되어야 할 것이다. 이에 대하여 일본 하급심 판례는 여러 견해로 나뉘어지고 있는데, 최고재판소는 보통교육에 있어서도 일정 범위의 교수의 자유를 인정하면서, 국가는 필요하고도 상당한 범위 내에서 교육내용을 결정할 권능을 가지고 있다고 보고[93] 있다.

(4) 學問을 위한 集會·結社의 自由

이는 고도로 발달한 학문의 공동 연구 발표를 위하여 집회를 개최하거나 단체를 설립하는 자유로서 학문의 성과를 크게 하는데 필요한 행위에 대하여 자유를 부여한 것이다. 학문을 위한 집회·결사의 자유는 다른 목적을 위한 집회·결사의 자유에 대한 제한보다는 제한요건을 더 엄격하게 하여 제한을 가능한 한 규제하는 것을 "二重基準의 原則"[94]이라 한다. 이를 통하여 학문의 제한요건을 완화함으로써 가능한 자유를 최대한 보장하여야 한다.

라. 敎育과의 關聯性

학문의 자유는 교육제도와 대학의 자치제도에 의해 제도적으로 보장되고 있는 것이다.

---

93) 最高裁(大)判 昭 51. 5. 21, 形集 30-5-615.

94) 二重基準의 原則은 정신적 자유권(양심의 자유, 종교의 자유, 언론·출판·집회·결사의 자유, 학문과 예술의 자유 등)과 재산적·경제적 기본권(직업선택의 자유, 재산권, 소비자의 권리 등)을 구별하여 전자의 가치는 후자의 가치에 우월하는 것으로 양자에 대한 제한 방법 내지 제한 기준도 달리하여야 한다는 원칙을 말한다. 다시 말하면, 정신적 자유권은 원칙적으로 제한되지 아니하며, 예외적으로 제한되는 경우에도, 그 제한 입법은 합헌성 여부에 대한 판단은 경제적 기본권에 대한 그것보다 엄격하지 않으면 아니 된다는 논리가 이중기준의 원칙이다. 예컨대 표현의 자유의 제한에 관해서는 사전 억제의 금지, 제한의 사유와 제한의 정도에 관한 명확성, 명백하고 현존하는 위험성, 합리성 등과 같은 엄격한 요건이 충족될 필요가 있지만, 경제적 기본권을 제한하는 경우에는 합리적 사유가 있으면 충분하다(권영성, 앞의 책, pp.323~324).

특히, 학문의 자유 중 교수의 자유는 교권의 측면에서 중요하다. 교원의 교육권은 성인을 주로 대상으로 교육하는 대학에 있어서, 교수의 자유로서 보다 강하게 인정되어야 한다.

8. 請願權(제26조)

가. 意味

헌법 제26조에 「모든 국민은 법률이 정하는 바에 의하여 국가기관에 문서로 청원할 권리를 가진다. 국가는 청원에 대하여 심사할 의무를 진다」고 규정함으로써 청원권을 보장하고 있다.

청원권이라 함은 국가기관에 대하여 일정한 사항에 관한 의견이나 희망을 진술할 권리를 말한다. 국가기관은 이를 수리하여 성실하게 처리하지 않으면 아니 되기 때문에, 청원권은 국가기관에 대하여 일정한 행위를 요구할 수 있는 주관적 공권으로 청구권적 기본권의 하나이다. 청원권의 주체는 우리나라 국민과 한국에 거주하는 외국인 및 법인체가 되며, 청원은 모든 국가기관에 제출할 수 있다. 그리고 청원은 반드시 문서로써 제출하여야 하며, 국가기관은 청원에 대하여 이를 수리하여 성실·공정·신속하게 심사 처리하고 그 결과를 청원인에게 통지하도록 되어 있다. 아무튼 청원권은 소송법상의 권리 구제수단 대신에 편리한 방법으로 권리구제를 받을 수 있도록 하는 기능 등을 가진다. 청원권은 교육이 공교육화하면서 교육과 관계가 많아졌다 하겠다. 교육과정에서 피교육자는 교육 담당자가 교육적 욕구를 충족시키기 위하여 국가기관에 요구하는 사항이 발생될 수 있기 때문이다.

나. 教育과의 關聯性

교원은 성실한 복무 의무에 저촉되지 않는 한 청원이 가능하다. 그러나, 공무원이라는 신분에서 직무와 관련된 청원과 집단적인 청원은 원칙적으로 할 수 없다. 그리고 청원을 하였다는 이유로 특별대우를 받거나 불이익을 당하지 않아야 된다. 하지만, 현실의 학내 문제에 있어 관리자에 비해 약자인 교원에 대한 청원권의 사실상의 제한은 청원권 보장의 실효성을 없애는 것이라고 볼 수 있다.

Ⅳ. 教育權

1. 教育權의 意味

오늘날 교권의 추락, 교권확립, 교육권보장, 교육권확립 등의 말은 학교현장에서나 신문·방송 등에서 잘 들을 수 있는 말이다. 특히, 체벌이 금지되었다하여 학생들이 교사나 부모에게 훈계를 들었을 때 112(범죄신고)에 신고한 사례들을 접하면서 실로 교육권에 대한 올바른 정립의 필요성이 대두되고 있다. 그러나, 교육권의 정립에 앞서 가장 먼저 구별되어야 할 개념이 교권과 교육권의 구별이 필요하다. 우리는 통상적으로 같은 의미로 종종 사용되고 있는 것이 사실이다. 교권이란 '교사로서의 권위와 권리'이다[95]라고 정의하고 있다. 즉, 교사의 권리를 교권이라 한다.

반면, 교육권이란 '교육을 받을 권리'를 의미하는 것으로서[96] 교권보다 더 광범위한 개념으로 보고 있다. 따라서, 교육권을 마치 '교사의 권리'만을 말하는 교권이라는 의미로 통용되는 것은 잘못이다. 교육권이라 함은 교육에 관한 일정한 권리를 보호하기 위하여 법이 특정한 개인 또는 단체에게 부여하여 그 의사를 우선적으로 주장하고 남을 지배할 수 있는 힘이다[97]라고 권리법력설[98]에 의거 정의하기도 한다. 결국, 교육권이란 '교육에 대한 교육당사자의 주장을 법이 인정한 권리(힘)이다'라고 정의할 수 있다. 교육을 받을 권리의 의의와 기능에 대하여 헌법재판소는 다음과 같이 판시하였다. 「교육을 받을 권리」는

첫째, 교육을 통해 개인의 잠재적인 능력을 계발시켜 줌으로써 인간다운 문화생활과 직업생활을 할 수 있는 기초를 마련해주고, 둘째, 문화적이고 지적인 사회풍토를 조성하

---

95) 이기문 감수, 『새국어사전』(서울: 동아출판사, 1997), p.229.

96) 안기성, 앞의 책, p.125.

97) 강인수, 앞의 책, p.23.

98) 권리의 성질에 관해서는 意思說, 利益說, 權利法力說 등이 있으나, 권리란 일정한 이익을 향유하기 위한 수단으로서 법이 일정한 자격이 있는 자에게 주는 힘이라는 권리법력설이 통설이며 다수설이다(곽윤직, 『민법총칙』(서울: 박영사, 1989), p.96.))

고 문화창조의 바탕을 마련함으로써 헌법이 추구하는 문화국가를 촉진시키고, 셋째, 합리적이고 계속적인 교육을 통해서 민주주의가 필요로 하는 민주시민의 윤리적 생활철학을 어렸을 때부터 습성화시킴으로써 헌법이 추구하는 민주주의의 토착화에 이바지하고, 넷째, 능력에 따른 균등한 교육을 통해서 직업생활과 경제생활의 영역에서 실질적인 평등을 실현시킴으로써 헌법이 추구하는 사회국가, 복지국가의 이념을 실현한다는 의의와 기능을 가지고 있다」.[99] 이러한 교육권이 누구에게 주어져 있느냐는 교육기본법 제2장의 교육당사자인 학습자, 보호자, 교원, 교원단체, 학교 등의 설립·경영자, 국가 및 지방자치단체에 있다고 본다.

　교육기본법의 체계에 따라 교육당사자의 교육권에 대해서 언급하고자 한다. 이러한 교육권은 크게 국가교육권과 국민교육권으로 구별되고, 학교교육의 측면에 있어서는 어린이의 교육을 받을 권리, 부모·교사·설치자·국가의 교육을 할 권리로 나누어진다. 각 권리주체의 교육권간의 관계는 역사적으로 관계 부재, 대립관계의 해소, 대립관계의 전환, 대립관계의 현재성을 거쳐 오늘날 공교육체제하에서는 대립관계를 지양하고 어린이의 교육을 받을 권리를 중심으로 하여 보호자인 부모와 교사 등은 이 권리를 충족시킬 의무가 있고, 국가·사회는 편익을 제공할 의무를 지는 협력관계로 파악되고 있다.[100] 각각의 교육당사자의 교육권을 보장하기 위해서는 다른 교육당사자의 교육권 보장의 축소와 서로 대립관계가 되기 쉽다. 이와 같이 다른 교육당사자의 교육권을 침해하거나 축소시키지 않고서 각자의 교육권을 최대한 보장 내지 확보할 수 있느냐가 가장 어려운 일이지만, 이를 통해서 진정한 교육당사자들의 교육권이 보장될 수 있다. 하지만 이를 위해서는 모든 교육당사자들의 노력과 다른 모든 부문(정치, 경제, 사회, 문화, 의식수준 등)에서의 동반적인 지원이 있어야 함은 물론이다.

2. 學習者(兒童·學生)의 敎育權

　제2차 세계대전을 겪으면서 1919년의 바이마르 헌법에서 사회적 기본권을 보장하면서, 교육을 받을 권리가 최초로 보장된 것은 1936년의 소련 헌법이고, 그 이후 다른 서구 국가에서 교육을 받을 권리를 규정하였다. 학습자의 교육권은 다른 어느 교육당사자의 교육권보다 가장 우선시되고 본질적인 권리라고 말할 수 있다. 우리나라도 정부 수립

---

99) 헌재 1994. 2. 24 선고, 93 헌마 192, 헌재판례집 제6권 1집, 173면 이하.
100) 松井一麿, "公敎育と敎育權", 『敎育權』(東京: 第一法規出版株式會社, 1976), pp.25~35

후 제헌 헌법부터 이 교육을 받을 권리를 규정·보장하고 있다. 현행 헌법 제31조 제1항에서 「모든 국민은 능력에 따라 교육을 받을 권리를 가진다」라고 규정하여 학습자의 교육을 받을 권리[101]를 보장하고 있다. 헌법재판소는 이를 수학권이라고 하면서 「이 권리는 통상 국가에 의한 교육조건의 개선·정비와 교육기회의 균등한 보장을 적극적으로 요청할 수 있는 권리로 이해되고 있다」[102]고 한다.

학습자는 초등교육과 법률이 정하는 교육을 받을 권리가 있고, 또 이 의무교육을 무상으로 받을 권리가 있다. 특히, 이 학습자의 교육권을 보장하는 과정에서 학습자의 기본적인 인권은 존중되고 보호되어야 한다(교육기본법 제12조). 이는 다른 교육당사자인 국가, 보호자, 설립자 특히 교원이 확실하게 보호해주어야 하며, 학습자의 자치활동도 보호되어야 한다(초·중등교육법 제17조; 고등교육법 제12조). 의무교육과정에 있는 학습자는 퇴학을 당하지 않을 교육권이 보장되어 있다(초·중등교육법 제18조 제1항 단서 조항). 학생을 징계하고자 할 때는 학습자에게 의견진술의 기회를 부여하는 등 적정한 절차(초·중등교육법 제18조 제2항; 고등교육법 제13조 제2항)에 의해서 보호받도록 하고 있다. 반면, 학습자는 학교의 규칙을 준수하여야 하며, 교원의 교육·연구활동을 방해하거나 학내의 질서를 문란하게 하여서는 아니 된다(교육기본법 제12조 제3항). 또 교육상 필요한 때에는 법령 및 학칙이 정하는 바에 의하여 학생을 징계하거나 기타의 방법으로 지도할 수 있다(초·중등교육법 제18조; 고등교육법 제13조)라고 규정하여 교육권과 더불어 수반되는 제한요건을 명시하고 있음을 주의해야 한다. 기타 일반 인권에서 나오는 학습자의 권리는 신체, 사생활, 사상, 양심, 정치활동 등에 대한 기본적인 인권이며, 학생이 징계처분을 받을 경우 적정한 처분을 받을 권리(적정 판정 요구권)와 부당한 처벌을 받지 않을 권리 등이다. 이는 구체적으로 학습자의 생활의 자유로서 신체, 복장, 표현, 집회 등에 기본적인 권리가 보장됨은 물론이다.[103] 특히, 학습자는 학교설립자와 재학관계에 있기 때문에 상대적으로 피교육자의 입장에 서기 쉽기 때문에 현실적으로 학습자의 교육권보장에 많은 어려움이 있는 것을 경시할 수는 없다.

---

101) 학습자의 교육을 받을 권리를 학자에 따라서 學習權(안기성, 앞의 책, p.132)이라 명하기도 하고, 범위의 정도에 따라 교육을 받을 권리를 受學權만 포함된다고 보는 학자((권영성, 앞의 책, p.572.)나 교육을 받을 권리는 受學權 뿐만 아니라 교사의 교육권까지 포함하는 의미로 사용하는 학자도 있다((신현직, 앞의 논문, p.74.)). 이처럼 이 교육권의 범위와 성질에 대해서 논란의 여지가 많이 존재하고 있다.

102) 헌재 1992. 11. 12 선고, 헌마 88, 헌재판례집 제4권, 739면 이하.

103) 강인수, 앞의 책, p.30.

3. 教員의 敎育權

　교육의 중심적 주체 중의 하나인 교원(교사)[104]의 교육권은 상당히 추락하고 있는 모습을 여러 면에서 볼 수 있다. 교원의 교육권은 주로 법률이나 특별령 등을 통한 실정법적으로 보장되어 있다. 주로 교육공무원법, 교육기본3법(교육기본법, 초·중등교육법, 고등교육법), 교원지위향상을위한특별법, 교원지위향상을위한교섭·협의에관한규정 등이 있다.

　교사의 교육권은 아동·학생과의 법적인 관계에 의해 신탁을 받은 것이고, 아동의 교육받을 권리를 위임받은 것이다. 교사의 교육권은 교사라고 하는 지위에서 성립하는 기능이므로 직권이며 사항적 권한이지 교사 개인의 자유권은 아니다[105]라고 하여 교사의 교육권은 개인의 자유권이 아니기 때문에 개인이 포기할 수 없는 권리이다. 한편, 교사의 교육권의 교육조리적 근거를 가네코마사시(兼子仁)는 네 가지를 들고 있다. 하나는, 교사의 교육권은 교육·학습이 인간적 주체성 확립에 불가결하다. 즉, 교사는 학생과의 인간관계를 통하여 인간의 주체성이나 자주성을 보유할 수 있도록 하여야 한다. 하지만 일방적인 명령에 의한 관계나 교화가 되어서는 안 된다. 둘째로, 진리교육의 자유성을 보장하기 위해서 교육권이 필요하다. 교사의 교육권은 학생들의 대리인으로서 각별히 기인하기 때문에 공권력이나 정치적 권위로부터 자유성이 확보되어야 한다. 셋째로, 학생들의 발달단계를 이해하기 위하여 교육의 전문성에도 자율성이 요구된다. 학생의 발달단계에 적합한 과학적 진실과 예술적 가치를 교육하기 위해서 교사에게 전문성이 요구되며, 이를 위한 적당한 교재와 수업준비, 수업설계 등을 위해서 자율성이 보장되어야 한다. 넷째는, 교사가 학생과 부모에게 교육적 책임을 위해서 자주성이 필요하다. 인간교육을 실제적으로 담당하는 교사는 학생과 부모에게 책임을 져야 한다. 교사는 학생이나 부모의 교육요구를 수용하지만 부당한 요구에 대해서는 거부할 수 있는 자주성이 요구된다[106]고 보고 있다. 가네코마사시(兼子仁)의 교사의 교육권의 교육조리적 근거는 현행 헌법 제31조 제4항에서 어느 정도 실현되고 있다.

---

104) 교사란 유치원, 초등학교, 중학교, 고등학교 등에서 소정의 자격을 가지고 학생을 가르치거나 돌보는 사람을 말한다. 教員은 교사뿐만 아니라 대학의 교수를 포함하는 더 넓은 개념인데 당연히 대학교수의 교육권도 확보되어야 하기 때문에 교사의 교육권이라기 보다는 教員의 교육권이라고 보아야 할 것이다.

105) 桑原敏明, "敎育權", 眞野宮雄(編), 『現代敎育制度』(東京: 第一法規出版株式會社, 昭和58), p.14

106) 兼子仁, 앞의 책, pp.274~278.

교원의 교육권은 교육기본법 제14조 제1항에 「학교교육에서 교원의 전문성은 존중되며, 교원의 경제적·사회적 지위는 우대되고 신분은 보장된다」하여 교원의 전문성과 경제적인 보수와 사회적 지위보장에 관하여 규정하고 있다. 동조 제4항에 「법률이 정하는 바에 의하여 다른 공직에 취임할 수 있다」하여, 원칙적으로 다른 공직취임을 허용하고 있다. 이는 원칙적 금지이며, 예외적 허용의 구교육법(교육법 제21조, 동법 제46조)과는 다르다. 물론 실제적으로 교사의 다른 공직취임이 배제되어 있다는 점에서 동일하다. 법리상으로는 원칙적으로 허용하고 있다는 점에서는 분명 교원의 교육권을 적극적으로 인정하려는 의지는 보인 것이라 보여진다. 교사의 교육권중 대표적인 교육을 할 수 있는 권리가 보장됨은 당연하다. 특히, 초·중등교육법 제20조 제3항에 「교사는 법령이 정하는 바에 따라 학생 또는 원아를 교육한다」라고 규정하여 법령의 범위 내에서 교육과정의 편성이나 수업방법, 평가, 2종 교과서인 경우 교재선택권, 훈계나 징계권 등이 보장됨은 물론이다. 이 교원에 대한 교육권은 교육내용에 대한 국가의 권력적, 직접적 통제에 대해서 교육과정의 기준과 내용에 관한 기본적인 사항을 교육부장관이 정하며(초·중등교육법 제23조 제2항), 그리고, 학교 관리규칙, 학교 운영에 대한 관리 통제와 국가의 교육정책에 대해서 교사 개인이나 집단의 교육활동의 자유를 지키기 위해서 교육감은 지역의 실정에 적합한 기준과 내용을 정할 수 있도록 하였다(동법 제23조 제3항).

더 나아가 교원의 교육권과 관련하여 국립학교는 교육부장관의 지도·감독 아래 교육현장의 장학지도를 실시할 수 있으며, 공·사립학교는 교육감의 지도·감독 아래 교육현장의 장학지도를 실시함으로써 교원의 교육권에 중대한 저해 요인 내지는 제약 요인이 될 우려가 높다고 할 것이다(동법 제6조, 7조).

대학 교원은 학생을 교육·지도하고 학문을 연구하되, 학문연구만을 전담할 수 있다. 대학 교원인 경우에는 교사보다 훨씬 더 많은 교육권이 보장되고 있다. 교원의 교육법의 보장은 상대적으로 학습자의 교육권이나 보호자의 교육권이 제한을 받을 수 있는 여지가 상당히 내포되어 있다. 이와 같이 교육권의 법리는 그것에 관한 헌법해석만으로 결정할 수 없고 학습자·보호자와 학교·교사의 교육법관계의 법리와 실체의 형성에 의해 구성되고 궁극적으로는 학습자·보호자·주민의 법의식·법적 확신에 달려 있다는 것을 깊이 유의해야 할 것이다.[107] 교원의 전문성과 권리주체간의 교육권 관계를 규정한 'ILO/UNESCO의 교원의 지위에 관한 권고'를 살펴볼 필요가 있다.[108]

---

107) 강인수, 앞의 책, p.38.
108) <ILO-UNESCO의 교원의 지위에 관한 권고>
　　 교원의 권리와 책임(전문직으로서의 자유)

4. 保護者의 敎育權

이 권리는 교육자나 피교육자의 권리라기 보다는 자연법상의 권리에 더 가깝다. 이는 부모나 친권자가 그가 보호하는 자녀의 교육에 대하여 그의 의사를 표명할 수 있는 권리라고 보고 있다. 이러한 권리는 '신으로부터 양친에게 내려 준 인간성에서 유래하는 불가침의 양도할 수 없는 교육권'으로 표현되는 자연법 원리에 근거를 둔 자연권이라 보고 있다. 하지만 이 보호자의 권리는 의무교육제도에 의해서 제한되고 현행 중·고등학교의 입시제도와 관련하여 자녀의 학교선택권이 제한을 받는다.[109] 보호자의 교육권은 교육기본법 제13조 제1항에 「부모 등 보호자는 그 보호하는 자녀 또는 아동이 바른 인성을

---

61. 교직은 전문직으로서의 임무를 수행하는 데 있어서, 학문의 자유를 누려야 한다. 교원은 학생에게 가장 적합한 학습 지도 보조 자료와 방법을 판단하는 데 있어서 특별한 자격을 가지고 있으므로, 소정의 교육과정 테두리 안에서 당국의 원조를 받아 교재의 선정과 개선, 교과서의 선택, 교육 방법의 적용 등에 중요한 역할을 담당하여야 한다.

62. 교원과 교원 단체는 새로운 과정, 교과서 및 학습 지도 보조 자료를 개발하는 데 참여하여야 한다.

63. 어떠한 장학제도도 교원이 전문직으로서의 과업을 수행하는 데 격려와 도움을 주도록 계획되어야 하며, 교원의 자유와 창의성 및 책임감을 감소시키는 것이 되어서는 안 된다.

64. (1) 교원의 근무를 직접 평가할 필요가 있을 때는 그 평가가 객관적이어야 하고 또, 교원에게 알려져야 한다.

　(2) 교원은 부당하다고 생각되는 평가에 대하여는 이의를 신청할 권리를 가져야 한다.

65. 교원은 학생의 진보를 평가하는 데 유용하다고 생각되는 평가 기술을 자유로이 이용할 수 있어야 한다. 그러나, 개개 학생에게 불공평한 결과가 미치지 않도록 보장하여야 한다.

66. 당국은 개개 학생이 각종 정규 과정과 계속 교육을 받는 데 적합한가의 여부에 관한 교원들의 건의를 정당하게 고려하여야 한다.

67. 학생을 위하여, 교원과 학부모간에 긴밀한 협조를 증진시킬 수 있도록 가능한 모든 노력을 경주하여야 한다. 그러나, 교원은 본연의 교직 임무에 대하여 학부모들의 부당한 간섭을 받지 않도록 보호되어야 한다.

68. (1) 학교나 교원에 대하여 불평이 있는 학부모에게는 먼저 교장 및 관련 교원과 토의할 기회를 주어야 한다. 그런 연후에, 상급기관에 불평을 제기하고자 할 때에는 서면으로 하고, 그 사본을 교원에게 송부하여야 한다.

　(2) 불평에 관한 조사를 함에 있어서는, 교원에게 자신을 변호할 수 있는 공정한 기회를 주어야 하며, 그 진행 과정은 공개되지 않도록 하여야 한다.

69. 교원은 학생에게 사고가 일어나지 않도록 최대의 주의를 기울여야 하는 한편, 교원의 고용자는 학교 내에서나, 학교 외에서의 교육 활동 중에 학생에게 상해가 발생할 경우 이에 대하여 교원이 손해배상을 청구 당하는 일이 없도록 보호하여야 한다.

109) 안기성, 앞의 책, p.131.

가지고 건강하게 성장하도록 교육할 권리를… 가진다」동조 제2항에 「…보호하는 자녀 또는 아동의 교육에 관하여 학교에 의견을 제시할 수 있으며…」라 하여 의견 제시권이 보장되어 있다. 그 외 민법상의 보호·양육권(민법 제913조)이 보장된다. 특히, 각 학교운영위원회의 설치가 모두(사립학교포함)의무화되면서 보호자의 교육권은 더욱더 보장받을 수 있게 되었다. 그간의 학부모의 학교교육참가제도는 주로 재정에 관한 극히 몇몇 사람들 중심으로 이루어져 왔다. 반면, 현행 학교운영위원회는 상당히 광범위하게 학교의 전반적인 면에 영향력을 행사할 수 있는 것이다(학교운영위원회의 기능은 초·중등교육법 제32조 참조). 대표적인 학부모의 학교교육 참가형태는 1897년 미국 워싱턴에서 시작되어 1924년에 결성된 전국부모교사협의회(National Congress of Parents and Teachers)로 발전하였고, 그 소속단위로 각 학교에 PTA(Parent Teacher Association)가 조직되어 활발하게 운영되고 있다.110) 지금까지는 후원회(1945~1952) → 사친회(1953~1962) → 기성회(1963~1969) → 육성회(1970~1982) → 새마을 어머니회(1983~1987) → 육성회(1988~1997) → 학교운영위원회(1998~)로 변천해 왔다.111) 이 각각의 학부모 조직체의 활동을 비교한 것은 다음 <표 6>과 같다.112)

5. 學校 등의 設立·經營者의 敎育權

학교 등의 설립·경영자 즉, 설치자의 교육권은 학교나 기타 교육시설을 설립한 개인이나 재단은 그 시설에서 이루어지는 교육에 대하여 전반적인 교육권을 가지고 있다. 교육기본법 제16조 제1항에 「학교 및 사회교육시설의 설립·경영자는 법령이 정하는 바에 의하여 교육을 위한 시설·설비·재정 및 교원 등을 확보하고 이를 운영·관리한다」라고 하여 포괄적인 교육권이 인정됨을 명시하고 있다. 동조 제2항에는 학교의 장 및 사회교육시설의 설치자는 학습자를 선정·교육하고 학습자의 학습성과 등 교육의 과정을 기록·관리하는 권리를 부여하고 있다. 반면, 학교 및 사회교육시설의 학습내용은 학습자에게 사전에 공개하게 함으로써 학습자가 학습할 수 있는 준비를 할 수 있도록 하여야 하는 의무를 또한 부여하고 있다.

---

110) 강인수외, 앞의 책, p.86.

111) 강인수, "학부모의 학교교육참가제도의 현황과 문제", 『한국교육법연구』1992, pp.115~118.

112) 조정제, "학부모 교육권의 법리적 분석과 쟁점 사례연구", 강원대학교 석사논문, 1998. pp.119~120.

<표 6> 학부모 조직체의 활동

후 원 회 1945~1952	**발 족** **배 경**	○ 해방 후 민주적 교육제도의 도입과 의무교육실시에 따른 취학아동의 급증 ○ 교육시설 확충에 필요한 교육재정을 국가예산으로 충당할 수 없는 형편
	목 적	○ 학교운영비 ○ 부족한 교실의 확보와 교사의 생계비 보조
	활 동 **내 용**	○ 물질적으로 학교를 후원하기 위하여 기금을 갹출하여 재정적인 후원을 함.
	성 격	○ 재정적 후원조직으로서 기능 발휘 ○ 교육행정기관의 감독을 받지 않는 임의 조직체
	공 · 과	○ 공적 - 교사의 생활안정에 기여 - 교육시설확충과 학교운영지원 - 학교와 지역사회의 유대형성 ○ 과실 - 부모의 교육열에 따른 아동의 편애 - 경리부정 등 물의를 일으킴. - 후원회 간부들이 학교행정에 불필요한 간섭
사 친 회 1953~1962	**발 족** **배 경**	○ 미국의 사친회(PTA)의 개념을 받아들인 것으로 교사와 학부모의 공동노력으로 아동의 복지를 증진. 종래의 후원회를 민주적 조직체로 개편(1953. 2. 16. 학교 사친회 규약준칙, 문교부훈령 제4호에 의거 국민학교 사친회 발족)
	목 적	○ 학교와 가정의 긴밀한 연락. 교사와 학부모가 상호 협조하여 아동 교육의 효과를 증진. ○ 아동의 보호 및 지위향상. ○ 아동의 건전한 성장 조력. ○ 환경조성으로 교육성과 거양. ○ 교사와 아동의 사회적, 경제적 생활향상.
	활 동	○ 6 · 25사변 후 교실 복구사업(10,000여 개의 교실 복구) ○ 교원 후생비 지급
	성 격	○ 문교부 지시로 획일적 조직. ○ 재정적 후원조직체로 발전 ○ 변질된 사친회(PTA)로 미국의 PTA와는 근본적 차이가 있음. ○ 재정지원을 위한 후원조직체
기 성 회 1963~1970	**공 · 과**	○ 공적 - 6 · 25사변으로 인한 학교 피해를 복구 - 교육후생비 지급 - 부족한 의무교육비를 부담 - 학교와 지역사회의 유대강화 - 취학아동의 자연증가로 부족 교실 증축 사업 - 교원 연구비 지급 - 부족한 학교운영비 보조 ○ 과실 - 회비징수로 사제간 거리를 갖게 함 - 정치적 이용 - 임원이 학교일에 부당하게 간섭함 - 치마바람을 일으킴(1962. 3. 10 사친회 폐지 지시) - 아동의 취학을 저지시킴 - 회비징수로 인한 교권추락 - 회비징수로 인한 미취학 아동 및 중도퇴학자 발생 - 교사와 아동이 정신적인 타격을 받음.(1970. 2. 28. 기성회 해체)

육 성 회 1970.3~1997.2	발족 배경	○ 박정희 대통령의 학교교육환경 정상화 지침에 따라 학교육성회를 조직하게 함.
	목 적	○ 학교모의 자진 협찬으로 학교 운영을 지원함. ○ 학생의 복리를 증진함으로써 학교교육 정상화에 기여함.
	대 상 사 업	○ 교원연구비 지급 ○ 학생 복리증진을 위한 사업 ○ 학교 시설의 확충과 지원 ○ 학교운영과 교육활동의 지원
	성 격	○ 육성회는 운영관리지침에 의거 조직. ○ 육성회는 문교부가 시달한 규약준칙에 의거 학교 단위로만 조직됨. ○ 교사와 아동이 회비징수 과정에 개입될 수 없음. ○ 육성회 운영은 철저히 관에 의해 통제 받아 학교가 독자적으로 운영할 수 없음. ○ 육성회는 교육적 기능보다 재정적 기능이 큼.
	공·과	○ 공 적 - 육성회는 1970년대의 빈약한 의무교육재정을 보완, 학교교육을 정상화 함. - 잡부금 공세에서 학생들을 해방시킴. - 교육풍토 쇄신을 위한 교원들의 각성에 이바지함. ○ 과실 - 육성회가 지나치게 재정적인 후원 기능만을 강조하여 발족 취지에 부합되는 운영의 성과를 거두지 못함. - 교사와 학생이 회비징수 과정에 관여하지 않도록 되어 있으나 과거와 같이 다시 관여하여 기성회와 같게 됨. - 육성회가 관의 통제하에 있으며 그 운영 면에 있어 자주성이 없어 활성화되지 못함. - 학교와 지역사회의 협동체로서 가져야 할 교육적 기능이 매우 소홀히 되었음.
학교운영위원회 **1997~현재**	근 거	○ 초·중등교육법(법률 제5438호: 1997. 12. 13) ○ 초·중등교육법시행령(대통령령 제15772: 1998. 4. 11)
	발 족 배 경	○ 학부모·교원·지역사회가 학교 운영에 적극적으로 나선다. ○ 학부모와 교원은 지역사회가 어떤 인재를 원하는가에 귀 기울인다. ○ 학부모와 지역사회는 교원의 어려움을 해결하며 교원은 학부모와 지역사회가 원하는 교육이 무엇인지 알아야 한다.
	목 적	○ 교육의 주민자치 정신을 구현하기 위해 교직원·학부모·지역사회 인사 등이 자발적으로 학교를 운영하는 『학교공동체』를 구축한다. ○ 지역의 실정과 특성에 맞는 창의적이고, 자율적인 『학교운영위원회』를 구성·운영한다.
	주 요 심 의 사 항	○ 학교 헌장 및 학칙의 제정 또는 개정　　　○ 학교의 예산안 및 결산 ○ 학교의 교육과정의 운영 방법　　　○ 교과용 도서 및 교육자료의 선정 ○ 정규학습시간 종료 후 또는 방학기간 중의 교육활동 및 수련활동 ○ 초빙교원의 추천 ○ 학교운영지원비와 학교발전기금의 조성·운영·사용 ○ 학교 급식　　　○ 학교 운영에 대한 제안 및 건의 ○ 기타 대통령령, 특별시, 광역시 또는 도의 조례로 정하는 사항

학교운영위원회 1997~현재	방 침	○ 학교경영의 민주화, 합리화 및 투명성 제고 ○ 학교경영의 자율성, 다양성, 책임성증대 ○ 교직원·학부모·지역사회의 욕구를 합리적으로 반영, 수혜자 중심학교경영 ○ 법령, 조례, 지침 등의 준수를 통한 합리적인 운영 ○ 교육의 본질 추구를 통한 인성과 창의성 중시의 교육활동 조장 및 지원.	
	성 격	○『법정위원회』,『심의기구』,『독립된 위원회』	
	전·후 의 학 교 운 영 모 습	과거의 운영 모습	새로운 운영 모습
		○ 학부모 및 지역사회 등 교육수혜자의 요구가 반영되지 않는 학교 운영 ○ 소수가 비민주적으로 의사결정을 하는 학교운영 ○ 폐쇄적이고 비공개적인 학교운영 ○ 획일적이고 전문성이 미흡한 학교 운영	○ 교육소비자의 요구를 적극적, 체계적으로 반영 ○ 민주적인 절차에 의해 의사결정 ○ 개방적, 투명한 학교 운영 ○ 전문적, 정보화시대에 대응
	개 선	(1) 1996학년도 - 시지역 소재 공립 초·중등학교 실시. 　　　　　　　 - 읍·면지역 소재 '95학년도 시범실시 초·중등학교. 　　　　　　　 - 읍·면지역 공립 초·중등학교 설치 적극 권장 　　　　　　　 - 설치를 희망하는 사립 초·중등학교 (2) 1997학년도 - 공립 초·중등학교 실시 권장 　　　　　　　 - 설치 희망하는 사립 초·중등학교 권장 (3) 1998학년도 - 국·공립의 초·중·고·특수학교에 설치 의무화 　　　　　　　 - 사립의 초·중·고·특수학교에 설치 권장 (4) 1999학년도 - 사립학교에도 설치의무화	
	의 의	○ 학교운영과 관련된 의사결정에 학부모, 교원, 지역인사가 참여함. ○ 학교 정책 결정의 민주성·합리성·효과성을 확보하기 위한「집단의사 결정기구」이다.	

6. 國家 및 地方自治團體의 敎育權

　교육은 백년 대계라 하여 고대부터 현재까지 국가나 지방자치단체가 교육제도(학교제도)를 지도·감독해 왔다. 물론 국가의 교육제도에 대한 관여정도가 어떠한지에 따라 국가가 전적으로 모든 것을 행하는 스파르타식 교육제도를 유지한 국가도 있었고, 반면에 민주주의 방식의 도입으로 최소한의 지시·감독에 그친 국가도 있었다.

　우리나라도 제헌 헌법 이래로 국가가 교육에 관여한 정도는 차이가 있을지언정 관여하지 않은 적은 없었다. 앞으로 국가의 앞날에 가장 큰 영향을 끼치는 것이 교육이기에 국가나 지방자치단체가 교육에 관여하는 것은 당연하다. 문제는 사소한 부문의 지나친 관여로 학교나 사회교육시설의 자율성이나 전문성이 완전히 배제되어서는 안 된다는 것이다. 국가의 교육권의 구체적인 내용은 교육제도 확립권, 교육수준 확보에 필요한 기준설정권과 감독권, 적절한 교육수준 유지를 위한 지도·조언·권고권, 균등한 기회보장을 위한 재정원조권, 국가가 직접 교육을 제공하는 국립학교설치권, 교육을 둘러싼 권리의 분쟁에 대해 재판하고 상호 조정하는 조정권 등이다.[113] 특히, 교육기본법 제3장의 교육을 진흥시키기 위하여 국가와 지방자치단체에게 지도·감독의 교육권을 부여하고 있으며, 지방자치제도가 확립되면서 지방자치단체의 지도·감독권도 확대되고 있다.

  구체적인 내용으로는 특수교육의 학교 설립·경영권(교육기본법 제18조), 재능이 특히 우수한 영재에 대한 영재교육(동법 제19조)의 수립·실시권, 유아교육진흥을 위한 시책의 수립·실시권(동법 제20조), 직업에 대한 소양과 능력의 계발을 위한 직업교육 수립·실시권(동법 제21조), 과학·기술교육의 진흥을 위한 시책 수립·실시권(동법 제22조), 교육의 정보화에 관한 정책 수립·실시권(동법 제23조), 학술문화진흥을 의한 설치 및 연구비 지원 등의 시책 수립·실시권(동법 제24조), 다양하고 특성 있는 사립학교의 지원·육성권(동법 제25조), 학력평가 및 능력인증에 관한 제도의 수립·실시권(동법 제26조), 학생 및 교직원의 건강 및 복지증진을 위한 시책 수립·실시권(동법 제27조), 경제적 이유로 학업이 어려운 자를 위한 장학제도 및 학비보조제도를 수립·실시권(동법 제28조), 국가의 국제화교육에 대한 노력의 의무, 외국정부나 국제기구 등과의 교육협력을 위한 시책 수립권, 우리나라의 이해와 우리 문화의 정체성 확립을 위한 교육·연구활동을 지원하여야 할 의무(동법 제29조) 등을 부담하고 있다.

  이와 같은 교육권을 종합하여 볼 때, 학습자의 교육권이 가장 핵심적이고 중요한 부분이고 교원, 보호자, 설치자는 서로 권리와 의무를 주고받으며, 국가 및 지방자치단체가 이를 위한 시책을 수립·실시하여야 한다.

---

113) 강인수, 앞의 책, p.39.

제 **3** 장

新教育法

Ⅰ. 新敎育法의 制定

1. 敎育基本法 制定과 敎育法의 整備 必要性

1949년 12월 31일 법률 제86호로 제정·공포된 구교육법은 그 동안 우리나라 교육제도의 근간으로서 모든 교육 활동의 근본 규범으로써의 역할을 수행하여 왔다. 이 법은 지난 50여년 동안 시대적 상황의 변천에 따라 38차례에 걸친 부분 개정이 이루어졌다. 그 결과 개정된 부분과 그렇지 아니한 부분과의 논리적·법해석적으로 모순되는 등의 문제점이 제기되었다. 법체계상으로도 법률의 일관성이 결여됨으로써 개편의 필요성이 강하게 대두되었다. 구교육법을 비롯한 교육관계법령들은 우리나라 헌법상에 규정하고 있는 국민의 교육받을 권리 등을 보장하는 기능을 충분하게 하지 못한 점이 있었다. 또 교육에 있어서의 자유와 평등의 이념을 조화롭게 실현하는데 있어서도 많은 제도상의 걸림돌이 있었으며, 법령 상호간에도 유기적이고 체계적인 정비의 필요성이 오래 전부터 요구되어 왔다.

우리 정부가 1995년부터 추진하고 있는 교육개혁의 이념은 누구나, 언제, 어디에서나 교육을 받을 수 있는 열린교육사회, 평생학습사회를 지향함으로써 모든 국민이 자아 실현을 극대화할 수 있는 교육복지국가를 건설하는데 있다. 이것은 교육공급자인 학교 및 교원과 교육행정기관의 편의중심교육으로부터 학습자중심 교육(수요자중심)으로의 대전환을 의미한다. 교육공급자간의 다양한 교육 프로그램 개발 경쟁을 통하여, 교육수요자인 학생과 학부모의 교육에 대한 선택권을 확대하는 취지가 담겨져 있다. 교육 프로그램의 획일화와 서열화를 경계하며, 특성 있고 다양한 교육을 실시하여 잠재 능력과 창의력이 신장·함양되도록 교육 내용과 방법을 개선하는데 그 목적을 두고 있다.[114]

이상과 같은 교육개혁의 이념은 우리 헌법이 국민의 기본권으로서 보장하고 있는 "능력에 따라 균등하게 교육을 받을 권리"(헌법 제31조)의 구체적 표현이라고 할 수 있다. 이러한 교육개혁의 정신과 보조를 맞추어 새로운 교육법체계가 필요했는데, 좀 더 구체적

---

114) 이천수, "교육법제 개혁의 현황과 과제", 『한국교육법연구』, 1997, p.1.

으로 그 제정·정비의 필요성을 열거하면 다음과 같다.

① 국민의 교육받을 권리를 보장하고 자유와 평등을 균형 있게 실현하여, 민주주의 이념을 선언한 헌법의 정신을 충실히 구현하고, 교육을 학교교육뿐만 아니라 가정교육·사회교육을 포함한 평생교육의 개념으로 이해하고 종래의 학교교육 중심의 교육체제로부터 평생학습사회를 지향하는 평생교육 체제로의 개편이 필요하다.

② 학생, 학부모, 교원, 설립 주체 등 교육 당사자의 교육에 대한 권리의 개념을 명백히 하고, 이를 조화롭게 보장하여야 한다.

③ 법령간의 체계와 내용의 중복 등을 바로 잡고, 법령의 문제점을 보완하며 법의 목적과 취지를 효과적으로 반영할 수 있도록 하여야 한다.

④ 교육개혁위원회가 마련한 열린교육사회, 평생학습사회 기반의 구축, 대학의 특성화와 다양화, 초·중등교육의 자율적 운영을 위한 학교공동체 구축, 인성 및 창의성을 함양하는 교육과정 운영, 대학입시제도 개선, 개성 존중의 초·중등교육 운영 등의 규정을 보완하여야 한다.

⑤ 교육공급자의 평가에 기초한 지원체제 구축, 교원양성, 임용제도의 개선, 교육재정 확보 방안 등의 내용을 법령화하여야 한다.

2. 教育改革과 新教育法

신교육법의 제정은 교육개혁위원회의 교육개혁 프로그램의 일환으로 이루어졌다. 교육개혁위원회는 대통령자문기구로서 1993년 7월에 설치되었다. 1994년 2월에 제 1기 교육개혁위원회가, 1996년에 4월에 제 2기 교육개혁위원회가 구성되어 교육개혁 작업이 구체화되었다. 총 5차례에 걸친 대통령에 대한 보고를 통하여 그 내용을 밝힌 바 있는데 그 내용을 보고서별로 간단히 소개하면 다음과 같다.

가. 第1次 報告書

이 보고서는 1994년 9월 5일 "신한국 창조를 위한 教育改革의 방향과 과제"라는 제목으로 교육개혁의 기본방향을 제시하였다. 교육개혁의 필요성으로

첫째, 21세기를 주도할 신교육체제 구축 필요성을 제시하였다.

① 정보화 사회에 필요한 질 높은 신인력 창출, ② 세계 속의 기술 주권국과 문화 수출국의 지위 확보, ③ 다원화 사회에 걸 맞는 다양한 교육제도 도입, ④ 민족 통일 공동체

의식과 문화적 정체성 확립을 위하여 주체적이고 창조적인 교육이 되어야함을 적시하고 있다.

둘째, 교육병리 현상의 치유 필요성을 강조하고 있다.

① 대학병목 현상의 해소 ② 품위 있는 인간교육의 실현 ③ 교육의 국제 경쟁력 강화 ④ 교육현장의 활성화 ⑤ 교육 지원체제 강화의 필요성을 제시하였다.

특히, 교육법을 헌법 정신에 보다 충실하도록 개정하고 교육 관련 법령들의 체계를 정비할 것을 요망하고 있다.

나. 第2次 報告書

제2차 보고서는 1995년 5월 31일 "세계화, 정보화를 주도하는 신교육체제 수립을 위한 교육개혁방안"이라는 제목 하에 신교육체제 구상을 제시하였다. 신교육체제수립을 위한 교육개혁방안으로서 첫째, 열린교육사회, 평생학습사회의 기반 구축을 들 수 있다. 열린 교육체제의 제도적 기반 구축을 위해서 ① 학점은행제의 도입, ② 학교의 평생교육 기능 확대, ③ 교육프로그램의 다양화, ④ 최소전공학점제 도입, ⑤ 여성 및 노인의 재교육 기회 확대, ⑥ 성인 학습자의 다양한 교육요구 수용, ⑦ 원격교육 지원체제 구축 등을 제시하였다.

둘째, 대학의 다양화와 특성화를 제시하였다.

셋째, 초·중등교육의 자율적 운영을 위한 '학교 공동체'를 구축하도록 한다. 이에 ① 학교운영위원회를 설치하고, ② 학교장 초빙제를 실시하며, ③ 나아가 교사 초빙제도를 실시한다.

넷째, 인성 및 창의성을 함양하는 교육과정을 정립시킨다.

다섯째, 대학입시제도의 개선을 제시하였다. 국·공립대학은 국가가 제시하는 학생 선발기준을, 사립대학은 학생선발 기준과 방식을 자율적으로 정하도록 한다.

여섯째, 학습자의 다양한 개성을 존중하는 초·중등교육을 운영한다.

① 고등학교 유형을 다양화하고, ② 예술교육의 특성, ③ 초등학교 입학 연령의 탄력적 운영, ④ 중학교 및 일반계 고등학교에 대한 선택권을 부여한다.

일곱째, 교육공급자에 대한 평가 및 지원 체제 구축을 위하여 ① 규제 완화 위원회를 설치하고, ② 가칭 교육과정 평가원을 설치한다.

여덟째, 품위 있고 유능한 교원 육성을 위하여 ① 교원 양성 기관 및 연수제도를 개편하고, ② 능력중심 승진 보수 체계로의 개선, ③ 특별 연구 교사제를 도입하여 교과별 학년별 연구실을 확충하고, ④ 자율 출·퇴근제 및 교장 명예 퇴직제를 도입한다.

아홉째, 1998년까지 교육재정 GNP 5%확보를 통하여 교육여건을 획기적으로 개선한다.

다. 第3次 報告書

1996년 2월 9일 "세계화・정보화를 주도하는 신교육체제 수립을 위한 교육개혁 방안 ⑵"이라는 주제로 그 구상을 밝혔다.

주요 개혁 내용은 ① 신 직업교육체제의 구축을 도모한다. 이를 위하여 고등학교 단계에서의 직업교육을 강화하고 특성화 고등학교의 확대, 전문대학, 개방대학, 기능대학의 직업교육 활성, 직업현장에 있으면서 계속 교육을 받을 수 있도록 하는 신 대학제도의 도입, 전문직업분야의 학위제도 도입을 추진한다.

② 초・중등학교 교육과정을 개혁한다. 이를 위하여 신교육과정 편제를 도입(국민공통 기본교육과정 체제 설정, 수준별 교육과정의 도입)한다.

③ 사회적으로 수준이 높은 교양과 전문성이 요망되는 의학, 법학, 신학 등에 대하여 다양한 전공에 따라 4년제 대학을 졸업한 학생들이 입학하는 전문대학원 제도를 도입한다.

④ 교육관계법령의 체제를 개편한다. 헌법상에 규정된 교육제도 법률주의에 근거하여 교육기본법, 초・중등교육법, 고등교육법, 사회교육법의 재정립 필요성에 비추어 관련 기본법안을 제시하였다.

라. 第4次 報告書

이 보고서는 1996년 4월에 발족한 제2기 교육개혁위원회가 같은 해 8월 20일 "세계화, 정보화를 주도하는 신교육체제 수립을 위한 교육개혁 방안⑶"라는 주제로 개혁 구상을 제시한 것이다. 제2기 교육개혁위원회는 그간 제1기 교육개혁위원회에서 한국교육의 문제점을 총체적으로 적시한 바 있기 때문에 그간에 미비한 점을 보완하고 나아가서 새로운 교육개혁의 정립을 강화하는 방향으로 정립하고 있다. 그 주요 내용은 지방교육자치제도의 개혁, 교직사회의 활성화를 위한 교원정책의 개혁, 사학의 자율과 책임의 제고, 교육정보화 청사진, 열린 학습사회의 구축 등이다.

마. 第5次 報告書

1997년 6월 2일 "세계화・정보화를 주도하는 신교육체제 수립을 위한 교육개혁 방안 ⑷"이라는 주제 하에 신교육체제의 구상을 밝혔다. 제2기 교육개혁위원회는 각 분과별로 토론과 연구를 수행해 왔다. 제1분과에서는 과외 및 사교육비 대책, 유아교육체제구축,

교육의 책무성 확인·점검체제, 학교교육업무체제 개혁방안, 학교현장 혁신 운동지원 및 확산을, 제2분과에서는 학교교육체제 재구성을 위한 대학체제개혁을, 제3분과에서는 학교정보화 방안과 평생교육진흥방안을, 제4분과에서는 교육재정확보 및 운영의 효율화, 부적응 학생 및 청소년 대책을 주로 논의하여 왔다.

또한 민주시민교육을 위한 특별연구위원회를 구성하여 자유민주주의 체제하의 시민교육의 새로운 장을 모색하였다.[115] 이상으로 그 동안 추진되어온 교육개혁의 골자들을 살펴보았다. 교육개혁은 교육법제의 정비 없이는 불가능하다. 따라서, 제1차 보고서의 주요 추진과제의 하나로서 교육법 및 교육관계법령의 정비를 제시하였다. 제 3차 보고서에서는 헌법 제31조 제6항의 교육제도 법률주의에 근거하여 교육기본법, 초·중등교육법, 고등교육법, 평생교육법의 재정립 필요성에 비추어 관련기본법안을 제시하였다. 정부에서는 교육개혁위원회의 논의 결과와 공청회 등의 여론 수렴을 거쳐서 1997년 6월 24일 교육기본법안, 초·중등교육법안, 고등교육법안을 국회에 제출하였다. 국회는 동법안들을 제184회 국회 임시국회에 상정하였다. 이 법안들은 소관위원회인 교육위원회에 1997년 7월 14일 상정되어, 제안 설명과 검토, 보고, 대체 토론을 거친 후 교육위원회 소위원회에서 심사를 거쳐 동년 7월 18일 교육위원회의 심사 보고를 받아 수정 의결되었고, 동년 11월 18일 정기국회에서 통과되었다. 동년 12월 13일, 교육기본법은 법률 제5347호로, 초·중등교육법은 법률 제5348호, 고등교육법은 법률 제5349호로 각각 공포되었고 1998년 3월 1일부터 시행되었다.[116]

---

115) 성낙인, "교육개혁과 교육기본법의 제정", 한국교육법연구, 1997, pp.6~10.
116) 허재욱, 앞의 책, pp.120~315.

Ⅱ. 新教育法規 制定의 意義

1. 敎育基本法의 制定 意義

교육법을 간략하게 표현하면 '교육에 관한 법'이라고 할 수 있다. 다시 말하면, 교육의 제반활동에 관한 법이 교육법이다. 교육이란 인간의 정신적·신체적 성장과 발달을 어떤 이상이나 목적 혹은 어떤 기준에 의하여 통제하거나 조력하는 일련의 인위적 과정을 말하는데, 이 어떤 가치 기준에 의하여 인간의 성장·발전을 인위적으로 통제하거나 조력하는 인간의 행위의 규범을 교육법이라 한다.[117] 일반적으로 교육법은 협의의 교육법과 광의의 교육법으로 구분된다.

협의의 교육법이란 구교육법인 법률 제86조인 '교육법'만을 지칭하는 것이었다. 그러나, 교육법이 새로이 제정된 현재로서는 '교육기본법'을 협의의 교육법으로 해석하여야 할 것이다. 광의의 교육법은 교육기본법과 그 이외의 교육관계법[118]을 통칭한 교육법규 총체를 의미한다.[119] 법률학적 개념에서 교육법은 국내 공법의 행정작용법 중 복리조성법의 일부를 형성하고 있는 교육에 관한 법규라고 할 경우에 교육법은 광의의 교육법을 말한다. 그러나, 교육법은 행정에 관한 사항만이 규정되어 있지 않으며, 또한 공법의 특성만을 지니고 있지도 않다. 그러므로 교육법을 행정법적 개념으로만 정립하는 것은 그 성격을 정확하게 표현한 것이라고 할 수 없다. 따라서, 교육법 자체의 본질적 부분을

---

117) 한경주, 앞의 책, p.42.

118) 교육관계법은 교육관계기본법(교육관련 헌법조항, 초·중등교육법, 고등교육법, 지방교육자치에관한법률, 사립학교법, 평생교육법), 교육제도 운영 및 행정에 관한 법률(교육공무원법, 학술진흥법, 유아교육진흥법, 특수교육진흥법, 도서·벽지교육진흥법, 산업교육진흥법, 과학교육진흥법, 국민체육진흥법, 학원의 설립·운영에 관한 법률, 도서관및독서진흥법, 학교보건법, 학교급식법, 사립학교교원연금법, 유네스코활동에관한법률, 교원지위향상을위한특별법), 교육재정에 관한 법률(지방교육재정교부금법, 지방교육양여금법, 지방교육양여금관리특별회계법, 교육세법), 기타 교육관련법규(민법, 아동복지법, 생활보호법, 지방자치법, 문화재보호법, 학교시설사업촉진법) 등으로 구성되어 있다. 손순택, 앞의 논문, pp.29~30.

119) 김낙운, 앞의 책, p.3.

분석하여 종합적으로 규명할 수밖에 없다.

본서에서 교육법이란 협의의 교육법인 교육기본법과 구교육법에서 분리되어 독립한 초·중등교육법, 고등교육법, 지방교육자치에관한법률, 평생교육법, 사립학교법 등이 포함된 개념으로 받아들이고자 한다.

근대 교육이 이 땅에 설립된 이후 많은 교육법제가 제정되었다가 소멸되어 오늘에 이르렀다. 조선시대 말의 교육법제는 근대 교육제도를 도입하였다는데 의의가 있을 것이고, 일제시대의 교육법제는 일제의 식민지 통치의 편의성을 위하여 제정하고, 이를 우리나라에 시행하였다고 볼 수 있다. 현대적인 의미의 교육법이 1949년 제정 이후 현재까지 총38회의 개정을 거듭한 결과 형식적 법 체제가 무너져 교육법 자체가 누더기처럼 짜집기되어 있었다. 그것을 새롭게 개정하여 체제를 바로 잡았다는 점은 더없이 훌륭한 조치라고 생각되어진다. 새롭게 개정된 신교육법제는 여러 가지 의의를 찾아볼 수 있겠으나, 교육기본법 체제가 가지는 실질적 의의는 다음과 같다.

첫째, 변화하는 사회상을 반영하고 있다. 시대의 흐름이나 세계적인 추세를 반영한 조항이 독립적으로 존재하게 된 것은 교육법이 교육 활동 전반을 앞에서 이끌어 가는 역할을 하는 내용이라고 할 수 있다.

둘째, 교육 기회의 형평성 확대이다. 교육기본법 제4조(교육의 기회 균등)에 「모든 국민은 성별, 종교, 신념, 사회적 신분, 경제적 지위 또는 신체적 조건 등을 이유로 교육에 있어서 차별을 받지 아니한다」라고 규정함으로써 복지적 차원에서 교육 기회 형평 또는 확대에 대한 기본적인 근거 규정을 마련했다고 할 수 있다.

셋째, 교육법의 사회적 성격이 강화되었다. 교육기본법은 과거 교육법의 형식과 같이 실체적 사항을 규정하지 않고 교육에 관한 기본 시책의 방향을 제시한 추상적 규정으로 되어 있다. 이후의 교육 내지 교육 정책의 방향 결정을 하는데 그 목적이 있는 교육기본법은 구체적인 개개의 시책까지는 규정하지 않고 있으므로 각 조에서 규정한 시책의 구체화는 각기 관련 법률의 제정을 통해서 이루어지게 되어 있다. 이번 개정으로 인해서 교육기본법은 기본법으로서의 성격을 명확하게 가지게 되었다.

넷째, 교사의 교육권 확보이다. 과거 교육법에는 '교장의 명을 받아…'라는 부분으로 인해 많은 문제점이 있었으나 이번 39차 개정(사실상 법제정)의 초·중등교육법 제20조 3항에서 「교사는 법령이 정하는 바에 따라…」로 개정되었다. 이렇게 함으로써 교사의 책임아래 좀 더 교사의 교육권을 보장하려는 노력으로 보고 있다.

다섯째, 학습자의 교육 주체화이다. 제39차 개정의 교육기본법은 제12조에서 제17조까지의 규정에서 학습자, 보호자, 교원, 교원단체, 학교 등의 설립·경영자, 국가 및 지방자치단체를 교육당사자로 정해서 그 각각의 권리와 책임을 강조하고 있다.

여섯째, 사회교육과 평생교육의 발전을 위한 근거 마련이다. 사회교육법이 제정되어 있고, 헌법에서도 평생교육 진흥을 규정하고 있지만 구교육법에서는 사회교육을 포괄적으로 규정지을 수 있는 근거규정이 결여되어 있었는데 제39차 개정에서 이러한 근거규정을 마련함으로써 이를 바탕으로 사회교육 내지 평생교육의 발전을 이룰 수 있도록 지원하게 되었다.

이상으로 현행 교육기본법 체제의 몇 가지 특징을 살펴보았다. 법이 사회를 바꾸기도 하지만 사회변화가 법을 바꾸기도 한다. 그 동안 많이 지적되어 왔던 사항은 지나치게 교육법이 사회 변화를 반영하지 못하는 죽은 법이라는 사실이었다. 이제 여러 변화를 나름대로 적절히 수용하여 '살아 있는 법'으로 재탄생 되었다고 볼 수 있다. 그러나, 법을 영원히 살아 숨쉬게 하는 것은 그 법을 지키고 이끌어 나가는 사람들일 것이다. 과거 그러했던 것처럼 어느 특정 계층의 이익 반영이 아닌 국가 전체의 이익이라는 측면에서 교육이 바로 설 수 있도록 '살아 있는 법'으로 만들려는 모든 사람들의 노력이 계속 경주되어야 할 것이다. 따라서 우리는 우리 교육법에 대하여 깊은 애정을 가지고 이를 가꾸어 미비점과 문제점을 보완하고 극복해 나가면서 교육법을 보다 나은 법으로 만들어 가는데 우리 모두가 다같이 힘써야 할 것이다.

2. 敎育基本法 制定과 敎育法規 整備의 基本 方向

새로운 교육법 질서를 구축하는데 있어서 가장 기본적으로 검토되어야 할 사항은 바로 새로운 법률이 시대가 요구하는 교육제도와 교육활동을 얼마나 잘 설정하고 이를 뒷받침하느냐 하는 것으로서, 이는 헌법상 보장된 국민의 기본권으로서의 교육받을 권리가 잘 보장되도록 법적·제도적인 기반을 얼마나 충실히 구축하느냐가 그 핵심이라고 하겠다.

이번 교육법 정비작업에 있어서는 모든 교육관계법령의 기본이 될 수 있는 '교육기본법'을 바탕으로 하여 각급 학교별 특성을 최대한 반영하고 그 설립 이념과 목적에 맞는 다양한 교육이 창의적으로 이루어지도록 하며, 또한 교육 수요자의 입장에서 학생의 학습권과 학부모의 교육 참여권이 보장될 수 있도록 '초·중등교육법'과 '고등교육법'으로 분리하여 개편하되, 각 법안의 고유한 정신과 목적·취지를 잘 살릴 수 있도록 했다. 교육법 개정에 있어서 법안별 기본적인 방향은 다음과 같다.[120]

---

120) 교육부, "교육법 이렇게 개편됐다", 「교육월보」12월호, 1997, pp.65~67.

　　교육기본법은 학교교육뿐만 아니라 평생교육 등 모든 교육의 기본적인 방향의 설정을
위한 교육관계법령의 입법과 해석의 기준으로서 실질적인 기본법이 되도록 하고 헌법의
정신인 교육받을 권리의 구현을 위해 국민의 권리와 의무, 국가 및 지방자치단체의 책무
에 관한 기본적 사항을 정하도록 하였다.

　　초·중등교육법은 수요자 중심의 교육체제 구축을 위하여 획일적인 학교유형을 탈피
하여 학교 유형의 다양화를 기하고, 학생이 학교교육 과정에서 한 사람의 인격체로서
존중받고 자아를 계발할 수 있도록 학생의 권리를 보호하며, 지역과 학교 실정에 맞는
교육운영을 위하여 학교운영의 자율성을 신장하도록 하였다.

　　고등교육법은 국민들에게 고등교육을 받을 기회를 확대하기 위한 다양한 제도적 장치
를 마련하고, 특히 대학의 자율성이 실질적으로 신장될 수 있도록 대학에 대한 정부의
최소한의 통제만을 규정하도록 하였다.

3. 敎育法 整備의 意義

　　지금 우리에게는 새로운 생각과 행동을 가진 새로운 인간을 요구하는 새로운 문명,
새로운 역사의 여명이 우리 앞에 비치고 있다. 이러한 새로운 문명과 새 역사의 도전에
대한 최선의 대처 방안은 새로운 인간을 길러 내는 새로운 교육이다. 이에 따라 우리는
신교육체제 수립을 위한 교육개혁을 추진하고 있으며, 우리 역사에서 일찍이 볼 수 없었
던 교육의 기본 틀을 바꾸는 교육혁명을 진행하고 있다.

　　미래사회는 지식과 정보가 역사의 기본 원동력이 되는 새로운 사회로서 이러한 새로운
유형의 사회에서 교육은 국가가 수행해야 할 아주 핵심적인 기능이 될 것이다. 앞으로
우리의 교육은 새로운 시대에 걸 맞는 도덕적 품성과 품위 있는 감수성을 지닌 인간,
창의적인 탐구 태도와 능력을 지닌 인간에 초점을 맞춘 교육이 될 것이다. 이를 실현하기
위하여 우리 교육개혁은 교육의 다양성을 토대로 만인에게 시·공의 장벽을 넘어서 교육
의 길이 활짝 트인 열린 교육사회 구현을 목표로 설정하고 있다. 이러한 새 교육의 실현은
국민 개개인을 살리고 이 나라를 살리게 될 것이다. 우리의 이번 교육법 개편은 교육개혁
방안에 의한 누구나, 언제나, 어디서나 원하는 교육을 받을 수 있는 '열린교육사회·평생
학습사회'의 제도적 기반이 구축된 것이다. 이는 광복 이후 그 동안 현행 교육법에 의하여
국가·학교 및 교원 등 교육 공급자 위주의 획일적, 편의적, 일방적 교육에서 교육수요자
인 학생과 학부모 등을 중심으로 한 다양한 교육으로 전환하는 것으로서 교육 발전과
교육사적으로 매우 큰 의의를 가진다.

Ⅲ. 新敎育法의 構造와 內容

1. 新·舊敎育法 構造 比較

지금까지의 교육법 체계는 모든 교육에 관한 법보다는 교육의 일부분인 학교교육에 관한 법으로만 인식되었다. '교육기본법'은 법체계상으로 학교교육과 사회교육을 망라하여 모든 교육에 관한 기본적인 사항을 규정한다. 이 교육기본법은 교육법중의 기본법으로 교육에 관한 기본적이고 핵심적인 규정을 하고 있다. 구교육법이 초등·중등·대학과 특수학교에 관한 규정을 나열하다 보니 산만하고 체계성에 많은 문제점이 있었다. 그래서 새로운 교육법에서는 초·중등교육에 관하여는 초·중등교육법과 대학교육에 관한 것은 고등교육법이, 평생교육에서는 평생교육법이 각각 구체적으로 규정하여 체계를 이루고 있다.

교육기본법의 제3장(교육의 진흥)에서는 특수교육, 영재교육, 유아교육, 직업교육, 과학·기술교육, 교육의 정보화, 학술문화의 진흥, 사학의 육성, 평가 및 인증제도, 학교보건 및 복지제도, 장학제도, 국제교육 등에 관하여 규정하고 있으며, 이를 국가 및 지방자치단체는 위에서 언급한 교육을 지원 내지 진흥하기 위하여 필요한 시책을 수립·실시하여야 할 의무를 부과하고 있다. 이를 시행하기 위한 각종 법률들은 다음 장에 언급되어 있다. 교육기본법은 앞으로 모든 교육에 관한 법률의 적용·해석뿐만 아니라 실제 교육활동에 있어서의 교육원리에 관한 지침으로서 역할을 하게 된다.

2. 新敎育法의 主要 內容

가. 敎育基本法
⑴ 敎育基本法의 槪念
'교육기본법'은 모든 국민의 교육받을 권리를 보장하기 위하여 학교교육, 평생교육을 포함한 교육제도와 그 운영에 관한 기본적인 방향을 설정하고 모든 교육당사자의 권리와 의무를 규정한 교육에 관한 기본법을 말한다. 따라서, '교육기본법'은 우리나라 교육의 기본 성격, 기본 원칙, 기본 방향을 설정한 법으로서 한국의 교육헌장이라 할 수 있다.

교육기본법 제2장에서 말하는 「교육당사자」란 학습자 및 보호자, 교원, 교원단체, 학교 등의 설립·경영자와 국가 및 지방자치단체를 총칭하는 것이다. 교육기본법은 교육관계 법의 체계로 보아서, 헌법 다음의 위치에 있는 법률로서 모든 교육 관계 법령의 기본이 되는 법이며 다른 교육관계법령은 교육기본법의 원칙을 구체화하고 발전시키기 위하여 제정된다고 볼 수 있다.[121]

(2) 主要 內容

홍익인간이라는 교육이념을 기본으로 하여 헌법상의 교육받을 권리를 구현하기 위하여 '학습권'의 개념을 새로이 도입하였고 교육법 체계상 교육에 관한 기본법으로서 교육의 기회균등, 교육의 자주성, 전문성, 중립성, 의무교육, 학교교육, 평생교육 등의 교육제도에 관한 기본적인 방향을 설정하였다.

교육당사자인 학습자, 학부모 등 보호자 교육, 학교 및 사회교육 시설의 설립·경영자, 국가 및 지방자치단체의 교육에 관한 권리·의무를 구체화하고 특별히 진흥하고 장려하여야 할 특수교육, 영재교육, 유아교육, 직업교육, 과학교육, 교육의 정보화, 학술문화의 진흥, 사학의 육성, 평가 및 인증제도, 보건 및 복지, 장학 제도 국제교육 등의 지원에 관한 사항을 규정하였다.

나. 初·中等教育法
(1) 初·中等教育法의 概念

초·중등교육법은 유치원과 초·중등교육기관의 학교교육 및 교육제도와 그 운영에 관한 기본적인 사항을 정하고, 모든 교육당사자의 권리와 의무에 관한 사항을 규정한 법을 말한다. 이 법은 초보적 단계인 초등교육과 중간단계 교육인 중등교육에 관한 사항을 그 대상으로 하고 있다.

이 법의 근원은 헌법 제31조 제6항의 「학교교육 및 평생교육을 포함한 교육제도와 그 운영, 교육재정 및 교원의 지위에 관한 기본적인 사항은 법률로 정한다」는 교육제도의 법률주의 규정과 이에 의거한 교육기본법 제9조의 규정이다.

---

121) 허재욱, 앞의 책, p.123.

(2) 主要 內容

구교육법 중 유치원, 초등학교, 중학교, 고등학교 및 특수학교에 관한 사항을 분리하여 이에 관한 학제, 학교의 종류, 교육과정, 수업 및 수업연한, 입학 및 졸업, 통합·병설·실험학교의 운영 등 학교교육제도에 관한 기본적인 사항을 정하고, 의무교육 및 무상교육에 관한 사항, 학생의 권리 보호를 위한 학생의 자치활동과 징계시 적정절차에 관한 사항, 적정하고 원활한 교육 운영이 이루어 질 수 있도록 탄력적인 교원제도 운영에 관한 사항, 학교실정에 맞는 교육 운영을 위한 학교 규칙 제정과 학교운영위원회 설치, 운영에 관한 사항 등을 새로이 규정하였다.

다. 高等敎育法

(1) 高等敎育法의 槪念

고등교육이란 초등교육이나 중등교육에 대한 개념으로서 만 18세 이상의 중등교육 수료자를 대상으로 행하여지는 교육을 말한다. 우리나라에서 고등교육은 전문대학이나 대학, 대학원 등에서 이루어지는 교육을 의미하며 국가와 인류사회의 발전에 필요한 학술의 심오한 이론과 그 응용 방법을 교수·연구하며 국가와 인류사회의 발전에 공헌함을 목적으로 하는 교육이다. 고등교육법의 정의는 대학 등의 고등교육기관의 학교교육 및 교육제도와 그 운영에 관한 기본적인 사항을 정하고 모든 교육당사자(학생, 교직원)의 권리와 의무에 관한 사항을 규정한 법이다.

고등교육법의 근원은 헌법 제31조 제6항의 「학교교육 및 평생교육을 포함한 교육제도와 그 운영, 교육재정 및 교원의 지위에 관한 기본적인 사항은 법률로 정한다」는 교육제도의 법률주의와 이와 근거하여 제정된 교육기본법 제9조(학교교육)의 「…고등교육을 실시하기 위하여 학교를 둔다」는 규정이다.[122]

(2) 主要 內容

현행 교육법 중 고등교육에 관한 사항을 분리하여 이에 관한 학제, 학교의 종류, 교육과정, 수업 및 수업연한, 입학 및 졸업, 학위 수여 등 학교 교육제도에 관한 기본적인 사항을 정하고 학생의 권리 보호를 위한 학생의 자치활동과 징계시 적정 절차에 관한 사항, 적정하고 원활한 교육 운영이 이루어질 수 있는 다양한 교원제도 운영에 관한 사항, 학교실정에 맞는 교육 운영을 위한 학교 규칙 제정에 관한 사항, 기타 교육·연구의 수월성

---

122) 허재욱, 앞의 책, p.318.

신장 및 대학 운영의 자율성 확대를 위한 실습 학기제의 도입, 대학의 협의체 구성, 대학 상호간의 학점 인정, 시간제 등록, 장학금 및 연구 조성비의 지급 등을 새로이 규정하였다.

라. 地方教育自治에關한法律

(1) 地方教育自治에關한法律의 概念

지방교육자치에관한법률은 교육의 자주성 및 전문성과 지방교육의 특수성을 살리기 위하여 지방자치단체의 교육·과학·기술·체육 기타 학예에 관한 사무를 관장하는 기관의 설치와 그 조직 및 운영 등에 관한 사항을 규정함으로써 지방교육의 발전에 이바지하고자 하는 법이다.

이 법은 헌법 제31조 제4항 「교육의 자주성·전문성…은 법률이 정하는 바에 의하여 보장된다.」와 교육기본법 제1조(목적) 「…교육에 관한 국가 및 지방자치단체의 책임을 정하고…」, 동법 제5조(교육의 자주성 등) 「① 국가 및 지방자치단체는 교육의 자주성 및 전문성을 보장하여야 하며, 지역의 실정에 맞는 교육의 실시를 위한 시책을 수립·실시하여야 한다.」와 동법 제6조(교육의 중립성) 「① 교육은 교육 본래의 목적에 따라 그 기능을 다하도록 운영되어야 하며, 어떠한 정치적·파당적 또는 개인적 편견의 전파를 위한 방편으로 이용되어서는 아니된다.」는 등의 조항을 근원으로 한다.

(2) 主要 內容

동법은 제2장에서 교육위원회의 조직, 교육위원, 권한, 회의 및 사무직원을, 제3장에서 교육감의 지위와 권한, 선출, 보조기관 및 소속교육기관, 하급교육행정기관을, 제4장에서 교육재정을, 제5장에서 지도와 감독을 규정하고 있다. 개정된 법에서는 교육감과 교육위원의 선출방법을 바꾸고 교육위원의 정수를 조정하였으며, 교육감 및 교육위원의 자격을 종전의 법률에 비하여 완화하였다.

마. 平生教育法

(1) 平生教育法의 概念

평생교육법은 모든 국민에게 평생을 통하여 학교교육을 제외한 모든 형태의 조직적인 교육활동을 제공하기 위하여 제정되었다. 이 법은 헌법 제31조 「① 모든 국민은 능력에 따라 균등하게 교육을 받을 권리를 가진다. ⑤ 국가는 평생교육을 진흥하여야 한다. ⑥ …평생교육을 포함한 …기본적인 사항은 법률로 정한다.」는 규정과 교육기본법 제1조(목적), 제2조(교육이념), 제4조(교육의 기회균등), 제10조(사회교육) 등의 규정을 근원으로 하고 있다.

(2) 主要 內容

동법은 평생교육의 정의, 다른 법률과의 관계, 이념, 교육과정 등, 국가 및 지방자치단체의 임무, 평생교육사, 평생교육시설, 학점 등의 인정 등으로 규정되어 있다. 자세한 사항은 제6장에서 살펴보기로 한다.

바. 私立學校法
(1) 私立學校法의 概念

사립학교법은 사립학교의 특수성에 비추어 그 자주성을 확보하고 공공성을 앙양함으로써 사립학교의 건전한 발달을 도모하기 위한 법이다. 이 법은 교육기본법 제25조(사학의 육성)「국가 및 지방자치단체는 사립학교를 지원·육성하여야 하며, 사립학교의 다양하고 특성 있는 설립 목적이 존중되도록 하여야 한다.」는 규정을 근원으로 하고 있다.

그러나, 사학의 특성을 존중하기 위하여 지원·육성을 규정하였으나 공공성 확보를 위한 규정이 없음은 아쉽다.

특히 현행 사립학교의 대부분이 재정자립을 하지 못하고 있는 실정인데, 사립학교의 교육과정이 국·공립학교와 다르지 않다면 지원·육성과 함께 지도·감독 기능을 강화함으로써 사학의 운영에서 나타나고 있는 파행성을 예방해야 할 것이다.

(2) 主要 內容

동법은 사립학교의 정의, 관할청, 학교법인, 사립학교경영자, 사립학교교원 등을 규정하고 있다. 자세한 사항은 제8장에서 살펴보기로 한다. 주요한 구교육법과 신교육법을 비교한 것은 다음 <표 7>와 같다.

<표 7> 구교육법과 신교육법의 구성

舊教育法(총144조항)		教育基本法(29조항)	
제1장	총 칙	1장	총 칙
내 용	목적, 교육방침, 정치적중립성, 학교설립, 의무교육, 교육의기회균등, 학령초과자교육시설, 교원지위	내 용	목적, 교육이념, 학습권, 교육의 자주성, 중립성, 교육재정, 의무교육, 학교교육, 사회교육, 학교설립
제2장	삭제	2장	교육당사자
제3장	삭제	내 용	학습자 보호자 교원 교원단체 학교 등의 설립 및 경영자 국가 및 지방자치단체
제4장	교원		
제5장	교육기관		
1절	학교		
2절	초등학교		
3절	중학교		
4절	고등학교	3장	교육의 진흥
5절	대학	내 용	특수교육 영재교육 유아교육 직업교육 과학교육 교육의 정보화 학술문화의 진흥 사학의 육성 평가 및 인증 제도 보건 및 복지 증진 장학제도 등 국제교육
6절	교육대학과 사범대학		
6절-2	전문대학		
6절-3	방송통신대학과 개방대학		
6절-4	기술대학		
7절	기술학교와 고등기술학교		
8절	공민학교와 고등공민학교		
9절	특수학교		
10절	유치원		
11절	각종학교		
제6장	수업		
제7장	학과와 교과		
제8장	교과용 도서	부칙	4개조
제9장	장학과장학금		
제9장-2	재외국민의 교육		
제9장-3	국제교육		
제9장-4	보칙		
제10장	벌칙		
제11장	부칙		

初·中等教育法(68조항)		高等教育法(64조항)	
제1장	총 칙	제1장	총 칙
내 용	목적, 학교종류, 국·공·사립학교구분,학교설립,병설,지도감독,장학지도,학교규칙,평가,수업료,학교시설이용	내 용	초·중등교육법 총칙과 동일,
2장	의무교육	제2장	학생과 교직원
내 용	국가및지방자치단체 의무교육, 취학의무 취학의무의 면제 고용자의 의무 친권자 등에 대한 보조	1절	학생(자치활동,학생징계)
		2절	교직원
		내 용	교직원의 구분 교원등의자격기준 겸임교원 등
		3장	학교
3장	학생과 교직원	1절	통칙
1절	학생	내 용	학교의 명칭 학교의 조직 학년도 등, 교육과정의 운영 수업 등 학점의 인정 분교 연구시설 등 공개강좌 외국박사학위의 신고
내 용	자치활동징계		
2절	교직원		
내 용	교직원의 구분 교직원의 의무 교원자격 산학겸임교사		
4장	학교		
1절	통칙		
내 용	교육과정, 수업, 학교생활기록부, 학년제, 조기진급 및 조기졸업, 학습부진아에 대한 교육, 교과용도서의 사용, 초·중·고통합운영	2절	대학 및 산업대학
		3절	교육대학
2절	학교운영위원회	4절	전문대학
내 용	설치, 기능, 학교발전기금, 구성및운영	5절	방송통신대학
3절	유치원	6절	기술대학
4절	초등학교, 공민학교	7절	각종학교
5절	중학교,고등공민학교	4장	보칙 및 벌칙
6절	고등학교,고등기술학교	부칙	12개조(부칙)
7절	특수학교		
8절	각종학교		
5장	보칙 및 벌칙		
부칙	14개조		

舊敎育法(총144조항)		지방교육자치에관한법률(총62조항)	
제1장	총 칙	제1장	총 칙
내 용	목적, 교육방침, 정치적 중립성, 학교설립, 의무교육, 교육의 기회균등, 학령초과자교육시설, 교원지위	내 용	목적 교육·학예사무의 관장
제2장	삭제	2장	교육위원회
제3장	삭제	내 용	제1절:조직 제2절:교육위원 제3절:권한 제4절:사무직원
제4장	교원		
제5장	교육기관		
1절	학교		
2절	초등학교		
3절	중학교		
4절	고등학교	3장	교육감
5절	대학	내 용	제1절: 지위와 권한 제2절: 보조기관 및 소속교육기관 제3절:하급교육 행정기관 ☆ 제3절의 제44조의 2조항을 97.12.17. 삭제하고 초·중등교육법 제2절 학교 운영위원회로 옮겨서 규정
6절	교육대학과 사범대학		
6절-2	전문대학		
6절-3	방송통신대학과 개방대학		
6절-4	기술대학		
7절	기술학교와 고등기술학교		
8절	공민학교와 고등공민학교		
9절	특수학교		
10절	유치원		
11절	각종학교		
제6장	수업		
제7장	학과와 교과	4장	교육재정
제8장	교과용 도서	5장	지도와 감독
제9장	장학과장학금	제6,7장	벌칙
제9장-2	재외국민의 교육		
제9장-3	국제교육		
제9장-4	보칙		
제10장	벌칙		
제11장	부칙		

평생교육법(총32조항)		사립학교법(총74조항)	
제1장	총 칙	제1장	총 칙
내 용	목적, 정의, 적용범위, 평생교육의 이념, 교육과정 등, 공공시설의 이용	내 용	목적, 정의, 관할청,
제2장	국가및지방자치단체의 임무	제2장	학교법인
내 용	국가및지방자치 단체의 임무 평생교육협의회 지도 및 지원 평생교육센터등의 운영, 정보화관련 평생교육의 진흥	1절	통 칙
		2절	설 립
		3절	기관
		4절	재산과 회계
		5절	해산과 합병
		6절	지원과감독
3장	평생교육사	3장	사립학교경영자
4장	평생교육시설	4장	사립학교교원 　제1절: 자격·임면·복무 　제2절: 신분보장 및 사회보장 　제3절: 징계
내 용	학교형태, 사내대학형태, 원격대학형태, 사업장 부설 시민사회단체부설 학교부설, 언론기과부설 지식·인력개발사업관련 평생교육시설		
5장	보 칙		
내 용	학점등의 인정, 행정처분, 청문, 권한의 위임	5장	보 칙
		6장	벌 칙

3. 舊敎育法과 달라진 新敎育法의 內容

가. 敎育基本法

교육기본법에서 가장 달라진 규정은 학습권, 교육의 자주(율)성, 학교교육, 사회교육, 교원에 관한 규정, 영재교육, 교육의 정보화 등에 관한 것들이다. 이를 차례로 살펴보면 다음과 같다.

교육기본법 제3조(학습권)는 「모든 국민은 평생에 걸쳐 학습하고 능력과 적성에 따라 교육받을 권리를 가진다」고 규정하고 있다. 현재까지는 주로 교육의 공급자 즉, 국가나 지방자치단체 또는 교육자를 중심으로 '교육하는 권리'에 초점을 맞추어 왔으나 헌법상의 '교육받을 권리'에 따라 '학습권'을 새로이 규정하여 교육수요자인 학생, 학부모 또는 지역 사회의 요구뿐만 아니라 학생들이 능력과 적성에 따라 배울 수 있는 권리를 보장하도록 하였다. 이것은 학습자 중심 교육으로의 전환을 의미한다.

제5조(교육의 자주성 등)에는 「① 국가 및 지방자치단체는 교육의 자주성 및 전문성을 보장하여야 하며, 지역의 실정에 맞는 교육의 실시를 위한 시책을 수립·실시하여야 한다. ② 학교운영의 자율성은 존중되며, 교직원·학생·학부모 및 지역주민 등은 법령이 정하는 바에 의하여 학교운영에 참여할 수 있다.」고 규정하였다.

이 규정은 학교운영의 자율성을 존중한다는 원칙을 천명하고 학교운영에 교원, 학생, 학부모와 지역 주민 등의 참여를 법령이 정하는 바에 의하여 보장하도록 하였다는데 의미가 있다. 이는 앞으로 초·중등학교의 학교운영위원회, 대학의 대학평의원회, 학생회 등의 설치·운영을 통하여 구체적으로 실현하게 될 것이다.

제9조(학교교육)에는 「① 유아교육·초등교육·중등교육 및 고등교육을 실시하기 위 하여 학교를 둔다. ② 학교는 공공성을 가지며, 학생의 교육 외에 학술과 문화적 전통을 유지·발전시키고 주민의 평생교육을 위하여 노력하여야 한다. ③ 학교교육은 학생의 창의력 계발 및 인성의 함양을 포함한 전인적 교육을 중시하여 이루어져야 한다. ④ 학교 의 종류와 학교의 설립·경영 등 학교교육에 관한 기본적인 사항은 따로 법률로 정한다」 고 규정하였다. 이 조항의 내용은 학교교육을 유아교육, 초등교육, 중등교육, 고등교육 등 4단계의 교육으로 구분하고 학교교육의 기본방향을 지식교육뿐만 아니라 학생의 창의 력 계발과 人性의 함양을 포함한 全人的 敎育을 중시하도록 하였다. 또한 학교는 학생 교육 외에 학술과 문화적 전통의 유지 발전과 주민의 평생교육을 위하여 노력하도록 하여 학교가 지역사회 문화의 중심으로서의 역할을 하도록 하였다.

제10조(사회교육)에는 「① 국민의 평생교육을 위한 모든 형태의 사회교육은 장려되어

야 한다. ② 사회교육의 이수는 법령이 정하는 바에 의하여 그에 상응하는 학교교육의 이수로 인정될 수 있다. ③ 사회교육 시설의 종류와 설립·경영 등 사회교육에 관한 기본적인 사항은 따로 법률로 정한다.」로 규정하였다.

국민의 잠재능력을 최대한 계발하기 위하여 평생교육을 위한 모든 형태의 사회교육은 존중되도록 하고 사회교육의 이수를 학교교육의 이수로 인정될 수 있도록 하여 누구나 언제든지, 어디서나 원하는 교육을 받을 수 있는 '열린교육사회, 평생학습사회'가 구현되도록 그 기틀을 마련하였다.

제12조(학습자)에는 「① 학생을 포함한 학습자의 기본적 인권은 학교교육 또는 사회교육의 과정에서 존중되고 보호된다. ② 교육내용, 교육방법 교재 및 교육시설은 학습자의 인격을 존중하고 개성을 중시하여 학습자의 능력이 최대한으로 발휘될 수 있도록 강구되어야 한다. ③ 학생은 학교의 규칙을 준수하여야 하며, 교원의 교육·연구활동을 방해하거나 학내의 질서를 문란하게 하여서는 아니 된다」고 규정하고 있다.

이것은 교육의 과정에서 특별권력관계에 의한 피교육자라는 이유만으로 법률의 근거도 없이 부당하게 침해될 수 있는 학습자의 기본적 인권이 존중되고 보호되도록 명문으로 규정한 것이며, 한편으로 학생은 교원의 교육·연구활동을 방해하거나 학내의 질서를 문란하게 하여서는 안 된다고 규정하여 교육의 주체로서의 피교육자의 권리와 의무를 동시에 명시하였다.

제13조(보호자)에는 「① 부모 등 보호자는 그 보호하는 자녀 또는 아동이 바른 인성을 가지고 건강하게 성장하도록 교육할 권리와 책임을 가진다. ② 부모 등 보호자는 그 보호하는 자녀 또는 아동의 교육에 관하여 학교에 의견을 제시할 수 있으며, 학교는 이를 존중하여야 한다」고 규정하였다. 이는 부모 등 보호자의 자녀에 대한 자연적인 권리로서의 교육권을 명문화함과 동시에 이들이 자녀교육에 관하여 학교에 의견을 제시할 수 있고, 학교는 이를 중시할 의무를 가지도록 하여, 학부모의 학교교육에의 참여를 보장하고 학부모의 교육권이 충분히 발현되어질 수 있도록 하였다.

제14조(교원)에는 「① 학교교육에서 교원의 전문성은 존중되며, 교원의 경제적·사회적 지위는 우대되고 그 신분은 보장된다. ② 교원은 교육자로서 갖추어야 할 품성과 자질을 향상시키기 위하여 노력하여야 한다. ③ 교원은 특정 정당 또는 정파를 지지하거나 반대하기 위하여 학생을 지도하거나 선동하여서는 아니 된다. ④ 교원은 법률이 정하는 바에 의하여 다른 공직에 취임할 수 있다. ⑤ 교원의 임용·복무 보수 및 연금 등에 관하여 필요한 사항은 따로 법률로 정한다.」고 규정하고 있다. 헌법에서 규정하고 있는 교육의 전문성은 교원의 전문성 보장을 통하여 실현될 수 있으므로 이를 명문화하고 현직 교원의

공직 취임은 지금까지 엄격히 제한되어 왔으나 교원의 지식과 경험 및 전문성을 활용하여 국가에 공헌하도록 하기 위하여 법률이 정하는 바에 의하여 교원의 직을 유지한 채 다른 공직에 취임할 수 있도록 허용하였다.

제19조(영재교육)에는 「국가 및 지방자치단체는 학문·예술 또는 체육 등의 분야에서 재능이 특히 뛰어난 자의 교육에 관하여 필요한 시책을 수립·실시하여야 한다」고 규정하고 있다. 이는 특정인에 대한 혜택이 아니라 인력의 적극적 활용이라는 국가적 요구와 개인의 수준과 필요를 고려한 개인의 능력 개발이라는 측면을 고려하여 국가 및 지방자치단체는 재능이 뛰어난 영재의 교육에 관한 시책을 수립·실시하도록 규정한 것이다.

제23조(교육의 정보화)에는 「국가 및 지방자치단체는 정보화 교육 및 정보통신매체를 이용한 교육의 지원과 교육정보 산업체의 육성 등 교육의 정보화에 관하여 필요한 시책을 수립·실시하여야 한다」라고 규정하고 있다. 세계화·정보화 시대에 있어서 국제 경쟁력을 제고하기 위하여 국가 및 지방자치단체는 정보화교육 및 정보통신매체를 이용한 교육의 지원과 교육정보산업의 육성 등 교육의 정보화에 관한 시책을 수립·실시하도록 하였다.

앞으로 교육정보화를 통해 모든 학교에 인터넷을 연결하고, 에듀넷(Edunet)을 활용할 수 있게 하며, 다양한 정보기술을 활용한 교육이 가능하도록 멀티미디어 PC 실습실이 갖추어지고, 동시에 모든 교원에게 PC가 보급되고, 이들 기자재가 학교 내·외의 망으로 연계되어 더욱 양질의 교육을 효율적으로 할 수 있도록 국가와 지방자치단체는 이를 위한 시책을 조속히 수립·실시해야 될 것이다.

제26조(평가 및 인증제도)에는 「① 국가는 국민의 학습성과 등이 공정하게 평가되어 사회적으로 통용될 수 있도록 하기 위하여 학력 평가 및 능력 인증에 관한 제도를 수립·실시할 수 있다. ② 제1항의 규정에 의한 평가 및 인증제도는 학교의 교육과정 등 교육제도와 상호 연계되어야 한다.」라고 규정하고 있다. 정부는 개인의 다양한 학습 경험을 제도적으로 인증하는 기준과 절차에 따라 학점·학력·학위 등을 인정, 평생교육의 이념을 실현하기 위한 평가인정제도(학점인정등에관한법률, 1997. 1. 13. 법률 제5275호)와 고교졸업자가 정규대학에 다니지 않아도 전문학사 또는 학사학위를 취득할 수 있는 학력인정제도가 실시되고 있다. 이 제도는 학교 외에서의 학습활동을 학점으로 인정하고 이것이 누적되어 일정기준을 충족하면 학력 인증과 함께 학위를 취득할 수 있는 제도이다.

제29조(국제교육)에는 「① 국가는 국민이 국제사회의 일원으로서 갖추어야 할 소양과 능력을 기를 수 있도록 국제화교육에 노력하여야 한다. ② 국가는 외국에 거주하는 동포에게 필요한 학교교육 또는 사회교육을 실시하기 위하여 필요한 시책을 강구하여야 한다. ③ 국가는 학문연구의 진흥을 위하여 국외유학에 관한 시책을 강구하여야 하며, 국외에서

의 우리나라에 대한 이해와 우리 문화의 정체성 확립을 위한 교육·연구활동을 지원하여야 한다. ④ 국가는 외국 정부 및 국제기구 등과의 교육협력에 필요한 시책을 강구하여야 한다.」라고 규정하고 있다. 본 조는 국제교육, 국제협력교육, 재외국민교육 등에 관하여 국가의 임무를 규정하였다. 교육개혁위원회가 추진하는 세계화·정보화 시대를 주도하는 신교육체제 수립을 위하여 국제화교육은 중요한 위치에 놓여 있다.

현행 교육기본법과 구교육법과의 각 조항을 비교한 것은 다음 <표 8>과 같다.

<표 8> 교육기본법과 구교육법의 비교

교 육 기 본 법	구교육법 등 관련규정
제1조(목적) 이 법은 교육에 관한 국민의 권리·의무와 국가 및 지방자치단체의 책임을 정하고 교육제도와 그 운영에 관한 기본적 사항을 규정함을 목적으로 한다.	《구교육법》 없음 ☞ 헌법 제31조 ⑥ 학교교육 및 평생교육을 포함한 교육제도와 그 운영, 교육재정 및 교원의 지위에 관한 기본적인 사항은 법률로 정한다
제2조 (교육이념) 교육은 홍익인간의 이념아래 모든 국민으로 하여금 인격을 도야하고 자주적 생활능력과 민주시민으로서 필요한 자질을 갖추게 하여 인간다운 삶을 영위하게 하고 민주국가의 발전과 인류공영의 이상을 실현하는 데 이바지하게 함을 목적으로 한다.	제1조 교육은 홍익인간의 이념 아래 모든 국민으로 하여금 인격을 완성하고 자주적 생활능력과 공민으로서의 자질을 구유하게 하여 민주국가발전에 봉사하며 인류공영의 이상실현에 기여하게 함을 목적으로 한다.
제3조 (학습권) 모든 국민은 평생에 걸쳐 학습하고, 능력과 적성에 따라 교육받을 권리를 가진다.	《구교육법》 없음 ☞ 헌법 제31조 ① 모든 국민은 능력에 따라 균등하게 교육을 받을 권리를 가진다. ⑤ 국가는 평생교육을 진흥하여야 한다.
제4조(교육의 기회균등) 모든 국민은 성별, 종교, 신념, 사회적 신분, 경제적 지위 또는 신체적 조건 등을 이유로 교육에 있어서 차별을 받지 아니한다.	제9조 모든 국민에게 그 능력에 따라 수학할 기회를 균등하게 보장하기 위하여 국가와 지방자치단체는 좌의 방책을 실행하여야 한다.
제5조 (교육의 자주성 등) ① 국가 및 지방자치단체는 교육의 자주성 및 전문성을 보장하여야 하며, 지역의 실정에 맞는 교육의 실시를 위한 시책을 수립·실시하여야 한다. ② 학교운영의 자율성은 존중되며, 교직원·학생·학부모 및 지역주민 등은 법령이 정하는 바에 의하여 학교운영에 참여할 수 있다.	제14조 ① 국가와 지방자치단체는 교육의 자주성을 확보하며, 공정한 민의에 따라 각기 실정에 맞는 교육행정을 하기 위하여 필요 적절한 기구와 시책을 수립·실시하여야 한다. 헌법 제31조 ④ 교육의 자주성·전문성·정치적 중립성 및 대학의 자율성은 법률이 정하는 바에 의하여 보장된다.
제6조 (교육의 중립성) ① 교육은 교육 본래의 목적에 따라 그 기능을 다하도록 운영되어야 하며, 어떠한 정치적·파당적 또는 개인적 편견의 전파를 위한 방편으로 이용되어서는 아니된다.	제5조 교육은 교육 본래의 목적에 기하여 운영실시되어야 하며, 어떠한 정치적, 파당적, 기타 개인적 편견의 선전을 위한 방편으로 이용되어서는 아니된다. 국립 또는 공립의 학교는 어느 종교를 위한 종교교육을 하여서는 아니된다.

교 육 기 본 법	구교육법 등 관련규정
②국가 및 지방자치단체가 설립한 학교에서는 특정한 종교를 위한 종교교육을 하여서는 아니된다.	☞ 사회교육법 제5조 (사회교육의 중립성) 사회교육은 정치적·파당적 기타 개인적 편견의 선전을 위한 방편으로 이용되어서는 아니된다.
제7조(교육재정) ① 국가와 지방자치단체는 교육재정을 안정적으로 확보하기 위하여 필요한 시책을 수립·실시하여야 한다. ② 교육재정의 안정적 확보를 위한 지방재정교부금 및 지방교육양여금 등에 관하여 필요한 사항은 법률로 정한다.	제14조 ②국가 또는 지방자치단체는 교육재정의 안정적 확보를 위하여 적절한 시책을 강구하여야 한다. 헌법 제31조 ⑥ 학교교육 및 평생교육을 포함한 교육제도와 그 운영, 교육재정 및 교원의 지위에 관한 기본적인 사항은 법률로 정한다.
제8조 (의무교육) ① 의무교육은 6년의 초등교육 및 3년의 중등교육으로 한다. 다만, 3년의 중등교육에 대한 의무교육은 국가의 재정여건을 고려하여 대통령령이 정하는 바에 의하여 순차적으로 실시한다. ② 모든 국민은 제1항의 규정에 의한 의무교육을 받을 권리를 가진다.	제8조 (의무교육) ① 모든 국민은 6년의 초등교육과 3년의 중등교육을 받을 권리가 있다. ②모든 국민은 그 보호하는 자녀에게 제1항의 규정에 의한 교육을 받게 할 의무를 진다. ☞ 헌법 제31조② 모든 국민은 그 보호하는 자녀에게 적어도 초등교육과 법률이 정하는 교육을 받게 할 의무를 진다 ③ 의무교육은 무상으로 한다. ☞ 특수교육진흥법 제5조 (의무교육 등) ①특수교육대상자에 대한 국민학교 및 중학교 과정의 교육은 이를 의무교육으로 하고, 유치원 및 고등학교 과정의 교육은 이를 무상으로 한다.
제9조 (학교교육) ① 유아교육·초등교육·중등교육 및 고등교육을 실시하기 위하여 학교를 둔다. ② 학교는 공공성을 가지며 학생의 교육 외에 학술과 문화적 전통을 유지·발전시키고 주민의 평생교육을 위하여 노력하여야 한다. ③ 학교교육은 학생의 창의력 계발 및 인성의 함양을 포함한 전인적 교육을 중시하여 이루어져야 한다. ④ 학교의 종류와 학교의 설립·경영 등 학교교육에 관한 기본적인 사항은 따로 법률로 정한다.	제81조 (학교의 종류) 모든 국민으로 하여금 신앙·성별·사회적 신분·경제적 지위 등에 의한 차별없이 그 능력에 따라 균등하게 교육을 받게 하기 위하여, 다음과 같은 학교를 설치한다. 1. 초등학교·중학교·고등학교·대학 2. 교육대학·사범대학 3. 전문대학·방송통신대학·개방대학 4. 기술학교·고등기술학교 5. 공민학교·고등공민학교 6. 특수학교 7. 유치원 8. 각종학교 제7조 모든 학교는 국가의 공기로서 법령의 정하는 기준에 의하여 설립되어야 하며 동등한 학교의 수료자 또는 졸업자는 국립·공립 또는 사립의 구분없이 동등한 자격을 가진다.

교 육 기 본 법	구교육법 등 관련규정
제10조 (사회교육) ① 국민의 평생교육을 위한 모든 형태의 사회교육은 장려하여야 한다. ②사회교육의 이수는 법령이 정하는 바에 의하여 그에 상응하는 학교교육의 이수로 인정될 수 있다. ③ 사회교육시설의 종류와 사회교육시설의 설립·경영 등 사회교육에 관한 기본적인 사항은 따로 법률로 정한다.	☞ 사회교육법 제2조(정의) 1. "사회교육"이라 함은 다른 법률에 의한 학교교육을 제외하고 국민의 평생교육을 위한 모든 형태의 조직적인 교육활동을 말한다. ☞ 학점인정등에관한법률 제8조 (학력인정) ① 제7조의 규정에 의하여 일정한 학점을 인정받은 자는 교육법 제81조 제1호의 초등학교·중학교·고등학교·대학 및 제3호의 규정에 의한 전문대학을 졸업한자와 동등이상의 학력이 있는 것으로 인정한다.
제11조(학교 등의 설립) ① 국가 또는 지방자치단체는 학교 및 사회교육시설을 설립 ·경영한다. ② 법인 또는 사인은 법률이 정하는 바에 따라 학교 및 사회교육시설을 설립·경영할 수 있다.	제6조 국가 및 지방자치단체는 이 법 또는 다른 법률의 정하는 바에 의하여 학교 기타의 교육시설을 설치·경영하며, 모든 교육기관을 지도·감독한다. 제82조 (설립자) ① 국가 또는 지방자치단체는 학교를 설립 ·경영한다. ② 법인 또는 사인은 법령이 정하는 바에 따라 학교를 설립·경영할 수 있다.
제12조 (학습자) ① 학생을 포함한 학습자의 기본적 인권은 학교교육 또는 사회교육의 과정에서 존중되고 보호된다. ②교육내용·교육방법·교재 및 교육시설은 항상 학습자의 인격을 존중하고 개성을 중시하여 학습자의 능력을 최대한으로 발휘될수있도록 강구되어야 한다. ③ 학생은 학교의 규칙을 준수하여야 하며, 교원의 교육·연구활동을 방해하거나 학내의 질서를 문란하게 하여서는 아니된다.	제4조 교육의 제도, 시설, 교재와 방법은 항상 인격을 존중하고 개성을 중시하여 교육을 받는 자로 하여금 능력을 최대한으로 발휘할 수 있도록 하여야 한다.
제13조 (보호자) ① 부모 등 보호자는 그 보호하는 자녀 도는 아동이 바른 인성을 가지고 건강하게 성장하도록 교육할 권리와 책임을 가진다. ② 부모 등 보호자는 그 보호하는 자녀 또는 아동의 교육에 관하여 학교에 의견을 제시할 수 있으며, 학교는 이를 존중하여야 한다.	☞ 민법 제913조 (보호, 교양의 권리의무) 친권자는 자를 보호하고 교육할 권리,의무가 있다.
제14조 (교원) ① 학교교육에서 교원의 전문성은 존중되며, 교원의 경제적·사회적 지위는 우대되고 그 신분은 보장된다. ②교원은교육자로서 갖추어야할 품성과 자질을 향상시키기 위하여 노력하여야 한다. ③ 교원은특정정당 또는 정파를 지지하거나 반대하기 위하여 학생을 지도하거나 선동하여서는 아니된다.	제13조 교원의 경제적·사회적 지위는 적정하게 우대되어야 하며 그 신분은 반드시 보장되어야 한다. 제73조 교원이라 함은 각 학교에서 원아, 학생을 직접 지도·교육하는 자를 말한다. 제74조 교원은 항상 사표가 될 품성과 자질의 향상에 힘쓰며, 학문의 연찬과 교육의 원리와 방법을 탐구연마하여 국민교육에 전심전력하여야 한다.

교 육 기 본 법	구교육법 등 관련규정
④ 교원은 법률이 정하는 바에 의하여 다른 공직에 취임할 수 있다. ⑤ 교원의 임용·복무·보수 및 연금 등에 관하여 필요한 사항은 따로 법률로 정한다.	제78조 교원은 어느 정당을 지지하거나 배격하기 위하여 학생을 지도 혹은 선동할 수 없다. 제79조(교원의 종별과 자격)⑥교원의 임용·복무·보수·연금 기타에 관한 사항은 따로 법률로 정한다.
제15조 (교원단체) ① 교원은 상호 협동하여 교육의 진흥과 문화의 창달에 노력하며, 교원의 경제적·사회적 지위를 향상시키기 위하여 각 지방자치단체 및 중앙에 교원단체를 조직할 수 있다. ②제1항의 규정에 의한 교원단체의 조직에 관한 필요한 사항은 대통령령으로 정한다	제80조(교육회)①교원은 상호 협동하여 교육의 진흥과 문화의 창달에 진력하며 경제적 또는 사회적 지위를 향상시키기 위하여 각 지방자치단체 및 중앙에 교육회를 조직할 수 있다. ②제1항의 규정에 의한 교육회의 조직에 관한 기본사항은 대통령령으로 정한다.
제16조(학교등의 설립·경영자)① 학교 및 사회교육시설의 설립·경영자는 법령이 정하는 바에 의하여 교육을 위한 시설·설비·재정 및 교원 등을 확보하고 이를 운용·관리한다. ② 학교의 장 또는 사회교육시설의 설립·경영자는 법령이 정하는 바에 의하여 학습자를 선정·교육하고 학습자의 학습성과 등 교육의 과정을 기록·관리한다. ③ 학교 또는 사회교육시설의 교육내용은 학습자에게 사전에 공개되어야 한다.	☞ 사회교육법 제6조(사회교육의 실시) 누구든지 이 법과 다른 법령이 정하는 바에 의하여 사회교육을 실시할 수 있다.
제17조 (국가 및 지방자치단체) 국가 및 지방자치단체는 학교 및 사회교육시설을 지도·감독한다	제6조 국가 및 지방자치단체는 이 법 또는 다른 법률의 정한 바에 의하여 학교 기타의 교육시설을 설치경영하며, 모든 교육기관을 지도·감독한다
제18조(특수교육) 국가 및 지방자치단체는 신체적·정신적·지적 장애 등으로 인하여 특별한 교육적 배려가 필요한 자를 위한 학교를 설립·경영하여야 하며 이들의 교육을 지원하기 위하여 필요한 시책을 수립·실시하여야 한다.	제143조 (목적) 특수학교는 시청각 장애자 등 심신장애자에게 유치원·초등학교·중학교·고등학교에 준한 교육과 그 실생활에 필요한 지식 및 기능을 가르침을 목적으로 한다. ☞특수교육진흥법 제1조 (목적) 이 법은 특수교육을 필요로 하는 사람에게 국가 및 지방자치단체가 적절하고 고른 교육기회를 제공하고, 교육방법 및 여건을 개선하여 자주적인 생활능력을 기르게 함으로써 그들의 생활안정과 사회참여에 기여함을 목적으로 한다.
제19조 (영재교육) 국가 및 지방자치단체는 학문·예술 또는 체육 등의 분야에서 재능이 특히 뛰어난 자의 교육을 위하여 필요한시책을 수립·실시하여야한다.	없음
제20조 (유아교육) 국가 및 지방자치단체는 유아교육을 진흥하기 위하여 필요한 시책을 수립·실시하여야 한다.	제146조 (목적) 유치원은 유아를 보육하고 적당한 환경을 주어 심신의 발육을 조장하는 것을 목적으로 한다.

교 육 기 본 법	구교육법 등 관련규정
	☞유아교육진흥법 제1조(목적) 이 법은 유아에게 적합한 교육적 환경을 제공하여 심신의 조화로운 발달이 이루어지도록 교육함과 아울러 그 보호자의 다양한 교육요구에 부응함을 목적으로 한다.
제21조(직업교육) 국가 및 지방자치단체는 모든 국민이 학교교육과 사회교육을 통하여 직업에 대한 소양과 능력의 계발을 위한 교육을 받을 수 있도록 하기 위하여 필요한 시책을 수립·실시하여야 한다	☞직업교육훈련촉진법 제1조(목적) 이 법은 직업교육훈련을 촉진하는데 필요한 사항을 정하여 모든 국민에게 소질과 적성에 맞는 다양한 직업교육훈련의 기회를 제공하고 직업교육훈련의 효율성과 질을 높임으로써 국민생활 수준의 향상과 국가경제의 발전에 이바지함을 목적으로 한다.
제22조(과학·기술교육) 국가 및 지방자치단체는 과학·기술교육을 진흥시키기 위하여 필요한 시책을 수립·실시하여야 한다.	☞과학교육진흥법 제1조(목적) 이 법은 국민의 과학지식·기능 및 창의력을 함양하여 과학교육의 진흥을 도모함을 목적으로 한다.
제23조(교육의 정보화) 국가 및 지방자치단체는 정보화교육 및 정보통신매체를 이용한 교육의 지원과 교육정보산업의 육성 등 교육의 정보화에 관하여 필요한 시책을 수립·실시하여야 한다.	없음
제24조 (학술문화의 진흥) 국가 및 지방자치단체는 학술문화를 연구·진흥하기 위하여 학술문화시설 설치 및 연구비 지원 등의 시책을 수립·실시하여야 한다.	제12조 국가와 지방자치단체는 민족적 문화재를 보존 또는 활용하여야 하며, 학술문화의 연구진흥에 관하여 적절한 시설을 설치·경영하여야 한다. 제160조 (연구조성비의 지급 등) ① 국가는 학술의 진흥과 교육의 연구를 조성하기 위하여 실험실습비 또는 연구조성비의 지급 기타 필요한 방책을 강구하여야 한다.
제25조(사학의 육성) 국가 및 지방자치단체는 사립학교을 지원·육성하여야 하며, 살립학교의 다양하고 특성있는 설립목적이 존중되도록 하여야 한다.	☞사립학교법 제1조 (목적) 이 법은 사립학교의 특수성에 비추어 그 자주성을 확보하고 공공성을 앙양함으로써 사립학교의 건전한 발달을 도모함을 목적으로 한다.
제26조(평가 및 인증제도)① 국가는 국민의 학습성과 등이 공정하게 평가되어 사회적으로 통용될 수 있도록 하기 위하여 학력평가 및 능력인증에 관한 제도를 수립·실시할 수 있다.	☞자격기본법 제1조 (목적) 이 법은 산업사회의 발전에 따라 다양한 자격수요에 부응하여 자격제도에 관한 기본적인 사항을 정함으로써 자격제도의 관리·운영을 체계화·효율화하고 자격제도의 공신력을 높여 국민의 직업능력 개발을 촉진하고 사회경제적 지위향상에 이바지함을 목적으로 한다.

교 육 기 본 법	구교육법 등 관련규정
② 제1항의 규정에 의한 평가 및 인증제도는 학교의 교육과정 등 교육제도와 상호연계되어야 한다.	☞학점인정등에관한법률 제1조 (목적) 이 법은 평가인정을 받은 학습과정을 이수한 자 등에게 학점인정을 통하여 학력인정과 학위취득의 기회를 부여함으로써 평생교육의 이념을 구현하고 개인의 자아실현과 국가사회의 발전에 기여함을 목적으로 한다.
제27조(보건 및 복지의 증진) 국가 및 지방자치단체는 학생 및 교직원의 건강 및 복지증진을 위하여 필요한 시책을 수립 · 실시하여야 한다.	제89조 ① 학교는 학생, 원아와 직원의 건강증진을 위하여 신체검사를 하고 적당한 위생과 양호의 시설을 하여야 한다. ② 신체검사, 위생과 양호의 시설에 관한 사항은 교육부령으로써 정한다. ☞과학교육진흥법 제1조 (목적) 이 법은 국민의 과학지식 · 기능 및 창의력을 함양하여 과학교육의 진흥을 도모함을 목적으로 한다.
제28조(장학제도 등) ① 국가 및 지방자치단체는 경제적 이유로 인하여 교육을 받기 곤란한 자를 위한 장학제도 및 학비보조제도 등을 수립 · 실시하여야 한다. ② 국가는 교원양성교육을 받은 자 및 국가가 특히 필요로 하는 분야를 국내 · 외에서 전공하거나 연구하는 자에게 학비 기타 필요한 경비의 전부 또는 일부를 보조할 수 있다. ③ 제1항 및 제2항의 규정에 의한 장학금 및 학비보조금 등의 지급방법 및 절차와 지급 받을 자의 자격 및 의무 등에 관하여 필요한 사항은 대통령령으로 정한다.	제9조 모든 국민에게 그 능력에 따라 수학할 기회를 균등하게 보장하기 위하여 국가와 지방자치단체는 좌의 방책을 실행하여야 한다. 2. 재능이 우수한 학생으로서 학자곤란한 자를 위하여 장학금제도, 학비보조제도를 실시한다. 제99조(친권자에 대한 보조) 학령아동의 친권자 또는 후견인으로서 경제적 이유로 학령아동을 취학시키기에 곤란할 때에는 소속 시 · 군 및 자치구는 교육비를 보조할 수 있다. 제158조 ① 국가와 지방자치단체는 재능이 있는 자로서 경제적 이유로 의무교육이상의 교육을 받기 곤란한 자에 대하여 장학금 또는 기타 적당한 방법으로 그를 원조하여야 한다. ② 제1항에 해당한 학생과 그의 친권자 또는 후견인은 장학금의 신청을 할 수 있다. 제159조 국가가 긴절히 요구하는 학과 또는 기술을 국내 또는 국외에서 전공하는 다음의 학생은 학비의 전부 또는 일부의 보조를 받을 수 있다. 1. 보통의 사범교육을 받는 자 2. 특수교육,기술교육을 하기 위한 사범교육을 받는 자 3. 특수한 학과 또는 기술을 전공하는 자

교육기본법	구교육법 등 관련규정
제29조 (국제교육) ① 국가는 국민이 국제사회의 일원으로서 갖추어야 할 소양과 능력을 기를 수 있도록 국제화 교육에 노력하여야 한다. ② 국가는 외국에 거주하는 동포에게 필요한 학교교육 또는 사회교육을 실시하기 위하여 필요한 시책을 강구하여야 한다. ③ 국가는 학문연구의 진흥을 위하여 국외유학에 관한 시책을 강구하여야 하며, 국외에서의 우리나라에 대한 이해와 우리 문화의 정체성확립을 위한 교육 연구활동을 지원하여야 한다. ④ 국가는 외국정부 및 국제기구 등과의 교육협력에 필요한 시책을 강구하여야 한다.	제162조의2 (재외국민의 교육) ① 국가는 외국에 거주하는 국민에게 필요한 학교교육 또는 사회교육을 실시하기 위하여 적절한 교육시책을 강구하여야 한다. ② 제1항의 재외국민교육시책에 관하여 필요한 사항은 대통령령으로 정한다. 제162조의3 (국제교육) 국가는 국민으로 하여금 국제사회의 일원으로서의 국제적 소양과 역량을 기를 수 있도록 국제화교육에 노력하고, 우리나라에 대한 올바른 이해를 증진시키기 위하여 국외에서의 우리나라에 관한 교육·연구활동의 지원에 관한 시책을 강구하여야 한다.

주: 교육부, 『고등교육법 및 동법시행령』(서울: 선명인쇄주, 1998), pp.305~313

나. 初·中等敎育法

초·중등교육법에서 과거 교육법과 달라진 부분은 다음과 같다.

제7조(장학지도)에는 「교육부장관 및 교육감은 학교에 대하여 교육과정운영 및 교수·학습방법 등에 대한 장학지도를 실시할 수 있다.」고 규정하고 있다. 장학지도는 교육부장관 또는 교육감의 일반적인 지도 감독권의 개념에 포함되는 사항이나 교육행정에 있어서 학교의 교육과정 운영 및 교수학습방법 등에 대한 장학 지도의 중요성과 독자성을 감안하여 이에 관한 근거 규정을 별도로 신설하였다.

제9조(평가)에는 「① 교육부장관은 학교에 재학중인 학생의 학업성취도를 측정하기 위한 평가를 실시할 수 있다. ② 교육부장관은 교육행정의 효율적 수행을 위하여 필요한 경우에는 지방자치단체의 교육·과학·기술·체육 기타 학예에 관한 사무를 관장하는 지방교육행정기관과 학교에 대하여 평가를 실시할 수 있다. ③ 제2항의 규정에 의한 평가의 대상·기준 및 절차와 평가결과의 공개 등에 관하여 필요한 사항은 대통령령으로 정한다. ④ 평가대상기관의 장은 특별한 사유가 있는 경우를 제외하고는 제1항 및 제2항의 규정에 의한 평가에 응하여야 한다.」라고 규정하고 있다.

본 조항은 다양한 형태의 학교 및 교육과정 운영에 따른 학생들의 학업 성취 비교와 학력 수준의 제고 등을 위하여 학생들의 학업 성취도를 평가하도록 규정하였다. 시·도교육청 및 초·중등학교의 교육 운영에 대한 책무성을 강화하여 교육수요자의 적정한 교육을 받을 권리를 보장하고자 지방교육행정기관 및 초·중등학교에 대하여 교육과정 편성

운영의 적절성, 교육방법의 효과성, 행정·재정운영의 효율성 등 학교교육의 질에 영향을 미치는 다양한 요소들에 대한 평가를 실시할 수 있도록 하여 선의의 경쟁을 유도하고자 하였다.

제17조(학생자치활동)에는 「학생의 자치활동은 권장·보호되며, 그 조직 및 운영에 관한 기본적인 사항은 학칙으로 정한다.」고 규정하고 있다. 현실적으로 학교 등에서 이루어지고 있는 학생들의 자치활동을 법적으로 그 권리를 보장하고자 명문화하였다. 이런 학생들의 자치활동이 학교 교육 풍토 및 학생의 교육에 바람직한 영향을 미치는 건전한 활동이 되도록 하기 위하여 그 조직과 운영에 관하여는 학칙으로 정하도록 하였다.

제18조(학생의 징계)에는 「① 학교의 장은 교육상 필요한 때에는 법령 및 학칙이 정하는 바에 의하여 학생을 징계하거나 기타의 방법으로 지도할 수 있다. 다만, 의무교육과정에 있는 학생을 퇴학시킬 수 없다. ② 학교의 장은 학생을 징계하고자 하는 경우 해당 학생 또는 학부모에게 의견진술의 기회를 부여하는 등 적정한 절차를 거쳐야 한다.」고 규정하였다.

학생에 대한 효과적인 생활지도 등 교육상 필요에 따라 학생을 징계할 때에도 학생의 인간적 존엄성이 존중되도록 하기 위하여 학생에게 의견진술의 기회를 부여하는 등 적정한 절차를 거치도록 하였다. 징계 방법에 있어서도 징계 또는 기타의 방법으로 지도하도록 하고, 체벌은 금지하되 교사가 학생지도에서 겪는 어려움을 해결하기 위하여 체벌이 아닌 벌은 학교나 교사의 전문적 판단에 따라 적절하게 행사할 수 있도록 하였다.[123]

제22조(산학겸임교사 등)에는 「① 학교에는 교육과정운영상 필요한 경우에는 제19조

---

123) 헌재 2000.1.27, 99헌마481-기소유예처분취소 : 교사의 체벌이 징계권행사의 범위내 인지에 대한 수사없이 폭행혐의를 인정한 검사의 기소유예처분이 기본권을 침해하였다고 인정한 사례, "초·중등교육법 제20조 제3항, 제18조 제1항, 동법 시행령 제31조 제7항 등의 규정들의 취지에 의하면, 비록 체벌이 교육적으로 효과가 있는지에 관하여는 별론으로 하더라도 교사가 학교장이 정하는 학칙에 따라 불가피한 경우 체벌을 가하는 것이 금지되어 있지는 않다고 보여진다. 그러나, 어떤 경우에 어떤 방법으로 체벌을 가할 수 있는지에 관한 기준은 명확하지 않지만 대법원은 징계행위는 그 방법 및 정도가 교사의 징계권행사의 허용한도를 넘어선 것이라면 정당한 행위로 볼 수 없다라고 판시(대법원 1990.10.30. 90도1465판결)함으로써 그 기준을 일응 제시하고 있다.

따라서, 피청구인으로서는 체벌의 수단과 그 정도 및 피해자의 피해정도를 면밀하게 수사하여 만약 청구인들의 행위가 체벌로서 허용되는 범위 내의 것이라면 형법 제20조 소정의 정당행위에 해당하므로 '죄가 안됨'처분을 하였어야 함에도 수사를 미진하여 일부 인정되는 폭행사실만으로 청구인들의 범죄혐의를 인정하여 각 기소유예처분 하였다면 이는 수사를 다하지 아니함으로써 청구인들의 평등권을 침해하였다고 할 것이다."

제1항의 규정에 의한 교원 외에는 산학겸임교사・명예교사 또는 강사 등을 두어 학생 또는 원아의 교육을 담당하게 할 수 있다. ② 제1항의 규정에 의하여 학교에 두는 산학겸임교사 등의 종류・자격기준 및 임용 등에 관하여 필요한 사항은 대통령령으로 정한다.」고 규정하고 있다. 실업계고교 및 특성화고교 등의 경우에 현장경험이 많은 사람이나 전문지식을 가진 다양한 사람을 교사로 채용하여 산업현장 또는 현실 여건에 적합한 교육을 실시할 수 있도록 하기 위하여 산학겸임교사제를 도입하였으며, 또한 교사의 업무 부담 경감과 학생에게 적정한 교육을 실시하기 위하여 명예교사와 강사를 둘 수 있도록 하였다.

제28조(학습 부진아 등에 대한 교육)에는 「국가 및 지방자치단체는 학습부진 또는 성격 장애 등의 이유로 정상적인 학교생활을 하기 어려운 학생 및 학업을 중단한 학생들을 위하여 대통령령이 정하는 바에 의하여 수업일수 및 교육과정의 신축적 운영 등 교육상 필요한 시책을 강구하여야 한다.」고 규정하고 있다.

초・중등교육법시행령 제54조(학습부진아 등에 대한 교육)는 초・중등교육법 제28조의 내용을 보완하기 위하여 정상적인 학교생활을 하기 어려운 학생 및 학업을 중단한 학생에 대한 판별은 본 시행령 제105조(학교운영의 특례) 제3항 제1호에서 학습부진아동 등에 대한 교육을 실시하는 학교에 대하여 교육부장관이 교육감으로 하여금 자율학교를 지정・운영할 수 있도록 규정하였다.

제31조(학교운영위원회의 설치)에는 「① 학교운영위원회의 자율성을 높이고 지역의 실정과 특성에 맞는 다양한 교육을 창의적으로 실시할 수 있도록 하기 위하여 국・공립의 초등학교・중학교・고등학교 및 특수학교에 학교운영위원회를 구성・운영하여야 한다. ② 사립의 초등학교・중학교 및 특수학교에는 제1항의 규정에 의한 학교운영위원회를 구성・운영할 수 있다.③ 제1항 및 제2항의 규정에 의한 학교운영위원회는 당해 학교의 교원대표・학부모 대표 및 지역사회 인사로 구성한다.」고 규정하였다.

학교운영위원회의 설치에 관하여 규정하고 있는데 이 조문은 지방교육자치에관한법률 제3장 교육감, 제3절 하급교육행정기관 제44조의 2 조항을 지난 1995년 7월 26일에 신설한 것을 초・중등교육법에 옮겨서 규정한 것이다. 제1항에는 국・공립(초・중・고・특수학교)학교의 학교운영위원회의 구성・운영에 대하여 규정으로서 반드시 설치하고 운영하여야 한다는 기속규정이다. 반면 제2항에서 사립학교 학교운영위원회의 설치에 관해서 「… 학교운영위원회를 구성・운영할 수 있다」라고 규정함으로써 학교운영위원회를 설치할 수도 있고 설치하지 않을 수 있는 임의 규정이어서 문제점이 많이 노출되었다. 사립학교 학교재단을 견제하기 위해서는 더욱더 필요한 것인 학교운영위원회인데 이를 방관시하고 있다는 여론이 계속 표출되었다. 이런 여론에 부응하여 1999년 8월 31일 법률 제6,007호로 사립학교에도 공립과 마찬가지로 학교운영위원회를 의무적으로 설치하도록 하고, 학교운영위원회 심의사항에 대입 대학입학 특별전형중 학교장 추천에 관한 사항과 학교 운동부 구성·운영에 관한 사항을 추가하였다. 제3항은 학교운영위원회의 구성에 관하여 규정하고 있다.

제33조(學校發展基金)에는 「① 제31조의 규정에 의한 학교운영위원회는 학교발전기금을 조성할 수 있다. ② 제1항의 규정에 의한 학교발전기금의 조성 및 운영방법 등에 관하여 필요한 사항은 대통령령으로 정한다.」고 규정하고 있다.

재정이 뒷받침된 단위 학교의 자치 활성화 및 교육여건의 개선 등을 위하여 단일연도 회계원칙의 적용이 배제되는 학교발전기금을 학교운영위원회를 통해 조성할 수 있도록 하여 장기적인 재원의 소요가 필요한 교육사업 등을 지원할 수 있도록 하였다. 그 동안 금품 모금을 둘러싸고 나왔던 잡음과 학교·학부모간의 갈등 등 부작용도 적지 않았지만 앞으로 이러한 문제는 학교운영위원회를 주체로 한 기금 조성의 투명성 보장을 통하여 해결되어 질 것으로 예상하고 있다.

제37조(무상교육)에는 「① 초등학교 취학직전 1년의 유치원 교육은 무상으로 하되, 대통령령이 정하는 바에 의하여 순차적으로 실시한다. ② 국가 및 지방자치단체는 제1항의 규정에 의한 유치원 교육을 받고자 하는 유아를 취학시키기 위하여 필요한 유치원을 설립·경영하여야 한다.」고 규정하고 있다.

초등학교 취학 직전 1년의 유치원교육은 무상으로 하되 대통령령이 정하는 바에 의하여 순차적으로 실시하도록 하였다. 이는 제4차 교육개혁에 의하여 초등학교 취학직전 아동에 대한 유치원교육의 중요성과 보편화를 감안하여 경제 사정으로 유치원교육을 정상적으로 받기 어려운 유아에게 교육기회를 확대하기 위한 것이다. 그러나, 이 제도는 국가의 재정 형편을 고려하여 순차적으로 실시할 계획임을 밝히고 있다.

제49조(과정)에는 「① 고등학교에 관할청의 인가를 받아 과정 외에 시간제 또는 통신제의 과정을 둘 수 있다. ② 고등학교과정의 설치에 관하여 필요한 사항은 대통령령으로 정한다.」고 규정하였다. 고등학교 이하의 교육은 대학교육과 달리 보통교육으로서 전일제 교육을 원칙으로 하는 것이 바람직하나, 여러 가지 여건상 전일제 수업을 받을 수 없는 산업체근로청소년들을 위한 다양한 형태의 교육방법을 마련하고자 고등학교에 시간제 또는 통신제의 과정을 둘 수 있도록 하되 이러한 과정의 수업연한은 4년으로 하였다.

제58조 및 제59조(특수교육)에는 「특수학교 또는 특수학급에서 초등학교·중학교 또는 고등학교과정에 상응하는 교육과정을 이수한 자는 그에 상응하는 학교를 졸업한 자와

동등한 학력이 있는 것으로 본다」, 「국가 및 지방자치단체는 특수교육을 필요로 하는
자가 유치원·초등학교·중학교 및 고등학교와 이에 준하는 각종학교에서 교육을 받고
자 하는 경우에는 별도의 입학절차, 교육과정 등을 마련하는 등 통합교육의 실시에 필요
한 시책을 강구하여야 한다」고 규정하고 있다.

특수교육 이수자에 대하여 그에 상응하는 학력을 인정하였으며, 또한 특수교육을 필요
로 하는 학생을 일반 학생들과 격리시켜 교육시키는 것이 교육적으로 바람직하지 않고
특수교육 대상자가 일반 학생들과 함께 교육받기를 원할 경우에는 일반 학교에 특수교육
대상자를 교육하기 위한 각종 시설·설비 등 필요한 시책을 강구해야 할 의무를 국가
및 지방자치단체에 부과하였다.

제61조(학교 및 교육과정 운영의 특례)에는 「① 학교교육제도를 포함한 교육제도의
개선과 발전을 위하여 특히 필요하다고 인정되는 경우에는 대통령령이 정하는 바에 의하
여 제21조 제1항·제26조 제1항·제29조 제1항·제31조·39조·제42조 및 제 46조의
규정을 한시적으로 적용되지 아니하는 학교 또는 교육과정을 운영할 수 있다. ② 제1항의
규정에 의하여 운영되는 학교 또는 교육과정에 참여하는 교원 및 학생 등은 이로 인하여
불이익을 받지 아니한다」고 규정하였다.

학교교육제도를 포함한 교육제도의 개선과 발전을 위하여 특히 필요하다고 인정되는
경우에는 새로운 제도 도입을 위한 전 단계로서 교원의 자격, 수업, 학년제, 교과용도서의
사용, 학교운영위원회 설치·운영, 초·중·고등학교의 수업연한 등의 교육관계법령 규정
을 한시적으로 적용하지 아니하는 학교 또는 교육과정을 운영할 수 있도록 하였다. 기타
기술학교·방송통신중학교·공민학교·성인반은 현실적으로 운영되고 있지 아니할 뿐만
아니라 시대적인 여건 변화에 따라 더 이상 존치 시킬 필요가 없으므로 삭제하였다.

다. 高等敎育法

고등교육법중 구교육법과 비교하여 달라진 부분은 다음과 같다.

제2조(학교의 종류)에는 「고등교육을 실시하기 위하여 다음 각 호의 학교를 둔다.

1. 대학 2. 산업대학 3. 교육대학 4. 전문대학 5. 방송대학·통신대학 및 방송통신대학(이
하 "방송·통신대학"이라 한다) 6. 기술대학 7. 각종학교」고 규정하고 있다. 학교의 종류
중 사범대학은 현재 종합대학 내의 단과대학으로 운영되고 있으며, 조직 및 학사 운영에
있어 다른 단과대학과 구별할 필요성이 없으므로 이를 삭제하여 일반 대학의 범주에
포함하였다.

그리고 개방대학은 그 설립 목적과 특성 및 현실적인 통용성을 감안하여 이를 산업대학

으로 명칭을 변경하였으며, 방송통신대학은 첨단 정보화 시대에 걸맞게 그 수업 방식의 비중에 따라 방송대학, 통신대학 또는 방송통신대학으로 운영될 수 있도록 하였다. 학교 간의 배열순서를 변경하였는데 산업대학을 교육대학보다 앞에 규정하고 전문대학을 방송통신대학 앞에 규정하여 산업대학 및 전문대학의 위상을 높였다.

제14조-17조(교원의 종류 및 자격기준 등)에는 고등교육의 특성상 다양한 종류의 교원을 교육 운영상 필요에 따라 활용할 수 있도록 하고 교원 운영의 탄력화와 효율화를 기하기 위하여 교원의 종류 및 자격요건 등을 대통령령에 위임하도록 하였으며, 조교는 직무의 성격이 전임강사 이상의 교원과 다르며, 학생들의 교육활동에 관여하는 정도가 낮으므로 교원의 종류에서 제외하였다.

제18조(학교의 명칭)에는 「① 학교의 명칭은 국립학교의 경우에는 대통령령으로 정하고, 공립학교의 경우에는 당해 지방자치 단체의 조례로 정하며, 사립학교의 경우에는 학교 법인의 정관으로 정한다. ② 제1항의 규정에 의하여 명칭을 정함에 있어 당해 학교 설립목적의 특성을 나타내기 위하여 대통령령이 정하는 범위 안에서 제2조의 규정에 의한 학교의 종류와 다르게 사용할 수 있다.」고 규정하고 있다.

산업대학과 전문대학이 학교명칭을 사용함에 있어서 당해 학교의 특성을 반영하여 교명을 학교의 종류와 다르게 사용할 수 있도록 하였다. 앞으로 대학의 성격은 대학헌장, 학칙 등에 명시하고 교육 정보망에 등재하여 교육수요자의 혼란을 예방할 수 있도록 하였다. 그러나, 학교의 명칭 자체에 성격이 드러나지 않음으로 인하여 4년제 대학인지 2년제 전문대학인지, 어떠한 성격의 대학인지 교육수요자의 혼란을 피할 수 없다.

제22조(수업 등)에는 「① 학교의 수업은 학칙이 정하는 바에 의하여 주간수업·야간수업·방송·통신에 의한 수업 및 현장실습수업 등의 방법에 의하여 할 수 있다. ② 학교는 학생의 현장적응력을 높이기 위하여 필요한 경우 학칙이 정하는 바에 의하여 실습학기제를 운영할 수 있다.」고 규정하고 있다. 학생 수업에 있어서 강의실을 탈피한 체험적 수업과 나아가 산학연계를 통한 산업체의 현장 적응력을 높이기 위하여 현장실습수업과 실습학기제를 도입하였다.

제23, 24조(학점 인정 및 분교)에는 「학교는 국내·외의 다른 학교에서 취득한 학점을 대통령령이 정하는 범위 안에서 학칙이 정하는 바에 의하여 이를 당해 학교에서 취득한 학점으로 인정할 수 있다.」와 「학교의 설립·경영자는 대통령령이 정하는 바에 의하여 교육부 장관의 인가를 받아 국내·외에 분교를 설치할 수 있다.」고 규정하고 있다.

학생들의 다양한 교육 수용에 부응하고 학교간의 학문 교류를 위하여 학점 인정의 범위를 국내대학뿐만 아니라 외국대학까지 확대하였다. 해외에도 분교를 설치할 수 있도록 하여 외국과의 학문 교류와 재외 동포의 교육의 기회를 확대하도록 하였다. 이는 개방화와 국제화에 부응한 적절한 규정이라고 보인다.

제49조(전공심화과정)에는 「전문대학에 전문대학을 졸업한 자의 계속 교육을 위하여 대통령령이 정하는 바에 의하여 전공심화과정을 설치·운영할 수 있다.」고 규정하였다. 전문대학에 전문대학을 졸업한 자의 계속교육을 위하여 대통령령이 정하는 바에 의하여 전공심화과정을 설치·운영할 수 있도록 하였다. 이는 전문대학 졸업생의 계속 교육기회가 제한되고 있어 전문대학을 졸업한 직업 기술인력의 사기저하요인이 되고 있음을 고려하여 전문대학의 단기 교육과정을 심화·보충할 수 있도록 하려는 것이다.

제59조(각종학교)에는 「① 각종학교라 함은 제2조 제1호 내지 제6호의 1의 학교와 유사한 교육기관을 말한다. ② 각종학교는 제2조 제1호 내지 제6호의 학교와 유사한 명칭을 사용할 수 없다. ③ 교육부 장관은 국립 각종학교의 설립·운영에 관한 권한을 대통령령이 정하는 바에 의하여 관계 중앙행정기관의 장에게 위탁할 수 있다. ④ 제35조 제1항·5항·6항 및 제51조의 규정은 대학 및 전문대학에 준 하는 각종 학교 중 상급 학위과정에의 입학학력이 인정되는 학교로 교육부 장관의 지정을 받은 각종학교의 경우에 이를 준용한다.」고 규정하고 있다.

각종 학교 중 교육부장관의 학력 인정을 받은 학교는 그 설립기준과 교육운영은 동일하나 학사운영에 있어서만 특수성을 인정받고 있다. 따라서, 이런 학교졸업자에 대하여는 상급학교 입학자격이 인정되는 등 동일한 자격이 인정되고 있으므로 해당 학사학위 또는 전문학사 학위를 수여하도록 하여 각종 학교교육의 내실화를 도모하도록 하였다.

4. 初·中等教育法·高等教育法施行令의 主要 內容

가. 初·中等教育法 施行令
⑴ 制定理由
학생·학부모 등 교육수요자의 교육에 관한 권리가 보장될 수 있는 제도적 기반을 마련하기 위하여 초·중등교육법이 제정(1997. 12. 13. 법률 제5438호)됨에 따라 동법에서 위임된 사항과 그 시행에 관하여 필요한 사항을 정하려는 것이다.

⑵ 主要 內容
㈎ 評價(제11~13조)

교육부장관이 실시하는 평가의 종류는 학생의 학업성취도 평가, 지방교육 행정기관 평가, 학교평가 등이다. 평가기준은 지방교육행정기관 평가의 경우 경영진단, 수요자 만족도 등이며 학교평가는 수업의 질, 학생 및 학부모 만족도 등이다. 평가절차 및 방법은 매년도 평가의 기본계획을 수립·공표하며 매년도마다 평가위원회를 구성·운영한다. 평가방식은 서면평가. 현장평가, 종합평가를 거쳐 발표한다. 평가에 관한 사항을 교육부장관의 권한으로 규정한 것은 교육의 중앙집권화를 강화하는 것으로 전문화와 분권화의 취지에서 전문적인 평가기관에 위임되어야 할 것이다. 그러나, 평가대비를 위한 교직원의 업무부담이 가중되고 있다는 비판이 제기되고 있다.

(나) 中學義務敎育(제23조)

별도의 규정으로 되어 있는 「중학교 의무교육 실시에 관한 규정(1985. 2. 21. 대통령령 제11,626호)」을 폐지하고, 동법시행령에 통합 규정하였다. 제1항 1호에 행정구역상 읍·면지역에 소재하는 초등학교를 학구로 하는 지역에 거주하는 중학교 학령대상자, 제2호는 행정구역상 읍·면지역이 아닌 지역 중 특별한 규정에 의해 도서·벽지지역에 소재하는 초등학교를 학구로 하는 지역에 거주하는 중학교 학령대상자, 제3호는 특수교육진흥법 제10조(특수교육대상자의 선정)의 규정에 의한 특수교육대상자중 중학교과정 교육대상자로 규정하고 있다. 교육재정의 확보를 통하여 전 지역에서의 중학교 의무교육이 이루어져야 할 것이다. 현 경제적 어려움으로 인하여 당장 실현되기는 어려우나 빠른 시일 내에 전국적인 확대 실시가 되어야 하겠다.

(다) 就學義務猶豫·免除決定 및 別途 學籍管理(제28 - 29조)

취학의무유예 또는 면제권한을 학교장에 부여한다. 학교장이 의무교육대상자의 보호자의 신청을 받아 결정함으로써 행정절차 간소화 및 단위학교 자율성을 확대한다. 다만 보호자의 장기행방불명 등 부득이한 사유로 이를 신청할 수 없을 경우 학교장이 직권으로 취학의무를 유예 또는 면제할 수 있도록 하고 있다. 학교의 장이 취학의무의 면제결정을 할 경우에는 교육감이 정하는 질병 기타 부득이한 사유가 있는 경우에 한하여 행할 수 있다(동 시행령 제28조 제3항) 고 규정함으로써 취학의무의 유예보다는 재량권을 제한하고 있다. 학교의 장이 취학의무의 면제나 유예결정을 한 경우에는 초등학교는 보호자와 읍·면·동의 장에게, 중학교의 경우에는 보호자와 교육장에게 그 내용을 통보하도록 하고 있다. 의무교육 대상 학생은 징계를 통한 퇴학이 불가능하므로 정당한 사유 없이 3월 이상 장기결석자와 유예자중 입학 후 유예된 자는 학칙이 정한 바에 의해 정원 외로 학적을 관리할 수 있도록 하고 있다.

㈜ 産學兼任敎師 등(제42조)

산학겸임교사는 단위학교에서 학교장이나 사립학교 경영자가 임용하되 교장이나 교사 초빙제에 준해 학교운영위원회 심의를 거친다. 자격기준은 필요한 최소한으로 규정해 다양성과 신축성을 도모한다. 신분은 1년 단위, 3년 범위 안에서 연장 가능한 기간제 계약으로 임용한다. 보수는 예산 범위 안에서 수당 등으로 지급한다. 정원 외로 관리하되 특성화 중·고나 고등기술학교는 정규교원 정원의 3분의 1까지 대체 가능하다.

㈜ 學生懲戒(제31조)

체벌금지를 입법취지로 하는 「기타의 방법」의 구체적 내용으로 「교육상 불가피한 경우를 제외하고 학생에게 신체적 고통을 주지 않는 훈육이나 훈계 등의 방법」으로 규정하였다. 이 조항은 주요 쟁점의 하나였다. 당초 입법 예고안은 제31조 제7항에서 「'기타의 방법으로 지도'라 함은 학생에게 신체적 고통을 주지 않는 훈육, 훈계 등 교육적인 지도를 말한다」고 하여 체벌불가 방침을 못박았다. 이에 대하여 교총은 「불가피한 경우를 제외하고는」 문구를 삽입하자는 의견을 제시했고, 교육부는 이를 반영, 동법 시행령 제31조 제7항에 「학교의 장은 초·중등교육법 제18조 제1항 본문의 규정에 의한 지도를 하는 때에는 교육상 불가피한 경우를 제외하고는 학생에게 신체적 고통을 가하지 아니하는 훈육·훈계 등의 방법으로 행하여야 한다」고 명시함으로써 교육목적상 불가피한 경우에는 체벌을 할 수 있도록 하였다.

㈜ 學級數 및 學級當 學生數(제51조)

학생수용계획 수립 및 집행권이 교육감 권한으로 이양되었다. 따라서, 학급규모 결정도 시·도 차원에서 교육감이 지역여건에 맞게 자율적이고 탄력적으로 이루어질 수 있도록 하였다.

㈜ 學生收容計劃 樹立(제52조)

신설학교의 개교 지연을 막기 위해 학생 수용계획의 제출시한을 개정 전 초등학교는 당해 학년도 개시 11월 전까지, 중·고등학교 학생수용계획은 당해 학년도 개시 23월 전까지에서 초·중·고등학교 모두 당해 학년도 개시 30월 전까지로 변경하였다.

구교육법시행령 제53조 제3항에 「교육부장관은 제2항에 의해 제출된 학생수용계획을 학생수용 전망 등을 참작하여 필요한 경우 당해 교육장의 의견을 들어 조정할 수 있다」라고 규정하여 교육부장관의 학생 수용 계획의 조정권이 부여되었으나, 현행 동법 시행령에는 교육감이 학생수용계획의 변경이 필요할 경우에는 당해 계획을 변경하고 그 내용을 단지 교육부장관에게 보고만 하면 되므로 교육감의 권한이 강화되었고, 시·도교육청 자치 및 자율권을 확대하기 위해 교육부장관의 학생 수용 계획의 조정권을 삭제하였다.

(아) 學校運營委員會 設置 運營(제58조～63조)

학교장이 학교운영위원회 심의 결과와 다르게 시행코자 하는 경우 학교운영위원회와 관할청에 서면으로 보고한다. 관할청은 학교장이 정당한 사유 없이 학교운영위원회의 심의를 거치지 않거나 심의결과를 이행치 않을 때 시정을 명할 수 있다

학생수 60명 미만인 소규모 학교의 운영위원 정수 및 위원 구성 비율은 조례에서 정한다. 학교운영위원회 관련 쟁점사항은 동법시행령 제59조 제1항의 학교운영위원회의 당연직 위원에 관한 사항이었다. 당초 입법 예고안은 「학교운영위원회 당연직 교원위원은 교장·교감 중 1인이 되도록 했었으나, 동법 시행령 제59조 제1항은 이 안을 수정하여 「국·공립학교의 장은 당연직 교원위원이 된다」고 명시하여 종전으로 회귀했다. 교총은 입법예고안에 대해 「교감이 당연직 교원위원이 되고 교장이 제외될 경우 교무업무 추진에 혼란이 초래될 가능성이 높다」고 지적하고 「교장과 교감이 모두 당연직 교원위원이 되어야 한다」는 의견을 제시했었다.[124]

하지만, 교장과 교감이 모두 당연직 위원이 되어야 한다는 생각은 업무의 효율성만을 강조한 나머지 평교원의 학교 운영에 대한 참여를 확대한다는 학교운영위원회의 근본 취지를 소홀히 하기 때문에 결국 학교운영위원회의 당연직 교원위원은 교장만으로 규정하게 되었다.

(자) 學校發展基金 造成 및 運用(제64조)

학교발전기금 조성 및 운용에 관한 사항을 학부모에게 통지하도록 하여 공개하도록 한다. 학교운영위원회는 발전기금 관리 및 집행 등을 학교장에게 위탁한 경우 위탁받은 학교의 장은 발전기금을 별도회계를 통하여 관리하고 매 분기마다 발전기금의 집행계획과 집행내역을 서면으로 보고하여야 하며 학교운영위원회는 집행상황과 집행내역을 감사할 수 있다. 또 학교운영위원회는 학교의 회계연도 종료 후 20일 이내에 결산을 완료하

---

124) 한국교육신문사, "초·중등, 고등교육법시행령 주요 내용", 한국교육신문 1998. 3. 1.

여 그 결과를 관할청에 보고하고, 학부모에게 통지하도록 학교발전기금의 사용내역을 공개하여 부조리의 근원을 원칙적으로 제거하고자 하였다. 기존의 모든 후원금은 학교발전기금에 통합하고 그 외 찬조금 수수 등은 일체 없도록 하였다.

㈃ 就學 前 1년 幼稚園 無償敎育(제65조)

매 학년도 시작일 전일 현재 만5세에 달한 아동을 대상으로 예산의 범위 안에서 읍·면 및 도서·벽지 지역 거주자 자녀 및 시 이상 지역에 거주하는 생활보호법상의 보호대상자 자녀부터 우선 실시한다. 조기교육의 중요성이 강조되고 있어 조속히 전국의 만5세의 아동이 모두 유치원 무상교육을 받을 수 있도록 하여야 하겠다. 물론 이 문제도 교육재정이 가장 큰 걸림돌이 되고 있음은 물론이다. 무상교육비 지원방법 등 세부적인 시행 관련 사항은 교육부령으로 정한다.

㈄ 學校級이 同一한 學校間 轉·編入學 許容(제73~74조)

학생의 진로수정 기회 및 학교 선택기회 확대를 위해 일반 중학교와 특성화 중학 및 학력인정 각종 학교간 일반고교·실업고교·특성화고교 및 학력인정 각종학교간 전학 및 편·입학을 원칙적으로 허용한다.

㈅ 學校 및 敎育課程運營 特例(제105조)

교육제도의 개선 및 발전을 위해 특히 필요하다고 인정되는 경우, 초·중등교육법의 일부 조항을 제한적으로 적용 받지 않는 학교나 교육과정에 대한 특례에 관한 규정이다. 대상학교와 교육과정의 선정 및 운영은 교육부장관이나 교육감이 주체가 되고, 특례학교 대상은 학습부진아 등에 대한 교육, 개별학생의 적성·능력을 고려한 열린 교육 또는 수준별 교육과정을 운영하는 학교, 특성화 중·고등학교 등이며, 학교신청(학교장)→교육감추천→교육부장관 지정의 절차에 따른다. 적용 시한은 3년 이내로 하나 교육부장관이 정하는 바에 따라 연장이 가능하도록 하였다.

나. 高等敎育法施行令
(1) 制定理由

대학자율화방안 등 대학교육개혁방안의 제도적 기반을 마련하기 위하여 고등교육법이 제정(1997. 12. 13, 법률 제5439호)됨에 따라 동법에서 위임된 사항과 그 시행에 관하여 필요한 사항을 정하려는 것이다.

(2) 主要 內容

㈎ 學則(제4조)

학교의 규칙인 학칙의 구성요건을 명시하고 있으며(동시행령 제4조 제1항), 보고된 학칙 중 법령 위반이 있는 경우 교육부장관이 시정을 요구할 수 있다. 학칙의 개정질차는 개정안의 사전공고, 심의 및 공포절차를 의무화했다.

㈏ 敎職員(제5조~7조)

교원의 자격은 대통령령으로 따로 규정한다. 겸임교원은 교원 자격기준 해당자로서 관련 분야의 전문지식이 있는 자로, 명예교수는 교육 또는 학술상 업적이 현저한 자로서 교육부령이 정하는 자, 시간강사는 교육과정 운영상 필요한 자, 초빙교원은 교원자격 기준 해당자 등으로 규정한다.

㈐ 學校(제8조~15조)

학교조직은 학교의 설립목적에 부합하고 학생의 교육받을 권리를 존중하며, 교원의 교육 및 연구를 도모함을 목적으로 한다. 대학교원은 학과나 학부에 소속하는 것을 원칙으로 한다. 학점당 이수시간은 매 학기 15시간이며 학점 인정은 국내·외 다른 학교에서 취득한 학점은 졸업에 필요한 학점의 4분의 1범위(방송통신대는 3분의 1)안에서 인정 가능하다. 학교명칭은 대학, 산업대학, 교육대학, 방송통신대학, 전문대학, 기술대학으로 하며 명칭사용에 필요한 사항은 장관이 정한다. 수업일수 감축은 학교의 장이 교육부장관 승인을 받아 가능하다. 휴업일은 교육과정운영에 지장을 주지 않는 범위 안에서 학칙으로 규정하였다. 그러나, 수료 및 졸업인정, 인정증서 수여, 학교시설 이용, 입학 등의 시기 등은 삭제되었다.

㈑ 大學(제19조~43조)

학생 모집단위는 복수학과 또는 학부별로 모집하되 대학의 장이 의·약학계 등 학문특성이나 운영상 필요한 경우 학과별 모집이 가능하다. 최소전공인정학점제를 도입해 학생이 그 이상의 전공을 이수할 수 있도록 학칙으로 전공인정을 위한 최소학점을 정할 수 있도록 했다. 석·박사의 종류를 종래에는 대통령령이나 학칙으로 정하던 것을 교육부령으로 정하도록 하였다. 교육대학(54조~71조)은 교육과 설치를 교육부장관이 정하도록 하였으며 또 임시교원 양성기관의 설치가 가능하며 학생, 교육실습 조항을 삭제하였다.

Ⅳ. 新敎育法의 問題點과 代案

1. 敎育基本法上의 問題點과 代案

교육기본법의 문제점은 제정과정과 내용상의 문제점으로 나누어 살펴보기로 한다. 우선 동법의 제정과정상의 문제점부터 검토하여 보면, 동법을 제정하는데 있어서 과연 교육관계자들의 충분한 의사를 반영하였는가의 유무이다. 그간 교총의 모임이나 학자들의 논문을 통하여 교육법의 개정에 대한 의견이 표출되어 있지만, 그러한 의견들을 공청회 등을 통하여 검증하는데는 인색하였다. 그 결과 특수집단이나 특수학자들의 의견만이 반영된 법률제정이 되었다는 비판을 받게 되는 것이다.

각계 각층의 의견이 두루 반영되지 못한 결과 내용상에도 문제점이 나타나고 있다. 또 교육기본법은 교육법체계의 정립을 위한 기본법으로서 실효적인 법률이어야 한다. 정부의 제안이유에서도 밝힌 바와 같이 "교육기본법은 모든 교육의 기본법으로서 교육에 관한 국민의 권리·의무 및 국가와 지방자치단체의 책임을 정하고 교육제도와 그 운영에 관한 기본적 사항을 규정하여 국민의 교육받을 권리를 적극적으로 실현하기 위한 법적 기반을 마련하려는" 의도 하에서 제정된 법률이다.

그럼에도 불구하고, 교육기본법 전체에 지나치게 강령적인 규정이 너무 많이 들어 있다. 사실 교육기본법이 강령적인 규정 중심의 체계를 갖는다면 그것은 자칫 국민 교육선언 이상의 의미를 갖지 못할 우려가 있다.[125]

지금까지 표출된 의견을 보면, 제4조 '교육의 기회균등', 제5조 '교육의 전문성', 제7조 '교육재정', 제8조 '의무교육', 제13조 '보호자', 제14조 '교원' 등에 대한 규정들을 문제삼고 있다. 이들 조항이 주로 교육당사자에 관계된 것들인데, 각 분야의 교육당사자가 모두 문제점을 제기하고 있다는 점을 볼 때 각계의 의견 반영이 잘 이루어지지 않았다는 결론에 귀결된다. 이를 좀더 구체적으로 지적하면 다음과 같다.

---

[125] 성낙인, 앞의 논문, p.13.

가. 弘益人間과 教育理念

제2조의 교육이념은 구교육법 제1조의 홍익인간의 이념을 그대로 이어 받고 있다. 그러나, 홍익인간의 개념이 너무나 광범위하고 추상적이어서 그간 논란이 되어 왔던 사항이다. 홍익인간이란 개념은 철학적・합리적으로 체계화되어 있지 못하며 법률상의 개념도 아니다. 교육의 이념이 추상적인 면이 있는 것은 어찌할 수 없다고 하더라도 교육법이 실정법인 이상 좀 더 현실감이 있는 용어로 바뀌는 것이 바람직할 것으로 생각된다. 예를 들면 인간성이나 사회성의 의미를 함축하는 '문화창달'과 같은 용어로 바꿀 필요가 있다고 본다.[126]

나. 教育의 機會均等

제4조(교육의 기회균등)에는 「모든 국민은 성별, 종교, 신념, 사회적 신분, 경제적 지위 또는 신체적 조건 등…」라고 규정하고 있다. 그러나, 본 규정은 헌법 제11조 제1항 「모든 국민은 평등하다. 누구든지 성별・종교 또는 사회적 신분에…」의 규정과 다르다. 상위법인 헌법에는 '성별, 종교, 사회적 신분'에 의하여 차별 받지 않는다고 규정하고 있는데 반하여 교육기본법 제4조에는 '성별, 종교, 신념, 경제적 지위, 신체적 조건'이라 규정하고 있어 헌법보다 더 구체적으로 명시하고는 있으나 '신념'이나 '경제적 지위', '신체적 조건'이 구체적으로 무엇인지에 대해서 논란의 여지가 있다.

다. 지나친 宣言的 體系의 强調

교육기본법은 교육법체계의 정립을 위한 기본법으로서 실효성이 있는 법률이어야 한다. 국민의 교육받을 권리를 적극적으로 실현하기 위해서 교육기본법을 제정했다고 하였으나, 교육기본법에서는 기본법에서 규정하여야할 중요한 내용을 다른 법률 규정에 맡김으로써 기본법으로서의 실효성을 감퇴시키고 있는 것은 유감이다. 더구나 법안 전체에 지나치게 강령적인 규정이 너무 많이 들어 있다. 사실 교육기본법이 강령적인 규정 중심의 체계를 갖는다면 그것은 자칫 국민 교육선언 이상의 의미를 갖지 못할 우려가 있다. 교육기본법이 그야말로 교육에 관한 기본법이 되기 위해서는 교육에 관한 기본적인 내용은 초・중등교육법이나 고등교육법 등 다른 교육관련법률에 맡길 것이 아니라 가급적 교육기본법에 직접 규정함이 타당할 것이다.[127]

---

126) 김범주, "교육법 개정의 논리", 『'97 중등자격연수교재』, 충청남도교원연수원, 1997, p.234.
127) 同旨; 성낙인, 앞의 논문, p.13

라. 敎育의 自主性 등

제5조 '교육의 자주성 등'에서 교육의 자주성과 전문성을 한데 묶어서 규정하고 있으며 제6조는 '교육의 중립성'에 관하여 규정하고 있다. 헌법 제34조 제4항은 「교육의 자주성, 전문성, 정치적 중립성 및 대학의 자율성은 법률이 정하는바에 의하여 보장된다」라고 규정하고 있음에 비추어 "교육의 전문성"을 자주성과 별도로 규정할 필요가 있다.[128] 특히, 교원이라는 측면에서 전문성이 강조되어야 함에도 불구하고 교육의 자주성 등에 덧붙여 전문성을 첨부한 것은 바람직하지 않다. 특히 최근의 교원정년 단축과 관련하여 정년 단축의 반대이유 중의 하나가 다른 직업과는 달리 교직은 전문직이며, 특히 학생지도의 경험이나 교육이 자주성과 같은 맥락에서 다루어진 것은 잘못된 것이다.

마. 敎育의 中立性

교육기본법 제6조 제2항에는 교육의 중립성을 규정하면서 종교 교육에 관하여 국가 및 지방자치단체가 설립한 학교에서는 특정한 종교를 위한 종교 교육을 하여서는 안 된다고 규정하고 있다. 그런데 현행 입학제도에서는 학생과 학부모가 학교를 선택할 수 없고 학교가 학생 선발을 자유롭게 하는 것이 아니라 중학교는 지역별, 학군별로 추첨에 의해 학교를 배정하고 고등학교는 지역에 따라 다르나 평준화 지역은 연합고사에 의한 추첨 배정제이다. 그러므로 학생들은 자기나 부모의 종교와 신앙을 위해 학교를 선택할 수 없다.[129]

현재의 입학제도에서, 그리고 사립학교에도 국고지원을 하고 있는 상황에서 사립학교에서도 특정한 종교교육을 원하는 학생에게만 제공하도록 하여야할 것이다. 종교교육을 원하지 않는 학생에는 참여가 강조되어서는 안 되며 종교교육시간에 대체 프로그램을 선택하게 하거나 자유시간을 갖도록 해야 할 것이다. 따라서 국·공립학교의 종교교육 금지 규정과 아울러 학생을 배정 받는 사립학교에서도 특정한 종교교육을 학생에게 강요할 수 없고 종교교육을 실시할 경우 비종교 학생을 위한 교육활동을 할 것을 법률로 규정해야 할 것이다.

바. 敎育財政

제7조의 '교육재정'에서 프로그램적 선언만을 하고 있는데, 보다 구체적인 선언이 필요하다. 교육재정의 기본 틀을 법정화하여야 하는 것은 교육계획의 수립과도 직결되는 것이

---

128) 同旨; 위의 논문, p.14.

129) 강인수, "교육기본법 및 초·중등교육법의 내용과 과제", 『교육진흥』 봄호, 1998, pp.65～66.

다. 그러나, 과거와 마찬가지로 「…교육재정을 안정적으로 확보하기 위하여 필요한 시책을 수립·실시하여야 한다」라고 규정하고 있어 단순히 프로그램적 선언만을 하고 있다. 안정적으로 확보하기 위한 구체적인 명시가 되어야 하고, 제7조 제2항의 구체적인 내용을 법률에 위임하고 있는데, 결국 교육은 교육재정이 뒷받침되지 않으면 이루어지기 어려운 점을 감안한다면 직접 교육기본법에서 언급이 되어야 한다.[130]

사. 義務敎育의 法律化

제8조 제1항에 「의무교육은 6년의 초등교육 및 3년의 중등교육으로 한다. 다만 3년의 중등교육에 대한 의무교육은 국가의 재정 여건을 고려하여 대통령령이 정하는 바에 의하여 순차적으로 실시한다」고 규정하고 있다. 현실적으로 볼 때, 현행 교육기본법은 조기교육의 중요성을 인정하여 제3장 교육의 진흥에서 구교육법에는 없는 유아교육의 진흥에 대한 규정을 두고 있다. 유아교육은 교육수요자의 입장에서 볼 때 지나치게 교육비가 많이 드는 문제[131]가 있다.

따라서, 유아교육도 초등학교·중학교와 마찬가지로 의무교육화를 선언하여 조기교육에서부터 국가의 뒷받침이 반드시 필요한 것으로 본다.[132] 또한 재정여건을 고려하여 대통령령이 정하는 바에 의하여 순차적으로 실시한다는 규정(초·중등교육법 제37조 제1항)에 대하여는 논란의 여지가 많다. 비록 헌법재판소가 유사한 사례에서 헌법 적합성을 일단 인정하였지만[133] 반대의견[134] 또한 분명히 제시되고 있다는 점을 고려하면 이 조항에 대한

---

130) 김범주, "한국의 교육재정관계법령의 고찰", 한국교원대학교 새마을 연구소, 1996, p.89.

131) 1997년 유치원수는 9,005개소이며, 유치원 아동수는 568,096명으로 유치원 취원률은 39.9%로 약 10명중 4명이 유치원에 다니고 있는 셈이다(통계청, 『한국의 사회지표』, 1997). 하지만, 유치원의 거의 대부분은 사립유치원이므로 인하여 많은 가정에서 재정적 어려움을 겪고 있다.

132) 김범주, 앞의 논문(교육법 개정의 논리), p.234.

133) 헌재 1991.2.11, 90헌가27, 헌재판례집 제3권, 11면 이하 참조 : "1. 헌법상 초등교육에 대한 의무교육과는 달리 중등교육의 단계에 있어서는 어느 범위에서 어떠한 절차를 거쳐 어느 시점에서 의무교육으로 실시할 것인가는 입법자의 형성의 자유에 속하는 사항으로서 국회가 입법정책적으로 판단하여 법률로 구체적으로 규정할 때에 비로소 헌법상의 권리로서 구체화되는 것으로 보아야 한다. 2. 중학교 의무교육을 일시에 전면 실시하는 대신 단계적으로 확대 실시하도록 한 것은 주로 전면실시에 따르는 국가의 재정적 부담을 고려한 것으로 실질적 평등의 원칙에 부합된다. 3. 헌법 제31조 제6항의 이른바 형성적 의미의 법률로 규정함으로써 국민의 교육을 받을 권리가 행정관계에 의하여 자의적으로 무시되거나 침해당하지 않도록 하고, 교육의 자주성과 중립성도 유지하려는 것이나, 반면 교육제도에 관한 기본방침을 제외한 나머지 세부적인 사항까지 반드시 형성적 의미의 법률만으로 정하여야 하는 것은 아니다. 4. 헌법

논란의 소지를 차단하기 위하여 대통령령이 아니라 법률로 규정하여야 할 것으로 보인다.

아. 學父母의 學校運營 參與權의 保障

제13조에는 「① 부모 등 보호자는 그 보호하는 자녀 또는 아동이 바른 인성을 가지고 건강하게 성장하도록 교육할 권리와 책임을 가진다. ② 부모 등 보호자는 그 보호하는 자녀 또는 아동의 교육에 관하여 학교에 의견을 제시할 수 있으며, 학교는 이를 존중하여야 한다.」고 규정하고 있다. 그러나, 이 규정은 보호자의 학교운영참여권에 대하여 불분명하다. 따라서, 어떤 형태로든 보호자 등의 학교운영참여권을 제도적으로 보장하는 규정이 보완될 필요가 있다. 이것은 곧 학교운영위원회의 법적 제도화와도 연계된다. 더구나 초・중등교육법 제31조의 「학교운영위원회의 설치」 제2항은 사립학교에서의 학교운영위원회의 설치에 관하여 임의규정으로 둔 것은 적절하지 못하다할 것이다. 다행스럽게 1999년 8월 31일 법률 제6,007호를 통하여 사립학교에도 학교운영위원회의 설치를 의무화하도록 개정하였다(2000. 3. 1. 시행).

자. 教員의 專門性과 法定主義

제14조(교원) 제1항에 「학교교육에서 교원의 전문성은 존중되며…」라고 하여 교원의 전문성은 인정하고 있으나 이를 뒷받침할 수 있는 교원의 지위, 권리・의무, 신분보장 등이 교육기본법에 규정되어 있지 않다. 교원의 전문성이라는 선언적인 규정만으로는 현실적으로 교원들이 받고 있는 부당성을 치유하기 어렵다. 동조 제3항에서 「교원은 특정 정당 또는 정파를 지지하거나 반대하기 위하여 학생을 지도하거나 선동하여서는 안 된다

제31조 제2항 소정의 '법률'은 형성적 의미의 법률뿐만 아니라 그러한 법률의 위임에 근거하여 제정된 대통령령도 포함하는 실질적 의미의 법률로 해석하여야 한다. 5. 교육법 제8조의 2는 교육법 제8조에 정한 의무교육으로서 3년의 중등교육의 순차적인 실시에 관하여만 대통령령이 정하도록 되어 있음은 교육법의 각 규정상 명백하고, 다만 그 확대실시의 시기 및 방법만을 대통령령에 위임하여 합리적으로 정할 수 있도록 한 것이므로 포괄위임금지를 규정한 헌법 제75조에 위반되지 아니한다."

134) 재판관 변정수의 반대의견: "1. 재정 사정 등을 이유로 초등교육 이상의 교육과정에 대한 의무교육을 전혀 실시하지 아니한 채 아주 유보하거나 연기하는 것은 헌법 제31조 제2항에서 보장된 초등교육 이상의 교육을 받을 국민의 기본권을 침해하는 것이다. 2. 재정적 부담을 이유로 중등교육에 대한 의무교육의 순차적 실시를 규정한 교육법 제8조의 2는 합리적 이유 없이 헌법 제11조 제1항의 평등의 원칙을 제한하는 법률이다. 3. 중등 의무교육의 실시에 대한 기본적이고 본질적인 사항을 대통령령에 위임하는 것은 법치주의의 원리 및 민주주의 원리에 정면으로 위배된다."

」고 규정하고 있으며 제4항에서는 「교원은 법률이 정하는 바에 의하여 다른 공직에 취임할 수 있다」고 규정하고 있다. 이것은 교원이 학생지도활동과 관련하여 정치적 중립을 지킬 것과 법률이 정하는 바에 따라 공직 취임이 가능함을 선언하고 있다.

그러나, 이 조항으로는 교사의 학생지도와는 상관없이 학교 밖에서의 정치활동의 허용여부를 알 수 없으며 정치활동의 범위를 구체적으로 알 수 없다. 또 공직취임을 제한할 수 있는 기준이 나타나 있지 않아 교사의 시민적 권리를 여전히 과도하게 제한할 수 있는 여지를 남겨 두고 있다. 대학교원과 초·중등 학교 교원 사이의 차등 적용에 관한 근거를 제시하지 못하고 있다.[135]

현실적으로 한국사회에 있어서 교육의 정치적 중립성 보장을 교원의 참정권 제한 논리로만 해석하려는 경향이 있는 반면 그 제한의 법적 근거는 국가공무원이라는 신분에서 찾을 수 있다. 교원의 정치적 중립성은 교원의 교육활동뿐만 아니라 교육내용 및 교육행정 차원에서도 보장되어야 하는 것이다. 교원의 교육활동이라 하더라고 그것이 참정권 제한의 논리적 논거라는 소극적 측면보다는 민주시민을 양성하기 위한 정치교육의 적극적 보장 측면도 있을 수 있으며 기본권 제한 일변도가 아닌 정치적 영향으로부터 보호받을 권리보장 측면도 있는 것이다. 따라서, 교육기본법 제14조 제3항은 "교원은 정당 및 기타 단체에 가입할 수 있다. 단 학교 내에서 정당 및 기타 단체 활동을 하거나 이를 위해 학생을 지도·선동하여서는 안 된다"로 고치는 것이 바람직할 것이다.

차. 教員團體에 관한 法律의 留保 및 勞動基本權

제15조 제2항에 「제1항의 규정에 의한 교원단체의 조직에 관하여 필요한 사항은 대통령령으로 정한다」라고 규정하고 있다. 조직의 자율성이 보장되어야 한다는 시대적인 요청에도 불구하고 이를 위임 입법한 것은 문제가 있다고 생각된다. 이 조항은 단결권의 제한적 인정이라는 의미보다 결사의 자유에 대한 제한으로서의 의미를 갖는다. 이 조항에서는 조직의 자율성을 보장 하든가 아니면 관련 사항을 대통령령이 아닌 법률로 규정하여야 한다.[136] 공무원 신분을 적용 받는 교원의 노동기본권을 제한하고 대상조치로 일컬어

---

135) 교육기본법 제14조 제3항은 학교 밖의 정치활동에 대한 허용여지를 남겨두고 있다. 이에 비하여 동조 제5항 「교원의 임용, 복무, 보수 및 연금 등에 관하여 필요한 사항은 따로 법률로 정한다」에 근거한다고 볼 수 있는 교육공무원법 및 사립학교법의 해당 조항은 국가공무원법을 적용하여 정치운동을 전면 금지하고 있으며, 정당법, 국회의원선거법, 지방의회선거법, 지방자치에 관한 법률 등에서 뚜렷한 근거없이 참정권을 교사와 교수간에 차등적으로 적용하고 있다.

136) 김범주, 위의 논문, p.235; 성낙인, 앞의 논문, p.15.

지는 교원단체의 설치 근거를 법률로 규정하는 것까지는 현행법 체계상 인정된다 하더라도 조직형태까지 행정부에 위임하고 있는 것은 교육전문가 단체의 자율성을 심각하게 침해할 소지가 있다.

구교육법 시행령(제36조의 2)이 정하고 있는 것처럼 사단법인 형태로 하나의 교원단체만을 인정하는 시행령을 정하게 되면 결사의 자유에 대한 침해는 물론 정관의 제정 및 개정시 주무관청으로부터 인가를 받아야 한다는 점에서 교원단체가 정부의 지나친 통제하에 놓이게 될 것이다. 교원단체에 관한 조항을 교원의 노동 기본권 제한에 대한 대상조치로서 굳이 규정하려 한다면 노동조합이 노동 3권의 행사를 통해서 조합의 목표를 달성하듯이 교원단체에게도 단체의 목표달성을 위한 수단이 주어져야 할 것이다. 교원의노동조합설립및운영등에관한법률에서 규정상으로는 단결권과 단체교섭권이 부여된 듯하지만 실질적으로 극히 제한적이라 아니할 수 없다. 또한 단체교섭에 의한 단체협약의 효력자체도 의심스럽다. 단체협약의 불이행시 이에 대한 이행 강제조항이 없기 때문에 이행하지 않아도 규제할 수가 없다. 이는 본질적인 입법적 불비이다.

2. 初·中等教育法의 問題點과 代案

초·중등교육법에 나타난 문제점은 특히 교원 관련 사항에서 많이 지적되고 있다. 먼저 교사의 법적 지위 형식인 신분 규정과 관련하여서는 종전대로 명확한 근거 규정을 두고 있지 않으며, 법적 지위 내용인 권리·의무·책임 관계에 있어서도 별다른 진전을 보이고 있지 않다. 초·중등교육법상의 논란이 되는 몇 가지 사항에 대한 문제점과 대안을 살펴보기로 한다.

가. 敎師의 任務條項의 問題

구교육법 제75조 제1항(임무조항)에 「교사는 교장의 명을 받아…」라고 규정함으로써 마치 교사는 교장의 어떠한 지시에도 따라야 하는 것으로 규정하였다. 이는 교사의 전문성이나 자율성을 무시한 상명하복으로, 교사는 교장의 지시를 이행해야 하는 것으로 되어 교직사회의 낙후성을 면하기 어려운 규정이었다. 이런 문제점을 초·중등교육법 제20조 제3항에서는 「교사는 법령이 정하는 바에 따라 학생 또는 원아를 교육한다」로 바꾸었다. 이로써 교사는 교육기본법이나 기타 교육관계법령에 따라 소신껏 학생을 지도할 수 있게 되었다. 이를 두고 입법과정에서 국회교육위원회의 전문위원은 교사의 전문성과 자율성을 해하는 규정으로 삭제해야 한다는 일선 교사들의 여론을 절충한 것으로 검토 의견을 진술한 바 있다. 이는 다소 규정이 개선된 점은 인정되나 이 규정도 교사의 교육의 자유에 관한 직무권한설에 근거한 것이라는 점에서 교사의 교육의 자유보장에는 미흡한 것이다. 교육활동이 대량 교육 체제로 이루어지고 있는 이상 교과활동에 있어서 어느 정도의 통일성을 가하기 위한 규제는 필요할 것이다. 그러나, 그것이 교사의 교육 활동을 지원하기 위한 것이지 통제하기 위한 것이어서는 곤란하며, 더욱이 교과 지도활동에서는 교사의 자율성이 보장되어야 한다.

나. 學校級別 敎育目標 및 學則制定權과 學則制定過程問題

구교육법에 규정되어 있던 교육목표가 초·중등교육법에는 각급 학교의 교육목표가 전혀 규정되어 있지 않다. 동법 제1조(목적)에는 「교육기본법 제9조의 규정에 따라 유아교육 및 초·중등교육에 관한 사항을 정함을 목적으로 한다」라고 규정하여 각급 학교의 교육목적[137]은 규정되어 있으나 각급 학교의 교육목표는 규정되어 있지 않다. 학교급별 교육목표가 교육관련 법률에 명확히 명시되어야 이에 따라 학교교육의 핵심기능인 교수·학습활동의 기준이 되는 교육과정의 편성 및 운영이 실제적으로 가능하다면서[138] 초·중등교육법과 고등교육법에서 학교급별의 목표를 구교육법처럼 예시하지 않았다고 문제점이라고 지적하고 있는데, 학교급별의 교육목표는 법률에 규정할 필요 없이 교육과정 고시[139] 총론에서 언급하고, 구체적인 각 교과의 교육과정은 각론의 교육과정에 명시하면

---

137) 유치원의 교육목적(초·중등교육법 제35조)은 유아를 양육하고 유아에게 알맞은 교육환경을 제공하여 심신의 조화로운 발달을 조장하는 것. 초등학교의 교육목적(동법 제38조)은 국민생활에 필요한 기초적인 초등교육을 하는 것. 중학교의 교육목적(동법 제41조)은 초등교육에서 받은 교육의 기초 위에 중등교육을 하는 것. 고등공민학교의 교육목적(동법 제44조)은 중학교 과정의 교육을 받지 못하고 취학연령을 초과한 자 또는 일반 성인에게 국민생활에 필요한 중등교육 및 직업교육을 하는 것. 고등학교의 교육목적(동법 제45조)은 중학교에서 받은 교육의 기초 위에 중등교육 및 기초적인 전문교육을 하는 것. 고등기술학교의 교육목적(동법 제54조)은 국민생활에 직접 필요한 직업기술교육을 하는 것. 특수학교의 교육목적(동법 제55조)은 신체적·정신적·지적 장애 등으로 인하여 특수교육을 필요로 하는 자에게 유치원·초등학교·중학교·고등학교에 준하는 교육과 실생활에 필요한 지식·기능 및 사회적응교육을 하는 것.

138) 이병기, "교육법제 개혁의 성공은 교육구성원들의 합의에 달려 있다", 『한국교육법연구』, 1997, p.148.

139) 초등학교 교육목표: 초등학교의 교육은 학생의 학습과 일상 생활에 필요한 기초 능력 배양과 기본 생활습관을 형성하는데 중점을 둔다.

될 것이기 때문에 문제가 되지는 않는다고 본다. 세부적인 내용까지 법률에 규정하는 것은 법전의 두께만 늘어나게 되므로, 본질적이고 기본적인 조항을 법률에 규정하고 세부적이고 시행을 위한 규정들은 명령이나 기타 고시 등으로 규정하는 것이 바람직하다고 본다.

학칙 제정에 대해서는 동법 제8조에 「학교의 장은 법령의 범위 안에서 지도·감독기관의 인가를 받아 학교규칙(이하 ''학칙''이라 한다)을 제정할 수 있다」고 규정하고 있고 동법 제32조 제1호에 학교운영위원회의 심의사항 중 "학교헌장 및 학칙의 제정 또는 개정에 관한 사항"이 규정되어 있다. 이 두 규정으로 보면 학칙의 제정권은 학교장에게 있으며 학교운영위원회의 심의를 받아야 하는 것으로 이해할 수 있다. 그러나, 각급 학교 학칙제정에 대한 학교장과 학교운영위원회간의 권한과 그 제정과정에 대한 법규정이 명확하지 않아 역할 관계가 애매하게 되어 있다. 따라서 학칙제정에 관한 절차상의 문제와 학교장과 학교운영위원회의 학칙제정에 관한 권한 관계가 분명하게 밝혀질 필요가 있다.

가. 몸과 마음이 균형있게 자랄 수 있는 다양한 경험을 가진다.

나. 일상 생활의 문제를 인식하고 해결하는 기초 능력을 기르고, 자신의 생각과 느낌을 다양하게 표현하는 경험을 가진다.

다. 다양한 일의 세계를 이해할 수 있는 폭넓은 학습경험을 가진다.

라. 우리의 전통과 문화를 이해하고 애호하는 태도를 가진다.

마. 일상 생활에 필요한 기본 생활 습관을 기르고, 이웃과 나라를 사랑하는 마음씨를 가진다.

중학교 교육목표: 중학교의 교육은 초등 학교교육의 성과를 바탕으로 학생의 학습과 일상 생활에 필요한 기본 능력과 민주 시민으로서의 자질을 함양하는데 중점을 둔다.

가. 심신의 조화로운 발달을 추구하고 자기 발견의 기회를 가진다.

나. 학습과 생활에 필요한 기본 능력과 문제 해결력을 기르고, 자신의 생각과 느낌을 창의적으로 표현하는 경험을 가진다.

다. 다양한 분야의 지식과 기능을 익혀 적극적으로 진로를 탐색하는 경험을 가진다.

라. 우리의 전통과 문화에 대한 자긍심을 지니고 이를 발전시키려는 태도를 가진다.

마. 자유 민주주의 기본적 가치와 원리를 이해하고, 민주적인 생활방식을 익힌다.

고등학교 교육목표: 고등학교의 교육은 중학교 교육의 성과를 바탕으로 학생의 적성과 소질에 맞는 진로 개척 능력과 세계시민으로서의 자질을 함양하는 데 중점을 둔다.

가. 심신의 건강한 조화로운 인격을 형성하고 성숙한 자아 의식을 가진다.

나. 학문과 생활에 필요한 논리적, 비판적, 창의적 사고력과 태도를 익힌다.

다. 다양한 분야의 지식과 기능을 익혀, 적성과 소질에 맞게 진로를 개척하는 능력을 기른다.

라. 우리의 전통과 문화를 세계 속에서 발전시키려는 태도를 가진다.

마. 국가 공동체의 형성과 발전을 위해 노력하며, 세계 시민으로서의 의식과 태도를 가진다.

(교육부고시 제1997-15호 사회과 교육과정)

다. 學校運營委員會에 대한 敎師의 參與 限界

학교운영위원회 설치의 근본 취지는 "학부모의 학교 운영에의 참여가 미흡하여 단위학교의 자율적 자치"가 이루어지지 못하고 있으므로 학부모, 교사, 지역 주민의 학교 참여를 적극 보장함으로써 학교공동체를 구성하는데 있다[140]고 볼 수 있다. 교육당사자인 교사, 학부모, 지역인사, 학생이 모두 학교의 주요한 사항에 대하여 참여하여 의견을 개진할 수 있도록 함으로써, 학교자치에 한 걸음 다가 설 수 있는 취지로 학교운영위원회가 구성 되었다고 본다. 물론 학교운영위원회의 심의사항에 대해서는 학교장의 권한이 어느 정도 는 제한된다고 보여진다. 하지만 단순히 심의수준에 불과하기 때문에 학교장은 학교운영 위원회의 결정에 상관없이 자기 나름대로의 결정을 다시 할 수 있음은 물론이다. 이 문구 가 학교운영위원회의 미흡한 부분이라 아니할 수 없다. 이번 개정된 초·중등교육법은 학교운영위원회에 관한 조항(초·중등교육법 제31~34조)으로 교사의 학교운영에의 참 여 범위를 확장시킨 것으로 평가할 수 있다.

학교운영위원회는 이미 지난 1995년 7월 26일 지방교육자치에관한법률 개정으로 그 법적 근거를 마련하여 시행하던 중, 이번 개정에서 학교운영위원회의 구성, 심의사항 등을 보다 구체화시킨 것이다. 따라서, 교사는 교원대표를 통하여 학교운영에 관한 사항 을 심의하는데 간접적으로나마 참여할 수 있는 공식 통로를 갖게 된 셈이다.[141] 그러나, 학교운영위원회의 성격이 의결기관이 아닌 심의기관이라는 한계, 교원대표와 학부모대 표 및 지역사회인사간의 인원배분문제, 그리고 학부모 및 지역사회 인사의 교육활동에 관한 지나친 간섭에 따른 문제 등이 보완되지 않는다면 그 실효성 역시 의심받지 않을 수 없다. 또한 교사회 또는 교무회의 법적 설치 근거 및 의결사항 등에 대한 조항이 누락된 점이 아쉽다. 학부모 대표, 교사 대표, 지역 사회 인사가 학교운영위원회에 참여하여 학교 운영에 관한 사항을 심의해야 하는데, 그 대표를 뽑는 학부모회, 교사회가 법제화되지 않을 경우, 학교운영위원회는 학교구성원 전체의 의견을 민주적으로 수렴할 수 없을 것이 다. 학부모회가 법제화됨으로써 해당 학교에 자녀를 둔 학부모들에게 진정한 학교 참여의 길을 보장할 수 있고, 나아가서 학교운영위원회가 많은 학부모들의 학교에 대한 관심과 적극적인 참여를 유도할 수 있을 것이다. 한편, 학교 교육활동의 담당자인 교원이 학교의 교육활동에 대하여 적극적으로 참여하고, 결정하기 위해서는 교원들의 의사결정기구도 필요하다. 학교의 교육과정 운영과 예산의 편성과 운용, 교원들의 학내 인사와 연수 포상,

---

140) 배춘일. "초·중등교육법안, 지방교육자치에관한법률안, 교육분쟁조정등에관한법률안에 대한 전국교직원노동조합의 입장"『한국교육법연구』, 1997, p.160

141) 고전, "초·중등교육법안과 교원의 법적 지위",『한국교육법연구』, 1997, p.82

학생지도와 상벌, 교원의 복지 후생 등에 관한 사항을 심의하고, 결정하는 단위가 필요하다.

라. 學校 安全事故에 대한 규정의 必要性

학교 등에서 학생들의 교육활동 중 안전사고가 빈발하고 있다. 우리나라 학교의 현실적 여건상 학생들의 안전사고를 방지하기 위한 시설이 빈약하고 좁은 공간에서 소수의 교사가 많은 학생을 대상으로 하여 교육활동을 하게되면 아무리 지도와 감독을 철저히 한다고 하더라도 안전사고는 발생하기 마련이다. 그러나, 제정된 현행 교육기본법이나 초·중등교육법 등에는 학교 안전사고에 대한 규정이 전혀 없는 실정이다. 학생들이 안심하고 학교에서 공부할 수 있고, 교사도 안전사고에 대한 부담을 덜고 교육활동에 전념할 수 있게 하려면, 이와 관련한 안전 장치가 반드시 마련되어야 한다.

산업현장에 근로자들의 산업활동과 관련하여 재해를 입는 경우에 대비하여 산업재해보상보험제도가 마련되어 있듯이 학교에서의 안전사고에 대해서는 학교안전사고보상보험제도가 마련되어야 한다. 이에 1997년 12월 13일 법률 제5437호 교원지위향상을위한특별법 제5조에서 각급 학교 교육시설의 설치, 관리 및 교육활동 중에 발생하는 사고로부터 교원 및 학생을 보호함으로써 교원의 직무수행의 안정을 기하기 위하여 학교 안전관리공제회를 설립 운영하도록 규정하였다(1998. 3. 1. 시행).

3. 高等敎育法의 問題點과 代案

가. 敎授會의 設置

고등교육법의 가장 큰 문제점은 대학자치의 주체인 교수회에 관하여 아무런 규정도 두지 않고 있다는 점이다. 정부의 입장은 대학 내의 각종협의회(직원협의회, 학생회 등)를 고등교육법상 모두 규정하지 않더라도 운영상 문제가 발생하는 것은 아니고, 교수회만을 고등교육법에 규정할 필요가 없으므로 교수회는 현행 법령상 구성하도록 되어 있음에도 몇몇 학교 외에는 사실상 구성하지 않고 있으나 앞으로 국·공립대학에는 의무적으로, 사립대학에는 임의적으로 대학평의원회를 두게 하고 대학교수, 기성회 임원, 직원대표, 학생대표 등을 대학평의원회에 참여시켜 사실상 대학의 최고심의기구로 운영한다는 방안이다. 대학 자치는 연구와 교육이라는 대학 본연의 임무를 달성하는 데 필요한 사항은 가능한 한 대학의 자율에 맡겨야 함을 말한다. 이러한 대학의 학문연구와 교육을 실제적으로 보장하기 위한 제도로서 교수회 자치가 그 핵심이라고 할 수 있다. 그럼에도 불구하고 연구, 교육업무를 수행하지 않는 기성회 임원, 직원대표, 학생대표 등을 참여시킨 대학평의원회를 대학의 최고심의기구로 운영하게 하는 것은 교수회의 활동을 배제하고 대학을 관리・감독하기 위한 관료주의의 발상인 것으로 대학자치의 본질을 왜곡한 처사라고 아니할 수 없다. 더욱이 학생자치의 보장에 관한 명문규정을 두면서 교수회의 자치에 관한 규정을 두지 않는 것은 균형에 맞지 않는다.

지난 수년간 대학 현장이 안정을 찾지 못하고 커다란 소용돌이에 휘말린 것은 대학운영을 둘러싸고 교수의 민주적 참여가 배제되어 온 데 그 큰 원인이 있는 것이다. 따라서 대학에 있어서 이러한 파행적인 운영을 방지하기 위해서는 교수회의 법적 보장이 긴요하다고 할 것이다. 따라서, 고등교육법은 교수회에 관하여 명문으로 규정하여 적어도 연구교육에 관련된 사항에 대하여는 교수회에서 자율적으로 결정, 집행할 수 있도록 근거를 마련해야 할 것이다.[142]

나. 大學 設立의 自律性 提高

고등교육법은 국가 이외의 자가 대학 등 고등교육기관을 설립하는 경우에는 교육부장관의 인가를 받도록 하여 소위 대학설립의 인가제를 채택하고 있다. 대학설립 조건이 어느 정도 정치적 영향을 가지는가는 중요하다. 왜냐하면, 대학 경영권자가 누구인지 대학조직이 어떠한 구성을 가지는지, 대학시설이 대학교육에 적합한지, 대학설립의 목적이 국가와 사회의 이익에 합치되는지 여부가 설립당시에 정해지기 때문이다. 그러나, 대학설립의 인가제는 인가여부가 행정당국의 자의에 의하여 결정될 염려가 있어 대학의 자율성 신장에 역행하는 것이다. 그러므로 대학설립기준을 자세히 명시함으로써 이러한 기준을 충족하는 경우에는 자유로이 대학을 설립할 수 있도록 대학설립을 준칙주의로 전환하거나 다수의 교육전문가로 구성된 객관적, 전문적인 심의기구의 심의를 사전에 거치게 하고 행정당국은 형식적으로 인가하도록 함으로써 인가의 객관성을 부여하거나 하여 대학설립의 자율성을 제고하는 것이 바람직하다.

다. 大學의 學生 選拔方法의 自律化

동법 제36조에 의하면 대학(산업대학, 교육대학 및 전문대학을 포함)의 장은 법적 자격이 있는 장 중에서 일반전형 또는 특별전형에 의하여 입학을 허가할 학생을 선발하며,

---

142) 권형준, "고등교육법(안)과 대안자치의 구현", 『한국교육법연구』, 1997, pp.24~27.

일반전형 및 특별전형에 관하여 필요한 사항은 대통령령으로 정하도록 규정하여 대학의 학생 선발권을 제약하고 있다. 대학교육에 있어서 가르치고자 하는 학생을 가르치는 교수가 선발하는 권리를 배제하고서는 대학의 자치, 학문의 발전도 기대하기 어려울 것이다. 따라서 비록 국가별 또는 대학별로 차이는 있으나 대학의 학생 선발권은 제도적으로 보장되어야 한다.

우리나라에서도 진정한 대학의 자치를 이룩하고 학문 발전을 도모하기 위해서는 대학의 학생 선발권을 보장하여 국·공립대학은 국가가 제시하는 전형기준과 방법에 따라 사립대학은 각 대학이 정한 전형기준과 방법에 따라 학생을 선발할 수 있도록 제도적으로 자율화할 것이 요청된다. 물론 무분별한 증원으로 인하여 고등실업자의 배출만 야기시키는 것이어서는 안 된다.

라. 大學에 대한 行政當局의 包括的 監督規定 削除

대학의 관리 운영상의 법적 안정성과 대학의 자치를 보장하기 위해서는 실정법으로 정치적·행정적인 감독, 통제범위를 명백히 하여야 한다. 그럼에도 불구하고 고등교육법 제5조는 「학교는 교육부장관의 지도·감독을 받는다」고 함으로써 행정당국의 포괄적 감독권을 규정하고 있는 구교육법 제84조를 그대로 답습하고 있다. 이러한 규정은 대학의 자율권을 보장하고 있는 헌법 제31조 제4항의 취지에 명백히 역행하는 것으로서 마땅히 삭제되어야 할 것이다.

마. 大學 閉鎖事由의 具體化·明瞭化

고등교육법 제62조는 「학교의 장 또는 설립·경영자가 고의 또는 중과실로 고등교육법 또는 이에 의한 명령을 위반하거나 학교의 장 또는 설립·경영자가 고등교육법 또는 기타 교육관계법령에 의한 교육부장관의 명령을 수회에 걸쳐 위반하여 학교의 정상적인 학사운영이 불가능한 경우나 휴가기간을 제외하고 계속하여 3월 이상 수업을 하지 아니한 경우 교육부장관은 당해 학교의 학교법인에 대하여 학교의 폐쇄를 명할 수 있다」고 규정하고 있다. 그러나, 이 조항은 지나치게 포괄적으로 규정되어 있어서 자의적으로 해석될 여지가 크고 나아가 남용될 여지가 많아 대학의 자치를 위협할 가능성이 크다. 대학의 자율권을 보다 신장시키기는 위해서는 대학의 폐쇄사유를 보다 구체적이고 명확하게 규정하지 않으면 아니 될 것이다.

바. 지나친 細部規定의 緩和・調整

　고등교육법은 고등교육기관에 대한 행정 당국의 감독・규제 조항을 필요이상으로 과다하게 내포하고 있다. 전반적으로 지나치게 세부적인 조항을 두고 있으며, 대통령령에 위임하고 있는 사항이 30여 가지를 넘고 있는 등 교육부의 뿌리깊은 관료주의를 반영하고 있어서 오히려 대학의 자율권을 제약할 것이라는 우려를 높게 하고 있다. 대학의 자치를 신장하기 위해서 고등교육법은 고등교육에 관한 기본사항만을 규정하고 기타의 구체적인 사항도 대통령령이나 교육부령에 위임하기보다 가능한 한 대학헌장이나 학칙으로 정할 수 있도록 위임하여 지나친 세부규정을 완화 조정하는 것이 바람직하다.143)

---

143) 권형준, 앞의 논문, pp.24〜27.

教育基本法과 諸般 教育法規

Ⅰ. 教育基本法의 分析

본 장에서는 교육기본법의 법 조항에 따라 관련 법규를 검토하고자 한다. 그러나, 교육
법규의 존재 양식이 광범위함을 고려하여 관련 법규의 검토 대상을 대한민국현행법령집
(법제처 편찬)에 수록된 교육 관련 법률과 명령 그리고 관련 규정으로 제한하였다. 이
경우에도 법률과 명령의 방대한 내용을 모두 검토할 수 없기 때문에 각 법규들의 제정
및 개정 시기, 법규 정립의 목적 그리고 법규의 주요 내용만을 소개하는 정도로 검토하였
다. 아울러 밝혀둘 것은 이러한 작업이 교육법의 새로운 체계적 분류법을 구상하고자
하는데 시사점을 얻고자 하는 노력이라는 점이다.

1. 教育基本法의 地位

1997년 12월 13일 법률 제5437호로 제정되고, 1998년 3월 1일부터 시행된 '교육기본법'
은 교육에 관한 국민의 권리·의무와 국가·지방자치단체의 책무를 정하고, 교육제도와
교육운영에 관한 기본적인 사항을 규정하고 있기 때문에 교육행위와 교육활동에 관계되
는 모든 교육법규는 이 교육기본법을 기준으로 전개되어야 할 것이다. 그러나, 교육기본
법은 교육에 관한 전반적이고 포괄적인 기능을 감당하기가 어렵다. 왜냐하면, 민법, 상법,
형법 등은 그 중심이 되는 통일된 법전이 있지만, 행정에 관한 법은 행정조직의 복잡화·
대규모화, 행정내용의 전문성·기술성, 행정행위의 재량성 등으로 인하여 통일된 법전이
나 통칙적인 규정이 정립되어 있지 못하기 때문이다. 행정법의 일부인 교육에 관한 법인
교육법규도 행정법규의 특수성 때문에 하나의 법전으로 그 모든 사항을 규정하기가 어렵
다. 또한 교육기본법은 그 제정 연도에서 알 수 있는 바와 같이 모든 교육관계 법률이
제정·실시된 이후에 포괄적으로 정립한 것이기 때문에 모든 교육관계법률의 기본법으
로서는 그 완전성이 미흡하다

신교육법 체계에서는 구교육법을 교육기본법, 초·중등교육법, 고등교육법, 지방교육
자치에관한법률 등으로 분리하여 어느 정도 체계를 정비하였지만, 재량성이 많을 수밖에

없는 교육관계 규정은 시간과 장소에 따라 변화할 수밖에 없는 교육현상을 예상하여 교육에 관한 법규를 규정하여야 하기 때문에 많은 부분을 행정입법에 의존하여야 한다. 그러나, 교육법규도 「헌법의 교육관련조항(헌법 제31조) → 교육기본법 및 교육관계법률 → 교육에 관한 대통령령 → 교육부장관의 부령 및 교육관련 내용의 각 부령 → 교육자치 법규 → 교육부의 행정규칙」의 단계로 체계를 이루고 있다. 따라서, 현실적으로 다소 문제가 되더라도 교육법규의 중심은 교육기본법이 될 수밖에 없다.

　본 장에서는 이 교육기본법의 체계에 따라서 총칙, 교육당사자, 교육의 진흥 순으로 나열된 조문에 따라서 기술하고자 한다. 교육관계법규의 내용이 방대하기 때문에 불가피 하게 대한민국현행법령집(법제처 편찬)에 수록된 법률과 명령만을 그 대상으로 하여 정비 할 수밖에 없다. 이 경우에 새로운 교육기본법의 각 조항에 관련된 법률 및 명령, 시행규칙 등을 동법의 조항순서에 따라 연관시켜 검토하는 것이 현실적으로 교육기본법의 기본법 성을 입증하는데 도움이 될 것이다. 그러나, 방대한 법률과 명령에 관한 전반적인 것을 모두 검토할 수는 없기 때문에 법률제정 및 개정과 그 법의 목적 및 주요 내용을 소개하는 선에서 검토하기로 한다. 대한민국 현행 법령집에서는 교육법규를 제1편 교육기본; 제2편 조직·편제; 제3편 인사행정 제1장: 국가공무원, 제2장: 교원·교육공무원; 제4편 학사행 정 제1장: 학사일반, 제2장: 교육과정·교과용도서, 제3장: 학력 및 자격인정; 제5편 사학 행정; 제6편 과학·기술·직업교육; 제7편 사회·유아·특수·청소년·체육교육 제1장: 사회교육·유아·특수·청소년교육, 제2장: 체육·보건; 제8편 재무·회계 제1장: 교육 재정, 제2장: 회계, 제3장: 국유재산·물품관리, 제4장: 지방재정; 제9편 문서·처무; 제10 편 참고규정으로 총10편으로 분류·정리하고 있다. 이상의 교육법규에 대한 분류방법은 행정의 편의와 활용도를 감안한 점에서 타당하다고 사료된다.144) 그렇지만, 새 교육기본 법이 정립된 이상 새로운 교육기본법의 각 조항에 관련된 법률 및 명령과 시행규칙 순으 로 검토하는 것이 교육법을 이해하는데 도움이 될 것이다. 이 경우에도 방대한 법률과 명령에 관한 전반적인 조항을 모두 기술할 수는 없기 때문에 법률의 제정 및 최종 개정과 목적 및 주요 내용을 소개하는 선에서 검토하고자 한다.

---

144) 허재욱, 앞의 책, pp.17~18.

2. 法體系上 分類의 어려움과 研究方向

일반적으로 교육법규의 분류는 교육법전에서 교육행정의 편리성을 위해 제10편[145]으로 분류해 온 방식을 교육현장인 학교 등에서 사용하는데 익숙해져 있다. 하지만 교육기본법이 새로이 정립된 현 시점에서는 행정편의에 의한 법 분류보다는 교육기본법 체계에 의한 분류가 바람직하다고 생각된다. 하지만 교육기본법 체계에 따라 법을 분류하다 보니 다음과 같은 어려움이 있었다.

첫째로, 분류기준의 애매함을 들 수 있다. 교육기본법에 근거하여 제반법규를 분류하다 보니 각 조항에 해당되지 않는 법규가 상당수 존재한다는 것이다. 모든 법규를 총망라해서 분류할 수 있는 방법에 대한 연구가 요망된다.

둘째로, 분류의 이중성을 들 수 있다. 예를 들어, 평생교육법은 제10조(사회교육)에 해당되고 또 3조(학습권)에 해당되기도 한다. 또 도서·벽지교육진흥법도 제8조(의무교육)와 제9조(학교교육)에도 관련된다고 볼 수 있다. 이럴 경우에 과연 어느 규정에 분류를 할 것인지가 문제가 된다. 나름대로 객관성을 유지하려고 노력하였으나, 분류자의 주관을 전적으로 배제를 하지 못한 점이 한계라 볼 수 있을 것이다. 앞으로 객관적인 분류방법의 연구가 요망된다.

---

145) 제1편 : 교육기본, 제2편 : 조직·편제, 제3편 : 인사, 제4편 : 학사, 제5편 : 사학, 제6편 : 과학·기술·직업교육, 제7편 : 사회·유아·특수·청소년·체육교육, 제8편 : 재무·회계, 제9편 : 문서·처무, 제10편 : 참고규정 으로 총10편으로 구성하고 있다(교육법전편찬회(1999), 『교육법전』, 교학사.).

Ⅱ. 敎育基本法 體系 關聯 諸般 敎育法規 檢討

1. 總則
가. (제1조) 目的

교육에 관한 국민의 권리·의무와 국가 및 지방자치단체의 책임을 정하고, 교육제도와 그 운영에 관한 기본적 사항을 규정함을 목적으로 한다. 본 조항은 헌법 제31조 등에 규정되어 있는 교육에 관련된 규정을 근거로 국민의 교육권과 교육제도의 운영에 관한 기본적 사항을 규정하고 있는 교육기본권의 근본 정신과 실현목적을 선언하는 것이다. 특히, 국가와 지방자치단체의 책무를 강조하는 것은 공교육의 중요성을 선언한 것이라 하겠다.

일반적으로 법률들은 제1조에서 동법의 제정목적을 선언하고 있는데, 교육기본법도 같은 맥락에서 제1조에서 동법의 제정 의의를 규정한 것이다. 그러나, 교육기본법은 교육 관계법규의 기본적 사항을 규정한 것이므로 그 체제를 달리하였으면 한다. 즉, 제2조의 교육의 이념을 제1조로 하였으면 하는 것이다.

나. (제2조) 敎育理念

교육은 홍익인간의 이념아래 모든 국민으로 하여금 인격을 도야하고, 자주적 생활능력과 민주시민으로서 필요한 자질을 갖추게 하여 인간다운 삶을 영위하게 하고, 민주국가의 발전과 인류공영의 이상을 실현하는데 이바지하게 함을 목적으로 한다.

이 조항은 교육기본권의 근본정신과 실현목적을 선언하는 것으로서 교육이념을 규정하고 있다. 동 조항에서 교육리념으로 널리 인간을 유익하게 한다는 홍익인간을 이념으로 하고 직접적인 목적으로 인격도야, 자주적 생활능력의 배양, 민주시민으로서의 자질 함양의 세 가지를 기술하고 있는데 이러한 교육이념과 교육목적은 교육에 관련된 모든 법규들의 이념적 바탕이 될 뿐만 아니라 그러한 법규를 추구해야 할 목적이 되기도 한다. 따라서, 교육기본법 제1조의 법의 목적과 제2조의 교육이념이 합쳐짐으로써 교육법의 이념과 목적이 정립된 것이라 하겠다. 아울러 이러한 조항을 교육기본법 총칙에서 선언하고 있다는 것은 법체계상에서는 바람직한 일이라 할 수 있다.

다. (제3조) 學習權

모든 국민은 평생에 걸쳐 학습하고 능력과 적성에 따라 교육받을 권리를 가진다. 이 조항은 '누구든지', '언제', '어디서나' 교육을 받을 수 있는 열린 교육사회, 평생학습사회를 지향함으로서 모든 국민이 자아실현을 구체화할 수 있는 교육복지국가를 건설할 것을 선언하고 평생교육과 균등한 학습권을 조문화했는데, 특히 학습권은 능력과 적성에 따라 보장한다는 것이 중요하다.

학습권이란 교육받는 것을 국가나 타인으로부터 방해받거나 침해당하지 않을 뿐만 아니라(자유권적 측면), 자신이 원하는 교육을 받을 수 있도록 국가가 적극적으로 배려하여 주도록 요구하는 권리(사회권적 측면)를 포함하는 것이다. 평생교육과 학습권에 대하여는 평생교육법, 학점인정등에관한법률 등이 이 조항과 관계가 있다고 하겠다. 이 중 평생교육법은 제10조(사회교육)와 관계가 깊으므로 여기서는 학점인정 등에 관한 법률만 검토하기로 한다.

(1) 學點認定등에관한法律

(가) 동법은 1997년 1월 13일 법률 제5275호로 제정되었고, 1997년 12월 13일 법률 제5453호로 개정되었다. 총12조(학습과정의 평가인정, 평가인정서의 교부, 평가인정의 취소, 공고, 학점인정, 학력인정, 학위수여 등)로 구성되어 있다.

(나) 제1조(목적)에는 「평가인정을 받은 학습과정을 이수한 자 등에게 학점인정을 통하여 학력인정과 학위취득의 기회를 부여함으로써 평생교육의 이념을 구현하고 개인의 자아실현과 국가사회의 발전에 기여함을 목적으로 한다」고 규정하고 있다.

(다) 주요 내용으로는 학습과정의 평가인정, 평가인정서의 교부, 평가인정의 취소, 공고, 학점인정, 학력인정, 학위수여 등이 규정되어 있다.

(라) 동법 시행령은 1997년 9월 11일 대통령령 제15478호로 제정·공포되었고, 1999년 8월 19일 대통령령 제16539호로 5차 개정되었고 총22조(학점인정 등에 관한 법률로서 위임된 사항과 그 시행)로 구성되어 있다.

(마) 동법 시행규칙은 1998년 2월 28일 교육부령 제713호로 제정되었고 1999년 9월 3일 교육부령 제752호로 2차 개정되었고 총14조(평가인정·학점인정의 절차, 기준, 학위수여의 절차, 요건, 각종 증명서의 발급 등)로 구성되어 있다.

라. (제4조) 敎育의 機會均等

모든 국민은 성별, 종교, 신념, 사회적 신분, 경제적 지위 또는 신체적 조건 등을 이유로 교육에 있어서 차별을 받지 아니한다. 본 조항은 교육의 기회균등을 보장하기 위한 국가 및 지방자치단체의 교육시설 확충, 장학정책의 시행이라는 기본 방침에 관한 규정이다. 그러나, 이 조항은 상위법인 헌법 제11조 제1항의 「모든 국민은 평등하다. 누구든지 성별·종교 또는 사회적 신분에 의하여…」라는 규정에 의한 것인데, 헌법에 규정되지 않은 신념이나 경제적 지위 또는 신체적 조건이 무엇을 의미하는지, 또 어느 범위까지 인정할 것인지에 관하여는 법규 해석상 논란이 될 소지가 있다. 교육의 기회균등이란 입장에서 보면 한국교육방송공사법, 한국방송통신대학교 설치령, 방송통신고등학교설치기준령 등이 이에 관계되는 법령이라 하겠다.

(1) 韓國敎育放送公社法

㉮ 동법은 2000년 1월 12일 법률 제6136호로 제정되었다. 이 법에 의해 한국방송원법 (1997년 1월 13일 법률 제5273호로 제정)이 폐지되었다. 총3장 26조로 구성되어 있다.

㉯ 제1조(목적)에는 「한국교육방송공사를 설립하여 교육방송을 효율적으로 실시함으로써 학교교육을 보완하고 국민의 평생교육과 민주적 교육발전에 이바지함을 목적으로 한다」고 규정하고 있다.

㉰ 주요내용으로는 한국교육방송공사의 법인격, 자본금, 정관의 기재사항, 이사회의 설치 및 운영 등을 들 수 있다.

㉱ 동법시행령은 2000년 3월 13일 대통령령 제16752호로 제정되었고, 총12조로 구성되어 있다.

(2) 韓國放送通信大學校 設置令

㉮ 동 설치령은 1972년 3월 9일 대통령령 제6106호로 시행되었고, 1998년 2월 24일 대통령령 제15665호로 제18차 개정되었다. 총 26조 중 제3조, 제4조, 제14조~제19조, 제21조, 제25조, 제26조 삭제로 현 15조로 구성되어 있다.

㉯ 제1조(목적)에는 「이 영은 고등교육법의 규정에 의하여 국립의 방송통신대학의 설치·조직 및 운영에 관하여 필요한 사항을 규정함을 목적으로 한다」고 규정하고 있다.

㉰ 주요 내용으로는 한국방송대학교의 조직으로 총장·학부장 및 학과장, 하부조직으로 교무처, 학생처, 사무국, 독학학위 검정부, 운영위원회, 부속시설 등에 관한 규정으로 구성되어 있다.

㉱ 동 시행규칙은 1972년 3월 28일 문교부령 제293호로 시행되었고, 1999년 7월 1일 교육부령 제747호로 12차 개정되었고, 현9조로 구성되어 있다.

(3) 放送通信高等學校設置基準令

㈎ 동설치기준령은 1974년 1월 4일 대통령령 제7008호로 시행되었고, 1991년 2월 1일 대통령령 제13282호로 4차 개정되었다. 총12조 중 제7-9조 삭제로 현9조로 구성되어 있다.

㈏ 제1조(목적)에는 이 영은 「초·중등교육법 제51조의 규정에 의하여 국·공립의 고등학교에 두는 방송통신고등학교의 설치·교육과정·교육방법·수업연한·입학자격 및 학력인정과 그 운영에 관한 사항을 규정함을 목적으로 한다」고 규정하고 있고, 이는 사회적·경제적 여러 요인으로 인하여 교육기회를 받지 못한 사람에게 교육의 기회를 부여하기 위한 법령이다.

㈐ 주요 내용으로는 교육과정, 교육방법 및 수업연한, 입학자격, 학력인정, 방송통신에 의한 수업의 위탁 등에 관한 규정으로 구성되어 있다.

㈑ 동시행규칙은 1974년 2월 25일 문교부령 제335호로 시행되었고, 1996년 5월 9일 교육부령 제683호로 4차 개정되었고, 총10조 중 제5조 삭제로 현 9조로 구성되어 있다.

마. (제5조) 教育의 自主性 등

제1항 국가 및 지방자치단체는 교육의 자주성 및 전문성을 보장하여야 하며, 지역의 실정에 맞는 교육의 실시를 위한 시책을 수립·실시하여야 한다.

제2항 학교운영의 자율성은 존중되며, 교직원·학생·학부모 및 지역주민 등은 법령이 정하는 바에 의하여 학교운영에 참여할 수 있다.

이 규정은 국가와 지방자치단체는 교육의 자주성과 전문성의 보장에 필요한 제도적·재정적 지원을 하도록 하는 책무를 규정하였다. 이를 구체적으로 실현하기 위하여 하위입법으로서 지방교육자치에관한법률, 교육위원및교육감선거관리규칙, 한국대학교육협의회법, 한국전문대학교육협의회법 등이 있다.

(1) 地方教育自治에 관한 法律

㈎ 1991년 3월 8일 법률 제4347호로 제정되었고, 2000년 1월 28일 법률 제6216호로 전문개정 되었다. 제1장: 총칙, 제2장: 교육위원회(제1절; 조직, 제2절; 교육위원, 제3절; 권한, 제4절; 회의 및 사무직원), 제3장: 교육감(제1절; 지위와 권한, 제2절; 보조기관 및 소속교육기관, 제3절; 하급교육행정기관), 제4장: 교육재정, 제5장: 지도와 감독, 제6장: 교육위원 및 교육감선출(제1절; 통칙, 제2절; 교육위원의 정수와 교육위원·교육감의 선거구 및 자격, 제3절; 선거인단구성, 제4절; 선거기간 및 선거일공고, 제5절; 선거인명부, 제6절; 후보자, 제7절; 선거운동, 제8절; 투표, 제9절; 개표, 제10절; 당선인, 제11절; 재선거

와 보궐선거 등, 제12절; 선거에 관한 쟁송, 제13절; 벌칙, 제14절; 보칙)로 총6장 176조로 구성되었다.

㈏ 제1조(목적)에는 「교육의 자주성 및 전문성과 지방교육의 특수성을 살리기 위하여 지방자치단체의 교육·과학·기술·체육 기타 학예에 관한 사무를 관장하는 기관의 설치와 그 조직 및 운영 등에 관한 사항을 규정함으로써 지방교육의 발전에 이바지함을 목적으로 한다」고 규정하고 있다.

㈐ 주요 내용으로는 교육위원회의 설치, 교육감의 선출, 교육재정, 지도와 감독 등에 관한 규정들이 있다.

㈑ 동법시행령은 1991년 4월 23일 대통령령 제13356호로 시행되었고, 2000년 2월 28일 대통령령 제16730호로 제9차 개정이 있었다. 제1장: 총칙, 제2장: 교육위원회, 제3장: 교육감, 제4장: 하급교육행정기관, 제5장: 삭제, 제6장: 시·도 교육분쟁조정위원회에 관한 규정으로 총6장 제31조 중 제5장, 제2조~제9조, 제15조, 제18조가 삭제되어 현 5장 18조로 구성되어 있다.

(2) 敎育委員및敎育監選擧管理規則

㈎ 2000년 5월 22일 중앙선거관리위원회규칙 재174호로 제정되었다. 제1장: 총칙, 제2장: 교육위원의 정수와 교육위원·교육감의 선거구 및 자격, 제3장: 선거인단의 구성및 선거일 공고, 제4장: 선거인명부, 제5장: 후보자, 제6장: 선거운동, 제7장: 투표, 제8장: 개표, 제9장: 당선인, 제10장: 재선거와 보궐선거, 제11장: 선거에 관한 쟁송, 제12장: 보칙 등 총12장 70조로 구성되었다.

㈏ 제1조(목적)에는 「지방교육자치에관한법률에서 교육위원 및 교육감의 선거에 관하여 위임된 사항과 그 시행에 관하여 필요한 사항을 규정함을 목적으로 한다」고 규정하고 있다.

㈐ 주요 내용으로는 교육위원선거의 선거구선거관리, 선거인 명단통보, 선거일공고, 명부작성, 후보자 등록등, 투표소의 설비, 기탁금의 납부, 선거공보, 투·개표 관리 등의 규정들이 있다.

(3) 韓國大學敎育協議會法

㈎ 동법은 1984년 4월 10일 법률 제3727호로 제정되었고, 1990년 12월 27일 법률 제4268호로 개정되었다. 총22조로 구성되어 있다.

㈏ 제1조(목적)에는 「한국대학교육협의회를 설립·육성하여 대학운영의 자주성을 높이고 공공성을 앙양하며 대학의 상호협조를 통하여 대학교육의 건전한 발전을 도모함을

목적으로 한다」라고 규정하고 있다.

㈐ 주요 내용으로는 설립, 기능, 정관, 임원, 교직원의 파견근무, 자료제공, 업무위탁, 대학평가 등의 규정들이 있다.

(4) 韓國專門大學敎育協議會法

㈎ 동법은 1995년 12월 29일 법률 제5070호로 제정되었고, 총21조로 구성되어 있다.

㈏ 제1조(목적)에는 「한국전문대학교육협의회를 설립·육성하여 전문대학 운영의 자주성을 높이고 공공성을 함양하며 전문대학간의 상호협조를 통하여 전문대학 교육의 건전한 발전을 도모함을 목적으로 한다」고 규정하고 있다.

㈐ 주요 내용으로는 설립, 기능, 정관, 임원, 이사회, 교직원의 파견근무, 사업계획서, 업무위탁, 전문대학의 평가 등에 관한 규정들이 있다.

바. (제6조) 敎育의 中立性 등

제1항 교육은 교육 본래의 목적에 따라 그 기능을 다하도록 운영되어야 하며, 어떠한 정치적·파당적 또는 개인적 편견의 전파를 위한 방편으로 이용되어서는 아니 된다.

제2항 국가 및 지방자치단체가 설립한 학교에서는 특정한 종교를 위한 종교교육을 하여서는 아니된다.

이 규정은 교육의 중립성에 관하여 규정하고 있다. 이는 헌법 31조 4항의 「교육의 자주성·전문성·정치적 중립성 및 대학의 자율성은 법률이 정하는 바에 의하여 보장된다」라는 규정에 근거하여 규정된 것이며, 교육기본법 제14조 3항에 「교원은 특정정당 또는 정파를 지지하거나 반대하기 위하여 학생을 지도하거나 선동하여서는 아니된다」라는 교원의 정치적 중립의 규정을 두고 있다. 또한 교육공무원의 정치적 중립성에 대하여 헌법 제7조 제2항의 「공무원의 신분과 정치적 중립성은 법률이 정하는 바에 의하여 보장된다」라는 규정과 국가공무원법 제65조(정치운동의 금지)와 제66조(집단행위의 금지)에 공무원의 정치적 중립에 관한 규정과도 관계가 있는 것이다. 지방공무원법 제57조(정치운동의 금지)와 제58조(집단행동의 금지)에 규정된 지방공무원의 정치적 중립에 관한 규정도 같은 맥락의 것이다. 교사도 국가공무원이므로 국가공무원법의 규정에 의거 정치적 중립성을 당연히 유지하여야 한다.

제2항에서는 종교에 대한 교육의 중립성을 규정하고 있다. 헌법 제20조에는 「모든 국민은 종교의 자유를 가진다. 국교는 인정되지 아니하며 종교와 정치는 분리된다」라고 규정하고 있으므로 국·공립학교는 헌법정신에 의하여 특정종교를 위한 종교교육을 하여서

는 안 된다는 것이다. 물론 특정 종교재단에서 설립한 사립학교에서의 종교교육은 할
수가 있다. 하지만, 특정 종교학교의 학생들이 자기가 원해서 그 학교에 입학한 것이
아니라면 자기가 원하지 않아도 종교교육을 받아야 하는 경우는 그 불합리성이 문제가
될 것이다. 이제는 우리나라에서도 학생의 학교선택권의 문제를 신중히 고려해야 할 필요
가 있다고 본다.

사. (제7조) 教育財政

제1항 국가와 지방자치단체는 교육재정을 안정적으로 확보하기 위하여 필요한 시책을
수립·실시하여야 한다.

제2항 교육재정의 안정적 확보를 위한 지방교육재정교부금 및 지방교육양여금 등에
관하여 필요한 사항은 따로 법률로 정한다.

이 규정은 교육재정법률주의원칙을 밝히고 있다. 의무교육경비를 비롯한 교육재정의
안정적 확보를 강구할 책임을 국가와 지방자치단체에 부과하고 있는 것이다. 예를 들어,
의무교육에 대하여 모든 국민은 6년의 초등교육과 3년의 중등교육을 받을 권리가 있다.
모든 국민은 그 보호하는 자녀에게 9년의 교육을 받게 할 의무를 진다. 국가는 9년의
의무교육을 실시하여야 하며, 이를 위한 시설을 확보함에 필요한 모든 조치를 강구하여야
한다. 지방자치단체는 그 관할구역 안의 의무교육 학령대상 아동 전원을 취학시킴에 필요
한 초등학교와 중학교를 설치 운영하여야 한다. 다만 중등교육에 대한 3년의 의무교육은
대통령령이 정하는 바에 의하여 순차적으로 실시하도록 하였다(교육기본법 제8조).[146]
이를 근거로 하여 교육재정에 관한 법률로는 지방교육재정교부금법, 지방교육양여금법,
지방교육양여금관리특별회계법, 교육세법, 교육환경개선특별회계법, 학교수업료및입학
금에관한규칙, 국립대학교병원특별회계법 등이 제정·실시되고 있다.

(1) 地方教育財政交付金法

㈎ 동법은 1971년 12월 28일 법률 제2330호로 제정되었고, 2000년 1월 28일 법률 제6213
호로 13차 개정이 있었다. 총12조 중 제4조, 제12조 삭제로 현 10조로 구성되어 있다.

㈏ 제1조(목적)에는 「지방자치단체가 교육기관 및 교육행정기관(그 소속기관을 포함한
다. 이하 같다)을 설치·경영함에 필요한 재원의 전부 또는 일부를 국가가 교부하여 교육
의 균형 있는 발전을 도모함을 목적으로 한다」고 규정하고 있다.

---

146) 이찬교·김재웅(1999), 『교육행정』(한국방송대학교출판부), p.216.

㈐ 주요 내용으로는 교부금의 종류와 재원, 교부, 기준 재정수요액, 기준 재정수입액, 예산 계상, 지방자치단체의 부담 등을 내용으로 하고 있다.

㈑ 동법 시행규칙은 1995년 12월 29일 교육부령 제673호로 전문개정되었고, 1996년 8월 30일 교육부령 제686호로 1차 개정되어 시행되고 있고 총7조로 구성되어 있다. 제1조에는 「이 규칙은 지방교육재정교부금법에서 위임된 사항과 그 시행에 관하여 필요한 사항을 규정함을 목적으로 한다」고 규정하고 있다. 주요내용으로는 가용재원의 산정, 기준 재정수요액의 산정, 측정단위 및 단위비용, 시·도별 지수, 가중학생수의 산정[147] 등에 관하여 규정하고 있다.

(2) 地方敎育讓與金法

㈎ 동법은 1990년 12월 31일 법률 제4301호로 제정되었고, 1997년 12월 13일 법률 제5454호로 개정되어 총7조로 구성되어 있다.

㈏ 제1조(목적)에는 「국세와지방세의조정등에관한법률 제5조 제2항의 규정에 의하여 국세의 일부를 지방자치단체에 양여하기 위한 양여기준 등 필요한 사항을 규정함을 목적으로 한다」고 규정하고 있다.

㈐ 주요 내용으로는 지방교육 양여금의 재원, 양여금의 양여기준, 양여금의 용도 등에 관하여 규정하고 있다.

(3) 地方敎育讓與金管理特別會計法

㈎ 동법은 1990년 12월 31일 법률 제4302호로 제정되었고, 총6조로 구성되어 있다.

㈏ 제1조(목적)에는 「지방교육양여금법 제3조의 규정에 의한 지방교육양여금을 효율적으로 관리·운용하기 위하여 지방교육양여금관리특별회계를 설치함을 목적으로 한다」고 규정하고 있다.

㈐ 주요 내용으로는 회계의 관리·운용, 세입과 세출, 일시차입, 잉여금의 처리 등에 관하여 규정하고 있다.

---

147) 학교급별 교육비차이도 계수

구분	유치원	초등학교	중학교	고등학교				특수학교
				일반계	공업계	상업계 및 종합계	농업계,수산 및 해양계 기타 실업계	
계수	1.42	1.00	1.42	1.87	2.55	2.16	2.33	5.29

(4) 教育稅法

㈎ 동법은 1981년 12월 5일 법률 제3459호로 제정되었고, 1999년 12월 28일 법률 제6050호로 9차 개정이 있었다. 총13조로 구성되어 있다.

㈏ 제1조(목적)에는 「교육의 질적 향상을 도모하기 위하여 필요한 교육재정의 확충에 소요되는 재원을 확보함을 목적으로 한다」고 규정하고 있다.

㈐ 주요 내용으로는 정관, 납세의무자, 비과세, 과세표준과 세율 등에 관한 규정들이 있다.

㈑ 동법 시행령은 1999년 4월 30일 대통령령 제16270호로 개정되었고, 총12조(납세의무자의 구성, 과세표준 계산 등)로 구성되어 있다.

(5) 教育環境改善特別會計法

㈎ 동법은 1995년 12월 29일 법률 제5071호로 제정·공포되었고 총7조로 구성되어 있다.

㈏ 제1조(목적)에는 「초등학교·중학교·고등학교 및 특수학교의 노후시설의 개선과 교원편의시설의 확충 등을 위하여 교육환경개선특별회계를 설치하고 그 운영에 관한 사항을 규정함을 목적으로 한다」고 규정하고 있다.

㈐ 주요 내용으로 교육환경특별회계는 교육부장관이 운영·관리하며, 세입, 세출, 일시차입금, 지방자치단체에 대한 교부, 잉여금의 처리 등에 관한 규정들이 있다.

(6) 學校授業料및入學金에관한規則

㈎ 동 규칙은 1969년 7월 23일 문교부령 제211호로 제정되어 1999년 10월 7일 교육부령 제754호로 42차 개정이 있었고 총10조 중 제9조 삭제로 현 9조로 구성되어 있다.

㈏ 동 규칙은 「초·중등교육법 제10조 또는 고등교육법 제11조의 규정에 의하여 국·공·사립의 각급 학교에서 징수하는 수업료와 입학금에 관한 사항을 규정함을 목적으로 한다」고 규정하고 있다.

㈐ 주요 내용으로는 징수금액, 수업료·입학금의 면제·감액, 징수방법, 수업료 등의 반환, 징벌, 가산금 등에 관하여 규정하고 있다.

(7) 國立大學校附屬病院特別會計法

㈎ 동법은 1965년 12월 20일 법률 제1726호로 제정·공포되었고, 1990년 12월 27일 법률 제4268호로 최종 개정되었고 총10조로 구성되어 있다.

㈏ 제1조(목적)에는 「국립대학교부속병원의 합리적인 운영을 기하기 위하여 국립대학교부속병원특별회계를 설치한다」고 규정하고 있다.

㈐ 주요 내용으로는 회계는 교육부장관이 관리하며, 세입과 세출, 일시차입 및 조체, 일반회계로부터 전입, 예비비, 수입금마련지출, 잉여금의 처리 등에 관한 규정들이 있다.

㈑ 동법 시행령은 1969년 11월 5일 대통령령 제4199호로 시행되었고, 1994년 12월 23일 대통령령 제14438호로 3차 개정되었다.

아. (제8조) 義務敎育

제1항 의무교육은 6년의 초등교육 및 3년의 중등교육으로 한다. 다만, 3년의 중등교육에 대한 의무교육은 국가의 재정여건을 고려하여 대통령령이 정하는 바에 의하여 순차적으로 실시한다.

제2항 모든 국민은 제1항의 규정에 의한 의무교육을 받을 권리를 가진다.

이 규정은 헌법 제31조 제2항의 『모든 국민은 그 보호하는 자녀에게 적어도 초등교육과 법률이 정하는 교육을 받게 할 의무를 진다』라는 규정을 실현하기 위한 규정이다. 초등학교 6년간의 의무교육은 헌법 제정 당시부터 규정된 것이며, 1984년 8월 2일 법률 제3739호로 개정되어 중학교까지 의무교육의 범위를 확대하는데, 국가적 책무를 선언하였다. 그러나, 현재까지 모든 중학교에서 의무교육이 실시되지는 못하고 있다. 행정구역상 읍·면지역에 소재하는 초등학교를 학구로 하는 지역에 거주하는 중학교 학령대상자, 행정구역상 市이상이지만 도서·벽지지역에 소재하는 초등학교를 학구로 하는 지역에 거주하는 중학교 학령대상자, 특수교육진흥법의 규정에 의한 특수교육대상자중 중학교과정 교육대상자만이 의무교육의 혜택을 받고 있다(초·중등교육법 시행령 제23조). 시지역에서는 아직 중학교 의무교육이 실시되지 못하고 있는데 가장 큰 이유는 역시 교육재정의 부족을 들 수 있다. 이에 대한 대책이 절실히 요구되는 바이다. 이에 관한 구체적 규정들은 초·중등교육법과 초·중등교육법시행령(1998년 2월 24일 대통령령 제15664호로 제정), 도서·벽지교육진흥법 등이 있다. 초·중등교육법은 고등학교 교육과도 관계가 깊으므로 엄밀하게 말해서 의무교육에 관한 직접적인 법령이라 할 수 없겠지만, 초등교육과 중학교교육이 포함되는 것이므로 동 조문과 관계된 법령으로 취급하기로 한다.

(1) 初·中等敎育法

㈎ 초·중등교육법은 1997년 12월 13일 법률 제5438호로 제정되었고, 000년 1월 28일 법률 제6209호로 2차 개정되었다. 제1장: 총칙, 제2장: 의무교육, 제3장: 학생과 교직원(제1

절; 학생, 제2절; 교직원), 제4장: 학교(제1절; 통칙, 제2절; 학교운영위원회, 제3절; 유치원, 제4절; 초등학교·공민학교, 제5절; 중학교·고등공민학교, 제6절; 고등학교·고등기술학교, 제7절; 특수학교 등, 제8절; 각종학교), 제5장: 보칙 및 벌칙으로 총5장에 68조로 구성되어 있다.

㈏ 제1조(목적)에는 「교육기본법 제9조의 규정에 따라 유아교육 및 초·중등교육에 관한 사항을 정함을 목적으로 한다」고 규정하고 있다.

㈐ 주요 내용은 학교의 종류, 의무교육, 취학의무, 교직원의 구분, 교원의 자격, 교육과정, 학교운영위원회, 각종 학교의 목적과 특징들에 대하여 기술하고 있다.

(2) 初·中等敎育法施行令

㈎ 동법 시행령은 1998년 2월 24일 대통령령 제15664호로 제정·공포되었고, 2000년 2월 28일 대통령령 제16729호로 4차 개정되었다. 제1장: 총칙, 제2장: 의무교육, 제3장: 학생 및 교직원(제1절; 학생, 제2절; 교직원), 제4장: 학교(제1절; 통칙, 제2절; 학교운영위원회, 제3절; 유치원, 제4절; 중학교, 제5절; 고등학교), 제5장: 학력 및 자격인정(제1절; 학력인정, 제2절; 자격인정), 제6장: 보칙으로 총6장 107조로 구성되어 있다.

㈏ 제1조(목적)에는 「초·중등교육법에서 위임된 사항과 그 시행에 관하여 필요한 사항을 규정함을 목적으로 한다」고 규정하고 있다.

㈐ 주요 내용으로는 학교의 설립기준, 학교규칙(학칙), 제반 평가, 의무교육, 학생의 징계, 각 학교급별 교원의 배치기준, 학교의 학사일정, 학교운영위원회에 관한 규정, 각 학교급별 입학전형방법, 학력 및 자격인정 등에 관한 것으로 구성되어 있다.

(3) 島嶼·僻地敎育振興法

㈎ 동법은 1967년 1월 16일 법률 제1870호로 제정되었고, 1990년 12월 27일 법률 제4268호로 2차 개정되었다. 총6조 중 제6조 삭제로 현5조로 구성되어 있다.

㈏ 제1조(목적)에는 「도서벽지의 의무교육을 진흥함을 목적으로 한다. 도서벽지라 함은 지리적·경제적·문화적·사회적 혜택을 받지 못하는 산간지·낙도·수복지구·접적지구 및 광산지구로서 교육부령이 정하는 지역을 말한다」고 규정하고 있어(동법 제2조), 한편으로 도서벽지의 의무교육을 실현하기 위해 규정된 법률이다. 동 법률은 근무여건이 열악한 도서벽지에 교사가 근무하기를 꺼려함으로써 이에 대한 대안으로 근무벽지 점수를 높게 부여하여 장려하였다. 그러나, 최근 교통수단이 발달하였고 지나치게 승진이나 진급을 위해 도서벽지를 선호함으로써 또 다른 문제를 야기함으로써 이에 대한 방안이

요구된다고 하겠다.

㈐ 주요 내용으로는 국가 및 지방자치단체의 임무와 도서벽지수당에 관한 규정들을 포함하고 있다.

㈑ 동법 시행규칙은 1982년 3월 31일 문교부령 제503호로 제정·시행되었고, 1996년 1월 9일 교육부령 제675호로 13차 개정되었다. 총2조(도서·벽지지역 지정 및 등급별 구분)로 구성되어 있다.

자. (제9조) 學校敎育

제1항 유아교육·초등교육·중등교육 및 고등교육을 실시하기 위하여 학교를 둔다.

제2항 학교는 공공성을 가지며 학생의 교육 외에 학술과 문화적 전통을 유지·발전시키고 주민의 평생교육을 위하여 노력하여야 한다.

제3항 학교교육은 학생의 창의력 계발 및 인성의 함양을 포함한 전인적 교육을 중시하여 이루어져야 한다.

제4항 학교의 종류와 학교의 설립·경영 등 학교 교육에 관한 기본적인 사항은 따로 법률로 정한다.

이 규정은 학교교육의 기본원칙을 규정한 조항으로서 이에 근거하여 학교의 종류와 설립·경영 등 학교교육에 관한 기본적인 사항은 따로 법률로 정하도록 함으로써 이에 관련된 법률은 상당히 많이 있다. 이러한 많은 학교를 학교의 설립에 관한 특별령을 중심으로 다음(제2절 우리나라의 여러 학교들)에서 다루고자 한다. 그 외 학교교육과 관련된 법률은 초·중등교육법, 고등교육법 등이 있으나, 초·중등교육법은 앞의 의무교육과 관련하여 설명하였으므로 여기에서는 고등교육법만 다루기로 한다.

(1) 高等敎育法

㈎ 고등교육법은 1997년 12월 13일 법률 제5439호로 제정·공포되었고, 1999년 8월 31일 법률 제6006호로 1차 개정되었다. 제1장: 총칙, 제2장: 학생 및 교직원(제1절; 학생, 제2절; 교직원), 제3장: 학교(제1절; 통칙, 제2절: 대학 및 산업대학(제1관; 대학, 제2관; 산업대학), 제3절; 교육대학 등, 제4절; 전문대학, 제5절; 방송·통신대학, 제6절; 기술대학, 제7절; 각종학교), 제4장: 보칙 및 벌칙으로 총4장 64조로 구성되어 있다.

㈏ 제1조(목적)에는 「교육기본법 제9조의 규정에 따라 고등교육에 관한 사항을 정함을 목적으로 한다」고 규정하고 있다.

㈐ 주요 내용으로는 학교의 종류, 학교의 설립, 학교규칙, 교원의 임무 및 자격기준,

각종 학교의 목적 및 학사일정 등으로 구성되어 있다.

(2) 高等敎育法施行令

㈎ 동법 시행령은 1998년 2월 24일 대통령령 제15665호로 시행되었고, 1999년 3월 26일 대통령령 제16196호로 1차 개정되었다. 제1장: 총칙, 제2장: 교직원, 제3장: 학교(제1절; 통칙, 제2절; 대학 및 산업대학, 제3절; 교육대학 등, 제4절; 전문대학, 제5절; 방송·통신대학, 제6절; 기술대학, 제7절; 각종학교), 제4장: 학력인정 및 자격인정, 제5장: 보칙으로 총5장 72조로 구성되어 있다.

㈏ 제1조(목적)에는 「고등교육법에서 위임된 사항과 그 시행에 관하여 필요한 사항을 규정함을 목적으로 한다」고 규정하고 있다.

㈐ 주요 내용은 학교설립 등, 학칙, 학사일정, 각종 대학의 학생의 정원, 입학·편입학, 학생의 선발 등으로 구성되어 있다.

차. (제10조) 社會敎育

제1항 국민의 평생교육을 위한 모든 형태의 사회교육은 장려하여야 한다.

제2항 사회교육의 이수는 법령이 정하는 바에 의하여 그에 상응하는 학교교육의 이수로 인정될 수 있다.

제3항 사회교육시설의 종류와 사회교육시설의 설립·경영 등 사회교육에 관한 기본적인 사항은 따로 법률로 정한다.

이 규정은 헌법 제31조 제5항에 규정되어 있는 평생교육의 진흥을 위한 규정을 구체화하고 있다. 이에 관련된 법률로는 평생교육법, 독학에의한학위취득에관한법률, 학원의설립·운영에관한법률, 도서관및독서진흥법, 청소년보호법 등이 있다. 이 중 청소년보호법은 제12조(학습자)와 관계가 깊으므로 여기서는 나머지 법률들만 검토하기로 한다.

(1) 平生敎育法

㈎ 동법은 1999년 8월 31일 법률 제6003호로 전문개정 되었다. 본법은 사회교육법(1982. 12. 31. 법률 제3648호)을 대체한 법이다. 총5장(제1장: 총칙, 제2장: 국가 및 지방자치단체의 임무, 제3장: 평생교육사, 제4장: 평생교육시설, 제5장: 보칙) 32조로 구성되어 있다.

㈏ 제1조(목적)에는 「평생교육에 관한 사항을 정함을 목적으로 한다」라고 규정하고 있으며, 평생교육이란 기존의 사회교육법에서 규정하고 있는 사회교육의 의미를 모두 포함하는 개념이다. 여기서 '평생교육'이라 함은 「학교교육을 제외한 모든 형태의 조직적

인 교육활동을 말한다」라고 규정하고 있어, 구사회교육법(1982. 12. 31. 법률 제3648호) 제2조 제1호(정의)에서 '사회교육'이란 「다른 법률에 의한 학교교육을 제외하고 국민의 평생교육을 위한 모든 형태의 조직적인 교육활동을 말한다」라는 규정과 의미에 있어 전혀 변함이 없다. 결국, 이는 사회교육법에서 평생교육법으로의 법명과 개정되었지, 내용과 의미상의 변화는 찾을 수 없다. 자세한 내용은 제6장에 기술되어 있다.

㈐ 주요 내용으로는 평생교육의 이념, 교육과정 등, 공공시설의 이용, 학습휴가 및 학습비 지원, 평생교육시설 설치자의 역할, 국가 및 지방자치단체의 임무, 평생교육협의회, 평생교육센터 등의 운영, 평생교육사, 평생교육사의 배치, 학교형태의 평생교육시설, 학점 등의 인정에 관한 조항들로 이루어져 있다.

㈑ 동법 시행령은 2000년 3월 13일 대통령령 제16750호로 전문개정 되었다. 총47조로 구성되어 있다. 주요 내용으로는 공공시설의 이용, 전문인력정보은행제의 운영, 교육계좌제의 운영, 평생교육사의 자격요건 등, 평생교육사 양성기관의 지정 등에 관한 내용들로 구성되어 있다.

㈒ 동법 시행규칙은 2000년 3월 31일 교육부령 제 765호로 제정·공포되었다. 총21조로 구성되어 있다.

(2) 獨學에의한學位取得에관한法律

㈎ 동법은 1990년 4월 7일 법률 제4227호로 제정·공포되었고, 1996년 12월 30일 법률 제5208호로 2차 개정되었다. 총7조로 구성되어 있다.

㈏ 제1조(목적)에는 「독학자에게 학사학위취득의 기회를 부여함으로써 평생교육의 이념을 구현하고 개인의 자아실현과 국가사회의 발전에 기여함을 목적으로 한다」고 규정하고 있다.

㈐ 주요 내용은 학위취득을 위한 시험의 응시자격(제4조)과 시험의 단계 및 과목(제5조)에 관한 것이다. 독학자에게 학위취득의 폭을 넓히기 위하여 시험을 단계적으로 거치도록 한 것이 특징이다. 따라서, 동법은 사회교육의 일환으로 평생교육의 이념을 실현시키기 위한 제도적 장치에 해당된다.

㈑ 동법의 시행령은 1990년 5월 3일 대통령령 제13000호로 공포·시행되었고, 1999년 12월 31일 대통령령 제16680호로 8차 개정되었다. 총16조로 구성되어 있는데, 모법이 총7조인데 반하여 시행령이 총16조(평가영역, 응시자에 대한 편의제공, 독학학위운영위원회의 구성, 위원회의 기능, 시험의 방법, 시험의 합격결정, 수당 및 여비지급 등)로 구성되어 있다는 것은 학위취득을 위한 시행절차 등을 구체화한 집행명령으로서 역할을 하는 것이다.

㈒ 동 시행규칙은 1990년 5월 18일 문교부령 제586호로 공포·시행되었고, 1999년 9월 30일 교육부령 제753호로 5차 개정되었다. 총13개 조항 중 제12조의 삭제로 현12개조(독학정보상담실의 설치, 시험과목 및 평가영역, 강좌 및 과정의 지정, 시험일정 등)로 구성되어 있다.

(3) 學院의設立·運營에관한法律

㈎ 동법은 1995년 8월 4일 법률 제4964호로 전문개정되었고, 1999년 1월 18일 법률 제5634호로 5차 개정이 있었다. 총23조 중 제11조 삭제로 현22조로 구성되어 있다.

㈏ 제1조(목적)에는 「학원의 설립 및 운영에 관한 사항을 규정하여 학원의 건전한 발전을 도모함으로써 사회교육의 진흥에 이바지함을 목적으로 한다」고 규정하고 있다. 여기서 "학원"이란 사인이 대통령령이 정하는 수 이상의 학습자에게 30일 이상의 교습과정에 따라 지식·기술·예능을 교습하거나, 30일 이상 학습장소로 제공되는 시설을 의미한다(동 법 제2조).

㈐ 주요 내용으로는 과외학습, 학원설립·운영자의 채무, 교육환경의 정화, 학원설립의 운영, 등록, 결격사유, 수강료 및 지도감독 등으로 구성되어 있다.

㈑ 동법 시행령은 1995년 12월 30일 대통령령 제14883호로 전문개정 되었고, 1999년 5월 10일 대통령령 제16294호로 3차 개정이 있었다. 총21조 중 (제11조, 19조 삭제) 19조로 구성되어 있다. 주로 학원의 설립 및 운영에 관한 구체적인 내용들로 구성되어 있다.

㈒ 동법 시행규칙은 1985년 5월 8일 문교부령 제539호로 시행되었고, 1996년 2월 9일 교육부령 제677호로 전면 개정되었고, 1999년 6월 15일 교육부령 제745호로 2차 개정되었다. 총16조 중 제9조 삭제로 현15조로 구성되어 있다.

(4) 圖書館및讀書振興法

㈎ 동법은 1994년 3월 24일 법률 제4746호로 제정되었고, 2000년 1월 12일 법률 제6126호로 4차 개정되었다. 제1장: 총칙, 제2장: 국립 중앙도서관, 제3장: 공공도서관, 제4장: 대학도서관, 제5장: 학교도서관, 제6장: 전문도서관 및 특수도서관, 제7장: 문고, 제8장: 도서관 협력망, 제9장: 독서진흥, 제10장: 보칙으로 총10장 54조 중 제9-10조 삭제로 현10장 52조로 구성되어 있다.

㈏ 제1조(목적)에는 「도서관 및 문고의 설립·운영과 독서진흥을 위한 환경조성에 필요한 사항을 규정하여 도서관 및 문고의 건전한 육성과 독서증진활동을 활성화함으로써 사회 각 분야에 대한 지식·정보의 제공 및 유통의 효율화와 문화발전 및 평생교육에

이바지함을 목적으로 한다」고 규정하고 있다.

㈐ 주요 내용으로는 도서관 및 문고의 종류, 시설·자료, 사서직원, 도서관 및 독서진흥기금, 국립중앙도서관·공공도서관·대학도서관·학교도서관의 업무, 문고의 설립 및 운영, 독서진흥을 위한 국가 및 지방자치단체의 임무 등을 내용으로 하고 있다.

㈑ 동법 시행령은 1994년 7월 23일 대통령령 제14339호로 시행되었고, 2000년 4월 22일 대통령령 제16795호로 4차 개정되었다. 총39조 중 제8-15조, 제23조, 제29-30조 삭제로 현28조(도서관 및 문고의 시설·자료기준, 사서직원의 배치기준 및 자격요건, 도서관 및 독서진흥기금의 관리·운용, 위원회의 구성, 직무, 회의 등)로 구성되어 있다.

㈒ 동법 시행규칙은 1994년 8월 12일 문화체육부령 제16호로 시행되었고, 2000년 6월 3일 문화관광부령 제41호로 제2차 개정되었고, 총16조 중 제14조 삭제로 현 15조(자격증의 교부, 재교부, 변경신청, 자료제출에 관한 각종 서식에 관한 내용)로 구성되어 있다.

카. (제11조) 學校 등의 設立

제1항 국가 및 지방자치단체는 학교 및 사회교육시설을 설립·경영한다.

제2항 법인 또는 사인은 법률이 정하는 바에 의하여 학교 및 사회교육시설을 설립·경영할 수 있다.

제1항은 학교 및 사회교육시설은 원칙적으로 국립이나 공립이라는 것이다. 이는 공교육의 확대를 의미하기도 한다. 제2항은 학교나 사회교육시설을 뜻이 있고 재력이 있는 법인이나 개인에게 설립·경영권을 부여하고 있는 것이다. 사실상 우리나라의 학교나 사회교육시설에서 법인이나 개인이 설립해서 운영하는 비중이 상당한 부분을 차지하고 있다. 특히, 학교의 경우 중학교보다는 고등학교가, 고등학교보다는 대학교에서 사립학교의 비율이 훨씬 높다. 이는 과거의 국가나 지방자치단체의 절대적인 재정부족에서 야기된다고 보여진다. 이 조항과 관계된 법령으로는 국립학교설치령, 서울대학교설치령, 한국교원대학교설치령, 학교용지확보등에관한특례법, 사립학교법 등이 있는데, 여기서는 국립학교설치령과 사립학교법만을 검토하기로 한다.

(1) 國立學校設置令

㈎ 동 설치령은 1977년 8월 30일 대통령령 제8672호로 전문개정 되었고, 2000년 2월 28일 대통령령 제16725호로 37차 개정되었다. 제1장 : 총칙, 제2장 : 대학, 제3장 : 삭제 제4장 : 교육대학, 제4장의 2 : 산업대학, 제5장 : 전문대학, 제6장 : 고등학교, 제7장 : 특수학교, 제8장 : 각종학교로 총7장 40조(총56조 중 16개 조항 삭제)로 구성되어 있다.

㈏ 제1조(목적)에는 「초·중등교육법 및 고등교육법에 의한 국립학교의 설치와 직제에 관하여 다른 법령에 특별히 규정한 것을 제외하고는 이 영이 정하는 바에 의한다」라고 규정하여 국립학교의 설치에 관해서 원칙적으로 본 설치령이 적용된다.

(2) 私立學校法

㈎ 동법은 1963년 6월 26일 법률 제1362호로 제정·시행되었고, 2000년 1월 28일 법률 제6212호로 28차 개정되었다. 제1장 : 총칙, 제2장 : 학교법인(제1절; 통칙, 제2절; 설립, 제3절; 기관, 제4절; 재산과 회계, 제5절; 해산과 합병, 제6절; 지원과 감독), 제3장 : 사립학교경영자(학교법인에의 조직변경), 제4장 : 사립학교교원(제1절; 자격·임면·복무, 제2절; 신분보장 및 사회보장, 제3절; 징계), 제5장 : 보칙, 제6장 : 벌칙으로 총6장 70조(총74조 중 제49·67·68·69조 삭제)로 구성되어 있다.

㈏ 제1조(목적)에는 「사립학교의 특수성에 비추어 그 자주성을 확보하고 공공성을 앙양함으로써 사립학교의 건전한 발달을 도모함을 목적으로 한다」고 규정하고 있다. 여기서 "사립학교"란 학교법인 또는 공공단체 이외의 법인 기타 사인이 설치하는 초·중등교육법 제2조, 고등교육법 제2조에 규정된 학교를 말한다. 또 "사립학교경영자"란 교육기본법, 초·중등교육법, 고등교육법과 이 법에 의하여 사립학교를 설치·경영하는 공공단체 이외의 법인(학교법인을 제외한다)또는 사인을 말한다(동법 제2조).

㈐ 주요 내용으로는 사립학교의 설립, 해산, 지원과 감독, 사립학교경영자의 결격사유, 학교법인의 조직, 사립학교교원의 자격 및 신분보장 등을 규정하고 있다.

㈑ 동법 시행령은 1969년 12월 4일 대통령령 제4396호로 시행되었고, 1998년 11월 3일 대통령령 제15922호로 14차 개정되었다. 총30조 중 제27조 삭제로 현 29조(수익사업의 신고, 공고방법, 생계비등의 범위 및 지급, 기본 재산의 처분 등)로 구성되어 있다.

2. 敎育當事者

가. (제12조) 學習者

제1항 학생을 포함한 학습자의 기본적 인권은 학교교육 또는 사회교육의 과정에서 존중되고 보호된다.

제2항 교육내용·교육방법·교재 및 교육시설은 항상 학습자의 인격을 존중하고 개성을 중시하여 학습자의 능력을 최대한으로 발휘될 수 있도록 강구되어야 한다.

제3항 학생은 학교의 규칙을 준수하여야 하며, 교원의 교육·연구활동을 방해하거나 학내의 질서를 문란하게 하여서는 아니된다.

이 규정은 헌법 제10조 제1항인 「모든 국민은 인간으로서의 존엄과 가치를 가지며, 행복을 추구할 권리가 있다」라는 규정을 근거로 하여 제2항에서는 교육내용·교육방법·교재 및 교육시설은 학습자의 인격존중, 개성존중, 학습자의 능력을 최대한으로 발휘될 수 있도록 강구하여야 한다. 반면 제3항에서 학습자는 학교의 규칙을 준수하여야 하며 교원의 연구활동을 방해하거나 학내의 질서를 문란하게 하여서는 아니된다 라고 의무조항을 함께 규정하고 있다. 이에 관련된 직접적인 규정은 초·중등교육법, 간접적인 규정으로 청소년기본법과 한국청소년연맹육성에관한법률, 청소년보호법 등이 있다.

(1) 靑少年基本法

㈎ 동법은 1991년 12월 31일 법률 제4477호로 제정되었고, 1999년 2월 8일 법률 제5914호로 9차 개정되었다. 제1장 : 총칙, 제2장 : 청소년육성정책의 총괄, 제3장 : 청소년수련활동의 지원 등, 제4장 : 청소년수련시설, 제5장 : 청소년수련지구의 지정 등, 제6장 : 청소년복지 등, 제7장 : 한국 청소년상담원 등, 제8장 : 청소년육성기금, 제9장 : 보칙, 제10장 : 벌칙으로 제10장 67조(총76조 중 44조 50-56조 71조 삭제)로 구성되어 있다.

㈏ 제1조(목적)에는 「청소년(9세 이상에서 24세 이하의 자)의 권리 및 책임과 가정·사회·국가 및 지방자치단체의 청소년에 대한 책임을 정하고, 청소년육성정책에 관한 기본적인 사항을 규정함을 목적으로 한다」고 규정하고 있다. 기본 이념으로는 청소년이 사회구성원으로서 정당하게 대우받고 권익을 보장받으며, 스스로 생각하고 자유롭게 활동할 수 있도록 함과 아울러 미래사회의 주역으로서 국가와 사회가 필요로 하는 건전한 민주시민으로 자랄 수 있도록 함이다(동법 제2조).

㈐ 주요 내용으로는 청소년의 권리와 책임, 가정의 책임, 사회의 책임, 국가 및 지방자치단체의 책임, 청소년교류의 진흥, 청소년 기본 계획의 수립, 청소년 복지 증진, 기금의 설치 등과 같은 규정들이 있다.

㈑ 동법 시행령은 1992년 12월 31일 대통령령 제13811호로 시행되었고, 1999년 8월 7일 대통령령 제16523호로 12차 개정되었다. 제1장 : 총칙, 제2장 : 청소년육성정책의 총괄, 제3장 : 청소년수련활동의 지원 등, 제4장 : 청소년수련시설, 제5장 : 청소년수련지구의 지정 등, 제6장 : 청소년복지 등, 제7장 : 한국청소년상담원 등, 제8장 : 청소년육성기금, 제9장 : 보칙으로 총9장 75조 중 20개 조항 삭제로 현55조로 구성되어 있다.

㈒ 동법 시행규칙은 1993년 2월 1일 체육청소년부령 제21호로 시행되었고, 1999년 9월

21일 문화관광부령 제32호로 3차 개정되었다. 총46조 중 12개조 삭제로 현34조로 구성되어 있다.

(2) 韓國靑少年聯盟育成에관한法律

㈎ 동법은 1981년 4월 13일 법률 제3434호로 제정되었고, 1993년 3월 6일 법률 제4541호로 2차 개정되었다. 총12조로 구성되어 있다.

㈏ 제2조(목적)에는 「대한민국 청소년 및 소녀의 전인교육·훈련을 통하여 새로운 민족관과 국가관을 정립시켜 조국통일과 민족웅비의 새 역사창조에 이바지할 수 있는 민족주체세력을 양성함과 동시에 세계로 향한 진취적 기상을 진작시키기 위하여 설립된 사단법인 한국청소년연맹을 지원·육성함으로써 민족의 번영과 국가·사회발전에 기여함을 목적으로 한다」고 규정하고 있다.

㈐ 주요 내용으로는 협조 및 지원, 활동 조정, 국·공유 재산의 대부 및 시설 지원, 보조, 조세 감면 등의 규정들이 있다.

(3) 靑少年保護法

㈎ 동법은 1997년 3월 7일 법률 제5297호로 제정되었고, 2000년 2월 3일 법률 제6261호로 4차 개정되었다. 제1장 : 총칙(가정의 역할, 사회, 국가 및 지방자치단체의 책임), 제2장 : 청소년유해매체물의 청소년대상 유통 규제(매체물의 범위, 매체물의 심의·결정, 등급 구분 등), 제3장 : 청소년유해업소, 청소년유해약물 및 청소년유해행위 등의 규제(청소년 고용금지 및 출입제한, 청소년통행금지·제한구역의 지정 등), 제4장 : 청소년보호위원회(청소년보호위원회의 설치·기능·구성 등), 제5장 : 보칙, 제6장 : 벌칙으로 총6장 제56조로 구성되어 있다.

㈏ 제1조(목적)에는 「청소년(19세미만의 자)에게 유해한 매체물과 약물 등이 청소년에게 유통되는 것과 청소년이 유해한 업소에 출입하는 것 등을 규제하고 청소년을 청소년폭력·학대등 청소년유해행위를 포함한 각종 유해한 환경으로부터 보호·구제함으로써 청소년이 건전한 인격체로 성장할 수 있도록 함을 목적으로 한다」고 규정하고 있다.

㈐ 주요 내용으로는 가정의 역할, 사회, 국가 및 지방자치단체의 책임, 청소년유해업소의 고용 금지 및 출입 제한, 청소년보호위원회의 설치, 기능, 구성 등에 관한 규정들이 있다.

㈑ 동법 시행령은 1997년 6월 28일 대통령령 제15419호로 제정되었고, 2000년 3월 13일 대통령령 제16751호로 3차 개정되었다. 총42조 중 제9조, 21조, 23조, 26조 삭제로 현38조

(청소년유해약물의 결정기준, 청소년유해업소의 범위, 매체물의 범위, 청소년유해매체물의 심의기준 등 청소년보호법에서 위임된 사항을 규정함을 목적으로 구성됨)로 이루어져 있다.

㈐ 동법 시행규칙은 1997년 7월 7일 문화체육부령 제40호로 제정되었고 1999년 7월 12일 총리령 701호로 개정되었다. 총12조 중 제3조 삭제로 현11조(청소년유해매체물의 고시, 결정신청서 등)로 구성되어 있다.

나. (제13조) 保護者

제1항 부모 등 보호자는 그 보호하는 자녀 또는 아동이 바른 인성을 가지고 건강하게 성장하도록 교육할 권리와 책임을 가진다.

제2항 부모 등 보호자는 그 보호하는 자녀 또는 아동의 교육에 관하여 학교에 의견을 제시할 수 있으며, 학교는 이를 존중하여야 한다.

이 규정은 헌법 제31조 제2항의 보호자 의무조항에 근거하여, 제1항은 보호자의 권리와 책임에 관한 규정으로 초등교육과 법률이 정하는 교육을 받아 바른 인성을 가지고 건강하게 성장하도록 교육을 시켜야 하는 책임을 지도록 하고 있으며, 제2항에서는 학교에 대한 보호자의 의견제시권을 보장함으로써 학교, 학생, 보호자가 모두 교육을 위해 동반자적 위치에서 본분을 다하도록 하였다. 학부모의 의견제시권과 관계하여 학교운영위원회제도가 활용되고 있다.

(1) 學校運營委員會規程
㈎ 設置 目的

학교운영의 자율성을 높이고 지역의 실정과 특성에 맞는 다양한 교육을 창의적으로 실시할 수 있도록 하기 위하여 국·공립의 초등학교·중학교·고등학교 및 특수학교에 학교운영위원회를 구성 운영하도록 하고 있다(초·중등교육법 제31조 제1항). 그 동안 문제가 되었던 사립학교의 학교운영위원회의 구성은 2000년 3월 1일부터 시행되었다. 그러므로 국·공·사립을 불문하고 학교운영위원회는 설치된다.

㈏ 機能

국·공립의 초등학교·중학교·고등학교 및 특수학교는 다음의 기능을 심의한다.

① 학교헌장 및 학칙의 제정 또는 개정, ② 학교의 예산안 및 결산, ③ 학교교육과정의 운영방법에 관한 사항, ④ 교과용도서 및 교육자료의 선정에 관한 사항, ⑤ 정규학습시간

종료 후 또는 방학기간 중의 교육활동 및 수련활동에 관한 사항, ⑥ 교육공무원법 제31조 제2항의 규정에 의한 초빙교원에 관한 사항, ⑦ 학교운영지원비의 조성・운용 및 사용에 관한 사항, ⑧ 학교급식에 관한 사항, ⑨ 대학입학 특별전형중 학교장 추천에 관한 사항, ⑩ 학교운동부의 구성・운영에 관한 사항, ⑪ 학교운영에 대한 제안 및 건의 사항, ⑫ 기타 대통령령, 특별시・광역시 또는 도의 조례로 정하는 사항을 심의한다(초・중등교육법 제32조). 학교운영위원회의 성격에 관한 논란은 바로 이 부분이다. 의결기관이 아니라 단순히 심의・자문기관의 성격에 불과하기 때문에 학교장의 권한 남용이나 월권행위를 규제할 수 없어 큰 한계점이라 아니할 수 없다. 학교의 운영에 있어서 가장 본질적이고 중요한 내용은 학교운영위원회의 의결사항으로 규정함으로써 이에 대한 보완이 이루어져야 할 것이다. 이에 학교운영위원회의 성격이 지금의 자문・심의기관에서 특정한 사항에 대하여는 의결기관으로의 역할을 할 수 있도록 법적・제도적 보완이 이루어져야 할 것이다. 특히, 사립학교의 경우에는 학교헌장이나 학칙의 제・개정, 학교의 예산안 및 결산에 관한 사항은 "학교법인의 요청이 있을 때만" 자문을 거친다고 하고 있어 거의 의미 없는 기구일 수밖에 없다.

(다) 構成

학교운영위원회 위원의 구성비율은 국・공립학교의 경우 학부모의 의원 100분의 40 내지 100분의 50, 교원위원은 100분의 30 내지 40, 지역위원은 100분의 10 내지 30으로 구성되어 있다. 반면에 국・공립학교 실업계 고등학교는 학부모의원 100분의 30 내지 100분의 40, 교원위원은 100분의 20 내지 100분의 30, 지역위원은 100분의 30 내지 100분의 50으로 구성하도록 규정하고 있다. 여기서 문제가 되는 것은 교육의 주요한 당사자인 교원위원의 수의 문제이다. 학교운영에 있어 학생과 더불어 가장 중요한 교원위원의 수가 극단적으로 구성될 경우, 국・공립학교의 경우 100분의 30, 실업계 고등학교의 경우 100분의 20으로 구성될 수 있어 교원의 의사와는 상관없이 외부의 의사에 의해 학교의 중요한 업무가 이루어질 수 있으므로 학교의 자율성, 교원의 전문성과 자율성의 측면에서 큰 문제라 아니할 수 없다. 또한 교원위원중 학교의 장은 당연직 위원이 되므로(초・중등교육법 시행령 제59조 제1항) 평교사의 교육위원의 참가는 극히 제한되고 있어 교장 및 교감과 평교사간의 갈등의 요인이 되고 있다.

다. (제14조) 教員

제1항 학교교육에서 교원의 전문성은 존중되어야 되고, 교원의 경제적・사회적 지위는

우대되어야 하고 신분은 보장된다.

제2항 교원은 교육자로서 갖추어야 할 품성과 자질을 향상시키기 위하여 노력하여야 한다.

제3항 교원은 특정정당 또는 정파를 지지하거나 반대하기 위하여 학생을 지도하거나 선동하여서는 아니된다.

제4항 교원은 법률이 정하는 바에 의하여 다른 공직에 취임할 수 있다.

제5항 교원의 임용·복무·보수 및 연금 등에 관하여 필요한 사항은 따로 법률로 정한다.

제1항에서는 교원의 전문성과 신분보장에 대하여 제2항에서는 교원의 품성과 자질, 제3항 정치적 중립, 제4항 다른 공직취임에 대한 제한사항, 제5항 교원의 임용, 보수, 복무, 연금에 관한 것 등을 규정하고 있다. 이에 관련된 법률로는 국가공무원법, 교육공무원법, 교육환경개선특별회계법, 공무원연금법, 공무원교육훈련법, 대한교원공제회법, 사립학교교원연금법 등과 교원징계처분등의재심에 관한 규정(1991. 6. 19. 대통령령 제13389호), 교육공무원인사위원회규정(1969. 8. 11. 대통령령 제4007호), 교육공무원임용령(1969. 11. 24. 대통령령 제4303호), 교육공무원승진규정(1969. 12. 4. 대통령령 제4393호), 교원연수에관한규정(1989. 12. 30. 대통령령 제12891호), 교원자격검정령(1978. 12. 30. 대통령령 제9258호, 1997. 12. 5. 대통령령 제15530호로 15차 개정), 교원자격검정령시행규칙(1982. 6. 23. 문교부령 제507호. 1997. 12. 9. 제701호로 14차 개정), 해외파견교육공무원인사관리규칙(1978. 7. 15. 문교부령 제424호), 교육공무원인사기록및인사사무처리규칙(1974. 6. 3. 문교부령 제340호), 교육공무원임용후보자선정경쟁시험규칙(1969. 7. 19. 문교부령 제213호), 교사임용후보자명부작성규칙(1969. 7. 19. 문교부령 제214호)등이 있다. 이러한 교원에 관계된 법령 중 교원의 신분과 생활에 직접적으로 관계가 있는 국가공무원법, 교육공무원법, 공무원연금법, 대한교원공제회법 등에 대하여만 개괄적으로 소개하고자 한다.

(1) 國家公務員法

㈎ 동법은 1963년 4월 17일 법률 제1325호로 제정되었고, 1999년 12월 31일 법률 제6089호로 25차 개정이 있었다. 동 법은 제1장: 총칙(공무원의 구분, 계급구분 등), 제2장: 중앙인사관리기관(소청심사위원회의 설치, 위원의 자격과 임명, 소청심사위원회의 심사, 소청인의 진술권, 결정의 효력 등), 제3장: 직위분류제(직위분류제의 확립, 직위의 정급, 직위분류제의 실시 등), 제4장: 임용과 시험(임용의 원칙, 신규채용, 전입, 전직, 시보임용 등), 제5장: 보수(보수결정의 원칙, 보수에 관한 규정, 실비변상 등), 제6장: 능률(훈련, 근무성적의

평정, 제안제도, 상훈제도), 제7장: 복무(선서의 의무, 성실의 의무, 복종의 의무, 직장이탈 금지, 친절공정의 의무, 비밀엄수의 의무, 청렴의 의무, 외국정부의 영예 등의 제한, 품위유지의 의무, 영리업무 및 겸직금지, 정치운동의 금지, 집단행위의 금지), 제8장: 신분보장(의사에 반한 신분조치, 당연퇴직, 직권면직, 휴직 등), 제9장: 권익의 보장, 제10장: 징계, 제11장: 벌칙, 제12장: 보칙으로 총12장 83조(총85조 중 제25·30조 삭제)로 구성되어 있다.

(나) 제1조(목적)에는 「각급 기관에서 근무하는 모든 국가공무원에게 적용할 인사행정의 근본기준을 확립하여 그 공정을 기함과 아울러 공무원으로 하여금 국민 전체의 봉사자로서 행정의 민주적이며 능률적인 운영을 기하게 함을 목적으로 한다」고 규정하고 있다.

(2) 敎育公務員法

(가) 동법은 1981년 11월 23일 법률 제3458호로 전문개정이 있었고, 2000년 1월 28일 법률 제6211호로 14차 개정이 있었다. 동법은 제1장 : 총칙, 제2장 : 교육공무원 인사위원회(인사위원회의 설치, 기능, 대학인사위원회), 제3장 : 자격(교사, 교장·교감, 교수, 교육전문직원의 자격) 제4장 : 임용(신규채용, 특별채용, 특별승진 등), 제5장 : 보수(보수결정의 원칙, 보수에 관한 규정, 명예퇴직), 제6장 : 연수(연수의 기회균등, 연수와 교재비, 연수기관의 설치, 특별연수), 제7장 : 신분보장·징계·소청(교권의 존중과 신분보장, 휴직, 정년, 불체포특권, 고충처리, 징계위원회의 설치, 징계의결의 요구), 제8장 : 공립대학의 교육공무원으로 총8장 제57조 중 제52조 삭제로 현8장 제56조로 구성되어 있다.

(나) 제1조(목적)에는 「교육을 통하여 국민전체에 봉사하는 교육공무원의 직무와 책임의 특수성에 비추어 그 자격·임용·보수·연수 및 신분보장 등에 관하여 교육공무원에 적용할 국가공무원법 및 지방공무원법에 대한 특례를 규정함을 목적으로 한다」고 규정하고 있다. 본법에서의 "교육공무원"에는 각급 학교, 연수기관, 교육연수기관에서 근무하는 교원, 교육행정기관에서 근무하는 장학관·장학사, 교육기관, 교육행정기관 또는 교육연구기관에서 근무하는 교육연구관·교육연구사를 포함하고 있다(동법 제2조).

(3) 公務員年金法

(가) 동법은 1982년 12월 28일 법률 제3586호로 전문개정 되었고, 2000년 1월 12일 법률 제6124호로 8차 개정이 있었다. 제1장 : 총칙, 제2장 : 공무원년금관리공단(정관, 설립등기, 임원, 공단의 사업 및 회계, 감독 등), 제3장 : 재직기간, 제4장 : 급여(제1절; 통칙, 제2절; 단기급여, 제3절; 장기급여, 제4절; 급여의 제한), 제5장 : 비용부담(기여금, 부담금 등), 제6장 : 공무원연금기금(기금의 관리, 운용 등), 제7장 : 심사의 청구, 제8장 : 보칙, 제9장

: 벌칙으로 총9장 90조로 구성되어 있다.

㈏ 제1조(목적)에는 「공무원의 퇴직 또는 사망과 공무로 인한 부상·질병·폐질에 대하여 적절한 급여를 실시함으로써 공무원 및 그 유족의 생활안정과 복리향상에 기여함을 목적으로 한다」고 규정하고 있다. 여기서 "공무원"이라 함은 국가공무원법 및 지방공무원법에 의한 공무원과 대통령령이 정하는 국가 및 지방자치단체의 기타의 직원을 말한다. 다만 군인과 선거에 의하여 취임하는 공무원은 제외한다(동법 제3조).

㈐ 동법 시행령은 1999년 7월 29일에 대통령령 제16487호로 일부개정 되었다. 제1장: 총칙, 제2장: 공무원연금관리공단, 제3장: 재직기간의 합산, 제4장: 급여, 제5장: 비용부담, 제6장: 공무원연금기금, 제7장: 공무원연금급여재심위원회, 제8장: 보칙으로 총8장 100조로 구성되어 있다.

㈑ 동법 시행규칙은 2000년 1월 31일 보건복지부령 제89호로 전문개정 되었다. 총28조(지급정지대상기관, 연금카드의 교부신청, 공무상 질병, 폐질 인정기준, 서식 등)로 구성되어 있다.

(4) 大韓敎員共濟會法

㈎ 동법은 1971년 1월 22일 법률 제2296호로 제정되었고, 1990년 12월 27일 법률 제4268호로 5차 개정이 있었다. 총25조(사무소, 정관, 등기, 회원자격, 운영위원회, 임원 등)로 구성되어 있다.

㈏ 제1조(목적)에는 「교원공제회를 설치하여 교육기관·교육행정기관 또는 교육연구기관의 교육공무원·교원 및 사무직원 등에 대한 효율적인 공제제도를 확립함으로써 이들의 생활안정과 복리를 증진함을 목적으로 한다」고 규정하고 있다.

㈐ 주요내용으로는 설립, 사무소, 정관, 회원, 사업, 자본금, 등기, 회원자격, 운영위원회, 임원, 임원의 직무 등에 관한 규정들이 있다.

라. (제15조) 敎員團體

제1항 교원은 상호 협동하여 교육의 진흥과 문화의 창달에 노력하며, 교원의 경제적·사회적 지위를 향상시키기 위하여 각 지방자치단체 및 중앙에 교원단체를 조직할 수 있다.

제2항 제1항의 규정에 의한 교원단체의 조직에 관한 필요한 사항은 대통령령으로 정한다.

이 규정은 교육의 진흥, 문화의 창달, 교원의 사회적·경제적 지위를 향상하기 위하여 교원의 교원단체를 조직할 수 있도록 규정하고 있다. 교원 정년의 단축, 업무에 상응하지 못하는 절대적인 박봉, 교원에 대한 사회적 인식 저하 등의 교권 추락과 지나친 입시위주의 교육으로 인한 학생과 교사간의 괴리현상 등으로 인하여 학교부재현상, 교육부재현상이 발생되고 있다. 이와 같은 교직사회의 공동화 현상은 국가나 사회의 공동화현상이 초래됨을 의미하게 되는 것이다. 경제논리로 교육을 생각해서는 안 된다. 교원의 법적 지위를 확보하기 위해서는 교원단체의 조직이 불가피하게 된 것이다. 그 동안 교원단체에 대한 계속적인 불인정에서 1999년 7월 1일부터 복수의 교원단체 시대가 도래하여 교원의 법적 지위신장, 교육개혁, 문화의 창달에 기여할 수 있도록 하였다. 이에 관련된 법규로는 교원지위향상을위한특별법, 교원지위향상을위한교섭·협의에관한규정, 공무원직장협의회의설립·운영에관한특별법, 교원의노동조합설립및운영등에관한법률 등이 있다.

(1) 敎員地位向上을위한特別法

㈎ 동법은 1991년 5월 31일 법률 제4376호로 제정되었고, 1997년 12월 13일 법률 제5454호로 2차 개정이 있었다. 총13조(교원에 대한 예우, 교원보수의 우대, 교원의 불체포특권, 학교안전사고로부터의 보호, 신분보장, 교원 지위 향상을 위한 교섭 및 협의 등)로 구성되어 있다.

㈏ 제1조(목적)에는 「교원에 대한 예우 및 처우를 개선하고 신분보장을 강화함으로써 교원의 지위를 향상시키고, 교육발전을 도모함을 목적으로 한다」고 규정하고 있다.

(2) 敎員地位向上을위한交涉·協議에관한規程

㈎ 동 규정은 1992년 6월 2일 대통령령 제13658호로 규정되었으며, 총13조(교섭·협의 당사자, 범위, 절차, 심의회의 구성 및 운영 등)로 구성되어 있다.

㈏ 제1조(목적)에는 「교원지위향상을위한특별법 제11조 내지 제13조의 규정에 의한 교원의 전문성 신장과 지위향상을 위한 교섭·협의 및 교원지위향상심의회의 운영 등에 관하여 필요한 사항을 규정함을 목적으로 한다」고 규정하고 있다.

(3) 敎員의勞動組合設立및運營등에관한法律

㈎ 동법은 1999년 1월 29일 법률 제5727호로 제정·공포되었으며, 총15조로 구성되어 있다.

㈏ 제1조(목적)에는 「국가공무원법 제66조 제1항 및 사립학교법 제55조의 규정에 불구하고 노동조합및노동관계조정법 제5조 단서의 규정에 의하여 교원의 노동조합 설립에 관한 사항을 정하고 교원에 적용할 노동조합및노동관계조정법에 대한 특례를 규정함을 목적으

로 한다」라고 규정하고 있다. 즉 교원의 단결권과 단체교섭권을 보장하기 위한 법률이다.

㈐ 주요 내용으로는 정치활동의 금지(동법 제3조), 노동조합의 설립(동법 제4조), 노동조합 전임자의 지위(동법 제5조), 교섭사항[148] 및 교섭창구의 단일화, 단체협약의 사전 절차 및 체결 권한 등(동법 제6조), 쟁의행위의 금지(동법 제8조), 조정과 중재(동법 제7조, 제8조), 교원노동관계조정위원회의 구성(동법 제11조), 교원징계재심청구(동법 제13조)에 관한 규정들이 있다.

㈑ 동법 시행령은 1999년 6월 8일에 대통령령 제16389호로 시행되었고, 총9조(교섭절차, 단체협약의 이행통보, 노동쟁의의 조정 등)로 구성되어 있다.

㈒ 동법 시행규칙은 1999년 6월 26일 노동부령 제152호로 시행되었고, 총3조(조정 등의 신청)로 구성되어 있다.

(4) 公務員職場協議會의設立·運營에관한法律

㈎ 동법은 1998년 2월 24일 법률 제5516호로 제정·공포되었고, 총7조(가입범위, 협의회의 기능, 기관장의 의무 등)로 구성되어 있다.

㈏ 제1조(목적)에는 「공무원의 근무환경개선·업무능률향상 및 고충처리 등을 위한 직장협의회 설립 및 운영에 관한 기본적인 사항을 규정함을 목적으로 한다」고 규정하고 있다.

㈐ 동 법의 주요 내용은 6급 이하의 일반직 및 이에 준하는 연구·특수기술직렬의 일반직공무원, 6급 이하의 외무공무원·기능직·고용직공무원, 6급 이하의 일반직공무원에 상당하는 별정직 공무원의 단결권·단체교섭권 보장을 실현하기 위한 입법이다.

---

148) 교원의노동조합설립및운영등에관한법률(이하 '교조법'이라 칭함) 제6조 제1항에 단체교섭사항으로 「…임금·근무조건·후생복지 등 경제적·사회적 지위향상에 관한 사항…」으로 한정하고 있다. 그러므로 교육과정, 교육정책(입시제도, 교육개혁 등) 등의 교육에 있어 중요한 내용들은 교섭대상이 되지 못하고 있다. 또한 동법 제7조 제1항에는 「…단체협약의 체결내용 중 법령·조례 및 예산에 의하여 규정되는 내용과 법령 또는 조례에 의한 위임을 받아 규정되는 내용은 단체협약으로서의 효력을 가지지 않는다.」고 규정하고 있다. 따라서, 단체교섭의 내용 중 가장 본질적인 임금(보수)에 관한 내용은 공무원보수규정, 공무원수당규정 등에 명시되어 있으므로 교섭의 대상이 되지 못한다. 그러므로 교조법은 교원에게 가장 본질적이고 중요한 내용들은 모두 교섭대상에서 제외된 졸속입법이라 아니할 수 없다. 이러한 우려는 1999. 9. 8.에 실시된 교육부와 한교조·전교조와의 단체교섭에서 여러 가지 교섭 사항(기본급 11.2%인상, 연구수당(10만원) 신설, 주당 수업시간 법제화 등)을 제시하였으나 교섭사항은 임금·근로시간·후생 복지 등 경제적·사회적 지위향상에 관한 사항에 국한된다면서 교섭사항에 대한 이견으로 인하여 교섭대상의 논란에 대한 우려가 표면화되었다.

㈑ 동법 시행령은 1998년 12월 31일 대통령령 제15955호로 제정·시행되었고, 총13조 (설립기관의 범위, 협의회에의 가입이 금지되는 공무원, 협의회의 설립, 협의회 규정, 협의 회의 가입 및 탈퇴 등)로 구성되어 있다.

마. (제16조) 學校 등의 設立·經營者

제1항 학교 및 사회교육시설의 설립·경영자는 법령이 정하는 방에 의하여 교육을 위한 시설·설비·재정 및 교원 등을 확보하고 이를 운용·관리한다.

제2항 학교의 장 또는 사회교육시설의 설립·경영자는 법령이 정하는 방에 의하여 학습자를 선정·교육하고 학습자의 학습성과 등 교육의 과정을 기록·관리한다.

제3항 학교 또는 사회교육시설의 교육내용은 학습자에게 사전에 공개되어야 한다.

이 규정에는 학교 및 사회교육시설의 설립·경영자는 법령이 정하는 바에 의하여 교육을 위한 시설·설비·재정 및 교원 등을 확보하고 이를 운영·관리하여야 할 의무, 학습자를 선정·교육하고 학습자의 학습성과 등 교육의 과정을 기록·관리해야 할 의무, 교육내용을 미리 학습자에게 알려야 할 의무를 규정하고 있다. 학교나 사회교육시설은 단지 영리를 목적으로 설립·운영하여서는 안 된다. 교육의 중요성과 제반의 책임성을 고려해볼 때 이와 같이 학교 및 사회교육시설의 설립·경영자에게 무거운 책임을 부과하게 됨은 당연한 일이다. 이에 관련된 법률로는 공익법인의설립·운영에관한법률 등이 있다.

(1) 公益法人의設立·運營에관한法律

㈎ 동법은 1975년 12월 31일 법률 제2814호로 제정되었고, 1997년 12월 13일 법률 제5453호로 2차 개정되었다. 총20조로 구성되어 있다.

㈏ 제2조(목적)에는 「법인의 설립·운영 등에 관한 민법의 규정을 보완함으로써 법인으로 하여금 그 공익성을 유지하며, 건전한 활동을 할 수 있도록 하게 함을 목적으로 한다」고 규정하고 있다.

㈐ 동법 시행령은 1976년 4월 1일 대통령령 제8059호로 시행되었고, 1998년 12월 31일 대통령령 제15971로 4차 개정되었다. 총28조로 구성되어 있다.

바. (제17조) 國家 및 地方自治團體

국가 및 지방자치단체는 학교 및 사회교육시설을 지도·감독한다.

이 규정에는 국가 및 지방자치단체의 학교 및 사회교육시설의 지도·감독에 관한 규정이다. 국가 및 지방자치단체는 중앙 및 지방의 교육발전을 위한 제반의 사회교육시설의

설치와 조직 및 운영에 관하여 지도·감독하여야 할 권한과 동시에 의무를 부여하고
있다. 국가 및 지방자치단체의 지도·감독권의 내용에 대하여 본법을 비롯한 각종 교육관
계법령에 규정되어 있다. 본법에 지도·감독의 내용에 대한 연원은 헌법 제31조 제6항의
교육제도 법률주의에 근거를 두고 있으며, 지도·감독의 내용에 대한 표현은 제헌헌법
제16조 제2항의 "모든 교육기관은 국가의 감독을 받으며 교육제도는 법률로써 정한다"는
규정이다. 사무감독권, 보고의 징수권, 승인권과 동의권, 명령권, 명령·처분의 취소·정
지권, 폐교 또는 휴업명령, 징계처분 또는 해직의 요구, 장학지도 등이 있다.[149] 이 조항에
관련된 규정은 학교시설사업촉진법, 학교용지확보등에관한특례법 등이 있다.

(1) 學校施設事業促進法

(가) 동법은 1982년 12월 31일 법률 제3634호로 제정되었고, 2000년 1월 28일 법률 제6210
호로 9차 개정이 있었다. 총16조로 구성되어 있다.

(나) 제1조(목적)에는 「초등학교·중학교·고등학교 및 특수학교의 시설의 설치·이전
및 확장을 위한 사업시행에 필요한 절차를 간소화하고, 건축허가 등에 관한 특례를 규정
하여 학교시설의 설치·이전 및 확장을 용이하게 함으로써 학교환경의 개선 및 학교교육
의 발전에 기여함을 목적으로 한다」고 규정하고 있다.

(다) 주요 내용으로는 학교시설사업시행계획의 승인, 학교시설의 건축, 공공시설의 우선
설치 등에 관한 규정들이 있다.)

(라) 동법 시행령은 1995년 7월 6일 대통령령 제14713호로 시행되고 있고, 1997년 12월
31일 대통령령 제15598호로 제2차 개정이 있었다. 총21조(사업계획의 승인신청, 시행계획,
의견서의 제출 등 학교시설사업을 위한 각종 절차에 관하여 규정)로 구성되어 있다.

(마) 동법 시행규칙은 1995년 11월 16일 교육부령 제670호로 규정하였고 총9조(건축 등의
승인신청, 승인서식, 신고, 계획서 등)로 구성되어 있다.

(2) 學校用地確保등에관한特例法

(가) 동법은 1995년 12월 29일 법률 제5072호로 제정되었고, 2000년 1월 28일 법률 제6219
호로 1차 개정되었다. 원래 총8조인데 제9조, 제10조가 신설되어 현10조(학교용지의 조성,
확보, 경비부담, 부담금의 부과, 징수 등)로 구성되어 있다.

(나) 제1조(목적)에는 「공립의 초등학교·중학교 및 고등학교용 학교용지의 조성·개

---

149) 허재욱, 앞의 책, pp.169~170.

발·공급 및 관련 경비의 부담 등에 관한 특례를 규정함으로서 학교용지의 확보를 용이하게 함을 목적으로 한다」고 규정하고 있다.

㈐ 주요 내용으로는 학교용지의 조성 개발, 학교용지부담금의 부과·징수, 시·도 부담 경비의 재원, 국·공유지의 학교용지로의 조성·개발, 학교시설기준 적용완화 등의 규정들이 있다.

㈑ 동법 시행령은 1996년 11월 2일 대통령령 제15165호로 제정되었고, 총7조(학교용지의 조성·개발 등, 대규모 개발사업의 범위, 학교용지부담금의 부과대상 및 산정기준 등, 부담금의 부과·징수 등)로 구성되어 있다.

3. 敎育의 振興

가. (제18조) 特殊敎育

국가 및 지방자치단체는 신체적·정신적·지적 장애 등으로 인하여 특별한 교육적 배려가 필요한 자를 위한 학교를 설립·경영하여야 하며 이들의 교육을 지원하기 위하여 필요한 시책을 수립·실시하여야 한다. 이 규정에서는 특수교육을 위한 국가와 지방자치단체의 특수학교 설치의무와 지원에 대하여 규정하고 있다. 이에 관련된 법률로는 특수교육진흥법, 특수학교시설·설비기준령 등이 있다.

(1) 特殊敎育振興法

㈎ 동법은 1994년 1월 7일 법률 제4716호로 전문개정 되었고, 2000년 1월 28일 법률 제6217호로 3차 개정되었다. 제1장 : 총칙, 제2장 : 특수교육의 선정·취학 등, 제3장 : 특수교육방법의 확장, 제4장 : 보칙, 제5장 : 벌칙으로 총5장 28조로 구성되어 있다.

㈏ 제1조(목적)에는 「특수교육을 필요로 하는 사람에게 국가 및 지방자치단체가 적절하고 고른 교육기회를 제공하고, 교육방법 및 여건을 개선하여 자주적인 생활능력을 기르게 함으로써 그들의 생활안정과 사회참여에 기여함을 목적으로 한다」고 규정하고 있다. 여기서 "특수교육"이란 특수교육대상자의 특성에 적합한 교육과정·교육방법 및 교육매체 등을 통하여 교과교육·치료교육 및 직업교육 등을 실시하는 것을 말한다(동법 제2조).

㈐ 주요 내용으로는 국가 및 지방자치단체의 임무, 특수교육운영위원회, 의무교육, 조기특수교육대책 강구, 특수교육교원의 자질 향상 등에 관한 규정들이 있다.

㈑ 동법 시행령은 1994년 10월 4일에 대통령령 제14395호로 전문개정 되었고, 1998년

12월 31일 대통령령 제15967호로 3차 개정되었다. 총20조(특수교육 협의체의 구성·운영, 중앙 및 시도특수교육운영위원회, 위탁교육 협의, 위탁교육의 취소 등)로 구성되어 있다.

(마) 동법 시행규칙은 1995년 4월 28일 교육부령 제660호로 전문개정 되었고, 1998년 8월 8일 교육부령 제720호로 제2차 개정되었다. 총13조(위탁교육기관의 변경신청, 특수교육대상자의 선정, 각급 학교의 지정·배치 등, 숙식경비의 부담, 건강진단 등)로 구성되어 있다.

(2) 特殊學校施設·設備基準令

(가) 동영은 1992년 10월 1일 대통령령 제13736호로 제정·시행되었고, 1998년 11월 3일 대통령령 제15923호로 3차 개정되었다. 총7조(교지, 실습지, 기숙사 등의 설치 등)로 구성되어 있다.

(나) 제1조(목적)에는 「초·중등교육법 제4조 및 동 법 시행령 제2조의 규정에 의하여 특수학교 및 특수학급의 시설·설비에 관한 기준을 정함을 목적으로 한다」고 규정하고 있다.

나. (제19조) 英才敎育

국가 및 지방자치단체는 학문·예술 또는 체육 등의 분야에서 재능이 특히 뛰어난 자의 교육을 위하여 필요한 시책을 수립·실시하여야 한다.

국가 및 지방자치단체는 재능이 뛰어난 영재교육에 대한 시책을 추진해야 될 의무를 규정하고 있다. 교육개혁위원회에서는 "인성 및 창의성을 함양하는 교육과정 운영의 일환으로 '개인의 다양성을 중시하는 교육방법의 확대'를 목표로 하고 있으며, 그 가운데 영재의 조기발굴과 정규학교내의 영재교육과 영재교육기관을 통한 영재교육의 활성화를 기하고, 연구소와 대학에 영재교육센터를 설치·운영하고 지원한다고 되어 있다.[150] 특히, 본조는 조기교육과 유치원 교육이 중시됨에 따라 이를 위한 국가 및 지방자치단체의 체계적이고 계속적인 계획을 수립, 실시하여야 함을 명시한 조항이다. 이에 관한 규정으로 조기진급 및 조기졸업에 관한 규정 등이 있다.

(1) 早期進級및早期卒業에관한規程

(가) 동 규정은 1995년 9월 13일 대통령령 제14761호로 규정되었고, 1999년 7월 23일

---

150) 교육개혁위원회, 교육관계법시안, P.40.

대통령령 제16479호로 3차 개정되었다. 총7조 중 제3조가 삭제되어 현 6조로 구성되어 있다. 주요 내용으로는 조기진급 및 조기졸업, 교과목별 조기이수 대상자의 선정, 학력인정, 교과목별 조기이수의 인정)로 구성되어 있다.

(나) 제1조(목적)에는 「초ㆍ중등교육법 제27조 3항에 의거 초등학교ㆍ중학교 및 고등학교와 이에 준 하는 각종 학교에서 재능이 우수한 자를 선정하여 조기진급 또는 조기졸업을 하는데 필요한 사항을 규정함을 목적으로 한다」고 규정하고 있다.

다. (제20조) 幼兒敎育

국가 및 지방자치단체는 유아교육을 진흥하기 위하여 필요한 시책을 수립ㆍ실시하여야 한다.

이 규정에는 유아교육 진흥에 관한 국가 및 지방자치단체의 의무를 규정한 것이다. 유아교육은 인간으로서의 전체적인 발달과정 중에서 신체적, 정서적, 지적, 사회적인 각 생활면에 걸쳐서 조화로운 발달을 할 수 있도록 조장함으로써, 민주적 사회인으로서의 성격형성에 기초를 닦는 것이 유아교육의 목표라 할 수 있다. 이에 관련된 법률로는 유아교육진흥법 등이 있다.

(1) 幼兒敎育振興法

(가) 동법은 1982년 12월 31일 법률 제3635호로 제정되었고, 1998년 9월 17일 법률 제5567호로 전문 개정되었다. 총11조(국가 및 지방자치단체의 임무, 무상교육, 유아교육진흥위원회, 수업과정, 유아복지증진, 장학지도위원회 등)로 구성되어 있다.

(나) 제1조(목적)에는 「유아에게 적합한 교육적 환경을 제공하여 심신의 조화로운 발달이 이루어지도록 교육함과 아울러 그 보호자의 다양한 교육요구에 부응함을 목적으로 한다」고 규정하고 있다. 여기서, "유아"는 만3세부터 초등학교 취학 전까지의 어린이를 말하고 유아교육이란 유아를 대상으로 그 발달특성에 적합한 교육과정을 다양한 교수방법으로 실시하는 학교교육을 말한다(동법 제2조).

(다) 동법 시행령은 1983년 6월 9일 대통령령 제11141호로 시행되었고, 1999년 4월 9일 대통령령 제16232호로 전문개정이 있었다. 총10조로 구성되어 있으며 주요 내용으로는 장학지도, 건강진단 등, 시설, 설비, 영아반의 설치, 유아원 교직원의 설치 등으로 구성되어 있다.

라. (제21조) 職業教育

국가 및 지방자치단체는 모든 국민이 학교교육과 사회교육을 통하여 직업에 대한 소양과 능력의 계발을 위한 교육을 받을 수 있도록 하기 위하여 필요한 시책을 수립·실시하여야 한다.

이 규정은 국가 및 지방자치단체의 직업에 대한 소양과 능력의 계발을 위한 교육을 실시하여야 할 의무를 규정하고 있다. 이에 관련된 법률로는 자격기본법, 한국직업능력개발원법, 직업교육훈련촉진법, 산업교육진흥법 등이 있다.

(1) 資格基本法

㈎ 동법은 1997년 3월 27일 법률 제5314호로 제정·공포되었고, 1999년 1월 29일 법률 제5733호로 2차 개정되었다. 제1장: 총칙, 제2장: 국가자격, 제3장: 민간자격, 제4장: 자격의 효력, 제5장: 보칙으로 총5장 35조로 구성되어 있다.

㈏ 제1조(목적)에는 「산업사회의 발전에 따른 다양한 자격수요에 부응하여 자격제도에 관한 기본적인 사항을 정함으로써 자격제도의 관리·운영을 체계화·효율화하고 자격제도의 공신력을 높여 국민의 직업능력개발을 촉진하고, 사회경제적 지위향상에 이바지함을 목적으로 한다」고 규정하고 있다. 여기서 "자격"이란 일정한 기준과 절차에 따라 평가·인정된 지식·기술의 습득정도로서 직무수행에 필요한 능력을 말한다(동법 제2조).

㈐ 동법 시행령은 1997년 8월 9일 대통령령 제15453호로 시행되었고, 1999년 1월 29일 대통령령 제16093호로 2차 개정되었다. 총21조 중 제21조 삭제로 현20조로 구성되어 있다.

(2) 韓國職業能力開發院法

㈎ 동법은 1997년 3월 27일 법률 제5315호로 제정되었고, 1997년 12월 24일 법률 제5476호로 개정되었다. 총28조로 구성되어 있다.

㈏ 제1조(목적)에는 「한국직업능력개발원을 설립하여 직업교육훈련 정책 및 자격제도의 연구·개발·직업교육훈련 프로그램의 개발·보급 등의 업무를 효율적으로 수행하게 함으로써 직업교육훈련의 활성화 및 국민의 직업능력향상에 이바지함을 목적으로 한다」고 규정하고 있다.

㈐ 동법 시행령은 1997년 8월 9일 대통령령 제15454호로 제정·시행되었고, 총10조(출연금예산요구성의 제출, 출연금의 확정통지, 지급절차 등 개발원 운영에 따른 비용문제를 주된 내용)로 구성되어 있다.

(3) 職業敎育訓練促進法

㈎ 동법은 1997년 3월 27일 법률 제5316호로 제정되었고, 1999년 1월 29일 법률 제5733호로 2차 개정되었다. 제1장 : 총칙, 제2장 : 직업교육훈련의 촉진, 제3장 : 직업교육훈련정책심의회 등, 제4장 : 교육훈련기관의 평가 및 정보의 공개로 총4장 23조로 구성되어 있다.

㈏ 제1조(목적)에는 「직업교육훈련을 촉진하는 데 필요한 사항을 정하여 모든 국민에게 소질과 적성에 맞는 다양한 직업교육훈련의 기회를 제공하고, 직업교육훈련의 효율성과 질을 높임으로써 국민생활 수준의 향상과 국가경제의 발전에 이바지함을 목적으로 한다」고 규정하고 있다.

㈐ 주요 내용으로는 직업교육훈련기본계획의 수립·시행, 직업교육훈련의 위탁, 현장실습, 직업교육훈련과정의 편성, 직업교육훈련 교원의 양성 및 연수 등에 관한 규정들이 있다.

㈑ 동법 시행령은 1997년 8월 9일 대통령령 제15452호로 제정·시행되었고, 1999년 2월 5일 대통령령 제16103호로 3차 개정되었다. 총21조로 구성되어 있다.

(4) 産業敎育振興法

㈎ 동법은 1995년 1월 5일 법률 제4880호로 전문개정 되었고, 1997년 3월 27일 법률 제5316호로 6차 개정되었다. 제1장 : 총칙, 제2장 : 산업교육의 진흥, 제3장 : 산업교육심의회, 제4장 : 국가 및 지방자치단체의 부담, 제5장 : 보칙으로 총5장 25조 중 6개 조항(제5조, 제8조, 제15-17조, 21조)의 삭제로 현5장 19조로 구성되어 있다.

㈏ 제1조(목적)에는 「산업교육이 국가경제의 발전과 국민생활 향상의 기초임에 비추어 산업교육을 통하여 근로정신을 함양하고 산업기술을 습득시켜 창조능력을 배양함으로써 국민경제의 발전에 이바지할 수 있는 산업인력의 양성에 필요한 산업교육의 진흥을 목적으로 한다」고 규정하고 있다. 여기서, "산업교육"이란 고등기술학교, 실업계 고등학교, 실업계 학과 또는 과정을 설치한 일반계 고등학교, 전문대학, 개방대학 또는 대학이 학생에 대하여 농업·수산업·해운업·공업·상업 기타의 산업에 종사하는데 필요한 지식·기술 및 태도를 습득시키기 위한 교육을 말한다(동법 제2조).

㈐ 동법 시행령은 1995년 9월 13일 대통령령 제14762호로 전문개정 되었고, 1999년 11월 24일 대통령령 제16599호로 10차 개정되었다. 제1장 : 총칙, 제2장 : 산업교육의 진흥, 제3장 : 산업교육 심의회, 제4장 : 실험·실습시설 등에 대한 국가의 부담, 제5장 : 보칙으로 총5장 25조 중 제4조, 제6조에서 11조까지, 제21조 삭제로 현 17조로 구성되어 있다.

㈜ 동법 시행규칙은 1971년 1월 30일 문교부령 제272호로 시행되었고, 1997년 8월 7일 교육부령 제698호로 전문개정 되었고, 1999년 11월 26일 교육부령 제755호로 1차 개정되었다. 총2조로 구성되어 있다.

마. (제22조) 科學·技術教育

국가 및 지방자치단체는 과학·기술교육을 진흥시키기 위하여 필요한 시책을 수립·실시하여야 한다.

이 규정은 국가 및 지방자치단체의 과학·기술교육의 진흥의무를 규정하고 있다. 이에 관련된 법률로는 과학교육진흥법, 기초과학연구진흥법, 과학기술진흥법 등이 있다.

(1) 科學教育振興法

㈎ 동법은 1967년 3월 30일 법률 제1927호로 제정되었고, 1999년 12월 31일 법률 제6101호로 2차 개정되었다. 총12조 중 3개조(제7조, 제8조, 제10조) 삭제로 현9조(국가 및 지방자치단체의 임무, 연구기관의 이용, 심의회, 경비지원 및 보조 등)로 구성되어 있다.

㈏ 제1조(목적)에는 「국민의 과학지식·기능 및 창의력을 함양하여 과학교육의 진흥을 도모함을 목적으로 한다」고 규정하고 있다. 여기서 "과학교육"이란 각 학교에서 실시하는 자연과학에 관한 교육을 말한다(동법 제2조).

㈐ 동법 시행령은 1969년 11월 25일 대통령령 제4308호로 시행되었고, 1999년 5월 24일 대통령령 제16326호로 5차 개정되었다. 총23조로 구성되어 있다.

(2) 科學技術振興法

㈎ 동법은 1991년 11월 22일 법률 제4402호로 전문개정되었고, 2000년 1월 28일 법률 제6220호로 개정되었다. 총19조(기본 시책, 종합계획의 수립, 과학기술연구개발, 과학기술협력 등)로 구성되어 있다.

㈏ 제1조(목적)에는 「과학기술진흥에 관한 기본정책 및 종합계획수립과 그 시행을 위한 지원체제의 강화에 관한 사항을 규정함으로써 국민생활의 과학화와 경제·산업발전에 이바지함을 목적으로 한다」고 규정하고 있다.

㈐ 동법 시행령은 1999년 6월 30일 대통령령 제16412호로 일부개정 되었다. 총30조(과학기술진흥종합계획, 전문위원회의 설치, 과학기술인력개발계획, 과학기술진흥기금의 재원, 과학기술전담요원의 지정 등)로 구성되어 있다.

(3) 基礎科學硏究振興法

㈎ 동법은 1989년 12월 30일 법률 제4196호로 제정되었고, 2000년 1월 28일 법률 제6220호로 4차 개정되었다. 총17조 중 제7・8・11조 삭제로 현 14조로 구성되어 있다.

㈏ 제1조(목적)에는 「기초과학연구를 효율적으로 지원・육성하여 창조적 연구역량을 축적하고 우수한 과학・기술인력 양성능력을 배양함으로써 과학문화창달과 신기술 창출에 이바지함을 목적으로 한다」고 규정하고 있다. 여기서 "기초과학연구"란 자연현상에 대한 새로운 이론과 지식을 정립하기 위하여 행하여지는 기초연구활동을 말한다(동법 제2조).

㈐ 동법 시행령은 1990년 11월 29일 대통령령 제13171호로 시행되었고, 1999년 5월 24일 대통령령 제16326호로 5차 개정되었다. 총21조(종합계획의 수립, 시행계획의 수립 및 시행, 기초과학연구사업의 추진, 연구인력의 확충 및 연구여건의 조성 등)로 구성되어 있다.

바. (제23조) 敎育의 情報化

국가 및 지방자치단체는 정보화교육 및 정보통신매체를 이용한 교육의 지원과 교육정보산업의 육성 등 교육의 정보화에 관하여 필요한 시책을 수립・실시하여야 한다.

이 규정은 국가 및 지방자치단체는 정보화 교육 및 정보통신매체를 이용한 교육의 정보화에 관한 정책을 수립・실시하여야 하는 의무에 관한 규정이다. 이에 관련된 법률은 정보통신망이용촉진등에관한법률, 공공기관의개인정보보호에관한법률, 공공기관의정보공개에관한법률, 컴퓨터프로그램보호법, 행정전산망추진에관한규칙 등이 있다.

(1) 情報通信網利用促進등에관한法律

㈎ 동법은 전산망보급확장과이용촉진에관한법률을 개편하여 1999년 2월 8일 전문 개정하여 법률 제5835호로 제정되었으며, 1999년 5월 24일 법률 제5986호로 일부개정 되었다. 총32조로 구성되어 있다.

㈏ 제1조(목적)에는 「정보통신망의 이용을 촉진하고 안정적인 관리・운영을 도모하여, 정보통신서비스를 이용하는 자의 개인정보를 보호하여 정보사회의 기반을 조성함으로써 국민생활의 향상과 공공복리의 증진에 이바지함을 목적으로 한다」고 규정하고 있다.

㈐ 주요 내용은 정보통신망의 이용・촉진 등에 관한 시책의 강구, 기술개발의 추진 등, 기술 등에 관한 관리・보급, 정보통신의 표준화, 정보내용물의 개발촉진, 정보의 공동 활용체제의 구축, 전자문서의 효력 등, 전자문서의 도달시기, 전자문서 내용의 추정 등, 전자문서 등의 공개제한, 시범사업, 개인정보의 수집 및 취급, 개인정보의 이용 및 제공의

제한, 이용자의 권리, 정보통신망의 안정성 확보 등, 정보통신서비스 제공자 등의 준수사항 등을 규정하고 있다.

(라) 동법 시행령은 1999년 6월 30일 대통령령 제16456호로 전문개정 되었고, 총11조(연구기관의 범위, 보급대상기술 및 기기의 범위, 시범사업의 실시, 전자문서중계자의 지정, 개인정보 수집시 고지사항, 중요정보의 범위 등)로 구성되어 있다.

(마) 동법 시행규칙은 1999년 7월 13일 정보통신부령 제77호로 전문개정되었다. 총2조(전자문서중계자의 지정신청 등)로 구성되어 있다.

(2) 公共機關의 個人情報保護에관한法律

(가) 동법은 1994년 1월 7일 법률 제4734호로 제정되었고, 1999년 1월 29일 법률 제5715호로 1차 개정되었다. 제1장 : 총칙, 제2장 : 개인정보의 수집 및 처리(개인정보 화일의 보유범위, 안정성확보 등), 제3장 : 처리정보의 열람·정정 등(처리정보의 열람, 정정 등), 제4장 : 보칙, 제5장 : 벌칙으로 총5장 25조로 구성되어 있다.

(나) 제1조(목적)에는「공공기관의 컴퓨터에 의하여 처리되는 개인정보의 보호를 위하여 그 취급에 관하여 필요한 사항을 정함으로써 공공업무의 적정한 수행을 도모함과 아울러 국민의 권리와 이익을 보호함을 목적으로 한다」고 규정하고 있다. 여기서 "공공기관"이란 국가행정기관·지방자치단체 기타 공공단체 중 대통령령이 정하는 기관(교육기본법, 초·중등교육법, 고등교육법 기타 다른 법률에 의하여 설치된 각급 학교, 정부투자기관관리기본법 제2조에 의한 정부투자기관, 특별법에 의하여 설립된 특수법인 등)을 말한다(동법 제2조, 동 법 시행령 제2조).

(다) 주요 내용으로는 개인정보의 모집, 개인정보 화일의 보유범위, 개인정보 화일의 공고, 개인정보의 안전성 확보, 처리정보의 이용 및 제공의 제한 등의 규정들이 있다.

(라) 동법 시행령은 1994년 10월 29일 대통령령 제14408호로 시행되었고, 2000년 3월 28일 대통령령 제16762호로 일부개정 되었다. 총29조로 구성되어 있다.

(마) 동법 시행규칙은 1994년 11월 21일 총리령 제473호로 시행되었고, 총13조로 구성되어 있다.

(3) 公共機關의 情報公開에관한法律

(가) 동법은 1996년 12월 31일 법률 제5242호로 제정·공포되었고, 제1장 : 총칙(정보공개의 원칙, 공공기관의 의무), 제2장 : 정보공개청구권자 및 비공개대상정보, 제3장 : 정보공개의 절차(정보공개청구방법, 정보공개 심의회, 정보공개여부의 결정), 제4장 : 불복구제

절차(이의신청, 행정심판, 행정소송), 제5장 : 보칙으로 총5장 총24조로 구성되어 있다.

㈏ 제1조(목적)에는 「공공기관이 보유·관리하는 정보의 공개의무 및 국민의 정보공개 청구에 관하여 필요한 사항을 정함으로써 국민의 알 권리를 보장하고 국정에 대한 국민의 참여와 국정운영의 투명성을 확보함을 목적으로 한다」고 규정하고 있다. 여기서 "정보"란 공공기관이 직무상 작성 또는 취득하여 관리하고 있는 문서·도면·사진·필름·테이프·슬라이드 및 컴퓨터에 의하여 처리되는 매체 등에 기록된 사항을 말한다. "공개"라 함은 공공기관이 이 법의 규정에 의하여 정보를 열람하게 하거나 그 사본 또는 복제물을 교부하는 것 등을 말한다(동 법 제2조).

㈐ 주요 내용으로는 정보 공개의 원칙, 비공개 대상 정보, 정보공개의 청구 방법, 이의신청 등의 규정들이 있다.

㈑ 동법 시행령은 1997년 10월 21일 대통령령 제15498호로 시행되었고, 1999년 12월 7일 대통령령 제16609호로 개정되었다. 총23조 중 제5조 삭제로 현 22조로 구성되어 있다. 공공기관(교육법 기타 다른 법률에 의하여 설치된 각급 학교, 특별법에 의하여 설립된 특수법인, 국가·지방자치단체가 자본금의 전부 또는 일부를 출자한 기관 및 한국은행과 정부투자기관이 자본금의 전부 또는 일부를 출자한 기관으로서 총리령이 정하는 기관, 국·공유재산의 귀속·무상양여 및 무상대부에 의하여 설립된 기관 또는 국가·지방자치단체의 출연에 의하여 설립된 기관으로서 행정자치부령이 정하는 기관)의 정보공개에 관한 법률에서 위임된 사항과 그 시행에 관하여 필요한 사항을 규정함을 목적으로 하고 있다.

㈒ 동법 시행규칙은 1998년 12월 14일 총리령 제21호로 일부개정 되었고, 총9조(각종 서식 등)로 구성되어 있다.

(4) 컴퓨터프로그램保護法

㈎ 동법은 1986년 12월 31일 법률 제3920호로 제정되었고, 1998년 12월 30일 법률 제5605호로 5차 개정되었다. 제1장 : 총칙, 제2장 : 프로그램저작권, 제3장 : 등록, 제4장 : 권리의 침해에 대한 구제, 제5장 : 프로그램심의·조정위원회, 제6장 : 보칙, 제7장 : 벌칙으로 총7장 37조로 구성되어 있다.

㈏ 제1조(목적)에는 「컴퓨터 프로그램 저작물의 저작자의 권리를 보호하고 프로그램의 공정한 이용을 도모하여 프로그램 관련산업과 기술을 진흥함으로써 국민경제의 건전한 발전에 이바지함을 목적으로 한다」고 규정하고 있다. 여기서 "프로그램"이라 함은 특정한 결과를 얻기 위하여 컴퓨터 등 정보처리능력을 가진 장치 내에서 직접 또는 간접으로 사용되는 일련의 지시·명령으로 표현된 창작물을 말한다(동법 제2조).

㈐ 주요 내용으로는 외국인의 프로그램, 프로그램 제작자의 추정, 프로그램 저작권, 프로그램의 등록 등의 규정들이 있다·

㈑ 동법 시행령은 1987년 7월 24일 대통령령 제12218호로 시행되었고, 1998년 12월 31일 대통령령 제16050호로 5차 개정되었다. 총6장 33조 중 6개 조항(제7-9조, 제23조, 제25조, 제33조)의 삭제로 현6장 27조로 구성되어 있다.

㈒ 동법 시행규칙은 1987년 8월 25일 총리령 제328호로 시행되었고, 1998년 12월 31일 총리령 제59호로 개정되었다. 총19조로 구성되어 있다.

(5) 行政電算網推進에관한規則

㈎ 동 규칙은 1990년 2월 19일 총리령 제357호로 시행되었고, 1995년 12월 30일 정보통신부령 제14호로 개정되었다. 총14조로 구성되어 있다.

㈏ 제1조(목적)에는 「전산망보급확장과이용에관한법률시행령에서 행정전산망사업의 추진과 관련하여 위임한 사항과 그 시행에 관하여 필요한 사항을 규정함을 목적으로 한다」고 규정하고 있다.

사. (제24조) 學術文化의 振興

국가 및 지방자치단체는 학술문화를 연구·진흥하기 위하여 학술문화시설 설치 및 연구비 지원 등의 시책을 수립·실시하여야 한다.

이 규정은 국가 및 지방자치단체가 학술문화를 진흥하기 위하여 학술문화시설 설치 및 연구비 지원 등의 시책을 수립·실시하여야 할 의무를 규정하고 있다. 이와 관련된 법률로는 학술진흥법, 대한민국학술원법, 한국교육과정평가원법, 한국정신문화연구원육성법, 한국교육개발원육성법, 한국대학교육협의회법, 한국전문대학교육협의회법, 史料의수집및보존등에관한법률, 한국교육학술정보원법, 대한민국예술원법 등이 있다. 여기서는 학술진흥법, 대한민국학술원법, 한국교육개발원육성법, 한국정신문화연구원육성법, 사료의수집및보존등에관한법률, 한국교육학술정보원법, 대한민국예술원법 등에 대해서만 개괄적으로 소개한다.

(1) 學術振興法

㈎ 동법은 1979년 12월 28일 법률 제3205로 제정·시행되었고, 1999년 1월 21일 법률 제5687호로 전문개정 되었는데 이 법에 의하여 한국장학회법이 폐지되었다. 1999년 12월 31일 법률 제6101호로 1차 개정이 있었다. 제1장 : 총칙, 제2장 : 학술진흥 및 학자금지원

(종합계획, 연구개발계획, 학술교육협력계획, 학술정보관리계획, 학자금지원계획, 학술연구평가 등), 제3장 : 한국학술진흥재단(재단의 설립등기, 정관, 사업, 기금 등), 제4장 : 보칙으로 총4장 36조로 구성되어 있다.

㈏ 제1조(목적)에는 「학술진흥에 관한 기본정책의 수립과 학술활동의 지원·육성에 필요한 사항과 경제적 이유로 교육을 받기 곤란한 자를 위한 장학제도 및 학비보조제도의 수립·실시에 필요한 사항을 규정함을 목적으로 한다」고 규정하고 있다. 여기서 "학술"이란 모든 학문분야의 기초과학과 응용과학을 말한다(동법 제2조).

㈐ 주요 내용으로는 종합계획, 연구개발 계획, 학술교류 협력계획, 한국학술진흥 재단의 설립 등의 규정들이 있다.

㈑ 동법 시행령은 1980년 8월 16일 대통령령 제9991호로 제정·시행되었고, 1999년 5월 21일 대통령령 제16313호로 전문개정 되었다. 제1장 : 총칙, 제2장 : 학술진흥위원회(위원회의 기능·구성 등, 분과위원회), 제3장 : 연구비지급, 제4장 : 학술교류협력(대학교원 및 연구요원의 국내교류, 대학교원의 해외 연구), 제5장 : 학술정보관리, 제6장 : 한국학술진흥재단, 제7장 : 시상으로 총7장 38조로 구성되어 있다.

(2) 大韓民國學術院法

㈎ 동법은 1988년 12월 31일 법률 제4045호로 제정되었고, 1990년 12월 27일 법률 제4268호로 개정되었다. 총19조로(학술원의 기능, 조직, 회원, 임원선출 등) 구성되어 있다.

㈏ 제1조(목적)에는 「대한민국학술원을 설치하여 학술발전에 현저한 공적이 있는 과학자를 우대·지원하고 학술연구와 그 지원사업을 행함으로써 학술발전에 이바지하게 함을 목적으로 한다」고 규정하고 있다.

㈐ 주요 내용으로는 기능, 조직, 회원의 자격, 임기, 우대, 임원선출, 학술활동의 지원 등의 규정들이 있다.

㈑ 대한민국학술원및대한민국예술원의회원수당지급규정은 1989년 5월 11일 대통령령 제12709호로 시행되었고, 1996년 12월 31일 대통령령 제15223호로 8차 개정되었다. 총4조(수당의 종류와 범위, 수당지급정지 등)로 구성되어 있다. 이 영의 목적은 대한민국학술원법 제7조 제2항 및 대한민국예술원법 제7조 제2항의 규정에 의하여 대한민국학술원 및 대한민국예술원의 회원에게 지급하는 수당에 관한 사항을 규정함을 목적으로 하고 있다.

(3) 韓國敎育開發院育成法

㈎ 동법은 1973년 3월 14일 법률 제2616호로 제정되었고, 1997년 1월 13일 법률 제5273

호로 4차 개정되었다. 총9조 중 제2·4-5조 삭제로 현6조로 구성되어 있다.

(나) 제1조(목적)에는 「교육의 목적·내용·방법 등의 개발에 관한 조사·연구와 그 성과의 보급·활용을 위하여 재단법인 한국교육개발원을 설립하고 이를 보호·육성함으로써 교육의 발전에 기여하게 함을 목적으로 한다」고 규정하고 있다.

(다) 주요 내용으로는 출연금, 국·공유재산의 대부, 사업 계획서, 운영 및 결산보고에 관한 규정들이 있다.

(라) 동법 시행령은 1973년 10월 11일 대통령령 제6899호로 시행되었고, 1997년 2월 28일 대통령령 제15297호로 5차 개정되었다. 총15조 중 제9-11조 삭제로 현12조로 구성되어 있다.

(마) 한국교육개발원출연금관리규칙은 1975년 12월 31일로 문교부령 제373호로 시행되었고, 1991년 3월 16일 교육부령 제594호로 2차 개정이 있었다. 이 규칙의 목적은 「한국교육개발원 육성법시행령 제5조 제2항 및 제5조의 2 제5항의 규정에 의하여 한국교육개발원의 출연금 및 기금관리에 관하여 필요한 사항을 규정함을 목적으로 한다」규정하고 있으며 총12조로 구성되어 있다.

(4) 韓國精神文化硏究院育成法

(가) 동법은 1978년 12월 5일 법률 제3116호로 제정되었고, 1995년 12월 6일 법률 제4980호로 2차 개정되었다. 총12조(출연금, 국·공유재산의 대부 등, 연구요원 등의 파견, 자료의 제공 등, 대학원의 설치 등)로 구성되어 있다.

(나) 제1조(목적)에는 「한국문화의 정수를 깊이 연구하여 새로운 창조의 기반으로 삼아 주체적 역사관과 건전한 가치관을 정립하고, 미래 한국의 좌표와 그 기본원리를 탐구하기 위하여 설립된 재단법인 한국정신문화연구원을 보호·육성함으로써 민족중흥을 위한 국민정신을 드높이고, 민족문화 창달에 기여하게 함을 목적으로 한다」고 규정하고 있다.

(다) 동법 시행령은 1979년 5월 8일 대통령령 제9455호로 시행되었고, 1991년 2월 1일 대통령령 제13282호로 개정되었다. 총14조(출연금 요구서 제출, 예산의 확정통지, 출연금의 교부, 기금의 관리 등)로 구성되었다.

(5) 史料의蒐集및保存등에관한法律

(가) 동법은 1987년 11월 28일 법률 제3976호로 제정되었고, 1998년 2월 28일 법률 제5529호로 4차 개정되었다. 총18조로 구성되어 있다.

(나) 제1조(목적)에는 「우리나라의 역사를 연구하고 그 체계를 정립함에 필요한 각종

史料의 조사·수집·보존·편찬 및 발행을 원활하게 함으로써 국사연구의 심화와 체계적인 발전에 기여함을 목적으로 한다」고 규정하고 있다.

㈐ 주요 내용으로는 국사편찬위원회, 사료연구임원, 조사위원, 장기 및 연차 계획, 문서 등의 열람, 복사, 사료모집 보존협의회 등의 규정들이 있다.

㈑ 본 시행령은 1989년 4월 25일 대통령령 제12688호로 시행되었고, 1998년 12월 19일 대통령령 제15943호로 2차 개정되었다. 총17조 중 제9조 삭제로 현16조로 구성되어 있다.

(6) 韓國敎育學術情報院法

㈎ 동법은 1999년 1월 21일 법률 제5686호로 신규제정 되었다. 총25조로 구성되어 있다.

㈏ 제1조(목적)에는 「한국교육학술정보원을 설립하여 교육 및 학술연구에 필요한 정보를 제작·조사·수집하고 교육정보제공체제를 구축·운영함으로써 교육 및 학술연구의 질적 수준을 높여 국가교육의 발전에 이바지함을 목적으로 한다」고 규정하고 있다. 동법에서 "교육정보제공체제"라 함은 국내·외 각종 교육 및 학술관련 정보를 수집·가공·축적하여 이를 수요자에게 제공하기 위한 체제로서 한국교육학술정보원이 구축·운영하는 체제를 말한다.

㈐ 주요 내용으로는 교육정보원의 설립, 정관, 사업, 임원, 원장, 운영재원, 이용료 등 교육정보원에 관한 제반 규정들을 내용으로 하고 있다.

㈑ 동법 시행령은 1999년 4월 30일 대통령령 제16272호로 제정되었다. 지역교육정보센터, 출연금의 요구 및 교부 등의 내용으로 구성되었다. 총9조로 구성되어있다.

(7) 大韓民國藝術院法

㈎ 동법은 1988년 12월 31일 법률 제4046호로 제정·공포되었고, 1996년 12월 30일 법률 제5209호로 3차 개정되었다. 총17조(예술원의 기능, 조직, 회원의 자격 및 회원 선출, 예술창작활동의 지원, 경비부담 등)로 구성되어 있다.

㈏ 제1조(목적)에는 「대한민국예술원을 설치하여 예술창작에 현저한 공적이 있는 예술가를 우대·지원하고 예술창작활동 지원사업을 행함으로써 예술발전에 이바지하게 함을 목적으로 한다」고 규정하고 있다.

아. (제25조) 私學의 育成

국가 및 지방자치단체는 사립학교를 지원·육성하여야 하며, 사립학교의 다양하고 특성 있는 설립목적이 존중되도록 하여야 한다. 이 규정은 국가 및 지방자치단체는 사립학교의 다양하고 특성 있는 설립목적이 존중되도록 사립학교를 지원하고 육성하여야 함을 규정한 조항이다. 헌법을 비롯한 구 교육법에 사학지원에 대한 지법조항이 없었는데, 이번에 교육기본법에 신설되었다. 사학에 대한 지원·육성방안으로는, 사학재정의 확충을 위한 국가재정의 직접적인 방식과 세제감면을 통한 간접적인 방식이 있다. 전자의 경우가 바람직하지만 후자를 병행하여 추진하는 것이 효율적이다. 이에 관련된 법률로는 사립학교법, 한국사학진흥재단법, 사립학교교직원년금법, 사학기관재무·회계규칙, 사학기관재무·회계규칙에대한특례규칙 등이 있다. 여기서는 한국 사학진흥재단법, 사립학교교직원연금법, 사학기관재무·회계규칙 등에 대해서만 개괄적으로 소개한다.

(1) 韓國私學振興財團法

㈎ 동법은 1989년 3월 31일 법률 제4103호로 제정되었고, 1999년 1월 21일 법률 제5652호로 3차 개정되었다. 총32조(재단의 설립, 정관, 사업, 임원의 구성, 기금에 관한 규정, 사업계획서 등)로 구성되어 있다.

㈏ 제1조(목적)에는 「한국사학진흥재단을 설립하여 사립학교의 교육환경개선을 지원함으로써 사학교육진흥에 이바지하게 함을 목적으로 한다」고 규정하고 있다.

㈐ 주요 내용으로는 재단의 설립, 사업, 임원의 구성, 기금의 조성, 사학진흥채권의 발행 등의 규정들이 있다.

㈑ 동법 시행령은 1989년 7월 13일 대통령령 제12756호로 시행되었고, 1999년 3월 3일 대통령령 제16152호로 4차 개정되었다. 총8조(기금의 운용·관리, 자금에 관한 규정)로 구성되어 있다.

(2) 私立學校敎職員年金法

㈎ 동법은 1973년 12월 20일 법률 제2650호로 제정되었고, 2000년 1월 12일 법률 제6124호로 17차 개정되었다. 제1장 : 총칙, 제2장 : 사립학교교직원연금관리공단(관리공단의 설립, 정관, 임원선출, 업무의 위탁 등), 제3장 : 재직기간, 제4장 : 급여, 제5장 : 비용부담, 제6장 : 사립학교교직원연금기금 제7장 : 보직, 제8장 : 벌칙으로 총8장 62조 중 3개조(제21조, 제26조, 제61조) 삭제로 현8장59조로 구성되어 있다.

㈏ 제1조(목적)에는 「사립학교교직원 및 사무직원의 퇴직·사망 및 직무상의 질병·부상·폐질에 대하여 적절한 급여제도를 확립함으로써 교직원 및 그 유족의 경제적 생활안정과 복리향상에 기여함을 목적으로 한다」고 규정하고 있다. 여기서 "교직원"이란 사립학교법 제54조의 규정에 의하여 그 임명에 관하여 관할청에 보고된 교원과 사립학교법

제70조의 2의 규정에 의하여 임명된 사무직원을 말한다. 다만 임시로 임명된 자, 조건부로 임명된 자 및 보수를 받지 아니하는 자를 제외한다라고 규정되어 있다.

㈐ 주요 내용으로는 사립학교교원연금관리공단의 설립, 정관, 임원선출, 업무의 위탁, 자산의 운용 방법과 급여, 비용의 부담 등을 규정하고 있다.

㈑ 동법 시행령은 1974년 1월 4일 대통령령 제7005호로 시행되었고, 2000년 2월 28일 대통령령 제16734호로 27차 개정되었다. 제1장 : 총칙, 제2장 : 관리공단(관리공단의 설립등기, 이전등기, 변경등기, 자산의 운영방법 등), 제3장 : 재직기간의 합산, 제4장 : 급여(제1절; 통칙, 제2절; 단기급여[직무상요양비 및 요양일시금, 요양기관 및 의료비산정기준], 제3절; 장기급여[총칙, 퇴직급여, 장해급여, 유족연금, 퇴직수당], 제4절; 급여의 제한), 제5장 : 비용부담, 제6장 : 심사의 청구, 제7장 : 사립학교 교직원년금기금, 제8장 : 보칙으로 총8장 총98조 중 제17·33~38·41·42·43·45·46·62·90조 삭제로 현 84조로 구성되어 있다. 많은 조항의 삭제 및 첨부가 있어 상당히 많은 변화가 있었음을 알 수 있다.

(3) 私學機關財務·會計規則

㈎ 동 규칙은 1969년 7월 19일 문교부령 제246호로 제정·시행되었고, 1999년 1월 29일 교육부령 제734호로 7차 개정되었다. 제1장 : 총칙, 제2장 : 예산과 결산, 제3장 : 회계(제1절; 총칙, 제2절; 수입, 제3절; 지출, 제4절; 계약, 제5절; 감사) 제4장 : 재산, 제5장 : 물품, 제6장 : 장부와 서식, 제7장 : 보칙으로 총7장 60조 중 3개조(제13조, 제14조, 제56조) 삭제로 현7장 57조로 구성되어 있다.

㈏ 이 규칙은 사립학교법 제32조·제33조 및 제51조 단서의 규정에 의하여 학교법인·공공단체 이외의 법인과 이들이 설치·경영하는 학교 및 사인이 설치·경영하는 학교의 재무와 회계의 운영에 관하여 필요한 사항을 규정함을 목적으로 한다(동 규칙 제1조).

자. (제26조) 評價 및 認證制度

제1항 국가는 국민의 학습성과 등이 공정하게 평가되어 사회적으로 통용될 수 있도록 하기 위하여 학력평가 및 능력인증에 관한 제도를 수립·실시할 수 있다.

제2항 제1항의 규정에 의한 평가 및 인증제도는 학교의 교육과정 등 교육제도와 상호연계 되어야한다.

이 규정은 국가는 국민의 학습성과 등이 공정하게 평가되어 사회적으로 통용될 수 있도록 학력평가 및 능력인증에 관한 제도를 수립·실시하여야 할 의무규정이다. 이에 관련된 법률은 한국교육과정평가원법, 학점인정등에관한법률 등이 있다. 여기서는 한국

교육과정평가원법에 대해서만 개괄적으로 소개한다.

(1) 韓國敎育課程評價院法

㈎ 동법은 1997년 8월 22일 법률 제5344호로 제정·공포되었고, 총23조(평가원의 설립, 정관 사업, 임원구성, 사업계획서의 제출 등)로 구성되어 있다.

㈏ 제1조(목적)에는 「한국교육과정평가원을 설립하여 고등학교이하 각급학교의 교육과정을 연구·개발하고, 각종 학력평가를 실시함으로써 학교교육의 질적 향상 및 국가교육의 발전에 이바지하게 함을 목적으로 한다」고 규정하고 있다.

㈐ 동법 시행령은 1997년 12월 27일 대통령령 제15551호로 제정·시행되었고, 총8조(출연금의 요구 및 교부신청, 출연금의 관리, 사업계획서 등의 제출 등)로 구성되어 있다.

㈑ 동법 시행규칙은 1997년 12월 31일 교육부령 제702호로 시행되었고, 이 규칙의 목적은 한국교육과정평가원법시행령 제8조 제4항의 규정에 의한 과태료의 징수절차에 관하여 필요한 사항을 규정함을 목적으로 한다. 총2조로 구성되어 있다.

차. (제27조) 保健 및 福祉의 增進

국가 및 지방자치단체는 학생 및 교직원의 건강 및 복지증진을 위하여 필요한 시책을 수립·실시하여야 한다.

제27조는 국가 및 지방자치단체가 학생 및 교직원의 건강 및 복지의 증진을 위하여 필요한 정책을 수립하여야 할 의무를 규정한 조항이다. 이에 관련된 법률로는 학교보건법, 학교급식법, 국민의료보험법, 국민체육진흥법, 체육시설의설치·이용에관한법률, 국립대학교병원설치법, 서울대학교병원설치법 등이 있다.

(1) 學校保健法

㈎ 동법은 1967년 3월 30일 법률 제1928호로 제정·공포되었고, 2000년 1월 28일 법률 제6218호로 8차 개정되었다. 총20조 중 제20조 삭제로 현 19조로 구성되어 있다.

㈏ 제1조(목적)에는 「학교의 보건관리와 환경위생정화에 필요한 사항을 규정하여 학생 및 교직원의 건강을 보호·증진하게 함으로써 학교교육의 능률화를 기함을 목적으로 한다」고 규정하고 있다. 동법에서 "신체검사"란 체격검사·체질검사 및 체력검사를 말한다(동법 제2조).

㈐ 주요 내용으로는 학교의 환경위생 및 식품위생, 학교환경위생정화구역의 설정, 정화구역 안에서의 금지행위 등, 신체검사, 교직원의 보건관리, 전염병예방접종의 시행 등으

로 구성되어 있다.

㈃ 동법 시행령은 1969년 12월 25일 대통령령 제4311호로 시행되었고, 2000년 1월 28일 대통령령 제16701호로 13차 개정되었다. 총14조(학교환경정화구역의 설정, 관리, 정화구역 안에서의 기타 금지시설, 학교환경위생정화위원회의 설치, 학교의사·학교약사 및 양호교사 등)로 구성되어 있다.

㈄ 학교신체검사규칙은 1969년 7월 19일 문교부령 제241호로 한글화되었고, 1996년 2월 7일 교육부령 제676호로 전문개정 되었고, 1999년 3월 8일 교육부령 제740호로 3차 개정되었고 총14조(신체검사의 실시시기, 검사항목과 방법 등)로 구성되어 있다. 이 검사 규칙의 목적은 학교보건법 제7조의 규정에 의하여 학교 신체검사의 실시에 관하여 필요한 사항을 규정함을 목적으로 한다.

(2) 學校給食法

㈎ 동법은 1981년 1월 29일 법률 제3356호로 제정되었고, 1999년 8월 31일 법률 제6012호로 7차 개정되었다. 총11조(국가 및 지방자치단체의 임무, 학교급식대상, 급식시설·설비, 학교급식의 운영원칙, 위탁급식 등)로 구성되어 있다.

㈏ 제1조(목적)에는 「학교급식에 관한 사항을 규정함으로써 학교급식을 통한 학생의 심신의 건전한 발달을 도모하고, 나아가 국민 식생활 개선에 기여함을 목적으로 한다」고 규정하고 있다. 여기서 "학교급식"이란 국민식생활의 개선의 목적을 달성하기 위하여 학교 안에 급식시설과 설비를 갖추고 당해 학교 또는 인접학교의 학생에 대하여 실시하는 급식과 특별시·광역시·도교육감 또는 교육장이 공동급식시설을 설치하여 관할 구역의 각급 학교 학생에 대하여 실시하는 급식을 말한다(동법 제2조).

㈐ 주요 내용으로는 국가 및 지방자치단체의 임무, 학교급식대상, 급식시설·설비, 학교급식의 운영원칙, 위탁급식 등의 규정들이 있다.

㈑ 동법 시행령은 1981년 9월 8일 대통령령 제10460호로 시행되었고, 1997년 4월 29일 대통령령 제15361호로 9차 개정되었다. 총10조(학교급식의 실시범위, 급식의 영양 및 관리기준, 시설·설비기준, 학교급식후원회의 조직, 기능, 임원 등에 관한 규정)로 구성되어 있다.

㈒ 동법 시행규칙은 1993년 8월 10일 교육부령 제637호로 시행되었고, 1997년 5월 13일 교육부령 제693호로 2차 개정되었다. 총9조로 구성되어 있다.

(3) 國民醫療保險法

㈎ 동법은 1997년 12월 31일 법률 제5488호로 제정·공포되었고, 2000년 1월 12일 법률

제6124호로 2차 개정되었다. 제1장 : 총칙, 제2장 : 피보험자(피보험대상, 자격취득의 시기, 자격의 변경, 자격상실의 시기), 제3장 : 보험자(공단의 업무, 사무소, 정관, 임원구성 등), 제4장 : 보험급여(요양급여, 요양기관의 지정, 요양비, 분만비, 장제비 등), 제5장 : 재무(보험료, 보험료율, 보험료의 면제, 공제 등), 제6장 : 심사청구, 제7장 : 보칙, 제8장 : 벌칙으로 총8장 76조 중 2개조(제31-32조) 삭제로 현8장 74조로 구성되어 있다.

(나) 제1조(목적)에는 「국민의 질병·부상·분만·사망 등에 대하여 보험급여를 실시함으로써 국민 건강을 향상시키고 사회보장의 증진을 도모함을 목적으로 한다」고 규정하고 있다. 이 법에서 "공무원"이란 국가 또는 지방자치단체에서 상시 공무에 종사하는 자를 말한다. "교직원"이란 사립학교교원연금법 제3조의 규정에 의한 사립학교 또는 그 학교 경영기관에 근무하는 교원 및 직원을 말한다.

(다) 주요 내용으로는 피보험대상자, 자격취득의 시기, 자격의 상실, 공단의 업무, 요양급여, 요양기관, 장제비, 보험료, 보험료의 면제, 공제 등의 규정들이 있다.

(라) 동법 시행령은 1998년 9월 14일 대통령령 제15888호로 제정·시행되었고, 1999년 8월 7일 대통령령 제16525호로 일부개정 되었다. 제1장 : 총칙, 제2장 : 피보험자(피보험자에서 제외되는 자, 자격관리 등), 제3장 : 국민의료보험관리공단(공단의 설립등기, 지부의 설치등기, 이전등기, 변경등기 등), 제4장 : 보험급여(요양급여, 건강진단, 본인부담금보상금 등), 제5장 : 재무(보험료감면 대상지역, 보험료율, 정산기준, 보험료의 공제 등), 제6장 : 의료보험심사위원회, 제7장 : 보칙으로 총7장 49조로 구성되어 있다.

(마) 동법 시행규칙은 1999년 12월 31일 보건복지부령 제141호로 시행되었고, 총42조로 구성되어 있다.

(4) 國民體育振興法

(가) 동법은 1982년 12월 31일 법률 제3612호로 전문개정이 있었고, 2000년 1월 12일 법률 제6131호로 12차 개정이 있었다. 제1장 : 총칙, 제2장 : 체육진흥을 위한 조치, 제3장 : 국민체육진흥기금, 제4장 : 체육단체의 육성, 제5장 : 보칙으로 총5장 39조 중 2개조의 삭제로 현5장 37조로 구성되어 있다.

(나) 제1조(목적)에는 「국민체육을 진흥함으로써 국민의 체력을 증진하고 건전한 정신을 함양하여 명랑한 국민생활을 영위하게 하며, 나아가 체육을 통하여 국위선양에 이바지함을 목적으로 한다」고 규정하고 있다.

(다) 주요 내용으로는 체육진흥을 위한 조치, 국민체육진흥기금, 체육단체의 육성 등의 규정들이 있다.

㈔ 동법 시행령은 1983년 8월 25일 대통령령 제11212호로 전문개정이 있었고, 1999년 5월 24일 대통령령 제16326호로 18차 개정이 있었다. 제1장 : 총칙, 제2장 : 체육진흥시책 및 체육진흥계획의 수립, 제3장 : 국민체육진흥심의위원회, 제4장 : 학교체육 및 생활체육의 진흥, 제5장 : 선수 및 체육지도자의 보호육성, 제6장 : 체육용구의 생산장려 등, 제7장 : 국민체육진흥기금, 제8장 : 체육단체의 육성, 제9장 : 보칙으로 총9장 46조 중 제3장(제5-13조), 제34조 삭제로 현8장 31조로 구성되어 있다.

㈕ 동법 시행규칙은 1984년 2월 16일 체육부령 제5호로 시행되었고, 1999년 2월 5일 문화관광부령 제16호로 7차 개정이 있었다. 총21조 중 8개조(제3, 4, 6, 7, 8, 10, 14, 18조)의 삭제로 현13조로 구성되어 있다.

(5) 體育施設의設置·利用에관한法律

㈎ 동법은 1994년 1월 7일 법률 제4719호로 전문 개정되었고, 1999년 3월 31일 법률 제5942호로 6차 개정되었다. 제1장 : 총칙, 제2장 : 공공체육시설, 제3장 : 체육시설업, 제4장 : 보칙, 제5장 : 벌칙으로 총5장 44조 중 7개조(제17, 18, 24, 25, 32, 33, 39조) 삭제로 현5장 37조로 구성되어 있다.

㈏ 제1조(목적)에는 「체육시설의 설치·이용을 장려하고 체육시설업을 건전하게 발전시켜 국민의 건강증진과 여가선용에 이바지함을 목적으로 한다」고 규정하고 있다.

㈐ 주요 내용으로는 공공체육시설, 체육시설업무구분, 종류, 시설기준, 국가 또는 지방자치단체의 의무 등의 규정들이 있다.

㈑ 동법 시행령은 1994년 6월 17일 대통령령 제14284호로 전문개정 되었고, 2000년 1월 28일 대통령령 제16701호로 4차 개정이 있었다. 제1장 : 총칙, 제2장 : 공공체육시설, 제3장 : 체육시설업 등으로 총3장 25조 중 5개조(제6, 17, 22-24조) 삭제로 현3장 20조로 구성되어 있다.

㈒ 동법 시행규칙은 1994년 6월 17일 문화체육부령 제12호로 전문개정 되었고, 2000년 3월 28일 문화체육부령 제38호로 개정이 있었고, 이 때 학교운동장의 개방 및 이용에 관한 규칙은 폐지되었다. 총4장 40조 중 9개조(제9, 12, 17, 18, 20, 26, 27, 35, 36조) 삭제로 현4장 31조로 구성되었다.

(6) 國立大學校病院設置法

㈎ 동법은 1991년 3월 8일 법률 제4350호로 제정되었고, 1999년 12월 31일 법률 제6101호로 3차 개정되었다. 총24조로 구성되어 있다.

㈏ 제1조(목적)에는 「국립대학교병원을 설립하여 교육기본법에 의한 의학 및 치의학 등에 관한 교육·연구와 진료를 통하여 의학발전을 도모하고 국민보건 향상에 이바지함을 목적으로 한다」고 규정하고 있다.

㈐ 주요 내용으로는 설립, 사업, 임원, 직원, 임상교수요원 등의 규정들이 있다.

㈑ 동법 시행령은 1992년 3월30일 대통령령 제13625호로 시행되었고, 1999년 4월 19일 대통령령 제16250호로 제2차 개정되었다. 총15조로 구성되어 있다.

카. (제28조) 獎學制度

제1항 국가 및 지방자치단체는 경제적 이유로 인하여 교육을 받기 곤란한 자를 위한 장학제도 및 학비보조제도 등을 수립·실시하여야 한다.

제2항 국가는 교원양성교육을 받은 자 및 국가 특히 필요로 하는 분야를 국내·외에서 전공하거나 연구하는 자에게 학비 기타 필요한 경비의 전부 또는 일부를 보조할 수 있다.

제3항 제1항 및 제2항의 규정에 의한 장학금 및 학비보조금 등의 지급방법 및 절차와 지급받을 자의 자격 및 의무 등에 관하여 필요한 사항은 대통령령으로 정한다.

제28조는 국가 및 지방자치단체는 경제적 이유로 교육을 받기 어려운 자에게 장학제도, 학비보조제도를 실시하여야 하고 또 교원양성교육을 받는 자나 국가가 특히 필요로 하는 분야를 국내·외에서 전공 연구하는 자는 학비 또는 경비의 전부나 일부를 보조받을 수 있게 되어 헌법상의 사회적 기본권인 교육을 받을 권리를 확대·강화할 수 있게 되었다. 이에 관련된 법은 장학금규정, 사도장학금에관한규정, 학술기타문화단체에대한보조금교부규정, 정부를통하여파견되는해외연구생에대한보조금교부규정 등이 있다.

(1) 獎學金規程

㈎ 동 규정은 1969년 11월 25일 대통령령 제4310호로 한글화하였고, 1999년 2월 22일 대통령령 제15946호로 5차 개정하였다. 총19조 중 제8개조 삭제로 현11조로 구성되어 있다.

㈏ 제1조(목적)에는 「교육기본법 제28조 제3항에 의거 국가 및 지방자치단체가 지급하는 장학금의 지급방법과 그 지급을 받을 자의 자격과 의무에 관하여는 교육기본법 또는 다른 법령에 특별한 규정이 있는 것을 제외하고는 모두 이 영이 정하는 바에 의한다」고 규정하고 있다.

㈐ 동 시행규칙은 1973년 8월 20일 문교부령 제323호로 전문개정이 있었고, 1991년 3월 16일 교육부령 제594호로 3차 개정이 있었다. 총10조 중 제7조 삭제로 현9조로 구성되

어 있다.

(3) 師徒獎學金에관한規程

㈎ 동 규정은 1990년 7월 5일 대통령령 제13041호로 시행되었고, 1996년 2월 22일 대통령령 제14921호로 전면개정이 있었고, 1999년 5월 21일 대통령령 제16313호로 2차 개정이 있었다. 총6조로 구성되어 있다.

㈏ 이 영의 목적은 「사범계 대학의 학생 중 교원으로서의 자질과 적성이 탁월하고 학업성적이 우수한 자에게 사도장학금을 지급함으로써 우수교원의 양성에 이바지함을 목적으로 한다」고 규정하고 있다.

㈐ 동 시행규칙은 1990년 7월 5일 문교부령 제587호로 시행되었고, 1996년 2월 27일 교육부령 제678호로 2차 개정되었다. 총8조 중 제5조, 제6조 삭제로 현6조로 구성되어 있다. 최근 사도 장학금을 점차적으로 축소한다는 발표로 인하여 신중하지 못한 결정이라는 비판이 사범대에서 강하게 일고 있다.

(4) 學術其他文化團體에대한補助金交付規程

㈎ 동 규정은 1958년 1월 13일 대통령령 제1432호로 시행되었고, 1991년 2월 1일 대통령령 제13282호로 개정되었다. 총10조로 구성되어 있다.

㈏ 제1조에 「교육부장관은 매년도 예산의 범위 내에서 교육, 과학, 미술, 예술, 체육, 출판 기타 문화사업을 목적으로 하는 단체에 대하여 그 사업을 장려·육성하기 위하여 보조금을 교부할 수 있다」고 규정하고 있다.

(5) 政府를통하여派遣되는海外研究生에대한補助金交付規程

㈎ 동 규정은 1960년 2월 10일 대통령령 제1560호로 시행되었으며, 총7조로 구성되어 있다.

㈏ 제1조(목적)에는 「정부를 통하여 파견하는 해외연구생의 준수 및 복무사항을 규정함을 목적으로 한다」고 규정하고 있다.

타. (제29조) 國際敎育

제1항 국가는 국민의 국제사회의 일원으로서 갖추어야 할 소양과 능력을 기를 수 있도록 국제화 교육에 노력하여야 한다.

제2항 국가는 외국에 거주하는 동포에게 필요한 학교교육 또는 사회교육을 실시하기

위하여 필요한 시책을 강구하여야 한다.

제3항 국가는 학문연구의 진흥을 위하여 국외유학에 관한 시책을 강구하여야 하며, 국외에서의 우리나라에 대한 이해와 우리 문화의 정체성확립을 위한 교육연구활동을 지원하여야 한다.

제4항 국가는 외국정부 및 국제기구 등과의 교육협력에 필요한 시책을 강구하여야 한다.

제29조는 국가는 국민, 재외국민, 외국정부, 국제기구 등에 필요한 국제교육시책을 실시하여야 함을 규정하고 있다. 이에 관련된 法으로는 유네스코활동에관한법률, 스카우트활동육성에관한법률, 재외국민의교육에관한규정, 국외유학에관한규정, 국제학술교류협의회규정, 재외국민을위한 국내교육과정운영규정 등이 있다.

(1) 유네스코(UNESCO)活動에관한法律

(가) 동법은 1963년 4월 27일 법률 1제1335호로 제정되었고, 1993년 3월 6일 법률 제4541호로 4차 개정이 있었다. 제1장 : 총칙, 제2장 : 유네스코활동, 제3장 : 유네스코한국위원회로 총3장 25조로 구성되어 있다.

(나) 제1조(목적)에는 「대한민국은 국제연합 교육과학문화기구가 국제연합의 기본정신에 입각하여 세계 제 인간의 무지와 오해 및 빈곤을 극복하여 인간의 마음속에 세계평화의 터전을 마련하여 인류의 복리증진에 지대한 공헌을 하고 있음을 높이 평가하고 또한 대한민국이 유네스코에 가맹함으로써 얻은 국제적 지위에 감하여 이 숭고한 유네스코활동에 대한민국정부와 국민이 적극적으로 협력하여 교육·과학 및 문화활동을 통하여 국제연합헌장, 유네스코헌장 및 세계인권선언의 정신을 실현하기 위하여 이 법을 제정한다」고 규정하고 있다.

(다) 주요 내용으로는 유네스코 활동, 유네스코 한국위원회의 설치, 소관사항 등의 규정들이 있다.

(2) 스카우트活動育成에관한法律

(가) 동법은 1969년 7월 28일 법률 제2118호로 제정되었고, 1993년 3월 6일 법률 제4541호로 2차 개정이 있었다. 총11조로 구성되어 있다.

(나) 제1조(목적)에는 「대한민국의 청소년 및 소녀의 스카우트 활동을 지원하여 이를 선도 육성함을 목적으로 한다」고 규정하고 있다. 여기서 "스카우트 활동"이라 함은 스카우트 교육방법에 의하여 청소년 및 소녀의 품성을 도야하고 체력을 증진시키며 유용한

기능을 체득케 하여, 사회에 헌신하는 봉사정신을 배양함으로써 국가발전에 공헌하고 나아가서는 세계인류의 친선증진에 기여하게 하는 활동을 말한다(동법 제2조).

㈐ 주요 내용으로는 국제기구 등과의 협조, 국가 또는 지방자치단체의 협조 및 지원, 보조 등을 규정하고 있다.

(3) 國外留學에관한規程

㈎ 동 규정은 1985년 12월 31일 대통령령 제11826호로 전문 개정되었고, 1999년 12월 31일 대통령령 제16669호로 15차 개정되었다. 제1장 : 총칙, 제2장 : 자비유학, 제3장 : 국비유학, 제4장 : 국비연수, 제5장 : 재외공관장의 지도 등으로 총5장 42조 중 12개조(제6-12조, 제25, 27, 28, 33, 41조)의 삭제로 현5장 30장으로 구성되어 있다.

㈏ 제1조(목적)에는 「교육기본법 제29조 제3항의 규정에 의하여 국외유학에 관하여 필요한 사항을 규정함을 목적으로 한다」고 규정하고 있다.

㈐ 동 시행규칙은 1986년 1월 8일 문교부령 제544호로 전문개정되었고, 1997년 12월 31일 교육부령 제703호로 7차 개정이 있었다. 총15조 중 3개조(제2-4조) 삭제로 현12조로 구성되어 있다.

(4) 在外國民의敎育에관한規程

㈎ 동 규정은 1977년 2월 28일 대통령령 제8461호로 시행되었고, 1992년 7월 3일 대통령령 제13691호로 6차 개정이 있었다. 총24조로 구성되어 있다.

㈏ 제1조(목적)에는 「교육기본법 제29조 제2항에 의하여 외국에 거주하는 국민에게 학교교육 또는 사회교육을 실시하기 위하여 필요한 사항을 규정함을 목적으로 한다」고 규정하고 있다.

㈐ 재외국민을 위한 국내교육과정운영 규칙은 1992년 7월 3일 교육부령 제616호로 시행되었고, 2000년 6월 9일 교육부령 제768호로 개정되었다. 총9조로 구성되어 있다.

(5) 國際學術交流協議會規程

㈎ 동 규정은 1995년 11월 15일 국무총리훈령 제320호로 시행되었다. 총10조로 구성되어 있다.

㈏ 제1조(목적)에는 「세계 각 지역에 대한 전문인력의 양성, 한국을 이해하는 외국의 지도자 육성 및 외국과의 학술·교육교류 증진을 위한 정부의 주요 정책 수립과 관련하여 국무총리의 자문에 응하게 하기 위하여 국제학술교류협의회를 둔다」고 규정하고 있다.

Ⅲ. 우리나라의 여러 學校들

  우리나라에는 여러 학교들이 존재한다. 초등학교·중학교·고등학교·대학교 등 많은 학교들이 존재하고 있다. 이 중에서도 특히, 특별령으로 성립한 학교들이 있다. 특별령으로는 국립학교설치령, 서울대학교설치령, 한국교원대학교설치령, 한국방송통신대학교설치령, 한국예술종합학교설치령, 한국전통문화학교설치령, 한국농업전문학교설치령, 한국임업전문학교설치령, 한국수산업전문학교설치령, 방송통신고등학교설치기준령, 산업체근로청소년의교육을위한특별학급 등의 설치기준령 등이 있다. 여기서는 특별령에 의해 설립된 각 학교의 특징을 설치목적, 교육내용, 교직원, 시설과 설비, 대학원 순으로 기술하고자 한다.

1. 國立學校設置令

(1) 設置目的
  ㈎ 동령은 1977년 8월 30일 대통령령 제8672호로 전문개정 되었고, 2000년 2월 28일 대통령령 제16725호로 37차 개정이 있었다. 총8장 중 제3장(제19-26조) 삭제로 제1장 : 총칙, 제2장 : 대학, 제3장 : 삭제, 제4장 : 교육대학, 제4장의 2 : 산업대학, 제5장 : 전문대학, 제6장 : 고등학교, 제7장 : 특수학교, 제8장 : 각종학교로 현 7장으로, 총56조 중 제15조, 제18조~ 제26조, 제35조 제51조, 제53~제56조 삭제로 현 40조로 구성되어 있다. 국립학교는 교육부장관의 소관으로 한다(제2조)
  ㈏ 동령의 목적은 「초·중등교육법 및 고등교육법에 의한 국립학교의 설치와 직제에 관하여 다른 법령에 특별히 규정한 것을 제외하고는 이 영이 정하는 바에 의한다」라고 규정하고 있다(제1조).

(2) 敎職員
  ㈎ 대학에는 총장 또는 학장, 단과대학장을, 교육대학에는 총장과 대학원장을, 산업대

학에는 총장 및 대학원장 또는 학부장을 둔다.

㈏ 하부조직으로는 대학에는 교무처, 학생처, 기획연구실, 사무국을 둔다.

㈐ 공무원의 정원(제3조)은 따로 대통령슈으로 정한다.

(3) 施設과 設備

부속시설로는 대학에는 각 대학교마다 다르게 다양한 부속시설들을 별표 1의 3으로 제시하고 있다. 가령 강릉대학교는 통일문제연구소, 영동산업문제연구소, 동해안지역연구소, 자연과학연구소, 인문과학연구소를 둔다. 교육대학에는 도서관, 학생생활연구소, 과학교육연구소, 초등교육연구소, 전자계산소, 기숙사를 둔다(제29조). 산업대학에는 도서관, 학생생활연구소, 전자계산소, 기숙사, 산업교육연구소, 교육기자재관리소, 산업과학기술연구소를 둔다(제30조의5). 전문대학에는 도서관, 학생생활연구소, 실습시설, 기숙사, 전자계산소를 둔다(제33조)

(4) 大學院

대학에서는 대학원을 두되 각 대학의 대학원은 별표 1의 2에 제시되어 있다. 가령 강원대학교에는 대학원, 경영 · 행정대학원, 교육대학원, 산업대학원, 정보과학대학원을 둔다. 교육대학에는 교육대학원을 두고(제27조 2항), 산업대학에는 산업대학원을 둔다라고 규정하고 있다(제30조의 2의 2항).

2. 서울대학교설치령

(1) 設置目的

㈎ 동영은 1975년 2월 28일 대통령령 제7565호로 발효되었고, 2000년 2월 28일 대통령령 제16725호로 29차 개정이 있었다. 총22조(총25조 중 제19 · 20 · 21조 삭제)로 구성되어 있다. 서울대학교 설치령 제2조에 따라 교육부장관의 관할 아래 국립학교로서 서울대학교를 둔다.

㈏ 동영의 목적은 「고등교육법 제18조와 고등교육법시행령 제8조의 규정에 의하여 서울대학교의 설치와 조직 등에 관한 사항을 규정함을 목적으로 한다」고 규정하고 있다 (동영 제1조).

㈐ 서울대학교 운영에 있어서는 고등교육법 제28조의 규정에 의한 대학의 목적을 달성

하기 위하여 교육의 기회균등과 자율성이 보장되도록 한다(동영 제3조).

(2) 教職員

㈎ 서울대학교에 총장 및 부총장 각 1인을 두되 부총장은 교수로 겸보한다.

㈏ 학장·대학원장(제9조) , 부속시설의 장(제10조), 도서관장(제10조의 2)을 둔다.

㈐ 하부조직으로 부총장아래 교무처(제12조), 학생처(제13조), 연구처(제13조의 2), 기획실(제13조의 3), 사무국(제14조), 시설관리국(제15조)을 둔다.

㈑ 단과대학 등의 하부조직(제16조), 도서관의 조직(제17조), 기획위원회(제22조)를 둔다.

㈒ 공무원의 정원(제23조)은 따로 대통령령으로 정한다.

(3) 施設과 設備

㈎ 부속시설로는 부속자원시설로 중앙교육연구전산원·박물관·규장각·보건진료소 및 교육매체제작소·실험동물사육장·학생기숙사 및 기초과학교육연구 공동기기원(동령 제6조 제1항)과 부속연구시설로 천연물과학연구소·어학연구소·학생생활연구소·사회과학연구원·경제연구소·법학연구소·한국문화연구소·미국학연구소·기초과학연구원·언론정보연구소·의학연구원·환경안전연구소·유전공학연구소·반도체공동연구소·공학연구소·인문학연구소·신소재공동연구소·자동화시스템공동연구소·국제지역원·정밀기계설계공동연구소·컴퓨터신기술공동연구소 및 교육종합연구원(동영 제6조 제2항)

㈏ 공과대학에 부속연구지원소, 농업생명과학대학에 부속농장·부속연습림·부속실험목장·부속수목원·부속농업개발연구소 및 부속농업과학 공동기기센터, 미술대학에 부속실습장, 약학대학에 부속약초원·부속실습약국 및 부속종합약학연구소, 의과대학에 부속의학교육연수원·부속 암연구소 및 부속 간연구소, 수의과 대학에 부속동물병원, 자연과학대학에 부속해양연구소·부속이론물리학연구소 및 부속미생물연구소, 경영대학에 부속경영연구소, 치과대학에 부속 치학연구소(동영 제6조 제3항)와 환경대학원에 부속환경계획연구소(동영 제6조 제4항)

㈐ 기타 중앙도서관(제6조의2), 부속학교(제7조): 부속초등학교·부속중학교·부속여자중학교·부속고등학교를 둔다.

(4) 大學院(제5조)

고등교육법 제29조의 규정에 의한 대학교육의 목적을 더욱 깊이 추구하기 위하여 인문대학, 사회과학대학, 자연과학대학, 생활과학대학, 간호대학, 경영대학, 공과대학, 농업생명과학대학, 미술대학, 법과대학, 사범대학, 수의과대학, 약학대학, 음악대학, 의과대학, 치과대학에 대학원을 두고, 학문을 심오·정치하게 연구하고, 그 응용능력을 발휘할 수 있는 인재를 양성하기 위하여 보건대학원, 행정대학원, 환경대학원을 둔다.

3. 韓國敎員大學校設置令

(1) 設置目的

㈎ 동 설치령은 1984년 3월 15일 대통령령 제11382호로 제정되었고, 2000년 2월 28일 대통령령 제16725호로 9차 개정이 있었다. 총17조(총19조 중 제14·19조 삭제)로 구성되어 있다. 교육부장관의 관할아래 유치원·초등학교·중학교·고등학교 등의 교원양성, 교원의 교육 및 교육연구기능에 관한 사항을 담당하기 위하여 국립학교로서 한국교원대학교를 둔다(제2조).

㈏ 교원양성을 위한 목적을 달성하기 위하여 교육의 기회균등과 자율성이 보장되도록 하여야 한다(제3조).

(2) 敎職員

총장(제7조), 학장·대학원장(제8조)을 둔다. 교원의 교수·연구 기타 교육에 관한 사항을 지원하기 위하여 총장 밑에 교수부를 두고 하부조직으로 교무처, 학생처, 사무국을 둔다(제9조, 제10조). 공무원의 정원은 따로 대통령령으로 정한다(제16조).

(3) 施設과 設備

㈎ 부속기관으로는 종합교원연수원, 교육연구원, 도서관, 박물관, 학생생활연구소, 전자계산소, 보건진료소, 교육과정연구소, 교육매체제작소, 새마을연구소, 학생기숙사가 있고(제5조), 교원양성을 보조하기 위한 부속학교로는 부속유치원, 부속초등학교, 부속중학교, 부속고등학교를 부설한다(제6조).

㈏ 한국교원대학교 학생에게 수업료와 입학금을 면제함으로써 우수한 인재가 경제적 어려움으로 인하여 학업을 중단하지 않고 계속할 수 있도록 하고 있다. 또 전학생이 2년 동안 기숙사생활을 하여야 하며, 기숙사비와 피복비를 국고에서 지급한다(제17조).

(4) 大學院(제4조)

대학원 및 교육대학원을 둔다. 대학원 및 교육대학원의 운영에 관하여 필요한 사항은 학칙으로 정한다(제4조 1, 2항).

4. 韓國放送通信大學校設置令

(1) 設置目的

㉮ 동 설치령은 1972년 3월 9일 대통령령 제6106호로 발효되었고, 1998년 2월 24일 대통령령 제15665호로 18차 개정되었다. 총15조(총26조 중 제3・4・14-19・21・25・26조 삭제)로 구성되어 있다. 교육부장관의 관할 하에 국립학교로서 한국방송통신대학교를 둔다(제2조).

㉯ 고등교육법의 규정에 의하여 국립의 방송통신대학의 설치・조직 및 운영에 관하여 필요한 사항을 규정함을 목적으로 하고 있다(제1조).

㉰ 동 시행규칙은 1999년 7월 1일 교육부령 제 747호로 개정되었으며, 총9조로 구성되어 있다.

(2) 敎職員

방송대학에 총장・학부장・학과장을 둔다(제7조). 하부조직으로 교무처・학생처・사무국 및 독학에의한학위취득에관한법률시행령 제4조의 규정에 의하여 위임된 사무를 관장하는 독학학위 검정부를 둔다(제8조). 방송대학에 두는 공무원의 정원은 따로 대통령령으로 정한다(제6조). 방송대학의 운영에 관한 총장의 자문에 응하기 위하여 방송대학에 방송통신대학운영위원회를 둔다(제12조 제1항).

(3) 施設과 設備

부속시설로는 방송대학에 방송통신교육연구소, 도서관, 전자계산소, 교육매체개발연구소, 지역학습관 및 시・군학습관을 둔다(제20조). 방송대학의 교육을 원활히 하기 위하여 각 지역별로 협력학교를 둔다(제13조 제1항). 공보처장관은 방송대학의 교육을 위한 교육부장관의 요청이 있을 때에는 라디오와 텔레비젼 방송시설의 사용에 관하여 협조하여야 한다라는 관계기관의 협조 조항을 두고 있다(제22조 제1항).

5. 韓國藝術綜合學校設置令

(1) 設置目的

㈎ 동 설치령은 1991년 12월 30일 대통령령 제13528호로 제정되었고, 1998년 9월 25일 대통령령 제15898호로 3차 개정이 있었다. 총19조(총21조 중 제17·18조 삭제)로 구성되어 있다. 예술영재교육과 체계적인 예술실기교육을 통한 전문예술인의 양성을 위하여 교육부장관의 관할 아래 한국예술종합학교를 두되, 교육부장관은 예술학교의 설립 및 운영에 관한 사항을 문화관광부장관에게 위탁한다(동영 제3조).

㈏ 동영의 목적은 「고등교육법 제59조 제3항과 고등교육법시행령 제68조의 규정에 의하여 한국예술종합학교의 설치·조직 및 학사운영 등에 관한 사항을 규정함을 목적으로 한다」고 규정하고 있다(동영 제1조).

(2) 敎職員

예술학교에 총장, 원장을 두고(제6조), 예술학교의 하부조직 및 공무원의 정원은 문화관광부와 그 소속기관 직제에서 정한다(제8조 제1항). 예술학교에 교원으로 교수·부교수·조교수·전임강사 및 조교를 두고, 필요한 때는 강사를 둘 수 있다(제7조 제1항).

(3) 學生選拔 및 敎育課程

㈎ 예술사과정은 고등학교를 졸업한자 또는 이와 동등이상의 학력이 있다고 인정되는 자를 선발하고(제10조 제1항의 1호), 예술전문사 과정은 학사학위 학력 또는 이와 동등이상의 학력이 있다고 인정되는 자(제10조 제2항의 1호).

㈏ 예술학교의 수업연한은 예술사과정은 4년, 예술전문사 과정은 2년으로 한다.(제11조)

㈐ 학력인정(제12조), 입학방법(제13조), 학습장 지정 등(제14조), 교육지원시설(제15조), 학비보조 등(제19조), 경비부담(제20조)등에 관하여 각각 규정하고 있다.

6. 韓國傳統文化學校設置令

(1) 設置目的

㈎ 동 설치령은 1996년 4월 19일 대통령령 제14982호로 제정되었고, 2000년 2월 14일

대통령령 제16716호로 전문개정 되었다. 총21조(총22조 중 제19조 삭제)로 구성되어 있다. 전통문화의 계승·발전과 문화재의 보존·보급 및 선양을 위한 이론과 실기교육을 체계적으로 실시하여 전통문화전문인을 양성하기 위하여 교육부장관 관할 아래 한국전통문화학교를 두되, 교육부장관은 전통문화학교의 설립 및 운영에 관한 사항을 문화재청장에게 위탁한다(제3조).

(나) 동영의 목적은 「고등교육법 제59조 제3항과 고등교육법시행령 제68조의 규정에 의하여 한국전통문화학교의 설치·조직 및 학사 운영 등에 관한 사항을 규정함을 목적으로 한다」고 규정하고 있다(제1조).

(2) 敎職員

(가) 전통문화학교에 총장을 두고(제9조), 전통문화학교에 교원으로 교수·부교수·조교수·전임강사를 두고, 필요한 때에는 조교 및 강사를 둔다(제10조).

(나) 전통문화학교의 하부조직 및 공무원의 정원은 문화재청장과 그 소속기관의 직제에 의한다(제11조).

(3) 學生選拔 및 敎育課程

(가) 전통문화학교에 입학할 수 있는 자는 고등학교를 졸업한 자 또는 이와 동등이상의 학력이 있다고 인정되는 자로 한다(제14조). 전통문화과정 학생의 선발은 고등교육법 제34조의 규정에 의한 대학의 학생선발방법에 준하여 하되, 구체적인 선발기준·방법 및 절차에 관하여 필요한 사항은 학칙으로 정한다(제15조).

(나) 각 과정의 교육과정은 총장이 정한다(제8조 제1항). 수업연한 및 재학연한은 전통문화사과정의 수업연한은 4년으로 하고, 다만 재능이 뛰어나 해당연한이내에 전과정을 이수한 장에 대하여 학칙이 정하는 바에 따라 수업연한을 단축할 수 있다(제16조).

(다) 수업일수 및 학기(제17조), 이수단위 등(제18조), 전통문화사과정의 교과·학과·학생정원(제6조), 전통문화연수과정의 내용(제7조), 학비보조 등(제20조), 경비부담(제21조) 등을 규정하고 있다.

7. 韓國農業專門學校・韓國林業專門學校 및 韓國水産業專門學校 設置令

(1) 設置目的

㉮ 동 설치령은 1995년 7월 27일 대통령령 제14742호로 제정되었고, 1999년 5월 24일 대통령령 제16349호로 4차 개정이 있었다. 총21조로 구성되어 있다.

㉯ 동 설치령의 목적은 「고등교육법 제59조 제3항과 고등교육법시행령 제68조의 규정에 의하여 한국농업전문학교・한국림업전문학교 및 한국수산업전문학교의 설치・조직 및 학사운영 등에 관한 사항을 규정함을 목적으로 한다」고 규정하고 있다(제1조).

㉰ 전문 농・임・어업인의 양성을 위하여 교육부장관의 관할아래 전문대학에 준하는 각종 학교로서 한국농업전문학교・한국임업전문학교 및 한국수산전문학교를 둔다. 교육부장관은 한국농업전문학교의 설립・운영에 관한 사항은 농촌진흥청장에게, 한국임업전문학교의 설립・운영에 관한 사항은 산림청장에게, 한국수산전문학교의 설립・운영에 관한 사항은 해양수산부장관에게 각각 위탁한다(제2조).

(2) 敎職員

한국농업전문학교 등에 교장 각 1인을 두고(제6조), 교원으로 교수・부교수・조교수・전임강사 및 조교를 두고, 필요한 때는 초빙강사를 둘 수 있다(제7조). 한국농업전문학교 등의 조직 및 정원은 각각 농촌진흥청과 소속기관직제・산림청과 그 소속기관직제 및 해양수산부와 그 소속기관직제에서 정한다(제3조).

(3) 學生選拔 및 敎育課程

㉮ 한국농업전문학교 등에 입학할 수 있는 자는 고등학교를 졸업한 자 또는 이와 동등 이상의 학력이 있다고 인정되는 자로서 출신 고등학교의 장, 시장, 군수, 자치구의 구청장, 농촌지도소장, 지방해양수산청장 또는 지방산림관리청 국유림관리소장의 추천을 받은 자로 한다(제8조).

㉯ 한국농업전문학교 등의 수업연한은 2년 이상 3년 이하로 한다(제9조).

㉰ 한국농업전문학교 등의 교육과정은 실습교육을 중심으로 편성・운영하고(제5조제1항), 학력인정(제10조), 수업일수 및 재학연한(제12조), 시설・설비기준(제13조), 실습시설의 지정 등(제14조), 기숙사생활(제15조), 학비지원 등의 조건 및 이행(제16조), 학비상환(제17조), 학비지원의 중단(제18조), 졸업생에 대한 지원 등(제19조), 경비부담(제20조)에 대하

여 각각 규정하고 있다.

8. 放送通信高等學校設置基準令

(1) 設置目的

㈎ 동 설치령은 「초·중등교육법 제51조의 규정에 의하여 국·공립의 고등학교에 두는 방송통신고등학교의 설치·교육과정·교육방법·수업연한·입학자격 및 학력인정과 그 운영에 관한 사항을 규정함을 목적으로 한다」고 규정하고 있다(동 영 제1조).

㈏ 방송통신고등학교설치기준령은 1974년 1월 4일 대통령령 제7008호로 발효되었고, 1991년 2월 1일 대통령령 제13282호로 4차 개정되었다. 총9조(총12조 중 제7-9조 삭제)로 구성되어 있다. 방송통신고등학교는 국립학교의 경우에는 교육부장관이, 공립학교의 경우에는 당해 특별시·광역시 및 도의 교육장이 이를 설치한다.

㈐ 동 시행규칙은 1996년 5월 9일 교육부령 제683호로 개정되었으며, 총9조(총10조 중 제5조 삭제)로 구성되어 있다.

(2) 入學資格과 敎育課程

㈎ 방송통신고등학교에 입학할 수 있는 자는 초·중등교육법 제47조에 해당하는 자로 한다(제5조).

㈏ 교육방법 및 수업연한(제6조 1, 2, 3항)은 방송통신고등학교의 교육은 방송통신에 의한 수업, 출석수업 및 첨삭지도의 방법에 의하여 수업한다. 출석수업은 계절수업·야간 수업 또는 시간수업으로 할 수 있다. 방송통신고등학교의 수업연한은 3년으로 한다

㈐ 방송통신고등학교에 두는 학과는 초·중등교육법 제23조와 초·중등교육법시행령 제43조에 의거 교육부령으로 정하고, 학력인정(제6조), 방송통신에 의한 수업의 위탁 등 (제10조), 방송통신고등학교가 설치된 학교의 교직원이 방송통신고등학교 교직원을 겸직 (제11조) 할 수 있는 등의 규정을 두고 있다.

9. 産業體勤勞靑少年의敎育을위한特別學級등의 設置基準令

(1) 設置目的

㈎ 동 설치령은 1977년 2월 28일 대통령령 제8462호로 제정되었고, 1998년 12월 31일 대통령령 제16038호로 8차 개정되었다. 총15조(총16조 중 제14조 삭제)로 구성되어 있다.

㈏ 동 설치령은 「초·중등교육법 제52조에 의하여 산업체에 근무하는 청소년의 교육을 위하여 중학교 및 고등학교에 두는 야간제 특별학급 및 산업체가 설치·경영하는 중학교 및 고등학교의 설치기준·교육과정·입학방법·교육비부담 기타 운영에 관하여 필요한 사항을 규정함을 목적으로 한다」고 규정하고 있다(동영 제1조).

㈐ 동 시행규칙은 1997년 10월 11일 교육부령 제700호로 개정되었으며, 총7조로 구성되어 있다.

(2) 入學方法 및 敎育課程

㈎ 특별학급 및 부설 중·고등학교의 입학은 무시험으로 하되, 그 방법과 절차에 관하여는 당해 학교의 학칙으로 정한다(제9조). 부설 중·고등학교에 두는 학과는 초·중등교육법 제23조와 초·중등교육법시행령 제43조에 규정된 학과 중에서 설치목적에 따라 적합한 학과로 한다(제8조 제1항).

㈏ 특별학급 및 부설 중·고등학교의 교과에 관하여는 교육법시행령의 규정을 준용하되 각 교과의 교수요지·과목 및 수업시간 수와 현장실습 기타 학습활동에 관한 사항은 교육부령으로 정한다(제8조 제2항).

㈐ 교육감이 근로청소년의 교육을 위하여, 산업체에 인접한 중학교 또는 고등학교에 특별학급을 설치함에 있어서는 그 특별학급이 공업단지내의 근로청소년의 교육을 위한 경우에는 시·도지사, 기타의 산업체의 근로청소년의 교육을 위한 경우에는 지방노동관서의 장의 요청이나 협의에 의하여 행하여야 한다(제5조). 부설 중·고등학교설치(제6조), 인가절차(제7조), 경비부담(제10조), 수업료 등의 면제(제11조), 산업체의 폐업 또는 퇴직으로 인한 경우의 경비부담 등(제12조), 경비의 납부 및 집행잔액의 사용(제13조) 등을 각각 규정하고 있다.

Ⅳ. 教育法 體系의 定立

이상에서 본 바와 같이 교육법규의 체계는 불완전하다고 할 수 있다. 교육기본법이 있지만 교육에 관한 전반적·포괄적인 기능을 다하지 못하고 있기 때문이다. 향후 교육법 체계를 정립하기 위해서는 다음과 같은 문제들이 선결돼야 할 것이다.

① 제반 교육법규를 아우를 수 있는 통칙적 규정들을 모아 통일된 교육법전을 편찬해야 한다. 현재의 교육법전은 단순히 교육법규 나열에 불과하기 때문에 교육법 체계 정립에 도움이 되지 않는다.

② 교육현상의 특수성과 교육이 인간을 대상으로 한다는 점에서 일괄적인 규칙적용은 한계가 있기 때문에 급격한 사회변화에 대처하기 위해 교육행정입법이 강조돼야 한다. 현대국가에서 행정입법의 필요성과 중요성이 날로 증대되고 있다. 특히 교육행정에서는 더욱 필요하다. 다만 지나친 재량은 법질서 파괴를 일으킬 수도 있기 때문에 재량도 법치주의 원칙의 한도 내에서 행해져야 할 것이다.

③ 우리의 교육기본법과 교육 관련 법규 중에 행정규칙적 성격을 띤 훈령이나 예규가 상당히 많다. 바로 이 행정규칙적 성격의 훈령·예규의 법적 구속력이 강조돼야 한다. 그러나, 이것도 체계적으로 일관성을 유지하면서 남용되지 않도록 특별한 배려를 하여야 할 것이다.

④ 마지막으로 교육법규에 대한 분류방법의 기준을 확정해야 한다. 물론 행정편의를 위해 분류하는 방법도 있지만 새로운 교육기본법의 규정에 의거 각 조항에 관련된 법률, 시행령, 시행규칙 순으로 분류하는 방법도 재고해야 할 것이다.

教育當事者의 權利와 義務

현대 법치주의국가에서는 교육의 이념과 목적은 물론 교육의 주체, 객체, 교육대상, 장소 등의 주요요소와 그 권리와 의무에 대해서도 법으로 규정하고 있다. 특히 권리와 의무는 법률관계중의 핵심적인 요소이다. 따라서, 권리와 의무는 법률에 의해 규정되고 또 법률에 의해 강제적으로 그 실현이 보장되는 것이다. 교육기본법상 교육당사자는 학습자(어린이 · 학생 등), 보호자(학부모 등), 교원, 교원단체, 학교 등의 설치자, 국가 및 지방자치단체 등으로 규정되고 있다. 이들의 權利와 義務를 개별적으로 검토하고자 한다.

I. 敎員의 權利와 義務

1. 敎員의 定義와 法的 地位

가. 敎員의 定義

교원의 권리와 의무를 이해하려면 우선 교원의 개념의 정의부터 확인해 보아야 한다. 일상적인 교육활동가운데서 교원, 교육공무원, 교직원, 교사라는 개념이 많이 나타나는데 이들의 개념 및 상호관계를 살펴보기로 한다. 교원이란 각 학교에서 학생 또는 원아를 교육하는 자(초 · 중등교육법 제20조, 고등교육법 제15조)를 말한다. 그러므로 각 학교에서 근무하는 직원이라도 그의 업무가 원아 · 학생을 직접 지도 · 교육에 임하는 것이 아닌 경우 교원에 해당되지 않는다. 또한 교원이란 그 종별에 따른 자격을 가진 자라야 한다. 마지막으로 교원은 法令이 정하는 일정한 합법절차에 의하여 임명되거나 승인된 자이어야 한다. 교원의 개념을 이상과 같이 판단하여 볼 때, 교원은 초 · 중등학교의 교장 · 교감 · 교사와 대학 · 전문대학 등의 총장 · 학장 · 교수 그리고 유치원의 원장 · 원감 · 교사 등을 지칭한다. 즉, 국·공·사립학교의 교원을 통칭하는 개념이다.

教育公務員이란 국·공립 학교, 연수기관, 교육연수기관에서 근무하는 교원, 교육행정기관에서 근무하는 교육감·교육장·장학관·장학사, 그리고 교육기관, 교육행정기관 또는 교육연구기관에서 근무하는 교육연구관·교육연구사 등을 포함한다. 이는 교육공무원법상의 용어이다(교육공무원법 제2조 제1항).

교육공무원과 교원의 상호관계를 보면 ① 교원은 국·공·사립학교에서 근무하는 교원을 모두 포함하나, 교육공무원에는 사립학교 교원은 포함하지 않고 국·공립학교 교원만 포함된다. ② 교원은 각급 학교, 연구기관, 교육연수기관에서 근무하는 교원만을 가리키고, 교육공무원에는 국·공립학교의 교원도 포함하는 것 외에 교육기관, 교육행정기관, 교육연구기관에서 근무하는 교육전문직을 포함한다. 교직원이라 함은 학교에서 교원과 사무직원을 합하여 사용하는 개념이다. 사무직원은 학교의 관리운영에 관한 사무를 담당하는데 일반행정직, 기능직, 고용원 등을 포함한다. 그렇다면 우리가 늘 말하고 있는 교사의 개념은 어떻게 정의하면 되겠는가?

교사는 초·중등교육법 제21조 제2항의 규정에 따라 교원자격의 한 종류로서 교원자격검정령 에 의거하여 교육부장관이 검정·수여하는 자격증을 취득한 초·중·고등학교 및 특수학교의 교장·교감 등 학교관리직과 교원을 가리키는 개념으로 국·공·사립을 불문하고 통용되는 용어이다. 교사의 범위에는 대학교의 교원과 교육행정기관과 교육연구기관의 교육공무원은 제외된다. 교사개념은 초·중등교육법, 고등교육에서 규정하고 있는 교원 또는 교직원의 범위 중 협의의 개념으로서 교원 또는 교직원이라는 개념 속에 포함된다. 교사는 자격증에 따라 정교사(1급, 2급)·준교사·전문상담교사·사서교사·실기교사·양호교사 등으로 나눈다.

여기서 분명히 해야 할 점은 학원 등에서 학생들을 가르치고 있는 학원강사 등은 가르치는 입장에서는 교사라고 할 수 있지만 자격증이 없는 강사인 경우에는 위의 교사개념에 부합되지 아니하므로 교육법 규정상의 교사라고 할 수 없는 것이다.

나. 敎員의 法的 地位

교원에 대한 법적 지위형식인 신분에 대한 직접적인 규정은 없다. 단지 교원의 임용·복무·보수·연금 등에 관하여 교육기본법 제14조 제5항에 근거하고, 국·공립학교 교원의 경우에는 교육공무원법에, 사립학교 교원의 경우에는 사립학교법에 해당 조항이 있을 뿐이다.

그러나, 교육공무원법은 국·공립학교 교원으로서 적용 받는 신분법이라기보다는 국가공무원의 특례로서 적용 받는 신분법이라고 하겠고, 교육공무원법의 직접적인 설치가 박약하다는 점, 사립학교 교원을 배제하고 있다는 점에서 교원에 대한 신분법으로는 평가하기 어렵다. 단지 현행법 체제하에서 교원의 법적 지위형식을 유추분석한다면, 국·공립학교 교원은 국가공무원 중 특정직공무원에 해당하는 교육공무원이라 하겠다. 사립학교 교원은 사립학교법인 또는 사립학교 경영자에 의해 임명되어 고용된(사립학교법 제53조 제2항) 근로자인 사인이라고도 할 수 있으나, 국·공립학교와 사립학교의 동질성을 내세워 그 법적 지위의 내용이 동일하다는 것이 헌법재판소등의 다수 의견이다. 즉, 사립학교 교원은 준공무원의 지위를 갖는다고 할 수 있다. 다만 그 법적 지위 형식에 있어서는 고용주체에 따라서 차이가 있다고 보아진다. 현행 교육관계법규에서 어떻게 교원의 지위를 규정하고 있는지 검토하여 보기로 한다.

(1) 人格者로서의 地位

교직의 성직관으로부터 교원은 학생에 대한 사랑과 희생, 헌신과 봉사의 정신이 요구되며 교원직업은 단순한 지식과 기술을 전수하는 직업보다도 인간의 인격형성을 돕는 고도의 정신적 봉사활동인 것이다. 교직의 본질에서 유래하는 인격자로서의 지위 영역은 "권리와 의무"라는 법논리 형식에 접속되거나 강제되기에는 부적합한 내용으로 교육계의 자율에 맡겨짐이 바람직한 것이다.

교육기본법 제14조 제1항과 교원지위향상을위한특별법 제2, 3조의 경제적 사회적 지위 우대에 관한 규정에서는 지위보장 측면을 나타내고 있고, 교육기본법 제14조 제2항의 교육자로서의 품성·자질 향상 노력에 관한 규정, 국가공무원법 제63조의 품위유지 의무, 그리고 사립학교법 제61조 제1항 제3호와 제58조의 교원에 대한 징계사유 및 직위해제사유 등에서는 지위제한 측면을 엿볼 수 있다.

(2) 敎育專門家로서의 地位

국가가 친권자로부터 위임받은 공교육권을 다시 자격증을 가진 교육전문가인 교사에게 위임하였으므로 교원은 교육에 대해 법적 권리·의무관계, 즉 교육관계를 형성한다. 교육관계에서 교원의 지위는 교육에 대한 권한을 국가로부터 위임받은 "전문가"로서의 지위이고, 이러한 전문성은 아동·학생에게 가장 적합하고 질 좋은 교육을 할 수 있도록 최대한 보장되어야 하기 때문에 교육의 "자주성"과도 직접 연관된다.

교육전문가로서의 교원은 국가적, 사회적으로 존중받아야 한다. 이에 관한 법적 규정을 살펴보면, 교원의 전문성 존중을 선언한 교육기본법 제14조 제1항과 전문적 지위에 영향을 미치는 부당 간섭 배제에 관한 교육공무원법 제43조 등이 있다. 그러나, 교육전문가로서의 실질적인 지위보장은 그 형식면에 있어서는 교원자격증제도이고, 그 내용면에서는 교육의 자유에 대한 보장이라고 할 수 있다.

(3) 公職者로서의 地位

현대 공교육체제의 공공성으로부터 교원의 공직자 신분은 규정되며, 국·공립학교의 공공교육기관으로서의 성격과 교직의 공직으로서의 성격은 일치하게 되며, 상응하게 국·공립학교의 교원에게는 공무원의 신분(국가공무원, 지방공무원, 정년보장공무원, 계약직공무원 등 명칭)이 부여된다.

또한 교육의 의무성·공공성으로부터 사인인 사립학교의 교원에게도 공직자로서의 권리·의무·책임을 요구하고 있으나 (사립학교법 제55조에 "사립학교의 교원의 복무에 관하여서는 국·공립학교의 교원에 대한 규정을 준용한다"), 그것이 공직자의 신분을 부여하는 것은 아니다.

(4) 勞動者로서의 地位

교원은 "학생들에 대한 지도·교육이라는 노무"에 종사하고, 그 노무제공에 대한 대가로 받는 임금·급료 기타 이에 준하는 수입에 의하여 생활하는 사람이므로, 교원은 근로기준법이 정의하고 있는 통상적인 의미의 근로자로서의 지위를 갖고 있다(근로기준법 14조, 노동조합법 4조).

이러한 경우 국가·지방자치단체는 국·공립학교 교원의 고용주가 되고, 사립학교법인 또는 그 경영자는 사립학교 교사의 고용주가 되는 고용관계를 형성한다. 노동자로서의 법적 지위 형식에는 고용주체에 따라 일정한 차이가 있기는 하지만, 교사의 노동자로서의 성격은 확실하게 가지고 있다. 교원의노동조합설립및운영등에관한법률의 제1조, 제2조에서는 이점을 분명히 규정하고 있다.

2. 敎員의 權利

교원의 권리와 의무, 책임에 관하여서는 교육공무원법 제53조와 사립학교법 제55조에서 주로 규정하고 있으며, 교육기본법 제14조와 초·중등교육법 제20조 등에서도 나타나고 있다. 이러한 규정들에 근거하여 교원에게 적용되는 국가공무원법상의 복무사항과 교원에게 특별히 부여되는 권리·의무를 중심으로 알아본다. 공무원으로서 교원에게 보장되는 권리는 신분상의 권리와 재산상의 권리로 나누어진다.

가. 身分上의 權利

신분상의 권리는 교원이라는 신분으로부터 발생하는 권리인데, 여기에는 가장 기본적인 권리인 교원의 교육권 이외에 신분·직위보유권, 직무집행권, 직명사용권, 처분사유서 교부권, 후임자 보충발령 유예권, 여교원의 동등신분보장권, 행정쟁송권(쟁송제기권), 소청권(재심청구권), 고충처리청구권 등이 있다 .

(1) 敎育權

교원의 교육권은 교직의 특성으로부터 나타나는 교원의 권리로 어린이·학생 등 교원이 학습자를 교육할 권리를 말한다. 교원의 교육권은 학교교육 내용 결정권을 의미하는 법개념이다. 여기에는 구체적으로 교육 과정에 있어서 교재의 채택·선정권, 교육방법의 결정권, 평가의 권한 , 징계권 등이 포함된다. 교원의 교육권을 대학 교원의 교육권과 교사의 교육권으로 나누어 살펴본다.

교사의 교육권은 자연법상으로는 부모의 신탁에 의한 것이고, 실정법상으로는 국가에 의한 자격증제도나 채용 등으로 인정되고 있는 것이다. 따라서, 교사의 교육권은 아동·학생과의 법적인 관계로서 학부모로부터 국가를 통해 간접적으로 위탁받은 것이다. 이러한 교사의 교육권은 교사라는 지위(신분)에서 성립하는 기능으로서 교사 개인의 자유권이 아니고 직권이다. 다시 말하면 아동·학생의 학습권과 일반인권을 보장하기 위해 직무상 필요로 하여 인정된 권리이고 권한이다 때문에 교사의 교육권은 상응한 제한을 받는다고 하겠다. 공교육제도의 체계에서 교사의 교육권은 공교육의 담당자라는 사회적 직책에서 당연한 제한을 받게 되는 것이다. 현행 교육법 체제하에서 교과서 국정 제도와 같이 교사의 교재의 채택·선정권은 배제되고 수업내용의 결정권 등도 제한을 받고 있는 상황이다.[151]

---

151) 교과서 국·검정제도 자체에 대한 헌법재판소의 합헌결정은 다음과 같은 이유 때문이다 (헌법재판소 1992. 11. 12. 89 헌마 88 결정).

국민의 학습권과 교사의 수업권은 다 같이 보호되어야 할 권리이지만 그 중에서도 국민의 학습권이 더 우선적으로 보호되어야 한다. 국정교과서제도는 교과서에 대해 국가가 이를 독점하는 것이긴 하지만, 국민의 학습권 보호라는 차원에서 학년과 학과에 따라 어떤 교과용 도서를 자유발행제로 하는 것이 온당하지 못한 경우가 있을 수 있고, 그러한 경우 국가가 관여할 수밖에 없다. 그러한 국가의 권한 범위 내에서 국가가 이를 검·인정제로 할 것인가 또는 국정제

　　대학 교원의 교육권은 교수·연구·지도의 권리를 가리키는데 현행 법 체제하에서 대학교원의 교육권은 보통교육기관의 교원(주로 교사)의 교육권보다 폭넓게 보장되고 있다. 대학교육의 목적으로부터 대학교육의 자율성이 이루어지고 그로부터 대학교원의 교육권에는 교육과정, 교과서, 교수방법상의 자율성을 가지고 있다.

(2) 不逮捕特權

　　불체포특권은 교육공무원법 제48조에 『교원은 현행범인인 경우를 제외하고는 소속 학교의 장의 동의 없이 학원 안에서 체포되지 아니한다.』로 규정된 특별권리를 말한다. 이것은 교원이 공공업무담당자로서 직무수행을 하는 동안에는 교원의 신분보장뿐만 아니라 교원이 자율성과 학원의 불가침성을 지키려는 의지를 보여 주고 있다.

(3) 敎員團體活動權

　　교원단체활동권은 교원의 교원단체의 조직·참여권을 말하는 것이다. 현행 교육기본법 제15조에서는 "① 교원은 상호 협동하여 교육의 진흥과 문화의 창달에 노력하며, 교원의 경제적·사회적 지위를 향상시키기 위하여 각 지방자치단체 및 중앙에 교원단체를 조직할 수 있다."라고 규정하고 있다.

　　교원의 집단행위는 과거에는 (헌법 제33조 제2항, 국가공무원법 제66조 제1항, 지방공무원법 제58조 제1항 국가공무원복무규정 제28조 등 법률에 의해)금지되었지만, 1997년 이후 『교육기본법』, 『교원의노동조합설립및운영등에관한법률』(이하 "교원노조법"이라 약칭) 등에 의해 교원의 노동3권중에서 단결권과 제한적인 단체교섭권은 가지게 되었는데, 단체행동권은 계속 배제된 상태이다.

　　단결권은 교원이 교육조건의 유지 또는 개선을 위하여 사용자와 대등한 交涉力을 가질 목적으로 자주적 교원단체를 결성하고 이에 가입하여 유지할 수 있는 권리를 가리킨다. 현행 『교원노조법』제4조에서는 "① 교원은 특별시·광역시·도단위 또는 전국단위에 한하여 노동조합을 설립할 수 있다. ② 노동조합을 설립하고자 하는 자는 노동부장관에게

　　　　로 할 것인가에 대하여 재량권을 갖는다고 할 것이고, 학문의 자유나 언론·출판의 자유를 침해하는 제도가 아님은 물론 교육의 자주성·전문성·정치적 중립성과 양립될 수 있다(한편 변정수 재판관은 교과서에 대한 국가의 독점이 정부에게 지배 이데올로기를 독점적으로 교화하여 청소년을 편협하고 보수적으로 의식화시킬 수 있는 기회를 부여하는 것이어서 이는 교육의 자주성·전문성·정치적 중립성을 선언한 헌법 제31조 제4항에 반하고 교육자유권의 본질적 내용을 침해하는 것이어서 헌법 제37조 제2항에 반한다는 반대의견을 제시하였다).

설립신고서를 제출하여야 한다."고 규정하여 교원의 단결권의 사용을 범위적으로 제한하고 있는 상황이다.

단체교섭권은 교원이 교육조건(교원의 처우개선, 근무조건 및 복지후생, 교원의 전문성 신장, 교육과정, 교육행정의 전문화, 정치ㆍ경제적 지위 등)의 향상을 위하여 교원단체의 이름으로 사용자 또는 사용자단체와 자주적으로 교섭하는 권리를 가리킨다. 현『교원노조법』규정상에서 특별시ㆍ광역시ㆍ도단위와 전국단위에서만 제한적으로 사용자와 단체교섭이 이루어지고 또 단체교섭권의 당사자는 노동조합의 대표자에 한정되어 있고, 사립학교의 경우에는 사립학교를 설립ㆍ경영하는 자가 전국 또는 시ㆍ도 단위로 연합하여 교섭에 응하여야 한다고 규정하고 있어 교원 개인에게는 단체교섭권이 전면 부정되며, 교원단체의 교섭권사용 역시 아주 큰 제한을 받고 있는 상황이다.

마지막으로 단체행동권은 교원이 교원의 근로조건의 유지 또는 개선을 목적으로 집단적인 활동을 할 수 있는 권리 즉, 단체행동권은 쟁의행위인 파업ㆍ태업 등은 물론 가두시위ㆍ집회ㆍ완장착용ㆍ피케팅 등을 할 수 있는 넓은 의미의 권리를 가리킨다. 『교원노조법』의 제8조에서는 "노동조합과 그 조합원은 파업ㆍ태업 기타 업무의 정상적인 운영을 저해하는 일체의 쟁의행위를 하여서는 안 된다.", 동법 제3조에서는 "교원의 노동조합은 일체의 정치활동을 하여서는 아니 된다."라고 규정하고 있어 사실상 교원단체의 단체행동권은 금지되고 있다.

현재 활동하고 있는 교원단체로는 ① 한국교원단체총연합회(한국교총, 민법상의 비영리사단법인으로 등록되어 있다.) ② 전국교직원노동조합(전교조)과 한국교직원노동조합(한교조)가 있는데 상술한 법적 규정에 의하여 그 활동이 제한을 받고 있는 현실이다.

(4) 身分保障과 관련된 權利

교직의 공직적 특성과 교원집단의 대형화는 교원의 신분상의 보장을 더욱 필요로 한다. 교직은 다른 어느 전문직보다 사회적 임무와 봉사의 특성을 두드러지게 가지고 있으므로 교원이 신분 불안정으로 인하여 야기되는 문제는 많은 사회적 손실을 가져오게 된다. 공직자로서 교원은 안정된 직무 수행을 위해서 부당한 해고로부터 보호되어야 하고 또한 교원의 권리가 존중되어야 한다.152)

---

152) 교원의 권리를 존중하고 신분을 보장하기 위하여 교육공무원법 제43조는 다음과 같이 규정하였다. ① 교권은 존중되어야 하며, 교원은 그 전문적 지위나 신분에 영향을 미치는 부당한 간섭을 받지 아니한다. ② 교육공무원은 형의 선고ㆍ징계처분 또는 이 법에서 정하는 사유에 의하지 아니하고는 그 의사에 반하여 휴직ㆍ강임 또는 면직을 당하지 아니한다. ③ 교육공무원

그러나, 교육공무원의 의사에 불구하고 휴직을 명하여야 하는 경우가 있다. 이것은 교원이 ① 신체·정신상의 장애로 장기요양을 요할 때와 ② 법률의 규정에 위한 의무를 수행하기 위하여 직무를 이탈하게 된 때이다(교육공무원법 제44조 제1항 단서). 교원의 신분보장은 교육기본법 제14조에서도 "학교교육에서 교원의 전문성은 존중되며, 교원의 경제적, 사회적 지위는 우대되고 그 신분은 보장된다."라고 명시되어 있어서 법규상으로 보면 교원의 신분보장이 확실히 되어 있음을 알 수 있다. 하지만 경제적 사회적 지위는 우대한다고 하는데 어떠한 방법으로 얼마 만큼에 대한 언급이 없는 추상적이고 프로그램적인 규정이어 답답하게 하는 문구이다.

교육공무원의 정년에 대해서는 개정된 교육공무원법 제47조(개정 99. 1. 29.)에 「① 교육공무원의 정년은 62세로 하되, 다만 고등교육법 제14조의 규정에 의한 교원인 교육공무원의 정년은 65세로 하고, ② 교육공무원은 그 정년이 달한 날이 속하는 학기의 말일에 당연히 퇴직한다」로 되어 있어서 62~65세까지 직무를 수행할 수 있는 권한을 부여하고 있다. 그러므로 교원은 정년이 될 때까지는 법률에 위배되는 행위를 하지 않는 한 신분이 보장된다.

(5) 爭訟提起權

교육공무원은 본인의 의사에 반하는 불리한 처분(징계처분, 강임, 휴직, 면직 등)을 받았을 때 그 처분에 불복하기 위한 행정상 소청 혹은 쟁송제기권과 그 절차상의 권리를 가진다. 소청은 징계처분의 결과에 대하여 징계처분 대상자는 또는 징계처분 신청자가 불만이 있을 때 재심을 청구 할 수 있는 제도이다.

(6) 苦衷處理請求權

교육공무원의 고충처리에 대하여는 교육공무원법 제49조 고충처리에 의하여 "인사·조직·처우 등 각종 직무조건과 기타 신상문제에 대하여 인사상담이나 고충의 심사를 청구할 수 있으며, 이를 이유로 불이익한 처분이나 대우를 받지 아니한다"라고 명시하여, 교육공무원의 직무수행상 당면할 지도 모르는 고충에 대한 해소책을 법률로 강구하고 있다. 교원의 고충심사를 청구 받은 임용권자는 이를 고충심사위원회에 회부하여 심사하게 하거나 소속 공무원으로 하여금 상담하게 하고, 그 결과에 따라 고충의 처리 또는 해고 등 공정한 처리를 위하여 노력하여야 함을 명시하고 있다.

은 권고에 의하여 사직을 당하지 아니한다.

교육부는 교육공무원의 고충을 심사하기 위하여 교육공무원 중앙고충심사위원회를 둔다. 교육공무원 중앙고충심사위원회는 교육공무원 보통고충심사위원회의 심사를 거친 재심청구와 부교수 이상의 대학교원, 그리고 대통령이 임용하는 장학관, 교육연구관 및 교장의 고충을 심사하며, 이의 기능은 교원지위향상을위한특별법에 의한 교원징계재심위원회에서 관장한다.

(6) 自律性의 權利

헌법 제31조 제4항에 의하면, "교육의 자주성, 전문성, 정치적 중립성 및 대학의 자율성은 법률이 정하는 바에 의하여 보장된다"고 하였다. 교육의 자주성을 보장하기 위하여 교육기본법 제5조에서 국가 및 지방자치단체는 교육의 자주성 및 전문성을 보장하도록 되어있다. 교사의 직무수행에 관한 권리로서 특히 「교장의 명령」이 아니라 「법령」에 따라 학생을 가르치도록 함으로써 교육의 자유 또는 교육활동의 자율을 상대적으로 신장하였다(초·중등교육법 제20조③).

또, 학교 운영의 자주성을 존중하기 위하여 교직원, 학생, 학부모 및 지역주민도 법이 정하는 바에 따라 학교 운영에 참여할 수 있다. 교원은 피교육자에게 가장 적합한 교육내용과 교수방법을 선택할 권리를 가지고 있으며, 이러한 능력과 권리가 교직의 전문성을 더 강화하고 있다. 그러나, 교수·학습 과정상에서도 학부모의 간섭사례가 빈번하다든지 획일적인 지시나 통제로 일관하는 교육행정의 처사 등은 교원의 교육활동상의 자율성을 위협하고 있다.

교사의 교육권은 최근 교육현장에서 학부모의 친권으로서의 교육권과 종종 갈등을 빚기도 하여 사회적 문제가 되고 있다. 이 문제는 학부모가 아이의 교육에 대하여 교사와 학교에 대해 관여할 권리를 가지는지, 가진다면 그 한계는 어디까지인지를 명확히 함으로써 해결할 수 있다.

교육법의 전체 취지로 볼 때 학교교육의 일차적인 담당자는 교사이다. 교사가 가지는 교육권에는 수업내용, 교육방법, 교재의 선정, 성적평가 등의 전문적 사항을 정하는 권리들이 포함된다. 그리고 여기에 학부모가 부당한 개입을 하는 것은 부모의 월권이다.[153]

나. 財産上의 權利

재산상의 권리는 생활적 보장과 근로조건의 개선, 복지후생 등에 관한 권리를 가리키는

---

153) 하승수·김진, 『교사의 권리, 학생의 인권』 (서울: 사계절, 1999) p.34.

데 여기에는 봉급청구권, 수당청구권, 연금청구권, 실비변상청구권 등이 있다. 적절한 금전적 보상을 통해서 교원의 지위를 높이고, 교원이 공익에 충실하도록 하는 것은 바람직한 일이다. 그러므로 보수제도는 공공봉사자의 능력이나 직무수행을 향상시키는 중요한 유인책이 되고 있다.

(1) 俸給請求權

교원의 경제적·사회적 지위는 적정하게 우대되어야 하고(교육기본법 제14조 제1항과 교원지위향상을위한특별법 제3조 제1항), 교육공무원의 보수는 자격 및 경력과 직무의 곤란성 및 책임의 정도에 따라 대통령령으로 정한다고 되어 있다(교육공무원법 제34조 2항). 교육공무원의 봉급은 보수의 기본적인 재산권이 되며, 교육공무원은 다음과 같은 사유로 휴직을 한 때에는 휴직기간 중 보수를 지급 받을 권리가 있다.

① 신체·정신상의 장애로 장기요양을 요할 때(휴직기간은 1년 이내),

② 공무상 질병으로 휴직한 경우,

③ 학위취득을 목적으로 해외유학을 하게 된 때, 또는 외국에서 1년 이상 연구하게 될 때,

그밖에도 교육공무원은 징계처분, 면직처분 또는 직위해제처분이 무효 또는 취소된 경우에는 복귀일 또는 발령일에 원래의 정기 승급일을 기준으로 한 당시의 보수 전액 또는 차액을 소급하여 지급 받을 권리가 있다(공무원 보수규정 제30조 제1항).

(2) 手當請求權

교육공무원은 기본보수인 봉급 이외에 각종 수당을 공무원 보수규정에 의하여 지급 받는다. 그중 대표적인 수당이 기말수당, 정근수당, 장기근속수당, 가족수당, 자녀학비보조수당, 도서·벽지수당, 초과근무수당, 명예퇴직수당, 특수업무수당, 기타 수당 외 보수 등이다.154) 교사에게 지급되는 수당은 보장적인 측면을 가지고 있으나, 본봉에 비하여

---

154) ① 기말수당 : 교원은 예산의 범위 안에서 매년 3월, 6월, 9월, 12월의 보수 지급일에 기말수당을 지급 받는다.

② 정근수당 : 교원은 예산의 범의 안에서 근무연수에 따라 매년 1월과 7월의 보수 지급일에 별도의 지급구분에 의하여 정근수당을 지급 받는다.

③ 장기근속수당 : 교원은 근무연수에 따라 장기근속수당을 지급 받는다. 5년 이상 근무자는 월 5만원, 10년 이상 근무자는 월 6만원, 15년 이상 근무자는 월 8만원, 20년 이상 근무자는 월 11만원, 25년 이상 근무자는 월 13만원이 지급된다.

④ 가족수당 : 부양가족이 있는 교원에 대해서는 예산의 범위 안에서 가족수당을 지급하되,

기형적으로 많은 수당은 사회적 현실이 변화될 때에 보장되지 못하므로 교원의 경제적 안정을 확보되기 어렵다고 하겠다. 그러므로 교원의 봉급체계가 수당 중심에서 안정적인 본봉체계로 변화되어야 할 것이다.

(3) 實費辨償請求權

교원은 보수를 받는 외에 국회규칙·대법원규칙·헌법재판소규칙·중앙선거관리위원회규칙 또는 대통령령이 정하는 바에 의하여 직무수행에 소요되는 실비변상을 받을 수 있다. 교원이 소속기관의 장의 허가를 받아 본래의 업무에 지장이 없는 범위 안에서 담당직무 외의 특수한 연구과제를 위탁받아 이를 처리한 경우에는 그 보상을 지급 받을 수 있다(국가공무원법제48조).

(4) 年金請求權

교육공무원의 연금은 공무원연금법에 준하며, 사립학교 교원은 사립학교교원연금법에 의한다. 교원의 연금제도는 교원 또는 그 유족의 경제적 생활안정과 복지향상에 기여함을 목적으로 하며, 교원은 질병, 부상, 폐질, 퇴직, 사망 등에 관한 일시지급 및 장기지급의 연금청구권을 가지고 있다.

부양가족의수는 4인 이내로 한다.

⑤ 자녀학비보조수당 : 초등학교, 중학교, 또는 고등학교에 취학하고 있는 자녀가 있는 교원은 자녀학비보조수당을 지급 받는다.

⑥ 도서·벽지수당 : 교통이 불편하고 문화·교육시설이 거의 없는 지역이나 벽지, 접적지역 등에 근무하는 교원은 예산의 범위 안에서 도서벽지수당을 지급 받는다.

⑦ 초과근무수당 : 교원은 근무명령에 의하여 규정된 근무시간 외에 근무한 자에 대하여는 예산의 범위 안에서 시간외 근무수당, 야간근무수당, 휴일근무수당, 일직 및 숙직수당을 지급 받는다.

⑧ 명예퇴직수당(교육공무원법 제36조) : 교육공무원으로서 20년 이상 근속한 자가 정년 전에 자진하여 퇴직하는 경우에는 예산의 범위 안에서 명예퇴직수당을 지급할 수 있다.

⑨ 특수업무수당 : 교육공무원으로서 특수한 업무에 종사하는 자는 예산의 범위 안에서 특수업무수당을 지급 받는다. 특수업무수당의 종류는 담임업무수당, 연구업무수당, 교재연구수당, 합숙생활지도수당, 보직교사수당, 실과교원수당, 교원특별수당, 교원 등에 대한 보전수당, 교과지도수당, 교직수당, 교육연수기관근무수당 등이다.

⑩ 수당 외 보수 : 수당이외의 보수로는 가계보전비 - 월봉급액의 연 250%, 급양비 - 월8만원, 교통비보조비 - 월10만원, 효도 휴가비 - 추석과 설날이 낀 달에 각각 50%를 지급받는다.

3. 教員의 義務

가. 敎育 및 硏究活動의 義務

교원의 근본적 사명은 가르치고 연구함으로써 민주국가의 발전에 봉사하고 인류공영의 이상 실현에 기여하는 것이다. 그러므로 교원의 기본적 의무로는

첫째, "항상 사표가 될 품성과 자질의 향상에 힘쓰며, 학문의 연찬과 교육의 원리와 방법을 탐구 연마하여 국민교육에 전심전력하는 것이다."

둘째, 교육내용을 어떻게 선정하고, 교육평가 방법은 어떻게 하며, 학생 생활지도는 언제, 어떻게 하는 것이 가장 효율적인가에 대한 해답을 항상 제공할 수 있어야 한다.

나. 國家公務員으로서의 義務

교원은 교육을 통하여 국민 전체에 봉사하는 공공봉사자로서 공무원과 동일한 의무를 지며, 교원의 복무에 관한 사항은 국가공무원법을 준용하고 있다. 따라서, 교원은 국가공무원의 의무인 선서의 의무, 성실의 의무, 복종의 의무, 비밀엄수의 의무를 수행하여야 한다.

(1) 宣誓의 義務

교원은 취임할 때에 소속 기관장 앞에서 선서를 하여야 한다. 다만, 불가피한 사유가 있을 때에는 취임 후에 선서를 하게 할 수 있다(국가공무원법 제55조).

(2) 誠實의 義務

교육공무원은 법령을 준수하여 성실히 직무를 수행하여야 한다(국가공무원법 제56조). 교육공무원의 성실의 의무는 윤리성을 본질로 하고 있기 때문에, 경제성에 의하여 지배되는 단순한 고용관계에서의 성실의 의무와 구별된다. 교원이 직무상의 의무에 위반되는 행위를 하였거나 직무를 태만한 때, 또는 직무의 내외를 불문하고 그 체면 또는 위신을 손상하는 행위를 한 때는 성실의 의무를 이행하지 않은 이유로 징계의 대상이 된다

(3) 僕從의 義務

직무 수행에 있어서 소속 상관의 직무상의 합법적인 명령에 복종해야 한다(국가공무원법 제57조). 교원에게 있어서 소속 상관이란 교원의 직무에 관하여 통솔하고 감독하는 권한을 가진 기관의 직에 있는 자인 교장, 교육장, 교육감, 교육부장관 등을 말한다. 교원

에 대한 상관의 지도는 교원의 교육활동이나 또는 이에 수반되는 업무 혹은 합법적인 직무 내용이어야 한다.

(4) 職場離脱禁止

공무원은 소속상관의 허가나 정당한 사유 없이 직장을 이탈하지 못하며, 이 의무는 근무시간 중에 성립하는 것이나 시간외 근무명령이 있는 경우에도 성립한다. '직장'은 공무원이 소속되어 근무하고 있는 공간개념으로서의 부서라고 보아야 할 것이다(국가공무원법 제58조)

(5) 親切公正의 義務

공무원은 국민 전체에 대한 봉사자로서 공사를 분별하고, 인권을 존중하며 친절히 직무를 수행하여야 한다. 단순한 도덕상 의무가 아니라 법적 의무이다(국가공무원법 제59조)

(6) 秘密嚴守의 義務

이는 국가공무원법상의 규정으로서 교원의 직무수행에 있어서 비밀을 유지해야 할 사항으로는 시험문제, 학력검사, 표준화검사, 학생개인과의 면담내용, 과거기록 등이 있다(국가공무원법제60조).

(7) 淸廉의 義務

공무원은 직무와 관련하여 직접 또는 간접을 불문하고 사례·증여·향응 등을 받을 수 없으며, 직무상의 관계여하를 불문하고 그 소속 상관에게 증여하거나 소속공무원으로부터 증여를 받아서는 아니된다(국가공무원법 제61조). 이는 부교재 채택비나 촌지 등도 이에 해당되는 의무라 할 수 있다.

(8) 品位維持의 義務

공무원은 직무의 내외를 불문하고 그 품위를 손상하는 행위를 하여서는 아니된다(국가공무원법 제63조). '직무의 내외'를 불문하고 축첩, 도박, 아편 흡입, 알코올 중독 등과 같이 비위사실이 공무집행과 관련된 것이 아니더라도 공무원으로서의 체면 또는 위신을 손상한 때, 즉 공직의 체면에 직접적인 영향이 있는 경우에는 징계사유에 해당된다 할 것이나, 이 의무는 공직의 체면·위신·신용을 유지하기 위한 것으로 공무원의 사생활까지는 미치지 아니하는 것이 원칙이다.

'품위'라 함은 주권자인 국민의 수임자로서 직책을 맡아 수행해 나가기에 손색이 없는 인품을 말하는 것이며, 공무원으로서 갖추어야 할 품위에는 사적인 행위까지 포함하나 그것이 손상되기 위해서는 공개성을 필요로 한다고 할 것이다.

(9) 營利業務 및 兼職禁止

교원은 공무이외의 영리를 목적으로 하는 업무에 종사하지 못하며, 소속 기관의 장의 허가 없이 다른 직무를 겸할 수 없다. 비영리단체의 임원이 된다든가, 다른 교육기관에 시간강사로 출강한다든가 하는 경우에는 반드시 소속 기관장의 허가를 맡아야 한다(국가공무원법 제64조).

(10) 政治運動의 禁止

공무원은 정당 기타 정치단체의 결성에 관여하거나 이에 가입하는 것을 비롯한 선거에 있어서 특정정당 또는 특정인의 지지나 반대를 하기 위한 일정한 정치적 행위가 금지된다(국가공무원법 제 65조).

교직의 공직성(국·공립학교의 교원의 공무원의 신분)과 교육의 정치적 중립성으로부터 유래되는 의무이다. 국·공립학교의 교사는 공무원법에 의하여, 사립학교의 교사는 사립학교법에 의하여 금지사항이 규정된다. 『교원노조법』 제3조에서도 "교원의 노동조합은 일체의 정치활동을 하여서는 아니 된다."라고 규정하여 교원단체 정치활동을 금지하고 있다.

4. 教員의 責任

국·공립학교 교원의 경우를 놓고 보면 공무원으로서의 교원의 신분상의 책임은 행정상, 형사상, 민사상 책임으로 나눈다.

가. 行政上의 責任

교원이 교원인 지위에서 의무에 위반함으로써 교원관계 내부에서 지는 책임을 말한다. 교원의 의무위반에 대하여 공무원 관계의 목적을 달성하기 위하여 국가 또는 지방자치단체가 사용자로서의 지위에서 과하는 제재를 받을 책임을 징계책임이라 하고, 그 제재로서의 벌을 징계벌이라 한다. 교원의 행정상의 책임에는 징계책임과 국가나 지방자치단체에 대한 변상책임이 이에 속한다.

나. 刑事上의 責任

교원의 행위가 형법상의 범죄를 구성할 때 일반법익의 보호를 위하여 지게 되는 형사상의 책임을 가리킨다. 교원의 신분상의 범죄는 직무범(죄)과 준직무범(죄)으로 나뉜다. 직무범은 교원이 직권을 남용하거나 직무를 태만히 하는 등 직무행위와 직접적으로 관련하여 발생하는 범죄를 말한다. 예를 들면, 직무유기죄(형법 122조) 등이다. 준직무범은 직무수행행위 자체는 범죄를 구성하지는 않으나, 공무원(교원)의 신분 또는 직무와 관련되기 때문에 구성되는 범죄를 말한다. 예를 들면 수뢰죄(형법129조) 등이다.

다. 民事上의 責任

직무상 고의 또는 과실로 인한 위법행위로 타인에게 손해를 가하였을 때에 부담하게 되는 책임을 가리킨다. 이런 경우 가해공무원(교원)은 국가 또는 지방자치단체의 구상을 통해 국가나 지방자치단체에 대해 배상책임을 지지만 피해자인 사인에 대해서는 직접 책임지지 않는다. 즉, 국가 또는 지방자치단체가 제 1차로 책임을 지게 되고, 국가 또는 지방자치단체는 공무원(교원)에게 고의나 중과실이 있는 경우에 한하여 구상하여 책임을 지게 하는 것이다. 물론 경과실인 경우에는 책임이 면제된다. 하지만, 비록 법적인 책임은 없다 할지라도 교직의 특수성(성직관, 인격성)으로 인한 도덕적, 윤리적 책임이 일반 공직에 비하여 훨씬 높다.

그 외 사립학교 교원의 경우에는 사인으로, 일반 근로자의 신분으로 판단하되 국·공립학교의 교원에 대한 규정에 준하여 그 책임을 판단한다(사립학교법 제55조 참조).

5. 教員의 懲戒

가. 懲戒의 意味

국가·공공단체와 특별신분관계에 있는 자의 의무위반에 대하여 국가·공공단체가 관기유지의 목적으로 과하는 제재를 말한다. 교원의 징계는 교원이 그 신분에 따르는 의무에 위반한 행위를 하였을 때에 가하는 징계를 말한다. 교원의 징계는 『교육공무원징계령』에 근거한다.

나. 懲戒의 事由 및 種類

교육공무원법에서는 징계의결을 요구할 수 있는 경우를 "국가공무원법·지방공무원법의 징계사유에 해당한다고 인정하는 때"로 정하고 있다. 다시 국가공무원법 및 지방공무원법을 보면 '징계사유'란 법령위반, 직무상 의무위반 및 직무태만, 품위손상 등이 있다. 징계의 종류에는 중징계에 속하는 파면, 해임, 정직이 있고, 경징계에 속하는 감봉 또는 견책이 있다. 파면은 공무원의 신분을 박탈하고 연금을 제한하여 지급하는 것을 말하고, 해임은 공무원의 신분은 박탈하나 연금을 지급하는 것이며, 정직은 1월 이상 3월 이하의 기간 중 공무원의 신분은 보유하나 직무에 종사하지 못하고 보수의 3분의 2를 감한다. 경징계에 속하는 감봉은 1월 이상 3월 이하의 기간 동안 보수의 3분의 1을 감하는 것이고, 견책은 전과에 대하여 훈계하고 회개하게 하는 것을 말한다(국가공무원법 제80조). 징계사유로는 ① 국가공무원법 및 동법에 의한 명령에 위반하였을 때, ② 직무상의 의무에 위반하거나 직무를 태만한 때, ③ 교육공무원의 체면 또는 위신을 손상하는 행위를 한 때이다.

다. 懲戒의 節次

교원에 대한 징계는 반드시 해당 징계위원회의 심의, 의결 과정을 거쳐야 하는데, 국·공립학교 교원인 경우에는 교육공무원징계위원회, 사립학교 교원인 경우에는 당해 사립학교 교원징계위원회의 의결을 통해 이루어진다(단, 사립유치원 교원의 징계사건은 교육공무원징계위원회에서 심의, 의결한다).

교육기관, 교육행정기관 또는 교육연구기관의 장은 그 소속교육공무원이 징계사유에 해당하는 행위를 했을 때에는 지체없이 당해 징계사건을 관할하는 징계위원회에 그 징계를 요구하고, 징계위원회는 징계대상자와 징계요구자에게 구두 또는 서면으로 해명이나 진술을 할 수 있는 기회를 준다. 징계위원회는 이러한 과정을 거쳐 심의를 한 다음 징계혐의자의 비위의 유형, 비위의 정도 및 과실의 경중과 평소의 소행, 근무성적 등을 참작하여 다음 <표 9>의 징계양정기준(공무원징계양정등에 관한 규칙)에 따라 징계사건을 의결하고 징계처분에 대한 사유설명서를 징계대상자에게 교부하기로 되어 있다.

이때 징계대상자에게 진술의 기회를 부여하지 아니한 징계의 의결은 무효가 된다. 또한 징계위원회의 회의는 공개하지 아니하며, 징계위원회의 회의에 참석한 자는 직무상 알게 된 비밀을 누설하여서는 안 된다.

<표 9> 징계 양정 기준

비위의 도 및 과실 비위의 유형	비위의 도가 중하고, 고의가 있는 경우	비위의 도가 중하고 중과실이거나, 비위의 도가 경하고 고의가 있는 경우	비위의 도가 중하고 경과실이거나, 비위의 도가 경하고 과실인 경우	비위의 도가 경하고 경과실인 경우
1. 성실의무 위반 　가. 직무태만 또는 　　위계질서 문란 　나. 기타	파면 파면-해임	해임 정직	정직-감봉 감봉	견책 견책
2. 복종의무 위반	파면	해임	정직-감봉	견책
3. 직장이탈 금지 위반	파면-해임	정직	감봉	견책
4. 친절·공정의무 위반	파면-해임	정직	감봉	견책
5. 비밀엄수의무 위반	파면	해임	정직	감봉-견책
6. 청렴의무 위반	파면	해임	정직	감봉-견책
7. 품위유지의무 위반	파면-해임	정직	감봉	견책
8. 영리업무 및 　겸직금지의무 위반	파면-해임	정직	감봉	견책
9. 집단행위 금지 위반	파면-해임	정직	감봉	견책

라. 懲戒議決에 대한 不服

　교원은 징계위원회의 징계처분 기타 그 의사에 반하는 불리한 처분에 대하여 불복이 있을 때에는 그 처분이 있는 것을 안 날부터 30일 이내에 교육부에 설치되어 있는 교육징계재심위원회에 재심을 청구할 수 있다. 교원징계재심위원회에서 재심청구에 대한 최종결정이 있을 때까지 재심청구인의 후임자 보충발령은 하지 못한다. 그러나, 교원이 징계처분이 있은 것을 안 날부터 30일 이내에 재심청구를 하지 아니한 때에는 그 기간 경과 후에 후임자의 보충발령을 할 수 있다.

　재심위원회의 재심청구로 충분히 구제되지 못한 경우에 국·공립교원은 행정소송을 제기할 수 있고, 사립학교 교원의 경우에는 원래 징계에 대해서 민사상 무효확인을 구하는 소송을 제기하거나 징계재심위원회의 결정에 대하여 행정소송을 제기할 수 있다. 국·공립교원이 행정소송을 제기하는 경우에는 반드시 재심청구절차를 경유하여야 하지만, 사립학교 교원인 경우에는 반드시 경유하여야 하는 것은 아니고 바로 민사소송을 제기할 수도 있다. 다만, 민사소송이 1심만 짧게는 6개월부터 1년 이상 소요되는 반면 재심위원회의 심리와 결론은 신속하게 나오고, 재심위원회에서 징계가 감경되는 사례도 종종 있으므로 재심절차를 경유하는 것이 나을 수 있다.

II. 學習者의 權利와 義務

1. 學習者의 權利

가. 學習者의 教育權(學習權)
(1) 學習權의 內容

헌법 제31조 제1항은 "모든 국민은 능력에 따라 균등하게 교육을 받을 권리를 가진다.", 교육기본법 (제3조)은 "모든 국민은 평생에 걸쳐서 학습하고, 능력과 적성에 따라 교육을 받을 권리를 가진다."라고 학습권을 규정하고 있다. 여기서 학습권은 3가지 내용을 포함하고 있다.

(가) 教育을 받을 權利

여기에는 국민의 지적·정신적 자립 및 지적 탐구의 자유(자유권성), 노동권의 본질적 보장(생존권성), 지적·정신적·육체적 능력을 전면적으로 발달시킬 권리(학습권성), 정치적 주체로서의 자기형성(공민권성) 등의 내용을 포함하고 있다. 교육을 받을 권리는 학문의 자유를 기본전제로 하여 국민이 갖는 능력과 발달의 가능성을 계발시켜 개인으로서의 "인격의 완성"에 그 중심을 두고 있다.

(나) 均等하게 教育을 받을 權利

교육기본법 제4조는 "모든 국민은 성별, 종교, 신념, 사회적 신분, 경제적 지위 또는 신체적 조건 등을 이유로 교육에 있어서 차별을 받지 아니한다."라고 교육의 기회 균등을 규정하고 있다. 균등하게 교육을 받을 권리는 교육에 있어서 차별대우의 금지라는 소극적인 것이 아니고, 국가가 모든 국민에게 균등한 교육을 받게 하도록 학교교육시설을 확장하고, 의무교육을 시행하되 초등교육의 무상을 실시하고, 경제적 이유에 의하여 진학이 방해되지 않도록 장학정책 등을 시행해야 함을 요구한다. 특히, 경제적 약자에게 평등한 교육을 받을 수 있도록 국가가 적극적 정책을 실시 할 것이 요청된다. 교육의 기회균등은 교육분야에서의 국민의 기본권인 평등권의 표현이기도 하다.

㈐ 平生에 걸쳐 敎育을 받을 權利

이는 정규적인 학교교육과 병행하여 또는 그 전후를 거쳐 사회교육, 성인교육, 직업교육 등 다양한 형태의 교육을 평생동안 받을 수 있는 권리로서, 이에 관하여서는 헌법 제31조 제5항에서는 "국가는 평생교육을 진흥하여야 한다."라고 원칙적으로 규정하고, 구체적으로는 평생교육법에서 규정하고 있다.

㈑ 能力과 適性에 따라 敎育을 받을 權利

여기서 능력이라 함은 개인의 고유한 정신적·신체적 능력을 말하며, 경제적 능력 등은 포함하지 않는다. 적성이라 함은 개인의 어떤 사물에 알 맞는 성질 또는 어떤 직업에 대한 개인의 적응 능력을 말한다. 다시 말하면, 개인의 고유한 정신적·신체적 능력에 따라 그 성격·취향 등에 알맞게 교육을 받을 수 있는 권리를 가리킨다.

특히, 심신장애아에 대해서도 그의 능력과 적성에 따라 필요한 지식, 기능을 배울 수 있도록 교육기본법 제18조에는 "국가 및 지방자치단체는 신체적·정신적·지적 장애 등으로 인하여 특별한 교육적 배려가 필요한 자를 위한 학교를 설립·경영하여야 하며, 이들의 교육을 지원하기 위하여 필요한 시책을 수립·실시하여야 한다"라고 규정하고 있다.

(2) 學習權의 憲法上의 意義와 機能

첫째, 교육을 통해 개인의 잠재적인 능력을 계발시켜 줌으로써 인간다운 문화생활과 직업생활을 할 수 있는 기초를 마련해준다(적성에 따라).

둘째, 문화적이고 지적인 사회풍토를 조성하고 문화창조의 바탕을 마련함으로써 헌법이 추구하는 문화국가실현을 촉진시켜 준다는 의의와 기능이 있다(헌법상 교육의 최종목표).

셋째, 합리적이고 계속적인 교육을 통해 민주주의가 필요로 하는 민주시민의 윤리적 생활철학을 어렸을 때부터 습성화 시킴으로써 헌법이 추구하는 민주주의 정착화에 이바지한다(평생교육).

넷째, 능력에 따른 균등한 교육을 통해서 직업생활과 경제생활영역에서 실질적인 평등을 실현시킴으로써 헌법이 추구하는 사회·국가적 이상에 보다 가까이 가게 한다(능력에 따라).

이와 같이 국민교육이 가지는 헌법상의 의의와 기능으로부터 학습권을 직업의 자유선택권, 평등권 및 국가의 구조적 원리와 연관시켜 거시적으로 이해해야 한다.

나. 學習者의 一般的인 人權

헌법 제10조, 제12조 등에서는 민주시민으로서의 기본적인 인권을 규정하면서 기본적 인권보장을 위해 적법절차의 원리를 원용해야함을 강조하고 있다. 교육기본법 제12조는 "학생을 포함한 학습자의 기본적 인권은 학교교육 또는 사회교육의 과정에서 존중되고 보호된다"고 규정하고 있다. 이는 헌법상의 기본주체로서 아동, 학생 등 학습자의 생명, 신체, 사생활, 프라이버시, 사상, 양심 정치활동, 종교 등에 대해서는 천부적인 기본적인 권리(인권)로서 절대적으로 보장되어야 함을 뜻한다. 이러한 권리는 주로 학생의 표현의 자유를 통해 나타난다. 표현의 자유는 개인의 자아실현을 확보하는 필수적 수단이며 진리 발견의 필수적 과정이다. 표현의 자유는 또한 사회구성원 간의 공개토론과정을 통하여 정책수립에의 참여기회를 제공하는 계기가 된다.

헌법이 보장하고 있는 집회 및 결사의 자유, 언론과 출판의 자유라는 기본권으로부터 학생의 자치활동권은 보장된다. 이를 초·중등교육법 제17조에서는 "학생의 자치활동은 권장·보호되며, 그 조직 및 운영에 관한 기본적인 사항은 학칙으로 한다"라고 하여, 학생의 자치활동을 보장하고 있다.

학생의 인격의 평등은 보장된다. 교육기본법 제12조에서는 "교육내용·교육방법·교재 및 교육시설은 학습자의 인격을 존중하고 개성을 중시하여 학습자의 능력이 최대한으로 발휘될 수 있도록 강구되어야 한다"라고 규정하고 있다. 그러나, 우리의 현실을 보면 학생들이 인권의 주체라는 것은 이론에 그칠 뿐, 실생활에서는 그들의 인권이 실종되는 사례가 적지 않았다.

과거에는 학교와 학생과의 관계를 특별권력관계라고 하여, 특별권력관계의 목적을 달성하기 위해 필요한 범위 내에서는 법률의 근거 없이도 학생의 기본권을 제한할 수 있다고 보았다. 그러나, 이러한 특별권력관계 이론은 법치주의에 어긋나는 것이므로 학생이라 하더라도 기본권을 제한하기 위해서는 법률에 근거해야 한다는 것이 최근의 경향이다.

또한 법률에 의해 기본권을 제한하는 경우에도 그 법률은 몇 가지 요건을 충족시켜야 한다. 그 내용을 살펴보면, 첫째, 법률의 규율대상은 일반적이어야 한다. 따라서, 특정한 개인의 기본권을 제한하기 위한 법률은 허용되지 않는다. 둘째, 기본권을 제한하는 법률의 내용이 지나치게 포괄적이고 광범위해서는 안 된다. 셋째, 기본권을 제한하는 법률은 그 내용이 이해 가능할 정도로 명확해야 한다는 것이다.

기본권을 제한할 때에도 '과잉금지의 원칙'과 '본질적 내용 침해금지의 원칙'이 지켜져야 한다. 이러한 원칙들은 학생에 대한 기본권 제한에도 적용되는 원칙들이므로 학생의 기본권을 제한하기 위해 학칙 등을 제정·개정할 때, 그리고 학생에 대해 징계권을 행사

할 때 항상 염두에 두어야 한다.[155]

일반적 인권으로부터 도출되는 학생 등 학습자의 권리는 학생이 징계처분을 받을 경우 적정한 처분을 받을 권리(적정판정요구권)와 부당한 처벌을 받지 아니할 권리 등을 포함한다. 즉, 학생에게 적용되는 징계는 법령과 합법적인 학칙에 근거하여야 한다. 그리고 재학중인 학생은 퇴학처분을 내린 학교의 장(사립학교인 경우는 학교가 소속한 학교법인)을 피고로 하여 행정소송(퇴학처분 취소소송 또는 퇴학처분 무효확인 소송)을 제기할 소송권을 가진다.

다. 敎育의 義務性과 學習者의 權利

의무란 권리자의 권리에 대비되는 개념으로서 법에 의해 받는 의사의 구속, 즉 인간으로 하여금 일정한 형태를 취하도록 하는 구속이다. 의무에는 개인이 원하든 원하지 않던 법률상의 강제력이 적용하고 있다. 권리와 의무는 불가분의 관계로서 의무가 있으면 권리가 있고, 권리가 있으면 그에 따른 의무가 있게 된다. 헌법이 규정한 국가적, 가정적인 교육의 의무성으로부터 그에 따른 어린이, 학생 등 학습자의 권리가 파생된다.

의무교육은 모든 국민 특히 어린이, 학생에 대하여 학교를 비롯한 여러 종류의 학습의 장이나 기회를 평등하게 제공하려는 것으로 교육의 의무성은 국가나 지방자치단체 및 친권자(학부모 나 후견인 등), 국가의 의무로 된 원리이다. 공교육의 의무성의 원리는 교육법제에서는 의무교육으로 법제화되어 있고 의무교육에 관한 학생·학무모의 교육권에는 의무취학권, 사립학교선택권, 통학권(적정하게 배치된 학교에 다닐 권리), 취학학교의 지정·변경처분권, 입학에서의 차별 금지 등이 포함된다. 초·중등교육법 제12조에서 의무교육에 관하여 아래와 같이 구체적으로 규정하고 있다.

① 국가는 교육기본법 제8조 제1항의 규정에 의한 의무교육을 실시하여야 하며, 이를 위한 시설의 확보 등 필요한 조치를 강구하여야 한다.

② 지방자치단체는 그 관할구역 안의 의무교육대상자 전원을 취학시키는데 필요한 초등학교 및 중학교와 초등학교 및 중학교의 과정을 교육하는 특수학교를 설립·경영하여야 한다.

③ 지방자치단체는 지방자치단체가 설립한 초등학교·중학교 및 특수학교에 그 관할구역 안의 의무교육대상자 전원을 취학시키는 것이 곤란한 경우에는 인접한 지방자치단체와 협의하여 합동으로 초등학교·중학교 또는 특수학교를 설립·경영하거나, 인접한

---

155) 하승수·김진, 앞의 책, p.156.

지방자치단체나 국립 또는 사립의 초등학교·중학교 또는 특수학교에 위탁하여 의무교육대상자의 일부에 대한 교육을 실시할 수 있다.

④ 국·공립학교의 설립·경영자 및 제3항의 규정에 의하여 의무교육대상자를 위탁받은 사립학교의 설립·경영자는 의무교육을 받는 자에 대하여 수업료를 받을 수 없다.

또한 헌법 제31조 제3항은 "의무교육은 무상으로 한다", 교육기본법 제12조 제4항에서는 의무교육의 무상성을 제시하고 있다. 이로부터 어린이·학생은 의무교육을 무상으로 받는 권리를 가지게 된다. 의무교육의 무상성은 "교육을 받는 사람 또는 그 보호자가 교육을 받을 때 또는 받게 할 때에 있어서 수업료·교통비, 그 밖의 모든 취학에 필요한 비용을 직접적으로 전혀 부담하지 않는 것을 가리킨다. 무상성의 방향은 교육비의 직접부담에서 간접부담으로, 혹은 개인 부담에서 공공부담으로 이행하고 있으므로 무상제는 공비부담의 증가를 초래하고 되어 국민의 부담(교육세 부담)이 증가할 수밖에 없다. 무상에 의한 의무교육제도는 교육재정과 불가분의 관계에 있으므로 교육재정의 확보가 의무교육제도 및 평생교육의 실현의 가장 큰 원동력이다. 의무교육제도의 단계적 실시는 국가의 재정적 상황과 입법자의 형성의 자유에 의해 결정되는 사항으로서 실질적인 평등의 원칙에 부합된다.

라. 敎育의 中立性과 學習者의 權利

교육의 중립성과 자주성은 교육을 받을 권리의 내용적 실질을 이루는 원리이다. 교육의 중립성은 교육활동에 있어서 종교적 종파성과 당파적 편향성을 배제하는 것을 말한다. 헌법 제31조 제4항에서는 "교육의 자주성·전문성·정치적 중립성 및 대학의 자율성은 법률이 정하는바에 의하여 보장된다", 교육기본법 제6조에서는 "……어떠한 정치적·파당적 또는 개인적 편견의 전파를 위한 방편으로 이용되어서는 안 된다", "국가 및 지방자치단체가 설립한 학교에서는 특정한 종교를 위한 종교교육을 하여서는 아니된다"고 하면서 교육의 정치적·종교적 중립성에 대하여 명확히 규정하고 있다.

어린이와 학생 등은 발전단계에 있는 개체로서 앞으로의 변화가능성이 크므로 지나친 지식위주의 교육을 자제하면서, 올바른 사회의 구성원으로 성장 할 수 있도록 특정한 종교적·정치적 이데올로기의 주입교육, 즉 편향교육을 배제해야 한다. 교육의 중립성을 현실화하는 제도적 보장으로서 교육행정의 중립성과 교사의 중립성이 확보되어야 한다. 이러한 중립성으로부터 학생(및 학부모)의 교육내용의 결정에 대한 참여권과 교육내용에 대한 선택권이 도출된다. 구체적으로는 교과서 선택권, 교육과정 선택권, 종교의 자유권, 단체활동 참여권, 그리고 학년의 진급·수료·졸업 등 권리가 포함된다.

2. 學習者의 義務

학생은 피교육자의 특수한 신분으로 인하여 일반인과는 다른 학습자의 의무가 발생한다. 학생의 의무를 검토해 보면, 첫째, 학생은 자연인으로서 법률상 규정한 일반인권과 그에 따른 일정한 법적 의무를 가진다. 둘째, 학생으로서의 특수한 신분으로부터 학교라는 특수한 사회질서 체제상의 의무를 가지게된다. 학교사회의 질서체제는 그 근본의도가 학교조직의 목표달성 활동과 직결되어 있는 것으로서 일단 학교라는 조직사회의 구성원 즉, 학생이 되면 개인적인 자유(욕구 등)와 권리향유 등에 대해 일정한 제한을 받게 되는 의무를 가지게 된다.

교육기본법 제12조 제3항에서는 학생의 의무에 관하여 학교규칙의 준수 의무, 교원의 교육 및 연구활동 방해 금지의 의무, 학내질서 문란 금지의 의무 등으로 규정하고 있다. 그 외에 학교생활 중 교사의 적법하고 정당한 훈육에 대한 복종의무, 출석의무 등 의무가 있다. 이러한 의무를 위반한 경우에는 이에 상응하는 징계나 지도를 받게 된다.

3. 學生의 懲戒

가. 學生懲戒의 意義

학생은 학교라는 특수한 사회집단 속에서 교육을 받는다. 그에 따라 학생신분에 대응되는 특수한 의무가 있게 되며 그 의무를 위반할 경우 학교의 징계를 받게 된다.

(1) 學生懲戒의 法的 性質

학생에 대한 징계는 학생의 법적 지위와 권리에 변동을 가져오는 강제적 처분이다. 따라서, 학생징계에 대해서도 법적 근거가 있어야 한다. 현행 초·중등교육법 제18조 제1항은 "학교의 장은 교육상 필요한 때에는 법령 및 학칙이 정하는 바에 의하여 학생을 징계하거나 기타의 방법으로 지도할 수 있다", 동법 시행령 제31조 제1항은 "학교의 장은 교육상 필요하다고 인정할 때에는 징계를 할 수 있다"라고 학생징계의 법적 근거를 규정하고 있다.

과거에는 학교(교사)와 학생간의 법률상의 관계는 국·공립학교의 경우는 행정법상의 "특별권력관계"로 보아 특별권력관계의 목적을 달성하기 위하여 필요한 범위 내에서는 법률의 근거 없이도 학생의 기본권을 제한할 수 있다고 보았다. 반면, 사립학교의 경우에는 계약관계라 볼 수도 있는데, 우리나라의 경우 학생 스스로 학교를 선택할 수 없다는 면에서 순수한 계약관계는 아니다. 그러나, 이러한 특별권력관계 이론은 법치주의 원칙에 어긋나는 것이므로 학생이라 하더라도 기본권을 제한하기 위해서는 법률(구체적인 입법과 법령조항)에 근거해야 한다는 것이 최근의 일반적인 경향이다.

(2) 學生懲戒의 適法節次

적법절차의 원칙은 개인의 기본권을 보호하고 실현하기 위하여 오랜 기간 확립되어 온 법적용 절차에 관한 원칙이다. 그 핵심 내용으로는 "편견배제의 원칙"과 "청문의 기회 부여 원칙"이다. "편견배제의 원칙"이란 누구든지 자신이 관련된 사건에 재판관이 될 수 없음을 의미하는 것으로 공평무사한 재판관의 구성에 관한 원칙이다. "청문의 기회 부여원칙" 이란 당사자들의 의견을 모두 들어보아야 하며, 누구든지 의견진술, 변명의 기회를 부여받지 아니하고는 처벌이나 징계를 받지 않음을 의미하는 사법공정성의 원칙을 말한다.

현행 헌법은 "적법절차의 원리"를 받아들이고 있다. 문제는 사법상의 "적법절차의 원리"가 교육현장에서 학생 징계와 관련해서도 적용될 수 있는가, 또 어느 정도로 적용되고 있는가 하는 점이다. 학생징계의 목적은 교육적 효과를 얻는데 있는데 그 교육적 효과를 얻으려면 합법적인 징계의 절차를 거쳐 징계 받는 학생 (또는 그 학부모)의 승복이 있어야 하는 것이다. 초 · 중등교육법 제18조 제2항에서는 "학교의 장은 학생을 징계하고자 하는 경우 해당 학생 또는 학부모에게 의견진술의 기회를 부여하는 등 적정한 절차를 거쳐야 한다"라고 규정함으로써 "적법절차의 원리"가 적용되고 있다.

그러나, 현행 교육관련 법규들이 학생징계의 절차를 구체적으로 밝히지 않음으로써 학교장의 지나친 재량권의 부여로 인하여 체벌이 가해질 수 있는 여지나, 다른 한편으로는 이러한 절차만을 중시하다 보니 현실적으로 학생지도불능의 경우까지 발생되고 있어, 상호조화의 어려움과 더불어 적정성을 유지해야 하는 당위성도 더욱더 요구된다.

나. 學生懲戒의 種類

초 · 중등교육법시행령 제31조에는 징계의 종류를 아래와 같은 4가지로 규정하고 있다.

(1) 학교내 봉사: 담임교사나 상담교사의 지도아래 학교 환경미화, 교원의 업무지원, 교재 · 교구정비 등의 활동을 하도록 하고, 반성문이나 특별과제를 부가할 수도 있다.

(2) 사회봉사: 지역사회 행정기관 · 공공기관 · 사회복지기관 등에 위탁하여 환경미화, 교통안내, 거리질서 유지, 우편물 분류, 도서관 업무보조, 전철 안내, 노인정 · 장애시설 · 사회복지관에서의 봉사활동을 하도록 한다.

⑶ 특별교육이수: 부적응 학생, 약물·마약·환각제·알코올중독자 및 행동·심리상의 장애자 등에 대하여 실시하되, 행동·심리상의 장애자는 치료교육 전문기관 또는 의료기관에서 치료교육을 이수하도록 한다.

⑷ 퇴학처분: 퇴학이란 학생에 대하여 학생으로서의 신분관계를 소멸시키는 처분이다. 이는 학생신분 자체를 박탈하는 것이므로 가장 무거운 징계라고 할 수 있다. 단, 의무교육과정에 있는 학생은 제외한다. 퇴학처분의 대상은 품행이 불량하여 개전의 가망이 없다고 인정된 자, 정당한 이유 없이 결석이 잦은 자, 기타 학칙에 위반한 자로 규정하고 있다. 학교의 장은 퇴학처분을 하기 전에 당해 학생에게 일정기간 동안 가정학습을 하게 할 수 있다. 학교의 장은 퇴학처분을 한 때에는 당해 학생 및 보호자와 진로상담을 하여야 하며, 지역사회와 협력하여 다른 학교 또는 직업교육훈련기관 등을 알선하는 데에 노력해야 함을 규정하고 있다.

위에서 언급한 4가지 법정징계이외에 실제 학교생활에서 꾸짖거나 기립시키거나 매질하는(체벌) 등 사실행위의 징계가 존재하고 있는데 그 징계로서의 구체적인 법적 규정이나 기준이 없어 이에 대한 논란이 되고 있는 것이 현실이다.

다. 體罰問題
⑴ 體罰의 意味

체벌이란 교원이 교육목적상 필요에 의하여 학생에게 신체적 고통을 가하는 행위를 말한다. 교육학 용어사전에는 체벌이란 "훈육의 한 방법으로서 특정의 행동을 중단하도록 하기 위해서 신체적 고통을 가하는 것을 말한다. 체벌은 신체적 고통을 가할 뿐만 아니라 심리적 좌절감과 갈등을 유발하고 동료학생에게도 영향을 미치게 되기 때문에 이의 사용을 둘러싸고 논란이 되고 있다"[156]보고 있어, 체벌은 신체적 뿐만 아니라 정신적·심리적 고통을 수반함으로써 엄격하고 냉정하게 교육적으로 이루어져야 함을 암시하고 있다. 따라서, 체벌이라 하면 '회초리'등의 물리적 도구나 신체 일부분을 이용하여 상대방의 신체에 고통을 주는 행위뿐만 아니라 직접적으로 상대방의 신체를 접촉하여 고통을 주지는 않는다 하더라도 학생의 무릎을 꿇린다거나 오래 서 있게 하는 등의 방법으로 신체에 고통을 주는 것도 벌을 목적으로 신체적 고통을 가하는 것인 이상, 개념적으로 '체벌'이라고 할 수 있다.

---

156) 서울대학교교육연구소, 『교육학용어사전』(서울: 하우동설, 1999), p.689.

(2) 敎育法의 體罰에 대한 立場

초·중등교육법 제18조 제1항은 "학교의 장은 교육상 필요한 때에는 법령 및 학칙이 정하는 바에 의하여 학생을 징계하거나 기타의 방법으로 지도할 수 있다"라고 규정하고 있다. 이 규정에서 '기타의 방법에 의한 지도'에 체벌도 포함되는 것으로 볼 수 있다. 초·중등교육법 시행령 제31조 제7항에서 "학교의 장은 지도를 하는 때에는 교육상 불가피한 경우를 제외하고는 학생에게 신체적 고통을 가하지 않는 훈육·훈계 등의 방법으로 하여야 한다."라고 규정하고 있다.

이 규정을 반대로 해석하면 '교육상 불가피한 경우'에는 학생에게 신체적 고통을 가하는 체벌도 가능하다는 의미로 해석된다. 그렇다면, 우리 교육법은 '교육상 불가피한 경우'에 한하여 제한적으로 체벌을 허용하고 있다고 볼 수 있다. 또한 사실행위로서의 체벌은 교장뿐만 아니라 교사도 '교육상 불가피한 경우'에는 할 수 있는 것으로 해석되고 있다.[157]

우리나라의 대법원은 어느 정도의 체벌은 교육업무상의 정당행위로 보아 위법성이 없다고 하여 민·형사상의 책임을 지우지 않고 있다. 위법성이 없으면 불법행위가 되지 않지만, 위법성이 있으면 불법행위가 되어 민·형사상의 책임을 져야 하므로 체벌이 정당 행위로서 위법성이 없는지의 여부는 매우 중요하다. 구체적으로 체벌이 정당행위에 해당 하려면, 첫째, 그 체벌이 교육상 필요가 있고, 둘째, 다른 교육적 수단으로서는 교정이 불가능하여 부득이한 경우에 한하며, 셋째, 그 체벌의 방법과 정도가 사회통념상 비난받지 않을 객관적 타당성이 있어야 한다.

---

157) 하승수·김진, 앞의 책, pp.197~198.

Ⅲ. 學校 등의 設立·經營者

1. 學校의 槪念과 法的 性格

현행 교육관계법령에서는 학교의 개념이나 성격을 일반적으로 규정한 것이 없다. 다만, 초·중등교육법 제2조와 고등교육법 제2조에서는 학교의 종류를 열거해 놓고 있을 뿐이다. 그러므로 교육기본법 제16조와 제17조 등 관련된 교육법규상의 규정을 종합·분석하여 학교의 개념과 법적 성격을 구명해보기로 한다. 학교의 법적 성격은 행정법학상의 영조물, 즉 공기업의 성격을 갖는다고 할 수 있다.

영조물이라 함은 국가·지방자치단체가 공공의 목적에 공용하기 위하여 설치·경영하는 인적 및 물적 시설의 통합체를 말한다. 이러한 영조물은 정적으로는 시설에 해당하고, 동적으로는 공기업이 되는 것이다. 영조물에는 공용영조물과 공공영조물이 있다. 공용영조물은 행정담당자의 사용에만 제공되는 것으로 교도소·소년원·시험장 등이 있다. 공공영조물은 일반공중의 이용에 제공되는 영조물로 우편, 철도, 전신, 전화, 수도, 박물관, 도서관 등이다.

상술한 영조물의 개념을 학교에 원용하여 보면, 학교는 교직원 등의 인적 요소와 교사·교구 등의 물적 요소가 결합된 통합체이며, 일정한 장소에서 일정한 기간 일정한 교육과정에 따라, 계속적으로 특정 다수의 학생에 대하여 공교육(공공역무, 공적 용역)을 행하는 공공영조물의 성질을 가진 공기업라 할 수 있다.

반면, 사립학교는 사인 또는 사인으로 구성된 학교법인이 학교를 설립 운영하는 사업이므로 경영의 형식은 일반 사기업과 유사한 성격을 가지나, 국가의 공교육의 일부분을 담당한 특수한 준공기업이라고 할 수 있다. 결국, 학교란 법령의 규정 또는 감독청의 인가에 의하여 국가·지방자치단체·학교법인·사인 등에 의하여 설립되고, 또 일정한 공교육목적을 실현하기 위하여 계속적 사용에 공하는 공적 성질을 가진 인적·물적 시설의 통합체라 할 수 있다.

학교는 국민 또는 주민의 복지를 증진할 목적으로 비수익적 역무를 제공하는 곳이라 할 수 있다. 즉, 학교는 다른 공기업에 비하여 물질적인 면보다는 정신적인 면에 강점이 있고, 법규적인 면보다는 윤리적인 면이 크게 작용하는 기업이며, 부분적 수익보다는 국민 전체의 권익에 직결되는 공적 사업체인 것이다. 학교는 법적 성격상 사인도 법인도 아닌 국가·지방자치단체 또는 학교법인(또는 사인)이 설립한 공공영조물이므로 학교자체는 사인이나 법인처럼 법률상의 권한을 갖지 못한다. 다시 말하면, 학교는 법인격이 없으므로 그 자체는 법률상의 권리와 의무의 주체가 될 수 없다. 법률상의 권리와 의무의 주체는 국가·지방자치단체·학교법인이 된다. 따라서, 학교의 이름으로 재산을 취득하거나 의무의 부담을 져도 그것은 모두 법인격이 있는 국가·지방자치단체·학교법인 등 설립자의 권리주체로 귀속된다. 학교에 관한 행정사무의 궁극적 책임은 그 설치자인 국가·지방자치단체·학교법인 등에 있다. 그렇지만, 이러한 권리와 의무의 행사에 있어서 학교의 장은 그 권리주체를 대표하는 지위를 갖는다. 예컨대, 학교를 상대로 소송을 할 때에도 피고는 학교자체가 아니라 학교의 장 혹은 국가·지방자치단체(교육행정청) 또는 학교법인이 된다.

2. 學校의 種類

현행 교육체제하에서 학교는 설립·경영주체에 따라 국가가 설립·경영하는 학교는 국립학교, 지방자치단체가 설립·경영하는 학교는 공립학교, 법인(또는 사인)이 설립·경영하는 학교는 사립학교로 나눈다(초·중등교육법 제3조와 고등교육법 제3조). 구체적인 법정 학교의 종류를 보면, 유아교육 및 초·중등교육단계에서는 ① 유치원 ② 초등학교·공민학교 ③ 중학교·고등공민학교 ④ 고등학교·고등기술학교 ⑤ 특수학교 ⑥ 각종학교로 나누고(초·중등교육법 제2조), 고등교육단계에서는 학교를 ① 대학 ② 산업대학 ③ 교육대학 ④ 전문대학 ⑤ 방송대학·통신대학 및 방송통신대학 ⑥ 기술대학 ⑦ 각종학교로 나눈다(고등교육법 제2조). 여기서 각종학교라 함은 제1호 내지 제6호의 학교와 유사하면서도 또 그와 유사한 명칭을 사용할 수 없는 교육기관을 말한다.

3. 學校長의 權限

학교는 법적 성격상 사인도 법인도 아닌 국가·지방자치단체 또는 학교법인(또는 사인)이 설립한 공공영조물이므로 학교자체는 사인이나 법인처럼 법률상의 권한을 갖지 못한다. 평시에 말하는 이른바 "학교의 권한"이란 학교의 장이나 학교법인 혹은 국가나 지방자치단체의 교육행정청의 권한을 가리킨다. 학교의 장은 학교를 구성하는 인적 요소인 직원 중의 한 사람이며, 동시에 학교의 설립자에 대하여 책임을 지는 학교관리자로서 교육활동을 행함에 있어서 외부에 대하여 학교를 대표하는 지위를 갖는다. 또한 학교의 임시휴업이나 학생의 퇴학처분과 같은 명령, 결정을 내릴 수 있는 행정청의 지위도 갖고 있다. 이러한 지위로부터 학교의 장은 여러 가지 권한을 가지게 된다. 현행 교육법체제하에서 학교의 장은 유치원장, 초·중등·특수학교의 교장, 대학교의 총장 및 학장 등으로 나눠져 있다. 그 대표자로 교장의 권한을 살펴보기로 한다.

초·중등교육법에서는 교장의 권한에 대하여 "교장 또는 원장은 교무 또는 원무를 통할하고, 소속 교직원을 지도·감독하며, 학생 또는 원아를 교육한다."(제20조 제1항), "① 학교의 장은 교육상 필요한 때에는 법령 및 학칙이 정하는 바에 의하여 학생을 징계하거나 기타의 방법으로 지도할 수 있다. 다만, 의무교육과정에 있는 학생을 퇴학시킬 수 없다. ② 학교의 장은 학생을 징계하고자 하는 경우 해당 학생 또는 학부모에게 의견진술의 기회를 부여하는 등 적정한 절차를 거쳐야 한다."(제18조) 등으로 규정하고 있다. 이러한 교장의 권한을 상술하면 아래와 같다.

가. 校務統割權
교무란 학교의 운영에 필요한 校舍의 물적 시설, 교원 등의 인적 시설 및 교육(연구)의 시설 등에 관한 제반의 사무를 가리킨다. 이에 관한 교장의 직무는 학교운영계획의 수립·지도·집행, 학교의 시설관리·활용, 학교의 재무·회계, 일반사무·문서처리 등이다.

나. 所屬職員 指導·監督權
여기에는 직무상의 감독과 신분상의 감독이 포함되어 있다. 직무상의 감독은 주로 교직원의 근무시간중의 근무와 관계되는 행위에 관한 감독이다. 신분상의 감독은 근무시간의 내외에 관계없이 학교의 교직원으로서의 신분에 관한 감독이다. 소속직원의 지도·감독에 관한 사항으로서 교원 및 일반직원의 복무감독, 법령에 의하여 위임된 임용권의 행사로서 근무성적평정, 호봉승급, 전보·포상의 내신, 주임교사의 임용 등 근무감독 및 학생에 관한 지도·조언 등이 있다.

다. 學生敎育權
학생교육에 있어서 교장으로서의 권한에는 학칙의 제정 및 집행감독권이 가장 대표적인데 여기에는 적법절차를 거친 학생징계권이 포함된다. 그 외에 수업시종시간의 결정권, 비상시임시휴업의 결정, 입학·전학·편입학·퇴학·휴학 등의 허가, 졸업증 수여, 재학생의 생활기록부 관리, 전염병 환자의 출석 정지, 신체검사의 실시 등이 있다.

4. 學校의 設立

가. 學校設立·經營의 主體

교육기본법 제11조 제1항에서는 "국가 및 지방자치단체는 학교 및 사회교육시설을 설립·경영한다"고 선언함으로써 학교설비·경영주체를 국가 또는 지방자치단체로 규정하여, 학교설립의 국·공립 원칙을 천명하고 있다. 동조 제2항에서는 "법인 또는 사인은 법률이 정하는 바에 의하여 학교 및 사회교육시설을 설립·경영할 수 있다"라고 법인과 사인은 법률이 정하는 규정에 의해 학교를 설립·운영할 수 있도록 규정하여 사립학교의 존재의 근거를 밝히고 있다.

구체적으로 초·중등교육법 제4조와 고등교육법 제4조의 학교설립주체 및 그 조건에 관한 규정에 의하,면 ① 모든 학교를 설립하고자 하는 자는 시설·설비 등 대통령령이 정하는 설립기준을 갖추어야 한다. ② 사립학교 (사립 유치원·초·중등학교 및 그에 대등한 교육시설 등)를 설립하고자 하는 자는 특별시·광역시 또는 도 교육감의 인가를 받아야 한다. ③ 모든 공·사립학교(유치원·초·중등학교 및 그에 대등한 교육시설 등)의 설립·경영자는 학교를 폐지하거나 대통령령이 정하는 중요사항을 변경하고자 하는 경우에는 교육부장관의 인가를 받아야 한다. ④ 국가 외의 자가 대학교(및 그에 대등한 각종학교)를 설립하고자 하는 경우에는 교육부장관의 인가를 받아야 한다.

사립학교법에서는 학교법인만이 설립할 수 있는, 즉 학교법인이 아니면 설립할 수 없는 사립학교의 종류를 규정하고 있다(사립학교법 제3조). 이에 근거하면, 첫째, 학교법인이 아닌 자는 ① 초등학교·중학교·고등학교·대학 ② 산업대학·전문대학·기술대학 ③ 대학·산업대학·전문대학 또는 기술대학에 준하는 각종학교(대학교육기관) 등의 사립학교를 설치·경영할 수 없다. 이로부터 초·중등교육단계에서는 유치원·공민학교·고등공민학교·기술학교·고등기술학교·특수학교 및 대응되는 각종학교, 고등교육단계에서는 교육대학, 방송대학·통신대학 및 방송통신대학 등은 학교법인 만이 설립·경영할 수 있다.

둘째, 초·중등교육법 제52조 제2항의 규정에 의하여, 산업체가 그 고용 근로청소년의 교육을 위하여 중학교 또는 고등학교를 설치·경영하는 경우에는 일반 법인인 산업체에서도 설립할 수 있다.

나. 學校設立·經營者의 權限

교육기본법 제16조에서는 "학교 및 사회교육시설의 설립·경영자는 법령이 정하는 바에 의하여 교육을 위한 시설·설비·재정 및 교원 등을 확보하고 이를 운용·관리한다."(제1항), "학교의 장 및 사회교육시설의 설립·경영자는 법령이 정하는 바에 의하여 학습자를 선정·교육하고 학습자의 학습성과 등 교육의 과정을 기록하고 관리한다"(제2항), "학교 및 사회교육시설의 교육내용은 학습자에게 사전에 공개되어야 한다"(제3항)라고 하여, 학교설립·경영자의 권한과 의무를 원칙적으로 규정하고 있다. 이를 구체적으로 기술하면 다음과 같다.

(1) 學校의 設立權

학교를 설립하고자 하는 자는 시설·설비 등 대통령이 정하는 설립기준을 갖추어야 한다(초·중등교육법 제4조 제1항; 고등교육법 제4조 제1항). 사립학교를 설립하고자 하는 자는 특별시·광역시 또는 도 교육감의 인가를 받아야 하며(초·중등교육법 제4조 제2항), 고등교육법에 의한 국가 외의 학교의 설립은 교육부장관의 인가를 받아야 한다(고등교육법 제4조 제2항). 또한 사립학교를 설립·경영하는 자가 학교를 폐지하거나 대통령이 정하는 중요사항을 변경하고자 하는 경우에는 교육감의 인가를 받아야 하고(초·중등교육법 제4조 제3항), 고등교육법에 의한 공·사립학교의 설립·경영자는 학교를 폐지하거나 대통령이 정하는 중요사항을 변경하고자 하는 경우에는 교육부장관의 인가를 받아야 한다(고등교육법 제4조 제3항). 고등교육법에 의한 학교설립·경영자는 대통령이 정하는 바에 의하여 교육부장관의 인가를 받아 국내·외에 분교를 설치할 수 있다(고등교육법 제24조).

(2) 學校施設管理權

구체적으로 물적 시설을 설치하고 시설 사용규칙을 제정하고 시설 이용을 인가하는 권한이나 인적 시설 정비에 관한 인사권 등이 있다.

(3) 學校財政管理權

학교의 운영에 관계되는 재정관리권으로서 여기에는 학교재정예산·교원임금·장려

금 및 복지후생, 그리고 납부금징수권 등에 관계되는 수익·지출에 관한 관리·결정권한
이 포함된다.

여기서 특별히 납부금징수권에 대해 살펴보면, 학교의 설립·경영자는 입학금·수업
료 및 기타 납부금을 받을 수 있다(초·중등교육법 제10조, 고등교육법 제11조, 사립학교
법 제28조). 그러나, 국·공립학교의 설립·경영자 및 초·중등교육법 제12조 제3항의
규정에 의하여 의무교육대상자를 위탁받은 사립학교의 설립·경영자는 의무교육을 받은
자에 대하여 수업료를 받을 수 없다(초·중등교육법 제12조 제4항).

(4) 學校規則制定權

학교를 설립하고자 하는 자는 법령의 범위 안에서 지도·감독기관(국립학교인 경우에
는 교육부장관, 공·사립학교인 경우에는 교육감을 말한다.)의 인가를 받아 학교교칙을
제정할 수 있다(초·중등교육법 제8조, 고등교육법 제6조).

(5) 初·中·高等學校의 統合·運營權

효율적인 학교운영을 위하여 필요한 경우 지역의 실정에 따라 초등학교 및 중학교,
중학교 및 고등학교 또는 초등학교·중학교 및 고등학교의 시설·설비 및 교원 등을
통합하여 운영할 수 있다(초·중등교육법 제30조).

다. 學校設立·經營者의 義務와 責任

현행 교육법규에서는 학교설립·경영자의 의무에 대해 구체적으로 명확히 규정한 것
이 없다. 다만 "학교 및 사회교육시설의 교육내용은 학습자에게 사전에 공개되어야 한다"
(제3항)라고 의무성을 띤 조항을 규정하고 있을 뿐이다. 교육기본법, 초·중등교육법, 고
등교육법의 관계규정들을 비교·추리·종합하여 교육법규측면에서 학교설립·경영자
의 의무를 분석하여 본다면 아래와 같다. 첫째, 학교설립·경영자는 당해 학교에서 공부
하고 있는 학생들에 대하여 인신, 재산, 지적 측면에서 보호할 의무 즉, 학생보호의 의무가
있다. 둘째, 교육내용·교육방법·교재 및 교육시설 등은 학습자에게 사전에 공개해야
하며, 학습자의 인격을 존중하고 개성을 중시하여 학습자의 능력이 최대한으로 발휘될
수 있도록 강구해야 할 의무가 있다(교육기본법 제12조 제2항). 기타 교사의 재산상·신분
상의 권리보호 의무와 교육부나 시·도교육청의 감독을 받을 의무도 있다.

Ⅳ. 學父母의 權利와 義務

1. 學父母의 權利

자녀를 보호하고 교육시킬 일차적 의무는 부모에게 있다. 의무는 권리를 수반하는 것이기 때문에 부모가 그 보호하는 자녀를 자기 신념과 이상에 맞게 교육시킬 권리를 가져야 한다는 주장은 일찍이 구라파의 자유주의 국가를 중심으로 교육사상의 근간을 이루어왔다. 이러한 양친의 교육권 이론은 자연법사상에 근거한 권리로서 부모는 교육기관 선택의 권리, 부당한 교육내용을 시정할 권리, 부모의 의사에 반하는 교육제도로부터 자녀를 보호할 권리, 부모의 교육권에 국가의 부당한 간섭을 받지 아니할 권리 등이 법 이전에 인정되어야 한다는 입장을 반영하고 있다.

교육에 대한 국가의 감독권은 양친이 그 보호하는 자녀를 적절히 교육시키지 못하고 있다고 판단될 때 비로소 발휘될 수 있는 것이며, 자녀교육의 최초 권리가 부모 혹은 친권자에 있음은 극히 당연한 이치이다.

우리 헌법은 양친의 교육권에 대하여 명문으로 규정하지 않고, 오직 교육의 의무에 관해서만 규정하고 있다. 헌법 제31조 제2항의 「모든 국민은 그 보호하는 자녀에게 적어도 초등교육과 법률이 정하는 교육을 받게 할 의무를 진다」라는 규정이 바로 그것이다. 그리고 헌법 제31조 제1항의 '교육을 받을 권리'가 생존권적 기본권의 성격을 가졌다고 하나 이 조항 역시 자유권적 혹은 방어권적 기본권의 성격을 완전히 배제할 수 없는 것으로 부모의 교육권이론에 기여한다고 볼 수 있다.

한편, 교육기본법 제13조 제1항의 「부모 등 보호자는 그 보호하는 자녀 또는 아동이 바른 人性을 가지고 건강하게 성장하도록 교육할 권리와 책임을 가진다」라고 규정하고 있으며, 동조 제2항에는 「부모 등 보호자는 그 보호하는 자녀 또는 아동의 교육에 관하여 학교에 의견을 제시할 수 있으며, 학교는 이를 존중하여야 한다」고 규정하여 부모의 교육에 대한 권리 규정을 두고 있다.

2. 學父母의 義務

가. 子女의 就學義務

이 의무는 자녀의 "교육을 받을 권리"의 실현에 대응되는 수단으로서의 의무이다. 교육을 받게 할 의무의 내용은 초등교육과 기타 법률이 정하는 교육이다. 여기서 말하는 교육은 의무교육을 말한다. 즉, 사회생활 중에서 모든 국민에게 공통으로 필요한 일반적이고 기초적인 교육을 가리킨다. 의무교육은 제도적(법적)으로는 취학아동의 보호자(학부모 등)가 학교관리기관에 지운 의무이기도 하지만, 본질적으로는 학부모(보호자)가 그 보호하고 있는 자녀에게 진 의무이며 국가·사회에 대한 의무는 아니다.

현행 교육관계법규에서는 자녀가 교육을 받게 할 학부모의 의무를 아래와 같이 규정하고 있다. "모든 국민은 그 보호하는 자녀에게 초등교육과 법률이 정하는 교육을 받게 할 의무를 가진다."(헌법 제31조 제2항), "의무교육은 무상으로 한다"(헌법 제31조 제3항), "① 모든 국민은 그가 보호하는 자녀 또는 아동이 만6세가 된 날의 다음날 이후의 최초 학년초부터 …… 그 자녀 또는 아동을 초등학교에 취학시켜야 한다.…… ③ 모든 국민은 그가 보호하는 자녀 또는 아동이 초등학교를 졸업한 학년의 다음 학년초부터 …… 그 자녀 또는 아동을 중학교에 취학시켜야 한다.……"(초·중등교육법 제13조)

나. 家庭敎育의 義務

헌법이나 초·중등교육법에 의무교육을 규정하면서 학교 교육과의 연계를 법제화하고 있다. 그러나, 이러한 학교 교육 이외에도 학부모는 자녀에 대해 인격 교육, 노동을 존중하는 교육, 예의 교육, 인생관 교육 등 가정교육을 진행하여 자녀의 인간발달을 위해 힘써야 한다.

Ⅴ. 國家 및 地方自治團體

1. 學校 및 社會敎育施設에 대한 指導·監督權

이 규정은 현행 헌법 제31조 제6항에 규정한 교육제도 운영의 한 방법이며, 교육기본법 제17조 「국가 및 지방자치단체는 학교 및 사회교육시설을 지도·감독한다」에 근거한 것이다. 국가 및 지방자치단체의 교육기관에 대한 지도·감독권으로는 장학지도(초·중등교육법 제7조), 학생 및 학교의 평가권(초·중등교육법 제9조), 교육과정기준 및 내용 편성권(초·중등교육법 제23조) 등을 들 수 있다

2. 學校 및 社會敎育施設 設立·經營權

가. 學校 등의 設立

국가 및 지방자치단체는 학교 및 사회교육시설을 설립·경영한다(교육기본법 제11조). 또한 학교 및 사회교육시설의 종류와 설립·경영 등 학교 및 사회교육에 관한 기본적인 사항은 따로 법률로 정한다(교육기본법 제9조와 제10조).

나. 敎育大學 및 綜合敎員養成大學의 設立

국가 및 지방자치단체는 교육대학을 설립하며(고등교육법 제42조), 특별한 필요가 있는 경우에 대통령이 정하는 바에 의하여 교육대학 및 사범대학의 목적을 동시에 수행할 수 있는 대학을 설립할 수 있다(고등교육법 제43조).

다. 幼稚園의 設立과 無償敎育

국가 및 지방자치단체는 초·중등교육법 제37조 제1항에 「초등학교 취학 직전 1년의 유치원 교육은 무상으로 하되, 대통령령이 정하는 바에 의하여 순차적으로 실시한다」는 규정에 의거 유치원 교육을 받고자 하는 유아를 취원시키기 위하여 필요한 유치원을

설립·경영하여야 한다(초·중등교육법 제37조).

3. 國家 및 地方自治團體의 責任과 義務

가. 敎育의 自主性·中立性 保障

국가 및 지방자치단체는 교육의 자주성 및 전문성을 보장하여야 하며, 지역의 실정에 맞는 교육의 실시를 위한 시책을 수립·실시하여야 하는 것과(교육기본법 제5조) 국가 및 지방자치단체가 설립한 학교에서는 특정한 종교를 위한 종교교육을 하여서는 아니 된다(교육기본법 제6조 제2항)고 규정하여, 교육의 자주성과 종교적 중립성을 보장하도록 하고 있다.

나. 敎育財政의 確保와 支援

국가 및 지방자치단체는 교육재정을 안정적으로 확보하기 위하여 필요한 시책을 수립·실시하여야 하는(교육기본법 제7조)교육재정정책의 수립과 국가 및 지방자치단체는 학교가 그 목적을 달성하는데 필요한 재원을 지원·보조할 수 있으며, 학술·학문연구의 진흥과 교육의 연구를 조장하기 위하여 실험실습비, 연구조성비, 또는 장학금의 지급 기타 필요한 조치를 강구하여야 (고등교육법 제7조와 8조)함을 명시하고 있다.

다. 義務敎育

국가는 교육기본법 제8조 제1항의 규정에 의한 의무교육을 실시하여야 하며, 이를 위한 시설의 확보 등 필요한 조치를 강구하여야 하며, 지방자치단체는 그 관할구역한의 의무교육대상자 전원을 취학시키는데 필요한 초등학교 및 중학교와 초등학교 및 중학교의 과정을 교육하는 특수학교를 설립·경영하여야 한다(초·중등교육법 제12조).

라. 敎育의 振興

국가 및 지방자치단체는 특수교육(제18조), 영재교육(제19조), 유아교육(20조), 직업교육(21조), 과학·기술교육(22조), 교육의 정보화(23조), 학술문화의 진흥(24조), 사학의 육성(25조), 평가 및 인증제도(26조), 보건 및 복지의 증진(제 27조), 장학제도 등(28조), 국제교육(제29조) 등의 교육의 진흥을 위하여 지원은 물론 필요한 시책을 수립·실시하여야 한다.

마. 親權者 등에 대한 補助

국가 및 지방자치단체는 의무교육대상자의 친권자 또는 후견인이 경제적 사유로 의무교육대상자를 취학시키기 곤란할 때에는 교육비를 보조할 수 있다(초 · 중등교육법 제16조).

바. 學習 부진아 등에 대한 教育

국가 및 지방자치단체는 학습부진 또는 성격장애 등의 사유로 정상적인 학교생활을 하기 어려운 학생 및 학업을 중단한 학생들을 위하여 대통령이 정하는 바에 의하여 수업일수 및 교육과정의 신축적 운영 등 교육상 필요한 시책을 강구하여야 한다(초 · 중등교육법 제28조).

사. 勤勞靑少年을 위한 特別學級 등에 대한 補助

대통령령이 정하는 바에 의하여 이 법의 제1항 또는 제2항의 규정에 의한 특별학급 또는 산업체부설 중 · 고등학교에 재학하는 학생의 교육비 중 일부를 부담할 수 있다(초 · 중등교육법 제52조).

아. 統合教育 및 學校間 相互協助의 支援

특수교육을 필요로 하는 자가 유치원 · 초등학교 · 중학교 및 고등학교와 이에 준하는 각종학교에서 교육을 받고자 하는 경우에는 별도의 입학절차, 교육과정 등을 마련하는 등 통합교육의 실시에 필요한 시책을 강구하여야 하며,(초 · 중등교육법 제59조) 학교 상호간의 교원교류와 연구협력의 활성화를 위한 지원을 하여야 한다(고등교육법 제9조).

Ⅵ. 敎育當事者에 관한 法規 規定上의 問題點

교육당사자에 관한 법규 규정상의 문제점을 헌법과 교육기본법을 중심으로 살펴보면 다음과 같다.

첫째, 헌법 제31조 제6항에 명시된 「…교육재정 및 교원의 지위에 관한 기본적인 사항은 법률로 정한다」의 규정에 의거 교원지위향상을위한특별법이 제정되었으나, 동법이 지나치게 당위적이면서도 프로그램적인 성격이 강한 규정이어서 동규정만 가지고는 교원의 지위향상이나 권익보장의 실현가능성이 희박하다. 예를 들어 "…노력하여야 한다", "…교원의 보수를 우대하여야 한다"는 식으로 규정하였는데, 이러한 규정에 의하면 노력하지 않아도 우대하지 않아도 이에 대한 강제적 제재를 할 수 없다는 점이다. 즉, 지나치게 형식적인 규정으로 일관하다보니 교원의 실질적인 지위향상이나 권익보장을 기할 수 없다. 따라서, 교원의 지위보장이나 권익옹호를 위한 법의 개정이 절실히 요망된다 하겠다.

둘째, 학생의 권리에 관한 규정이 미흡하다. 헌법에 규정된 교육의 권리와 의무교육에 관한 규정을 제외하고는 교육관계법규에서는 학생에 대한 구체적인 권리 규정이 거의 없다. 따라서, 학습자로서의 인권보장과 권리 확보를 위한 입법적 보완 조치가 필요하다.

셋째, 아직도 공급자중심의 교육이나 행정이 이루어지다 보니 수요자인 학생의 인권보장이나 보호자의 권리보장이 미흡하다. 학교운영위원회를 통하여 학부모의 의견수렴이 이루어지기는 하나, 그것은 전체 학부모의 의견이라기보다는 운영위원의 개인적인 견해인 경우가 많아 대부분의 학부모의 의견수렴이 미흡하여 이에 대한 대책이 요구된다.

제 **6** 장

平生教育 關聯 法規

I. 社會敎育法에서 平生敎育法으로

　　우리나라에서 정부가 수립된 해인 1948년 10월부터 문교부가 약 3개월에 걸쳐 교육법
안을 기초하여 국무회의를 거쳐 교육법률로서 교육기본법안과 학교교육법안을 작성하였
다. 그리고 이것을 1949년 3월 30일 국회에 제안하였으며, 뒤이어 1949년 5월 30일에
사회교육법안을 국회에 제안하였다.[158] 그러나, 문교부가 처음으로 제안하여 평생교육
체제를 제도화하고자 했던 교육기본법, 학교교육법, 사회교육법안은 국회 문교사회위원
회의 의결로 인하여 1949년 10월 24일 폐기되었다. 그 결과 국회에 상정된 교육법안은
문교부에서 제안한 3개 법안을 통합한 형태로 되어 있었으나 학교교육에만 치중한 나머
지 사회교육에 대해서는 충분히 다루지 못하는 결과를 초래하였다. 그러다가 1952년 전시
중에 사회교육법안이 재차 마련되었고, 그후 30여 년의 세월을 거쳐 1981년 국회 입법의
형태로 법률안이 제출됨으로써 1982년 12월 14일 국회 본회의에서 통과 제정되어, 동년
12월 31일 법률 제3648호로 공포됨으로써 그 성립을 보게 되었다.[159] 이후 1983년 9월
10일 대통령령 제11230호로 사회교육법시행령이 제정·공포되었고, 1985년 10월 25일
문교부령 제420호로 사회교육법시행규정이 제정·공포되었다. 사회교육법의 제정은 헌
법 제31조 제5항「국가는 평생교육을 진흥하여야 한다」와 제6항「학교교육 및 평생교육
을 포함한 교육제도와 그 운영…」의 취지에 어느 정도는 부합하였으나 평생교육법으로
제정되지 못한 아쉬움이 많은 것이 사실이었다.

　　이후 종전의 공급자(교육자)중심의 사회교육보다는 넓은 개념으로 수요자(학습자)중심
의 평생교육으로 범위를 확대하기 위해 사회교육법을 전문개정하여 1999년 8월 31일
평생교육법 법률 제6003호로 공포되었고, 2000년 3월 1일 평생교육법을 시행하게 되었다.
평생교육법에 위임된 사항과 그 시행에 관하여 필요한 사항을 규정함을 목적으로 하는
평생교육법시행령이 대통령령 제16,750호로 2000년 3월 13일 공포·시행되었고, 평생교
육법 및 동법시행령에서 위임된 사항과 그 시행에 관하여 필요한 사항을 규정함을 목적으
로 하는 평생교육법시행규칙이 교육부령 제765호로 공포·시행되었다.

---

158) 강인수, "한국 제헌국회의 교육법 제정과정 연구," 고려대학교 석사학위논문, 1980, pp.39-42.
159) 김충기·정채기,『평생교육의 이론과 실제』(서울: 교육과학사, 1998), p.175.

평생교육법의 입법목적은 지식기반사회의 도래에 따라 국민의 학습권과 학습에 대한 선택권 및 평생교육의 기회균등을 보장하기 위하여 평생교육에 필요한 수단 및 제도를 다양화·체계화함으로써 누구나, 언제, 어디서나 원하는 교육을 받을 수 있는 열린교육사회·평생학습사회(교육복지국가, Edutopia)의 건설을 지향하고 있다.

1. 平生敎育의 槪念[160]

평생교육(Lifelong Education)이란 태어나면서부터 죽을 때까지 끊임없이 배우는 과정과 활동이라 말할 수 있다. 일반적으로 교육이라고 말할 경우에는 학교교육만을 지칭한다. 그러나, 모든 개인은 아동기에서 청소년기, 성인기, 장년 및 노년기를 맞이하면서 각 단계마다 독특하고 가치 있는 경험을 나타내면서 동시에 다음 단계의 준비를 하게 되는 성향을 보이게 된다. 이러한 이중성은 모든 사람에게 다 적용이 되는데 인생의 간 단계에는 경험과 즐거움 그리고 만족이 있어야 함을 의미하는 것이다. 학교는 이러한 만족을 막는 역할을 하였으며 그 결과 사람들은 학교라는 공교육제도의 거부감을 나타냈고[161] 이러한 문제에 대한 대안으로 평생교육의 이념이 나타나게 된 것이다. 아울러 평생교육의 개념을 둘러싸고 전개되는 논쟁도 눈여겨볼 만하다. 평생교육의 주된 대상을 모든 국민으로 보느냐 아니면, 성인과 청소년으로만 파악하느냐에 따라 평생교육을 광의로 정의하고자 하거나, 협의로 정의하고자 하는 입장으로 대별되기도 한다.

그러나, 평생교육에 대한 개념 규정들은 평생교육과 관련된 조직 및 활동 형태의 특질에 의한 현상적인 규정의 영역을 벗어나지 못하고 있다는 것을 알 수 있다. 역사적으로 볼 때, 평생교육은 평생교육시설이나 단체, 사회복지관, 청소년회관, 노인회관, 여성회관, 도서관, 박물관, 연수원 등에서 실시하는 각종 강좌나 연수과정 등을 포함하는 것으로 이해되어 왔고, 이밖에도 소규모의 학습조직, 독서회, 노동조합 등에서 자주적인 활동 혹은 전국적인 규모의 여러 교육문화 활동, 그리고 대학에서 실시하는 비학점제의 평생교육원 강좌 등도 평생교육으로 간주되어 왔다. 따라서, 평생교육에 대한 개념 정의는 평생교육이라는 용어의 쓰임새를 분석해 봄으로써 보다 명백하게 이해될 수 있다고 본다.

평생교육의 제 유형을 형식성의 정도에 따라 ① 전통적 학교 및 대학, ② 혁신적 학교

---

160) 권두승, 『사회교육법규론』(서울: 교육과학사, 1998), pp.1~25 참조.

161) Titmus, C. J. (1989), 『Lifelong Education for Adults on International Handbook』(Oxford : Pergamon Press), pp.5~7.

및 대학, ③ 학교와 대학의 평생교육 및 비형식적 교육, ④ 지역사회개발 및 사회운동, ⑤ 클럽 및 자원단체, ⑥ 대중매체 및 정보제공 시설 등 여섯 개의 하위구성요소로 구분하여 평생교육의 전체구조 속에서 학교교육이 차지하는 상대적 위치와 성격을 명확하게 제시하고 있다.[162] 이를 도식화하면 <그림 2>과 같다.

<그림 2> 스폴딩(S. Spoulding)의 평생교육체제모형

교육의 특성	교육의 제 유형		교육양태
개방, 자기선택, 비경쟁 비형식적 교육내용, 직접적 유용성이나 자기인정보다 자기만족, 참여자의 관심·동기중요	유형6	대중매체 및 정보제공시설	무형식적 교육측면
	유형5	클럽 및 자원단체	↑
↑ ↓	유형4	지역사회개발 및 사회운동	비형식적 교육측면
	유형3	학교와 대학의 평생교육 및 비형식적 교육	
폐쇄, 엄격한 선발, 형식적 교육내용, 장기적 목표, 자격인정, 당국의 기준설정 및 통제중시	유형2	혁신적 학교 및 대학	↓
	유형1	전통적 학교 및 대학	형 식 적 교육측면

　우리나라 평생교육법 제2조 제1호에서는 평생교육을 「학교교육을 제외한 모든 형태의 조직적인 교육활동을 말한다」고 정의하고 있다. 종전의 공급자(교육자)중심의 사회교육보다는 넓은 개념으로 수요자(학습자)중심의 평생교육법이 제정되었다. 평생교육의 정의를 구체적으로 설명하면 다음과 같다.

　첫째, 평생교육법에서는 「학교교육을 제외한 …」이라고 규정함으로써 협의적 개념을 사용하고 있다. 즉, 정규학교에서 행하는 정규교과학습을 제외한 학교 또는 학교 외의 장소에서 정규교과외의 교육활동으로 규정하여 학교가 주체가 되는 비정규 교육과정도 평생교육법의 적용대상으로 하고 있다. 따라서, 정규학교 교육과정으로써 일정한 교육목

162) Spoulding, C. J. (1974), 『Lifelong Education : A Model for Planning and Research』, Comparative Education, 10(2).

표에 따라 학교가 계획적·의도적으로 편성해서 운영하는 총체적인 교육활동은 제외하고 학령전의 아동 및 청소년뿐만 아니라 성인과 노인에 이르기까지, 인간의 발달 단계상의 모든 자들에 이르기까지 확대함으로써 모든 국민이 평생교육의 대상임을 분명히 밝히고 있다.

둘째, 평생교육법에서는 평생교육을 「…모든 형태의 조직적인 교육활동」이라고 규정함으로써 평생교육이 비록 정규학교 교육 이외의 교육이라고 하더라도 자연발생적이거나 우연하게 습득된 교육은 평생교육의 범주에 속하지 않음을 밝히고 있다.

셋째, 평생교육법은 「…모든 교육활동」을 의미한다고 밝힘으로써 국가사회에서 바람직하다고 여기는 자질을 향상시키기 위해 실시되는 모든 교육활동에 중점을 둔다는 것을 분명히 하고 있다.

평생교육은 전통적인 교육개념에서와 같이 학교교육이 곧 교육이라고 하는 학교본위의 교육관에서 탈피하여, 가정·학교·사회의 모든 부문의 교육형태가 교육적으로 동일한 가치가 있는 것으로 인식되고, 교육관이 학교교육 이외에 모든 교육 범주에로까지 실질적으로 확대되어야 한다는 것을 전제로 한다.

2. 社會敎育法 및 平生敎育法의 制定過程

가. 社會敎育法의 制定過程

1945년 광복 이후 한국 교육계의 시급한 과제는 식민지의 잔재로부터 탈피하여 자주독립국가에 합당한 새로운 교육이념과 제도를 구축하는 것이었다. 이것을 법적으로 뒷받침하기 위해 요청된 과제가 바로 교육 관련법의 제정이었다. 이에 따라 정부가 수립된 1948년 10월부터 당시 문교부가 약 3개월에 걸쳐 교육기본법안과 학교교육법안을 작성하였다. 그리고 이것을 1949년 3월 30일에 사회교육법안을 국회에 상정하였다. 최초로 작성된 사회교육법안 가운데 현재 몇 개의 조항만이 알려지고 있는데 그 내용을 살펴보면, 제1조에는 「대한민국 국민에게 사회적 교양을 함양시키기 위하여 학교교육을 받지 못한 자에게 성인교육을 실시한다」는 것과 제6조에 「성인교육을 위한 학교의 종류는 공민학교와 고등공민학교의 2종류를 둔다」고 하였다. 그 외 제7조, 제21조 등이 알려지고 있다. 그러나, 국회문교사회위원회는 문교부가 제안한 '교육기본법안', '학교교육법안', 그리고 '사회교육법안'과 자체에서 준비한 '교육법안'을 토대로 하여, 교육계의 저명인사 20명을 초청하여 의견을 청취한 다음, 기초위원 10명을 선임하여 이들로 하여금 종합된 교육법안을 작성하도록 하였다.[163] 이 기초위원들에 의하여 작성된 교육법안은 1949년 10월 26일 국회 제5회 본회의에 상정되어 11월 30일 국회를 통과하고 12월 31일 공포와 동시에 시행된 것이다. 최초의 교육법은 그 제정과정에서 알 수 있는 바와 같이 교육기본법안, 학교교육법안, 사회교육법안이 합쳐져서 만들어진 것이다. 그 당시의 사회여건과 교육여건으로 볼 때 3법안을 통합하여 하나의 교육법으로 하는 것이 시대적 여건에 부합했을지는 모르지만, 통합된 교육기본법을 만들지 못했다는 시행착오를 범한 것이다.[164] 결국, 국회 문교사회위원회안이 대안으로 통과됨으로써 1949년 10월 24일 폐기되었다. 그 결과 국회에서 통과된 교육법은 문교부에서 제안한 교육기본법안 및 학교교육법안, 그리고 사회교육법안을 통합한 형태로 되어 있었으나, 학교교육에만 치중한 결과 사회교육에 대하여서는 충분히 다루지 못하는 결과를 가져 왔다. 그러다가 1952년 전쟁가운데 사회교육법안이 재차 마련된 이후 30여 년의 세월을 거쳐 1981년 국회 입법 발의 형태로 법률안이 제출되어 1982년 12월 14일 국회 본회의에서 통과됨으로써 동년 12월 31일 법률 제3648호로 사회교육법이 제정·공포되었다. 1982년 사회교육법은 당시의 사회적·정치적·경제적 산물이었다. 이는 당시의 사회교육법의 제정 필요성에 잘 나타나 있다.

즉, 1982년의 사회교육법안은 그 제안의 이유로 '오늘날과 같이 지식·기술이 확대되고 생활환경이 급변하는 산업사회에서 한평생 보람된 생활을 누리기 위하여 누구든지 평생을 통한 교육이 불가피하게 되었고, 이에 따라 헌법 제29조에서는 평생교육의 진흥을 국가의 임무로 규정하고 있으므로 이러한 헌법 정신에 따라 사회교육을 제도화하고 모든 국민에게 평생을 통한 사회교육의 기회를 부여하여 국민의 자질을 향상케 함으로써 정의로운 민주 복지사회의 건설과 문화창달에 기여하려는 것'을 지적하고 있다. 사회교육법은 이와 같은 제안이유에서 뿐만 아니라 1919년의 Final Report의 권고에 따라 영국의 성인교육이 법제화(1924년)된 경우에서도 알 수 있는 바와 같이 한편으로는 국민의 다양한 학습욕구를 반영하여 학교교육 이외에서 국민의 학습권을 충족시키면서 다른 한편으로는 그 당시 학교교육이외에서 활발하게 실시되어 왔던 체제 비판적인 교육활동을 제도권내에 편입시킴으로써 그것을 어느 정도 규제 내지는 순치 시킬 수 있으리라는 의도 하에서 제정된 것이라고 볼 수 있다. 이렇게 제정된 사회교육법은 1997년 12월 13일 법률 제5454호로 3차 개정되었고 제6장 30조로 구성되었다. 사회교육법의 입법추진과정을 살펴보면 다음의 <표 10>과 같다.

---

163) 김낙운, 앞의 책, p.28.
164) 김범주, 앞의 논문, p.2.

\<표 10\> 사회교육법의 제정연혁

일 자	제 정 연 혁
1949. 3. 29.	사회교육법(안) 시안작성, 교육법제정시 폐기
1952.	사회교육법(안) 수정
1957. 4. 20	사회교육법(안) 제1차 수정안 작성
1958. 9. 26	사회교육법(안) 제2차 수정안 작성
1958. 12. 05	사회교육법(안) 제3차 수정안 작성
1959. 1. 23	사회교육법(안) 제4차 수정안 작성
1960. 10. 18	사회교육법(안) 제5차 수정안 작성
1960. 12. 07	사회교육법(안) 제6차 수정안 작성
1967.	사회교육법(안) 제7차 수정안 작성
1978. 8. 31	사회교육법진흥(안) 제8차 수정안 작성
1979. 3.	사회교육법(안) 제9차 수정안 작성
1979. 5	사회교육법(안) 제10차 수정안 작성
1980. 9. 30	사회교육법(초안) 제11차 - 15차 수정안 작성
1981. 12. 12	사회교육법(국회안) 국회입법발의
1982. 12. 15	사회교육법 국회통과(국회입법)
1982. 12. 31	사회교육법(법률 제3648호)제정·공포
1983. 9. 10	사회교육법시행령(대통령령 제11230호)제정·공포
1985. 10. 25	사회교육법시행규정(문교부령 제420호)제정·공포

나. 平生敎育法의 制定過程

현대사회의 정보화, 첨단과학의 발달 등으로 인하여 기존의 사회교육법으로는 국민의 다양한 학습욕구와 사회구성원의 재교육의 필요성을 제기하면서 사회교육법의 개정요구가 크게 대두되었다. 그러다가 1990년대 교육개혁위원회에서 제1차~4차의 교육개혁방안(1994. 9. 5~1996. 8. 20)의 일환으로 기존의 사회교육법을 전면적으로 수정하여 평생학습법을 제정할 것을 제안하였다. 교육개혁위원회에서 작성된 '평생학습법의 기본 방향과 시안'에 대해 교육부는 중앙부처, 교육청, 대학, 산하기관 및 단체 등 537개 기관에 의견조회를 하였다. 조회결과 26개 기관이 의견을 제시하였으며 이를 반영하여 1998년 6월 15일 평생학습법안이 마련되었다. 교육개혁위원회가 제안한 평생학습법안은 IMF의 어려움으로 인한 경제재원의 절대적 부족 등을 이유로 많은 부분의 수정되고 삭제되었다. 그 이후 공청회(1998. 7. 21)와 입법예고(1998. 9. 3~11. 9)를 통해 평생학습법을 평생교육법으로 법 명칭을 변경하고 국무회의 의결(1998. 11. 16)을 거쳐 대통령의 재가(1998. 11. 26)를 받아 국회에 제출하였다. 국회에 제출된 평생교육법안은 제9차 교육위원회에 상정되어 교육부차관의 제안설명과 전문위원의 검토를 통하여 교육위원회의 수정안이 처리되었다. 국회교육위원회의 평생교육법 수정안은 제206회 국회 제3차 본회의(1999. 8. 12)에 상정되어 수정 가결되고 1999년 8월 31일 법률 제6003호로 공포되었다. 총5장(제1장: 총칙, 제2장: 국가 및 지방자치단체의 임무, 제3장: 평생교육사, 제4장: 평생교육시설, 제5장: 보칙) 32조로 구성되어 있다. 평생교육법의 구조는 다음 <표 11>와 같다.

<표 11> 평생교육법의 구조

구 성	내 용
제1장 : 총 칙	평생교육법의 목적(제1조)　　　　평생교육의 정의(제2조) 평생교육의 이념(제4조)　　　　교육과정 등(제5조) 공공시설의 이용(제6조)　　　　학습휴가 및 학습비 지원(제7조) 평생교육시설 설치자의 역할(제8조)
제2장 : 국가 및 지방자치단체의 임무	평생교육협의회(제10조)　　　　지도 및 지원(제12조) 평생교육센터 및 지역평생교육정보센터의 운영(제13~14) 정보화관련 평생교육의 진흥(제15조)
제3장 : 평생교육사	평생교육사의 양성기관(제18조)　　　평생교육사의 배치(제19조)
제4장 : 평생교육시설	학교형태의 평생교육시설(제20조)　　사내대학형태의 평생교육시설(제21조) 원격대학형태의 평생교육시설(제22조)　사업장부설 평생교육시설(제23조) 학교부설 평생교육시설(제25조)
제5장 : 보칙	학점 등의 인정(제28조)　　　행정처분(제29조)　　　청문(제30조)

3. 韓國 平生敎育法의 問題點

사회교육법을 전면 개정하여 평생교육법으로 확대 개편하였다. 각 부처의 60여 개의 평생교육관계법령을 가급적으로 통합하여야 하였음에도 불구하고 각 부처나 이익집단간의 이견이 커 기존의 사회교육관계법령은 개별 독립된 법령으로 존재한다.

과연 평생교육법이 평생교육의 기본법으로서의 역할과 기능을 수행할 수 있을 지, 가장 논란이 심한 학원관계법령은 평생교육법에 규정되어 있지 못하는 체계적, 구조적 문제점이 표출되었다. 평생교육법의 체계상 문제점과 내용상의 문제점을 나누어 분석하고자 한다.

가. 平生敎育法 體系上의 問題點

새로 제정된 평생교육법은 기존의 사회교육과 관련된 일반 법률, 예를 들면, 도서관및독서진흥법, 학원의설립·운영에관한법률, 학점인정등에관한법률, 직업교육훈련촉진법, 자격기본법 등을 포괄하는 평생교육의 기본법으로서의 역할과 기능을 수행하려는 입법 취지 하에 입안하였으나 심의과정에서 상당부분이 퇴보하여 기존의 사회교육법의 테두리에서 크게 벗어나지 못해 그 동안 제기되었던 문제점들이 다시 대두될 수밖에 없다.

(1) 一般法的인 性格으로서 平生敎育法

평생교육법이 평생교육의 기본법으로서의 역할에 대한 문제점, 즉 평생교육법 제1조에서는 「이 법은 평생교육에 관한 사항을 정함을 목적으로 한다」라고 목적을 제시함으로써 평생교육의 기본법 내지 상위법으로 위상을 정립하려는 취지라고 보여진다. 그러나, 동법 제3조에서는 「평생교육에 관하여는 다른 법률에 특별한 규정이 있는 경우를 제외하고는 이 법을 적용한다」라고 규정함으로써 일반법적인 성격으로 이 법의 적용 범위를 매우 한정시키고 있다. 이 부분에서 평생교육법이 평생교육의 기본법으로서의 기능이나 역할을 수행하기가 부족할 수밖에 없다. 즉, 국내의 평생교육활동에 대하여 다른 법률에 특별한 규정이 있는 경우에는 그 법률의 규정이 우선 적용되고, 그 외의 경우 평생교육법이 적용됨으로써 평생교육에 대한 일반법으로서의 지위를 가지고 있기는 하나, 각 부처 소관의 평생교육 관계법령을 조정하고 통괄하는 기능이 없어 기본법으로서의 입법취지에는 상당히 후퇴하였다. .

이와 같이 평생교육법이 상위법 내지 기본법으로서의 역할을 수행하기가 어렵고, 평생교육 관련 법규들이 매우 다양할 뿐만 아니라, 소관부처도 각각인 평생교육 관련 활동들을 조정하고 통제하기가 어렵기 때문에 각 부처 소관의 평생교육활동이 때로는 중복·마찰현상을 나타낼 수 있는 소지가 많다.

(2) 平生敎育 槪念의 混用

「평생교육법」상의 '평생교육'은 협의적 개념으로 사용되고 있으며, 법 적용의 범위에 있어서는 「교육기본법」 및 종전 「사회교육법」 상의 '사회교육'과 동일하다. 즉, 평생교육의 개념을 『학교교육을 제외한 모든 형태의 조직적인 교육활동』으로 협의적으로 정의하고 있지만, 법 적용에 있어서는 광의적 성격의 학교교육과 학교외 교육을 포괄하는 개념으로 사용된다. 그리고 헌법·교육기본법 및 정부조직법에서의 '평생교육'의 개념을 분석하면, 헌법과 교육기본법에서는 광의적 개념과 협의적 개념을 혼용하고 있으며, 정부조직법에서는 협의적 개념으로 사용하고 있다.

헌법 제31조에서는 평생교육에 관하여, 제5항『국가는 평생교육을 진흥하여야 한다』, 제6항『학교교육 및 평생교육을 포함한 …법률로 정한다』로 규정하고 있다. 교육기본법에서는 평생교육의 개념이 제3조(학습권)『모든 국민은 평생에 걸쳐 학습하고, 능력과 적성에 따라 교육받을 권리를 가진다』, 제9조(학교교육)『① 유아교육·초등교육·중등교육 및 고등교육을 실시하기 위하여 학교를 둔다. ② 학교는 공공성을 가지며, 학생의 교육 외에 학술과 문화적 전통을 유지·발전시키고 주민의 평생교육을 위하여 노력하여야 한다』, 제10조(사회교육)『① 국민의 평생교육을 위한 모든 형태의 사회교육은 장려되어야 한다. ② 사회교육의 이수는 법령이 정하는 바에 의하여 그에 상응하는 학교교육의 이수로 인정될 수 있다. ③ 사회교육시설의 종류와 설립·경영 등 사회교육에 관한 기본적인 사항은 따로 법률로 정한다』으로 사용되고 있다. 이와 같이, 평생교육에 관하여 헌법과 교육기본법에서 평생교육의 광의적 개념과 협의적 개념을 혼용하고 있기에 평생교육의 설립기반 자체가 무너질 수 있다. 또한, 정부조직법『제33조(교육부) 교육부장관은 학교교육·평생교육 및 학술에 관한 사무를 관리한다.』에서 평생교육의 개념을 협의적인 개념으로 사용하고 있다.

이렇게 평생교육을 각각의 법률마다 광의적 개념과 협의적 개념을 혼용하고 있고, 평생교육법 내에서도 협의적 개념을 사용하면서 법 적용에서는 광의적 개념을 사용하는 것은 평생교육법의 법체계 면에서 문제를 지니고 있다. 이는 평생교육법이 현대의 지식기반사회에 적용하는 데에 많은 혼란을 야기시켜 결국 제대로 정착되지 못하는 결과를 초래할 수 있다.

나. 平生敎育法의 內容上의 問題點
(1) 지나친 裁量性의 問題

그 동안 사회교육법 체제에서도 제기되었던 규정의 추상성·재량성으로 인하여 실현가능성에는 의구심이 들 수밖에 없다. 즉, 규정자체가 「…이용할 수 있다; …지원할 수 있다; …노력하여야 한다; …보조할 수 있다; …실시할 수 있다」식으로 거의 기술되어 있다(평생교육법 제4조 2항, 제6조 1항, 제7조, 제9조, 제11조, 제12조, 제13조 2, 4항; 제14조 1, 3항; 제15조, 제16조, 제18조, 제20조 2항, 제24조 1항, 제22조 1항, 제23조 1항, 제24조 1, 2항; 제25조 1, 4항; 제26조 1, 2항; 제27조 2항, 제28조 1항). 이와 같은 지나친 재량성으로 인하여 '이용할 수 없어도', '지원 안 해도', '노력했다'고 만 하면 되므로, 더 이상의 실질적인 조치는 이루어지기가 어렵다. 따라서 이러한 규정들은 「…하여야 한다; …허용하여야 한다; …수행하여야 한다」는 식으로 기속적인 규정(평생교육법 제6조 2항, 제10조, 제13조 1항, 제14조 2항, 제17조, 제19조, 제20조 1항, 제21조 2항, 제22조 2항, 제23조 2항, 제24조 3항, 제26조 3항, 제27조 2항)으로 바뀌어야 국민의 학습권 보장과 삶의 질 향상, 평생교육 이 보다 하루 빨리 체계화되고 실현가능 해질 것이다.

(2) 平生教育 專擔機構와 調整機構의 未備

평생교육은 그 관련 법령의 숫자이상으로 그 내용, 규모, 운영자 등에 있어서 매우 다양하기 때문에 상호협력과 연계가 있어야만 효율적이고도 체계적인 교육이 가능하다. 그러나, 새로 제정된 평생교육법도 이전의 사회교육법과 동일하게 이를 전담할 수 있는 전담기구가 제 역할을 수행하기가 어렵게 되어 있다. 또한, 타 법률과의 관계에 있어서도 일반법에 불과하므로 이를 적절하게 조정할 수 있는 위치에 서 있지도 못하기 때문에 단순히 '선언적 의미'만을 지니고 있는 것이다.

평생교육법 제10조에 평생교육협의회를 교육감 소속 하에 두도록 규정하고 있으므로 전국적인 전담기구는 존재하지 않고, 또한 평생교육협의회의 조직과 운영 등에 관하여는 지방자치단체의 조례로 정하도록 함으로써 평생교육 자체에 대한 위상의 정립이라는 면에서도 큰 문제라 아니할 수 없다. 따라서, 이에 대한 대안으로는 전국적인 평생교육전 담기구의 설치와 이의 조직과 운영 등에 관하여는 대통령령으로 정하여 이와 같은 문제점 을 보완할 필요성이 있다.

(3) 平生教育團體間의 協助體制의 未洽

평생교육법은 다양한 단체간의 협조가 이루어지지 않을 경우 평생교육의 실현에 큰 장애가 될 수 있다. 가령 동법 제25조(학교부설 평생교육시설) 제2항에 「각급 학교의 장은 평생교육실시자가 당해 학교의 도서관, 박물관 기타 시설을 평생교육을 위하여 이용하고 자 하는 경우 이에 적극 협조하여야 한다」고 규정하고 있다. 물론 당연히 학생들이 수업중 이거나 도서관이나 박물관을 이용하지 않으면 다른 학부모나 이웃 주민들에게 이용하도 록 하여야 한다. 그러나, 현실적으로 이에 대한 구체적인 규정자체도 극히 미흡할 뿐만 아니라, 입시를 중요시하고 있는 우리 교육의 현실을 감안해보면, 요긴하기만 하다. 다른 공공시설 등도 상황은 거의 비슷할 것이다. 이를 보완하기 위해서는 각종 평생교육단체간 의 상호협조와 연대가 이루어질 수 있도록 하는 것이 필요하다.

(4) 學校教育과 平生教育의 連繫問題

평생교육이 한 사회에서 학교교육을 보완하고 보충하는 역할을 수행할 수 있도록 하기 위하여는 현재 인문교육 지향으로 되어 있는 한국의 학교교육을 보완해야 한다. 산업사회의 발달에 따른 기술인력의 양성이라는 시대적 과업을 달성하기 위해서 평생교육이 단순한 여가교육이나 교양을 위한 교육의 차원으로 머물러 있기보다는 삶의 질 향상시키고 사회발전에의 기여할 수 있도록 개인적으로는 직업 또는 노동과 연계된 교육활동으로 발전해 나가는 것이 필요하다. 그럼에도 불구하고 현행 평생교육법에서도 학교교육과의 연계가 미흡하고 교육과 직업(노동)의 통합사상이 결여되어 있다.

(5) 平生教育財政 確保問題

평생교육법이 실현되느냐의 가장 본질적인 것은 재정문제이다. 학교교육도 교육재정의 절대적 부족으로 인하여 많은 어려움이 표출되고 있는데, 현실적으로 평생교육에 투자할 여력이 있는지 극히 의심스러운 부분이다. 물론 국가나 지방자치단체가 평생교육에 대한 전적인 부담을 가지는 것은 물론 아니지만, 상당부분 소외된 계층이나 열악한 평생교육환경에는 적극적이고 과감한 지원이 이루어져야 한다. 현실적으로 평생교육이 이루어지기 위해서는 사회보험의 형태로 수익자 부담의 비중을 높여 국가나 지방자치단체의 재정부담을 줄이고, 소외된 계층에게는 공적 부조의 차원에서 전액 국가나 지방자치단체가 부담하는 형태로 이루어져야 할 것이다.

(6) 教育消費者의 權益保護와 관련된 조항의 결여

평생교육의 차원에서 국민의 학습권이 보장되기 위해서는 교육소비자로서의 학습자의 권리가 보장되어야만 한다. 이를 위해서는 교육소비 당사자인 학습자들이 누려야 할 기본적인 권리로서는 평생교육시설 선택권, 평생교육내용의 선택권, 교수-학습과정의 순조로운 이행의 요구, 교육거부권 행사 등과 같은 것들이 체계적으로 이루어 질 수 있어야 한다.

(7) 平生學習 評價認定制度의 限界

우리나라에서 평생학습의 이념을 확산시키고 열린 학습사회를 실현하는 것을 목표로 각종 직업자격제도, 독학학위제도, 학점은행제, 민간자격제도의 활성화, 문하생의 학력인정 방안 등 다양한 평가인정제도를 도입·운영하고 있다.

그 동안 우리나라에서 도입·운영되어 온 다양한 평가인정제도는 정규교육체제의 대안적 형태로서 평생학습 기회를 적극적으로 제공하는 데 많은 기여를 해 왔다. 그러나, 여전히 평가인정제도의 설계나 운영 방식에 있어서 평생교육의 이념을 효과적으로 실현하는 데는 많은 한계를 안고 있다.[165]

정규교육체제 내에서 평생교육의 이념이 제대로 실현되고 있지 못하며, 정규교육체제와 비정규교육체제간의 연계가 원활하지 않고, 연계의 범위나 내용이 매우 제한되어 있다는 한계점이 있다. 또한 평가인정제도의 인프라를 체계적으로 구축해 나갈 수 있는 인적·물적 여건이 미비하며, 개인의 선행학습이나 직업경험을 효과적으로 평가인정 해 줄 수 있는 여건이나 체제가 구비되어 있지 않는 등의 문제점들이 제기되고 있다.[166]

<표 12>은 사회교육법과 현행 평생교육법의 비교를 나타낸 내용으로 평생교육법의 내용상의 문제점과 특징을 살펴 볼 수 있다.

<표 12> 평생교육법, 사회교육법의 비교

평생교육법	사회교육법	비고
제1조(목적) 이 법은 평생교육에 관한 사항을 정함을 목적으로 한다.	제1조(목적) 이 법은 모든 국민에게 평생을 통한 사회교육의 기회를 부여하여 국민의 자질을 향상하게 함으로써 국가사회의 발전에 기여함을 목적으로 한다.	사회교육에서 평생교육으로 확대되었으나 평생학습에 이르지는 못함
제2조(정의) 이 법에서 사용되는 용어의 정의는 다음과 같다. 1. "평생교육"이라 함은 학교교육을 제외한 모든 형태의 조직적인 교육활동을 말한다. 2. "평생교육단체"라 함은 평생교육을 주된 목적으로 하는 법인·단체를 말한다. 3. "평생교육시설"이라 함은 이 법에 의하여 인가·등록·신고된 시설과 학원 등 다른 법령에 의한 시설로서 평생교육을 주된 목적으로 하는 시설을 말한다.	제2조(정의) 이 법에서 사용되는 용어의 정의는 다음과 같다. 1. "사회교육"이라 함은 다른 법률에 의한 학교교육을 제외하고 국민의 평생교육을 위한 모든 형태의 조직적인 교육활동을 말한다. 2. "사회교육단체"라 함은 사회교육을 주된 목적으로 하는 법인이나 법인 아닌 단체를 말한다. 3. "사회교육시설"이라 함은 사회교육을 주된 목적으로 하는 시설을 말한다.	사회교육에서 평생교육으로의 용어만 변경되었지 내용상의 변화는 극히 미흡함.
제3조(다른 법률과의 관계) 평생교육에 관하여는 다른 법률에 특별한 규정이 있는 경우를 제외하고는 이 법을 적용한다.	제3조(적용범위) 사회교육에 관하여는 다른 법률에 특별한 규정이 있는 경우를 제외하고는 이 법을 적용한다.	용어만 변경되었고 내용상의 변화는 없음.

---

165) 교육부, 『평생교육백서』(1998), p.398.

166) 이정표, "일본의 평생학습 평가인정제도의 구축 동향과 시사점", 「사회교육학연구」, 1999, p.2.

평생교육법	사회교육법	비고
제4조(평생교육의 이념) ① 모든 국민의 평생교육의 기회를 균등하게 보장받는다. ② 평생교육은 학습자의 자유로운 참여와 자발적인 학습을 기초로 이루어져야 한다. ③ 평생교육은 정치적·개인적 편견의 선전을 위한 방편으로 이용되어서는 아니 된다. ④ 일정한 평생교육과정을 이수한 자에게는 그에 상응한 사회적 대우를 부여하여야 한다.	제5조(사회교육의 중립성) 사회교육은 정치적, 파당적 기타 개인적 편견의 선전을 위한 방편으로 이용되어서는 아니된다.	모든 국민은 성별, 종교, 사회적 신분, 경제적 지위 또는 신체적 조건 등을 이유로 평생교육에 있어서 차별을 받아서는 아니 되는 교육의 기회균등의 원칙을 제시함.
제5조(교육과정 등) 평생교육의 과정·방법·시간 등에 관하여 이 법과 다른 법령에 특별한 규정이 있는 경우를 제외하고는 이를 실시하는 자가 정하되, 학습자의 필요와 실용성을 존중하여야 한다.	제7조(교육과정 등) ① 사회교육은 교육의 과정, 방법, 시간 등에 관하여 이 법과 다른 법령에 특별한 규정이 있는 경우를 제외하고는 이를 실시하는 자가 정하되, 학습자의 필요와 실용성을 존중하여야 한다. ② 일정한 시간 이상 실시되는 사회교육과정에는 국민 교양에 필요한 일정한 교육내용을 포함하여야 한다. ③ 제2항의 규정에 의한 일정한 시간 이상 실시되는 사회교육과정 및 이에 포함하여야 할 국민 교양에 필요한 교육내용은 대통령령으로 정한다.	국내의 평생교육활동에 대하여 각 부처 소관의 평생교육 관계법령에 의하여 제한되는 요소들이 존재함.
제6조(공공시설의 이용) ① 평생교육을 실시하는 자는 평생교육을 위하여 공공시설을 그 본래의 용도에 지장이 없는 범위 안에서 관련 법령이 정하는 바에 따라 이용할 수 있다. ② 제1항의 경우 공공시설의 관리자는 특별한 사유가 없는 한 그 이용을 허용하여야 한다.	제8조(공공시설의 이용) ① 사회교육의 실시자는 사회교육을 위하여 그 본래의 용도에 지장이 없는 범위 안에서 공공시설을 이용할 수 있다. ② 제1항의 규정에 의하여 공공시설을 이용하고자 할 때에는 그 관리자는 특별한 사유가 없는 한 그 이용을 허용하여야 한다.	현실적으로 공공시설 이용에 대한 구체적인 규정 자체가 미흡함.
제7조(학습휴가 및 학습비 지원) 국가·지방자치단체 기타 공공기관의 장 또는 각종 사업의 경영자는 소속 직원의 평생학습기회를 확대하기 위하여 유급 또는 무급의 학습휴가를 실시하거나 도서비·교육비·연구비 등 학습비를 지원할 수 있다.	신설	학습휴가 및 학습비 지원에 대한 구체적인 범위가 규정되지 못함.
제8조(학습휴가 및 설치자의 역할) 평생교육시설의 설치자는 다양한 평생교육프로그램을 개발하여 지역사회주민을 위한 평생교육에 기여하여야 한다.	신설	지역주민의 삶의 질 향상에 기여.

평생교육법	사회교육법	비고
제9조(국가 및 지방자치단체의 임무)① 국가 및 지방자치단체는 이 법과 다른 법령이 정하는 바에 의하여 평생교육시설의 설치, 평생교육사의 양성, 평생교육프로그램의 개발 및 평생교육기관에 대한 경비보조 등의 방법으로 모든 국민에게 평생학습의 기회가 부여될 수 있도록 노력하여야 한다. ② 국가 및 지방자치단체는 그 소관에 속하는 단체·시설·사업자 등의 설치자에 대하여 평생교육의 실시를 적극 권장하여야 한다.	제11조(국가 및 지방자치단체의 임무)① 국가와 지방자치단체는 이 법과 다른 법령이 정하는 바에 의하여 사회교육시설의 설치, 사회교육전문요원의 양성, 교육자료의 개발, 경비의 보조 기타의 방법으로 모든 국민에게 평생을 통하여 사회교육의 기회가 부여될 수 있도록 노력하여야 한다. ② 국가와 지방자치단체는 그 소관에 속하는 단체 또는 시설, 사업장 등의 설치자에 대하여 사회교육의 실시를 적극 권장하여야 한다.	지속적인 규정으로 바뀌어야 함.
제10조(평생교육협의회) ① 평생교육의 효율적인 실시를 위한 협의·조정 기타 평생교육실시자 상호간의 협력증진을 위하여 교육감 소속 하에 평생교육협의회를 둔다. ② 제1항의 규정에 의한 평생교육협의회의 조직과 운영 등에 관하여 필요한 사항은 당해 지방자치단체의 조례로 정한다.	신설	평생교육협의회를 교육감 소속 하에 두도록 규정하고 있으므로 전국적인 전담기구는 존재하지 않고 평생교육협의회의 조직과 운영 등에 관하여는 지방자치단체의 조례로 정함으로 인하여 평생교육 자체에 대한 위상의 정립 결여.
제11조(경비보조) ① 국가 및 지방자치단체는 평생교육의 진흥에 필요한 경비를 보조할 수 있다. ② 제1항의 규정에 의한 경비보조는 학습자에 대한 직접지원을 원칙으로 하여야 한다.	제15조(경비보조)①국가는 지방자치단체에 대하여 사회교육의 진흥에 필요한 경비를 보조할 수 있다. ② 국가 및 지방자치단체는 사회교육단체 또는 사회교육시설의 설치자에 대하여 예산의 범위 안에서 필요한 경비를 보조할 수 있다.	사회교육법에 비해서 평생교육법에서는 다양한 학습지원제도를 마련해 놓고 있다. 예를 들면 유급 또는 무급휴가제, 각급 학교의 평생교육편의시설, 강사정보은행제, 교육구좌제 등이 있다.
제12조(지도 및 지원) ① 국가 및 지방자치단체는 평생교육단체 또는 평생교육시설 설치자의 요청이 있는 때에는 그 단체 또는 시설의 평생교육활동을 지도 또는 지원할 수 있다. ② 국가 및 지방자치단체는 평생교육단체 또는 평생교육시설 설치자의 요청이 있는 때에는 그 단체 또는 그 시설에서 평생교육활동에 종사하는 자의 능력향상에 필요한 연수를 실시할 수 있다.	제14조(지도 및 지원) ① 시·도교육위원회는 사회교육단체 또는 사회교육시설의 설치자의 요청이 있는 때에는 그 단체 또는 시설의 설치자의 사회교육활동을 지도 또는 지원할 수 있다.	

평생교육법	사회교육법	비고
③ 교육부장관 및 교육감은 평생교육실시자에 대하여 평생교육의 운영에 관한 자료를 요구하거나 소속공무원으로 하여금 평생교육의 현황을 조사하게 할 수 있다.	② 시·도교육위원회는 사회교육단체 또는 사회교육시설의 설치자의 요청이 있는 때에는 그 단체 또는 시설에서 사회교육활동에 종사하는 자의 자질향상을 위하여 필요한 연수를 실시할 수 있다.	
제13조(평생교육센터 등의 운영) ① 교육부장관은 평생교육에 대한 연구, 평생교육종사자에 대한 연수 및 평생교육에 관한 정보의 수집·제공 등 평생교육센터의 기능을 수행하여야 한다. ② 교육부장관은 교육·연구와 관련된 법인 또는 단체로 하여금 제1항의 규정에 의한 기능을 대행하게 할 수 있다. ③ 교육감은 관할구역 안에서 지역주민을 대상으로 평생교육프로그램운영과 제1항의 규정에 의한 기능을 수행하는 평생학습관을 운영하여야 한다. ④ 제3항의 규정에 의한 평생학습관의 운영은 당해 지방자치단체의 조례가 정하는 바에 의하되, 지역의 특성에 따라 평생교육시설 등을 활용할 수 있다.	신설	평생교육에 대한 연구·연수 및 정보센터의 기능을 수행하는 중앙단위의 평생교육센터 운영과 시·도 단위의 지역평생교육정보센터, 평생학습관을 운영할 수 있는 근거 마련.
제14조(지방평생교육정보센터의 운영) ① 교육부장관 및 교육감은 평생교육단체 또는 평생교육시설을 지정하여 제13조 제3항의 규정에 의한 평생학습관의 기능과 평생교육의 정보제공, 평생학습의 상담 등을 수행하는 지역평생교육정보센터를 운영할 수 있다. ② 교육부장관 및 교육감은 지역평생교육정보센터를 중심으로 평생교육단체 및 평생교육시설의 상호 연계체계를 구축하여야 한다. ③ 교육부장관 및 교육감은 제2항의 규정에 의한 상호 연계체계를 바탕으로 평생교육을 받고자 하는 자에게 다양한 평생교육기회 및 정보를 신속히 제공하여야 한다.	제12조(사회교육정책조정위원회의 설치) ① 사회교육에 관한 정책을 심의, 조정하기 위하여 교육부에 사회교육정책조정위원회를 둔다. ② 제1항의 사회교육정책조정위원회의 조직, 기능, 운영에 관하여 필요한 사항은 대통령령으로 정한다.	평생교육기관 상호 간의 연계체제 및 평생학습정보교류망 구축을 위한 법적근거를 마련하여 다양한 평생교육기회 및 신속한 평생학습정보 제공을 통한 학습지원체제 확립
제15조(정보화관련평생교육의 진흥) 국가 및 지방자치단체는 각급학교·민간단체·기업 등과 연계하여 교육의 정보화와 정보화관련 평생교육과정의 개발에 적극 노력하여야 한다.	신설	지나친 재량성으로 인하여 실질적인 조치는 이루어지기 어려움.

평생교육법	사회교육법	비고
제16조(인적 자원의 활용) ① 국가 및 지방자치단체는 각급 학교·평생교육단체 및 평생교육시설 등이 유능한 인적자원을 효율적으로 활용할 수 있도록 하기 위하여 대통령령이 정하는 바에 따라 강사에 관한 정보를 제공·관리하는 제도를 운영할 수 있다. ② 국가는 인적 자원의 효율적인 개발·관리를 위하여 국민의 개인적 학습경험을 종합적으로 집중관리하는 제도를 도입·운영할 수 있도록 노력하여야 한다.	신설	교육전문인력 등 유능한 인적자원을 효율적으로 활용하기 위하여 전문인력정보 은행제의 도입·운영에 관한 법적 근거 마련.
제17조(평생교육사) ① 교육부장관은 고등교육법 제2조의 규정에 의한 학교(이하 "대학"이라 한다)에서 평생교육 관련과목을 일정 학점 이상 이수한 자 또는 제18조의 규정에 의한 평생교육사 양성기관에서 소정의 과정을 이수한 자에게 평생교육사의 자격을 부여한다. ② 평생교육사는 평생교육의 기획·진행·분석·평가 및 교수업무를 수행한다. ③ 제20조 제4항 제1호의 1에 해당하는 자는 평생교육사가 될 수 없다. ④ 평생교육사의 종류, 등급, 자격요건, 등급별 직무범위, 이수과정, 연수 및 자격증의 교부절차 등에 관하여 필요한 사항은 법률로 정한다.	제17조(전문 요원의 자격 등) ① 대통령령이 정하는 일정한 규모 이상의 사회교육단체 또는 사회교육시설에는 사회교육과정의 편성, 진행과 교육효과의 분석, 평가 등 사회교육활동의 기획분석 및 지도업무를 전담하는 사회교육전문요원(이하 "전문요원"이라 한다)을 두어야 한다. ② 제1항의 규정에 의한 전문요원의 자격 기타 필요한 사항은 대통령령으로 정한다.	평생 교육 종사자의 능력개발을 통해 보다 효과적인 학습지도 활동을 전개하고, 평생교육 성과의 향상을 위하여 종전 사회교육전문요원을 평생교육사로 명칭을 변경하고 임무, 양성, 자격 제도를 정비함.
제18조(평생교육사 양성기관) 교육부장관은 평생교육사의 양성 및 연수를 위하여 대통령령이 정하는 바에 따라 평생교육단체 또는 평생교육시설을 평생교육사 양성기관으로 정할 수 있다.	제20조(전문요원의 양성, 연수기관의 설립인가) ① 교육부장관은 대통령령이 정하는 바에 의하여 전문요원을 양성하거나 연수할 기관의 설립을 인가할 수 있다. ② 제1항의 규정에 의하여 전문요원을 양성, 연수할 기관의 설립인가를 받고자 하는자는 전문요원의 양성 또는 연수를 위하여 필요한 시설, 설비를 갖추어야 한다. ③ 제2항의 규정에 의한 시설, 설비에 관하여 필요한 사항은 대통령령으로 정한다.	평생교육사 양성기관 지정 시 민간단체의 참여기회가 제한됨.
제19조(평생교육사의 배치) ① 평생교육단체 및 평생교육시설에는 효율적인 평생교육의 실시를 위하여 평생교육사를 배치하여야 한다. ② 제1항의 규정에 의한 평생교육사의 배치대상 및 배치기준은 대통령령으로 정한다.	신설	평생교육사의 배치 조항 위반에 대한 벌칙이나 과태료가 없음에 따라 배치의 실효성 확보 문제가 있을 수 있음.

평생교육법	사회교육법	비고
제20조(학교형태의 평생교육시설) ① 학교형태의 평생교육시설을 설치 · 운영하고자 하는 자는 대통령령이 정하는 시설 · 설비를 갖추어 교육감에게 등록하여야 한다. ② 교육감은 제1항의 규정에 의한 학교형태의 평생교육시설중 일정기준이상의 요건을 갖춘 평생교육시설에 대하여는 이를 고등학교졸업이하의 학력이 인정되는 시설로 지정할 수 있다. ③ 제2항의 규정에 의한 학력인정시설의 지정기준 · 절차 등에 관하여 필요한 사항은 대통령령으로 정한다.	제24조(학교와 사회교육) ① 대학 · 사범대학 · 교육대학 및 전문대학은 당해 대학의 특성에 맞는 사회교육을 실시하여야 한다. ② 제1항의 학교를 제외한 학교는 당해 학교의 시설상황을 고려하여 적정한 방법으로 사회교육에 기여하여야 한다.	학교형태 평생교육시설의 설치 등록과 학력인정시설의 지정에 관한 근거 규정을 마련하고 설치자의 결격사유를 명기함.
제21조(사내 대학형태의 평생교육시설) ① 대통령령이 정하는 규모이상의 사업장의 경영자는 교육부장관의 인가를 받아 전문대학 또는 대학졸업자와 동등한 학력 · 학위가 인정되는 평생교육시설을 설치 · 운영할 수 있다. ② 제1항의 규정에 의한 사내대학형태의 평생교육시설은 당해 사업장에 고용된 종업원을 대상으로 하되, 교육에 필요한 비용은 고용주가 부담함을 원칙으로 한다. ③ 제1항의 규정에 의한 사내대학형태의 평생교육시설의 설치기준, 학점제 등 운영방법에 관하여 필요한 사항은 대통령령으로 정한다. ④ 제1항의 규정에 의한 사내대학형태의 평생교육시설을 폐쇄하고자 하는 경우에는 교육부장관에게 이를 신고하여야 한다. ⑤ 제20조 제4항 각호의 1에 해당하는 자는 사내대학형태의 평생교육시설의 설치자가 될 수 없다.	신설	평생교육법 (21조~22조), 사회교육법에서는 중 · 고 과정의 학력만 인정했지만 평생교육법에서는 전문대과정 · 대학과정까지 학위취득의 기회를 확대시켰다는 점.
제22조(원격대학형태의 평생교육시설)① 누구든지 정보통신매체를 이용하여 특정 또는 불특정 다수인에게 원격교육을 실시하거나 다양한 정보를 제공하는 등의 평생교육을 실시할 수 있다. ② 제1항의 경우 불특정 다수인을 대상으로 학습비를 받고 교육부장관에게 신고하여야 한다. 이를 폐쇄하고자 하는 경우에는 그 사실을 교육부장관에게 통보하여야 한다.	신설	평생교육법(제21조~27조)다양한 평생교육기관을 운영한다는 점에서 사회교육법과의 차별성이 나타남.

평생교육법	사회교육법	비고
③ 제1항의 경우 전문대학 또는 대학졸업자와 동등한 학력·학위가 인정되는 원격대학 형태의 평생교육시설을 설치하고자 하는 경우에는 대통령령이 정하는 바에 따라 교육부장관의 인가를 받아야 한다. 이를 폐쇄하고자 하는 경우에는 교육부장관에게 신고하여야 한다.		사회교육법에서는 학교형태평생교육시설, 학교부설 평생교육시설 2부문에서만 운영됐지만, 평생교육법에서는 사업장부설, 시민단체부설, 언론사 부설, 원격교육시설, 인력개발 사업관련 등 다양한 평생교육기관을 운영한다는 점은 긍정적으로 평가할 만하다.
제23조(사업장부설평생교육시설) ① 대통령령이 정하는 규모이상의 사업장의 경영자는 당해 사업장의 고객 등을 대상으로 하는 평생교육시설을 설치·운영할 수 있다. ② 제1항의 규정에 의한 사업장부설 평생교육시설을 설치하고자 하는 자는 대통령령이 정하는 바에 따라 교육감에게 통보하여야 한다.	신설	
제24조(시민사회단체부설평생교육시설) ① 시민사회단체는 상호유기적인 협조체제를 구축하고 공공시설 및 민간시설 등 유휴시설을 활용하여 다양한 평생교육과정을 운영하도록 노력하여야 한다. ② 대통령령이 정하는 시민사회단체는 일반 시민을 대상으로 하는 평생교육시설을 설치·운영할 수 있다.	신설	
제25조(학교부설평생교육시설) ① 각급학교의 장은 당해 학교의 교육환경을 고려하여 그 특성에 맞는 평생교육을 실시할 수 있다. ② 각급학교의 장은 평생교육실시자가 당해 학교의 도서관, 박물관 기타 시설을 평생교육을 위하여 이용하고자 하는 경우에는 이에 적극 협조하여야 한다. ③ 각급학교의 장은 학생·학부모 및 지역주민을 대상으로 교양증진 또는 직업교육을 위한 평생교육시설을 설치·운영할 수 있다. 평생교육시설을 설치한 경우 각급학교의 장은 관할 관청에 이를 보고하여야 한다.	제24조(학교와 사회교육) ① 대학·사범대학·교육대학 및 전문대학은 당해 대학의 특성에 맞는 사회교육을 실시하여야 한다. ② 제1항의 학교를 제외한 학교의 시설 상황을 고려하여 적정한 방법으로 사회교육에 기여하여야 한다.	각종 평생교육단체 간의 협조체제의 미흡
제26조(언론기관부설평생교육시설) ① 신문·방송 등 언론기관을 경영하는 자는 당해 언론매체를 통하여 다양한 평생교육프로그램을 방영하는 등 국민의 평생교육진흥에 기여하여야 한다. ② 대통령령이 정하는 언론기관을 경영하는 자는 일반국민을 대상으로 교양증진과 능력향상을 위한 평생교육시설을 설치·운영할 수 있다.	제27조(대중매체와 사회교육) 신문·방송·잡지 등 대중매체를 경영하는 자는 당해 매체의 운영에 지장이 없는 범위 안에서 그 매체를 통하여 사회교육에 기여하여야 한다.	

평생교육법	사회교육법	비고
③ 제2항의 규정에 의한 언론기관부설 평생교육시설을 설치하고자 하는 자는 대통령령이 정하는 바에 따라 교육감에게 신고하여야 한다. 이를 폐쇄하고자 하는 경우에는 그 사실을 교육감에게 통보하여야 한다.	제27조(대중매체와 사회교육) 신문·방송·잡지 등 대중매체를 경영하는 자는 당해 매체의 운영에 지장이 없는 범위 안에서 그 매체를 통하여 사회교육에 기여하여야 한다.	
제27조(지식·인력개발사업관련 평생교육시설) ① 국가 및 지방자치단체는 지식정보의 제공과 교육훈련을 통한 인력개발을 주된 내용으로 하는 지식·인력개발사업을 적극 진흥·육성하여야 한다. ② 제1항의 규정에 의한 지식·인력개발사업을 경영하는 자중 대통령령이 정하는 자는 평생교육시설을 설치·운영할 수 있다.	신설	
제28조(학점 등의 인정) ① 이 법에 의하여 학력이 인정되는 평생교육과정 외에 이 법 또는 다른 법령의 규정에 의한 평생교육과정을 이수한 자는 학점인정등에관한법률이 정하는 바에 따라 학점 또는 학력을 인정받을 수 있다. ② 다음 각호의 1에 해당하는 자는 학점인정등에관한법률이 정하는 바에 따라 그에 상응하는 학점 또는 학력을 인정받을 수 있다. 1. 각급학교 또는 평생교육시설에서 각종 교양과정 또는 자격취득에 필요한 과정을 이수한자 2. 산업체 등에서 일정한 교육을 받은 후 사내인정자격을 취득한 자 3. 국가·지방자치단체·각급학교·산업체 또는 민간단체 등이 실시하는 능력측정검사를 통하여 자격을 인정받은 자 4. 문화재보호법에 의하여 인정된 중요무형문화재 보유자와 그 문하생으로서 일정한 전수교육을 받은 자 ③ 각급학교 및 평생교육시설의 장은 학습자가 제22조의 규정에 의하여 국내외의 각급학교 및 평생교육시설로부터 취득한 학점·학력 및 학위를 상호인정할 수 있다.	제10조(이수자의 학력 등 인정) ① 대통령령이 정하는 일정한 사회교육과정을 이수한 경우에는 그에 상응한 사회적 대우를 부여하여야 한다. ② 대통령령이 정하는 평생교육기관에서 교육과정을 이수한 자에 대하여는 대통령령이 정하는 바에 의하여 그에 상응하는 학교를 졸업한 자와 동등한 학력을 인정할 수 있다.	다양한 경험학습에 대한 학점·학력인정과 국내외의 각급학교 및 평생교육시설에서 취득한 학점·학력 및 학위의 상호 인정방안을 마련하도록 함으로써 평생학습사회의 실현에 기여하기 위함으로 사회교육법에 비해서는 평생교육법에서 구체적으로 제시함.

Ⅱ. 各國 平生敎育關係法의 特徵과 內容

1. 美國

미국의 성인교육 내지는 평생학습과 관련된 미연방 차원의 정책적 관심 또는 법제화의 노력은 18세기 후반부터 있어 왔다. 이러한 일련의 움직임과 관련하여 미국사회에서 성인교육에 관한 연방정부의 역할을 규정한 관련법으로는 연방정부 공무원 및 군인에 대한 교육, 인력개발, 그리고 성인 문해 및 기초 능력개발 등과 같은 3가지의 흐름으로 유형화할 수 있다. 첫째, 연방정부 공무원 및 군인에 대한 교육에 대한 최초의 연방정부의 지출은 1777년 연방군인에 대한 수학 및 군사기술을 제공하기 위한 목적으로 실시되었다. 둘째, 인력개발과 관련된 최초의 법은 1862년 모릴법(Morill Act)이다. 셋째, 문해 및 기초능력개발을 위한 교육과 관련된 법으로 문해프로그램을 위한 연방 정부의 재정적인 지원은 1918년의 이민 및 국적법에 의하여 가능하였다. 이러한 미국의 성인교육관련 법의 유형별 제정과정을 요약·정리하면 다음 <표 13>와 같다.

<표 13> 미국 성인교육 관련법의 유형별 제정과정

구 분	주요 연방 프로그램	주 내 용
공무원및군인에 대한교육관련법	정부 고용자 훈련법(1958)	연방 군인에 대한 수학 및 군사기술 제공 연방 정부 고용자들에 대한 교육제공
인 력 개 발 관련법	모릴 법(1862)	직업 인력 개발 프로그램을 개설한 대학에 대한 연방정부의 토지 및 기금 교부, 이 법에 의하여 토지교부대학이 설립됨.
	스미스 - 휴법(1917)	직업훈련 및 직업훈련가 양성 촉진
	지역 재개발법(1961)	실업자들을 위한 직업훈련 강조
	인력개발및훈련법(1962)	산업, 노동, 교육기관, 그리고 다양한 기관 등의 자원을 활용한 직업훈련 및 노동능력의 제고를 위한 프로그램의 실시
	이민 및 국적법(1918)	미국국적을 취득하고자 하는 자들에게 영어, 역사, 시민 성 등에 관한 교육실시

구 분	주요 연방 프로그램	주 내 용
문해 및 기초능력 개발관련법	스미스 - 레버 법(1914)	가정경제, 농업생산, 농촌개발을 위한 협동강좌의 설치 (성인 문해 및 기초교육프로그램을 강화하기 위하여 제 정됨)
	도서관 서비스법(1956)	농촌지역의 성인들에 대한 공공도서관 이용방법 등 기 초 프로그램 제공
	경제기회법(1964)	성인을 위한 기초 및 문해교육의 제공, 정신건강, 이주, 인디언, 그리고 빈곤퇴치 등에 기여할 수 있는 자원봉사자 개발

출처: National Advisory Council on Adult Education (1980), A history of Adult Education Act(ERIC Document Reproduction Service No. ED 245 098).

2. 日 本

가. 日本 社會敎育法의 制定過程[167]

일본의 사회교육법은 패전 이후의 일본 헌법, 교육기본법 등의 이념을 이어 받으면서 1949년에 제정되었다. 미 점령 하인 1946년에 제정된 일본의 신헌법 제26조에서는 '모든 국민은 법률이 정하는 바에 의하여, 그 능력에 따라서 교육을 받을 권리를 지닌다'고 천명함으로써 교육받을 권리를 기본적 인권의 하나로서 모든 국민에게 보장하게 되기를 이르렀다. 이에 따라 의회제 민주주의를 전제로 교육입법상의 법률주의 및 법률에 의한 교육행정의 원리가 성립되었다. 그러나, 학교교육과는 달리 사회교육의 경우에 있어서는 사회교육의 자유를 존중하는 입장에서 이것에 법제적인 틀을 부여해야 할 필요가 없다는 주장이 제기되었는가 하면, 사회교육의 개념 및 영역의 모호성으로 인하여 그 법제화의 작업이 지연되기도 하였다.

1946년부터 준비된 교육기본법의 입법과정에서는 학교교육을 주축으로 하면서, 사회교육에 관한 법률적 작업도 병행하게 되었다. 특히 1947년에 제정된 교육기본법 제2조에서는 「교육의 목적은 모든 기회, 모든 장소에서 실현되어야 한다」고 규정하였으며, 제7조의 사회교육 조항에서는 「가정교육 및 근로의 장소, 그 외의 사회에서 행해지는 교육은 국가 및 지방자치단체에 의해서 장려되어야 한다」고 규정하였다. 이것으로 사회교육이 적극적으로 교육기본법에 의하여 보장됨으로써 국민의 교육을 받을 권리 사상의 기초를 형성하게 되었다. 이와 같이 학교교육뿐만 아니라 사회교육에 있어서도 교육의 기회를

---

167) 권두승, 앞의 책, pp.185~196참조.

보장할 수 있어야 한다는 법이념이 마련됨에 따라 학교교육법 제정(1947년)에 이어서 사회교육에 관해서도 학교교육과 동일한 법률적인 근거를 지닐 필요성이 더욱더 증대되었으나, 사회교육법의 입법과정은 여러 우여곡절과 수정안이 제시되면서 입법과정을 거쳐 1949년 6월에 일본 법률 제207호로 공포하게 되었다.

나. 日本 社會敎育法 制定 課程上의 特徵

일본 사회교육법의 제정 과정상에 나타나는 특성으로는, 첫째, 패전 이전의 교화주의적인 사회교육 이념의 단절을 들 수 있다. 일본 사회교육법의 제정 과정상에서 주요한 논점 가운데 하나는 사회교육과 관련된 국가 권한과 국민의 권리와의 관계를 어떻게 규정하는가, 그 경우 법이 수행해야 할 역할은 무엇인가 등과 같은 것이었다. 이러한 문제의 배경에는 패전 이전의 일본 사회교육이 국가주의적이고 통제적인 ‘위로부터 아래로’ 일방적으로 전개되던 종래의 교화주의적 사회교육으로부터 탈피하여 자기교육을 근본으로 전개되는 교육활동으로 인식되었던 것이다.

둘째, 미 점령군의 직접적인 지도와 관여가 있었다. 일본의 사회교육법은 미 점령군의 점령 정책 하에 제정되었다. 이에 따라 일본 사회교육법의 제정에 있어서는 미 점령군의 대일 정책, 보다 좁게는 교육정책 내지는 사회교육정책에 많은 영향을 받았던 것이 사실이다.

셋째, 시설(공민관)중심의 사회교육 행정기반 조성을 들 수 있다. 일본의 대표적인 사회교육시설인 공민관은 ‘일본사회교육의 역사’[168]라고 까지 언급되고 있는 것으로써 일본 사회교육에 있어서 중요한 역할을 담당하여 왔다. 공민관에 대한 설립·운영 구상은 1945년 패전 이후 일본사회의 새로운 방향을 모색하는 가운데 지역에 새로운 종합 사회교육시설을 만들고자 하는 생각으로부터 구체화되었다고 전해지고 있다.

다. 日本의 社會敎育法 制定의 意義

일본의 사회교육법은 그 제정 과정에서는 미 점령군의 지도와 관여를 받았지만, 국민의 자기교육활동을 지원하고자 하는 근대적인 사회교육 이념을 원칙으로 하여 제정되었다. 일본 사회교육법의 제정의 일반적인 의의로는, 첫째, 국민이 사회교육의 주체이고 사회교육의 자유를 보장받게 되었다. 둘째, 국민의 자유로운 자기교육활동을 장려하고 촉진하기 위한 환경 조성의 역할을 국가 및 지방공공단체의 임무로 규정하고 있다. 셋째, 사회교육

168) 小林文人·末本 誠, 『社會敎育基礎論』(東京: 國土社, 1995), p.52.

행정에 있어서 국가권한의 한정과 지방분권에 근거를 둔 '지역(市·町·村)주의'를 원칙으로 하고 있다. 넷째, 사회교육 관계 단체에 대한 '불간섭, 비지원'의 원칙이 지배된다. 다섯째, 사회교육위원, 공민관 운영심의회의 제도 등을 통해서 볼 수 있는 사회교육활동에 대한 주민의지의 반영을 조직화하고 있다. 여섯째, 종합적인 사회교육시설로서 공민관의 법적 기초를 명확히 하였다.

일본의 사회교육법은 사회교육에 관한 기본 법규로서 학교교육법(1947)과 함께 교육법 제하의 2대 지주를 형성하고 있다. 이와 같은 사회교육법은 제정이래 1951년의 일부 개정, 1959년의 대폭 개정(보조금 교부 금지 조항의 삭제, 사회교육 주사의 시·정·촌 배치 의무, 공민관의 운영기준, 사회교육위원의 기능 확대 등의 추가) 되었는데, 최근에는 1990년 6월의 '평생학습 진흥을 위한 시책의 추진체제 등에 관한 법률'의 제정에 따른 동법을 개정하였다.[169]

일본의 사회교육법은 사회교육을 '학교교육법에 다른 교육과정으로 행해지는 교육활동을 제외하고 주로 청소년 및 성인을 중심으로 행해지는 교육활동'이라고 규정하고, 교육행정기관으로서 지방교육위원회의 사회교육 관계 소관사무의 영역, 사회교육 직원으로서의 사회교육 주사 등의 임무·자격, 사회교육 관계단체, 사회교육시설로서 공민관·도서관·박물관, 그리고 학교 개방 및 통신교육 등에 대한 법적 근거를 밝히고 있다.

3. 英國의 平生教育 關聯法

가. 英國의 平生教育 關聯法의 發展 課程

영국의 평생교육은 민간단체, 국가, 지방교육당국(LEA) 및 대학 등에서 각각의 특색을 발휘하면서 맡은 바 역할 분담을 체계적으로 수행하고 있는 것이 특색이다. 이와 같은 제도적 특색을 이르기까지 영국의 사회교육계는 여러 차원에서의 역사적인 변천을 겪어 왔다. 여기에서는 영국 평생교육의 제도를 법의 발전을 통하여 역사적으로 살펴보기로 한다.

⑴ 1889년의 '기술교육법(Technical Instruction Act)'은 비록 기술교육에 편중된 법이었지만, 지방당국이 지역사회의 성인교육에 대한 재정 지원을 할 수 있는 규정을 두었다.

⑵ 1907년의 '기술공예학교 및 그 외 계속교육의 기회를 위한 규정(Regulations for

---

169) 上原貞雄,『教育法規要解』(東京: 福村出版, 1991), p.127.

Technical Schools, Schools of Art and Other Form of Provision)'에 의거하면서 대학의 Tutorial Class에 대한 보조가 1907년부터 개시되었다.

⑶ 1908~1909 '기술공예학교 및 그 외 계속교육의 기회를 위한 규정(Regulations for Technical Schools, Schools of Art and Other Form of Provision)'은 Tutorial Class의 가치를 재확인하고 그에 대한 보조액을 1인당 8.6파운드로 증액하였다.

⑷ 1913년의 '대학 Tutorial Class에 관한 규정(Regulations for Tutorial Class in England and Wales)이 제정되었다. 이 규정에 의거 학습자 1인당 보조금 지원을 철폐하고 1학급당 30파운드 혹은 강사료를 지급하였다.

⑸ 1919년의 Final Report는 1차대전 후의 성인교육을 검토하기 위하여 설치된 위원회로부터 제출된 것으로 민간단체의 자발성의 원리가 강조되고 성인을 위한 인문 교양교육을 제공하는 대학의 역할을 중시하였다.

⑹ 1924년의 Adult Education Regulation은 Final Report의 권고에 따라 성인교육에 있어서 민간단체의 의의를 평가하면서도 지방교육당국에게 일반 주민을 대상으로 성인교육을 제공하는데 필요한 재정적인 책임을 부과하지 않았던 것이 특색이다.

⑺ 1944년의 Education Act는 초등교육, 중등교육에 뒤이어서 제3의 교육단계로서 계속교육의 지원을 지방교육당국의 의무사항으로 규정하였다는 것이다.

⑻ 1946년의 성인교육규정(Adult Education Regulation)에서는 1924년의 규정에 의해 설치된 책임단체를 3단계로 구분하여, 제1단계는 대학 제2단계는 인정을 받은 단체(WEA 등) 제3단계는 제2단계에 해당하는 인정단체로서 지방교육당국(LEA)과 연합하는 단체로 구분하였다. 이것은 생활권의 광역화에 대처하기 위한 것으로서 이를 필요한 지역에 설치하는 경우에 그것을 '책임단체'로 인정하고 보조금을 지급하도록 하였다.

⑼ 1959년의 계속교육보조과정(Further Education Grant Regulation)은 성인교육 분야에 대한 영연방의 기본적인 틀을 구축하였다.

⑽ 1975년의 계속교육과정(Further Education Regulation)은 4부로 구성되는데, 제1부는 규정의 목적과 용어 및 정의에 관한 것, 제2부는 국가 및 지방교육당국이 운영하는 사회교육기관, 제3부와 제4부는 사회교육기관 및 단체의 사회교육 프로그램과 그에 대한 정부의 보조에 관한 조항이 규정되어 있다.

나. 英國의 平生教育法制의 現況

전통적으로 영국의 평생교육은 비직업적 전통의 성인교육이라는 제한적 의미로만 사용되어 왔으나, '1944년 교육법'에 의해서 계속교육이 법제화됨으로써 평생교육의 장에 있어서 직업기술교육이 도입되기에 이르렀다. 영국의 성인교육이 비직업적 교양교육을 중심으로 한다면, 계속교육은 직업교육에 중점을 둠으로써 성인교육과 나란히 영국 평생교육의 두 축을 형성하고 있다.

영국의 대표적인 평생교육법제로서는 1944년에 제정된 교육법(Education Act)과 1946년의 성인교육규정(Adult Education Regulation), 1992년의 고등 및 계속교육법(Further and Higher Education Act) 등과 같은 것이 있다.

(1) 敎育法(Education Act 1944)

제1조에는 모든 국민의 교육받을 권리와 이를 위한 정부의 의무가 규정되어 있다. 즉, 교육부와 지방교육당국의 의무는 전체 영국국민의 교육을 증진하며, 이 목적을 달성하기 위한 조직 및 기관들의 발전을 돕고, 각 지역의 다양하고 종합적인 교육봉사를 효과적으로 수행하는 것이라는 것이다. 1944년의 교육법은 지방교육당국이 초·중등교육의 제공뿐만 아니라 계속교육을 위한 시설을 제공해야 한다는 의무를 부과하였다. 평생교육의 조항은 매우 간단하지만, 이것을 근거로 하여 영국에는 여러 형태의 평생 교육 시설과 사업이 활발하게 전개되어 왔다.

(2) 繼續·高等敎育法(Further and Higher Education Act 1992)

1988년의 교육법이 제정된 이후 영국 교육과학성은 1991년 두 권의 백서를 발간하였다. 그 하나는 '21세기를 향한 교육과 훈련'이고, 다른 하나는 '고등교육의 새로운 틀'이었다. 이들 백서발간을 토대로 1992년에는 계속·고등교육법(Further and Higher Education Act)이 제정되었다. 1992년의 계속·고등교육법은 잉글랜드와 웨일즈에 있어서 학교 후 교육을 획기적으로 재편하였는데 그 특색이 있다.

Ⅲ. 韓國 平生敎育法의 發展課題

1. 平生學習社會 構築을 위한 基本 方向

교육은 하나의 힘이요 권력이다. 적어도 현대사회에서는 이러한 말이 지배적으로 통용된다. 이것은 교육이 인간의 삶의 질을 향상시키고, 민주주의를 실현하기 위한 기본 조건으로 간주되고 있기 때문이다. 이에 따라 평등한 교육기회의 제공은 민주적인 사회의 기본 원리로 정착되고 있다. 그런데 학교교육의 확장을 통하여 평등교육의 이념을 실현하려던 노력은 오히려 교육격차를 확대·재생산하는 결과를 초래하였을 뿐만 아니라, 점차 증가되고 있는 교육적 요구를 충족시키기에는 매우 부족하였다. 이것은 교육을 학교에만 국한해서 생각하려던 과거의 전통적인 교육정책으로부터 벗어나려는 필연적인 결과라고 하겠다. 또한 21세기에 있는 우리는 극심한 변화와 개혁의 시대에 살고 있기 때문에 변화의 방향을 예측하고, 그에 체계적으로 적응함은 물론 사회를 바람직한 방향으로 개혁해 나가기 위해서도, 국민 각자가 지니고 있는 잠재능력을 충분히 개발하고 활용할 필요가 있다. 이와 같은 인식에 평생교육의 이념이 확대되었고 이를 구축하기 위해 우리가 노력해야 할 평생교육의 기본방향[170]을 제시하면 다음과 같다.

가. 平生敎育 體制의 確立을 위한 法的 基盤 造成

평생교육이 국민의 학습권을 보장하고, 교육기회의 확대에 기여할 수 있도록, 제반 평생교육 활동에 대한 통합적인 법적 기반을 마련함으로써 국가적인 차원에서의 평생교육 체제를 확립해야 한다. 평생교육은 학습사회를 건설하는 주요 원리이며, 전 생애에 걸쳐 평생학습을 촉진시키기 위한 일련의 조직적인 교육실천인 동시에 절차상의 지침이다. 그러므로 평생교육의 제도화는 전체 교육과정의 통합을 통하여 교육기회의 균등을 촉진하고, 교육민주화에 기여함으로써 개인적으로는 자아성취감을 높이고, 사회적으로는 변화하는 사회에 있어서 사회통합과 사회발전을 보장할 수 있는 기본적인 장치로써 역할을 할 수 있다.

---

170) 권두승, 『사회교육법규론』(서울: 교육과학사, 1998), pp.365~379 참조.

나. 平生教育行政의 助長性・支援性 強化

평생교육은 사회의 민주화・전문화・복잡화에 따라 증대되는 국민의 다양한 교육적 욕구를 충족시킬 수 있어야 하고, 이를 위해 평생교육행정은 그 본래의 조장적・지원적인 기능을 충분히 수행하여야 한다. 현대사회의 개인의 다양한 교육적 욕구에 무관심하였던 국가나 지방자치단체의 평생교육에 대한 임무를 명시하고, 그를 통하여 각각의 역할을 수행하도록 함은 물론 평생교육행정이 보다 조장적이면서 지원적인 성격을 지닐 수 있도록 법률로 명시하는 것이 필요하다.

다. 平生教育의 專門性 確保 및 질적 수월성 제고

평생교육은 그 내용의 다양성, 운영의 융통성 및 교육기회의 개방성이라는 특징으로 인하여 그 전문성이 보장되어야 한다. 이를 위해 평생교육사들의 자격요건이 강화되어야 함은 물론, 양성・연수체제가 확립되어야 한다. 이는 평생교육의 질적 수월성을 보장함에 있어서 필수적인 요건이며, 국민의 학습권을 보호・육성하기 위한 지름길이기도 하다.

라. 平生教育行政의 簡便化・自律性 強調

평생교육행정이 지방자치제의 실시에 따른 지역의 특성을 반영할 수 있도록 중앙정부의 권한을 지방자치단체인 시・도에 대폭적으로 위임함으로써 행정의 간편화를 도모할 수 있도록 함과 동시에 전문단체에 대한 체계적인 지원이 있어야 한다. 또한 평생교육활동에 있어서 자율성을 제고하고, 윤리성을 확보함은 물론, 전문성을 강조하기 위해서는 민간의 자율적인 활동이 강화되어야 한다.

마. 國際化・開放化에 對應할 수 있는 平生教育의 基盤造成

평생교육의 영역 중에서 외국자본이 대거 투입됨으로써 국내의 기반이 잠식될 수 있는 부분에 대하여 경쟁력 있는 체제를 갖추도록 유도하고 다양한 평생교육활동에 대한 사회적 인정체제를 형성하도록 한다.

2. 韓國의 平生教育 發展을 위한 法的 課題

학습사회는 우리가 지향해야 할 하나의 이상이고 과제이다. 학습사회를 실현하기 위해서는 무엇보다도 국민 개개인의 평생학습을 적절하게 촉진시킬 수 있는 기본체제가 구축되도록 노력하여야 한다. 이를 위한 몇 가지 과제를 제시하면 다음과 같다.

① 평생교육을 발전시키기 위한 가장 시급한 과제는 평생교육법에서의 개념 혼용과 관계법률과의 개념 혼용을 방지하는 것이다. 평생교육의 개념이 사회교육법에서의 사회교육의 의미와 동일하게 사용하기도 하도 차별적으로 사용하기도 하기 때문에 법적용이나 법의 이념, 설립기반 등을 흔들 수 있기 때문에 광의의 사회교육의 의미나 광의의 평생교육의 의미로 통일시켜야 한다.

② 일반법적 성격의 현행 평생교육법을 특별법적 성격으로 전환하여야 한다. 국내의 평생교육활동에 대하여 각 부처 소관의 평생교육 관계법령에 의하여 제한되는 요소들을 차단하여 평생교육활동을 보장하여야 한다.

③ 기존의 공급자 중심적이고 획일적인 교육에서 탈피하여 열린교육과 학습자(수요자) 중심적이고 다양한 학습에 대한 가치로 전환해야 한다. 지금까지의 학력 중심사회에서 능력중심사회로의 전환과 학교교육 중심에서 평생교육중심으로, 학습자의 피동적 존재에서 능동적 존재로의 전환이 요구된다.

④ 평생교육의 추진을 위한 관련 법령을 체계적으로 정비한다. 평생교육의 체계적인 수행을 통하여 학습사회를 건설하기 위해서는 먼저, 국가적인 차원에서 평생교육을 추진하기 위한 법령을 정비·확충하는 일이 필요하다. 이러한 차원에서 평생교육법을 제정하였으나, 앞에서 본 것처럼 기존의 사회교육법의 문제점들이 그대로 평생교육법에서도 문제점으로 표출될 여지가 많다. 이에 대한 체계적이고 계속된 연구와 보완이 요망된다.

⑤ 평생교육 추진체제를 구축하고 정비한다. 학습사회는 사회의 모든 자원이 교육적으로 활용되는 사회이다. 그것은 교육사회를 전제로 이루어지는 개념이다. 교육사회는 교육을 위해 모두가 동시에 총력을 기울이는 사회이다. 이와 같은 사회를 실현하기 위해서는 단순히 교육계뿐만 아니라 교육 이외의 모든 생활영역으로부터의 협력과 평생교육에 대한 인식과 이해, 그리고 협조가 필요하다.

⑥ 평생교육활동에 대한 중앙정부 차원의 조정·심의·평가 기능을 강화하여야 한다. 하지만 새로 제정된 평생교육법도 중앙 정부 차원의 조정·심의·평가 기능을 할 수 있는 기관에 대한 명기가 없어 이러한 차원의 기능을 할 수가 없다. 따라서 각 지방자치단체는 평생교육협의회(평생교육법 제10조)를 통하여 평생교육의 효율적인 실시를 위한 협의·조정이 가능하지만, 지방자치단체간의 지역간의 평생교육문제가 발생할 경우 이를 조정·총괄할 수 기관이 없어 크나큰 문제점이라 아니할 수 없다. 따라서 전국적인 평생교육전담기구의 설치에 대해서는 대통령령으로 정해야 한다.

⑦ 중앙 및 지방자치단체 차원의 평생교육(학습)담당 부서의 위상을 강화하고 역할을 제고하도록 한다. 교육부에는 평생교육정책에 관한 종합계획의 수립, 사회교육기관 및

단체의 지원 육성 등의 업무를 수행하기 위한 평생교육국을 두고 있으며, 평생교육국에는 평생학습정책과, 평생학습진흥과, 산업교육정책과 및 전문대학지원과를 두도록 하고 있다(교육부와그소속기관직제시행규칙 제7조). 반면 지방자치단체의 각 시·도의 교육청에는 평생교육에 관한 업무를 사회교육체육과에 맡기고 있다. 주로 사회교육체육과는 체육교육에 관련된 업무도 과중한 데도 평생교육에 관련된 업무까지 부담하고 있어 실질적으로 이에 대한 업무는 형식상 이루어질 수밖에 없다. 평생교육에 대한 담당 부서 특히 지방자치단체에서의 위상 강화의 필요성이 크다.

⑧ 학교교육의 평생 교육화를 도모한다. 학습사회가 실현되기 위해서는 먼저, 학교가 평생학습기관으로서의 역할을 수행해야 한다. 이것을 위해서는 학교가 평생학습을 촉진하기 위해 우선 학습동기를 지닌 인간을 육성하는 일을 담당해야 한다. 또 학교(특히 초·중등학교)가 지니고 있는 교육자원을 지역사회에 개방, 학교의 교육형태를 탄력화, 대학은 특유의 인적·물적 자원을 활용하여 단기 교양강좌나 전문 직업기술교육을 심화해야 한다.

⑨ 평생교육관련시설을 대폭적으로 정비하고 확충한다. 평생교육을 실시하기 위한 시설은 평생교육센터, 지역평생교육정보센터, 정보화 관련 평생교육시설 등을 실제적으로 모든 국민에게 현실적으로 제공될 수 있도록 제반 시설을 대폭적으로 확대하여야 한다.

⑩ 평생교육사를 체계적으로 양성하고 효율적으로 활용하도록 한다. 평생교육법 제17조 제1항에 「교육부장관은 고등교육법 제2조의 규정에 의한 학교에서 평생교육 관련 과목을 일정학점이상 이수한 자 또는 제18조의 규정에 의한 평생교육사 양성기관에서 소정의 과정을 이수한 자에게 평생교육사의 자격을 부여한다」라고 규정하여 일정한 교육을 이수한 자에게 평생교육사 자격증을 부여하도록 하고 있다. 모든 자격증이 마찬가지이지만, 너무 형식적으로 남발하지 말고, 비록 법이 제정되어 당장 필요하긴 하지만 체계적이고 높은 수준의 교육을 통하여 평생교육사가 배출되도록 하여야 할 것이다.

⑪ 학습정보를 모든 학습자들에게 체계적으로 제공하고 그와 관련된 상담기능을 활성화한다. 평생교육은 자기 주도적 학습의 실현에 있다. 이를 위해서는 평생학습사회 실현을 위한 제반 조치가 수반되어야 할 것이다.

⑫ 평생교육 관련 연구의 내용을 심화하고 방법을 다양화함으로써 평생교육에 관한 제반 이론을 개발하고 응용력을 강화한다. 지금까지의 평생교육이 단편적이고 형식적이고 포괄적인 내용이었기 때문에 원론적인 차원에 머물러 있었다. 이러한 원론적인 수준을 벗어나기 위해서는 중앙 정부차원의 평생교육전담기구의 설치, 평생교육을 담당하는 평생교육사의 양성과 배치, 평생 교육을 위한 각종 시설의 정비·보완이 종합적이고 체계적으로 이루어져야 할 것이다.

Ⅳ. 기타 平生敎育關聯法律

우리나라 헌법 제31조 6항에서는 학교교육 및 평생교육을 포함한 교육제도의 기본적인 사항은 법률로 정하도록 규정하고 있다. 이에 따라 현재 평생교육을 진흥하기 위한 관련 법으로는 교육부 소관법이 20여 개, 기타 부처 소관법이 40여 개로 전체적으로 60여 개가 넘는 법령들이 있다. 이중 중요한 법규를 소개하면 다음과 같다.

1. 學院의設立・運營에關한法律

학원의설립・운영에관한법률은 사설강습소의 건전한 발전을 도모함으로써 사회교육의 진흥에 이바지하게 함을 목적으로 한 법률이다. 동 법률에서 위임된 사항과 그 시행에 관하여 필요한 사항을 규정함을 목적으로 대통령령인 학원의설립・운영에관한법률 시행령이 있고, 또 이 법률 및 동법 시행령에서 위임된 사항과 그 시행에 관하여 필요한 사항을 규정함을 목적으로 교육부령인 동법시행규칙이 있다. 본래 사설강습소의 정상적 운영과 질적 향상을 도모하기 위하여 사설강습소의 설립 및 감독에 관한 사항을 규정함을 목적으로 사설강습소에관한 법률이 1961년에 제정되어 시행되어 오다가 1984년에 학원의설립・운영에관한법률로 전문 개정되었고, 최근 1999년 1월 18일 법률 제5634호로 일부 개정되었다.

학원의설립・운영에관한법률에서 학원이라 함은 사인이 다수인에게 30일 이상의 교습과정에 따라 지식・기술・예능을 교습하거나 30일 이상 학습 장소로 제공하는 시설을 말한다. 학원은 종류별로 교습 및 학습에 필요한 시설 및 설비를 기준에 맞게 갖추어 유지하여야 하는 바 교육환경 및 위생시설을 청결히 유지하여야 하고 학원의 설립 목적을 실현함에 필요한 강의실・열람실 등 시설과 학습자의 편의 제공을 위하여 필요한 시설을 두게 되고, 특히 미성년자를 주된 대상으로 하는 학원의 환경 정화는 그 기준을 강화한다. 학원의 설립을 위해서는 법령의 기준을 갖추어 주무관청에 등록하여야 하며 주무관청은 기간을 설정하여 조건부로 등록의 수리 또는 인가를 할 수 있다.

학원교육은 정규교육 과정의 외곽에서 비록 특정과목의 집중교육이라는 특성을 가지고 있으나 개개인이 필요로 하는 교육과정을 실시함으로써 평생교육기관으로서의 역할을 수행하고 있다고 본다.

2. 靑少年基本法

청소년기본법은 청소년의 권리 및 책임과 가정, 사회, 국가 및 지방자치단체의 청소년에 대한 책임을 정하고, 청소년 육성정책에 관한 기본적인 사항을 규정함을 목적으로 1991년에 제정된 法律로서 제1장 총칙, 제2장 청소년 육성정책의 총괄, 제3장 청소년 수련활동의 지원 등, 제4장 청소년 수련시설, 제5장 청소년 수련지구의 지정 등, 제6장 청소년 복지 등, 제7장 한국청소년개발원·한국청소년상담원 등, 제8장 청소년 육성기금, 제9장 보칙, 제10장 벌칙 등 총10장 76조 및 부칙으로 된 방대한 내용을 담고 있다. 동법에서 위임된 사항과 그 시행에 관하여 필요한 사항을 규정한 대통령령으로서 청소년기본법 시행령과 동법 및 동법 시행령에서 위임된 사항과 그 시행에 관하여 필요한 사항을 규정한 문화관광부령으로서 청소년기본법 시행규칙이 있다.

청소년기본법은 9세 이상 24세 이하의 자를 청소년으로 정의하며, 미래사회의 주역이 될 청소년이 풍부한 지식을 바탕으로 개인적으로는 건강하고 정서와 용기가 충만하여, 이웃과는 예절과 협동을 바탕으로 공동체적 삶을 실천하며, 자유민주주의 원칙에 대한 신념과 조국에 대한 무한한 긍지를 가지고 인류공영에 이바지할 줄 아는 밝고 능동적인 모습으로 자랄 수 있도록 함을 기본이념으로 하여, 청소년의 자율성에 기초한 능동적 삶의 실현, 청소년의 성장 여건과 사회환경의 개선, 민주복지 통일조국에 대비하는 청소년의 자질 향상을 그 추진방향으로 천명하였다.

3. 公益法人의設立·運營에關한法律

이 법은 법인의 설립·운영 등에 관한 민법의 규정을 보완함으로써 법인으로 하여금 그 공익성을 유지하며 건전한 활동을 할 수 있도록 하게 함을 목적으로 하는 법이다. 공익법인이란 재단법인 또는 사단법인으로서 사회일반의 이익에 공여하기 위하여 학자금·장학금 또는 연구비의 보조와 지급, 학술, 자선에 관한 사업을 목적으로 하는 법인을 말한다(동법 제2조).

공익법인이 행하는 사업을 구체적으로 보면, ① 학자금, 장학금, 기타 명칭에 관계없이 학생 등이 장학을 목적으로 금전을 지급하거나 지원하는 사업, ② 연구비 연구조성비 장려금 기타 명칭에 관계없이 학문·과학기술의 연구, 조사, 개발, 보급을 목적으로 금전을 지급하거나 지원하는 사업, ③ 학문 또는 과학기술의 연구, 조사, 개발, 보급을 목적으로 하는 사업 및 이들 사업을 지원하는 도서관, 박물관 과학관, 기타 이와 유사한 시설을 설치·운영하는 사업, ④ 불행 재해 기타 사정으로 자활할 수 없는 자를 돕기 위한 모든 자선 사업, ⑤ 이상 각 사업의 유공자에 대한 시상을 행하는 사업을 목적으로 하는 것이다. 동법 시행령 제2조의 공익법인의 사업은 교육, 특히 평생교육과 긴밀한 관련이 있는 것이며, 교육부령으로서 교육부 소관 비영리법인의 설립 및 감독에 관한 규칙이 있어서 교육부장관이 주무관청이 되는 비영리법인의 설립 및 감독에 관하여 필요한 사항을 규정하고 있다. 법령은 공익법인의 정관사항, 설립허가의 신청, 기준, 허가, 임원, 이사회의 구성 기능, 회의소집, 의결정족수, 상근 직원, 재산의 구분과 관리, 예산, 결산, 사업계획, 감독과 감사, 벌칙 등 조항을 두고 있다.

4. 圖書館및讀書振興法

도서관및독서진흥법은 도서관 및 문고의 설립·운영과 독서진흥을 위한 환경조성에 필요한 사항을 규정하여 도서관 및 문고의 건전한 육성과 독서증진활동을 활성화함으로써 사회 각 분야에 대한 지식·정보의 제공 및 유통의 효율화와 문화발전 및 평생교육에 이바지함을 목적으로 하는 법이다(동법 제1조). 동법에서 위임된 사항과 그 시행에 관하여 필요한 사항을 규정함을 목적으로 대통령령인 도서관 및 독서진흥법 시행령이 있고, 동법 및 동법 시행령에서 위임된 사항과 그 시행에 관하여 필요한 사항을 규정한 도서관 및 독서진흥법 시행규칙이 있다.

"도서관"이라 함은 도서관 자료를 수집·정리·분석·보존·축적하여 공중 또는 특정인의 이용에 제공함으로써 정보 이용·조사·연구·학습·교양 등 문화발전 및 평생교육에 이바지하는 시설을 말한다. "문고"라 함은 도서관의 일반적인 목적과 기능을 수행하고는 있으나 도서관의 시설기준에 미달되는 규모의 독서시설을 말한다(동법 제2조).

5. 獨學에의한學位取得에關한法律

독학에의한학위취득에관한법률은 독학자에게 학사학위 취득의 기회를 부여함으로써 평생교육의 이념을 구현하고 개인의 자아실현과 국가사회의 발전에 기여함을 목적으로 1990년 4월 7일 법률 제4227호로 제정되었다. 동법에서 위임된 사항과 그 시행에 관하여 필요한 사항을 규정함을 목적으로 대통령령인 독학에의한학위취득에관한법률 시행령이 있고, 동법 및 동법 시행령에서 위임된 사항과 그 시행에 관하여 필요한 사항을 규정한 교육부령으로 독학에의한학위취득에 관한법률시행규칙이 있다.

상기한 법령의 제정·시행으로 대학에 진학하지 못한 사람도 자학·자습으로 국가에서 시행하는 시험을 단계적으로 통과하면 학사학위를 취득할 수 있는 길을 구체적으로 마련하게 된 것이다. 이 제도는 평생교육의 기반을 조성하고 대학진학 욕구를 덜어 재수생 누증 등의 교육적 부작용을 해소시킬 수 있으리라는 기대 속에 도입되었다. 이와 같은 의미의 독학학위 취득제도가 지니는 기본적인 의의로써 다음과 같이 몇 가지로 나누어 볼 수 있다.

첫째, 독학학위제도는 기존 대학에서와 같이 규격화된 제도의 틀 속에서 정해진 교육과정에 따라 학습하는 것이 아니라 학습자가 원하는 전공과 자기가 필요로 하는 교과목을 자유로이 선택하여 학습할 수 있는 '학습자 중심의 학위제도'이다.

둘째, 독학학위제도는 평생교육 체제를 확립하는데 일익을 담당하게 된다. 전통적인 학교교육은 폐쇄적이고 경직화되어 있어서 여러 사람들의 다양한 학습요구들을 다 충족시킬 수 없을 뿐더러 교육기회를 균등하게 배분하는 데에도 여러 문제를 나타내 왔다. 따라서 독학학위 제도는 교육기회를 확대함으로써 언제, 어디서라도, 누구든지, 원하는 학습기회를 활용하여 학위를 받을 수 있는 기회를 제공함으로써 평생교육의 이념 구현을 위한 하나의 계속교육 기회보장 역할을 담당하게 된다는데 그 의의가 있다.

셋째, 독학학위제도는 기존의 대학 내에서만 가능했던 학위취득의 기회를 대학 밖에서도 가능하도록 함으로써 학위취득의 기회를 다양하게 하였다는데 그 의의가 있다.

제 **7** 장

地方敎育自治에관한法律

I. 地方教育自治에關한法律 概觀

지방교육자치에관한법률(1991. 3. 8. 법률 제4347호 제정, 2000. 1. 28. 법률 제6216호 개정)은 교육의 자주성 및 전문성과 지방교육의 특수성을 살리기 위하여 지방자치단체의 교육·과학·기술·체육·기타 학예에 관한 사무를 관장하는 기관의 설치와 그 조직 및 운영 등에 관한 사항을 규정함으로써 지방교육의 발전에 이바지할 목적으로 제정된 법률이다. 이 법은 제1장 총칙, 제2장 교육위원회, 제3장 교육감, 제4장 교육재정, 제5장 지도와 감독, 제6장 교육위원 및 교육감 선출 등 총 6장 176조항과 부칙으로 구성되어 있다.

이 법이 제정되기 이전에는 구교육법의 제2장 교육위원회 및 제3장 지방교육재정의 조항(제15~72조)에 규정되어 있었으나, 지방자치의 실시와 더불어 분리하여 독립법으로 제정한 것이다. 제정 당시 이 법은 광역단위 자치제도를 기본으로 하고, 위임형 의결기구 성격의 교육위원회를 두고, 지방의회에서 이중 간선방식에 의해 선출된 임기 4년의 교육 위원과 교육위원회에서 무기명 투표로 선출되는 임기 4년의 교육감을 두도록 규정하였다. 그러나, 여전히 교육자치의 실시범위, 교육위원회의 성격, 교육위원 및 교육감 선출과 관련된 법개정에 대한 논의가 지속적으로 전개되고 있다.[171)

1. 地方教育自治 槪念 및 原理

가. 敎育自治의 槪念

교육자치의 개념에 대하여는 아직 정립된 견해가 없으며, 교육자치에 대한 개념은 사용하는 논자에 따라 상이하게 이해되고 있다. 교육자치에 대한 논쟁은 교육자치에 대한 개념의 혼란으로부터 출발하는 만큼 교육자치의 개념에 대한 최소한의 공통된 인식을 공유하는 것이 문제해결의 관건이 되고 있다. 교육자치의 개념을 명확히 하기 위해서는

---

171) 이형행·고 전, 앞의 책, pp.283~284.

자치의 개념요소를 모색하는 것으로부터 출발하여 자치의 개별적인 적용영역인 교육분야에 특유한 자치 개념을 도출하는 것이 필요하다.[172] 자치개념은 분권과 구성원의 참여를 기본요소로 하고 있다.[173] 이상의 개념요소를 중심으로 자치의 개념을 정의해 보면, 자치란 전체 공동체의 일부를 이루는 공동체가 그 구성원의 참여에 의하여 일정한 공공의 업무를 자기 책임 하에 분권적으로 처리하도록 하는 조직원리라고 볼 수 있다.[174] 교육자치의 개념을 설정하려면, 먼저 지방자치의 개념부터 설정하여야 한다.

지방자치란 일정한 지역을 기초로 하는 단체가 자기의 사무, 즉 지역의 행정을 그 지역 주민의 의사에 따라서 자기의 기관과 재원에 의하여 독자적으로 수행하는 행위라고 할 수 있다. 이 정의에서 볼 수 있듯이 지방자치는 주민자치와 단체자치란 두 가지 요청의 결합으로 보는 것이 일반적이다. 주민자치는 정치적 의미로 민주주의 사상을 반영하고 있으며, 자치권에 대한 인식을 자연적이고 천부적 권리로 인식한다. 또한 자치의 중점을 지방정부와 주민과의 관계에 두고 있다. 단체자치는 법률적 의미로 지방분권주의를 반영하고 있으며, 자치권을 국가에서 전래한 권리로 인식한다. 자치의 중점은 중앙과 지방단체와의 관계에 두고 있다.[175]

교육자치도 이와 같은 주민 자치적 요소와 단체 자치적 요소를 모두 포함하고 있다. 따라서 교육자치의 개념 정립도 지방자치의 단체자치와 주민자치의 양면을 모두 감안하여야 한다. 교육자치란 교육행정에 있어서 지방분권주의를 기본원칙으로 하고 교육행정을 일반행정으로부터 분리·독립시켜 교육·학예에 관한 사무의 자치권과 행정권을 가지고, 즉 의결기관으로서의 교육위원회와 의결된 교육정책의 집행기관으로서의 교육감 제를 설치하고 자주적인 경영으로 교육행정의 제도조직을 통해 교육의 자주성·전문성·정치적 중립성을 보장하려는 제도이다.[176]

나. 敎育自治의 原理

김종철·이종재는 지방분권의 원리, 민중통제의 원리, 일반행정으로부터의 분리·독립의 원리, 전문적 관리의 원리[177]를, 남정걸은 주민자치의 원리, 지방분권의 원리, 자주성

172) 이기우, "교육자치와 학교자치 및 지방교육행정제도에 대한 법적 검토",『한국교육법학회』, 1998, p.36.

173) 위의 논문, pp.36〜37.

174) 위의 논문, p.38.

175) 위의 논문, p.9.

176) 국회사무처 입법조사국, 주요국의 교육자치제도(입법부 참고자료 제279호), 1991, p.15.

177) 김종철·이종재,『교육행정의 이론과 실제』(서울: 교육과학사, 1994), pp.209〜210.

존중의 원리, 전문적 관리의 원리178)를, 조성일·안세근은 교육의 자주성과 관련된 원리, 교육의 전문성과 관련된 원리, 지방교육의 특수성과 관련된 원리179)를 교육자치의 원리로 들고 있다. 여기에서는 법적 근거에 따라 지방분권의 원리, 주민참여의 원리, 교육행정의 독립의 원리, 전문적 관리의 원리, 자주적 재정의 원리에 대해서 살펴보고자 한다.

(1) 地方分權의 原理180)

지방분권의 원리는 중앙집권의 원리와 대립되는 개념으로써 중앙정부의 획일적인 지시와 통제를 지양하고 지방의 실정과 특수성을 감안한 교육정책이 수립되어야 한다는 것이다. 뿐만 아니라 그 교육정책의 집행과정에서는 지역적 특성을 감안함으로써 지역간에 다양성을 최대한 허용하고, 최소한의 통일성을 유지하도록 하여 교육활동에 대해서 지방주민의 자율과 자치정신을 신장해 나가야 한다는 것이다. 분권화는 권한의 원심적 지방분권을 의미하는 것으로 중앙집권을 지양하고 교육행정을 민주화하는 데 근본 취지가 있다. 지방분권은 지방자치에서와 마찬가지로 교육자치에서도 자치제 성립의 가장 기본적인 원리가 된다.181)

(2) 住民參與의 原理182)

교육자치조직의 구성에 주민이 선거를 통하여 참여하거나 대표를 통하여 교육정책을 의결하는 것을 의미한다. 이는 일방적인 관료주의적 통제에서 탈피하여 교육에 대한 광범위한 민의를 수렴하여 교육정책의 결정과 집행과정에 반영할 수 있도록 한다는 점에서 민주성의 원리 또는 민주주의 원리라고 할 수 있다.183) 교육이 이루어지기 위해서는 교사와 학생만이 있는 것이 아니라 학생의 보호자인 학부모의 후견적인 뒷받침이 중요하다.

---

178) 남정걸, 『교육행정과 교육경영』(서울: 교육과학사, 1991), pp.84~86.

179) 조성일·안세근, 『지방교육자치제도론』(서울: 양서원, 1998), p.29.

180) 지방분권화의 법적 근거 : 교육기본법 제5조 제1항에 "···지역에 맞는 교육의 실시를 위한 시책을 수립·실시하여야 한다"; 지방자치법 제9조 제2항 예시 5 "교육·체육·문화·예술의 진흥에 관한 사무" 등에 규정하고 있다.

181) 한국교육행정학회, 『교육제도론』, (서울: 도서출판 하우, 1996), pp.452~453.

182) 주민참여 법적 근거 : 헌법 제118조 1항 "지방자치단체에 의회를 둔다."; 교육기본법 제5조 2항 "교직원·학생·학부모 및 지역주민 등은 법률이 정하는 바에 의하여 학교운영에 참가할 수 있다."; 초·중등교육법 제31조 제2항 "···학교운영위원회를 당해 학교의 교원대표·학부모 대표 및 지역사회인사로 구성한다."; 지방교육자치에관한법률 제62조(선거인단의 구성) "교육위원 및 교육감의 선거인단은 전 학교운영위원회 위원의 참여···" 등에서 규정하고 있다.

183) 윤정일외 3인, 앞의 책, p.691.

특히, 소극적인 학부모의 역할이 아니라 적극적으로 권리를 펼 수 있도록 교육기본법에 명시하고 있다. 초·중등교육법에 학교운영위원회의 구성에 있어 일정한 비율을 반드시 구성하도록 하고 있음은 이를 법으로 보장하고 있는 것이다. 곧 교육에 있어서 불가분의 관계에 있는 학부모, 즉 일반주민의 의사가 널리 교육행정에 반영되어야 하는 것이다.

(3) 敎育行政[184]의 獨立의 原理[185]

교육활동의 특수성을 인식하고 그 자율성과 정치적 중립성을 보장하기 위해 교육행정을 일반행정으로부터 분리·독립시켜야 한다는 생각을 반영한 것이다. 교육행정이 일반행정에 예속되어 있다면, 교육행정의 특수성과 독립성을 보장받을 수가 없고 교육의 본래적 목적을 달성하기가 어렵다. 교육은 본질적으로 가치 창조적인 활동이므로 외부의 간섭과 통제하에서는 그 활동의 의미를 실현하기가 매우 어렵게 되어 있기 때문이다. 따라서 교육의 본질추구와 교육의 중립성 보장이라는 관점에서 그 의미를 찾을 수 있다.[186]

(4) 專門的 管理의 原理[187]

교육에 대한 깊은 이해와 고도의 교육행정 식견을 갖춘 요원들에 의해 교육활동이 효율적으로 관리·운영될 수 있어야 한다는 것이다. 전문성은 본래 그 과업의 독자성과 우월성을 보장하기 위한 것이며 고도의 지성, 장기간의 직전교육과 계속적인 훈련, 엄격한 자격요건의 적용, 고도의 자율성과 사회적 책임감, 애타적 동기에서 출발한 봉사성, 고도의 직업윤리, 전문적 단체 등 여러 가지 요건을 고려하여 성립되는 것이다.[188]

---

184) 교육행정의 원리에 대하여 김종철 교수는 법제면에서의 원리로는 법치행정의 원리, 기회균등의 원리, 적도집권의 원리, 자주성 존중의 원리를 들고 있고, 운영면에서 본 기본 원리로 타당성의 원리, 민주성의 원리, 능률성의 원리, 적응성의 원리, 안정성의 원리, 균형성의 원리를 들고 있다.

185) 교육행정 독립의 법적 근거 : 헌법 제31조 제4항 "…교육의 자주성, 전문성 및 정치적 중립성은 보장되어야 한다."; 교육기본법 제5조 제1항 "국가 및 지방자치단체는 교육의 자주성 및 전문성을 보장하여야 하며…"등에 규정하고 있다.

186) 윤정일외 3인, 앞의 책, p.679.

187) 전문적 관리의 법적 근거 : 헌법 제31조 제4항 "…교육의 전문성은 보장되어야 한다."; 교육기본법 제14조 제1항 "학교교육에서 교원의 전문성은 존중되며…", 동조 제2항 "교원은 교육자로서 갖추어야 할 품성과 자질을 향상시키기 위하여 노력하여야 한다."에서 규정하고 있다.

188) 국회사무처 입법조사국, 앞의 자료, p.21.

(5) 自主的 財政의 原理[189]

교육재정은 모든 교육활동의 기반이 되며 사실상 교육행정의 규모와 내용을 결정하게 된다. 따라서 교육자치제의 성패여부는 교육재정의 확보와 독립에 달려 있다고 하여도 과언이 아니다.

2. 教育自治制度의 變遷

가. 近代 以前(1945년 이전)

한국의 학자들 중에는 조선조의 "鄕約"을 교육을 목적으로 하는 지방교육자치의 한 형태로 보는 경우가 있다. 향약은 혈연적 공동사회와 깊은 관련을 가지면서 지방촌회에 의한 관치에 대하여, 사림의 자치를 위하여 유교를 바탕으로 설립된 것이다. 따라서, 향약은 교화단체로서 지방민의 교화와 상호부조의 협동정신의 진작을 위하여 만든 향리의 지방자치단체라 할 수 있다. 향약이 조선조의 양반사회의 교육자치단체라 하면, 서당은 중인사회의 교육자치단체라 하겠다. 그리고 향약은 광역을 대상으로 하였고, 서당은 촌락단위의 좁은 지역을 대상으로 하였다.

조선조 말 개화기의 학무위원제도도 일종의 교육자치의 시초였다. 보통교육의 보급발달을 도모하기 위하여 대한제국의 일부 지방에서 실시되던 제도인데, 학무위원은 보통학교 소재지 부윤, 군수의 추천에 의하여 관찰사가 위임하였으며, 공립보통학교의 입학권고 및 출석을 독촉하는 일과 설비 기타 보통교육의 장애 등에 관하여 부윤, 군수, 학교장을 자문하였다.

일제 식민지하에서 촌단위에 교육부회가 설치되었다. 교육부회는 교육경비를 위하여 특별 교육비에 관한 사항을 의결하는 의결기관이었다. 일본인의 교육을 목적으로 하여 일본인 부회의원으로 구성되는 제1교육부회와 한국인의 교육을 목적으로 하는 한국인 부회의원으로 구성되는 제2교육부회가 있었는데, 의장은 부윤이 맡았다. 또한 보통학교 등에서 한국인 교육에 관한 비용을 수급하기 위하여 군 단위에 학교비를 두었는데 이는

---

189) 교육재정 법적 근거 : 교육기본법 제7조 "① 국가 및 지방자치단체는 교육재정을 안정적으로 확보하기 위하여 필요한 시책을 수립·실시하여야 한다. ② 교육재정의 안정적 확보를 위한 지방교육재정교부금 및 지방교육양여금 등에 관하여 필요한 사항은 따로 법률로 정한다."; 지방교육양여금법, 지방교육재정교부금법, 교육세법, 교육환경개선특별회계법 등에 규정하고 있다.

부과금, 사용료를 징수하고 부역 또는 현품을 부과할 수 있는 재산권에 관련되는 특별지방단체였다. 그리고 학교비에 관해 군수의 자문에 응하기 위하여 학교평의회를 두었다. 학교평의회는 군수를 의장으로 하였으며, 평의원은 각 읍·면의 하나인 읍회의원 또는 읍협의회원이 선출하였다.

나. 胎動期(1946~1949)

근대적 의미의 교육자치제는 8·15광복 이후 미군정 하에서 태동하였다. 교육행정을 담당했던 미국의 고문들은 그들 모국의 지방분권의 전통에 비추어 볼 때, 한국의 일제하의 교육행정이 중앙집권제인 것을 인식하고 지방분권적인 체제로 시정하고자 하였다.

이를 기본으로 1945년 9월 한국 교육계의 중진들로 구성된 한국교육위원회를 조직하여 자문기관으로 활용하는 한편, 학무국을 문교부로 승격시키고, 都 내무국 산하의 학무과를 학무국으로, 내무과 산하의 학사계를 학무과로 승격시키면서 내무행정에 귀속되어 있던 교육행정을 독립된 행정체제로 전환시켰다. 당시의 미군정장관 W. F. Dean이 일본의 교육자치제에 관한 법률규정을 모색한 Amstrong을 초빙하여 한국의 교육자치제에 관한 법령을 기초하게 한 다음 이를 근간으로 1948년 8월 12일 군정법령 제216호로 교육구의 설치, 제217호로 교육구회의 설치를 명령·공포하였다. 이 군정법령은 1948년 9월 1일부터 시행하도록 규정하고 있었으나, 공포된 지 3일만에 대한민국 정부가 수립됨으로서 시행은 될 수 없었다. 그러나, 군정법령은 정부수립 이후 교육법의 심의과정에서 중요한 자료가 되었다. 즉, 교육법에 교육자치제 규정을 포함시키는 계기가 되었으며, 법규내용 면에서도 교육행정이 내무행정의 귀속체제에서 벗어나는데 큰 영향을 준 것으로 평가되고 있다.

다. 發足期(1950~1960)

정부가 수립되고 문교부는 기구조직을 정비하자, 바로 교육법 초안작성에 들어갔다. 1년여의 작업 끝에 초안이 만들어져, 1949년 11월 30일에 국회를 통과하고, 12월 31일 법률 제86호로 공포하였다. 제정된 교육법은 제2장에 교육구, 시교육위원회, 도교육위원회, 중앙교육위원회를 규정하고, 제3장에 교육세와 보조금을 규정함으로써 지방교육자치제의 근거를 규정하였다. 그러나, 교육법상의 교육자치는 교육자치의 실시를 선행조건으로 하는 것이기 때문에 시행이 지연되고 있었는데, 1950년의 6·25동란으로 더욱 지연될 수밖에 없었다. 6·25동란이 휴전상태로 들어가자 1952년 4월에 지방의회의원선출을 위한 선거가 실시되고, 1952년 4월 23일 교육법시행령이 공포되어 완전한 법적 근거가 마련되었다.

정부는 1952년 5월 24일 각 군과 시의 교육위원회 위원을 선출하는 선거를 실시하고, 6월 4일에 군과 시의 교육위원회가 발족함으로써 역사적인 교육자치제의 실현을 보았다. 당시의 교육자치제의 조직형태를 살펴보면, 교육자치행정의 단위를 군으로 하는 소교육구제를 채택하여, 군에는 법인체로 된 군교육구를 설치하고, 의결기관으로 군교육위원회를, 집행기관으로 교육감을 두었다. 도에는 교육에 관한 도지사의 자문기관으로 도교육위원회를, 서울특별시와 기타의 시에는 의결기관을 시의회로 하고, 합의제 집행기관으로서 시교육위원회를, 그 사무장격으로 교육감을 각각 두었다. 이와 같이 교육행정의 조직체계를 갖추었던 한국의 최초의 현대적 교육자치제는 교육행정의 민주화, 자율화, 전문화를 위하여 매우 의욕적인 출발을 하였으나, 교육재정상의 어려움으로 인해 교육계 내외로부터 많은 비판과 도전을 받았다.

라. 斷切期(1961～1963)

1961년 5·16군사정변을 계기로 국정 전반에 걸쳐 큰 변혁이 있었다. 교육행정과 교육자치제도 예외는 아니었다. 군사혁명위원회의 포고령 제2호에 의해 국회 및 지방의회가 해산됨으로써 문교부는 동년 5월 22일 각급 교육위원회 운영에 관한 훈령을 발하여 각급 교육위원회의 기능을 정지시켰다. 이에 따라 교육감제도만이 존속되고 교육위원회와 시의회의 의결사항은 중앙정부의 명을 받아 교육감이 시행하였다. 이것은 어디까지나 임시조치였다. 혁명정부는 그후 1961년 8월에 조직된 행정기구 개혁심의위원회의 건의로 교육에 관한 임시특례법을 법제화하고 지방행정기구도 개편하였다. 임시특례법은 교육행정 또는 학교법인에 관하여 교육법, 교육공무원법, 기타 교육관계법에 대한 특례를 규정하여 이에 저촉되는 규정은 모두 그 효력을 정지시켰다.

그리고 5·16쿠데타 이후 그 기능이 정지 당한 교육자치제는 지방행정의 일원화 및 기구간소화 방침에 따라 더 깊은 시련을 당해야 했다. 교육구와 교육위원회는 폐지되고, 시·도교육행정기구는 시장, 군수 산하의 교육과를, 도와 특별시의 교육행정기구는 도지사와 특별시장 관할 하의 교육국으로 개편·통합되었다. 1962년 1월 6일자로 교육법이 개정되면서부터는 지방교육행정이 일반내무행정으로 예속되는 법적 체제로 변하였다. 그리고 교육·학예에 관한 의결기관으로 5인제의 교육위원회를 서울특별시, 도, 시, 군에 설치하여, 그 위원은 당연직과 임명직으로 구성하였다. 또한 교육·학예에 관한 경비는 지방자치단체의 특별회계로 운용하도록 함으로써 거의 중앙의 보조금으로 운영하였다. 이렇게 됨으로써 교육행정은 완전히 일반행정에 예속되어 교육자치제는 거의 사멸화되었다.

마. 復活期(1964~1988)

교육자치의 단절에도 불구하고 대한교육연합회를 주축으로 한 교육자치제의 부활운동이 활발히 전개됨으로써 1963년 11월 1일 교육법을 개정하게 되고, 1964년 1월 1일을 기하여 과도기적이나마 교육자치제가 일부 부활되었다. 이 자치제는 서울특별시, 부산직할시, 군단위의 대교육구제를 채택하였다. 부활된 교육자치제에 의하면 서울특별시, 부산직할시, 각도에 교육행정에 관한 합의제 집행기관으로서 7명으로 구성된 교육위원회를 두었으며, 교육위원은 당해 기관장과 교육감, 당연직 위원으로 하고 나머지 5인은 지방의회에 선출권을 주었지만 지방의회가 성립되기 전의 과도기적 조치로 문교부장관이 임명하도록 하였다. 당연직 위원을 제외한 교육위원의 임기는 4년이고, 그들은 교육행정의 전문성과 정치적 중립성을 보장하기 위한 법적 자격을 구비하도록 하였다. 이들 교육위원회는 당해 지방교육자치단체의 교육·과학·예술·체육·출판 기타 문화행정에 관한 사무를 관장하며, 교육감으로 하여금 소관사무를 처리하게 하였다.

교육감은 당해 교육위원회에서 무기명 투표에 의하여 선임, 추천한 자를 문교부장관의 제청으로 대통령이 임명하였다. 교육감은 교육위원회의 전반적인 사무를 관장하며 실제적으로는 모든 교육행정을 집행하였다. 시·군에는 교육위원회의 하급기관으로 교육장을 두었다. 교육장은 교육공무원법에 의한 법정자격을 갖춘 자 중에서 교육위원회의 추천으로 문교부장관이 제청하면, 대통령이 임명하였다. 교육장은 상급교육위원회의 지도·감독 하에 당해 교육구의 교육행정을 집행하였다. 교육위원회나 교육감은 중요한 교육기본 재산의 취득, 처분에 관한 사항, 학교 기타 교육기관 및 문화·체육 시설의 설치·이전·폐지에 관한 사항, 사용료·수수료·분담금과 주민의 재정적 부담에 관한 사항, 당해 교육자치단체의 일반회계에 대하여 거부권을 행사할 수 있었다. 교육·학예에 필요한 경비는 교육·학예에 의한 재산수입, 국고에서의 교부금, 당해 지방자치단체의 일반회계로부터의 전입금으로 충당하였다. 특히, 의무교육재정교부금법과 지방교육교부세법에 의하여 지방교육재원의 확보가 어느 정도 가능하였다. 10월 유신의 영향으로 1972년 12월 5일 비상국무회의는 교육법을 개정하여 지방교육행정기구에 대한 획기적인 개편을 하였다. 즉, 중앙교육위원회의 폐지, 중학교 감독권을 교육장에게 이관, 교육위원회에 부교육감제 신설, 서울·부산교육위원회에 하부집행기관인 교육구청 설치, 설치위원회 및 교육장 소속 하에 지방공무원제 신설 등을 하였다.

바. 過渡期(1988~1991)

제5공화국 헌법은 제8장에 지방자치에 관한 사항을 삽입하는 등 지방자치 활성화를 위한 제반여건을 조성하였지만, 그 이전부터 정부는 지방자치제 실시연구위원회 규정에 의하여 지방의회 및 행정기구분과, 행정체제분과, 지방재정분과를 설치하여 운영하였다. 그 결과 지방자치법 개정안과 함께 지방자치제 실시를 주요 내용으로 하는 교육법 개정안이 1988년 3월 8일 국회를 통과하였다.

1988년 개정된 교육법에서는 교육장의 자격 기준과 교육위원회의 기능을 강화하였다. 즉 교육감은 학식과 덕망이 높고 지방의회의원의 피선거권이 있는 자로 정당의 당원이 아니어야 하며, 교육 또는 교육전문직원 경력이 20년 이상이거나 양 경력을 합하여 20년 이상인 자로 명문화하였다. 그 임기는 4년으로 하되 일차 중임을 허용하였다. 또한 시·도에 일반직 국가공무원으로 준하는 부교육감을 두되 그 직급은 대통령령으로 정하도록 하였다.

교육위원회에는 의장과 부의장 각 1인을 두며, 의장 및 부의장은 당해 교육위원에서 무기명 투표로 선출하고, 교육위원은 당원이 아닌 자로서 지방의회의원의 피선거권이 있는 자이어야 한다. 1988년에 개정된 교육법에 의하면, 교육자치제가 가능하며, 그 자율성과 전문성이 보장되는 것으로 되어 있다. 그러나, 지방자치단체 및 지방의회가 구성될 때까지는 종전의 규정을 적용한다는 단서 조항 때문에 지방의회가 구성되지 않은 1991년 이전에는 그 실효성을 거두지 못했다.

사. 活性 및 定着期(1991~현재)

지방교육자치에관한법률은 1991년 3월 8일 법률 제4347호로 제정되었으며, 지방교육자치에관한법률 중 개정 법률안이 1991년 12월 31일(법률 제4347호)제정된 후, 2000년 1월 28일 법률 제6216호까지 6차에 걸친 개정이 있었다. 지방자치의 실시와 더불어 이 법은 광역단위 자치제도를 기본으로 하고, 위임형 의결기구 성격의 교육위원회를 두고, 지방의회에서 이중 간선방식에 의해 선출되었다. 이후 1991년 12월 31일 개정에서는 회기를 40일에서 50일로 연장했고, 교육위원회에 의사국을 설치하도록 하였다. 이어 1995년 7월 26일 개정에서는 교육위원의 피선 경력연수를 교육행정경력 15년에서 10년으로 하향 조정했고, 교육감 역시 20년에서 15년으로 낮추었다. 그리고 교육감이 국가위임사무의 관리 및 집행을 명백히 해태한 때에 교육부장관에게 직무이행을 명령할 수 있도록 했고, 정해진 기간 내에 이행치 않을 경우에는 교육부장관이 대신 집행할 수 있는 권한을 갖도록 하였다. 또한 초·중등학교에 학교운영위원회를 설치토록 하는 근거 규정을 신설하였으나 1997년 12월 13일에 제정된 초·중등교육법으로 이관되었다.

이후 정부는 합의제 집행기관으로서의 교육위원회제를 골자로 한 개정법안을 제출하였으나 통과되지 못하고, 지난 1997년 11월 18일 개정안이 국회에서 의결되었는데 그 주요 골자는 교육감의 교육관련 경력연수를 15년에서 5년으로 완화하는 한편, 교육위원과 교육감의 선출은 학교운영위원회에서 선출된 선거인과 교원단체에서 추천한 교원선거인으로 구성된 선거인단에서 선출토록 하였다. 이때 교원단체 선거인 수는 학교운영위원회 총 선거인 수의 100분의 3으로 하였으며, 교육위원 예정자 제도 및 선거관리의 공정성 확보를 위한 조항 등도 포함되어 있었다(1997. 12. 17. 법률 제5467호)

1998년 동법 개정(1998. 6. 3.)을 통해서는 교육위원의 정수를 7~15인으로 축소 조정하였고, 교육위원의 선출권역은 인구, 행정구역 등 생활권을 고려하여 2~7개로 구분하였다. 그리고 후보 난립을 막기 위해 기탁금제도를 도입하였다.

최근의 동법 개정(2000. 1. 28. 법률 제6216호)에서는 교육감이 겸직할 수 없는 직에 사립학교법인의 직원을 추가하고, 교육위원·교육감 후보자는 후보등록일로부터 과거 2년 동안 정당의 당원이 아니어야 하고, 교육위원·교육감의 선거인단을 학교운영위원회 구성원 전원으로 증원하고, 교육위원 및 교육감 후보자의 검증 기회를 확대하기 위하여 소견발표회와 선거공보 외에 후보자 초청 회담·토론회를 허용하는 등의 규정을 둠으로써 동법 운영상 나타난 일부 문제점을 개선·보완하였다.

3. 地方教育自治制의 法的 根據

가. 憲法上의 根據

(1) 헌법 제31조 제4항의 「교육의 자주성·전문성 및 정치적 중립성은 법률이 정하는 바에 의하여 보장된다」고 규정하고 있다. 이는 교육의 자주성·전문성 및 정치적 중립성이 보장되지 않고 교육이 어떠한 수단으로 이용되어서는 안 된다는 것이다.

(2) 헌법 제117조에 「지방자치단체는 주민의 복리에 관한 사무를 처리하고 재산을 관리하여, 법령의 범위 안에서 자치에 관한 규정을 제정할 수 있다. 그리고 지방자치단체의 종류는 법률로 정한다」고 규정하고 동법 제118조는 「지방자치단체에 의회를 둔다. 그리고 지방의회의 조직·권한·의원선거와 지방자치단체의 장의 선임방법 기타 지방자치단체의 조직과 운영에 관한 사항은 법률로 정한다」고 규정하고 있다. 두 조항에서 지방자치제에 관한 규정만을 규정하고 있지만 지방자치가 지방의 일반행정을 지방자치단체에 의해서 실현 처리하는 것을 내용으로 하는 반면, 교육자치는 지방의 일반행정과는 따로 교육·학예에 관한 사무를 자치적으로 실현·처리하는 것을 내용으로 하기 때문에 처리

내용만 다를 뿐 자치에 관한 원리는 같으므로 교육자치는 지방자치의 규정이 준용되는 것이다.[190]

나. 教育基本法上의 根據

⑴ 교육기본법 제1조는 「이 법은 교육에 관한 국민의 권리·의무와 국가 및 지방자치단체의 책임을 정하고 교육제도와 그 운영에 관한 기본적 사항을 규정함을 목적으로 한다」고 규정하여 지방교육자치에 관한 근거를 마련한 것이라 할 수 있다.

⑵ 교육기본법 제5조 제1항의 「국가 및 지방자치단체는 교육의 자주성 및 전문성을 보장하여야 하며, 지역의 실정에 맞는 교육의 실시를 위한 시책을 수립·실시하여야 한다」고 규정하고 있다. 이는 헌법 제31조 제4항에서 규정하는 것과 같이 교육이 어떠한 다른 수단으로 이용되어서는 안 된다는 것을 말한다.

다. 地方自治法上의 根據

지방자치법 제2조 제3항에서 「지방자치단체 외의 특정한 목적을 수행하기 위하여 필요한 경우에는 별도의 특별지방자치단체를 설치할 수 있다」고 규정하고 있으며, 제9조 제2항의 5에서 교육·체육·문화·예술의 진흥에 관한 사무를 밝히고 있다.

또한 제5절 교육·과학 및 체육에 관한 기관에서 지방자치단체의 교육·과학 및 체육에 관한 사무를 분장하게 하기 위하여 별도의 기관을 둔다고 밝히며 기관의 조직과 운영에 관하여 필요한 사항은 따로 법률로 정한다고 되어 있다.

라. 地方教育自治에關한法律上의 根據

지방교육자치에관한법률 제1조는 「이 법은 교육의 자주성 및 전문성과 지방교육의 특수성을 살리기 위하여 지방자치단체의 교육·과학·기술·체육 기타 학예에 관한 사무를 관장하는 기관의 설치와 그 조직 및 운영 등에 관한 사항을 규정함으로써 지방교육의 발전에 이바지함을 목적으로 한다」고 밝히고 있다.

---

190) 국회사무처 입법조사국, 앞의 자료, p.26.

Ⅱ. 地方敎育自治에關한法律의 主要 內容

1. 敎育委員會

가. 組織

시·도의 교육·학예에 관한 중요사항을 심의·의결하기 위하여 시도에 교육위원회를
둔다. 교육위원회는 7인 내지 15인의 교육위원으로 구성하며 시도별 교육위원의 정수는
인구, 지역적 특성 등을 고려한다(제3조, 57조).

나. 敎育委員

(1) 敎育委員의 任期(제4조, 제7조 3항, 제59조 3항)

교육위원의 임기는 4년이고 전임 교육위원의 임기만료일의 다음날부터 개시한다. 또
교육위원의 임기가 개시된 후에 실시하는 선거에 의한 교육위원회의 임기는 당선이 결정
된 때부터 개시되며, 전임자의 잔임기간으로 한다.

제7조 제3항 「교육위원에 궐원이 생긴 때에는 제115조 제6항의 규정에 따라 궐원된
교육위원이 경력자인 경우에는 경력자인 교육위원예정자 중에서, 경력자가 아닌 경우에
는 경력자가 아닌 교육위원예정자 중에서 미리 정한 순위에 따라 교육위원이 된다.」는
규정에 의하여 승계한 교육위원의 임기는 승계한 날부터 개시되며 전임자의 잔임기간으
로 한다. 또 제59조 제3항 후단 및 동조 제4항의 후단의 규정에 의하여 선출되는 교육위원
의 임기는 선출된 날부터 개시되어 분할전의 교육위원 임기의 잔임기간으로 한다.

(2) 敎育委員의 資格 및 選出(제60조, 제62조, 제75조)

교육위원은 학식과 덕망이 높고 시·도의회의원의 피선거권이 있는 자로서 후보자등
록일부터 과거 2년 동안 정당의 당원이 아닌 자이어야 한다. 교육 또는 교육행정경력이
있는 자로서 교육위원후보자가 되고자 하는 자는 후보자등록일을 기준으로 교육 또는
교육행정경력이 10년 이상 있거나 양경력을 합하여 10년 이상 있는 자이어야 한다.

교육위원선거인단은 선거일공고일 현재 초·중등교육법 제31조의 규정(학교운영위

회의 설치)의 규정에 따라 학교운영위원회위원 전원으로 구성한다. 선거일 현재 교육위원 선거인이 공직선거 및 선거부정방지법 제18조에 해당하는 경우에는 선거권이 없다. 교육위원후보자 등록을 신청하는 자는 후보자 1인마다 600만원의 기탁금을 중앙선거관리위원회규칙이 정하는 바에 따라 관할 선거관리위원회에 납부하여야 한다(제75조).

다. 權限(제8조)
교육위원회는 당해 지방자치단체의 교육·학예에 관한 다음 각 호의 사항을 심의·의결한다.

① 시·도의회에 제출할 조례안
② 시·도의회에 제출할 예산안 및 결산
③ 시·도의회에 제출할 특별부과금·사용료·수수료·분담금 및 가입금의 부과와 징수에 관한 사항
④ 시·도의회에 제출할 起債案(2000. 1. 28. 신설)
⑤ 기금의 설치 운용에 관한 사항
⑥ 대통령령으로 정하는 중요재산의 취득·처분
⑦ 대통령령으로 정하는 공공시설의 설치·관리 및 처분
⑧ 법령과 조례에 규정된 것을 제외한 예산의 의무부담이나 권리의 포기에 관한 사항
⑨ 청원의 수리와 처리
⑩ 외국 지방자치단체와의 교류협력에 관한 사항(2000. 1. 28. 신설)
⑪ 기타 법령과 시·도 조례에 의하여 그 권한에 속하는 사항

2. 教育監

가. 教育監의 權限과 管掌事務(제20조, 제21조, 제22조)
시·도의 교육·학예에 관한 사무의 집행기관으로 시·도에 교육감을 둔다. 교육감은 교육·학예에 관한 소관사무로 인한 소송이나 재산의 등기 등에 대하여 당해 시·도를 대표한다. 또, 국가 행정사무중 시·도에 위임하여 시행하는 사무로서 교육·학예에 관한 사무는 교육감에게 위임하여 행한다(다만, 법령에 다른 규정이 있으면 그러하지 아니하다).

교육감의 관장사무로는 ① 조례안의 작성, ② 예산안의 편성, ③ 결산서의 작성, ④ 교육규칙의 제정, ⑤ 학교 기타 교육기관의 설치·이전 및 폐지에 관한 사항, ⑥ 교육과정 운영에 관한 사항, ⑦ 과학·기술교육의 진흥에 관한 사항, ⑧ 사회교육 기타 교육·학예

진흥에 관한 사항, ⑨ 학교체육·보건 및 학교환경정화에 관한 사항, ⑩ 학생통학구역에 관한 사항, ⑪ 교육·학예의 시설·설비 및 교구에 관한 사항, ⑫ 재산의 취득·처분에 관한 사항, ⑬ 특별부과금·사용료·수수료·분담금 및 가입금에 관한 사항, ⑭ 기채·차입금 또는 예산외의 의무부담에 관한 사항, ⑮ 기금의 설치·운용에 관한 사항 ⑯ 소속 국가공무원 및 지방공무원의 인사관리에 관한 사항, ⑰ 기타 당해 시·도의 교육·학예에 관한 사항과 위임된 사항 등 교육에 관한 전반적인 권한을 가지고 있다.

나. 教育監의 資格, 選出, 任期(제23조, 제61조, 제116조)

교육감은 학교운영위원회 위원 전원의 무기명비밀투표로 선출하되 유효투표의 과반수를 얻은 자를 당선자로 한다. 교육감의 임기는 4년으로 하되, 1차에 한하여 중임 할 수 있다(제23조). 교육감의 자격요건으로는 교육감은 학식과 덕망이 높고 당해 시·도지사의 피선거권이 있는 자로 후보등록일부터 과거 2년 동안 정당의 당원이 아니어야 한다(제61조 제1항).

교육감은 교육경력 또는 교육공무원으로서 교육행정경력이 5년 이상 있거나 양경력을 합하여 5년 이상 있는 자이어야 한다(제61조제2항). 특히, 경력요건으로 교육위원은 10년이고 교육감은 5년이어서 형평성 여부와 교육자로서의 경험을 지나치게 경시하고 정치적인 영향력을 강조하여 교육문제를 제대로 해결할 수 있을지 의심스럽다 아니할 수 없다.

3. 主要 條文別 改正 內容

가. 敎育委員 選出(제59조 제3·4항, 제60조)

과거 교육위원의 선거방식이 이중 간선제와 선거과정에서의 선거과열 및 금품수수 등의 문제점이 지적되었고, 선거절차가 복잡하여 주민통제의 원리가 제대로 반영되지 않는다는 문제점이 지적되었다.[191] 따라서, 교육위원 선거를 간선제로 하여 학교운영위원회에서 선출한 선거인과 시·도에 조직된 교원단체에 교원 선거인단으로 구성된 시·도 교육위원선거인단에서 선출하도록 규정하였다. 그러나, 주민의 민의를 더욱 충실히 반영할 필요에 따라 2000년 1월 28일 개정에서는 종전에 학교별 각 1인의 학교운영위원회선거인 및 교원단체선거인으로 선거인단을 구성하던 것을 교육위원·교육감 선거인을 초·

191) 한국교원단체총연합회, 『교육법제 정비 방안 연구』 1994, p.87.

중등교육법 제31조의 규정에 의한 학교운영위원회의 구성원 전원으로 교육위원 선거인
단을 구성하도록 하여 주민대표성을 강화하였다(동법 제62조 1항).

또한 후보자 검증기회를 확대하고 공정한 선거를 기하기 위하여 후보자등록일부터
선거일 전일까지를 선거운동기간으로 하고 이 기간동안 선거공보, 소견발표회와 후보자
초청 대담·토론회 외에는 일체의 선거운동을 금하며 선거운동기간전에도 인쇄물 등을
통한 사전선거운동을 할 수 없도록 하였다 (동법 제78조·제79조·제158조).

나. 教育委員의 承繼(제7조 제3항, 제59조, 제115조)

제7조 제3항에 「…교육위원에 궐원이 생긴 때에는 제115조 제6항의 규정에 따라 궐원
된 교육위원이 경력자인 경우에는 경력자인 교육위원예정자 중에서 경력자가 아닌 경우
에는 경력자가 아닌 교육위원예정자중에서 미리 정한 순위에 따라 교육위원이 된다」고
밝히고 있다. 제115조 제6항에서는 「관할 선거구관리위원회 위원장은 교육위원 당선인이
결정된 후 교육위원으로 선출되지 아니한 후보자를 경력자 및 경력자가 아닌 자로 구분하
여 다수득표자순으로 교육위원예정자명부를 작성 비치하여야 한다」규정하여, 교육위원
에 궐원이 생긴 때에는 교육위원예정자 명부에서 미리 정한 순서에 따라 교육위원이
된다고 밝히고 있다.

다. 教育委員 資格(제60조)

지방교육자치에관한법률 제60조는 교육위원의 자격에 관해 규정하고 있는데, 교육위
원의 자격으로 학식과 덕망이 높고 후보등록일부터 과거 2년 동안 정당의 당원이 아닌
자일 것, 교육 또는 교육행정경력이 10년 이상이거나 양경력을 합하여 10년 이상일 것
등을 요구하고 있다(제60조). 이 자격요건과 관련하여 문제점으로는

첫째, 학식과 덕망이라고 하는 자격 요건은 불명확한 개념이어서 학식과 덕망을 어떠한
근거로 규명할 것인가에 대한 문제, 둘째, 후보등록일로부터 과거 2년 동안 정당의 당원이
아닌 자(6차개정, 2000. 1. 28.)도 출마할 수 있도록 개정함으로써 교육의 정치적 중립성에
대한 심각한 문제가 되고 있다. 교육은 정치적 중립성과 자율성을 강조하여 비당파성을
요구하여 정당인을 원칙적으로 배제하였었다. 그러나, 6차 개정으로 인하여 정치적 중립
성에 대한 침해와 왜 2년이냐에 대한 논란이 될 수밖에 없다.

셋째, 교육법 관계의 일방 당사자이자 학교교육의 일선 담당자인 현직 교원의 피선거권
이 인정되지 않고 있다는 점 등이 문제가 되고 있다. 신·구지방교육자치에관한법률의
교육위원의 자격을 비교하면 다음 <표 14>과 같다.

<표 14> 교육위원의 자격 비교

신지방교육자치에 관한 법률	구지방교육자치에 관한 법률
교육위원은 학식과 덕망이 높고 시·도의회의원의 피선거권이 있는 자로서 후보자 등록일로부터 과거 2년 동안 정당의 당원이 아니어야 한다.	교육위원은 학식과 덕망이 높고 시·도의회의원의 피선거권이 있는 자로서 정당의 당원이 아니어야 한다.

라. 敎育監 選出(제116조), 敎育監의 資格(제61조)

과거 교육감 선거의 과열로 인한 문제점으로 인해 교육감 선출방식은 많은 변화를 겪었다. 교육감은 교육위원회에서 무기명투표로 선출하되, 재적과반수의 찬성을 얻도록 하고 있었다. 이에 대해 교육감의 선출방식에 대해서는 이를 '얼굴 없는 선거' 또는 '교황식 선출방식' 등으로 비판하면서 인물 선정 과정에서의 여론수렴이 제도적으로 봉쇄된 것을 많이 지적하고 하고 있었다. 또한 교육감 선출과정의 또 다른 문제점으로는 무등록과 비공개 선출방식 때문에 음성적인 금품수수나 유언비어의 난무 등 각종 부작용이 많이 발생하고 있다는 점이 지적되기도 하였다. 이후 개정에서는 교육위원회에서 선출하던 것을 학교운영위원회선거인과 교원단체선거인으로 구성된 교육감선거인단에서 선출하도록 함으로써 종전에 인물 선정 과정에서 여론수렴이 봉쇄되었던 것이 어느 정도 완화시켰음에서도 문제점이 계속 지적되어 2000년 1월 개정에서는 교육감 선출방식을 학교운영위원회 전원의 선거에 의해 선출하도록 선거인의 수를 증원하였다. 또한 교육위원 선출도 마찬가지로 규정함으로써 주민 대표성을 강화하였고, 교육감 선출에 필요한 것을 이전에 대통령령으로 정하던 것을 동법에서 규정하였다. 제61조에서는 교육감은 교육경력 또는 교육공무원으로서의 교육행정경력이 5년 이상 있거나 양 경력을 합하여 5년 이상 있는 자이어야 한다는 것을 신설하여, 교육감 자격요건을 종전 법률에 비하여 완화시키고 있다. 지방자치단체의 교육·학예에 관한 집행기관인 교육감의 자격요건을 교육경력이나 교육행정경력을 5년으로 낮춤으로써 교육에 문외한이 중책을 담당할 위험성이 내재되어 있다. 교육위원과 마찬가지로 과거 2년 동안만 비정치성, 비당파성이면 되므로 엄격한 의미의 교육의 중립성, 자율성을 기하기가 어렵게 된 문제점이 표출되고 있다. 또 교육감의 자격요건 중 나이는 시·도지사의 피선거권(만25세 이상)이 있는 자로 규정되어 극단적으로 30세 이전에도 당선될 수 있다. 교육은 전문성과 다양한 경험이 동시에 갖추어져 있어야 함에도 불구하고 지나치게 연령이나 교육경력을 낮게 함으로써 여러 가지 위험성이 내재하고 있다.

생각컨데, 교육감의 피선거권의 연령으로는 40세 이상, 교육경력 10년 이상 교육행정경

력 15년 이상으로 함이 적당한 것 같다. 교육경력과 교육행정경력을 나누는 이유는 학교
에서의 현직 경험이 많아야 교육행정을 집행함에 있어 학교 현실에 맞는 결정·집행이
이루어 질 수 있기 때문이다. 지나치게 당리당략이나 소수의견에 의한 법률 개정은 바람
직하지 않다고 본다. 신·구 교육감에 관한 규정을 비교하면 다음 <표 15>과 같다.

<표 15> 교육감에 관한 규정 비교

신지방교육자치에관한법률	구지방교육자치에관한법률
① 시·도선거관리위원회는 유효투표의 과반수를 얻은 자를 교육감당선인으로 결정한다. ② 제1항의 득표자가 없는 때에는 최고득표자가 1인이면 최고득표자와 차점자에 대하여, 최고득표자가 2인이상이면 최고득표자에 대하여 결선투표를 하여 다수득표자를 당선자로 하고, 다수득표자가 2인이상인 경우에는 연장자를 당선자로 한다. ③ 후보자등록마감시각에 후보자가 1인이거나 후보자등록마감후 선거일 투표마감시각까지 후보자가 사퇴 사망하거나 등록이 무효로 되어 후보자가 1인이 된 때에는 투표를 실시하여 그 득표자가 투표자총수의 과반수에 달하여야 당선인으로 결정한다. ④ 시·도선거관리위원회는 당선자가 결정된 때에는 이를 공고하고 지체없이 당선자에게 당선증을 교부하며, 당해 시도교육위원회 및 교육감에게 통지하여야 한다.	① 교육감은 학교운영위원회선거인과 교원단체선거인으로 구성된 교육감선거인단에서 무기명투표로 선출하되, 전체 교육감선거인 과반수의 찬성을 얻은 자를 당선자로 한다. ② 제1항의 득표자가 없는 때에는 최고득표자가 1인이면 최고득표자와 차점자에 대하여, 최고득표자가 2인이상이면 최고득표자에 대하여 결선투표를 하여 다수득표자를 당선자로 하고, 다수 득표자가 2인 이상인 경우에는 연장자를 당선자로 한다. ③ 지방자치법 제97조, 제99조, 제140조 및 제141조의 규정은 교육감선거에 준용한다. ④ 교육감 선출 공고일, 후보자 등록, 교원단체선거인 추천방법, 교육감선거인명부의 작성 기타 교육감 선출에 관하여 필요한 사항은 대통령령으로 정한다.

마. 事務의 委任·委託(제29조)

교육감은 조례 또는 교육규칙이 정하는 바에 의하여 그 권한에 속하는 사무의 일부를
보조기관, 소속교육기관 또는 하급교육행정기관에 위임할 수 있으며, 교육규칙이 정하는
바에 따라 그 권한에 속하는 사무의 일부를 당해 지방자치단체의 장과 협의하여 구·출장
소 또는 읍·면·동의 장에게 위임할 수 있다. 이럴 경우 교육감은 당해 사무의 집행에
관하여 구·출장소 또는 읍·면·동의 장을 지휘·감독할 수 있음은 물론이다. 또한 교육
감은 조례 또는 교육규칙이 정하는 바에 의하여 그 권한에 속하는 사무 중 조사·검사·
검정·관리사무 등 주민의 권리·의무와 직접 관계되지 아니하는 사무를 법인 또는 단체
에 위탁할 수 있으며, 위탁하는 경우에는 미리 당해 사무를 위임 또는 위탁한 기관의
장의 승인을 얻어야 한다.

바. 敎育機關의 設置(제34조)

교육감은 그 소관사무의 범위 안에서 필요한 때에는 대통령령 또는 당해 시·도의
조례가 정하는 바에 의하여 교육기관을 설치할 수 있다.

Ⅲ. 地方敎育自治에關한法律의 特色과 問題點

1. 特色

가. 同一地方自治團體내의 複數 意思決定機關의 兩立

우리나라 지방자치법제는 하나의 지방자치단체 내에 두 개의 의사결정기관과 두 개의 집행기관을 두고 교육·학예에 관한 사항은 그 지방자치단체 내의 교육위원회와 교육감이 지방의회와 지방자치단체장과 별개로 독립하여 관장하게 하고 있다.[192] 지방교육자치에관한법률 제2조가「지방자치단체의 교육·학예·기술·체육 기타 학예에 관한 사무는 특별시·광역시 및 도의 사무로 한다」고 규정하고 있다고 하여, 이것이 당연히 그 지방자치단체의 하나의 기관에 불과하고, 교육자치업무가 지방자치단체장의 사무가 되거나 지방의회의 관할 사항이 되는 것이 아니라고 하는 점에 유의하여야 한다.

지방자치단체의 사무를 그 성격과 내용에 따라서 어떤 기관에서 어떻게 처리하게 할 것인지는 다시 법률로 맡기지 아니하고 제3의 기관을 두어 이 기관으로 하여금 처리하게 할 수 있다. 지방자치법 제36조(하급교육행정기관의 설계)시·도의 교육·학예에 관한 사무를 분장하게 하기 위하여, 1개 또는 2개 이상의 시·군 및 자치구를 관할 구역으로 하는 하급 교육 행정기관(교육청)을 두도록 한 것은 바로 이러한 의미이다. 즉, 이 조항은 교육·학예에 관한 사무에 관해서는 이를 지방자치단체장과 지방의회에 맡기지 아니하고, 이에 관한 집행기관과 의결기관을 따로 둔다는 의미로서, 지방교육자치법상의 교육감과 교육위원회를 예정한 조항이다. 그러므로 "지방자치단체의 교육·학예에 관한 사무는 시·도의 사무로 한다"고 하는 현행 지방교육자치법 제2조를 이와 같은 법리에 따라 풀어 말하자면, 지방자치단체의 교육·학예에 관한 사무는 구체적으로 교육·학예에 관한 별도의 행정기관인 시·도 교육감 및 교육위원회의 사무로 한다는 의미가 된다.[193]

---

192) 허종렬, "지방교육자치에관한법률 개정법률안의 쟁점과 대안",『한국교육법연구』, 1997, p.100.
193) 위의 논문. p.101.

나. 敎育委員會와 敎育監의 特別行政機關性

교육위원회와 교육감이라고 하는 양 기관을 축으로 하는 교육자치기관의 현행법상 성격은 시·도라고 하는 지방자치단체의 교육·학예에 관한 특별행정기관으로서의 성격을 갖는 것이라고 규정할 수 있다.[194)

교육위원회와 교육감은 헌법 제31조 제4항의 교육의 자주성 보장을 위하여 헌법 제117조 제2항과 지방교육자치에관한법률 제2조 지방자치단체인 시·도가 교육기관을 설치·경영하고 지도·감독하는 권한 행사의 한 방편으로서, 교육·학예에 관해 공정한 민의에 따라 각기 실정에 맞는 교육행정을 할 수 있도록 국가가 법률로써 일반행정기관인 지방의회 및 지방자치단체의 장과는 별도로 설치한 특별행정기관들이라 할 수 있다. 곧, 교육감은 일반행정사무를 분장하고 있는 지방자치단체장과는 별도로 특히 교육 과학 및 체육에 관한 사무를 분장하기 위하여 두는 특별집행기관으로, 당해 지방자치단체의 교육 과학 및 체육에 관한 행정의사를 결정하고 이를 외부에 표시하는 권한을 행사한다. 그리고 교육위원회는 일반행정사무에 관해 의결권을 행사하는 시도의회와는 별도로 교육, 과학 및 체육에 관한 사무에 관해 의결권을 행사하기 위해 두는 특별의결기관이다.

2. 問題點

첫째, 교육위원회가 심의·의결기관으로 운영됨에 따라 지방의회와 교육위원회의 이중 심의 및 중복 감사 실시 등으로 인해 교육청과 일선학교의 업무 부담이 지나치게 많아질 수밖에 없게 되어, 교육개혁 추진과 관련된 산적한 교육행정 업무의 추진이 불가능하게 되어 있다. 현재 교육위원회의 회기가 60일, 시·도의회의 회기가 120일로서, 교육 관련 예산안과 조례안을 교육위원회와 지방의회에서 이중으로 심의 받는 동안 시·도교육청은 각종 자료 제출, 답변 등 심의절차를 밟기 위해 1년의 절반이상을 소모해야 할뿐만 아니라, 교육위원회의 행정감사, 시·도의회의 조사활동에 따른 출석 및 자료준비를 위해 일선 학교조차도 많은 시간과 노력을 쏟아야 하기 때문에 교육행정력의 낭비가 극심한 실정이다.

둘째, 교육발전을 위해서는 단체장 및 지방의회의 자원과 협조가 필수적이며, 이를 위해서는 교육감과 교육위원회가 긴밀하게 협조하지 않으면 안 된다. 그러나, 현행 교육

---

194) 위의 논문, p.102.

자치제하에서는 교육위원회와 교육감이 "심의·의결기관 대 집행기관"으로 분리·독립되어 있기 때문에 교육위원회가 교육감의 업무를 감시·감독하는데 치중함으로써 상호 간의 긴밀한 협조보다는 불필요한 긴장·대립 관계가 야기되고 있다.

셋째, 지방교육행정조직의 인적 구성이 교육계 인사 중심으로 되어 있기 때문에 교육에 대한 의사결정이 공급자 위주로 이루어지고 있다. 교육정책 결정과정에 각계 인사의 다양한 참여가 제한되어 교육에 대한 지역주민의 요구를 수용하기가 매우 어렵게 되어 있다.195)

---

195) 교육부, 『문답으로 풀어본 지방교육자치에관한법률 개정 법률안』, 1997, p.5.

Ⅳ. 地方自治團體와 敎育委員會 및 敎育監의 關係

1. 行政組織法上 行政主體 및 行政機關 區別

행정법상 행정주체란 행정상 법률관계에 있어서 행정권의 담당자인 당사자를 의미한다. 행정주체에는 국가 및 공공단체와 때로는 이에 준하는 공기업체 및 행정사무를 위임받은 사인이 있다. 또한, 행정기관이란 행정주체인 국가나 공공단체가 행정사무를 의결하고 집행하기 위하여 설치하는 행정주체의 기관을 말한다. 행정기관은 그가 행사하는 권한의 성격과 내용에 따라 의결기관과 집행기관으로 구분된다. 위의 구별은 지방자치단체의 조직에도 그대로 적용되어야 하는 것이다. 따라서 행정주체로서의 지방자치단체 자체와 그 행정기관인 지방자치단체의 장 및 지방의회는 구별되어야 한다. 구체적으로 말하면 지방자치단체의 장과 지방의회는 각각 지방자치단체의 하나의 집행기관과 의결기관에 불과할 뿐이며, 이들 기관이 곧 지방자치단체 그 자신이 되는 것이다. 이것은 지방자치단체도 법인인 이상 법인에 관한 일반법인 민법상의 법인에 관한 법리가 적용되는 논리적 귀결이다. 그러므로, 지방교육자치에관한법률 제2조가 「지방자치단체의 교육·학예에 관한 사무는 특별시·광역시 및 도의 사무로 한다」고 규정하고 있지만, 이것이 곧 지방자치단체장의 사무가 되거나 지방의회의 관할사항이 되는 것은 아니라고 하는 점에 유의하여야 한다. 지방자치단체는 그 사무 가운데 성격과 내용에 따라서 얼마든지 제3의 기관을 두어 이 기관으로 하여금 처리하게 할 수 있기 때문이다.[196]

지방자치법이 교육·학예에 관한 사무를 분장하기 위해 별도의 기관을 둔다 함은 바로 이러한 의미이다. 즉, 이 규정은 교육·학예에 관한 사무에 과해서는 이에 관한 의결기관과 행정기관을 따로 둔다는 의미로서, 현행 지방교육자치에관한법률상의 교육감과 교육위원회를 예정한 조항이다. 그러므로 지방자치단체의 교육·학예에 관한 사무는 시·도의 사무로 한다고 하는 현행 지방교육자치에관한법률 제2조를 이와 같은 법리에 따라 풀이하면 지방자치단체의 교육·학예에 관한 사무는 시·도 교육감 및 교육위원회의

---

196) 한국교원단체총연합회, 앞의 책, p.80.

사무로 한다고 하는 의미라고 할 것이다.

2. 行政機關으로서의 敎育委員會 및 敎育監 法的 地位

현행 교육위원회와 교육감은 헌법 제31조 제4항의 교육의 자주성 보장을 위하여 헌법 제117조 제2항과 지방교육자치에관한법률 제2조상의 보통지방자치단체인 시·도가 교육기관을 설치·경영하고 지도·감독하는 권한 행사의 한 방편으로서, 교육·학예에 관한 공정한 민의에 따라 각기 실정에 맞는 교육행정을 하기 위하여 일반행정기관인 지방의회 및 지방자치단체의 장과는 별도로 설치한 특별행정기관들이라고 할 수 있다. 보다 정확하게 말하면, 교육감은 일반행정사무를 분장하고 있는 보통행정청인 보통지장자치단체의 장과는 별도로 특히 교육, 과학 및 체육에 관한 사무를 분장하기 위하여 두는 특별행정청이라고 할 수 있으며, 당해 지방자치단체의 교육·과학 및 체육에 관한 행정의사를 결정하고 이를 외부에 표시하는 권한을 행사하는 집행기관에 해당된다. 또한 교육위원회는 일반행정사무에 관해 의결권을 행사는 시·도의회와는 별도로 교육, 과학 및 체육에 관한 사무에 관해 의결권을 행사하는 의결기관에 해당된다. 현행지방자치제는 의결기관인 지방의회와 집행지관인 지방자치단체의 장을 두는 외에 교육과 학예에 관한 사무를 관장하는 특별기관으로서의 의결기관인 교육위원회와 집행기관인 교육감을 두고 있는 것이다.

3. 地方議會와 敎育委員會의 法律關係

지방자치단체의 지방의회와 지방자치단체장의 경우에도 그것은 어디까지나 지방자치단체의 행정기관이라는 지위의 한계 내에서 의결기관 혹은 집행기관으로서의 성격과 지위를 갖는 것이므로, 같은 행정기관인 교육·학예에 관한 의결기관으로서의 교육위원회 및 집행기관으로서의 교육감과 원칙상 대등 관계가 형성되는 것이며, 어느 일방이 반드시 우월한 지위에 있는 것이 아니라 할 것이다. 즉, 지방자치법과 지방교육자치에관한법률 상의 여러 관련 조항들이 비록 교육·학예에 관한 중요 의결사항에 대한 교육자치입법권과 교육자주재정권의 본질적 내용을 침해하고, 교육자치 조직권에 과도한 개입을 하고 있으나, 이것은 어디까지나 입법정책의 결과일 뿐 지방자치에 관한 법원리가 본래부

터 그러한 때문이 아니다.197)

4. 地方自治團體와 地方敎育行政의 關係

지방자치의 개념 및 근거 등 지방자치의 기초가 되는 제 원리들은 바로 교육자치에도 준용될 수 있도록 지방교육자치에관한법률 제19조에 규정되어 있다. 다만 지방자치가 지방의 일반행정을 지방단체에 의하여 실현·처리하고 교육자치는 지방의 교육행정을 지방의 일반행정과 따로 해서 자치적으로 실현 처리하는 것을 내용으로 한다. 따라서 지방자치를 일반지방자치, 교육자치를 교육에 관한 특별지방자치라고도 한다. 그런데 교육자치는 일반행정으로부터 분리해서 독립적 분권으로 해야 할 근거가 있다.

첫째, 교육행정의 일반행정에 대한 특수성이다. 일반행정에 있어서는 능률을 위한 명령이나 공권력의 수단으로서 행정목적 달성이 가능하지만 교육행정에 있어서는 명령이나 공권력보다는 인격적 지도 조언이 강조되어야 하는 점에 특수성이 있으며 효과 면에 있어서도 일반행정에 비해서 좀 더 계속적이며 장기적인 특성을 가지고 있다.

둘째는 교육행정이 일반행정으로서는 다룰 수 없는 전문성을 띠고 있다는 점이다. 교육행정의 전문성은 그 직무에 있어서 독자성, 특수성이 있고 그 직무달성에 있어 고도의 지성을 바탕으로 하는 우월성의 기준이 적용되어야 하기 때문이다.

셋째, 정치적 자주성의 필요이다. 교육이 교육본래의 목적에 기하여 운영되지 않으면 교육목적을 달성 할 수 없다. 일반행정에서 교육행정이 분리되어서 자치단체로서 성립되어 있으며, 일반행정에 통합되어 있을 경우보다 훨씬 정치적 이용을 모면할 수 있다는데 교육자치가 요청되는 근거가 되는 것이다.

---

197) 위의 논문, p.85.

V. 各國의 敎育自治制度

미국, 일본, 영국을 중심으로 외국의 교육자치제도를 지방자치와의 관계, 교육위원회, 교육감 등을 중점으로 알아보고자 한다.

1. 美國의 敎育自治制度

지방자치단체와 관계에서는 지방자치의 틀 안에서 지방자치의 일환으로 실시하고 있다. 주의 입법부에 의해서 교육행정의 권한을 부여받은 주교육위원회가 교육행정을 직접 운영하는 책임을 지고 있다. 그러나, 교육행정 체계의 조직, 구성 및 권한은 주마다 다소 차이가 있다. 대부분의 주정부는 교육정책 결정기관인 주교육위원회와 교육행정의 집행기관인 주교육장을 두고 있으며, 중간단위의 교육구로서 County수준의 중간교육구와 기초단위로서 지역학구라 할 수 있는 기초교육구가 있다.

교육위원회에 대해서 알아보면, 주교육위원회는 자문·심의 및 행정적 수준의 의결기관이며 위원수는 7에서 13명으로 구성되며, 의결기능은 주의회에서 담당한다. 교육구 교육위원회는 합의제 집행기관이며, 교육구 교육위원수는 5명에서 15명으로 구성된다. 교육위원의 자격은 제한이 없다. 교육위원 선출은 주교육위원의 경우 주지사가 전체 주의 2/3, 주민직선이 전체 주의 1/4, 기타 주의회 선출 등 다양하며, 교육구 교육위원은 대부분 주민의 직선으로 선출된다.

대부분의 주교육위원회는 교육행정에 관한 제반 정책을 결정하며, 헌법과 주법이 부여하고 있는 사무를 수행하는 데 필요한 규칙과 조례를 제정하는 기관이다. 주의회가 교육에 관련하여 취한 지침을 내리면 이를 이행하는데 필요한 정책은 주교육위원회에서 입안하며, 주의회의 정책을 지지하여 효율화를 기하기도 한다.

각 주는 기초적 지방교육 행정단위로서 기초교육구를 두고 있다. 이 기초교육구에는 정책의 결정기관으로서 교육위원회를 두고 있는 것이 대부분이다. 이 기초교육구에서는 주로 사무교육에 관한 업무를 담당한다. 주마다 의무교육법을 가지고 있는데, 의무교육의 연한은 7세부터 16세까지로 하고 있는 주가 많다. 기초교육구의 교육위원회는 주에서 위임된 교육행정의 대부분에 관하여 독자적인 권한을 갖고 학교와 기타 교육기관의 설치·유지·관리·운영의 책임을 진다. 또한 주의 법령 범위 내에서 교육에 관한 행정사무를 집행하고, 그에 필요한 경비를 지출할 수 있다. 기초교육구의 교육위원회는 주의 교육 정책에 배치되지 않는 한도 내에서 구역내의 교육에 관한 기본 방침을 결정하고 주로의 고등교육기관인 대학이나 종합대학을 제외한 각 교육 단계의 학교를 설치·유지·관리·운영하며, 교재와 교구를 구입하고 교직원을 임면하며, 급여를 지급할 권한을 가지고 있다.

교육감의 자격은 석·박사학위 또는 교육경력을 요구한다. 선출방식은 주교육감의 경우 주교육위원회에서 선출하는 州가 전체 주의 1/2, 주민 직선에 의한 州가 전체 주의 1/3, 기타 주지사 임명이며, 교육구 교육감의 경우에는 교육구 교육위원회에서 임명한다.

2. 英國의 敎育自治制度

지방교육자치를 지방자치의 틀 안에서 지방자치의 일환으로 실시하고 있다. 교육행정의 체제는 중앙정부, 지방교육당국 그리고 교육전문직 간에 철저한 책임과 분담이 이루어지고 있다. 따라서 중앙정부는 지역교육위원회나 교직원에 대한 통제보다는 교육문제에 대한 조정자의 역할을 할뿐이다.

교육위원회는 지방의회의 소위원회(교육전문위원회)로서 의결기관인 동시에 집행기관의 성격을 지니고 있으며 별도의 교육위원회를 구성하지 않는다. 인원은 21명에서 60명으로 구성이 되며, 자격으로는 전체 위원중 과반수는 지방의회 의원이 겸직을 하며, 나머지 위원은 교육경험자 또는 지역 교육사정에 밝은 인사 중에서 지방의회가 선정한다.

교육감은 법적 제한은 없으나 학위소지자중 교육경력 또는 행정기관근무 경력자를 임명하는 것이 관례로 되어 있으며 지방의회에서 임명한다.

3. 日本의 敎育自治制度

일본도 미국, 영국과 같이 지방자치의 틀 안에서 지방자치의 일환으로 실시하고 있다. 중앙에는 문부성이 지방에는 광역교육위원회와 기초교육위원회가 있지만 교육행정은 이들 교육전문행정기관만이 집행하고 있는 것이 아니라 지방자치와 전체적으로 관련이 있다. 문부성은 교육에 관한 권한을 행사할 때는 법률에 따라서 하여야 하고 그 권력 행사에 있어서 별단의 규정이 있는 것을 제외하고는 행정상이나 운영상으로 감독을 할 수 없게 되어 있다. 이는 문부성은 지도·조언을 주로 하는 조장행정기관이고, 교육행정의 주관청은 각급 교육위원회이다.

교육위원회는 합의제 집행기관의 성격을 지니고 있으며, 위원의 정수는 도·도·부·현에서 5명, 시·정·촌에서 3명서 5명을 선출한다. 교육위원의 자격에는 제한이 없다. 교육위원의 선출은 지방자치단체의 장이 지방의회의 동의를 얻어 임명한다.

교육감은 법적 제한은 없으나 교육행정 경력자중에서 임명하는 것이 관례로 되어 있으며, 도·도·부·현에서 문부 대신의 승인을 얻어 교육위원회에서 임명하며, 시·정·촌에서는 도·도·부·현 교육위원회의 승인을 얻어 교육위원회가 교육위원 중에서 임명한다.

VI. 地方敎育自治制의 變革

　지방교육자치에관한법률에서 교육자치의 원리로서 지방분권의 원리, 주민참여의 원리, 교육행정 독립의 원리, 전문적 관리의 원리, 자주적 재정의 원리를 들었다. 이중에서 주민참여의 원리에 문제가 있다. 개정 법률을 살펴보면, 교육위원 선출, 교육감 선출, 자격, 교육기관의 설치 규정이 변경되었다. 교육자치 원리에 맞추어 법률을 살펴보면 주민참여 원리 면에서 기존의 교육위원의 이중 간선제와 교육감 선출에 있어서 교황식 선출방식은 문제가 있다. 그러나, 완벽한 주민참여를 실현하지는 못하지만, 학교운영위원회에서 선출한 선거인의 참여, 교원단체 선거인단 참여로 주민의 민의를 보다 충실히 반영하도록 하였고, 또다시 최근의 개정에서 선거인수의 확대와 공정선거를 위한 일련의 보완책들을 내놓았다.

　지방분권의 원리 면에서는 제41조 제2항을 삭제함으로써 중앙통제를 보다 완화하고, 지방실정에 맞는 조례를 제정할 수 있도록 길을 열어 놓았다. 그러나, 교육행정의 독립과 자주적 재정원리 면에서 볼 때 동일 지방자치단체 내에 복수 의사 결정 기관을 양립시킴으로써 표면상 행정의 독립을 이루고 있는 것으로 보이나 재정적인 면에서 지방자치단체와 관련하여 독립적으로 처리할 수 있는 부분이 적어 실제로는 독립이 이루어지지 않고 있다. 또한 학교운영위원회를 통한 학교자치, 시·도 단위의 광역 교육자치는 실시되고 있으나, 시군구의 기초단위 교육자치는 실시하지 않고 있어 최근 이에 대한 논의가 증가하고 있다.

私立學校法

Ⅰ. 私立學校法 槪觀

사립학교법(1963.·6. 26. 법률 제1362호)은 사립학교의 특수성에 비추어 그 자주성을 확보하고 공공성을 앙양함으로써 사립학교의 건전한 발달을 도모하기 위하여 제정된 법으로서 27차에 걸친 개정(1999. 8. 31. 법률 제6004호)이 이었다. 제정 당시 이 법은 총칙, 학교법인, 사립학교 경영자, 사립학교 교원, 보칙 및 벌칙으로 총 6장 74개 조항과 부칙으로 구성되었는데, 현재에는 총6장(제1장:총칙, 제2장:학교법인, 제3장:사립학교경영자, 제4장:사립학교교원, 제5장:보칙, 제6장:벌칙), 총 68개 조항 및 부칙으로 구성되어 있다.

교원과 관련하여 우리나라 사립학교법은 그 자격과 복무에 관해서는 국·공립 학교 교원에 관한 규정을 준용하도록 되어 있는데, 이는 국·공·사립의 모든 교원이 복무에 관해서는 국가공무원법의 복무규정을 따르고 있음을 의미한다. 최근 1997년 8월의 개정에서는 외국인의 학교법인 이사취임 가능 규정을 신설하고, 학생수 격감에 의한 학교법인 해산인가 및 재산의 귀속 및 출연가능 조항을 두었으며, 고등학교 이하에서도 직무이탈로 인한 결원 교원을 보충할 경우 기간제 교원을 둘 수 있도록 하였다.[198]

학교운영위원회에 대해서는 지난 27차 법률 개정에서 사립학교도 국·공립 학교와 마찬가지로 의무적으로 설치하도록 규정하고 있다. 그러나, 그 성격이나 구성 방법에 있어서는 국·공립학교와 차별을 두고 있어서 본래의 입법취지에 얼마나 부응할지는 상당히 미지수이다.

1. 私立學校法의 意義

사립학교의 성립사정을 감안한 사립학교의 의의에 관해서는 두 가지의 견해가 있다. 첫째의 견해는 사립학교를 국·공립학교의 보충적 의미를 갖는 것으로 보는 것이다.

---

198) 이형행·고 전, 『교육행정론』(서울: 양서원, 1998), pp.281~282.

이러한 견해는 학교교육은 될 수 있는 대로 공공학교에서 행해져야 한다는 사고방식에 입각해서 사립학교를 인정하는 것으로써, 사립학교에 대해서는 그 공공성을 중시하면서도 그 자주성은 부차적인 것으로 여기는 것이다. 이와 같은 사립학교에 관한 견해는 주로 독일과 프랑스를 중심으로 한 유럽 대륙에서 볼 수 있었던 것으로 대륙적 사립학교관이라고 한다.

둘째의 견해는 사립학교를 공공학교와 별도로 독자적 의의를 갖는 교육기관으로 보는 것이다. 이 견해는 학교교육은 공공학교와 사립학교와의 양자에 의해 행해져야 한다는 입장에서 사립학교에 대해서는 그 자주성을 존중하고 그 공공성은 부수적인 것으로 여기는 견해이다. 이와 같은 사립학교관은 주로 영·미를 중심으로 볼 수 있었으므로 영미적 사립학교관이라고 한다.[199]

2. 私立學校의 槪念

사립학교법 제2조 제1항에서 "사립학교"라 함은 「학교법인 또는 공공단체 이외의 법인 기타 사인이 설치하는 학교를 말한다」. 또한 사립학교법 제2조 제2항에서 "학교법인"이라 함은 「사립학교만을 설치·경영함을 목적으로 이 법에 의하여 설립되는 법인을 말한다」고 규정하고 있다. 초·중등교육법 제3조에서는 「각 호의 학교는 국가가 설립·경영하는 국립학교, 지방자치단체가 설립·경영하는 공립학교, 법인 또는 사인이 설립·경영하는 사립학교로 구분한다」.

현행 「사립학교법」의 내용을 살펴보면, 총칙에 이어 학교법인(자산, 사업, 주소, 설립허가, 이사회, 이사장, 감사 등의 기관, 재산과 회계, 해산과 합병 등)에 관련된 내용이 대부분이어서 사립학교법이라기 보다는 학교법인의 설립과 운영에 관한 법률로 해석된다. 왜냐하면, 그것은 사립학교에 관한 법 제도가 등장하게 된 역사적인 배경 때문이라고 할 수 있다. 사립학교법은 공교육체제의 발달과 함께 국가가 교육의 공정성 차원에서 사립학교에 대해서도 관심을 가지게 된 것으로부터 기인한다. 따라서, 사립학교에 관한 국가의 법제는 무엇보다 사학의 운영구조, 즉 설립과 경영 및 폐쇄와 의사결정체제 등의 조항들에 중점을 둘 수밖에 없다. 사학에 관한 이와 같은 운영구조 문제들은 의사결정권의 배분 문제와 긴밀한 관계가 있다. 여기에서 사립학교의 자주적인 의사결정체제 확립이라는

---

199) 이종국, 『사립학교법 축조해설』(서울: 재동문화사, 1982), pp.19~21.

문제와 교육의 공공성을 책임져야 할 공공기관의 성격과의 조화문제가 대두되기도 하였다. 사학의 운영구조에 관한 문제는 한국 사립학교법의 경우에도 동일하게 적용될 수 있다. 즉, 한국 사립학교법의 주요 골자도 이 점에서 예외일 수는 없다는 것이다. 한국 사립학교법에서 사학의 재단은 법인으로서 권리와 의무의 귀속체이고, 학교는 법인이 설치한 시설물이라는 지위를 가지는 것에 불과한 것으로 나타난다. 즉, 재단은 법인격을 갖는 법인(학교법인)으로서 그 의사는 이사회가 결정하고 학교는 법인이 설치한 시설물로서, 법인으로부터 한정된 의사결정권 만을 수임 받는 것으로 되어 있다. 이러한 유형의 사학 운영구조가 가진 장점은 학교를 설립하고 책임지는 법인을 둠으로써 안정적인 사학의 운영을 할 수 있다는 점을 들 수 있으며, 반면에 단점으로는 사학의 운영에 있어 학교법인의 전횡 가능성이 있다는 점을 들 수 있다. 최근 일부 사학 재단의 전횡과 비리도 이러한 운영구조가 가지는 특성에서 비롯되었다고 할 수 있다.[200]

3. 私立學校法의 性格과 役割

가. 私學의 性格

사립학교란 법인 또는 사인이 설립·경영하는 학교를 말한다(사립학교법 제2조 제1항). 사립학교의 '자주성'과 '공공성'의 두 개념은 건전한 사립학교의 육성과 직결되는 핵심적인 개념들이다. '사립학교의 자주성'을 생각할 때, '교육의 자주성'을 생각하고, '사립학교의 공공성'을 생각할 때, '교육의 공공성'을 생각해야 한다. 우리나라 사립학교법 제1조에는 "이 법은 사립학교의 특수성에 비추어 그 자주성을 확보하고 공공성을 앙양함으로써 사립학교의 건전한 발달을 도모함을 목적으로 한다."고 하여 사립학교의 설립목적과 지도원리를 명확히 규정하고 있다. 즉, 사립학교를 설립하는 목적은 사립학교의 특수성에 의한 자주성의 확보와 공공성의 앙양이란 이대원리를 지주로 하여 건전한 사립학교의 발전을 도모한다는 것이다. 따라서, 사립학교에 대한 행정과 법적인 규제도 이 원리에 입각해서 행하여져야 하며, 동시에 사립학교의 경영도 이것을 목표로 하여야 할 것이다.

(1) 私立學校의 自主性

사립학교의 자주성은 결국 '교육의 자주'라는 개념과 직결된다. 교육의 자주성이란 교

---

200) 사립학교법 연구위원회, "사학보고서-사립학교법의 현황과 과제", 1998, p.32.

육기구와 교육내용이 교육자에 의하여 자주적으로 결정되고 행정권력에 의한 교육통제가 이루어질 경우에는 법에 의한 통제가 되어야 한다는 의미이다.[201] 즉, 교육 본래의 기능을 충실히 이행하기 위하여 교육 스스로가 방향을 잡고 존속·유지되어야 한다는 것이며 국가권력으로부터 교육의 독립을 그 핵심으로 한다. 따라서, 사립학교는 법인 또는 사인의 기부재산에 의해 설치·경영된다고 하는 법제상의 특수성과 또한 독특한 교풍을 형성하고 있다는 사실상의 특수성 때문에, 그 교육과 경영에 있어서도 자주·자율성이 존중되어야 한다는 것이다. 즉, 사립학교의 자주성이란 사립학교의 교육과 경영을 행정권의 지배와 간섭을 받지 않고 그 특수성에 비추어 독자성과 자율성을 갖고 영위되어야 한다는 것을 의미한다. 교육기본법 제25조에도 "국가 및 지방자치단체는 사립학교를 지원·육성하여야 하며, 사립학교의 다양하고 특성 있는 설립목적이 존중되도록 하여야 한다"고 규정하고 있다.

(2) 私立學校의 公共性

사립학교에 있어서의 공공성이란 모든 학교교육사업은 사회 공공의 복지를 위해서 그 의의가 인정되는 것이기 때문에 사립학교라 할지라도 설립자의 사익만을 도모하거나 자의적인 경영에 맡겨서는 안 된다고 하는 공교육개념에서 유래하는 사립학교가 갖는 공공적 성질을 말하는 것이다. 이는 학교교육의 사회성에 기해서 교육에 대한 통일성, 일반성 및 동질성을 추구하기 위함인 것이다. 이와 같이 사립학교의 공공성을 앙양한다는 것은 학교교육이 갖는 공적인 성질을 확보하기 위해 사립학교에 관해서도 법적 규제를 강화하거나, 행정기관이 사회·공공의 입장을 대표하여 기여할 수 있도록 행정청의 지도·감독권을 강화해야 한다는 것이다.[202] 학교법인이 공익법인인지에 관한 질의에 대한 회답에서도 학교법인은 사립학교법에 따라 설립되는 특수법인으로서 그 설립목적 또는 경영하는 사업은 동법의 규제를 받고 있는 바, 사립학교법 제2조 제2항(이 법에서 "학교법인"이라 함은 사립학교만을 설치·경영함을 목적으로 이 법에 의하여 설립되는 법인을 말한다.)에 의하면 학교법인은 사립학교만을 설치·경영함을 목적으로 하고 있으며, 동법 제6조 제1항(학교법인은 그가 설치한 사립학교의 교육에 지장이 없는 범위 안에서 그 수익을 사립학교의 경영에 충당하기 위하여 수익을 목적으로 하는 사업에서도 학교법인은 그가 설치·경영하는 학교의 교육에 지장을 주지 않는 한 그 수익을 사립학교의 경영에 충당하기 위하여 수익을 목적으로 할 수 있도록 규정되어 있고 학교법인의 설립취지

---

201) 권영성, 『신고헌법학원론』(서울: 법문사, 1984), p.499.
202) 허재욱, 앞의 책, pp.365~373.

또는 경영하는 사업은 영리 아닌 공익을 목적으로 한다 할 것이므로 학교법인은 공익법인의 범주에 속한다고 보아도 무방할 것이다[203]라는 것도 결국은 사립학교의 공공성에 기인하는 것이라고 본 것이다.

사립학교의 자주성과 공공성의 논의를 전제한다면, 사립학교법은 사학의 역할에 대한 국가 정책의 기본 원칙을 제시하고 사학의 설립 조건을 규제함으로써 사학이 우리 사회에서 해야 할 역할을 제시하는 동시에 사학의 자율적 운영의 구조를 제시하고 이에 필요한 교직원의 인사, 재정, 그리고 공공 재정 지원 등에 관한 사항을 규정하고 있는 법체제이다.[204]

나. 私立學校 設置·經營體에 관한 法

사립학교는 사립학교법 제2조에 따라 학교법인 또는 공공단체 이외의 법인 기타 사인이 설치하는 학교이고, 학교법인은 사립학교를 설치·경영하는 것을 목적으로 사립학교법에 의해 설립되는 법인이며, 사립학교경영자는 사립학교법에 의해 사립학교를 설치·경영하는 공공단체 이외의 법인(학교법인 제외)또는 사인이다. 따라서 사립학교법은 사립학교 설치, 경영체의 설립·운영에 관련된 법이라고 정의할 수 있다.

다. 敎育을 위한 公益的 出捐 制度에 관한 法

사립학교법은 교육을 위한 공익적 출연 제도에 관한 법이라고 할 수 있다. 어느 나라를 막론하고 공익적인 견지에서 교육을 위하여 재산을 증여하는 행위(즉, 교육을 위한 재산의 출연)를 공교육에 소요되는 재원의 확보를 차원에서 권장하였으며, 이에 따라 출연된 재산을 합리적으로 관리하고 유지하게 하는 법제가 발달하게 되었다. 출연된 재산의 관리에 관련하여 빈번하게 제기되는 문제들은 대개 출연자의 권한 범위는 무엇인가 하는 문제, 출연금을 관리하는 제도적 장치는 어떠해야 하는지의 문제, 출연 재산의 관리에 대한 정부의 감독 범위의 문제, 그리고 출연 재산을 가지고 운영되는 사립학교의 교육기관에 대한 공공지원의 범위의 문제들이다.[205]

---

203) 법무 81-154, 74. 4. 8. 대: 경상북도 교육위원회 참조.

204) 박재윤, 『사립학교법 편람』(서울: 원미사, 1995), p.13.

205) 위의 책, pp.13~14.

4. 私立學校法의 變遷過程

가. 舊韓末

우리나라에서 최초로 사립학교와 관련되는 법이 제정된 것은 1908년이다. 대한제국은 칙령 제62호로 전문 17조 2부칙으로 된 사립학교령을 제정·공포한 것을 효시로 동년 8월 28일에는 전문 14조 1부칙으로 된 학부령 제14호의 '사립학교보조규정'을 공포함과 동시에, 전문 10조 1부칙으로 된 학부령 제15호의 공립·사립학교인정에관한규정과 학부 훈령 제2호의 사립학교시행에 관한 건을 각각 공포하였다. 이 사립학교령의 내용은 사립 학교 설립인가를 위한 절차로서 구비요건과 구성, 교과서, 학교비치의 문서, 설립자 및 교원의 자격과 제한, 사립학교의 감독과 폐쇄, 학교운영 사항의 보고 의무, 지방관서의 감독 등으로 되어 있고, 사립학교보조규정의 내용은 보조학교의 범위, 보조금 청구 절차, 보조금의 집행절차와 제한 등으로 짜여 있으며, 공·사립학교 인정에 관한 규정의 내용 또한 인정 자격과 절차, 비치문서와 인정취소 등으로 되어 있다.

그리고 학부 훈령 '사립학교시행에 관한 건'의 내용은 사립학교령의 입법취지와 집행방 법을 설명하는 것으로 되어 있다. 이는 사립학교로 하여금 본연의 교육목적을 수행시킨다 는 구실이었기는 하지만, 주안점은 학교설립인가 및 유치방법을 통제하고, 당시의 한국의 교과서가 그들에게 불온하다 해서 이를 철저하게 단속하는 데 있었다.

나. 植民地時代

1910년 국권이 침탈된 1년 만인 1911년 8월에 제정된 '朝鮮敎育令'이 제정·공포되면서, 동년 11월 1일부터 식민지 교육 체제에 들어가 한반도는 이때부터 사립학교법 제도가 그들 식민지 교육법제에 근거하게 되었다. 이들 식민지 세력에 의하여 1911년 제정·공포 된 사립학교규칙은 인가절차와 그 효력, 학칙에 규정하여 할 사항, 학교의 조직과 임무, 교과서, 설립자의 자격, 시정명령, 폐쇄조건, 보고의무 등을 내용으로 하는 전문 18조와 1부칙으로 짜여진 강력한 수탈의 통제법이었다. 1915년 사립학교규칙을 개정하여 설립자 나 교원을 변경할 때에도 이력서를 첨부하여 인가를 받게 하는 등 인가절차를 강화하고 교과과정과 교원의 자격 등의 감독절차도 강화하였다. 그리고 1920년 사립학교규칙 전문 이 개정되었다. 이 내용 또한 이전의 규칙과 거의 같으나, 전문교육 부분이 추가되어 있는 점이 다르다. 1929년 일제부령 제13호에 의해 감독관청의 사립학교의 법 준용이나 금지 등을 지시하는 등 감독기능을 더욱 강화하고 1932년 일제부령 39호에 의하여 다시 이 규칙을 개정하여 학교장과 교원의 임면에 대해서도 인가를 받도록 하였다. 사립학교규칙은 1935년 일제부령 제54호의 개정에서 사립학교에 실업보습학교를 추가하고 있다. 그리고 1937년 일제부령 제90호의 개정을 통하여 사립학교를 폐지할 때의 인가절차를 규정하고 있다. 1938년 일제부령 제42호는 일본인학교와 같이 학교명의를 통일하기로 한 학교정책의 변동에 따라 소학교, 중학교, 고등여학교로 명칭을 다같이 통일하고, 사립학교규칙에도 이 명칭을 통일하는 개정을 하게 된다.

다. 自由放任期

1945년부터 1960년대까지의 시기는 해방이 되고 정치적 혼란기여서 사학에 정부가 관여할 여력이 없었던 시기이었기에 사학정책의 기조가 대체로 자유방임적이었다. 일제시대의 억압적·폐쇄적 정책을 지양하고, 사학으로 하여금 마음놓고 발전하게 하여 자의에 가까울 정도로 뻗어 날 수 있게 하였던 시기였다. 교육정책의 초점이 의무교육의 완성과 문맹퇴치에 있었으므로 지원단계의 교육에 있어서는 학교 설립을 개방·방임하였다. 그 결과 중등과 고등교육에 있어서 사학의 비중이 높아지게 됨은 물론 사학의 질적 저하를 초래하였다.

이러한 사학의 양적 확대는 교육기회의 확대라는 긍정적인 측면도 있었으나 일부 사학이 공공성을 저버리고 기업화 현상을 드러내는 등 방만하게 운영하여 사학의 품위를 손상시켰으며, 그 결과로 국민들의 불신과 비판의 표적이 되었다. 이러한 불신과 사학에 대한 정부의 감독과 통제의 필요성을 제기하는 직접적인 원인이 되었다.

라. 統制強化期

자유방임적 사학정책으로 인하여 나타난 문제점에 대한 비판은 1950년대 중반부터 제기되었으며, 본격적인 사학에 대한 국가의 통제 정책은 1961년에서 63년에 걸쳐 단행된 대학정비부터이다. 대학정비는 대학생의 정원의 감축, 대학 및 학과의 폐지·통합, 대학 입학자격국가고시와 학사자격국가고시의 실시, 대학교수의 정년 인하, 교수실적심사의 단행, 대학경상비 30%의 사학재단 지출규제 등 여러 가지 시책을 수반하였다. 1963년에는 사학에 대한 정부의 감독권을 명문화한 사립학교법을 제정·공포함으로써 국가의 사학에 대한 통제정책을 제도화하였다. 이 법은 주로 사학의 공공성을 강화하는 방향으로 개정되었다.

1964년 11월 10일 법률 제1664호로 사학의 감독청은 학교법인의 임원과 학교의 장이 법령을 위반하였을 때, 임원간의 분쟁이나 회계상의 부정이 있을 때, 그리고 학교법인의 임원이 학교의 장의 권한을 침해하였을 때 각각 그들의 취임승인을 취소할 수 있게 하였

다. 1969년 12월 4일 대통령령 제4396호로 동법시행령을 제정·공포하여 사립학교법을
보완하도록 했다. 1973년 12월 20일에는 법률 제2649호로 임원의 결격사유를 규정한 제22
조에 대하여 일부가 개정되고, 해산명령에 관하여 규정된 제47조에 대하여는 전문이 개정
되어 사립학교 통제가 비교적 강화되었다.

1975년 7월 23일 법률 제2775호로 종래 학교법인의 정관변경은 민법 제45조와 제466조
에 따르거나 이사 정수의 3분의 2의 동의를 얻어 문교부장관의 인가를 받도록 된 것을
이사회에서 이사의 정수 3분의 2의 찬성으로 의결한 것을 인가하도록 하였다.

마. 民主化期

(1) 7·30 敎育改革 措置(1980)

1980년 초에 출범한 제5공화국에서는 교육혁신을 당면한 4대 국정지표의 하나로 설정
하고 교육의 정상화를 위한 7·30 교육개혁 조치를 단행하였다. 현행 사학정책의 근간이
되어온 7·30교육개혁 조치가 사학에 미친 영향은 사립학교 교원의 공립학교로의 전입
특채('81. 11. 23 법률 제3458호)를 위시하여 정부의 사학에 대한 지원이 확대되어 사학에
대한 기부금 전액을 손비처리하도록 하였으며, 사립대학의 이사회 기능을 강화하고 학생
납입금을 자율화하는 등 자율화 정책을 대폭 도입하였다. 또한 이 법률안은 사립대학의
학교법인과 대학의 장의 권한과 책임을 명확하게 규정하는 일이었으며, 이로써 학교운영
에 대한 학교법인의 간섭을 제한하도록 하였다. 사학의 예산과 집행은 사학 안에 설치된
재정위원회에서 심의하고, 학교법인은 이에 관여치 않게 하는 조치와 함께, 설립자의
배우자나 직계존속의 학교장의 취임 제한, 교원징계제도의 완화 등의 조치가 취하여졌다.
사립학교 교원에 대한 권고사직을 금하였으며, 교원의 징계에 대한 규정으로 교원의 징계
에는 징계의결을 거치게 하고, 조사를 엄격하게 하는 학교법인이나 학교경영자의 징계권
의 남용을 더욱 억제하는 조치를 취하였다.

그러나, 이러한 7·30 교육개혁 조치는 사학의 설립·운영의 주체인 학교법인의 권한
을 지나치게 축소시켜 다소 지나치다는 비판을 받아왔다. 이후에도 사학에 대한 통제정책
은 지속되었으나 교육 민주화의 추세에 따라 사학에 대한 자율권을 어느 정도 부여하는
등 조성정책을 병행하였다. 사학에 대한 통제의 강화와 함께 조성의 필요성이 강하게
제기되었고, 사학의 재정난 가중이 조성정책이 나오게 된 직접적인 계기라 할 수 있다.

(2) 제15차 私立學校法 改正(1990)

1980년 7·30 교육개혁 조치에 대해서 사학을 비롯한 학계와 교육계의 계속적인 개정

요구와 6·29 이후 사회 전반에 걸친 민주화·자율화 추세에 부응하여 사학의 자율성을 신장시키고 교직의 안정과 사학경영자의 책임경영을 중심으로 하는 법개정이 과제로 등장하여 1990년 3월 16일 법률 제4226호로 전체 74개 조항 가운데 49개 조항이 개정된 제15차 사립학교법 개정안이 통과되었다.

개정 사립학교법의 주요내용은 교수임용권을 총·학장에서 법인으로 이양하였으며, 교수 재임용제의 실시여부를 정관에 위임하였고, 총·학장 임명승인제를 보고제로, 임명승인 취소제를 해임요구제로 개정하였다. 또한 이사장의 타법인 이사장 겸직금지를 해제하였고, 학교법인의 재산임대 허가제를 폐지하였다. 학교법인의 정관에 의하여 대학평의원회란 심의기관을 설치하게 함으로써, 이로 하여금 대학의 운영에 관한 사항을 심의토록 하는 조치와 예산·결산자문위원회를 통하여 결산에 대한 이 위원회의 자문을 얻도록 조치하였다. 이는 학교법인의 독단적인 운영을 방지하자는 의도가 가미되어 있다고 할 수 있다. 교원의 신분보장을 강화하기 위하여 교원징계위원회의 운영방법을 개선하였으며, 관할청별로 독립적인 재심위원회를 설치하고, 명예퇴직제도와 기간제교사제도를 신설하였다. 또한 교원인사위원회를 신설하고, 휴직제도를 법률로 규정하였다. 교직원의 학교운영 참여기회를 확대하기 위하여 대학에 대학평의회를 설치토록 하였으며, 교직원으로 구성된 예산·결산자문위원회를 신설하였다. 기타 이사장 직계 존·비속의 총·학장 취임금지를 해제하고 이사 정수 중 친족비율을 3분의 1에서 5분의 2로 확대하였다.

(3) 제27차 사립학교법 개정(1999. 8. 31.)

1999년 8월 31일 법률 제6004호로 개정된 27차 사립학교법의 주요한 개정내용은 다음과 같다.

학교법인이 아니면 설립할 수 없는 학교에서 사범대학을 삭제하였다(동법 제3조 제2호). 학교법인이 수익사업을 하고자 할 때나 사업의 종류, 계획, 종류와 계획의 변경을 하고자 할 경우에는 관할청에 신고하여야 하였으나, 이러한 규정을 삭제함으로써 학교법인의 수익사업에 대한 자율권을 부여함으로써 열악한 사학재정을 확충할 수 있도록 개정되었다(동법 제6조 제2항). 이 번 개정의 특징중의 하나는 일반적인 학교와 유치원을 별개로 규정하고 있는 것이 큰 특징중의 하나이다. 학교법인에는 임원으로 7인 이상의 이사와 2인 이상의 감사를 두도록 하고 있다. 하지만, 유치원만을 설치·경영하는 학교법인에는 임원으로서 5인 이상의 이사와 1인 이상의 감사를 둘 수 있도록 규정함으로써 유치원의 임원의 수를 완화하여 규정하고 있다(동법 제14조). 학교회계의 예산은 학교장이 예산·결산자문위원회의 자문을 얻어 이사회의 심의·의결을 거쳐 학교장이 집행하도록 하고 있다. 다만, 유치원은 예산·결산자문위원의 자문을 거치지 아니할 수 있도록(동법 제29조 제4항) 단서를 둠으로써 유치원의 재정에 대한 자율성을 부여하였다. 또한 교원에 대한 징계도 학교법인이나 사립학교경영자는 당해 학교에 교원징계위원회를 설치하고, 이 위원회에서 징계를 심의·의결하도록 하고 있으나, 사립유치원 교사의 징계사건은 교육공무원법 제50조의 규정에 의하여 설치되는 교육공무원징계위원회에서 심의·의결하도록 함으로써 사립유치원 교사의 신분보장을 강화시켰다(동법 제62조 제1항).

또한 대학 교원에 대한 신분보장을 강화한 것이 특징이다. 대학교육기관의 교원은 정관에 정하는 바에 따라 근무기간·급여·근무성적·업적 및 성과약정 등 계약조건을 정할 수 있도록 하고 있으며, 이에 임용된 교원의 임용기간이 종료되는 경우에 임용권자는 교원인사위원회의 심의를 거쳐 당해 교원에 대한 재임용여부를 결정하여야 한다(동법 제53조의 2)고 규정하고 있다. 그 동안 끊임없이 제기된 사립학교 대학 교원의 재임용여부에 대한 문제를 어느 정도는 학교법인이나 사립학교경영자의 일방적이고 납득이 가지 않은 재임용의 탈락은 줄어들 것이라 여겨진다. 구체적으로 근무경력이나 근무성적, 연구업적, 각종 학술지의 발표논문 등을 예시함으로써 이러한 근거를 통하여 재임용여부를 결정함으로서 성실하게 연구활동과 수업에 열의를 다하는 사립학교 대학교원의 재임용 탈락은 더 이상 없을 것이라 여겨진다. 이를 통하여 볼 때, 사립학교 교원에 대한 신분보장이 번 개정을 통하여 크게 강화되었다고 본다.

Ⅱ. 私立學校法 主要 內容

1. 總則

가. 私立學校法의 目的(제1조)

제1조에는 「사립학교의 특수성에 비추어 그 자주성을 확보하고 공공성을 앙양함으로써 사립학교의 건전한 발달을 도모함을 목적으로 한다」고 규정하여 사립학교법의 제정취지와 존재이유를 밝히고 있다.

나. 私立學校의 定義(제2조)

"사립학교"라 함은 「학교법인 또는 공공단체이외의 법인 기타 사인이 설치하는 학교를 말한다」. 또한 "학교법인"이라 함은 「사립학교만을 설치·경영함을 목적으로 이 법에 의하여 설립되는 법인을 말한다」고 규정하고 있다. 초·중등교육법 제3조에서는 「각 호의 학교는 국가가 설립·경영하는 국립학교, 지방자치단체가 설립·경영하는 공립학교, 법인 또는 사인이 설립·경영하는 사립학교로 구분한다」고 하였다.

다. 學校法人이 아니면 설립할 수 없는 私立學校 등(제3조)

사립학교의 공공성을 높이기 위하여 초등학교·중학교·고등학교·대학, 산업대학·전문대학·기술대학, 대학·산업대학·전문대학 또는 기술대학에 준하는 각종학교에 관해서는 그 설치·경영자를 학교법인만으로 제한하고, 학교법인 이외의 법인 또는 사인, 즉 사립학교경영자에게는 이들의 설치·경영을 불허한다는 취지의 규정이다.

라. 管轄廳(제4조)

각급의 사립학교 및 그 설치·경영자에 대한 교육행정상의 관할청을 지정하여, 그 관할범위를 확정함과 아울러 그에 대한 관할청의 포괄적인 지휘·감독권을 규정하고 있다. 사립의 초등학교·중학교·고등학교·고등기술학교·공민학교·고등공민학교·특수학교·유치원 및 이들에 준 하는 각종학교는 시·도 교육감의 지도·감독을 받고, 사립의 대학·산업대학·전문대학·기술대학 및 이들에 준하는 각종학교는 교육부장관의 지도·감독을 받는다.

2. 學校法人

가. 通 則

학교법인은 대통령이 정하는 바에 따라 그가 설치·경영하는 사립학교에 필요한 시설·설비와 당해 학교의 경영에 필요한 재산을 갖추고 있어야 한다. 또한 학교법인은 사립학교의 교육에 지장이 없는 범위에서 수익사업을 할 수 있고, 사업의 명칭과 그 사무소의 소재지, 사업의 종류, 사업계획에 관하여 자본금을 공고하도록 규정하고 있어 사학재정에 관한 자율성을 많이 부여하였다(제5, 6조). 학교법인의 설립등기(제8조)는 학교법인의 설립허가를 받은 날로부터 3주 내에 목적, 명칭, 사무소, 설립허가의 연월일, 존립시기나 해산사유, 자산의 총액, 이사의 성명·주소, 출자의 방법을 정한 경우 등 소정의 여러 사항을 등기하고 이를 지체없이 공고하도록 하고 있다.

나. 設立(제10조~13조)

학교법인을 설립하려 할 때에는 일정한 재산을 출연하고 목적, 명칭, 설치, 경영하려고 하는 사립학교의 종류와 명칭 등 소정의 여러 사항들을 기재한 정관을 작성하여 대통령령이 정하는 바에 따라 교육부장관의 허가를 받도록 하고 있으며, 학교법인을 설립한 자가 사망한 경우에 그가 정관에 기재하지 않은 사항은 이해관계인의 청구에 따라, 청구인이 없을 때에는 직권으로 교육부장관이 정할 수 있도록 하였다. 학교법인의 설립허가의 성격은 다른 특별한 규정이 없는 한 교육부장관의 자유재량에 속한다(68. 6. 18. 대법 68누19). 학교법인의 설립시기는 등기와 동시에 성립되며, 민법 제47조·제48조·제50조 내지 제54조 및 제55조제1항의 규정을 준용한다.

다. 機關

학교법인에 있어서의 기관은 상설기관으로 이사장 및 감사가 있고, 비상설기관으로 이사회가 있으며, 이사는 합의제 의결기관인 이사회를 구성하는 임원에 불과한 것이다. 이사는 7인 이상, 감사는 2인 이상 두어야 하며, 이사 중 1인은 정관이 정하는 바에 의하여 이사장이 된다.

(1) 理事會(제15조~16조)

학교법인에 이사회를 두며, 이사회는 이사로써 구성하고, 이사회는 이사장이 소집하고 이사장이 그의 장이 된다. 감사는 이사회에 출석하여 발언할 수 있다. 이사회의 기능으로는 예산·결산·차입금 및 재산의 취득·처분과 관리에 관한 사항을 비롯하여 정관의 변경, 학교법인의 합병 또는 해산, 임원의 임면, 학교법인이 설치하는 학교장의 임면, 수익사업 등의 사항의 사항을 심의·의결한다. 비록 이사장이나 이사라 할지라도 학교법인과 이해관계를 서로 달리할 때에는 당해 사항에 관한 의결에 참여할 수 없다. 일반적으로 일정직에 있는 자가 그의 권한행사를 함에 있어서 특정 사건의 당사자 또는 사건의 내용과 특별한 관계에 있는 경우에, 그 사건처리에 관한 직무집행을 할 수 없도록 배제시키는 것을 말한다. 그러나, 다만 회의에 출석하고 발언하는 것은 무방하며 심의 과정에는 참여할 수 있는 것으로 해석된다.

(2) 理事會의 召集 및 議決定足數(제17조~18조)

이사회는 이사장이 필요하다고 인정할 때에는 이사회를 소집할 수 있고, 재적이사의 과반수 이상이 이사회의 소집을 요구하거나 감사가 학교법인의 회계 등에 부정이 있어서 이를 이사회에 보고하기 위한 소집요구가 있을 때도 소집된다. 이 경우 그 요구가 있은 날로부터 20일 이내에 법이 정한 절차에 따라 소집되도록 되어 있다. 이사회의 소집권자가 없거나 이를 기피할 목적으로 7일 이상 소집을 지연시킬 경우에는 재적이사의 과반수의 찬동으로 관할청의 승인을 받은 때에 소집될 수 있다. 의결정족수는 정관에 특별한 규정이 없는 한 재적이사 과반수의 찬성으로 의결한다.

(3) 任員의 職務(제19조)

이사장은 학교법인을 대표하고 이 법과 정관에 규정된 직무를 행하며, 기타 학교법인 내부의 사무를 통할한다. 이사장이 궐위되거나 사고로 인하여 직무를 수행할 수 없을 때에는 정관이 정하는 바에 의하며, 정관에 규정이 없을 때에는 이사회의 호선에 의하여 다른 이사가 이사장의 직무를 대행한다. 이사는 이사회에 출석하여 학교법인의 업무에 관한 사항을 심의·결정하며, 이사회 또는 이사장으로부터 위임받은 사항을 처리한다. 감사는 학교법인의 감독기관으로서 학교법인의 재산상황과 회계, 이사회의 운영과 그 업무에 관한 사항을 감사한다. 감사한 결과 부정 또는 불비한 점이 있음을 발견한 때 이를 이사회와 관할청에 보고하여야 하며, 이의 보고를 위해 이사회를 소집할 수 있고 이사장 또는 이사에게 의견을 진술할 수 있다. 임원은 정관에 정해진 바에 따라 이사회에서 선임되어 관할청에 승인을 받아 취임하게 된다. 이사장, 이사 및 감사의 임기는 정관으로 정하되 이사는 5년, 감사는 2년을 초과할 수 없으나 중임 할 수 있다. 학교법인 정관에서 동법 제20조 규정된 임원의 임기보다 더 긴 기간을 정할 수는 없다(교행 10423 - 607, 68. 9. 4. 대: 전라북도 교육위원회).

(4) 任員 就任의 承認 取消(제20조의2)

임원이 이 법 또는 동시행령의 규정에 위반한 때, 임원간의 분쟁·회계부정 및 현저한 부당 등으로 인하여 당해 학교법인의 설립목적을 달성할 수 없게 한 때, 학사행정에 관하여 당해 학교의 장의 권한을 침해하였을 때에는 관할청은 당해 학교법인에게 그 시정을 요구하고, 그로부터 15일이 경과하여도 이에 응하지 아니하는 경우에 관할청은 그 취임승인을 취소할 수 있다. 이 규정은 임원의 독단을 방지하고 사학의 원활한 운영을 위한 규정이다.

(5) 任員 選任의 制限(제21조)

임원을 선임할 때에는 이사인 경우, 이사 정수의 과반수 이상은 대한민국 국민이어야 하며, 대학교육기관 중 대통령령이 정하는 학교를 설치·경영하는 학교법인으로서 대한민국 국민이 아닌 자가 학교법인의 기본 재산액의 2분의 1이상에 해당하는 재산을 출연한 학교법인의 경우에는 이사 정수의 3분의 2미만을 대한민국 국민이 아닌 자로 할 수 있도록 규정하고 있다. 이사간에 민법 제777조에 규정된 친족관계에 있는 자가 3분의 1을 초과하여서는 안되며, 이사 중 적어도 3분의 1이상은 교육 경력이 3년 이상 있는 자라야 한다. 또 감사의 경우도 감사상호간 민법 제777조에 규정된 친족관계에 있는 자가 아니어야 한다.

(6) 任員의 缺格事由(제22조)

학교법인의 성격과 그 임원의 책임 및 역할의 중대성 때문에 학교법인의 임원의 결격사유를, 국가공무원의 결격사유와 임원취임승인이 취소된 자로서 2년이 경과되지 아니한 자, 학교장 해임요구에 의하여 해임된 자로서 2년이 경과되지 아니한 자는 학교법인의 임원이 될 수 없도록 하였다. 임원으로서 문제가 있어 해임된 자를 일정한 기간 내에 다시 임명하여 사학의 문제를 야기 시킬 수 있는 여지를 조금은 완화시켰다고 보아진다. 하지만, 단지 2년의 기간은 너무 짧기 때문에 결격사유가 있는 임원은 다시는 임원에 선출될 수 없게 하는 차원에서 최소한 5년 이상은 되어야 한다고 본다.

(7) 任員의 兼職禁止, 補充 臨時理事의 選任(제25조~27조)

이사장은 학교법인이 설치하는 학교의 장에 취임할 수 없으며 이사는 감사나 학교법인이 설치한 학교의 교원이나 직원이 될 수 없고 감사는 이사장이나 이사 또는 학교법인의 직원은 물론 그 설치하는 학교의 교원이나 직원의 직을 겸임할 수 없다. 또 이사나 감사에 결원이 있을 때에는 2월 이내에 보충하여야 하며 이사의 결원이 있음에도 불구하고 2월 이내에 학교법인이 이를 보충하지 아니한 경우 학교법인의 목적 달성이 불가능하고 손해가 발생할 우려가 있을 때 교육부장관은 이해관계인의 청구에 의하거나 또는 직권으로 임시이사를 선임할 수 있게 된다.

여기서 '이해관계인'은 학교법인 이사의 결원으로 자기의 권리, 이익에 영향을 받은 자를 의미하지만 단순히 반사적 이익이나 사실상 감정상의 이익을 얻거나 대가를 받는 것만으로는 이해관계인이라 볼 수 없으며, 구체적인 경우에 따라 판단해야 한다(문기획 810-20, 69. 1. 6. 대: 경상북도교육위원회). 이 경우 임시이사의 임기는 2년으로 제한하고 있어서 사립학교의 분규가 해소되지 않았어도 물러나야 한다는 맹점이 있다. 특히 본 규정이 이사장은 사립학교의 장을 겸할 수 없다고 한 것은, 다름 아닌 법인과 경영의 분리원칙을 준수시키려는데 목적이 있는 것이다.

한편 이사에게는 그 사립학교의 장을 겸직할 수 있도록 한 것은 이사가 학교의 장을 겸하고서 학교측의 의견을 학교법인 측에 반영하기 용이한 것으로 해석할 수 있으나 친족을 학교의 장에 취임케 하는 것은 소유와 경영의 분리원칙에 어긋나며 사학의 비리를 불러오는 원인이기도 하다. 따라서, 이사장과 친족관계에 있는 자도 학교의 장에 취임하는 것을 법으로 금지해야 실질적인 분리가 가능하다.

(8) 任員의 報酬制限(제26조)

수익사업을 경영하는 이사와 상근하는 감사에게만 보수를 지급할 수 있고, 그 밖의 임원에게는 실비의 변상만이 가능하다. 그러나, 예외적으로 학교법인의 기본 재산액의 3분의 1을 출연하거나 기증한 자 중에 생계가 어려운 사람에게는 학교법인이 수익이 있을 경우에 한하여 생계비를 비롯한 의료비와 장례비 등을 대통령령이 정하는 범위 안에서 지급할 수 있으며, 재산을 출연 또는 기증한 자 중에서 생계가 곤란한 자의 기준과 생계비·의료비·장례비의 범위는 대통령령으로 정하도록 규정하고 있다.

라. 財産과 會計
(1) 財産管理(제28조)

재산의 관리에서 학교법인의 기본 재산은 관할청의 허가 없이는 어느 경우에도 처분할 수 없다. 곧 매도, 교환, 용도변경, 담보의 제공, 의무의 부담이나 권리의 포기 등 어느 것도 임의로 처리하지 못한다. 더구나 학교교육에 직접 사용되는 재산 중에서 대통령령이 정하는 것은 어느 경우에도 매도나 담보의 대상이 되지 아니한다. 이 규정은 개인의 소유에 속하더라도 학교교육에 직접 사용되는 재산의 처분을 방지함으로써 공공의 목적을 위해서 비록 개인의 소유일지라도 사적 재산권에 대한 처분을 제한한 것이다. 또 초·중등교육법 제10조 및 고등교육법 제11조의 규정에 의한 수업료 기타 납부금을 받을 권리를 규정하고 있다.

(2) 會計의 區分(제29조)

회계는 두 가지로 구분하여 학교법인이 설치하는 학교의 회계와 학교법인의 업무에 속하는 회계로 나누며, 이들을 각각 다시 둘로 구분하여 전자는 교비회계와 부속병원회계로, 후자는 일반업무회계와 수익사업회계로 나눌 수 있도록 하고 있다. 학교에 속하는 회계의 예산과 결산은 10인 이상의 교직원으로 구성되는 예산·결산자문위원회의 자문을 받아 학교의 장이 집행하며, 그 중 교비 회계에 속하는 수입은 차입금의 원리금을 상환하는 경우를 제외하고는 어떤 경우에도 다른 회계에 전출하거나 대여할 수 없다.

(3) 會計年度, 豫算·決算의 提出 및 財産目錄의 備置(제31조~32조)

회계년도는 학교든 학교법인이든지 간에 사립학교의 회계년도와 같으며 학교법인은 관할청에 대하여 회계년도가 시작하기 전에는 예산을, 회계년도가 끝난 후에는 결산을 각각 제출하여야 하나, 그 중 학교에 속하는 회계의 결산은 예산·결산자문위원회의 자문을 거쳐야 한다. 이에 대하여 관할청은 예산이 부당하게 편성되었다고 인정하는 경우에 시정을 요구할 수 있다. 학교법인은 매 회계년도가 끝난 후 2개월 안에 재산목록을 비롯하여 대차대조표와 수지계산서 등의 장부와 교육부령이 정하는 필요한 종류의 서류를 작성하여 비치하도록 되어 있다.

마. 解散과 合倂
(1) 解散事由(제34조)

학교법인의 해산사유로는 정관이 정한 해산사유가 발생한 때, 목적 달성이 불가능한 때, 다른 학교법인과 합병할 때나 파산한 때, 또는 제47조의 규정에 의한 교육부장관의 해산 명령이 있은 때, 그리고 제1항 제2호의 사유에 의한 해산은 이사정수의 3분의 2이상의 동의를 얻어 교육부장관의 인가를 받아야 한다.

(2) 殘餘財産의 歸屬(제35조)

학교법인이 해산하는 경우, 잔여 재산의 귀속은 합병하는 경우에는 당연히 합병하는 학교법인에 속하나, 그렇지 않은 경우에는 교육부장관에 대한 청산종결의 신고가 있을 때에는 정관이 지정하는 자에게 속한다. 그러나, 그렇지 않을 때에는 대학교육기관을 설치한 학교법인의 재산은 지방자치단체에 각각 속하게 하고, 이를 사립학교 교육을 지원하는데 사용하도록 하고 있다.

국가 또는 지방자치단체는 제2항의 규정에 의하여 국고 또는 지방자치단체에 귀속된 재산을 사립학교교육의 지원을 위하여 다른 학교법인에 대하여 양여·무상대부 또는 보조금으로 지급하거나 기타 학교사업에 사용한다. 제2항의 규정에 의하여 국고에 귀속된 재산은 교육부장관이, 지방자치단체에 귀속된 재산은 당해 시·도교육감이 관리하되, 제3항의 규정에 의한 처분을 하고자 할 때에는 미리 교육부장관은 재정경제부장관의, 시·도교육감은 교육부장관의 동의를 얻어야 한다.

제35조의2는 해산 및 잔여재산귀속에 관한 특례를 규정하고 있다. 고등학교이하 각급 학교를 설치·경영하는 학교법인은 학생수의 격감으로 인하여 그 목적의 달성이 곤란한 경우에는 제34조제1항의 규정에 불구하고 시·도교육감의 인가를 받아 해산할 수 있으며, 해산하고자 하는 경우, 학교법인은 해산인가신청서에 이사 정수의 3분의 2의 동의를 얻은 잔여재산처분계획서를 첨부하여 시·도교육감에게 제출하여야 한다. 학교법인의 해산 및 잔여재산의 처분에 관한 사항을 심사하기 위하여 시·도교육감 소속 하에 사학정비심사위원회를 두며, 구체적으로 사학정비심사위원회의 구성 및 운영 등에 관한 사항은 대통령령으로 구체적으로 규정하고 있다.

(3) 合併의 節次(제36조)

학교법인의 합병에는 이사의 정수 3분의 2이상이 동의하여 하며, 합병 인가신청서를 포함하여 합병이후에 새로이 존속하는 학교법인의 정관 등 필요한 서류를 갖추어 소정의 절차를 밟아 교육부장관의 허가를 받아야 한다.

바. 支援과 監督
(1) 支援(제43조~44조)

사립학교 교육에 대한 국가나 지방자치단체의 지원은 대통령령이나 지방자치단체의 조례에 따라 보조금이나 그 밖의 방법으로 이루어지며, 실업교육에 우선적으로 주어진다. 주로 이 지원은 학교법인이나 사학지원단체에 대하여 주어지며, 이 지원이 있게 되는 경우에는 지원을 받은 학교법인이나 사학지원단체는 필요에 따라 진행하는 업무나 회계에 관하여 관할청에 보고하여야 하며, 관할청은 그 지원된 예산이 지원 목적에 맞지 않을 때에는 변경을 권고할 수 있다. 그리고 관할청은 지원성과가 저조하거나 권고에도 불구하고 이에 따르지 않을 때는 지원을 중단할 수도 있다.

(2) 定款變更(제45조)

정관의 변경에도 해산이나 합병할 때와 똑같이 이사 정수의 3분의 2이상의 찬성에 의한 이사회의 의결을 거쳐 교육부장관의 인가를 받아야 한다. 그러나, 정관에 별도의 규정이 있는 경우에는 정관에 따르도록 하는 것이 대법원의 입장이다. 즉, 학교법인들이 이사회의 결의 외에 노회의 인준을 받게 한 정관 규정들이 강행법규인 사립학교법 제45조의 규정취지에 어긋나지 않는다고 보고 종전 정관 규정에 따른 노회 인준을 거치지 않고 한 학교법인 이사회의 의결에 의한 정관 변경은 기본 행위에 중대한 하자가 있어 무효로 단정한 조치는 정당하다(대법원 78. 3. 28. 판결75다 1299)고 판결하였다.

(3) 解散命令(제47조)

교육부장관은 학교법인이 설립 허가 조건을 위반하였을 때와 그 설립 목적을 달성할 수 없을 경우에 학교법인에 대하여 해산명령을 할 수 있다. 이 해산명령은 다른 방법으로는 감독의 목적을 달성 할 수 없을 때, 또는 관할청이 시정을 지시하고 6월이 경과하고도 이에 따르지 않을 때 하여야 한다. 관할청은 감독상 필요하다고 생각될 때에는 지원을 받는 학교법인이나 사학지원단체에 대하여 보고서를 제출하도록 명령하거나 장부를 비롯한 서류들을 검사하는 등 필요한 조치를 할 수 있다.

3. 私立學校 教員

가. 資格·任免·服務

(1) 資格(제52조)

사립학교의 교원의 자격은 일반 국·공립학교의 교원에 적용되는 자격에 관한 규정에 의한다. 따라서, 사립학교 교원의 정년은 교육공무원법 제47조에 의한 62세까지 보장되는 규정이 준용되어야 한다. 그러나, 이에 대한 해석은 서로 다르다. 사립학교법 제55조에 의하여 준용되는 국·공립학교의 교원에 관한 규정은 국가공무원법 제55조 내지 제67조로 정년에 관한 사항은 이에 포함되어 있지 않으며, 기타 법령에 사립학교 교원에게 국·공립학교 교원의 정년에 관한 사항을 준용하도록 달리 규정하고 있지 않으므로 당해 학교법인 정관에 이의 준용 규정이 없는 한, 교육공무원법 제47조 규정의 정년에 관한 사항은 적용되지 않으며(법무 25002-165, 89. 8. 14. 대: 인천대학교총장), 당해 학교법인 정관에 정년에 관한 규정을 명문화해야 보호받을 수 있다. 이 경우 사립학교 교원의 정년을 교육공무원법에 의한 교원의 정년 62세 보다 그 이하로 정하지 않도록 지도해야 한다 (교행 1042. 3－102, 69. 1. 30. 대: 전라남도교육위원회). 주의해야 할 것은 "단순히 지도해야 한다"고 봄으로써 지도는 강제력이나 구속력을 가질 수 없기 때문에 사립학교 교원의 정년 보장의 미비로 가장 큰 신분보장이 이루어지지 않는 부분이다. 사립학교 교원의 신분보장을 위해서는 교육공무원법 제47조를 준용한다는 규정을 사립학교법에 명시하는 것이 바람직하다.

(2) 學校의 長과 敎員의 任免(제53조)

각급 학교의 장과 교원의 임면은 사립학교를 설치·경영하는 학교법인과 사립학교경영자가 하도록 되어 있으나 그 중 학교의 장의 임기에 관해서는 그 설치·경영자가 학교법인 및 법인인 경우에는 정관에 의하고, 사인인 경우에는 규칙에 의하도록 한다. 교원의 임면에 있어서는 학교법인인 경우에 학교의 장의 제청으로 이사회의 결의를 거쳐야 하며, 그 법인이 아닌 사립학교 경영자인 경우에 학교의 장이 제청으로 이루어지게 된다. 그러나, 대학 교육 기관인 경우에는 교원의 임면권을 정관으로 총장이나 학장에게 위임할 수도 있으며 기간을 정하여 교원을 임면할 수도 있다.

(3) 學校의 長이 아닌 敎員의 任免(제53조의 2)

각급 학교의 교원은 당해 학교법인 또는 사립학교경영자가 임면하되, 학교법인 및 사립학교경영자가 설치·경영하는 사립학교의 교원의 임면은 당해 학교의 장의 제청으로 이사회의 의결을 거쳐야 한다. 대학교육기관의 교원의 임면권은 당해 학교법인의 정관이 정하는 바에 의하여 총장·학장에게 위임할 수 있다. 대학교육기관의 교원은 당해 학교법의 정관이 정하는 바에 따라 기간을 정하여 임면할 수 있다. 이 경우 국·공립대학의 교원에게 적용되는 임용기간에 관한 규정을 준용한다(99·8·31개정, 2002·1·1시행 - 대학교육기관의 교원은 정관이 정하는 바에 따라 근무기간·급여·근무조건, 업적 및 성과약정 등 계약조건을 정하여 임용할 수 있다. 이 경우 근무기간에 관하여는 국·공립 대학의 교원에게 적용되는 관련 규정을 준용한다). 그러나, 이 규정은 재단이나 총장의 불만을 산 교수들이 재임용 과정에서 탈락할 수 있어서 교육의 자주성을 침해 할 우려가 있다.

(4) 任命의 制限

사립학교의 장에 대한 임명은 이사회 임원의 취임이 취소되었거나 관할청에의 해임 요구로 학교의 장의 직에서 해임된 경력을 가진 경우에는 그 취소나 해임된 날로부터 2년이 넘은 자와 국가공무원으로서 20년 이상 근무하고 명예퇴직한 일이 없는 자 중에서 이루어져야 한다. 이 규정은 학교의 장은 교육상 상당한 중요한 영향을 주기 때문에 학교 장의 임명 자격요건을 엄격하게 규정하기 위한 것이다. 하지만 학교장의 임명의 취소나 해임된 날로부터 2년만 지나면 다시 학교의 장으로 임명이 가능하기 때문에 역시 재단의 영향력이 크게 작용한 규정이라 보여진다. 자격이나 업무에 문제가 있어 임명이 취소나 해임된 자도 역시 최소한 5년 이내에는 다시 임명될 수 없도록 하여야 한다.

(5) 教員人事委員會(제53조의 3)

초등학교, 고등기술학교, 공민학교, 고등공민학교, 유치원과 이들에 준하는 각종 학교 를 제외한 모든 사립학교에는 교원인사위원회를 설치하고, 교원의 인사에 관계되는 중요 한 사항을 심의하도록 하였으며, 이 위원회의 조직과 기능 등에 관해서는 역시 경영자가 법인인 경우에는 정관으로 개인인 경우에는 규칙으로 정하도록 하고 있다. 교원인사위원 회에서 모든 인사에 관한 내용을 심의하는 사립학교는 학교측과 교원간의 관계가 원만할 것이지만 그렇지 못한 경우에는 많은 문제점이 발생한다는 것을 우리는 많은 경험을 가지고 있다. 교원인사위원회의 기능을 단순히 심의기구로 할 것이 아니라 준의결기구 내지 더 나아가 의결기구로 함이 공개적으로 교원의 인사가 이루어지리라 본다.

(6) 任免에 관한 報告 및 解職 등의 요구(제54조)

교원에 대하여 임면이나 해직 등의 인사가 있을 때는 그 임면권자는 그 임면이 있은 날로부터 7일 이내에 관할청에 보고하여야 한다. 관할청은 사립학교의 교원이 이 법에 규정된 면직사유 및 징계사유에 해당한 때에는 당해 교원의 임면권자에게 그 해직 또는 징계를 요구할 수 있다.

(7) 期間制 敎員(제54조의 4)

교원이 휴직 등의 이유로 후임자의 보충이 불가피한 경우에 교원자격증을 가진 자중에서 기간을 정하여 임용하는 기간제 교원을 둘 수 있다. 기간제 교원에 대해서는 의사에 반한 휴직이나 면직을 금지하고 있는 신분보장 규정(사립학교법 제56조)이 적용되지 않으며, 임용기간이 만료되면 당연히 퇴직된다. 그러나, 학교법인이 소정의 자격을 갖추고 있는 자를 추후 정식 교원으로 임용할 예정 하에 교원의 직무를 담당하게 하면서 교원과 똑같이 상시 근무하게 하였다면, 이들도 교원에 준하여 신분보장을 받을 권리가 있다고 보아 징계절차를 거치지 않고 이사회의 의결만으로 이들을 해임한 것은 무효라고 본 사례도 있다(대법원 95. 6. 16. 선고 94 다 47926 판결).

나. 身分保障 및 社會保障

(1) 意思에 반한 休職·免職 등의 금지(제56조)

사립학교교원은 국·공립학교 교원의 경우와 같이 신분이 보장되어 법률상 본인의 의사에 반하여 휴직이나 면직 등의 불리한 처분을 받지 않으며, 권고에 의해서도 사직을 당하지 않는다. 그러나, 교원이 형의 선고나 징계처분을 받았거나 법이 정한 사유에 해당하는 경우 그리고 학급이나 학과가 개·폐되어 폐직이나 과원이 된 때에는 그렇지 않다고 규정하고 있어서 사립학교 교원의 신분에 대한 불안은 여전히 남아있다. 교원자격을 갖춘 자를 결원된 교원 대신 채용한 상시근무강사의 법적 지위는 기간제 교원과 동일할까가 문제된다. 학교법인이 소정의 교원자격을 갖춘 자를 결원된 교원 대신에 강사라는 명칭으로 채용하고 교원의 직무를 담당하게 하면서 교원과 똑같이 상시 근무하게 했다면 비록 강사라 할지라도 교원에 준하여 사립학교법 제56조의 적용을 받는다 할 것이다(대법원 89. 2. 14. 선고 87 다 2243 판결). 물론 동조 단서 조항일 경우에는 상시근무강사에게도 동일하게 적용된다.

(2) 免職의 事由(제58조)

면직에 해당하는 사유로서, 사립학교법은 교원이 신체나 정신에 장애가 생겨 1년 이상 직무를 감당하지 못할 때나 근무성적이 극히 나쁠 때, 정부를 파괴할 목적으로 하는 단체에 가입하고 이를 방조하거나, 정치운동·노동운동·집단적 수업거부 등의 행위를 하거나 또는 특정정당을 지지 또는 반대하기 위해 학생을 선동할 때, 인사기록에 부정이나 허위의 사실이 있을 때 등이 해당되며, 이때는 사립학교법이 규정하는 교원징계위원회의 동의 절차를 거쳐 면직시킬 수 있다. 면직의 사유 중에서 문제가 되는 부분은 우선 노동운동에 관한 부분이다. 교원의노동조합설립및운영등에관한법률에 의거 단결권과 단체교섭권이 보장되고 있다. 단순히 노동운동을 하였다고 하여 면직사유로 하는 것은 부당하다. 합법적인 단체교섭권을 위한 것일 경우에는 당연히 보장되어야 하며 불법적인 노동운동일 경우에는 행위정도에 따라 적법한 절차에 의해 처리함이 바람직하다.

(3) 職位의 解除(제58조의 2)

직위의 해제에 해당하는 사유로서 직무수행능력의 부족, 근무성적의 불량, 근무태도의 불성실 등을 들고 있으며, 징계의결이 요구중인 자와 형사사건에 기소된 자를 포함시키고 있다. 그러나, 직위가 부여되지 않고 해제된 자가 그 사유가 소멸되는 경우는 임면권자는 지체없이 그에게 다시 직위를 부여하여야 하며, 또 직위가 해제된 자에 대하여서는 3개월 이내에 대기를 명하게 되어 있으며, 이렇게 대기명령이 내려진 자에 대하여서는 능력회복이나 태도개선을 위한 연수 또는 연구과제를 부여하도록 되어 있다. 직위해제사유가 경합하는 때에는 제2호 또는 제3호의 직위해제처분을 하여야 한다.

(4) 休職의 事由 (제59조)

교원의 휴직은 법이 정하는 사유로서 본인이 원하는 경우에 명할 수 있게 된다. 그 사유로는 ① 신체와 정신상의 장애로 장기 요양을 요할 때, ② 병역법에 의한 병역의 복무를 위해 징집 또는 소집된 때, ③ 천재·지변 또는 전시·사변이나 기타의 사유로 인하여 생사나 소재가 불분명할 때, ④ 기타 법률이 정한 바의 의무를 수행하기 위하여 직무를 이탈하게 된 때, ⑤ 국제기구나 외국기관 또는 재외국민교육기관에 고용된 때, ⑥ 자녀(휴직신청당시 1세 미만인 자녀에 한한다)를 양육하기 위하여 필요하거나 여교원의 임신 또는 출산한 때, ⑦ 교육부장관이 지정하는 연구기관이나 교육기관에서 연수할 때, ⑧ 사고 또는 질병 등으로 장기간의 요양을 요하는 부모, 배우자, 자녀 또는 배우자의 부모의 간호를 위하여 필요한 때, ⑨ 배우자가 국외근무를 하게 되거나 학위취득을 위한 해외유학이나 연구를 위해 1년 이상 외국에 체재하는 때, ⑩ 교원의 노동조합설립및운영등에관한법률 제5조의 규정에 의하여 노동조합전임자로 종사하게 된 때, ⑪ 그밖에 정관에 의한 사유 등 여러 가지 사유가 있으며, 휴직기간과 휴직자의 신분에 관해서는 정관으로 정하여야 하나 이를 정할 때는 관할청의 인가를 받도록 하고 있다. 이중 ①부터 ⑪까지 사유로 인하여 본인이 휴직을 원할 경우 당연히 휴직처리되며, 임면권자의 재량의 여지가 없다. 위와 같은 이유에서의 휴직을 이유로 인사상 불리한 처우를 하여서는 아니되며, 동호의 휴직기간은 근속기간에 산입한다. 특히, 7호의 경우에 본인이 원하는 경우, 휴직을 명하여야 하며, 휴직을 이유로 인사상 불리한 처우를 하여서는 아니되며, 휴직기간은 근속기간에 산입된다.

(5) 敎員의 不逮捕特權(제60조)

교원은 현행범인 경우를 제외하고는 소속 학교장의 동의 없이 학원 안에서 체포되지 아니한다. 교원의 불체포특권은 무엇보다도 피교육자의 면전에서 체포당함으로써 교육자로서의 위신을 떨어뜨릴 염려가 있으므로 주로 교육적인 견지에서 교권의 확립을 목적으로 한 것이다. 따라서, 수사기관이 교원을 체포함에 있어서 비록 형사소송법상 체포할 수 있는 요건을 갖추었다 하여도 ① 학원 안에서, ② 현행범이 아닌 경우에, ③ 소속 학교장의 동의 없이는 체포할 수 없는 것이다.

(6) 社會保障, 名譽退職(제60조의2·3)

사립학교의 교원 및 사무직원에 대한 사회보장으로서 질병·부상·폐질·사망 또는 재해를 입었을 때에는 본인과 그 유가족에게 법률이 정하는 바에 따라 적절한 응분의 급여를 하도록 하고 있다. 명예퇴직제도를 인정하고 있는 사립학교에서는 20년 이상 근속한 자가 정년 전에 퇴직하는 경우에는 예산의 범위 안에서 명예퇴직수당을 학교법인이 정관에 정하여 지급할 수 있게 하였다.

다. 懲戒
(1) 懲戒의 事由 및 種類(제61조)

교원의 임면권자는 교원이 사립학교법과 그 밖의 교육관련법을 위반하여 교원으로서 그 본분에 배치될 때, 직무상의 의무를 위반하거나 직무를 태만히 할 때, 교원으로서의 품위를 손상하였을 때에 그 경중을 따져 파면으로부터 시작하여 해임, 정직, 감봉, 견책 등 다섯 가지의 징계처분을 내릴 수 있다. 그러나, 징계의 절차는 학교법인에 설치된 징계위원회에 징계의결을 거쳐야 하고 그 위원회의 징계의결에 따라 징계처분을 하도록 한다. 파면은 신분을 박탈하고 연금을 제한하여 지급하는 가장 큰 중징계이고, 해임은 신분은 박탈하되 연금은 지급한다. 정직의 처분을 당하는 경우는 1개월에서 3개월 이하의 기간 동안 신분은 보유하나 직무에 종사할 수 없고 3분의 2의 보수가 감하게 되며, 감봉의 처분을 받은 경우에는 1개월 이상 3개월 이하의 기간 동안 역시 보수의 3분의 1을 감한다. 견책의 처분이 내려진 경우에는 그 전과에 대하여 훈계하고 회개하도록 하는 조치가 이루어진다.

(2) 敎員懲戒委員會의 設置(제62조)

교원의 징계사건을 심의·의결하기 위하여 교원징계위원회를 두며, 교원징계위원회는 5인 이상 9인 이하의 위원으로 구성하되 그 위원은 당해 학교의 교원 또는 학교법인의 이사 중에서 임면한다. 다만 학교법인인 경우에는 당해 학교법인의 이사인 위원의 수가 위원의 2분의 1을 초과할 수 없다. 문제가 되는 부분은 동 단서의 조항이다. 즉, 「…학교법인의 이사인 위원의 수는 위원의 2분의 1을 초과할 수 없다」고 규정하고 있으니, 그럼 2분의 1까지는 이사인 위원으로 구성되어도 무관하다는 것이다. 징계사건이 발생할 경우에 공정하게 심의·의결하기 위해서는 징계위원회의 구성이 어떻게 이루어지는 가가 상당히 중요한데 이사인 위원의 수를 2분의 1까지 허용하고 있는 것은 교원의 징계를 재단의 의도에 따라 결정될 수 있다는 것이다. 역으로 교원은 재단의 의도에 따라 징계여부가 결정될 수 있다는 것으로 교원의 교권침해에 큰 요인이 될 여지가 많다. 따라서 본 단서는 최소한 이사인 위원의 수를 2분의 1미만 내지 3분의 1정도로 낮추어야 한다. 교원징계위원회의 조직·권한 및 심의절차 등에 관하여 필요한 사항은 대통령령으로 정한다.

(3) 懲戒議決의 要求(제64조의2, 제66조)

교원의 임면권자는 징계사유에 해당하는 자에 대하여 충분한 조사를 거친 후에 당해 징계사건을 관할하는 교원징계위원회에 의결을 요구하여야 한다. 의결을 요구할 때는 그 요구와 동시에 징계대상자에게도 징계사유를 기재한 설명서를 통지하여야 한다(제64조의2). 징계의결의 요구를 받은 교원징계위원회는 징계사건을 심리함에 있어서 본인의 진술을 들어 재적위원 3분의 2이상의 출석과 재적위원 과반수의 찬성으로 의결하여야 하나 2회 이상 서면으로 소환하여도 응하지 않을 때는 예외로 진술 없이 진행하게 된다. 이 징계위원회는 일단 징계의결이 끝나면 그 의결 결과를 의결서에 작성하여 임면권자에 통고하여야 하며 임면권자는 이 통고를 받은 날로부터 7일 이내에 그 의결에 따라 징계처분하여야 하고 징계처분의 당사자에게도 그 사유를 기재한 결정서를 교부하여야 한다(제66조).

(4) 懲戒事由의 時效(제66조의 2)

징계사유의 시효는 2년으로 그 사유가 발생한지 2년이 경과하면 징계 의결을 요구할 수 없다. 그러나, 심리상의 하자나 징계 양정의 과다로 재심과정이나 법원의 재판 결과가 무효나 취소되었을 경우에는 시효가 경과하더라도 그 시효가 경과한 기간이 3개월 이하

이거나 재심사나 재판의 결과가 난지 3개월 이내에는 그 시효에 관계없이 징계의결을 요구할 수 있다.

4. 補則

보칙 규정은 관할청이 사립학교에 대한 조사, 통계 등의 필요한 사항보고, 장부 등 서류에 대한 검사 등에 관하여 규정하여 사학에 대한 통제권의 일부를 정하고 있다. 또 이 보칙에서 학교법인이나 사립학교 경영자는 물론 그가 설치하는 학교의 사무기구와 직원에 대하여 규정하여 이들에 대한 정원·임면·보수·복무 및 신분보장에 관해서는 정관이나 규칙에 정하도록 하고 관할청에 인가를 받도록 하고 있다. 이 보칙은 또한 법에서 인정하는 교육부장관의 권한의 일부를 시·도의 교육감에게 위임할 수 있도록 하였다.

5. 罰則

벌칙이라 함은 의무위반에 대하여 벌을 과할 것을 정하는 규정을 뜻하는데 본 벌칙장은 사립학교법에 있어서 규정된 의무위반에 대한 제재 즉, 행정벌을 규정한 것이다. 본법은 행정형벌로는 2년 이하의 징역 또는 2천만원 이하의 벌금에 처하고 질서벌로는 500만원 이하의 과태료에 처할 것을 규정하고 있다.

Ⅲ. 私立學校法 運營上의 問題點

현행 사립학교법이 수차에 걸쳐 개정되어 오면서 여전히 사학의 이해당사자들에 따라 사학의 자주성과 공공성의 주장이 상반되어 있다. 사학의 공공성을 강조하는 입장에서는 사학의 부정과 비리가 현존하는 상황에서 국민의 교육받을 권리를 보호하기 위해서 사학 운영의 투명성과 민주성을 보장하는 방향으로 사립학교법을 개정하려고 한다.

사학 재단 측에서는 '재산을 털어 사학을 만드는 사람이 학교를 직접 운영하게 해야 한다'는 원칙을 주장하며 사학의 자주성을 주장한다. 그럼 과연 자주성과 공공성은 상호 대립만 있고 상호보완과 상호조화는 이룰 수 없을까?

사학에 있어서의 공공성을 앙양하면 사학의 자주성이 침해될 수 있고 사학의 자주성을 주장하면 주요한 교육당사자인 학생이나 교원의 권리보장이 어렵다. 여기에 사립학교법 의 운영상 문제점이 노출되는 것이다.

1. 學校法人 偏重의 運營構造

현행 우리나라 사립학교의 운영구조는 학교법인 중심으로 되어 있다. 사립학교를 설립 하는 주체도 학교법인이고 운영하는 주체도 학교법인이며, 특히 인사 및 재정운영도 일부 예외적 경우를 빼놓고는 학교법인의 몫이다. 이와 같은 법인(이사회) 중심의 현행 사립학 교의 운영구조하에서는 사학의 자율성(자주성)이란 사실상 법인(혹은 설립자, 이사회)의 자율성으로 이해될 수밖에 없다. 법인과 대학을 포함하는 넓은 의미에서의 사립학교의 자율성이 아닌 사학의 운영구조를 이루고 있는 특정한 운영 구성요소의 자율성으로 잘못 이해될 수 있는 것이다. 따라서, 장기적으로는 이사회와 별도의 학교 경영기구를 설치하 여 운영토록 하는 정책을 검토해야 한다.

현행법에서 법인이사회의 기능을 보면 사립학교 및 사립대학에 있어서 인사, 재정, 조직 및 규정 등에 관한 전반적인 사항을 심의, 의결하는 실질적인 최고 의사 결정 기구임 을 나타내고 있다. 구체적인 법규정은 사립학교법 제16조 제1항에서 밝히고 있는데 이 규정들은 학교법인의 자유에 관한 구체적인 범위내용으로서 이해할 수도 있으나 실제적 운영과 해석에 있어서는 사립학교 구성원들의 학문의 자유 및 사립학교에서의 자치가 침해됨이 없이 실질적으로 보장될 수 있도록 엄격히 해석 적용되어야 한다.

외국인이 2분의 1이상에 해당하는 재산을 출연한 경우에는 이사 정수의 3분의 2만을 외국인으로 할 수 있도록 한 조치는 외국학교 등 문호 개방으로 세계화 시대에 부응하여 국민에게 국제적 수준의 다양한 교육서비스를 제공하고 국제경쟁력을 강화하기 위한 입법취지로 개정이 되었지만, 교육의 공적 성격과 법인 이사회의 최고 의사 결정 기구로 서의 성격 그리고 사립학교 교원의 법인이사회의 참여를 명문으로 금지시키고 있는 현행 법 하에서 고려해 볼 때, 외국인에게 3분의 2미만을 허용한 것은 지나친 지분 인정조치라 하겠다.206)

2. 理事會 構成方式의 閉鎖性

현행 사립학교법에서 법인이사회의 구성방식으로 보아 법인의 의사결정체제가 개방적 이지 못하다. 특히, 사립학교법상 법인이사회의 구성에 있어서 친족이사수가 과다하게 책정되어 있는 반면에 학부모, 교원, 졸업생 등 교육당사자들이 참여할 수 있는 제도적인 장치가 없다.

이러한 법인이사회의 구성방식으로 인하여 사학은 법인이사회의 이사장 중심으로 운 영될 수밖에 없으며 이로 인하여 사학의 각종 부정과 비리의 소지가 있다. 따라서 사학운 영의 공공성과 투명성을 확보하고 이사회의 전횡과 독단을 막기 위해 이사회 구성방식이 개방화되어져야 한다.207) 이사회 구성인원의 3분의 1 이상을 이사장이 아닌 시·도지사나 사회단체에서 추천한 공익인사로 채우는 것 등으로 사립학교법을 개정하는 것도 사학의 전횡을 제도적으로 막을 수 있는 방법이다.

3. 財團 關係者의 權限 獨占

재단이사장의 친·인척과 이사는 총·학장, 학교의 장에 취임할 수 있도록 하고(제23

---

206) 이시우, "사립학교법의 개정과 법인이사회의 위상", 『한국교육법연구』, 1997, p.45.
207) 사립학교법 연구위원회, 앞의 보고서, p.38.

조) 이사 중 친족관계의 비율이 이전 3분의 1에서 5분의 2로 상향조정되었다가 반발이 심해 다시 이전의 3분의 1을 초과할 수 없다로 재개정되었다(제21조 2항, 2000. 3. 1 시행). 비록 3분의 1을 초과할 수 없다로 개정되어 재단관계자의 권한이 일부 축소된 것은 사실이지만, 아직도 높은 비율을 유지하고 있는 편이다. 이러한 이사회 구성의 친족의 비율이 높을 경우 학교법인을 족벌체제화하고 학교를 사기업화함으로써 공교육의 의미를 축소시키고 설립자의 사적 이익을 보장할 수 있는 길을 열어주고 있다.

또한 학교의 교직원, 학교의 장을 학교법인에서 임명하며 이사회를 구성하는 이사의 선임 역시 설립자가 임명하도록 함으로써 이사, 학교장, 교원에 이르는 사학의 모든 인사권을 설립자(이사장)가 장악하게 되었다. 이러한 인사에 대한 전권의 행사는 교사채용비리가 발생될 소지를 안고 있는 것이다.

또한 대학의 장인 총장이나 학장의 임면과 관련하여서는 사립학교법이 학교법인의 임면권에 대해서만 규정을 해 놓고 있지 대학구성원들의 대학자치에의 참여의 방법이나 내용에 대해서는 전혀 규정하고 있지 않고 있다. 이것은 대학 구성원 중에서도 특히 대학의 교수들이 대학의 총·학장이나 기타 교원의 임면에 참여할 권리가 전혀 없다고 하는 것은 대학의 자율성을 보장한 헌법 제31조 4항에 반하는 것이라 하겠다. 이와 같은 권한의 근거는 사립학교를 설립자의 사유재산이라는 사고에서 출발한 것으로 보기 때문이다.

그러나, 이기적인 욕심이 아니라 순수한 교육정신에서 희사한 재산이라면 그것이 진정한 교육을 위해 유익하게 사용될 수 있도록 하기 위해서는 교직원과 학생들의 자발적인 능력이 최대한 발휘될 수 있도록 자주적인 학교운영을 존중하고 자신의 재산을 강조하지 않는 것이 마땅하다. 사학의 자주성을 보장하는 목적이 사립학교 설립자의 재산권적 자유를 보장하는 것이 아니며 사회에 환원한 기부재산에 기초한 학교에 대한 특권을 인정하는 것이 아니라는 점에서 사학의 자주성을 사학재단의 자율성으로 해석해서는 안되며 학교의 자율성으로 간주되어야 한다.

교원인사위원회 역시 학교의 장이 일방적으로 임명하고 있어 형식적 절차일 뿐이며 사학의 자율성은 학교자치가 이루어지지 않는 이상 허울에 지나지 않을 것이다.[208] 따라서, 사립학교 구성원들의 참여를 확대·강화하여 사학의 자주성을 스스로 확보하고 학교의 민주적 운영의 관건이 될 교원인사위원회와 징계위원회, 예산결산자문위원회가 합리성과 공정성을 가지고 운영되도록 해야 할 것이다.

---

208) 김문식, "사립학교법 무엇이 문제인가", 『지방자치』1994년 5월호, p.66.

4. 教員 身分의 位相 弱化

재단 측의 절대적인 권한과는 대조적으로 학생교육의 중책을 지닌 교원에게는 학교운영에 참여할 권리나 자기의 신분을 보호할 법적인 장치가 거의 주어지지 않고 있다는 점이다. 교원신분보장의 강화는 함부로 징계 당하지 않는 것만이 아니라 보다 적극적으로 학문의 연구와 교육활동이 보장되도록 학사운영에의 참여가 보장되어야 함을 의미한다. 학급·학과의 개폐에 의하여 폐직이나 과원이 된 때에는 의사에 반하여 휴직 또는 면직시킬 수 있는 신분박탈조항(제56조 단서조항)은 신분불안에 직접적인 원인이 되고 있으며 악용되는 경우가 허다하다. 이에 대한 법적 대책이 요구된다.

징계절차에 있어서 중요한 요소는 징계위원회가 어디에 설치되며 요구권자가 누구이고 징계위원을 어떻게 구성하고 누가 임명하느냐에 달려있다. 법인에 징계위원회가 설치되고 이사장이 마음대로 징계위원을 임명하도록 하고 있는 상황에서는 절차적 장치라 할지라도 도리어 부당 징계를 합법화할 위험이 있다.[209]

따라서 사학의 자정능력을 확보하고 사학교원의 신분이 보장되도록 현행 징계 및 면직에 관한 제도가 개선되어야 한다.

5. 私學 財政 確保方案의 未洽

사학의 문제가 국가재정지원의 부족과 이에 따른 지도의 소홀에도 상당한 원인이 있으며 사학의 설립과정에서 교육용 기본시설과 수익용 기본재산의 확보를 위한 엄격한 기준이 없었던 것도 문제로 지적된다. 나아가 수익용 재산에서 나오는 수익의 확보를 위한 법적 장치와 지도·감독 및 정책적인 지원을 소홀히 한 것이 빈약한 사학재정의 한 요인이다.

사립 중·고등학교에 대한 재정지원을 확대하고 있는 교육부의 분석에 의하면 사립 중·고등학교의 재정결함액과 기타 시설비 등을 국고에서 지원함으로써 사립학교의 육성·발전을 도모하고 중등교육에 대한 기회균등의 구현 및 국민들의 교육비 부담을 경감하는데 상당한 성과를 거두고 있다.

그러나, 사립학교의 재정운영을 국고에 의존하게 함으로써 사학 본래의 건학정신이

---

209) 김문식, 앞의 책, p.68.

퇴색되어 대부분의 사립 중·고등학교가 사실상 국가에서 관리하는 사립학교로 변모되어 가는 부정적인 면도 나타나고 있다.

또 매년 인건비 및 운영비의 증가로 인하여 사립학교 재정지원에 따른 지방교육 재정부담이 가중되고 있다. 한편 사립학교의 재정운영 실태에 있어서도 회계질서 문란의 고질적인 문제(횡령, 불법인출, 유용 등)가 근절되지 않고 있는 것으로 나타나고 있다.

따라서, 부실 사학의 정리와 건전 사학 육성책이 적극적으로 검토되어져야 한다. 소액의 보조금을 일률적으로 배분하는 방식을 지양하고 중요한 사업에 중점지원을 함으로써 투자의 효율성을 제고할 필요가 있다.

사립학교의 재정비리를 방지하고 사학재정을 확보할 수 있는 법적 장치가 확보되어야 한다. 또한 학교의 전반적인 부정·비리는 행정기관의 감독·감사 기능만으로는 한계가 있다. 이에 대한 대책은 학교 경영의 자율화 차원에서 학교재정운영의 공개를 통한 투명성을 보장하는 제도적 장치를 확립하는 데서 찾아야 한다.

이는 본질적으로 학교교육운영과 재정을 연계시켜 실질적 교육성과를 높이는 차원에서도 강조되어야 하기 때문이다. 특히 교육현장의 주역인 교사들은 학교경영에서 객체가 아니라 주체로 참여할 수 있는 제도적 개혁도 요구된다.[210]

6. 學校運營委員會의 設置

학부모와 학생에게 학교선택권이 주어지지 않은 오늘의 현실에서 국·공립과 사립학교간에 학부모의 학교참여권리를 차등화 시킴은 학생과 학부모에게 교육에 대한 동등한 권리를 주어야 한다는 헌법상의 기본정신에 어긋난다.

따라서, 공립학교보다 사립학교에 훨씬 더 많은 비리가 있는 것이 오늘의 현실임을 감안할 때, 사립학교에도 역시 학교운영위원회 설치를 권장사항이 아닌 의무사항으로 규정하여 경영자, 교장, 학부모, 교사가 함께 학교운영에 참여하고 책임지도록 함으로써 사립학교의 운영과 재정을 투명하게 만들어 나가야 한다.

이러한 개정요구에 따라 사립학교도 학교운영위원회를 설치하도록 의무화되어 2000년 3월 1일부터 시행하게 되었다. 그러나, 학교운영위원회의 본래 취지가 퇴색하여 국·공립에서의 심의기구를 사립학교에서는 자문기구로 격하시켰고, 초·중등교육법 제32조 2항

---

210) 최희선, "사학비리 방지와 건전 육성책", 『지방자치』1994년 5월호, p.62.

에 「사립학교의 장은 제1항 각 호의 사항(6호의 사항은 제외한다)에 대하여 학교운영위원회의 자문을 거쳐야 한다. 다만, 제1, 2호의 사항에 대하여는 학교법인의 요청이 있는 경우에 한한다」고 규정하고 있어 학교법인이 요청이 없는 경우는 제1, 2호, 즉 학교의 예산안 및 결산에 대하여는 학교운영위원회가 전혀 관여할 수 없도록 하였는데 이는 형식적으로 사립학교의 학교운영위원회를 의무적으로 설치하기는 하되 가장 본질적인 부분은 배제한 정치적 타협물의 의혹을 벗어나기는 어려운 것 같다.

제 **9** 장

韓國의 敎育財政

Ⅰ. 敎育財政의 槪念

1. 財政과 敎育財政

일반적으로 교육재정이란 교육을 실현시키는데 필요한 재정을 확보·이용하는 회계상의 역할, 교육에 필요한 재화를 사용한 후에 결과를 보고하는 사무적인 역할, 교육 현장에서 필요한 재화에 관한 실무적·기능적 처리를 하는 역할 등으로 이해되고 있었다. 그러나, 국가 재정 중에서 중요한 위치를 차지하고 있는 교육재정을 이렇게 단순하게 취급하는 것은 잘못이다. 교육학적인 관점에서 볼 때, 교육재정(Educational finance)이란 국가 및 공공단체가 국민의 교육 욕구를 충족시켜 주기 위하여 교육에 필요한 모든 수단을 조달하고 관리하는 경제 활동을 총칭하는 것이어야 한다. 즉, 교육재정이란 공익사업인 교육 활동을 지원하기 위하여 국가나 공공 단체가 교육 활동에 필요한 자원을 확보·배분·지출·평가하는 일련의 경제 활동을 총칭한다.211) 따라서, 교육 재정의 주체는 국가나 공공 단체이고, 객체는 모든 교육 활동이 된다. 또한 교육재정에는 사립 학교의 교육 활동이나 사회적인 교육활동까지도 포함되어 있다. 교육재정 행위는 공경제에 속하는 것이면서도 이와 같은 사경제 요소가 포함된 활동까지 그 대상으로 하여야 된다는 점이 문제이다. 교육 재정도 국가 재정의 한 분야이므로 국가재정의 특성과 관련되어 여러 가지 특성을 가지고 있다.212)

즉, ① 교육재정은 공권력을 통하여 국민의 소득의 일부를 조세란 명목으로 정부의 수입으로 이전시켜 형성되는 강제성을 갖는다. ② 교육재정은 교육에 관한 국가 활동과 교육 정책을 효과적으로 달성할 수 있도록 하는 데에 사용되어야 한다는 공공성을 갖고 있다. ③ 교육재정은 민간 경제 활동과는 달리 앞으로 추진해 나가야 할 활동 계획, 즉 지출을 기준으로 수입을 정하는 量出制入의 원칙을 적용한다. ④ 교육이 백년지대계란 점을 감안할 때 교육재정은 영속성이 요청된다. ⑤ 교육의 결과는 직접적으로 즉시 나타나는 것이 아니고, 교육을 받는 자의 전 생애를 통하여 장기적으로 나타나는 것이므로 非緊要性과 間接生産性을 갖는다. 이 특성 때문에 정부예산 편성 과정에서 가장 함축성을

---

211) 윤정일, 『교육재정학』(서울: 세영사, 1992), p.74.
212) 김종철, 『교육행정의 이론과 실제』(서울: 교육과학사, 1982), pp.367～369.

갖는 것이 교육재정이라 하겠다. 이러한 특성이 있는 교육 재정은 그 중요성을 감안할 때 일반 재정과는 분리되어야 한다. 그밖에도 교육이 특정의 정치이념이나 정당 정파간의 정견에 의하여 좌우될 때는 교육의 자주성이 침해될 수 있다. 또한 민주적 교육행정 체제가 발달함으로써 그 범위가 확대되는 추세이고, 의무교육제도의 확장에 따라 교육 재정이 일반 재정으로부터 분리되어야[213] 함을 강조하고 있다.

2. 敎育行政과 敎育財政

교육 활동에 필요한 제반 조건을 지원하는 영역을 총괄하는 행정이 교육 행정이다. 따라서 교육 행정은 교육에 관계된 법적 범위 안에서 교육 정책에 따라 교육의 목표를 설정하고 그 목표에 따라 교육의 내용을 선정하되 선정된 내용에 필요한 교육 과정을 마련하고 그 교육 과정에 관계된 일련의 행위에 대한 지원과 관리를 하는 것이다. 이러한 교육행정활동을 위해서는 화폐가 필요하고 그 화폐를 단위로 하는 재원을 확보·운영하는 영역이 교육재정의 영역이다. 그러므로 교육재정과 교육행정간의 관계를 설명하려면 먼저 교육 행정의 개념부터 정립하여야 한다. 그런데 교육행정의 개념을 정립하려면 또한 일반 행정과의 관계도 문제가 된다. 따라서, 교육재정, 교육행정, 일반행정 등의 사이에 존재하는 상관 관계를 무시할 수 없다. 특히, 교육재정과 교육행정과의 관계는 상호 보완적인 점들이 많기 때문에 교육의 실효성을 위해서는 이 양자의 관계를 정확히 정립할 필요가 있다.[214]

교육행정의 측면에서 볼 때, 미래지향적인 교육행정이라고 판단되는 교육정책일지라도 그것을 현실화하려면 교육재정의 지원이 있어야 한다. 아무리 교육적 효과가 크게 기대되는 교육 정책을 수립하였다 하더라도 그 정책을 실현시킬 수 있는 교육재원이 확보되지 않는다면 그 교육 정책은 탁상공론에 그칠 가능성이 많다. 교육재정과 교육행정과의 관계에서 이와 같은 문제가 있다고 하여 교육 행정이 교육 재정의 종속적인 지위로 전락되어서는 안 된다. 교육재정의 규모에 따라 교육행정을 수립한다는 것은 미래지향적인 교육 현상이라 할 수 없기 때문이다. 교육 행정과 교육재정은 상호 보완적인 것이기 때문에 교육 정책을 수립할 때에는 교육행정의 영역은 물론이요 교육재정까지도 고려하여 입안하는 것이 현실적인 방법이라 하겠다.[215]

213) 백현기, 『교육재정』(서울: 을유문화사, 1963), pp.356~360.
214) 김종철, 『한국교육과 행정의 제문제』(서울: 교육과학사, 1983), pp.40~45.

3. 地方敎育自治와 敎育財政

일반적으로 교육 자치란 교육 행정이 일반 행정으로부터 분리·독립됨과 동시에 지방교육행정이 중앙교육행정으로부터 분리·독립되는 것을 말한다. 교육자치를 위하여 지방교육행정이 일반행정 및 중앙교육행정으로부터 분리·독립되어야 할 사항은 여러 가지가 있지만, 그 중 가장 중요한 사항은 교육재정과 교육인사행정의 분리·독립이라 할 수 있다.[215] 특히, 교육재정의 분리·독립은 교육의 실효성·현실성과 관련되어 중요한 의미를 갖는다. 따라서, 교육재정과 관련하여 문제가 되는 지방교육재정의 자립도의 향상, 교육 재원 확충, 교육재정 운영 자립성의 확립 등은 교육자치제의 성패를 결정하는 핵심적 요인이라 할 수 있다. 교육행정이란 측면에서 보면, 한국의 현행 교육자치제는 지방교육양여금 제도를 다소 보완시켜 교육재정에 관한 국고의 부담률을 약간 증가시키는 것 이외에는 뚜렷한 대책 없이 종전과 유사한 교육 여건에서 제도적으로만 교육자치제의 재 실시란 현상으로 변화하였다. 그러나, 교육재정의 개선책이 수반되지 않은 교육자치는 그 실효성에 큰 기대를 할 수 없다고 본다. 한국의 지방자치제와 교육자치제가 1991년을 기점으로 새로운 국면으로 접어들었지만, 당해 지방자치단체가 당해 단체의 지방 교육비에 대하여 어느 정도의 책임을 져야 한다는 재정 부담 의무에 관한 규정이 정립되어 있지 않는 한 그 실효성이 문제가 된다.

지방교육비 상의 지방부담 비율은 1990년에 가장 컸고, 1991년부터 계속 감소하고 있는 추세이다(<표 16> 참조). 1991년 이후 지방부담률이 감소한 요인은 교육세의 영구화로 인하여 지방 교육양여금이 크게 증가하였기 때문이다. 왜냐하면, 지방교육양여금 재원은 교육세 전액으로 이루어지기 때문이다. 지방자치 특히, 지방자치단체의 교육재정은 원칙적으로 지방자치단체의 수입에 의하여야 한다. 국고부담의 비중이 높을수록 참다운 지방자치는 불가능한 것이고, 지방교육자치도 당연히 어려운 것이므로 국고부담률을 줄이고 지방부담률이 증가되어야 바람직하다. 교육재정은 다른 재정보다는 비긴요성과 간접 생산성을 갖고 있기 때문에 국가 경제 현황에 따라 영향을 받을 수밖에 없다.

따라서, 교육재정을 연구·검토하려면 그 역사적 변천부터 조사·검토하여야 한다. 교육재정의 시대적 변화를 중점적으로 조사·검토하려고 하는데 그 시대적 구분의 기준이 문제가 된다. 교육재정은 단순한 정치의 흐름이나 경제적 변화에 관련되어서만 변경되는 것이 아니기 때문이다. 그리하여 역사적 변환 기점을 따르면서도 교육 재정에 관련된

---

215) 김남순,『교육행정과 교육경영』(서울: 세영사, 1989), pp.16~24.
216) 윤정일, 앞의 책, p.85.

법령의 제정이나 개정에 연관시켜서 교육재정의 시대적 변화를 검토하고자 한다. 관련된 법령의 검토 시에는 특히 당해 법령의 제정·개정 이유를 정확히 파악할 필요가 있다. 그것은 그 시대의 교육재정의 구체적 필요성을 나타내고 있기 때문이다.

<표 16> 연도별 지방교육비 특별회계상의 지방 부담 비율 비교　　　　(단위: 10억원)

년 도	합 계(A)	국 고 부 담	지 방 부 담(B)	지방부담율(B/A)
1975	220	164	56	25.5
1980	1,074	845	229	21.3
1985	2,645	1,949	695	26.2
1990	5,023	3,797	1,226	32.3
1991	6,661	5,488	1,173	17.6
1992	7,978	6,788	1,190	14.9
1993	9,350	7,811	1,534	16.4
1994	10,675	8,861	1,814	17.0
1995	12,251	10,269	1,982	16.2
1996	15,302	12,699	2,604	17.0
1997	18,048	15,344	2,705	15.0
1998	18,122	15,416	2,706	14.9
1999	15,658	13,036	2,622	16.7

자료 : 교육부(1998), 『교육통계연보』 주; 국고부담은 지방교육재정교부금, 지방교육양여금, 보조금의 합계이고, 지방부담은 지방자치단체로부터의 전입금, 자체수입, 수업료의 합계이다.

Ⅱ. 韓國 敎育財政 制度의 變遷

교육 자치가 성숙되어 가는 것을 측정하는 기준으로서 일반적으로 제시되는 것은 지방 분권, 주민참여, 교육행정의 독립성, 전문적 경영, 단위 학교의 자치, 자주적 재정 등이다. 이 중에서 교육의 실효성과 관련지어 볼 때, 현대 복리주의 국가체제하에서는 교육재정의 자주·독립이 중요한 지위를 차지하고 있다. 교육재정의 자주·독립이 보장되지 않으면 지방 교육 행정은 언제나 중앙행정과 일반행정에 예속되어 교육자치제가 본질적으로 추구하는 자주성·민주성·전문성을 확보할 수 없을 뿐더러 이것이 변화되면 교육자치 제의 존립 의의 마저 흔들리게 되기 때문이다.[217] 한국의 경우도 교육자치제가 변화될 때마다 교육 재정도 그 재원 확보를 위하여 새로운 방법을 모색하여 왔다. 따라서, 교육재 정의 재원 확보를 위한 법령들을 순차적으로 조사·분석하면, 지방교육자치제의 성숙도 까지도 측정할 수 있다. 재원 확보의 수단은 국민에게 경제적 부담을 주는 것이므로 반드 시 법령에 의하여 행하도록 되어 있기 때문이다. 그러므로 교육재정 제도의 변화를 관계 법령의 제정·개정·실시시기 등을 기준으로 하는 것도 비교적 정확한 구분이라 하겠다.

여기에서는 근대 한국의 교육 재정 제도의 시대적 구분을 역사적 변천에 따라 ① 조선조말, ② 일제식민지 시대, ③ 미군정시대, ④ 정부수립 이후 등으로 나누고, 정부 수립 이후를 다시 세분하여 그 변천을 검토하도록 하겠다. 정부 수립 이후, 즉 대한민국 시대에는 정치적으로 많은 변화가 있었기 때문에 공화국별로 교육 재정을 검토할 수도 있다. 그러나, 교육재정의 지속성을 감안할 때 공화국별로 구분하는 것보다는 교육재정의 확보와 관계하여 법령을 정비한 경우가 많았기 때문에 교육재정법령의 제정·개정에 관계하여 시대적 구별을 하는 것도 한 방법이라 하겠다.

1. 朝鮮朝末의 敎育財政

역사적으로 조선조말이란 개화기 이후를 의미한다. 개화기 이전의 조선의 교육 제도는

---

217) 윤정일, 앞의 책, p.275.

관립 학교와 사립학교가 서로 병행하여 교육을 담당하였었다. 관립 학교로는 중앙에 성균관과 사부학당이 있었고, 지방에는 향교가 있었다. 이들 관립 교육 기관의 재정은 관비의 조달 방법인 學田에서 거두어들이는 수입으로 충당하였다. 사립학교로는 서원과 서당이 운영되고 있었는데, 이들의 운영 경비는 조합형태인 學契에 의하거나 수익자 부담으로 조달하였다. 중앙의 관립학교도 학전으로 충분하지 못한 경우는 수익자 부담을 하였지만, 지방의 관립학교는 학전이 충분하지 못하여 수익자 부담과 그 지방 호반들의 지원이 중요한 재원이 되었다. 따라서, 조선조의 지방교육재정은 지역 주민이 대부분 전담하고 있는 셈이었다.

조선의 폐쇄적 외교 정책은 1876년(고종13년) 일본과의 병자수호조약에 의하여 끝나고, 이것을 기점으로 하여 1882년에는 미국·영국·독일 등과도 문호를 개방하였다. 이후 이탈리아, 러시아, 프랑스, 오스트리아 등과도 교류를 함으로써 중국에만 의존하여 오던 전통적 관념을 탈피하고 세계사의 조류에 응하는 외교 정책으로 국가의 면모를 일신하게 되었다. 이러한 영향이 교육에도 미쳐 특권층의 전유물이던 학교교육의 수혜가 일반 대중에게도 확대되어 신교육의 시대가 도래하였다.

신교육 시대의 교육 재정을 법제사적으로 검토하면 1895년 3월 1일 법률 제2호로 제정·공포된 "會計法"이 중요한 의미를 갖는다. 동법의 제정에 의하여 금본위의 화폐 단위에 의한 교육예산이 편성됨으로써 실질적인 공교육을 위한 교육재정이 형성된 것이다.[218] 그러나, 1895년의 학부재정을 보면, 학부예산총액이 126,752원이었고 그 중 학교비는 47,419원이었다. 이 학교비는 그 당시 군부예산의 50분의 1에 해당하는 금액이었다.[219] 이것은 그 당시의 정부의 교육예산이 극히 소액이었음을 말해주는 것이다. 따라서, 교육비의 부담은 주민이나 수익자가 직접 부담할 수밖에 없었다. 회계법의 제정이후 교육재정과 관련하여 최초로 제정·공포된 법령은 '小學校令'이다. 1895년 7월 22일 칙령 제145호로 공포된 '소학교령'에 의하면 동법 제3조에서 "정부가 설립한 관립학교의 경비는 국고에서, 공립의 소학교는 정부 혹은 군에서 부담하며, 사립은 지방의 理財 혹은 국고에서 부담한다."고 규정함으로써 교육재정의 재원을 법령으로 명시하였다.

이후 1896년 2월 20일 학부령 제1호인 '補助公立小學校規則'을 공포하여, 소학교의 운영내용을 구체화함으로써 교육재정에 관한 근대적 체계가 수립되었다. 교육재정에 관한 규정은 점차 발전되어, 1900년 9월 7일 공포된 학부령 제12호인 '중학교 규칙'에서는 그 재원을 좀 더 구체적으로 명시하였다. 동령 제5조에 의하면, "중학교를 3종으로 구분하고,

---

218) 관보, 1895, 제9호.
219) 관보, 1895, 제76호.

각각의 재정은 초등과 동일하게 하되, 공·사립학교의 정황을 감안하여 보조금을 지급할 수 있다"고 규정하였다.

1908년 8월 26일에는 칙령 제62호로 '사립학교법'을 공포하였는데, 동법 제2조에서 학교의 목적, 명칭, 1년간의 유지 예산, 및 유지 방법 등을 그 정관에 기재하도록 하였다. 이 조항은 재정 자원의 출처를 밝혀 그 운영을 확고히 하려는 목적이었으나, 출처를 밝히기를 기피하는 현상 때문에 오히려 사립학교의 재정을 어렵게 하였다. 더욱더 1909년 4월 1일 법률 제12호로 공포된 '지방비법'에 의하면, 시장세·지방부가세·도장세 등을 새로운 지방비 수입으로 설정하도록 하고 있는데, 이는 사학 재원의 확충을 간접적으로 막는 결과가 되어, 1900년 초부터 활발하게 진행되던 사립 학교의 설립은 답보 상태를 걷게 되었다.

그럼에도 불구하고 '지방비법'은 교육자치제에는 중요한 의의를 주었다. 동법에 의하여 '지방비제도가 실시되면서, 한성부와 각도에 공영사업으로서 교육·학예에 관한 사업을 할 수 있게 되었으며, 이를 위하여 공공 단체가 그 자금을 부담하도록 함으로써 공교육을 위한 자원이 확충되었을 뿐만 아니라 교육의 지방자치의 길이 열린 것이다.

그러나, 1910년 일제 강점 이후 동법은 별로 실효를 거두지 못하였고, 교육자치제는 또다시 수면이하로 가라앉고 말았다. 특히, 1907~1909년 사이의 매년 국고세출총액에 대한 교육재정의 비율은 1.2~2.0%였으니 그 당시의 공교육 환경이 얼마나 열악하였는가를 가히 짐작할 수 있다(<표 17> 참조). 그 중에서도 지방교육보조비는 1907년에만 극히 형식적으로 보조하는 것 이였기에 그 때의 교육자치가 어떠하였는가를 짐작할 수 있다.

<표 17> 구한말 교육 재정 규모의 비교   (단위 : 원)

구 분		1907년	1908년	1909년
학부세출예산	경 상 비	207,590	307,224	384,320
	(학 부 본 청 비)	88,574	162,631	208,129
	(관 립 학 교 비)	119,016	144,593	176,191
	임 시 비	91,263	154,115	218,874
	(공립학교보조비)	70,235	114,530	165,400
	(사립학교보조비)	9,028	8,400	7,400
	(지방교육보조비)	12,000		
	(기 타)		1,185	46,074
합 계		298,853	464,339	603,194
국고세출총액에 대한 비율		2.0%	1.2%	1.6%

자료 : 표손일(1910), 『한국교육 현황(학부간)』,을 강길수(1957), 『교육행정』에서 재인용.

2. 日帝時代의 教育財政

일제 강점 이후 1910년 3월 27일 칙령 제31호에 의한 '조선총독부설치령', 1910년 9월 칙령 제406호에 의한 '조선총독부특별회계에관한령', 1911년 8월 '조선교육령', 1911년 10월 '사립학교규칙' 등이 공포됨으로써 조선에서의 일본식 교육이 실시되었다. 일본식 식민지 교육을 시작하면서 일제는 1911년 6월 17일 부령 제73호로 '經學院規程'을 공포하여 전통적인 조선의 학교로서 그 당시 조선의 최고학부인 성균관을 폐지시키고, 지방 유림의 구심체인 향교를 고사시켰다. 그 결과 田壓과 學田이 없어지면서 교육 재원의 확보 수단이 변화되었다. 일제는 1911년 10월 '학교교육재정의 확보를 위한 교육재정법령'을 공포하였다. 동법령에 의거하여 공립보통학교의 설립 및 유지를 위한 재원은 임시은사금이자, 향교재산수입, 기본재산수입, 수업료, 기부금, 국고보조금 및 지방비보조금 등으로 지변하도록 하고, 그 외의 공립 보통 학교 설립과 유지에 필요한 경비는 학교 구역내의 조선인 부담으로 하였다. 아울러 이러한 재원과 경비의 관리는 道長(知事)의 감독을 받아 府尹 또는 郡守가 하도록 하였다. 그러나, 이러한 규정은 극히 형식적인 것이었고, 모두가 주민의 부담과 독지가의 기부금으로 충당되었다. 1920년 7월에는 칙령 제14호에 의해 '朝鮮學校費令'이 제정되었다. 보통학교 기타 조선인 교육에 관한 비용을 지급하기 위해 부·군·도에 학교비를 설치한 것이다. 학교비에 관한 사무는 府尹, 郡守, 道長이 담당하도록 했고, 학교비에 속하는 수입으로 지변하도록 했다. 학교비와 관계하여 도지사, 군수의 자문에 응하기 위한 '학교평의회'를 설치하도록 하고, 그 의장은 군수나 도지사가 맡도록 하였다. 이 학교비 제도는 일제가 교육 재원의 확보를 위한 수단으로 사용되던 것인데, 1931년 4월 '지방세법'이 제정·공포됨으로써 폐지되었다. 1931년에 제정된 '지방세법'에서는 부(府)의 학교비, 학교의 조합비 등을 모두 부세에 통합하도록 하였다. 동법에서는 교육에 관한 경비는 부의 특별회계인 제2부의 특별경비에 해당하는 재산수입, 사용료, 수수료, 부세 및 부역현금 등을 부과금으로 충당하도록 하였다.

또한 지방세(도지방비)에 제1종 소득세를 신설하여 세수입의 일부를 할애하여 교육비의 경감보조에 충당하였으며, 학교조합에도 세수입의 일부를 교부하였다. 그러나, 일제 강점기의 가장 중요한 교육재원의 확보 수단은 학교비라 할 수 있다. 이 학교비를 중심으로 하여 다각적인 교육재정 확보 수단을 강구하였다. 실제로 한인 취학률은 1912~1935년까지 점차 증가되는 추세였지만, 25%를 넘지 못하였는데 반하여 일본인 취학률은 91~95%에 달하였다. 또한 학생 1인당 경비도 1941년을 보면 3배가 넘고 있으며, 1人 교원당 학생수도 한인 교사의 경우가 일인 교사보다 3배나 되는 많은 학생들을 담당한 것으로 나타나고 있어, 그 재정의 대부분은 재한 일본인 학생들의 교육을 위하여 투자되고, 극히 일부가 조선인 학생교육에 활용된 것을 알 수 있다(<표 18> 참조).

<표 18> 일제시대 학교 현황 및 규모 (단위: 명, %)

구 분		1912년	1919년	1925년	1935년	1941년
보통학교	공 립 학 교 수	1,037	1,604	5,180	7,251	8,222
	사 립 학 교 수	67	104	338	483	432
	한 인 취 학 률(%)	2.2	3.9	16.2	25.0	45.8
	일 본 인 취 학 률(%)	93.0	91.0	91.0	95.0	-
	한 국 교 원 수	1,104	1,766	5,518	7,734	8,618
	일 본 인 교 원 수	392	759	2,063	3,523	8,868
	한인학생당경상비(원)	20.25	17.60	30.30	19.30	20.10
	일인학생당경상비(원)	26.47	25.50	52.52	46.15	63.51
	한인교원당학생수	29	35	54	64	182
	일인교원당학생수	36	32	32	36	37
	학 생 수 ─ 공 립	42,607	84,767	392,1832	683.713	1,512,824
	└ 사 립	2,031	4,521	14,460	33.017	63,528
고등보통학교	공립학교수(학생수)	16(716)	21(2,083)	38(6,148)	72(10,278)	135(20,979)
	사립학교수(학생수)	14(201)	73(1,758)	161(5,980)	304(10,133)	404(14,750)
	인구만명당한인학생수	0.61	2.23	6.37	9.32	-
	인구만명당일인학생수	73	113	229	280	-
	고보재적한국인교원수	30	94	199	376	531
	고보재적일본인교원수	61	145	348	413	731
	한인학생1인당경상비(남)	241	96	120	90	119
	한인학생1인당경상비(여)	174	215	163	94	110
	일인학생1인당경상비(남)	148	110	159	125	134
	일인학생1인당경상비(여)	64	67	112	100	131
	교원당학생수(한인고보)	37	44	35	65	71
	교원당학생수(한인여고보)	22	32	33	40	51
	교원당학생수(일인고보)	16	22	21	25	25
	교원당학생수(일인여고보)	25	23	23	25	25
기타	실업학교(공·사립)	30	25	69	144	292
	고등교육기관합계	1	21	64	142	290
	총 학 교 수	3,893	3,421	8,390	10,855	13,310
	총 학 생 수	244,655	401,003	735,609	1,023,810	2,016,724

자료 : 강길수(1957), 『교육행정』.

3. 美軍政時代의 敎育財政

일제 강점기에 학교비를 지방세에 부가하는 형식으로 교육재정을 확보하던 방식을 해방 이후, 한국의 행정을 임시적으로 관장했던 미군정도 그대로 답습하였었다. 단지, 지방세를 다소 정정하여, 그 미비점을 보완하였을 뿐이다. 미군정당국은 1946년 10월 5일 지방세법을 군정청령 제109호로 제정·공포하였다. 동법에서는 호별세에 대한 부가세 형태로 학교비를 부과하도록 하였으며, 특별부과금은 임시비의 지변을 위하여 필요한 경우에 부과할 수 있도록 하였다. 그리고 세율을 구체적으로 명시하였다. 당초에는 그 세율과 관계하여 소득등급에 대한 부과지수를 각 도에서 제정하는 규칙으로 정하도록 하였지만, 문제가 발생됨으로써 군정청령 제187호(1948년 4월 1일)로 일률적으로 규정하였다. 즉 일제 강점기와 미군정시대에 교육재원으로서 가장 중심이 된 것은 호별세에 부가하여 징수되는 학교비였는데, 그 학교비를 각 도에 일률적으로 적용하도록 한 것은 학교비를 일반화된 조세로 전환시키는 결과가 되기 때문에 매우 의미 있는 법의 개정이라 하겠다.

동법에 의한 의무교육재정을 지방세인 호별세에 부가하여 확보하는 방법은 1958년 교육세법이 제정되기 전까지 그대로 지속되었다. 또한 미군정당국은 1948년 6월 21일 미군정령 제202호로 '지세제도'를 공포하였는데, 동령은 1920년 일제 강점기에 만든 지세제도를 개정한 것으로서 그 중 교육재정과 관련하여 중요한 것은 각부·읍면에서 징수한 지세의 일부를 학교에 필요한 용도를 위하여 지변하도록 한 것이다. 지세는 일제하에서는 국세로서 제도화되었던 것으로서 교육재정을 위하여 중요한 역할을 하였는데, 미군정 초기에는 일제의 지세령이 그대로 적용될 수 없었기 때문에 군정말기에 이 지세제도가 교육재정과 관련되어 부활된 것이다.

미군정은 1948년 8월 12일에는 미군정령 제217호로 '敎育區會設置令'을 공포하였다. 동령에 의하면, 교육구령은 해당 구내에 교육세를 부과할 권리가 있으며, 호별세의 과세 중 지수 1개에 30원으로 규정하였다. 호별세에 대신할 수 있는 특별세금의 경우도 부과지수 1개에 30원을 넘지 않도록 하였다.

동령에서는 교육재정에 관하여는 간단히 언급하고 있지만 그 내용은 후에 교육세를 신설하는데 법적인 모태가 되었다. 그리고 미군정은 1948년 8월 12일 미군정령 제218호를 공포하여 지방 교육자치제도와 함께 '지방교육재정제도'를 만들도록 하였다. 동령은 3일 후에 대한민국 정부가 출범함으로써 실효를 거둘 수 없었지만, 대한민국정부가 교육법과 교육세법을 만드는데 있어서 중요한 역할을 하였다.

4. 大韓民國時代의 敎育財政

지난 40년 간 우리나라의 교육 재정 정책은 학교급별로 각각 다른 원칙을 일관되게 적용하여 왔다. 즉, 의무교육기관에 대해서는 무상 교육을 위하여 공비 부담 원칙을 적용하여 왔으며 중등 교육 기관에 대해서는 공비 부담과 수익자 부담이 형평을 유지하도록 하였고, 고등 교육 기관에 대하여는 수익자 부담 원칙과 더불어 설립자 부담 원칙을 동시에 적용시켜 왔다. 우리나라의 교육 재정 정책의 변천 과정을 시대적 특성에 따라 윤정일 교수는 초·중등 교육 재정 정책을 기반 구축기(1940~1950년대), 양적 팽창기(1960~70년대), 질적 팽창기(1980년대 이후)로 구분하고 있다.[220] 고등교육 재정 정책을 자유 방임기(1945년~1950년대), 통제기(1960년대~1970년대), 자율화 지향기(1980년대~)로 구분하고 있다.[221] 정부 수립 이후의 교육재정을 관계 법령과 연계하여 분류하면, ① 교육법시대, ② 교육세법시대, ③ 의무교육재정교부금법과 지방교육교부세법의 병행시대, ④ 지방교육재정교부금법시대, ⑤ 교육세법 회생시대, ⑥ 지방교육양여금법의 병행시대 등으로 세분할 수 있다. 물론 각 관계 세법들은 상호 병합되는 경우가 많지만, 편의상 이와 같이 세분하여 검토하기로 한다.

가. 敎育法時代(1948년~1958년)

1948년 8월 15일 대한 민국 정부 수립과 함께 제1공화국이 출범하였지만, 각종의 법령은 준비 단계에 있었다. 따라서, 새 제도에 의해 새 법령이 만들어지기 전에는 미군정령과 일제의 법령에 근거하여 행정을 집행할 수밖에 없었다. 1949년 12월 31일 제정된 교육법에서 교육재정에 관한 규정을 하기 이전에는 일제와 미군정에서 시행하던 호별세와 지세에 부가되던 학교비 제도가 교육재정의 재원이 되었다. 1949년 12월 31일 법률 제86호로 제정·공포된 '교육법'에서는 교육재정에 관하여 중요한 내용을 규정하였다. 동법 제68조에 의하면 「교육구, 시 또는 특별시는 그 설립·경영하는 국민학교와 그에 준하는 학교를 유지·운영하기 위하여 교육세를 부과한다」고 규정하고 있는데, 이 조항은 교육세를 교육기관이 부과할 수 있는 근거가 되는 것이었다. 그런데 교육세법이 1958년 8월에야 제정됨으로써 동 조항은 그때까지 법적인 실효를 발할 수 없었다. 그렇지만 교육법에 이러한 근거조항이 있음으로써 학교비 등으로 징수되는 교육관계 세제가 정당성을 보유할 수 있었다. 그밖에 교육법의 제69조 '특별부과금의 부과', 제70조 '교원봉급의 국고

---

220) 윤정일, 앞의 책, p.131~137.

221) 윤정일 외5인, 『교육재정론』(서울: 도서출판 하우, 1995), pp.80~85.

부담,' 제71조 '교육법의 국고보조', 제86조 '수업료 징수권' 등의 규정들은 모두가 교육 재정에 관한 법적 근거가 되는 것이었다. 그러나, 이러한 조항들은 부칙 제168조에서 「교육세에관한법률이 제정·실시될 때까지는 종래의 부과금 제도에 의한다」고 명시함으로써 모두가 '교육세법'의 제정을 기다려야만 했다. 그런데 교육세법의 제정이 늦어짐으로써 그 간의 교육 재원은 일제 강점기나 미군정시대의 법령에 근거하여 형성되거나 지방세법에 관련하여 형성될 수밖에 없었다. 따라서 이 시대를 교육법시대라고 분류하였지만, 실제로는 '구제도의 답습시대'나 '지방세법시대'라고 명칭하는 것이 사실과 일치할 것이다. 이 교육법시대에 제정된 '임시토지수득세법'은 그 당시의 교육 재원 확보와 관련하여 중요한 의미를 갖는다. 1951년 9월 25일 법률 제220호로 제정·공포된 동법은 6·25사변으로 인한 국가 재정의 불균형을 조절하기 위하여 토지수득에 대한 조세를 주로 물납으로 통합함으로써 통화 팽창을 억제하고, 양곡 정책에 기여하기 위하여 제정된 것이다(동법 제49조, 제50조). 동법에 의한 수득세는 1종과 2종으로 하고, 1종 토지수득세는 전답에서 얻어지는 수익에 부과하는데, 이것이 부과된 토지 소득에 대해서는 호별세 부과금과 특별부과금을 부과하지 못하도록 규정했다. 그리고 토지수득세 중에서 1종 토지수득세의 일정한 비율을 지방 자치 단체에 환불하도록 하여 이것을 초등의무교육을 위한 재원으로 활용하도록 하였다. 따라서, 동법은 전·후의 초등의무교육의 재원 확보를 위하여 중요한 역할을 하였던 것이다. 이 법은 그 후 교육세법이 시행되던 시기에도 활용되었는데 5·16군사정변으로 폐지되었다. 동시기에 교육법에 근거한 교육 재원의 확보를 위한 법령이 미비한 상황이었지만 교육법과 지방세법이 상호작용을 하면서 교육재원을 확보할 수 있도록 하였다.

이러한 시기에 한국의 지방교육자치제가 태동하였다는 사실은 정말 아이러니컬한 문제이다. 즉 교육 재정은 뚜렷한 재원 확보를 하지 못한 상태인데도 불구하고 교육 자치제를 보장하는 형태를 취하였으니 재고할 가치가 있다. 단지 그 당시의 생산 수단이 농업이 主가 되었고 농지와 관계된 세제는 비교적 발전되었기 때문에 소규모지만 재원 확보가 가능했으리라 판단된다.

나. 敎育稅法 時代(1958년∼1962년)

(1) 敎育稅法의 制定

1949년 12월 교육법을 제정·공포할 시에 동법 제68조에 의하여 교육세법의 제정이 예고되었다. 그러나, 9년이 지난 후에야 교육세법이 제정되어 교육재정상에 교육세법시대가 된 것이다. 1949년의 교육법에 의하여 1952년부터는 지방자치와 지방교육자치제가 실시되었음에도 불구하고 교육세법만은 그 제정이 지연되고 있었는데 문헌상으로는 그 이유가 밝혀져 있지 않다. 따라서, 교육세법의 제정 이유와 내용들을 분석하여 그 원인을 알아 볼 수밖에 없다. 동 교육세법은 1958년 7월 21일 정부안으로 제29회 국회에 상정되어 일부 수정 후 제정하여 1958년 8월 28일 법률 제496호로 공포된 것이다. 정부측의 동법 제안 이유를 보면, "현행 교육비 조달 방법은 일부 국고부담과 호별세 부가금, 특별세 부가금 등의 징수와 학부형의 수익자 부담으로 충당되고 있는 바 이러한 지방세 의존에서 탈피하여 의무교육제도의 건전한 육성 발전을 도모하기 위한 정상적인 조달 방법으로 독립세로서의 교육세를 부과하기 위하여 이를 제안하는 것이다"라고 하였다. 이 제안 이유를 검토할 때, 그 당시 교육세법이 지연되어 제정된 이유를 알 수 있다. 즉, 그 당시의 세원들이 대부분 지방세적 성격을 지닌 호별세와 지세였다는 사실이다. 호별세와 지세가 지방세인데, 국세적 성격을 지닌 교육세를 신설하였을 경우, 오히려 세원에 문제가 생기게 되어 있었다. 특히, 독립과 더불어 새로이 출발하는 신교육 제도하에서의 학교 설립은 그 지방의 후원을 받아야 가능했는데, 교육세를 신설하여 획일적으로 교육 설비를 한다는 것은 오히려 교육재정을 어렵게 할 가능성이 많았던 것이다.

(2) 敎育稅法의 主要 內容

1958년에 제정된 교육세법의 주요 골자를 보면 다음과 같다.

㈎ 동법은 의무교육제도의 건전한 운영을 기하기 위하여 교육세를 부과함으로써 의무교육비의 정상적인 조달을 목적으로 함(제1조).

㈏ 국내의 주소 또는 1년 이상 거소를 둔 개인은 이 법에 의하여 교육세를 납부할 의무가 있도록 함(제2조 1항).

㈐ ㈏의 규정에 해당하지 아니하는 개인은 다음에 제기한 경우에는 이 법에 의하여 교육세를 납부할 의무가 있도록 함(제2조 2항).

    1) 국내에 있는 자산 또는 사업의 소득을 가질 때.

    2) 공채 또는 국내에 본점이나 주사무소를 둔 법인이 발한 채권의 이자의 지급을 받을 때.

    3) 국내에 있는 영업소에 예금, 저금, 기타 이에 준하는 것을 포함한 이자 또는 국내에 있는 영업소에 신탁된 합동운용신탁의 이익을 지급 받을 때.

㈑ 대통령령으로 지정하는 법인에 대하여는 교육세를 부과하지 아니하도록 함(제4조).

㈒ 법인에 대한 교육세의 과세 표준은 법인이 각 사업 연도에 있어서 생긴 소득 중 유보 또는 적립한 금액이거나 유보 또는 적립하였다고 인정되는 금액에 의하도록 함(제10조).

㈎ 지방교육세는 그 소득 금액에 다음의 각 세율을 적용하여 부과토록 함(제17조).

　　1) 근로 소득 전액의 100분의 2.

　　2) 전호 이외의 소득 금액의 100분의 5.

㈏ 읍·면장은 소관 지방교육세의 납세 의무자에 대한 과세 표준 전액을 조사하여 각 분기의 납세액 보고를 각 분기 개시 30일 전에 소관 교육감에게 제출하도록 함(제33조).

(3) 敎育稅法의 改正

1958년에 제정된 교육세법은 1961년 소득세법(1961. 12. 8. 법률 제821호)에 의하여 폐지될 때까지 한국의 교육재원 확보에 중요한 일익을 담당하였고 두 차례에 걸쳐 개정이 이루어졌다. 1959년 11월 이종남 의원 외 11인이 교육세법상의 세액 증가를 내용으로 한 1차 개정안을 국회에 제출하였으나 회기 종료에 따라 동안은 폐기되었다. 정부측은 1차 개정안을 보완하여 1960년 10월 정부안을 제37회 국회에 제출하여 수정 통과되었다. 동 개정안은 세율 상승과 세원의 확대를 위한 것으로 ① 개인의 각 소득에 대한 교육세는 소득세법 제14조의 2의 규정에 의거 각 소득에 대한 각각 세율의 100분의 60에 상당하는 액을 그 세율로 하고 법인의 유보 소득에 대한 교육세는 각 사업 연도의 유보 소득 금액의 100분의 5를 그 세율로 한다는 것(제12조), ② 지방교육세는 제11조의 규정에 의한 과세 최저한에 미달하는 소득에 한하여 부과한다는 것(제15조)등이 주요 골자이다. 이것은 호별세에 부가하여 부과하던 학교비가 독립세에 의하여 처리됨으로써 생기는 문제점을 보완한다는 의미도 내포된 개정이었다.

2차 개정안은 1961년 8월 국회 재정 경제 위원장 명의로 제안되었다. 동 제안은 원안대로 가결되어 1961년 8월 24일 법률 제694호로 공포되었는데, 그 개정 이유는 "정기예금 이자에도 교육세를 과세토록 하여야 하며, 납세 의무자에게 기장을 권장하여 기장을 한 자가 자진 신고를 할 경우에는 세액을 공제하는 특권을 부여하여 납세 의무자가 소정 기일 내에 자진 신고와 동시에 자진 납부를 하는 경우 세액을 인하하는 특전을 부여하며, 또한 원천징수 방법이 복잡하므로 이를 단일 비례세율로 적용하도록 하여 사무 취급의 통일과 간편화를 기하고자"한 것이다. 2차 개정의 주요 골자는 다음과 같다.

㈎ 국가, 지방자치단체 등이 영업세 과세표준이 되는 금액을 지급 또는 영수하거나 물품을 인도할 때에는 그 금액에 대하여 1000분의 3의 교육세를 원천징수하도록 하는 규정을 신설(제12조).

㈏ 납세 의무자는 신고 금액 부담 세액을 자진하여 정부에 납부할 수 있도록 하는 규정을 신설(제19조의 2).

㈐ 자진 신고·납부하는 경우에는 신고금액 상당 세액에서 100분의 15에 상당하는 금액을 공제하도록 함(제25조).

㈑ 기장을 한 자가 자진 신고한 경우에는 100분의 5에 상당하는 금액을 공제한 금액을 세액으로 함(제25조의 2).

㈒ 정기예금 이자에 대하여는 교육세를 부과하지 아니한다는 규정을 삭제함.

(4) 敎育稅法의 役割

목적세로서 교육세가 부과되어 교육 재정의 재원으로 하였다는 것은 큰 의미가 있었다. 그러나, 특별시와 시의 경우에는 교육세의 부과·징수권이 여전히 일반 지방자치단체에 있었기 때문에 지방교육자치단체에는 실질적인 혜택을 주지 못하였다. 또한 종전의 호별세부가금과 특별부가금의 세원을 전액 교육세에 흡수하지 못한 결과로 그 세액이 부족하여 '사친회비'란 이름으로 주민 부담을 시키게 되어 이 교육세가 의무교육재정이란 측면에서는 큰 효력을 발휘하지 못하였다. 그러나, 교육구의 경우는 교육세를 직접 부과·징수하게 됨으로써 지방교육자치의 기반을 더욱 강화시킬 수 있었고, 교육구가 독립재정을 형성할 수 있음으로써 교육 행정의 독립성을 증가시키는 데는 동 법이 큰 역할을 한 것이다. 따라서 목적세로서의 교육세의 부과는 교육 재원의 확대라는 측면에서는 별로 효과가 없었지만 교육의 자주성과 독립성을 형식적으로 증가시키는 데는 기여를 하였다. 그 결과 실리성을 추구하는 군사 정부에서는 그 존재 가치가 부정되어 5·16 군사정변과 함께 폐지되었다.

다. 義務敎育財政交付金法과 地方敎育交付稅法의 並行時代(1962년~1972년)

5·16 군사정변 이후 소득세법의 개정(1961. 12. 8. 법률 제821호)에 의거하여 교육세법이 폐지됨으로써 초기 교육세법시대는 끝나게 되었다. 그 후의 교육재원은 개정된 '소득세법'과 1958년에 제정되어 그 동안 꾸준히 발전된 '義務敎育財政交付金法'(1958. 12. 29. 법률 제514호)에 의하여 조성·교부되었다. 교육세법의 폐지와 함께 그 공백기를 보완하기 위하여 의무교육재정교부금법을 전면개정(1962. 4. 28. 법률 제1063호)하여 교육 재정의 운용을 보강하였다. 그러나, 이 의무교육재정교부금법만으로는 교육 재원을 원활하게 확보할 수 없게 되자 1963년 12월 5일 법률 제1459호로 地方敎育交付稅法을 신설하여 양법에 의하여 교육 재원을 확보하여 교부하였다. 이 시기를 양법의 병행 시대라 명칭하기로 한다. 그러나, 엄밀한 의미에서는 소득세법에 의한 재원을 양법에서 분배하는 것이었으므로 양법의 병행이라고 하기보다는 삼법의 동행이라고 하는 것이 옳을 것이다.

(1) 義務敎育財政交付金法

동법은 국고 보조의 기준을 설정하여 균형 있는 국고 보조를 시행하기 위하여 1958년에 제정되었지만 효력을 발휘한 것은 5·16 군사 정변으로 교육세법이 폐지되고, 1962년 4월 전면 개정되면서부터이다. 따라서, 여기에서는 1962년에 개정된 법을 중심으로 검토하기로 한다. 동법은 "교육구의 재정수입액과 재정수요액의 산출 기준을 법제화"하기 위한 것이었다. 그런데 교육세법이 폐지되고, 지방교육자치제가 5·16 군사정변에 의하여 정지됨에 따라 교육 재정의 분배에 관한 법적 근거가 문제가 됨으로써 동 법을 전면 개정하여 소득세법과 연결하여 교육재원을 확보하였다. 1962년 4월 동 법 개정시의 제안이유는 "의무교육비 재원의 대종을 이루고 있던 교육세와 제1종 토지수득세가 세제 개혁으로 폐지되고 동 세원이 국세인 소득세와 지방세인 농지세로 각각 흡수됨에 따라 의무교육비의 고정 재원의 대부분을 상실하는 결과를 초래하였으므로 이 법을 개정하여 종래 국세인 교육세, 지방세인 교육세 및 제1종 토지수득세에서 충당하던 정도의 재원을 소득세에서 법적으로 확보하여 국가가 의도하는 의무 교육에 기여코자 하려는 것"이었다. 즉, 교육세의 폐지 등으로 교육 재원이 불분명해 짐으로써 소득세와 농지세 등으로 거두어들인 재원에서 의무교육비를 확보하기 위하여 동법을 개정한 것이다. 1962년에 개정된 '의무교육재정교부금법'의 주요 골자는 다음과 같다.

㈎ 문교부장관은 의무교육재정수요액과 의무교육재정수입액 계산서를 경제기획원장관에게 제출하고, 경제기획원장관은 이를 국가 예산에 계상하도록 함(제3조 2항).

㈏ 교부금은 보통교부금과 특별교부금으로 나누고, 그 교부 방법을 각각 별개로 정하도록 함(제4~7조).

㈐ 문교부장관은 예산이 결정되면 당해 특별시·시 또는 군에 4기로 나누어 교부액을 시달하도록 함(제8조).

㈑ 기준재정수요액의 산정 방법은 각 영으로 정하도록 함(제9조).

㈒ 시장 또는 군수는 교부금의 사용에 관하여 익년도 3월 31일까지 결산서를 도지사에게 제출하고 특별시장과 도지사는 이를 총괄하여 4월 30일까지 문교부장관에게 보고하도록 함(제11조 1항).

동법은 그 후 1971년의 '지방교육재정교부금법'(1971년 12월 28일 법률 제2330호)에 의하여 통합·폐지될 때까지 네 차례의 개정(1963. 10. 28. 법률 제1425호, 1965. 12. 20. 법률 제1727호, 1966. 12. 27. 법률 제2035호)이 있었지만, 그 주요 내용은 유지되면서 지방의무교육재원 확보를 위하여 지대한 공헌을 하였다.

(2) 地方教育交付稅法

5·16에 의한 군사 정부는 교육재원의 확충을 위하여 '의무교육재정교부금법'과 병행하여 '지방교육교부세법'을 신설하였다. 1963년 11월 국가재건최고회의 상임위원회는 "종래 지방자치단체가 부담하여 오던 중·고등학교 교직원 봉급의 전입금 해당액을 새로이 설치된 교육위원회의 재정으로 확보하기 위하여 전입금으로 부담되어온 상당액을 지방 자치단체의 재정 규모에서 삭감하고, 이를 직접 국가에서 교부하는 제도를 마련하기 위하여 동법을 제정할 것"을 제안하였다. 이 법은 1963년 12월 5일 법률 제1459호로 제정·공포되었는데, 이것은 의무교육을 위한 재정뿐만 아니라 다른 학교교육을 위한 재원 확보까지 법규화한 것이다. 동법의 주요 내용은 다음과 같다.

㈎ 지방 교육행정 운영에 필요한 재원을 교부하여 그 재원을 조정함으로써 지방 교육의 건전하고 균형 있는 발전을 기함을 목적으로 함(제1조).

㈏ 지방 교육행정 운영의 기준재정수입액과 기준재정수요액을 측정하고 기준 재정 수입액이 기준 재정 수요액에 미달되는 것을 기초로 하여 교부세를 교부하되 보통교부세와 특별교부세로 구분하여 교부하도록 함(제3조).

㈐ 기준재정수입액과 기준재정수요액 측정에서는 의무 교육 재정 수입이나 수요를 제외한 모든 지방 교육 운영에 수반된 수입과 수요에 대하여 측정하도록 함(제2조, 제34조).

㈑ 지방교육교부세 재원은 매 연도의 입장세 세액의 100분의 40과 주세 중 탁주, 약주세의 세액의 100분의 42에 해당하는 액으로 하고 매년도 국가 예산에 계상하도록 함(제4조, 제5조).

㈒ 지방교육교부세의 기준 재정 수입액은 교육 위원회에 속하는 교육·학예에 관한 일체의 수입 예산액으로 하되 추정액의 100분의 90 상당으로 하며 기준 재정 수요액은 각 영이 정하는 바에 따라 산정 된 것으로 함(제7조, 제8조).

동법이 제정됨으로써 소득세의 점진적인 신장에 따라 지방 교육 재원의 확보를 위하여 기여한 바가 크다. 동법은 그 후 1968년 7월 의무교육재정교부금법과 연계되어 한 차례의 개정이 있었다. 1968년 7월 19일 제66회 국회에서 법률 제2036호로 개정된 동법의 주요 내용은 다음과 같다.

㈎ 교부세의 재원인 입장세와 탁·약주세를 내국세 총액으로 하고, 그 교부율은 1000분의 13으로 함(제4조).

㈏ 내국세 예산액과 결산액과의 차액으로 인한 교부세의 차액은 정산하도록 의무 규정을 신설함(제5조의 2).

(3) 兩法의 役割

양법의 교육 재정을 위한 역할은 1968년 7월 19일 양법이 동시에 개정되는 시기를 기준으로 하여 전과 후가 다소 다르다. 그 전기는 교육세가 폐지되고 그것이 소득세에 흡수됨에 따라 소득세 내에서의 교육재원 확보를 위한 역할을 담당하였다. 이 시기는 소득세가 점진적으로 신장하는 시기였기 때문에 양법이 교육재원의 확보를 위하여 기여한 바가 컸다. 그 후기에는 양법이 동시에 개정되어 교육재원은 소득세라는 특정 국세에서 확보하던 것을 내국세 총액의 일정 비율을 교육 재원으로 하도록 개정되었다. 내국세 총액의 일정 비율을 교육재원으로 한다는 것은 교육재원의 확보라는 측면에서 보면 대개혁이라 할 수 있다. 이 제도는 결국 교육재정 규모를 책정하는 기준이 되어 버렸는데, 그 결과 교육재정관계법이 개정될 때에는 언제나 교육재정의 비율이 어떻게 변하였는가가 중요한 관심사가 되었다. 따라서 이 양법은 통합되어 '지방교육재정교부금법'으로 바뀌었다.

라. 地方教育財政交付金法 時代(1972년~1981년)

(1) 地方教育財政交付金法의 制定

1970년대 이후부터 국가 경제가 빠르게 성장하고 국민의 교육열이 점차 높아짐에 따라 정부는 1971년부터 중학교 무시험제를 실시하고 희망자 전원이 중학교에 진학할 수 있도록 하였다. 그 결과 의무교육재정교부금법이 교육재정을 조달할 수 없게 됨으로써 '의무교육재정교부금법'과 '지방교육교부세법'을 통합·개정하여 '지방교육재정교부금법'을 신설한 것이다. 정부는 "중학교 무시험제를 실시함으로써 희망자 전원이 중학교에 진학하게 됨에 따라 중등 교육 기관의 급격한 팽창이 불가피하게 되었고, 또한 세계적인 추세에 따라 앞으로 의무교육 연한을 중학교까지 연장하는 문제가 대두되게 되었으므로, 중등교육의 재정수요와 의무교육 정상화를 위한 연차적인 재정수요를 효율적으로 배분·사용할 수 있게 하기 위하여 현행의 의무교육재정교부금과 지방교육교부세를 지방교육재정교부금으로 통합하여 합리적인 집행을 기하려는 것"이라는 이유로 '지방교육재정교부금법'의 법률안을 1971년 11월 제78회 국회에 제안하였다. 동 법률안은 1971년 12월 28일 법률 제2330호로 제정·공포되었다. 통합된 지방교육재정교부금법의 주요 골자는 다음과 같다.

㈎ 지방교육재정교부금의 종류와 규모 및 그 교부 범위를 정함(제3조, 제4조).

㈏ 교부금은 보통교부금과 특별교부금으로 구분하되 보통교부금은 의무교육경비와 기타 경비로 나누어 교부하고, 특별교부금은 일반적인 경우가 아닌 특별한 재정적 수요가

있을 때 교부하도록 함(제5조).

㈐ 기본재정수요액과 기본재정수입액의 산정 방법을 정함(제6조).

㈑ 의무교육재정교부금법과 지방교육교부세법을 이 법으로 통합하고 그들을 각각 폐지함(부칙).

(2) 地方教育財政交付金法의 改正

동법은 1971년 12월 제정된 이래 5차의 개정이 있었다. 그 개정 중 1982년 3월 20일 법률 제3540호에 의한 개정과 1990년 12월 27일 법률 제4268호에 의한 개정은 정부조직법 중 지방교육재정교부금에 관계된 조문이 개정됨으로써 연계적으로 개정된 것이다. 즉, 1982년의 경우는 체육 관계 업무가 문교부로 이전됨으로써 법령의 내용중 '교육·학예'를 '교육·학예·체육'으로 개정한 것이고, 1990년의 경우는 정부조직법상의 '문교부'가 '교육부'명칭을 변경을 함으로써 법령의 내용 중 문교부장관을 교육부장관으로 바꾼 것이다.

1982년 4월 3일 법률 제3561호에 의한 개정은 교육재정의 수요를 충당하기 위하여 지방교육재정교부금의 규모에 교육세에 해당하는 금액을 추가하고, 국가가 지방자치단체에 교부하는 교육재정교부금은 모두 동법의 규정에 따르도록 한 것이다. 즉, 동 개정은 1981년 12월 5일 교육세법이 재생됨에 따라 취해진 개정이다. 따라서, 동 개정과 그 이후의 동법의 개정은 '지방교육재정교부금법시대'에 해당되는 개정이 아니라 '교육법재생시대'에 해당되는 개정이라 하겠다.

1988년 12월 31일 법률 제4047호에 의한 개정은 담배 관련 세제가 지방세인 담배 소비세로 통합되어 지방자치단체에 이양됨에 따라 종전의 담배에 부과되는 교육세만큼 지방교육재정교부금이 결손되어 그 결손액을 당해 지방자치 단체의 담배 소비세에서 보전하도록 하려는 것이었다. 1990년 12월 31일 법률 제4043호에 의한 개정은 '국세와지방세의조정등에관한법률'이 개정되어 교육세 수입이 지방교육양여금의 재원으로 됨에 따라 관련된 사항들을 정비하기 위하여 개정한 것이다.

(3) 地方教育財政交付金法의 役割

지방교육재정교부금법은 1971년 12월에 제정·시행된 것이지만 한국의 지방 교육재원의 중요 기능을 담당하고 있는 '교부금제'는 1968년 7월 19일 의무교육재정교부금법과 지방교육교부세법을 동시에 개정하여 특정 국세에서 내국세 총액의 일정율을 교부금으로 변경시킴으로써 시작되었다. 이 때부터 교육재정은 그 재원보다는 내국세 총액의 몇 %를 교부금으로 할 것인가에 따라서 좌우되게 되었다. 따라서, 동법을 새로이 제정하였지만 내국세 총액에서의 교부율에는 아무런 변화가 없었기 때문에 동법의 신설이 교육재정에는 별로 의미가 없게 되었다. 설상가상으로 동법의 제정이후 1972년의 8·3조치에 의하여 법정교부율의 일괄 적용이 1982년까지 정지되었기 때문에 심각한 교육재정의 악화를 초래하였었다. 그러나, 8·3조치에 의하여 동법을 폐지시키는 것이 아니라 정지시켰으며, 1982년부터는 법정교부율제가 다시 부활되어 오늘날까지 한국의 교육 재원 확보에 중요한 역할을 하고 있다.

마. 敎育稅法回生時代(1982년~1990년)

1958년 8월 28일 법률 제496호에 의하여 제정되었던 교육세법이 지방교육재정을 위해서는 별로 기능을 발휘하지도 못한 상황에서 5·16군사정변에 의하여 지방자치제가 정지됨으로써 1961년 12월 8일 법률 제821호인 소득세법에 의하여 폐지되었다.

그 후 20년간을 교육세법에 의하여 교육재정을 확보하였는데 1981년 12월 8일 법률 제3459호로 교육세법이 회생됨으로써 다시 교육세법에 의한 교육재정의 확보 기회가 만들어졌다. 그러나, 1981년의 교육세법은 1986년 12월 31일까지 한시적 효력을 가진 목적세로서 회생된 것이다.

(1) 敎育稅法의 回生

1981년 10월 정부는 학교 교육의 정상화를 기하는데 필요한 재원을 확보하기 위하여 교육세법을 회생시킬 것을 제108회 국회에 제안하였다. 이 때 국회는 교육세를 금융·보험업에까지 부과할 수 있도록 하되, 단 5년간의 한시법으로 할 것을 결의하여 동 법률안을 수정·통과시켰다. 즉, 1982년부터 1986년까지 5년간에 약 1조 5천억의 재원을 확보할 수 있도록 책정하여 주세액, 제조 담배의 매도 가격 등에 5~10%의 교육 세율을 적용하도록 하였다. 한시법인 동 교육세법에서는 납세 의무자, 세율, 신고납부시한, 부과 징수, 운용들을 규정하고 있는데 교육세의 세율은 이자·배당소득금액에서 5%, 주세액에서 10%, 담배의 매도가격에서 10%로 정하고, 지방교육세의 세율은 주택 및 주거용 토지에서 30%, 기타에서 50%를 징수할 수 있도록 정하였다. 또한 금융·보험업자의 수익금액에서 0.5%의 교육세를 징수할 수 있도록 하였다. 이렇게 교육세가 회생됨으로써 종래의 교부금에다 교육세까지 부가됨으로써 교육 재정이 훨씬 확대되었다.

(2) 敎育稅法의 延長

교육세법에 의하여 교육 재원을 확대해 가고 있었는데 동법의 한시점이 임박하자 정부는 1986년 10월 동법의 기한 연장을 위한 개정안을 제131회 국회에 제출하였다. 국회는 운영상의 미비점을 다소 보완하며 1991년 12월 31일까지 연장된 교육세법을 1986년 12월 26일 법률 제3864호로 개정하였다. 개정된 교육세법의 주요 내용은 다음과 같다.

㈎ 교육세법의 적용 시한을 1986년 12월 31일까지에서 1991년 12월 31일까지로 5년 연장함(제17조, 부칙 제3조).

㈏ 내·외국인 구분 없이 수입 외국산 제조 담배를 판매하게 됨에 따라 외국인에게 판매할 목적으로 수입한 외국산 제조 담배에 대한 비과세 규정을 삭제함(제4조 2항).

㈐ 환매 조건부 외화자금 매각거래(스와프 거래)의 특수성을 감안하여 동 거래에 대한 교육세액의 한도를 설정하는 등 과세 방법을 개선함(제6조 1항).

㈑ 관련법이 제정 또는 개정됨에 따라 일부 조문을 정비함(제4조).

(3) 敎育稅法의 永久化

1차 연장된 교육세법이 다시 한시점에 임박하자, 정부는 교육 재원을 지속적이고 안정적으로 확보함으로써 교육 정상화의 재정적 기틀을 마련하기 위하여 교육세법의 적용 시한을 폐지함과 동시에 교육세 과세대상을 확대하려는 목적으로 1990년 9월 제151회 국회에 교육세법 개정안을 제안하였다. 정부의 안은 일부 수정되어 1990년 12월 31일 법률 제4279호로 개정됨으로써 교육세법은 영구법화 하였다. 1990년 12월에 개정된 교육세법의 주요 내용은 다음과 같다.

㈎ 1991년 12월 31일인 교육세법의 적용 시한을 폐지하여 한시세인 교육세를 영구세로 전환함(부칙 제8조).

㈏ 특별소비세의 납세 의무자에게도 교육세를 적용하여 특별소비세액의 100분의 30을 교육세로 부과함(제5조 1항 2호).

㈐ 균등할주민세에도 교육세를 부과하도록 하여 균등할주민세액의 100분의 10을 교육세원으로 함. 단 인구 50만 이상의 도시에 있어서는 100분의 25로 한다(제5조 1항 6호).

㈑ 등록세·마권세·재산세·종합토지세에도 교육세를 부과하여 동 세액 100분의 20을 교육세원으로 함(제5조 1항 4·5·7·8호).

㈒ 자동차세에도 교육세를 부과하여 동 세액의 100분의 30을 교육세원으로 함(제5조 1항 9호).

㈓ 종전 규정에 의하여 비과세되는 토지개발채무의 이자에 대한 경과 규정을 둠(부칙 제8조).

(4) 敎育課稅 對象의 擴大

교육세 재원의 계속적인 필요에 의하여 1995년 12월 29일 법률 제5037호로 적용 시한을 원칙적으로 2000년 12월 31일까지 연장하고 교육과세 대상을 교통세액과 담배 소비세액에 확대하였다. 구체적인 내용은 다음과 같다.

㈎ 특별소비세법의 규정에 의하여 납부하여야 할 특별소비세액의 100분의 30을 교육세로 부과하되 등유의 경우에는 100분의 15로 등유에 대한 교육세 부과율을 낮게 하는 단서 조항을 첨부함(제5조 1항 2호).

㈏ 지방세법의 규정에 의하여 납부하여야 할 경주·마권세액을 100분의 20에서 100분의 50으로 대폭 인상함.

㈐ 교통세법의 규정에 의하여 납부하여야 할 교통세액의 100분의 15로 규정함(신설; 제5조 2항 3호).

㈑ 지방세법의 규정에 의하여 납부하여야 할 담배 소비세액의 100분의 40을 교육세로 징수함(신설; 제5조 2항 11호).

㈒ 균등할주민세에도 교육세를 부과하도록 하여 균등할주민세액의 100분의 10을 교육세원으로 함. 단 인구 50만 이상의 도시에 있어서는 100분의 25로 한다. 당해 시의 읍·면 지역에 대하여는 그 세율을 100분의 10으로 함으로써 도·농 복합 형태의 시에 대해서 차등 있게 적용함(제5조 1항 7호; 제5조 6항).

(5) 敎育稅法의 回生의 意味

정부예산 중에서 교육세의 비율이 어느 정도이며 교육예산 중에서 교육세에 의하여 충당되는 정도를 총액과 비율을 분석한 것은 다음 <표 19>과 같다.

<표 19> 정부예산, 교육예산에 대한 교육세의 비율 (단위 : 10억원)

구 분	'82	'84	'86	'88	'90	'92	'94	'96	'97	'98	'99
교 육 세(A)	198	285	372	512	521	1,822	2,540	4,124	5,399	5,203	5,392
정부예산(B)	9,314	11,173	13,800	18,429	22,689	36,223	47,593	64,927	76,639	77,738	88,302
교육예산(C)	1,916	2,275	2,769	3,693	5,062	8,206	10,879	15,565	18,288	18,128	17,456
A/B(%)	2.1	2.5	2.4	2.8	2.3	5.0	5.3	6.4	7.0	6.7	6.1
A/C(%)	10.3	12.5	12.1	13.7	10.3	22.2	23.3	26.5	29.5	28.7	30.9

자료 : 한국의 사회지표(1998), 통계청. 한국주요경제지표(1999), 통계청.

※ 정부예산 : 일반회계 + 지방양여금특별회계 + 지방교육양여관리특별회계 + 교육환경개선특별회계(일반회계에서 특별회계로 전출된 전출금은 중복되므로 제외), 교육비: 교육부예산 - (교육부예산 중 인건비 + 기준경비), 의무교육비: 초·중학교 및 특수학교 지원예산.

<표 19>에서 볼 수 있는 바와 같이 정부 예산이나 교육 예산 중에서 교육세가 차지하는 비중은 별로 크지 않았다. 이것은 교육세가 독립세로 부과되지 못하고 있기 때문이다.

이러한 현상은 교육세의 총액이 교육이라고 하는 목적 사업의 전체를 충당하지 못하고 극히 일부분만을 충당하고 있는데도 그 원인이 있다. 결국, 동법은 정부가 국민의 조세 저항을 줄이기 위하여 비교적 조세 저항이 적은 교육세라는 명칭을 붙였을 뿐이고 실제의 조세 운영은 일반 조세와 동일하게 하고 있기 때문에 동법의 역할은 그만큼 줄어들고 있다.

<표 19>에서 주목할 것은 1990년에서 1992년 사이에 교육세액이 크게 증가하였다는 점이다. 1990년 12월 교육세법의 개정으로 교육세의 증가가 두드러졌다. 정부예산 중 교육세의 비율이 90년 이후부터 2%정도에서 5~7%정도로 상당한 비중이 늘어난 점은 주목할 만한 일이다. 이런 결과는 국민의 교육세 부담이 크게 늘어나게 됨을 의미한다. 교육예산 중 교육세에의 의존도가 90년 이후로 약 3분의 1 정도가 되고 있어 교육세 확보가 불확실할 경우 교육 예산의 확보에 결정적인 문제가 야기될 수 있어 교육 예산 확보의 다원화가 절실히 요구된다. 물론 교육세가 1991년부터는 영구세로 변화되었고 방위세의 폐지와 함께 교육세의 재원이 확충되었기 때문에 세액도 증가한 것이다.

바. 地方教育讓與金法의 竝行時代(1991년~)
(1) 地方教育讓與金法의 制定

1990년 12월의 교육세법의 영구화는 많은 분야에서 법률적 조정을 하도록 했다. 즉, '지방교육재정교부금법'과 '교육환경개선특별회계법'이 함께 개정되었으며, '지방교육양여금관리특별회계법'이 새로이 제정되었다. 이 법률 중 '지방교육양여금법'은 교육세 등으로 확보된 재원을 지방교육재정으로 분배하는데 중요한 기능을 담당하므로 1991년 이후를 '지방교육양여금의 병행시대'라고 칭하기로 한다. 교육재원의 확장을 위하여 시기적으로 적절했던 것은 방위세의 폐지와 교육세의 한시점이 일치했던 점이다. 즉, 1990년 말 방위세가 폐지됨에 따라 교육세를 영구화할 수 있었고 지방세분의 방위세를 전액 교육재정으로 흡수할 수 있게 되었다. 이것은 지방세로부터도 교육 재원을 조달할 수 있게 하는데 큰 역할을 한 것이다. 교육세법이 영구화됨에 따라 교육세에 의한 재원을 지방교육양여금 형식으로 각 시·도에 지원하기 위하여 취한 입법적 조치가 '지방교육양여금법'의 제정이었다. 정부는 국세 수입의 일부를 국가가 지방 자치 단체에 양여하여 지방교육재정을 확충함으로써 지방 교육의 균형 있는 발전을 도모할 목적으로 1991년 10월 지방교육양여금법안을 제151회 국회에 제안했던 것이다. 이 법안이 일부 수정되어

1990년 12월 31일 법률 제4301호로 제정·공포된 것이다. 동법의 주요 내용을 보면 다음과 같다.

㈎ 지방교육양여금의 재원은 '국세와지방세의조정등에관한법률' 제5조 제2항의 규정에 의하여 양여 되는 금액, 즉 교육세 수입의 전액으로 함(제3조).

㈏ 지방교육양여금은 당해 연도의 전전년도 11월 1일 현재의 특별시·직할시 및 도의 인구 비율에 따라 양여하도록 함(제4조).

㈐ 지방교육양여금은 교육 기관·교육 행정 기관 등의 설치 및 교직원 등의 인건비 등 운영 경비로 사용하도록 함(제5조).

㈑ 교육부장관은 착오 등으로 양여금을 양여한 때에는 그 양여한 금액은 다음 회의 양여금 양여시에 증감하여 양여하도록 함(제6조).

(2) 地方教育讓與金法의 役割

1990년부터 교육세를 영구화하고 교육세법에 의하여 징수될 수 있는 재원을 지방 교육 재원으로 전액 전환시킬 수 있는 법적 근거가 되는 지방교육양여금법이 제정되면서부터 교육 재원은 기존의 지방교육재정교부금법과 함께 교육재원의 새로운 국면을 맞이하게 된 것이다. 지방교육양여금법제도의 도입으로 지방교육재정의 재원은 내국세 전체의 일정율을 교부금으로 하는 교부금 제도와 목적세인 교육세의 금액을 지방교육재정에 양여하는 양여금제도가 병행하게 되었다. 이 때의 양여금이 학생수·학교수·교원수 등에 의하지 않고 시·도별 인구 비율로 한 점, 교부금과 통합되어 운영되어야 할 점 등이 문제점으로 제시되고 있지만 목적세를 전액 지방교육재정으로 전환할 수 있도록 한 것은 의미 있는 일이다. 더욱이 지방교육양여금제도의 재원인 교육세가 방위세의 세원까지 흡수함으로써 그 재정 규모가 점차 커지고 있으므로 앞으로의 동법의 역할은 더욱 중요하게 될 것으로 예상된다.

Ⅲ. 현재의 教育財政의 現況[222]

1. 教育 豫算 現況

각 나라마다 교육비 분류 체계가 다르고 재원이 다양하기 때문에 국제간의 교육재정을 비교하기 위해서는 우선 교육비의 개념을 명확히 할 필요가 있다. 한국의 교육비는 크게 직접 교육비와 간접 교육비(교육 기회경비)로 구분하며, 직접 교육비는 다시 공교육비와 사교육비로 분류하고 있다. 공교육비는 공공 단체의 합리적인 예산 회계 절차를 거쳐 교육에 투입되는 경비로서 정부 부담, 재단 부담, 학부모 부담, 기타 사회 단체나 민간이 부담하는 교육비로 구분되고 있다. 사교육비는 자녀를 교육시킴으로써 공교육비 이외에 추가로 학부모가 부담하는 교재값, 과외수업비, 학용품비, 하숙비, 교통비 등과 같은 경비를 말한다.

교육 기회 경비는 교육을 받음으로써 취업할 수 없는 데서 오는 포기된 소득과 비영리 교육 기관이 향유하는 면세의 가치가 포함된다.

한국에서 교육 재정 규모를 표현할 때, 일반적으로 GNP 대비 교육부예산, 정부예산 대비 교육부 예산의 두 가지 지표를 사용하여 왔다. 이처럼 중앙 정부의 교육비만을 가지고 GNP나 정부 예산에 대비하게 된 까닭은 지방교육비의 규모가 대단히 영세하였기 때문이라고 할 수 있다. 지방교육비가 현재와 같은 수준으로 증대된 것은 극히 최근의 일이다.

교육개혁위원회에서는 교육재정을 1998년까지 GNP의 5% 수준으로 확보하기 위한 방안을 제시하였으나, 경제적 어려움(IMF)으로 인하여 실현하지 못하였다. 하지만, 교육 재정을 최소한 GNP의 5% 수준으로 확보한다는 것은 한국 교육의 당면 문제를 해결하고, 교육 개혁에 필요한 재원을 확보한다는 역사적 의미가 있다. 이것은 한국 교육의 선진화를 위한 필수 조건이며 교육계의 오랜 숙원이기도 하다.

1998년 교육부예산은 GNP의 4.0%에 불과한데, 정부 예산에서 차지하는 비율은 23.3%나 되고 있다. 주요 선진국의 교육재정 현황과 비교하면, GNP 대비 교육예산은 선진국의

222) 한상진 편저, 『21세기 한국교육 정책의 전략』(서울: 원미사, 1997), pp.551~563.

1/2 정도에 지나지 않는 반면에 정부 예산 중 교육 예산의 비중은 다른 어느 나라보다 높게 나타나고 있다. 이는 한국의 경우 조세부담률이 낮아서 정부 예산의 규모 자체가 작고 총교육 예산의 대부분을 중앙 정부에서 부담하고 있기 때문이다. 1998년도에 있어서 중앙 정부 교육 예산, 지방 정부 교육 예산, 사립 학교 교육 예산 등을 합한 총 공교육비는 약 18조원으로서 GNP의 약 4%에 달하며, 여기에다 GNP의 약 6%가 되는 사교육비까지 합하게 되면 공·사 교육비 총액은 GNP의 약 10%가 되는 셈이다. 사교육비가 공교육비보다 훨씬 많아 국민의 교육비 부담은 상당히 부담스러운 것이 현실이다. 공부담 공교육비 약 18조원의 구성비를 보면, 중앙정부 예산이 약 82%나 되고 지방정부 지원 예산은 약 18%에 지나지 않는다. 국가재정 중 교육재정이라 함은 정부예산 중 교육부 예산을 말한다. 교육부 예산은 일반 회계와 특별 회계로 구성되어 있으며, 다음 <그림 3>과 같은 경로로 지방 교육청으로 배분되고 있다.

<그림 3> 교육 재정의 구조와 배분 경로

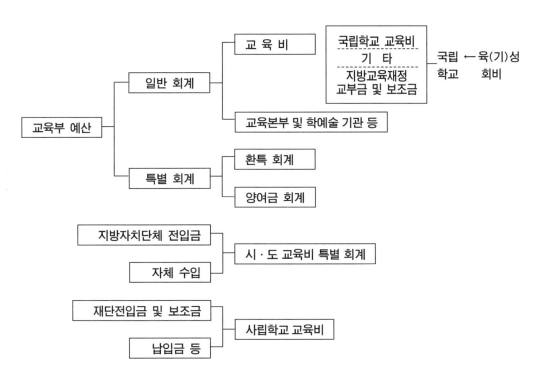

가. 敎育稅法 改正

1996년부터 교육세의 신규 과세 대상으로 등유에 대한 특별소비세액(15%), 교통세(15%), 담배소비세액(40%)을 포함시키고, 경주 마권에 대한 교육세의 세율을 20%에서 50%로 인상하며, 각종 과세 대상에 부가되는 교육세의 세율은 교육투자 재원의 조달 또는 당해 물품의 수급상 필요한 경우에는 그 세율의 30%의 범위 안에서 조정한다. 국세에 부과되는 교육세액과 지방세에 부과되는 교육세액은 거의 비슷한 규모를 유지하고 있으며, 교육세 과세 표준별로 볼 때 수입이 가장 큰 것은 특별소비세액과 등록세액이다. 그러나, 국세 위주의 조세 체계로 인하여 지방 교육 재정이 중앙 정부에 전적으로 의존하고 있으며, 이 의존도는 교육재정을 GNP의 5%수준으로 확보하기 위한 방안으로 인하여 더욱 높아지게 되었다.

더욱이 교육세의 경우에는 지방세에 부가하는 교육세마저 중앙에서 징수하여 양여금 형태로 지방에 배분하게 되어 있음으로 인하여 지방 재정의 국고 의존도를 더욱 가중시키고 있음은 물론 지방 교육 자치의 가장 큰 제약 요건으로 작용하고 있다. 따라서, 지방화 시대에 걸맞게 조세 체계를 국세 위주에서 지방세 위주로 개편함과 동시에 지방세에 부가하는 교육세를 지방 교육세로 전환시켜야 할 것이다.[223] 1995년 5차 개정된 교육세법에 의한 교육세의 과세 표준과 세율은 <표 20>와 같다.

<표 20> 교육세의 과세 표준과 세율

과세표준	세율(%)	비 고
<국세분> 1. 금융・보험업자의 수익금액 2. 특별소비세액	0.5 30	(휘발유, 경유에 대한 특별소비세액은 제외) 단, 등유의 경우는 15%로 하되 96. 7.1부터 2000년까지 부과 96.7.1부터 2000년까지 부과
3. 교통세액 4. 주세액	15 10	단, 세율이 80% 이상 주류에 대하여는 30%(소주는 95.1.1부터 시행)
<지방세분> 1. 등록세액 2. 경주마권세액	20 50	96.7.1부터 50%로 하되 2001년부터는 현재의 수준인 20%로 환원
3. 균등할 주민세액 4. 재산세액 5. 종합토지세액 6. 자동차세액 7. 담배소비세액	10 20 20 30 40	인구 50만 이상의 도시는 25% 96.7.1부터 2000년까지 부과

---

223) 한상진 편저, 앞의 책, p.565.

나. 學校用地確保에관한特例法 制定

시·도가 학교 용지를 확보하는데 소요되는 경비는 시·도 및 교육청이 각각 1/2씩 부담하고, 개발사업 시행자는 계획 수립 시 교육감의 의견을 들어 학교 용지의 조성·개발에 관한 사항을 포함하여야 하며, 개발 사업 지역의 여건을 고려하여 학교 용지 기준을 완화하여 적용할 수 있다.

다. 地方敎育財政交付金法 改正

지방교육재정교부금은 지방의 재정 자립도나 빈부의 격차로 인하여 발생하는 교육 기회의 불균형과 교육의 질적 격차를 해소하기 위하여 국가가 지방 자치 단체에 교육 재정을 지원하는 재원이다. 지방교육재정교부금은 다시 보통교부금과 특별교부금, 증액 교부금으로 구분되며, 보통 교부금은 다시 봉급교부금, 경상 교부금으로 구분된다. 봉급 교부금은 당해 연도의 의무교육기관의 교원 봉급의 금액에 해당하는 금액이며, 경상교부 금은 당해 연도의 내국세 총액의 118/1000에 해당하는 금액의 10/11에 해당하는 금액이다. 특별교부금은 당해 연도의 내국세 총액의 118/1000에 해당하는 금액의 1/11에 해당하는 금액이며, 증액교부금은 지방교육 재정상 부득이한 수요가 있을 경우에 국가 예산이 정하는 바에 의하여 별도로 교부하는 재원이다. 1997년 지방 교육 재정 교부금은 9조 2,608억 원으로 전체 교육부 예산 중 가장 많은 50.6%를 차지하고 있다. 서울특별시·광역시 및 도는 시·도세 총액의 2.6%에 해당하는 금액을 교육비로 전출하되 1999년도 이후의 비율 은 다시 조정하고, 시·군 및 자치구는 광역 자치 단체장의 승인을 얻어 관할 구역 내에 있는 고등학교 이하 각급 학교의 교육에 소요되는 경비를 보조할 수 있다. 위의 내용을 정리해 보면 다음 <그림 4>과 같다.

<그림 4> 지방 교육 재정 교부금의 구조

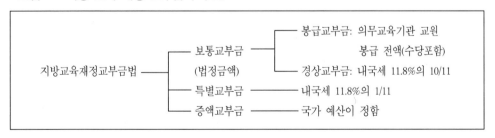

라. 地方敎育讓與金法의 改正

지방교육양여금은 재원의 성격이 지방세에 속하는 특정 국세를 징세상의 편의와 세원 편재의 시정을 목적으로 지정하여 그 전부 또는 일부를 일정 기준에 따라 개괄적인 용도만 지정하여 지방 교육 행정 기관의 특정사업에 쓰도록 양여하는 재원이다. 지방교육양여금법의 재원은 국세와지방세의조정등에관한법률 제5조 제2항("국가는 제2조에 규정된 국세의 수입 중 교육세의 금액을 교육세법 제1조에 규정된 목적에 사용하기 위하여 지방자치단체에 양여한다")의 규정에 의해 양여되는 교육세 수입 전액으로 한다. 국세 수입의 일부를 국가가 지방자치단체에 양여하여 지방 교육 재정을 확충함으로써 지방 교육의 균형 있는 발전을 도모하기 위해 설정된 지방 교육 양여금은 전전년도 11월 1일 현재의 시·도 인구비율에 의해 양여된다. 지방교육양여금은 교육의 질적 향상을 도모하기 위하여 필요한 교육 재정의 확충에 소요되는 재원을 확보함을 목적으로 징수되고 있다. 1981년 12월 5일에 제정된 교육세법은 그 동안 7차례에 걸쳐서 개정되었는데 현행 교육세는 4가지의 국세와 7가지의 지방세에 부가되고 있다.

마. 敎育環境改善特別會計法 制定

교육환경개선특별회계법은 초·중·고 및 특수 학교의 노후 시설 개선과 교원 편의 시설의 확충 등을 위해 제정된 교육환경개선특별회계법(1989. 12. 21 법률 제4140호)에 의하여 설치되었다. 교육 환경 개선 특별 회계를 위한 수입은 교육세법에 의한 교육세 중 당해 회계연도의 예산이 정하는 금액과 일반 회계 등 다른 회계로부터의 전입금, 기타의 수입금으로 한다(제3조).

이 회계는 다음의 경우에 다음의 사업을 시행하기 위하여 특별시·광역시 및 도에 교부하는 교부금과 기타 이 회계의 운용에 필요한 경비에 지출을 한다(제4조). 그 사업이란 각급 학교의 노후 교실 및 책·걸상의 개선과 각급 학교 교실의 난방 시설·화장실·급수 시설 및 기타 부속 시설의 개선, 각급 학교의 교무실·교원 휴게실 및 교원 편의실의 확충, 각급 학교 시설의 안전 제고를 위한 경우이다(제4조). 1996년부터 2000년까지 5년간 매년 1조원씩 총 5조원을 초·중등학교 및 특수학교 교육 환경을 개선하기 위한 특별 회계를 설치·운영하되, 재원은 국고 3조 5천억원과 교육비 특별 회계 1조 5천억원으로 충당한다.

2. 市·道 敎育費 特別會計의 財源別 現況

교육에 대한 책임과 권한을 지방에 부여하고 보다 견실한 지방교육자치제가 실시될 수 있도록 하기 위해서는 지방 교육 재정에 대한 중앙과 지방의 교육에 대한 책임과 역할 분담에 대해서도 살펴볼 필요가 있다. 교육 기본법에서는 「국가 및 지방자치단체는 학교 기타의 교육 시설을 설치·경영하며, 모든 교육 기관을 지도·감독한다」고 규정하여 교육에 대한 책임을 국가와 지방 자치 단체가 분담해야함을 명시하고 있다. 특히, 의무교육은 국가가 책임지고 실시하여야 하며, 지방자치단체는 의무교육에 필요한 초등학교와 중학교를 설치·경영해야 한다고 규정함으로써 의무교육에 대한 국가와 지방자치단체의 역할을 명백히 하고 있다. 또, 교육기본법에서는 "국가와 지방자치단체는 교육의 자주성을 확보하며, 공정한 민의에 따라 각기 실정에 맞는 교육 행정을 하기 위하여 필요 적절한 기구와 시책을 수립·실시하여야 하며, 교육재정의 안정적 확보를 위하여 적절한 시책을 강구하여야 한다."고 규정함으로써 지방교육자치의 원칙을 천명하고 지방교육비에 대한 국가와 지방의 공동 책임을 밝히고 있다. 각급 학교 교육에 대한 중앙과 지방의 책임 분담을 종합해보면 교육·학예에 관한 사항을 광역 지방자치단체의 책임으로 하되 교육의 자주성, 전문성, 정치적 중립성을 확보할 수 있도록 일반 행정으로부터 분리하여 교육청에서 관장하도록 하며, 교육 재정에 관하여는 중앙과 지방이 분담하되 의무 교육비에 관해서는 전적으로 중앙이 책임지도록 하고 있다.

국립의 초·중등 및 고등 교육 기관에 대하여는 중앙에서 책임을 지며, 사립 초·중등 교육 기관은 지방의 지도·감독을 받도록 하고, 공립 교육 기관에 대하여 지방이 책임을 지도록 하되 교육비에 대해서는 중앙과 지방이 분담하도록 하고 있다. 지방교육비 특별회계의 재원은 크게 국고 부담과 지방비 부담으로 구분해 볼 수 있으며, 국고 부담은 지방교육재정교부금, 지방교육 양여금, 교육환경개선특별회계를 포함하며, 지방 부담은 교육청 자체 수입과 지방 자치 단체 전입금으로 나누어진다. '98년 지방교육재정 세입 예산은 다음<표 21>와 같다.

<표 21>에서 보는 바와 같이 '98년도 지방 교육비를 기준으로 볼 때 지방 교육비 총액 약 13조원의 83%가 국고 부담이고 나머지 약 17%만이 지방비 부담으로 되어 있다. 따라서, 지방교육 재정에 대한 책임은 중앙 대 지방이 83 : 17정도로서 중앙의 책임이 과도하게 높은 실정이다. 이는 교육의 책임이 지방 자치 단체에 있다고 한 지방 교육 자치에 관한 법률의 규정과 상반되는 것이며, 지방 교육 자치제 실시의 제약 조건으로 작용하고 있다.

<표 21> '98년 지방 교육 재정 세입 예산　　　　　　　　　　　(단위: 억원, %)

내　용	'97	'98	증감률
국고지원	152,326(84.9)	130,813(83.4)	16.4
- 교부금	92,608	85,677	
- 양여금	52,718	41,136	
- 환특회계	7,000	4,000	
자치단체전입금	10,996(6.1)	10,618(6.8)	3.6
- 중등교원봉급	2,958	2,674	
- 담배소비세	4,737	4,327	
- 시·도세	3,101	3,187	
- 기 타	200	430	
자체수입	16,051(9.0)	15,417(9.8)	4.1
- 학생납입금	10,961	10,439	
- 기타	5,090	4,978	
합　계	179,373	156,848	14.4

* (　) 안은 전체 교육부 예산에 대한 비율임. * '98년은 당초예산, '97년은 최종예산임.
* 자료 : 교육부(1998), 『교육통계연보』.

이와 같은 현상이 나타나게 된 주된 이유는 우리나라의 조세 체계가 국세 위주로 되어 있기 때문이다.

가. 自體 收入

시·도 교육청의 자체 수입에는 당해연도의 입학금과 수업료, 사회각계로부터의 기부금, 재산매각대, 임대료 수입, 전년도 이월금, 지방교육채, 예금이자 등의 잡수입이 포함된다. 학생 수업료 및 입학금은 93년까지는 '물가안정및공정거래에관한법률'에 의하여 교육부장관이 경제기획원장관과 협의하여 결정하였으나, 94년부터는 '학교수업료및입학금에관한규칙'에 의하여 각급학교의 실정과 경제적 사정의 변동을 고려하여 국립학교(초등학교 제외)인 경우는 교육부장관이, 공립학교와 사립고등학교·중학교 및 고등공민학교의 경우에는 교육감이, 공·사립을 포함한 대학의 경우에는 학교의 장이 결정하고 있다(동 규칙 제2조).

나. 地方自治團體 轉入金

지방자치단체로부터의 전입금은 지방교육재정교부금법에 의한 중등교원 봉급 전입금, 담배 소비세 전입금, 시·도세 전입금과 도서관 진흥법에 의한 공공 도서관 운영비 전입금이 있다. 공립 중등교원의 봉급에 대하여 서울은 전액, 부산광역시는 50%에 해당하는 금액을 지방자치단체가 부담하며, 담배 소비세는 특별시와 광역시에 있어서 45%에 해당하는 금액을 지방자치단체가 부담하고, 시·도세의 경우는 특별시·광역시·도세 총액의 2.6%에 해당하는 금액을 98년까지 부담하되 99년 이후의 적용 비율은 교육부장관과 내무부장관이 협의하여 법률로 정하도록 하였다. 이 외에도 시·군·구는 대통령이 정하는 바에 따라 관할 구역 내에 있는 고교 이하 각급 학교의 교육에 소요되는 경비의 일부를 보조할 수 있도록 하였다. 또한 '학교용지확보에관한특례법'의 규정에 따라 시·도가 학교 용지를 확보하는데 소요되는 경비의 1/2을 부담하도록 하였다.

Ⅳ. 韓國 敎育財政의 問題點

현행 한국의 교육재정은 그 절대적인 규모가 영세하여 교육 재정의 대부분은 인건비에 충당하고 있는 실정이다. 따라서, 교육재정상에는 그 운영에도 전혀 문제가 없는 것은 아니지만, 가장 큰 문제는 그 재원의 확보라 하겠다. 그 간의 한국의 교육 재정 관계 법령들도 대부분 교육 재정의 재원 확보에 주력하였다. 한상진은 한국 교육재정의 문제점을 다음과 같이 기술하고 있다. ① 교육 재원의 불안정, ② 중앙 집권적 교육 재정 체계, ③ 재원 확보를 위한 동기 유발 결여, ④ 표준 교육비 우선적 확보 노력 부족, ⑤ 사교육비의 과대 지출을 들고 있다.[224] 그간 한국의 교육재정의 확보와 운영에 관하여 일반적으로 제기되었던 문제점들은 다음과 같은 것들이다. ① 교육재정의 총량 규모의 확대, ② 교육비 지출 구조의 개선, ③ 지방교육재정자립도의 성장, ④ 학생부담 의존도의 개선, ⑤ 사학 재정의 충실화, ⑥ 지방교육재정교부금제의 개선, ⑦ 지방 교육양여금 제도의 시정 등이다.

1. 敎育財政의 總量規模의 擴大

정부 수립 이후 한국의 교육재정은 양적으로 급성장을 하여 교육재정 양적인 규모는 계속 증대되어 왔다.

<표 22>에서 볼 수 있는 바와 같이 1970년을 기준으로 5년 간격으로 국민총생산에 대한 교육 예산을 비교할 때, 교육예산의 총액은 급격하게 증가되어 왔다. 그러나, GNP에 대한 교육 예산의 비율은 총예산액 총액 증가만큼 증가되지 못하였다. 특히 1980년에는 3.2%인데, 1990년 2.8%이므로 1980년 이후부터는 오히려 감소하였다. 그런데 1993년부터는 다소 증가 추세를 보이고 있다. 1995년 교육부 예산은 국민총생산의 3.6%에 불과하나, 정부예산에서 차지하는 비율은 22.8%나 되고 있다. 1998년에는 경제적인 어려움으로 인

224) 윤정일, "한국 교육의 과제와 교육재정", 『21세기 한국 교육 정책의 전략』(서울: 대한 교과서, 1997), pp.564~567.

<표 22> 국민 총생산, 정부 예산 및 교육 예산의 비율   (단위 : 10억원, 경상가)

구 분	1970	1975	1980	1985	1990	1995	1997	1998	1999
GNP(A)	2,684	9,730	36,857	79,301	178,262	348,979	453,276	449,509	449,509
정부예산1)(B)	446	1,587	5,804	12,532	22,689	54,845	76,639	77,738	88,302
교육예산(C)	78	228	1,099	2,492	5,062	12,496	18,288	18,128	17,456
B/A(%)	16.7	16.2	16.9	17.3	16.3	16.2	16.9	17.3	17.3
C/A(%)	2.9	2.3	3.2	3.1	2.8	3.6	4.0	4.1	4.1
C/B(%)	17.6	14.4	18.9	19.9	22.3	22.8	23.9	23.3	19.8

자료 : 교육부(1998),『교육통계연감』, 통계청(1998),『한국의 경제지표』.
통계청(1999),『한국의 주요 경제지표』.
주; 정부예산: 일반회계+지방양여금관리특별회계+지방교육양여금관리특별회계+교육환경특별회
   계(일반회계에서 특별회계로 전출된 전출금은 중복됨으로 제외)

하여 국민총생산, 정부예산의 축소로 인하여 교육 예산 자체도 삭감되어 더욱더 어려운 실정이다. 국민총생산 대비 교육예산의 5%확보는 총체적인 한국 경제의 어려움(IMF)체제로 인하여 당장 이루어질 가능성은 거의 없다. 교육재정 5%를 확보하기 위한 방안에는 세 가지가 있을 수 있다. 그 하나는 정부예산 자체를 대폭 확충하여 교육 예산이 자동적으로 GNP의 5%를 유지하는 방법, 둘째 방안은 현재의 정부 예산 범위 내에서 교육 예산을 대폭 확대하여 확충하여 GNP의 5%수준을 유지하게 하는 방법이고 마지막 방법으로는 위 두 가지 방안을 절충한 조세 부담률을 높여 정부 예산 자체를 확충함과 동시에 정부 예산 내에서 교육 예산을 증액하는 방법이 있다.

정부예산을 증액하는 방안은 국민의 조세부담률이 높아 국민의 저항이 강하고, 정부예산의 범위 내에서 교육부예산을 증액하는 방법은 다른 부처의 예산 삭감이 불가피하기 때문에 다른 부의 저항이 강하다. 두 가지 방안을 절충한 마지막 방법이 우리의 현실을 감안할 때 가장 무리가 없는 방안인 것 같다.

<표 23>에서 볼 수 있는 바와 같이 선진국의 경우는 대부분의 국가가 공교육비의 지출 규모가 GNP에 대비하여 5%선을 넘고 있다. 정부예산 자체가 주요 선진국인 미국(1993)은 국민 총생산 대비 5.3%이고, 캐나다(1993)는 국민총생산 대비 7.3%, 정부 예산 대비 13.7%이며, 특히 노르웨이(1994)는 국민총생산대비 8.3%로 교육비에 대단히 많이 들이고 있는 실정이다. 이 표를 통해서 볼 때, 우리나라의 국민 총생산 대비 5%를 확보하기가 상당히 어려움을 알 수 있다. 한국의 경우가 1996년 4.7%에 머물고 있는 것은 한국의

<표 23> 주요국의 공교육비 지출규모 비교 　　　　　　　　　　　　　　　　(단위 : %)

구 분	한국 (1996)	일본 (1993)	미국 (1993)	캐나다 (1993)	프랑스 (1994)	영국 (1993)	노르웨이 (1994)	호주 (1993)
GNP대비	4.7	3.8	5.3	7.3	5.9	5.5	8.3	5.6
정부예산대비	13.8	10.8	-	13.7	10.8	11.4	-	13.6

자료 : 통계청(1998), 『APEC국가의 주요통계지표』; 통계청(1998), 『한국의 사회지표』. 통계청(1998),
　　『국제통계연감』; UNESCO(1997), 『Statistical Yearbook』
주: 한국의 경우 유네스코의 자료에 의하면 1996년 총교육비는 18, 256, 293(백만원). GNP대비 4.7%
　　1997년 총교육비는 20, 992, 309(백만원), GNP대비 5.0%.

국방비의 과다한 부담이 가져오는 현상이라 하겠다. 결국, 한국의 경우는 국방비를 줄이고 교육비를 늘릴 수 있는 상황을 창출해 내는 것이 급선무이다. 그러나, 국방비를 줄이는 것은 남북통일과 관계가 되는 것이므로 아직도 인내를 필요로 하고 있다.

2. 敎育費 支出構造의 改善

교육비의 지출 구조도 교육재정의 총량규모와 불가분하게 관계되므로 총량규모가 적기 때문에 교육비의 대부분을 인건비에 지출할 수밖에 없다. 교육 재정의 총량규모가 영세하기 때문에 교육 행위의 대부분을 교원에 의지하여 행할 수밖에 없고 자연히 교원을 기준으로 하는 인건비가 교육비의 대부분을 차지하고 있는 것이다. 특히, 과거의 열악한 교육 환경에서의 가장 문제가 되었던 것은 교원수의 절대 부족과 교원 처우의 불량이었기 때문에 교육 환경의 개선을 위하여 1차적으로 교육비를 투자해야 할 부분은 교원수 충족과 교원 처우 개선이었다. 그 결과 교육 재정의 총규모가 점차 증가된다 하더라도 인건비의 증가를 막을 수 없었다. 교육의 균형 있는 발전을 위하여서는 인건비에 대비된 운영비와 시설비 등도 상대적으로 증가시켜야만 교육 환경의 개선이 이루어질 수 있다.

<표 24>에서 볼 수 있는 바와 같이 1999년도 공립 학교 교육비 중 보수(인건비)가 차지하는 비율이 거의 70%에 이르고 있어 타 시설 사업비나 운영비에 지출할 수 있는 비용이 절대적으로 부족함을 알 수 있다. 결국, 교원수의 증가와 교원 처우의 개선에 교육재정의 증가분을 투자하였음을 알 수 있다. 특히 운영비는 교육 행위를 추진시키는

<표 24> 1999년 공립 학교 교육비 분류   (단위 : 10억원, %)

구 분	합계(A)	보수(B)	운영비	시설사업비	기타	(B/A)
합 계	13,178	9,534	1,803	1,726	56	72
초등학교	6,798	4,975	843	956	25	73
중학교	3,414	2,421	630	351	13	71
고등학교	2,447	1,746	284	400	17	71
기타학교	458	392	47	19	1	86

자료 : 교육부(1999), 『 교육통계연보』.

재원이 되기 때문에 이를 더욱 증가시켜야 한다. 그러나, 인건비(보수)가 필요적 경비이기 때문에 교육재정의 총량규모가 성장되지 않으면 이에 대한 기대는 할 수가 없다. 결국, 이 문제는 GNP에 대한 교육비 비율의 증대 문제와 직결된다.

3. 地方敎育財政의 自立度의 提高

한국의 경우, 지방교육재정 수입의 약 80% 이상이 중앙 정부로부터 이전된 것인 지방교육재정교부금과 지방교육양여금으로 충당되고 있다. 최근의 지방교육재정의 재원별 구성비를 보면, 중앙 정부에 대한 재정 의존도가 거의 비슷하게 나타나고 있다(<표 25> 참조). 즉 지방 부담이 1999년도에 16.7%이고 중앙 정부에 대한 의존도가 약 83%로 나타나고 있다. 중앙 정부에 대한 의존도가 낮을수록 지방 교육의 자주성과 활성화가 이루어질 수 있는데 오히려 역조 현상이 일어나고 있다. 이는 지방교육자치의 취지에 어긋나는 현상이라 아니할 수 없다. 지방부담 자체도 대부분은 학생부담이고 지방자치단체로부터의 전입금은 '96년과 '98년에 약 7% 정도이다. 이와 같이 지방 자치 단체의 부담이 저조한 것은 세제상으로도 다소 문제가 있지만 지방자치단체의 재정이 열악하다는데 큰 원인이 있다. 한국의 경우 국토 전체가 경제적으로 균형 있는 발전을 기하지 못한 결과 각 지역별 재정 구조가 각각 다르기 때문에 세제를 개혁한다 하더라도 지방별 차이를 극복할 수 없다. 한국의 경우는 제2차, 제3차 산업에 대한 경제 의존도가 높고 동 산업들이 도시에 편중되어 있기 때문에 세제를 국세로 하여 그것을 교부금과 양여금 형식으로 지방 자치 단체에 이전시킬 수밖에 없다. 이러한 방법을 도입한 결과 지방 재정은 숫자상으로 더욱 빈약해질 수밖에 없었다. 따라서, 지금과 같은 지방재정자립도의 저조 현상은 현재의 한국의 지역 경제 구조로는 개선하기가 어렵다. 결국, 이것은 지방간의 경제적 격차를 줄이고 산업 구조가 지방별로 균형 있게 분포되어야 가능한 일이다.

<표 25> 연도별 지방 교육비 특별 회계 재원 내역   (단위 : 10억원)

연도 항목	1994	교육비에 대한 비율	1996	교육비에 대한 비율	1998	교육비에 대한 비율	1999	교육비에 대한 비율
지방교육비총액	10,675	100.0%	15,302	100.0%	18,122	100.0%	15,658	100.0%
국 고 부 담	8,861	83.0%	12,699	83.0%	15,416	85.1%	13,036	83.3%
교 부 금	6,285	58.9%	8,480	55.4%	9,024	49.8%	7,662	48.9%
지방교육양여금	2,566	24.0%	4,114	26.9%	5,518	30.5%	4,618	29.5%
보 조 금	10	0.1%	105	0.7%	873	4.8%	756	4.8%
지 방 부 담	1,814	17.0%	2,604	17.0%	2,706	14.9%	2,622	16.7%
자 체 수 입	1,189	11.1%	1,542	10.0%	1,512	8.3%	1,566	10.0%
전 입 금	625	5.9%	1,062	7.0%	1,193	6.9%	1,056	6.7%

자료 : 교육부(1999), 『교육통계연보』.

4. 學生 負擔 依存度의 改善

공교육비의 재원은 부담 주체에 따라 구분하면, 국고부담, 학생부담, 법인부담으로 나눌 수 있다. 한국의 경우 이 중 학생 부담의 비율이 상대적으로 높다. 특히, 고등 교육으로 갈수록 학생 부담이 높다. 학교급별 교육비 합계와 1인당 공교육비는 다음 <표 27>과 같다. <표 26>에서 볼 수 있는 바와 같이 초등학교의 공교육비는 '99년에는 6조 8900억원이고 1인당 약 175만원으로 1990년대에 들어와서 현격한 증가 추세를 보이다 '99년에 와서 다소 낮아지고 있다. 중·고등학교에서도 이와 비슷한 경향을 보이고 있다. 특히 90년대에 들어오면서부터 전문 대학 이상의 고등 교육 기관의 교육이 보편화되면서 획기적으로 교육비가 크게 증가하였다. 즉, 1999년도 대학교의 공교육비는 약 8조 정도로 계속 증가 경향을 나타내고 1인당 공교육비도 약 5백만원에 이르고 있다. 여기에는 공교육비만 해당되는 수치이고 실제적으로 엄청난 사교육의 부담이 따로 부담되고 있어 도시나 일반 농촌의 가정에서는 교육비가 엄청난 부담이 되고 있는 실정이다. 이에 대한 근본적인 대책이 요구되어야 된다고 본다.

<표 26> 학교급별 1인당 공교육비(1998)　　　　　　　　　　(단위: 합계-10억원, 1인당-천원)

급별 연도	초등학교		중학교		고등학교		전문대학		교육대학		대학	
	합계	1인당	합계	1인당	합계	1인당	합계	1인당	합계	1인당	합계	1인당
1980	670	119	389	157	424	150	107	708	11	1,114	418	1,036
1985	1,547	319	834	300	856	398	207	855	28	1,562	1127	1,210
1990	2,757	566	1,591	699	1,797	787	348	1,075	48	3,016	1,982	1,906
1995	5,515	1,412	3,426	1,380	3,853	1,785	1,318	2,538	83	4,225	5,021	4,227
1996	6,351	1,671	3,855	1,620	4,535	2,021	1770	2,645	106	5,175	6,160	4,846
1997	7,696	2,039	4,519	2,073	5,432	2500	2,117	2,921	121	5,771	7,215	5,273
1998	8,370	2,183	4,828	2,401	5,494	2,361	3,114	3,884	120	5,737	7,395	5,004
1999	6,890	1,756	4,352	2,303	4,820	2,161	-	-	128	5,993	7,996	5,099

자료 : 통계청(1999), 『한국의 사회지표』; 교육부(1999), 『교육통계연보』.

5. 私學 財政의 充實化

　한국의 사학의 비중은 학생수로 볼 때, 중학교 29%, 고등학교 62%, 대학교 75%를 차지하고 있다. 그러나, 사학들은 법인으로부터의 전입금, 기부금, 국고 지원의 미흡 등으로 인하여 학교 재정의 대부분을 학생의 납입금에 의존하고 있다. 한국의 경우도 학교 법인은 연간 학교 운영 경비의 10배 이상에 해당하는 수익용기본재산을 확보하고 여기에서 발생하는 수익의 80%이상에 해당하는 금액을 학교의 연간 운영 경비에 충당하도록 되어 있으나 기존의 대부분의 학교 법인은 그 기준에 미달하고 있으며, 수익용 기본 재산의 기준을 충족한 경우에도 대부분의 재산이 비수익성 내지 저수익성 재산이기 때문에 법인 전입금을 기대하기 어려운 실정이다. 학교 법인은 수익용 기본 재산으로부터의 수익의 80% 이상을 그가 설치·경영하는 학교의 운영비, 즉 학교법인의 전입금으로 지원하게 되어 있다. 그러나, 지방교육에 있어서 사립 학교를 설치·경영하고 있는 학교법인이 보유하는 수익용 기본 재산의 대부분은 수익성이 거의 없거나 저수익성 기본 재산으로 구성되어 있어 실제로는 학교 법인의 전입금 창구로서의 역할이 미흡한 실정이다. 학교 법인의 수익용 기본 재산의 비수익성 내지 저수익성에 기인한 전입금의 빈약과 국고 보조·지원의 미흡 등의 요인으로 인하여 사립 중등 학교 학생들은 공립 중등 학교 학생들에 비하여 1인당 교육비의 수준이 낮은 즉 값싼 교육을 이수할 수밖에 없는 실정으로서 중학교 무시험 입학 제도와 고교평준화 취지에 비추어 볼 때 재정면의 형평성이 문제가 될 수 있다.

6. 地方敎育財政交付金 制度의 改善

지방교육재정교부금의 경우, 과거에 존재하던 특별 교부금제에 대한 재검토가 필요하다. 특별 교부금을 최소한 1971년의 법제정 당시로 환원시킬 필요가 있다. 즉, 특별교부금 확보를 위한 법정교부율의 환원 내지 법제정이 요청된다. 1990년 12월 31일 개정된 지방교육재정교부금법을 종전제도와 비교할 때 주요 내용은 의무 교육 기관 이외의 각급 학교 교원 봉급의 50% 부담이 삭제되었다는 점이다. 즉 중등 교원의 봉급 중 50% 상당액을 국고에서 부담하였으나 이를 삭제함과 동시에 지방 재원으로 충당하도록 이관시킨 셈이다. 그리고 또 하나의 개정 내용은 경상 교부금인 내국세의 11.8% 상당액을 10/11과 1/11로 각각 구분하여 후자를 특별 교부금으로 설정했다는 점이다. 이는 내국세의 11.8% 재원을 사용하는데 오히려 경직성만 그만큼 더 초래하게 된 셈이다. 종래의 유명무실한 특별 교부금 제도를 명문화하였다는 데는 의의가 있으나, 종래 제도에 비해 추가적으로 확보되는 재원은 아니라는 점에서 경비 사용에 융통성만 제한하고 있는 것이다.[225] 반면에 종래의 특별 교부금과 거의 같은 성격의 재원으로 증액 교부금 제도가 신설되었는데, 그 재원이 "매년 국가 예산이 정하는 바에 의한다"로 규정되고 있듯이 그 확보를 크게 기대하기 힘든 제도라 할 수 있다.

7. 地方敎育讓與金 制度의 是正

현행의 지방교육양여금 제도는 지방교육재정을 중앙 정부에 예속되도록 하고 있으며 지방의 재정부담 능력이나 특수성을 전혀 고려하지 않고 있다. 따라서 단순한 인구 비례에 의한 배분 등은 고려되어야 한다. 특히 중앙 정부에의 예속을 다소 방지하려면 세제의 개선도 요청된다. 인구수가 많은 서울, 경기도 등은 지방교육양여금도 상대적으로 많이

---

225) 양승일, "지방교육재정 배분의 문제와 개선 방안에 관한 연구", 계명대학교 대학원 석사학위
      청구논문, 1993.

배분 받고 있기 때문이다. 지방교육양여금의 재원은 교육세인데, 국세와 지방세로 부과되고 있다. 즉, 기존의 교육세를 확충하여 전액을 지방 교육세로 전환시키거나, 지방 교육세와 국세 교육세로 2원화하여 지방 교육세만이라도 지방으로 이관시킬 필요가 있다. 특히, 교육세가 앞으로 점차 확대될 가능성이 크기 때문에 이에 대한 재검토가 요청된다.

8. 其他

가. 地方敎育財政 確保 努力 誘發 機能 缺如

현재 지방교육재정교부금법에 의하면 기준 재정 수요액에 기준 재정 수입액이 미달할 경우 그 차액을 전액 교부해 주도록 명시하고 있다. 그러나, 이 제도는 지방간의 재원 확보 노력 없이 부족분을 중앙에서 받을 수 있게 된다. 이와 같은 원칙을 적용할 경우 지방 교육 자치 단체는 재정 수입은 적게 산정하려는 반면에 재정 수요는 높게 산정하려는 경향이 생길 우려가 있다.

나. 國庫補助金制의 改善

국고보조금은 교부금과 비교하여 다른 특색을 지닌다. 이는 모든 지방자치단체별로 보조금 규모에 많은 격차가 나타나고 있듯이 시·도별로 형평을 실현하기 위한 재원은 못된다. 지방 정부의 수준에서 볼 때도 교부금은 어느 정도 예측이 가능하나, 보조금은 전혀 그렇지 못하며 사용 목적도 엄격히 제한된다. 흔히 국고 보조금은 국가의 정책 목표, 예산 정책 등에 따라 국가 예산의 범주 안에서 지원되는 것이기 때문에 지방 자치 단체별로 전혀 예측을 할 수 없다는 점에서 안정성이 결여된다고 볼 수 있다.

다. 敎育豫算會計制度의 改善

교육예산은 교육 활동과 직결되어야 하며, 적기에 배분되고 평가되어야 합리적인 운용이 가능하다. 따라서, 교육 목적 달성과 교육 활동에 적절한 예산, 회계 제도를 도입·적용할 필요가 있다. 그러므로 지방 교육 재정의 안정적 확보를 위하여 현재의 교육비 특별 회계 제도의 골격을 유지하는 범위 내에서 교육 예산의 낭비적 요인을 제거하고 교육 목표를 최대로 실현할 수 있도록 총액주의 회계 중심의 예산 제도로부터 효율 주의 예산 제도로 전환해야 한다. 교육 재정 총액주의는 교육 인구에 따르는 재정 수용에 기초를 두고 있기 때문에 우리의 현실에서 재정 수입 증대 측면에 기여하였으나, 교육 인구의 증감만이 교육 정책의 우선 순위를 결정하는 준거가 되고 있어 교육 재정의 비효율성과 안이성을 조장한다.

라. 敎育財政 確保의 輿論 收斂

교사 자신들은 교사들의 처우 개선에 비중을 두는 반면 학부모는 교육 시설 개선에 주로 관심을 보이는 등 상반된 견해를 일반적으로 가지고 있다. 따라서 정책 결정자는 특정 집단의 주장이 곧 합의된 여론이라고 보고 정책 입안을 하는 오류를 범해서는 안되겠다. 그 보다는 교육 정책의 목표 집단이 누구인가를 염두에 두고, 그 집단의 견해가 무엇인지, 다른 집단과 어떻게 다른지를 살펴보는 분화된 노력이 필요하다. 중등 교육의 사부담이 고등 교육의 경우보다 더 높게 나타나고 있다. 국·공·사립을 막론하고 공교육비 중에서 학생 등록금이 차지하는 비중이 상대적으로 중등 교육이 고등 교육의 경우보다 높은 것으로 나타났다. 학교 교육의 질을 향상시키며, 학교간 교육비의 격차를 해소시키기 위하여 학사 운영을 뒷받침하는 기능을 지니고 있는 육성 회비는 국가와 학부모가 분담하는 방향으로 추진하다가 장기적으로 국가 재원에 귀속되어야 한다고 인식하고 있다.

민간 및 사회 부담 재원 확보 방안은 교육 재원의 다양화를 통해 안정적으로 재원을 확보할 수 있는 방안이다. 이 방안의 일환으로 제시된 사립 학교 채권 제도, 인력활용금 제도, 국토 개발 이익 환수금 제도, 교육 복지 기금의 설치는 교사·학부모 모두 절대 다수의 지지를 하고 있어 적극적으로 권장할 수 있다. 반면에 사립 대학의 기여에 의한 입학제도는 교사와 학부모가 40%와 50%의 내외로 찬성을 하여 두 의견이 팽팽히 맞서고 있으므로 계속 논의가 되어야 할 방안이라고 하겠다.

제 **10** 장

學校事故의 現狀과 救濟

I. 學校事故의 槪念

1. 學校事故의 意義

학교사고는 학교교육을 실시하는 과정에서 발생하는 사고를 말한다. 兼子仁은 교육법적 의미에서의 학교사고는 "학교운영에 통상 수반되는 학생의 일신상의 피해를 가리키는 것이고, 교직원의 피해는 일반의 공무재해 내지 노동재해의 문제가 된다"[226]면서 학생의 일신상의 피해만을 학교사고의 대상으로 보고 있다. 이는 학교사고를 지나치게 좁게 보고 있는 것이라 보여진다.

또한 諸澤正道는 학교사고를 "학교에 수반되는 여러 가지 사고의 포괄적인 개념이다"[227]라고 보고 있다. 이와 맥을 같이하여 학교사고를 "학교를 둘러싸고 발생하는 다양한 사고의 총칭", 혹은 "학교라는 교육의 장에서 활동하는 학생들을 피해자로 만드는 사고"라든가, "학교관리하에 있어서 학생들의 사고"라는 다양한 견해들이 있다.

본 장에서는 학교사고를 광의로 해석하여 학교생활과 교육과정에서 발생되는 모든 사고, 즉 학교관계자의 일방이나 쌍방을 당사자로 하여 발생되는 모든 사고를 총칭하기로 한다. 학교사고를 안전사고라고 말하기도 하는데, 학교의 안전사고는 무엇을 의미하는가. 일반적으로 안전과 사고는 정반대의 개념상 의미를 갖고 있다. 즉, 안전은 위험하지 않거나 그러한 위험이 없는 상태를 의미하고, 사고는 뜻밖에 일어난 사건을 말한다. 따라서, 안전사고란 안전과 사고라는 용어를 종합하여 볼 때, 위험하지 않거나 위험이 없는 상태에서 예측하지 못한 사건이나 사고를 의미한다고 본다. 그러므로 예측가능성이 있는 학교사고를 안전사고라 표현한 것은 잘못된 것이다.

학교사고는 교육현장과 학교사회에서 뿐만 아니라 사회적·국가적으로도 매우 심각한 문제이다. 학교사고는 다음 세대를 짊어질 아동과 학생들이 교육활동을 함에 있어서 교육활동과 관계하여 불가피하게 발생하는 것이다. 따라서, 이에 대한 대책은 교육활동에 필연적으로 수반된다. 학교의 교육활동에는 여러 위험성이 존재하고 있는데, 첫째는 학교

---

226) 兼子仁, 『敎育法』(東京 : 有斐閣, 1978), p.497
227) 諸澤正道監修, 『敎師ハンドブック』(東京 : ぎょうせい, 1974), p.161.

자체의 교육활동과 연관된 위험성으로서 체육, 과학 실험, 실습 등과 같은 수업 등과 관계하여 발생되는 위험성이다. 둘째는 학교에서 교육실현을 위하여 필연적으로 행하여진 단체활동 등에서 발생되는 위험성이다. 셋째는 학교는 성장발달과정에 있는 학생들의 활동장소이기 때문에 내재된 위험성이 있다. 이러한 위험성들은 아직 성숙하지 못하고 발달과정에 있는 학생들이기 때문에 학교활동에서 그러한 위험성을 예견하지 못한 경우에 일어날 수 있는 것들이다. 학교의 교육활동이 이런 성질을 가지고 있다고 보면, 학교의 교육활동에 관계하는 자에게 있어서는 항상 주의하지 않으면 안 된다.

　이러한 위험성 때문에 학교사고에 대해서 국가와 지방자치단체, 학교법인 등의 학교설치자와 교장 등의 학교관리자, 교사, 일반직원은 물론 부모와 학생 자신 등 모두가 신중히 생각해보지 않으면 안 되는 문제라 할 수 있다. 따라서, 학교사고의 문제는 여러 측면에서 논의가 될 수 있으나, 본 연구에서는 주로 법률상의 책임 측면에 초점을 두어 검토하여 보고자 한다.

　학교사고 문제를 다루는 궁극적 목적은 학교사고의 발생을 예방하는 데에 있음은 물론이다. 따라서, 학교사고를 검토함에 있어서는 먼저 학교사고의 판례를 분석함으로써 그 효과를 거둘 수 있을 것이다. 그러나, 우리나라의 경우 학교사고에 대한 판례가 발달되어 있지 못하므로 학교사고를 검토함에 어려움이 있으나, 기존의 판례를 원용하면서 이론적 검토를 하고자 한다.

2. 學校事故 現況

　학교사고의 전국적인 현황은 교육부의 국회보고자료에 의하면 1992년에는 7,681건, 1993년에 8,071건, 1994년에는 8,841건, 1995년에 8,367건이 발생하여 평균적으로 보면 매년 8,150건이 발생하고 있다. 1991년부터 1995년 사이의 5년 동안 전국적으로 손해배상청구소송 등 소송사건으로 발전한 사건은 도합 99건에 이르고 있다.[228] 이것은 우리나라의 학교사고가 점차 증가 추세에 있음을 단적으로 나타낸 것이다. 그러나, 이러한 사고들이 재판으로까지 진행되지 않는 경우가 많기 때문에 우리나라의 경우 일본에 비하여 교육판례가 극히 적다. 그럼에도 불구하고 1995년 이후 학교사고에 대한 각 시·도와

---

228) 학교안전사고에 대한 자료를 각 시·도 학교안전공제회에서 공개하지 않는 관계로 1995년 이후의 자료를 알 수가 없다. 이에 대한 참고 자료로 황홍규, "학생사고에 대한 발전적 대응방안 연구", 서울 상록 과학 학술재단 연구비 지원 보고서, 1996, pp.9~16참조.

학교안전공제회에서 통계 자료 자체를 공개하지 않는 것은 문제라 아니할 수 없다. 학교사고 예방과 사후조치, 그에 대한 문제점과 해결방법을 위해서는 이에 대한 통계자료가 당연히 제시되어야 할 것이다.

일본에서도 학교사고는 대단히 많이 발생하고 있다. 일본체육, 학교건강센터의 통계에 의하면 1991년도 학교에서 발생한 사고로서 보상을 받은 수만도 약 150만 건이 넘어, 100인에 약 6.5인에 가까운 어린이와 학생들이 보상을 받았다.229) 그리고 이 보상받은 건수는 일본학교건강보험에 가입해서 보상을 받은 범위의 통계이므로 현실적인 수치는 이 수를 훨씬 넘을 것으로 추측된다.

이런 의미로 파악해 볼 때, 일본에서의 청소년에 대한 학교사고는 자동차 사고에 뒤지지 않는 상황이다. 또한 학교사고 판례만 보더라도 중요한 판례의 건수가 300여건이 넘고 있다. 1982년부터 1987년까지 약 5년간에만 약60건에 달하였고230) 그 이후 재판을 통해 해결해야 될 건수가 매년 증가하다가, 최근에 이르러 그 수가 다소 감소하고 있다. 하지만, 하급심의 판결에서는 학생간의 "이지메"피해 등이 다수를 차지하는데 이러한 현상을 감안하면서 일본의 학교사고의 판례를 검토해 보는 것은 매우 의미 있는 일이다.

3. 學校事故의 特徵

학교사고는 학교교육에 내재한 위험성을 교육현장에서 어떻게 대처하고 있는가에 따라 달라질 수 있으며, 학교교육에 대한 교육당사자의 가치관이나 학교교육을 받고 있는 아동과 학생들의 법의식 등도 고려하여야 한다.

학교사고의 특징으로는 첫째, 대부분의 학교사고가 교사들의 전문적 활동과 관련된 것이다. 둘째, 학교설치자와 연관되어 교육적 설비와 관련된 사고다. 셋째, 학생들의 심리적 상황에서 비롯된 것으로서 일상생활에서 벗어나고자 한 욕구가 학교활동(학교 행사, 그룹 활동 등)에서 표출되어 사고에까지 이른 경우가 많다. 넷째, 학교라는 집단생활에서 발생한다는 점이다.231)

따라서, 학교사고의 해결방법인 배상책임에서 이러한 특징을 충분히 고려하여야 할

---

229) 日本體育・學校健康センタ-資料 참조.

230) 織田博子,『最近學校事故判例總覽』886号 p.34 참조.

231) 兼子仁,『學校事故災害に 對する 鑑定書-教育法的理論』p.10 以下; 伊藤進, 學校事故の法律問題 p.2 參照.

것이며, 이러한 특징을 고려하지 못하면 적절한 책임법리를 형성할 수 없을 것이고, 아울러 학교사고가 재판에까지 발전된 경우도 적절한 판결을 기대할 수가 없을 것이다. 이런 점에서 지금까지의 판례이론에 대하여, 이러한 특징을 어떻게 고려할 것인가를 검토하는 것 또한 중요한 점이라 할 수 있다.

Ⅱ. 學校事故의 內容

학교사고는 그 형태에 따라 여러 가지로 분류할 수 있다. 그 대표적인 것은 ① 정규수업 중의 사고, ② 학교행사중의 사고, ③ 휴식시간과 방과후의 사고, ④ 영조물 설치·관리상의 하자로 인한 사고 등이다.[232] 그러나, 영조물 설치·관리상의 하자로 인한 사고는 앞의 ①②③사고와 직·간접으로 연계된 것이므로 본 절에서는 별도로 소개하지 않고 최근 체벌 문제와 관련하여 '징계행위와 과실론'을 설명하기로 한다.

1. 正規授業中의 事故

정규수업은 학교 교육활동의 중심을 이루는 것으로, 수업중 학생은 교사의 지도·감독 하에 놓이게 되며, 학생은 학교가 실시하는 교육과정에 의하여 교사가 주도하는 수업에 따라야 한다. 그러므로 학생은 자기가 원하지 않더라도 수업시간표에 따라 수업을 받아야 하며, 교사는 교육과정에 따라 수업을 진행해야 한다. 그러면서 교사는 정규수업 중에 위험한 실험 등을 행할 때는 학생의 신체를 손상시킬 수 있는 위험까지도 예견하고 그러한 이 위험을 예방하는 적절한 조치를 취하여야 할 의무를 지게 된다. 이것을 수업중의 교사의 주의의무라 하는데, 그 주의의무의 정도는 상황에 따라 다소 다르다. 특히, 위험한 실험을 할 때는 보다 높은 주의의무가 요구된다.

정규수업 중에 발생하는 사고라 하더라도 그 내용을 분석하면 수업 자체에 내재된 위험에 의해서 발생하는 사고와, 학생 상호간의 부주의로 인한 사고와 같은 수업 내용과 직접 관계가 없는 상황에서 발생하는 사고가 있을 수 있다. 따라서, 상황에 따라 교사가 책임져야 할 주의의무의 정도는 차이가 있을 수밖에 없다. 그러므로 수업중의 학교사고라 할지라도 여러 측면에서 교사에게 요구되는 주의의무를 검토하여야 한다.

---

232) 鈴木勳은 학교사고를 학교의 시설·설비 등에 관한 사고, 교직원에 관한 사고, 아동·학생간의 사고로 구분하고 있다((鈴木勳, 『敎育法規의 理論과 實際』(東京 : 敎育開發研究所, 1983), pp.93~94.).

가. 正規授業中의 注意義務

정규수업에는 국어, 수학, 영어 등과 같은 통상 학생의 신체적 위험에 대하여 특별한 배려가 필요 없다고 생각되는 과목이 있는가 하면, 체육, 기술·가정, 과학 등의 실험·실습 등과 같은 필연적으로 위험을 내재한 과목까지 다양한 과목들이 있다. 따라서, 수업을 실시하는 교사는 그 과목이 가지고 있는 위험성을 충분히 사전에 검토하고 학생이 안전하게 수업을 받을 수 있도록 적절한 조치를 취할 의무를 지게 된다. 이 경우에 그 위험성에 대한 예측가능성이 높으면 높을수록 더 많은 주의의무를 요하게 되고, 그 사고에 대한 책임성은 커지는 것이다.

학교교육은 단순히 지식습득을 위한 교육뿐만 아니라 다양한 과목을 통해서 정직성, 인내심 등을 키우고, 위험에 대처하는 능력도 함양하며, 학생들이 자주적으로 창조적인 힘을 가진 원만한 사회인으로서 성장하게 도와주는 역할도 수행하여야 한다. 따라서, 교육내용도 무조건 안전한 것이어야 하는 것이 아니라, 일정한 위험성을 포함한 과제도 대상이 되어 학생이 그러한 위험성을 극복하면서 과제를 해결하는 가운데서 교육효과가 달성될 수 있을 것이다. 이럴 경우에 수업의 계획과 실시 사이에 예측되어지는 위험을 방지 내지 제거하기 위하여 사전적 예방조치가 요구된다. 그러한 조치에도 불구하고 예기치 못한 학교사고의 발생에 대해서는 수업의 특성으로부터 발생할 수 있는 주의의무의 정도에 따라 교사들의 책임정도를 논하지 않을 수 없다. 위험성이 수반되는 수업을 실시하는 경우에 교사들이 가지는 주의의무의 구체적인 내용은 다양하지만 다음의 세 단계로 나누어 생각해 볼 수 있다.

① 사전주의의무 : 수업 전에 사전적으로 교사가 취해야 할 주의의무로서 수업계획의 설계시 안전확보, 실습(실험)장소나 운동장의 안전확보(학습조건의 정비), 아동·학생의 신체적 상황이나 능력의 파악, 이러한 안전 확보에 대한 사전 설명 등의 의무가 포함된다.

② 지도·감독상의 주의의무 : 수업을 진행하면서 교사가 취해야 할 주의의무로서 수업을 실시할 경우 주의사항의 설명, 주의의무, 임장(臨場) 지도·감독의 의무, 개별지도 의무 등이 포함된다.

③ 사후조치의무 : 불가피하게 사고가 발생했을 경우에 취하여야 할 주의의무로서 응급처치, 중상해일 경우에는 전문의의 진단을 받게 할 의무, 보호자에 대하여 사고상황을 알려주어야 할 의무 등이 포함된다.

이러한 단계적 주의의무에 있어서도 각각의 단계에서 어느 정도의 조치를 취해야만 안전의무에 최선을 다하였다 할 것인가(주의의무의 정도)도 문제가 된다. 교사들이 책임져야 할 안전의무는 교육 전문가로서의 의무이기 때문에 일반인의 경우보다 더 높아야 할 것이다. 또한 주의의무에 대한 구체적 내용과 정도는 아동·학생의 능력 발달 정도, 수업의 단계, 수업내용이 가지고 있는 위험성 등의 정도를 고려해서 설정해야 할 것이다.

나. 正規授業의 危險性과 過失論

교육계획에 의거 편성된 교과는 각 교과 담당교사의 수업에 의해서 실시된다. 교과수업 중에 발생하는 수업사고는 과실론과 관계된다. 이 경우의 과실은 교통사고나 의료사고와 똑 같은 성격을 가진 것으로 생각하지 않을 수 없다. 교과수업을 교사가 교장 등과 수업계획을 협의하고 그 교사의 지도하에 실시하는 것이며, 학교에서의 다른 교육활동과는 달리, 교사 중심으로 수업이 이루어진다. 물론, 학생들이 적극적으로 참여하여야만 수업이 이루어지는 과목도 있다.

그러므로 교사들은 정규수업의 구조적 위험성을 충분하게 인식하여 그 위험성으로 인하여 학생의 신체·생명이 위협받지 않도록 대처하는 능력을 가지고 있어야 한다. 그럼에도 불구하고 정규수업에 있어서는 이와 같은 구조적 위험성이 나타날 수 있기 때문에 학생들의 생명·신체가 피해를 당하지 않도록 전문가로서의 안전의무도 요구된다. 따라서, 교사의 수업에 있어서 수업사고도 의료사고나 교통사고의 경우처럼 "자기의 주의의무를 다하였다는 것을 입증하면 되는 것이고, 다른 의사가 적절하게 행위하였는가 또는 검사결과가 정당한가에 대하여 조사 확인할 주의의무는 없다"[233]는 신뢰의 원칙이 적용된다고 보아야 한다.

교과 담당교사는 수업에 있어 주의해야 할 사항과 각종 발생할 수 있는 사고 등을 학생들에게 교육시킨 후 수업에 임하였는데, 학생의 부주의로 인해서 사고가 발생한 경우처럼 교사가 주의의무를 다하였음에도 불구하고 사고가 발생한 경우는 교사에게 과실은 인정되지 않는다고 보아야 할 것이다. 물론, 도의적인 책임은 별개의 문제이다. 수업과오 사고는 의료 과오나 운전사 과오 등과 같은 전문인 형태의 과오형 불법행위에 속한다고 볼 수 있다. 즉, 수업과오 사고에서는 위험에 처한 자로서의 고도의 주의의무와 전문가로서의 주의의무가 중첩된 것이라는 것을 전제로 해서 과실을 고려하지 않으면 안될 것이다.

학교사고는 공해, 약물남용, 자동차 사고 등과 같이 인간의 생명·신체에 대하여 불가피한 위험이 수반되는 활동에 기인하는 사고이다. 이러한 구조적 위험을 내포한 활동에 의한 사고의 과실에 대해서는 판례·학설상 해당 활동을 행하는 자에 대하여 고도의

---

233) 이재상, 『형법총론』(서울: 박영사, 1997), p.173. 대법원도 신뢰의 원칙을 교통사고에만 적용하다가 점차 확대하여 기업활동이나 의료사고 등으로 확대하는 경향이 있다.

주의의무를 요구하고 있다.[234)]

　학교의 교육활동은 의사의 의료행위와 동일하게 대상이 되는 사람에게 직접 이익을 주는 활동이며, 대부분의 경우 일정한 위험이 예측되어져도 활동을 진행하는 것이 허락된 활동이다. 따라서, 판례도 수업내용에 따라 사고발생의 위험성이 높을지라도 그것이 학생의 성장, 발달에 유용한 것(교육효과가 높은 것)이라면, 정규수업으로서 실시되는 것이 허용된다고 보고 있다. 예를 들면, 중대한 사고 발생의 위험성이 높은 럭비라 할지라도 체육의 정규수업 안으로 구성한 것만으로 학교장이나 교사 등에 과실책임을 물을 수 없다.[235)]

다. 正規授業中의 學生間의 事故

　심신이 미숙하여 아직도 발달단계에 있는 학생들의 다수가 공동생활을 하는 장소인 학교에서는 수업시간 중, 휴식시간, 방과후 등 시간대를 불문하고, 학생들간의 장난이나 다툼이 있을 수밖에 없다. 이러한 시간에 발생한 사고 등은 신체·생명과 관계되기 때문에 문제가 된다. 따라서, 이와 같은 학생들을 지도·교육하는 교사들은 수업에 내재하는 위험에 대하여 학생의 안전을 보호하는 것뿐만 아니라, 이런 학생들 상호간의 가해행위에 의하여 발생될 수 있는 사고에 대해서도 학생들의 신체의 안전을 보호할 의무가 있다. 특히, 수업시간 중에는 학생은 교과담당교사의 책임 하에 있다고 말할 수 있기 때문에 학생들간의 사고는 교사의 교육활동 외로부터 발생한 사고와는 다르며, 이 경우의 교사들의 주의의무정도는 매우 높다는 점을 유의하지 않으면 안 된다.[236)]

라. 正規授業中의 學生間의 事故와 過失論

　학교 교육활동 중에서 정규수업 시간이 제일 중요한 시간임은 말할 것도 없다. 그래서

---

234)　학교 검사 실시 중 발생한 사고에 있어서 사전에 학생을 상대로 신체 및 건강 상태의 이상 유무를 확인 점검하여 체력 검사에 적합하지 않은 학생을 제외시키고 참가자도 별도의 준비 운동을 시키지 않은 점을 사고 방지 의무 소홀로 인한 보호·감독 의무로 인정한 판례가 있음 (대법원 1997.2.14선고 96다38070판결)

235)　東京高判 82. 11. 22.(判例タイムズ); 最判 83. 7. 8.(判時 1089号 p.44.).

236)　伊藤高義, "학생동료들간의 사고와 학교의 배상책임", 『학교사고전서 ②』p.94. : 수업중의 사고라도, 수업 그 자체가 위험을 수반하는 경우와는 다르게 구체적인 사고의 위험이 있어 교사가 그것을 예견했을 경우에는 학생에 대한 감독의무가 발생한다. 다만, 수업 그 자체에 내재되어 있는 위험이 현재화해서 사고가 발생했을 경우와 비교해서 어느 정도의 구체성이 요구되어지는 지는 것인가가 문제가 될 것이다.

이런 정규수업 시간에는 교과담당교사가 제 1차적으로 관련되어 있으며, 학생은 그 교과담당교사의 지도에 따라야 한다. 따라서, 정규수업시간에 발생하는 위험성을 회피하기 위한 안전의무는 교과담당교사의 전적인 책임이라고 생각하는 것은 당연하다. 이와는 달리 과외그룹 활동 중이나 휴식시간, 방과후와 같은 학생의 자율적 행동이 중요시되는 시간에 있어서의 교사의 주의의무 정도는 다르다 하겠다. 그러나, 이를 위해서도 학생의 동정을 파악하여 이에 수반되는 위험을 예견하여 사고방지를 위한 적절한 조치를 강구할 안전의무가 있다. 그러므로 교과담당교사의 부재시에는 대체교사를 배치하여야 한다.

정규수업중의 학생간의 사고는 교육활동 내재형 사고라 하겠다. 그것은 서로 다른 가정환경 등으로 인한 다양한 성격 때문에 학생들이 정규수업의 교육활동을 수행하는 과정에서 그들에게 내재되어 있는 위험성이 나타남으로써 발생되는 것이라고 볼 수 있기 때문이다. 이런 이유로 정규수업중의 내재적 사고는 일반적인 학생간의 싸움이나 폭행, 구타사고 등과는 본질적으로 다른 것이다. 반면에 교육활동에 외재하는 사고, 다시 말하면, 교육활동 외재형 사고가 있다. 정규수업 이외의 학생간의 사고는 수업 자체에 내재한 위험의 현재화로서의 사고라고 볼 수는 없다. 따라서, 수업내재형 사고와는 다른 것이다.

정규수업 시간 중 즉, 내재적 사고는 교과담당교사 등의 안전(주의)의무가 중요시된다. 구체적 사고 발생의 위험이 내재되어 있어 교사가 그것을 예견했을 경우, 학생에 대한 감독의무가 발생한다고 보기 때문이다. 물론 학생간의 사고가 예견되지 않을 경우에 있어서 안전의무 태만을 인정하는 것은 타당하다고 할 수 없다. 그러나, 정규수업중의 학생간의 사고의 경우에 있어서 교사들의 예견(주의)의무가 과연 구체적인 사고의 발생까지인지, 아니면 추상적인 사고 발생의 위험까지인지에 대하여는 명확하지 않다. 정규수업시간에 학생간의 사고에 있어서 교과담당교사가 업무237)의 주의의무를 현저히 태만하는 것, 즉 극히 조금만 주의를 하였더라면 결과발생을 예견할 수 있었음에도 불구하고 부주의로 이를 예견하지 못한 경우에는 중과실이 되기 때문에 교사의 책임범위가 크게 확대된다. 다시 말하면, 정규수업 중 학생간 사고의 경우, 그 사고가 교육활동 내재형 사고로서의 특징을 가진 것이라고 여긴다면 교사들의 예견(주의)의무의 정도는 일반적(보통) 과실의 문제이며, 중과실의 문제는 아니라고 여겨진다.238)

---

237) 業務란 '사람이 사회생활에서 가지는 지위로서 계속적으로 종사하는 사무'라고 보는 것이 통설임.((이재상, 『형법각론』(서울: 박영사, 1997), p.189.).

238) 교사의 과실을 인정한 일본의 판례 : 소학교 6학년 남자 어린이가 정규수업시간에 행한 수영연습 중에 머리를 풀 바닥에 2부딪혀 중상을 입은 사고에 대하여 재판소는 담당교사의 과실을 긍정한 사례(大分 地判 1985. 2. 20. 判時 1153号 p.206.).

2. 學校行事中의 事故와 過失

가. 校內 · 外 學校行事와 敎師의 安全義務

학교행사는 특별교육활동의 하나로서 자리를 잡고 있으며, 학교 교육활동의 일환으로서 행해지고 있는 것이기 때문에 교사들의 안전의무 또한 정규수업, 과외활동에 있는 것과 거의 같은 것이다. 다만, 학교행사는 일상적이고 전형적인 교육활동과는 다르게 일시적인 요소가 강하고, 교외에서 이루어지는 교육활동이 많기 때문에, 학생들의 위험에 대해 대응하는 정도가 충분하게 준비되어 있지 않다는 점과 어떠한 사고가 발생할 지 예측하기가 어렵다는 점에 그 차이가 있다. 이런 점에서 학교행사는 교사들의 충분한 사전 조사와 계획뿐만 아니라 행사중의 적절한 지도와 사고가 발생했을 경우에 적절한 대책 등을 사전에 준비하는 것이 요구된다.[239]

교내 학교행사는 교외에서 행하여지는 행사와는 달리 학생들이 친숙하고 익숙해진 장소에서 행하여지는 것이지만, 일상적으로 정해진 교육활동과는 다른 일시적 요소의 성격이 강한 것으로, 학생들의 위험에 대한 대응력이 충분하게 준비되어 있지 않은 점은 교외 학교행사와 다르지 않다. 따라서 교내 학교행사에서도 고도의 주의의무가 부과된다.[240]

나. 學校行事 事故와 過失論

학교행사는 학생의 창조성, 연대심, 자주적인 활동, 집단의식의 강화 등 여러 가지 교육적 가치를 창출해 내고, 미래를 준비하는 학생들의 정신적 틀을 만들어 주는 중요한 기능을 하는 교육활동이라 할 수 있다.[241] 그래서 학교에서는 다양한 교육활동의 일환으로 학교행사가 시행되고 있다. 따라서, 학교행사에 수반된 안전의무도 정규수업의 경우와 동일한 차원에서 검토되어야 한다. 학교행사는 일정한 틀보다는 행사마다 서로 다른 모습으로 전개되어지고 있다. 이런 이유로 제 각각 학교행사의 다양한 모습에 따라 각각의 과실정도를 논할 수밖에 없다.

학교행사를 장소에 따라 분류하면 교내행사와 교외행사로 나누어진다. 그러나, 이런 분류는 지금까지 검토한 것처럼 과실 판단의 전제로서 안전의무 판단기준에 있어서 약간의 차이 즉, 사전의 조사 · 계획의무의 판단에 관련된 것에 지나지 않는다. 그러므로 본

---

239) 橋本恭廣 『[判批] 法律實務』 p.266. 판례해설 참조.

240) 根本和男, "學校行事の 事故と安全, 救濟", 『學校事故全書』②, pp.43~45.

241) 根本和男, 앞의 책, pp.43~45.

절에서는 일반적으로 많이 행하여지고 있는 교외행사를 중심으로 검토하기로 한다. 교외 행사를 분류해 보면,

① 수학여행, 소풍, 마라톤대회, 운동회, 학교청소 등과 같은 학교행사가 학교 수업의 일환으로서 시행되어지고 있는 경우, ② 자유 참가의 교외 학급활동이나 여름방학의 단체 캠핑과 같은 학교행사 등의 참가가 학생 임의로 실시하는 경우, ③ 학생 기숙사의 오픈 행사나 축하행사와 같이 학생들이 자치적으로 실시하는 경우 등으로 크게 나눌 수 있다.

①유형의 학교행사사고는 학교행사라는 교육활동의 과정에 있어서 발생하는 사고로서 교육활동 내재형 사고로서의 특질을 갖는다. 이 경우의 예견(주의)의무의 내용은 현안이 된 학교행사에 내재하는 위험에 대하여 교육전문가로서의 일반적인 예견(주의)의무를 진다고 본다. 다시 말하면, 조금만 주의를 하였더라면 사고를 예방할 수도 있었기에 교사 의 과실을 인정하는 폭이 넓을 수밖에 없다.

②유형의 학교행사 사고에 대해서는 교육활동 내재형 사고라고 볼 수 있을 것인가 그렇지 않은가에 관하여 약간의 이견이 있을 수 있다. 이 유형은 학교에 관계된 사고라고 도 볼 수 있기 때문에 ①유형 학교 사고와 동일하게 해석할 수도 있다. 그러나, 학생이 임의로 참가를 하는 것이기 때문에 인솔·임석 교사의 주의의무는 의무적으로 참가하는 학교행사와는 다르다고 본다.

③유형 학교행사 사고는 학생이 자치적으로 실시하는 것이라고 한다면 비록 그 내용이 교육활동과 관련이 있다고 하더라도 본래의 학교행사라고 볼 수 없다. 따라서 경우에 따라서는 학교행사에 내재하는 위험에 의한 사고라고 볼 수 없을 것이다. 그러나, 학교 기숙사는 학교자체의 사고와 밀접한 관계에 있기 때문에 기숙사 담당교사(사감)는 이에 대한 사전 주의의무 등이 특별히 요청된다고 본다.

학교행사는 ① ② ③의 유형으로 분류되지만, 일상적으로 정해진 교육활동과는 달리 일시적인 요소가 강한 교육활동이기 때문에, 학생의 위험에 대한 대응능력이 충분히 준비 되지 못한 점에 특별한 관심을 가져야 한다. 특히, 학교 밖에서 실시되는 학교행사는 어떤 종류의 위험이 수반되는가에 대하여 예측하기 어려운 면이 있기 때문에 담당교사들 에게는 충분한 사전조사, 적절한 지도계획, 혹은 사고에 적절한 사후조치 등이 강구되어 질 수 있도록 만반의 준비를 할 필요가 있다.

다. 學校行事에 수반되는 學生間의 事故와 敎師의 安全義務

학교행사 중 행사내용과 직접 관계없이 학생간의 폭행 등으로부터 발생한 학생사고는 학교행사에 포함되어 있는 위험 그 자체가 현재화해서 발생한 사고라 할 수 없다. 이러한

사고는 학생측의 자기 판단이나 자기규제가 약한 상황 아래서 발생한 것이다. 수학여행이나 소풍 등의 학교행사에 있어서는 매일 학생의 활동이 제한된 교육활동과는 달리 학생스스로 자유롭고 해방적인 기분이 되어서 행동을 하게 된다.

따라서, 교외활동중의 학생사고는 일반적으로 예측하기가 어려운 것이므로 이러한 학교행사를 기획할 단계에서부터 실제 학생을 인솔하는 교사들이 사전에 취하여야 할 주의의무를 고지하고 학생들에게도 사고를 방지하도록 철저한 준비를 하지 않으면 안 된다. 이 경우 학생의 연령, 정신상태, 학년 등 구체적 상황들을 고려하여 학생들을 지도·감독할 계획을 세워 실천할 수 있도록 하여야 한다.[242] 그 계획에서는 연령, 학년이 낮고 판단능력이 불충분한 학생, 사고의 여지가 많은 학생(속칭 문제아)들에 대해서는 더 많은 구체적인 주의와 감독 등의 조치까지도 검토되어야 할 것이다.

라. 學校行事에 隨伴되는 學生間 事故와 過失論

학교행사는 학교의 교육활동에 있어서는 정규수업과 똑같은 위치를 갖고 있는 학교교육의 일환이다. 이런 이유로 학교행사에 수반되는 사고에 있어서 과실론을 생각함에 있어서도 기본적으로 정규수업 중의 경우와 거의 동일한 형태로 보아야 한다. 그런 이유로는 학교행사에 수반되는 학생간 사고는 교육활동 내재형 사고로서 볼 수 있게 되어 교사들은 학교행사에 수반된 학생간에 발생하는 내재형 위험에 대하여 교육전문가로서의 일반적 예견의무가 있으며, 그것에 기초하여 위험을 회피시킬 조치의 의무가 있다고 말할 수 있다.

그러나, 학교행사에 수반되는 학생간 사고의 경우에는 정규수업 중의 경우와 기본적으로 같다고 하더라도 학교에 의한 구속정도에 따라 상당한 차이가 있다. 정규수업의 경우에는 학생이 학교의 교육활동에 기속되기 때문에 학생의 행동은 많은 제한을 받는다. 이런 이유로 학교는 연관된 시간대에 발생할 수 있는 학생간의 위험에 대해서도 전면적으로 예견하고 회피할 의무가 존재하는 것이다. 반면 학교행사 중에는 학생들 자신의 판단에 의한 행동의 자유의 범위가 큰 것, 즉 학생자신의 사적 생활도 수반되는 특징을 가지고 있다. 다시 말하면, 학생의 자주적 행동의 측면 또한 존재하기 때문에 학교에 의해서 그 행동에 수반되는 위험을 전면적으로 통제하는 것은 불가능하다는 특징이 있다.

이런 이유로 학교행사 중에도 학생이 자주적 행동과 연관된 사고의 경우는 일반적 예견의무에 기초하여 위험 방지(회피)조치의 정도(학생의 능력정도에 따라 다름)를 완화

---

242) 경서중학교 수학여행 중 열차와 버스 충돌 사고에서 사고 버스에 지도교사가 한 사람도 승차하지 않게 방치한 것은 보호·감독 의무의 소홀로 인정(대법원1972.10.10선고 72누147판결)

해서 해석하는 것이 법리에 적합하다고 본다. 한국243)과 일본244)의 학교행사 중 사고에 대한 판례의 공통점은 학교 교육활동과의 관계여부나 예측 가능성 여부에 따라 학교 교육활동과 밀접 불가분의 관계에 있거나 예측의 가능성이 큰 사고에 대해서만 교사나 학교의 과실을 인정하고 있다는 점이다.

3. 休息時間, 放課後의 事故

휴식시간,245) 방과후에 발생한 사고는 교장·교사 등의 과실판단과 영조물 설치·관리 상의 하자246)가 문제된다. 특히, 교장이나 교사 등의 안전(주의)의무 범위가 중요한 기준이 된다.

가. 놀이, 장난에 의한 學生間의 事故

휴식시간, 방과후는 학생이 직접적으로 교사의 지도와 관리하에 있지 않은 시간대이므로 정규수업시간이나 학교행사 등에 비해서 교사들의 직접적인 통제에 있지 않기 때문에 정규수업시간이나 학교행사 중의 경우보다도 사고가 발생하는 경우가 많다. 더구나 이 시간대에 있어서는 학생들이 어떠한 규제로부터 벗어나 해방된 기분이 될 수 있기에

---

243) 학교의 교장이나 교사가 학생을 보호·감독할 의무는 교육법에 따라 학생들을 친권자 등 법정 감독의무자에 대신하여 감독을 하여야 하는 의무로서 학교에서의 교육활동 및 이에 밀접 불가 분의 관계에 있는 생활관계에 대하여는 그 보호·감독의무가 미친다는 사례(대법원 1997.2.14 선고 96다38070판결)

　고적답사를 겸한 수학여행 중 숙소내 휴식 시간에 발생한 학생 폭력으로 실명한 사건에서 수학여행은 교육 활동과 밀접한 관계가 있으나 이 사건은 예측가능성이 없어 학교와 교사의 보호·감독 의무를 인정하지 않음(대법원 1999.9.17선고 99다23895판결)

244) 소학교의 등산에서 1학년 어린이가 바람에 모자가 날아가 인솔교사의 허락을 받고 3미터 언덕 아래로 내려가는 도중 발이 미끄러져 80미터 아래로 추락하여 중상을 당한 사건에 대해서 재판소 이하의 판결은 인솔교사의 과실을 긍정한 사례(松山地今治地判 1984. 6. 27(判時 1324号 p.128.; 判例地方自治 74号 p.50.).

245) 여기서 휴식시간은 정규수업시작 전, 10분의 휴식시간, 점심시간으로 정규수업을 제외한 시간 대를 의미한다.

246) 교사의 단속을 피해 담배를 피우려고 3층 건물 화장실 난간을 건너다 실족사한 사건에서는 이례적 사고로서 예측가능성이 없으므로 영조물 설치·관리상의 하자를 부인함(대법원 1997.5.16선고 96다54102판결)

도가 지나친 행동을 취하기 쉽고 생각하지도 못한 위험한 행위가 사고들에 직결되는 경우가 있을 수 있다.

따라서, 교사들은 처음부터 학생들이 위험한 행위를 하지 않도록 일반적 주의의무를 다하여야 하고, 어떤 위험들이 예견되어질 경우에는 학생들에게 구체적인 지시·주의를 전달해서 사고발생을 방지하여야 한다. 휴식시간과 방과후에 놀이·장난이 원인이 되어 발생한 학생간 사고는 소프트볼이나 야구 경기와 같이 기물을 사용하는 경우가 많다. 이러한 기물들은 그 자체가 본래 위험한 것이기 때문에 특별한 주의의무를 기울이지 않으면 흉기가 될 수도 있다.

따라서, 학생의 생명·신체의 안전을 보호할 의무가 있는 교과담당교사는 처음부터 이런 기물들의 성질이나 위험성의 정도에 대처하여 사용 방법들에 대한 철저한 지도를 하여야 하고, 불가피한 경우 이외에는 학생들로부터 이런 것들을 거두어 들여 사용하지 못하도록 하여야 할 것이다. 휴식시간, 방과후에는 학생이 교사들의 직접적 지도를 벗어나 자주적인 행동을 하는 시간대이다.

그러므로 이 시간대에 발생한 사고는 교사들의 눈을 벗어나 발생하는 경우가 많으며, 특히 학생들이 자유스런 기분이 되어 도가 지나친 위험한 장난이나 놀이를 함으로 해서 사고가 발생하는 경우가 많다. 그래서 이런 사고의 대부분은 교사들이 현장에 임장해서 감독한다면 방지 가능하다고 생각되어지기도 하지만, 현실적으로 현장에서 모든 휴식시간과 점심시간[247]에 모든 장소를 임장 지도·감독하기는 어려움이 너무나 많다. 그렇기 때문에 사고가 발생할 경우에 교사들의 임장 감독 의무가 문제가 될 수 있다.

나. 싸움이나 폭행에 의한 學生間 事故

휴식시간, 방과후의 사고는 학생이 교사들의 직접적인 지도·감독을 벗어난 시간대에 발생한 사고로서 교육활동 그 자체에 내재한 위험이 현재화되어 발생한 사고가 아니기 때문에 이런 시간대에 발생한 사고에 대해서 교사들의 과실을 판단하는 경우에는 그것이 교사들의 주의의무의 범위 내인가가 문제된다. 그리고 학교 관리자인 교장에게는 각 담임

---

247) 미국의 경우에는 샌소니 사건에서 식당바닥에 떨어진 음식물에 미끄러져 학생이 상해를 입은 것은 학교측의 책임을 긍정한 판례(Sansonni v. Jefferson Parish School Board, 344 So. 2d 42, 1977)와 데일리 소송사건에서는 점심식사 후에 학생들간의 장난으로 학생이 사망한 사고에서 학교측에 손해배상책임이 부과되었는데 2,700명의 학생들을 감독하는 데 4명의 감독교사만이 배치된 것은 학교측의 책임을 역시 긍정한 사례(Dailey v. Los Angeles Unified School District, 470 p.2d 360, 1970)를 통하여 볼 때 점심시간에도 우리나 일본의 경우와는 달리 교사의 감독주의의무를 요하고 있는 경향이다.

들에게 적절한 지도, 조언을 하고 학생들의 안전을 도모해야 할 주의의무가 있다. 다만 교장의 주의의무는 개개인의 학생들에게 직접 접촉해서 지도·감독하는 담임들의 그것 과는 다르며 어디까지나 학교전체를 관리·운영하는 자로서 가지는 주의의무이다.

휴식시간, 방과후의 사고로 발생하는 폭행이나 '왕따'(집단 괴롭힘) 등에 의한 사고는 통상 구체적으로 예견하기 곤란한 사고들이다. 따라서, 이런 사고를 방지하기 위해서는 평소부터 학생에 대하여 폭행행위, 각종 범죄행위 등을 하지 않도록 일반적인 지도를 함과 동시에 싸움이나 폭행이 예상되는 학생(가령 선도를 요하는 학생)에 대하여는 철저 한 지도를 하고, 보다 구체적인 조치를 취할 필요가 있다. 그리고 담임교사들은 사고의 발생을 미연에 방지해서 학생들의 생명과 신체의 안전을 도모함과 함께 일단 사고가 발생했을 경우에는 적절한 사후조치를 해서 피해를 최소로 줄여야 하는 주의의무를 가지 고 있다.[248]

다. 休息時間, 放課後의 事故와 過失論

학교에 있어서 휴식시간은 직접적인 교육활동이 전개되지 않고 학생들 각자 자유롭게 보내는 시간이지만, 교사·학생은 휴식, 혹은 수업의 정리·준비 등을 하는 시간이므로 학교의 교육활동이 완전히 정지된 것은 아니다. 따라서, 휴식시간에 발생한 사고는 교육 활동에 내재하는 위험이 현재화된 것이라고 말할 수 없더라도 학교의 교육활동과 밀접한 관계에서 발생한 사고라고 볼 수가 있을 것이다. 그러므로 휴식시간 중의 사고에 대해서 는 교장이나 담임교사의 안전의무 범위 내의 사고 여부가 문제가 되는 경우가 많다. 휴식 시간 중에 통상적으로 예측할 수 있는 학생들의 행동에 대해서는 그것을 예측하고 방지하 기 위한 조치를 취할 의무는 교장과 담임교사에게 있다. 따라서, 교장이나 담임교사는 휴식시간 중의 학생의 위험한 행동에 대한 일반적 예견의무 내지 위험 방지 조치의무가 있으며, 이를 태만히 했을 경우에는 과실문제가 발생한다. 휴식시간 중의 학생의 사고의 경우에는 특별히 예견했는가 하지 못했는가가 문제가 된다.[249]

---

248) 청소시간 중 다투다 사망한 사건에서 담임에게도 40%의 책임을 인정한 판례(대법원 1994.8.23 선고 93다60558판결), 교내 집단괴롭힘(일명'왕따')에 대하여 학교 측의 책임을 인정한 판례(헌 법재판소 1999.3.25헌마303결정)

249) 휴식시간 중 학생 폭행 사건에서 휴식시간은 교육활동과 밀접불가분의 관계가 있으나 이 사건 은 예측 가능성이 없어 보호·감독의무를 부인(대법원 1997.6.13선고 96다44433판결). 자유학 습시간은 교육활동과 밀접불가분의 관계가 있으나 이 사건은 예측가능성이 없어 보호·감독 의무를 부인(대법원 1997.6.27선고 97다15258판결). 고교 1학년의 씨름부 학생끼리 씨름 연습장 에서 장난하다가 그중 한 학생이 다친 사안에서, 교사에게 보호·감독 의무 위반의 책임을

　방과후의 사고는 원칙적으로 학교의 교육활동이 끝난 다음의 사고이다. 이런 이유로 방과후 사고는 교육활동 사고로서의 요건을 충족시키지 못하는 경우가 많다. 그래서 방과후 사고에서는 교장이나 담임의 안전의무의 범위내의 사고인가 아닌가가 특히 문제가 된다. 교장이나 담임의 안전의무는 학교의 교육활동 내지 교육활동과 밀접하고 본질적인 관계가 있는 생활관계로 한정하여야 한다고 보는 것이 타당하다.

4. 懲戒行爲와 過失

가. 懲戒行爲가 가져오는 問題點

　일본 학교교육법 제11조에는 학생에 대한 징계행위에 대하여 「교장 및 교원은 교육상 필요하다고 인정될 때 감독청이 정한 바에 의해 학생·아동에게 징계를 가할 수 있다. 다만, 체벌은 가하지 못한다」라고 규정하고 있다. 따라서 교사들의 징계행위가 문제가 되는 경우는 이 규정에 위반해서 체벌이 이루어졌는지 아닌지에 따라 해당 교사들의 행위의 위법성이 문제가 되는 경우가 많다. 반면 우리나라의 경우에는 초·중등교육법 시행령 제31조 제7항에 「…교육상 불가피한 경우를 제외하고는 학생에게 신체적 고통을 가하지 아니하는 훈육·훈계 등의 방법으로 행하여야 한다」로 규정하고 있어 교육상 불가피한 경우에는 체벌이 용인된다.

　　지울 수 없다고 한 사례(대법원 1995.12.26.선고 95다1313판결)와 교사의 감독의무는 학교 내에서의 학생의 전 생활관계에 미치는 것이 아니고, 학교에서의 교육활동 및 이와 밀접 불가분의 관계에 있는 생활관계에 한하면서 고등학교 2학년 학생이 점심시간에 장난으로 급우가 앉아있던 의자를 걷어차 급우로 하여금 뒷머리부분을 교실 벽에 부딪쳐 상해를 입게 한 사고에 대하여 감독의무가 없다고 본 사례(대법원1993. 2. 12. 선고, 92다13646판결, 김범주·정현승, 앞의 책, p.34.). 교장 또는 교사의 학생에 대한 보호·감독의무의 범위 및 손해배상 책임의 인정 기준을 제시한 것으로, 만 14세 4개월의 중학교 2년생이 체육시간에 피해자의 잘못으로 체육교사로부터 단체기합을 받았다는 이유로 그 직후의 휴식간에 피해자를 폭행하여 상해를 가한 경우, 가해자의 성행, 피해자와의 관계, 단체기합의 정도 등에 비추어 체육교사 또는 담임교사 등에게 사고에 대한 예측가능성이 없었다고 본 사례(대법원 2000.4.11.선고 99다44205판결) 그 외 대법원1997.6.13. 선고, 96다44433판결; 대법원 1996.8.23.선고 96다19833판결; 대법원 1997.6.27선고 97다15258판결, 위의 책 pp.34-39) 등이 있다.
일본의 판례로는 소학교 6학년 어린이가 낮 휴식시간 중에 2층 난간에서 동급생 2명과 놀던 중 떨어져 오른 쪽 어깨 찰과상을 입었던 사고에 대하여 재판소 이하에서 담임교사의 감독의무를 부인한 사례((東京高判 1986. 11. 25(判例地方自治 47号 p.38.).

물론 교사의 학생에 대한 체벌이 정당행위에 해당하기 위한 요건으로는 교육상 필요가 있고 다른 교육적 수단으로는 교정이 불가능하여 부득이한 경우에도 그 체벌의 방법과 정도에는 사회통념상 비난받지 아니할 객관적 타당성이 있어야 한다.[250] 또한 학생이 교사들의 징계행위로 인하여 수치심과 분노에 의해 자살한 것과 같은 사안에 대해서는 자살과 해당 징계행위와 인과관계 여부에 대한 논란이 되는 경우가 있으나 회복할 수 없는 상처나 사망에 이르게 한 경우에는 학교와 교사의 과실을 인정하는 사례가 있다.[251]

오늘날 학교교육과정에서 교사의 징계권의 일환인 체벌이 사회문제화 되고 있다. 이 필요악적인 체벌문제를 법적으로 정립한다는 것은 쉬운 일이 아니다. 최근 '교육부재현상', '교실의 붕괴' 등의 교육현장 문제와 연계하여 체벌에 대한 재검토가 요구되고 있다.

나. 敎師의 懲戒 · 體罰 · 暴行行爲 등으로 인한 事故와 過失論

교육활동에 수반되어 발생하는 교사의 징계 · 체벌 · 폭행행위에 의한 학생의 피해는 교육전문가에 의한 고의 · 과실에 의해 발생한 사고라는 특질을 가진다. 또한 전문가와 안전의무와의 관점, 교사의 적극적 · 작위적 행위에 의한 사고라는 점도 간과할 수 없다. 그러나, 기본적으로는 수업과오의 경우와 동일하게 전문가로서 안전의무가 문제가 된다. 더욱이 작위적 행위이기 때문에 고의에 의한 사고가 된다. 징계행위가 위법이라고 인정된 사안에 대하여는 고의 · 과실이 당연하게 존재하는 것이기 때문에 학교측의 책임을 긍정하는 많은 판례[252]가 있다. 또한 불법행위책임의 성립 요건 상에서는 과실은 주관적 요건이며, 위법성은 객관적 요건이란 점도 간과해서는 안 된다.

구 교육법 제76조에 「각 학교의 장은 교육상 필요한 때에는 징계 또는 처벌할 수 있다.」

---

250) 대법원 1991.5.28선고 90다17972판결

251) 폭행치사 · 상과 특이 체질에 있어서 예측할 수 없다하여 인과관계를 부인한 사례(대법원 1978.11.18, 창원지법 99.6.4) 인과관계를 인정한 사례(교사의 체벌로 6주간 치료를 요하는 상처와 후유 장애로 노동력의 70%를 상실한 사건에서 교사의 중과실을 인정 대법원 - 1990.2.27선고 89다카16178판결 ; 고도 근시 체질인 학생을 빗자루로 때리고 수업 종료시까지 꿇어앉혀 주먹으로 뺨과 머리를 수십 차례 구타하여 실명한 사건에서 폭행과 실명과의 인과 관계를 인정 - 대법원 1991.5.28선고 90다17972판결)

252) 福岡地飯塚地判 59. 10. 9., 下民集 10卷 10号 p.2121.; 학교 내에서 발생한 도난 시간을 조사하면서 교사가 학생을 폭행하여 그 학생이 정신분열증이 발생한 사고. 福岡地飯塚地判 70. 8. 12., 判時 6130号 p.30.; 수업중 학생이 사어(욕)를 했다는 이유로 교사가 그 학생을 심하게 꾸짖고 장기간 응접실에 있게 하고 저녁을 주지 않자 이 학생이 심한 모욕감에 자살한 사고. 横浜地判 78. 3. 31., 法律實務 p.577.; 학생이 교사전용 화장실을 사용했다는 이유로 구타하여 찰과상에 정신적 고통을 준 사고.

고 규정하고, 동법 시행령 제77조에는 근신, 정학, 퇴학 등 징계의 종류를 규정하고 있을 뿐 체벌에 대한 뚜렷한 지침이 없어서 학교의 징계 범위에 체벌이 포함되는지 또는 체벌의 허용 한계가 어떠한 것인지에 대한 논란이 있어왔다. 그러나, 개정된 초·중등교육법 제18조 제1항에서는 「학교의 장은 교육상 필요한 때에는 법령 및 학칙이 정하는 바에 의하여 학생을 징계하거나 기타의 방법으로 지도할 수 있다」고 하고 동법 시행령 제31조 제1항에서는 징계의 종류로 학교내의 봉사, 사회 봉사, 특별 교육 이수, 퇴학 처분 등 4가지를 두고 있다. 우리의 판례는 대체로 법령에 의하여 징계권을 가진 자의 교육 목적 상 징계 행위는 사회상규에 위배되지 않는 한 정당행위로서 위법성이 조각된다는 입장을 취하고 있다.

즉, 어떤 행위가 정당한 행위로서 위법성이 조각되는 것인지는 구체적인 경우에 따라서 합목적적·합리적으로 가려져야 할 것인데 정당행위를 인정하려면 첫째 그 행위의 동기나 목적의 정당성(正當性), 둘째 행위의 수단이나 방법의 상당성(相當性), 셋째 보호이익과 침해이익과의 형평성(衡平性), 넷째 긴급성(緊急性), 다섯째 그 행위 이외의 다른 수단이나 방법이 없다는 보충성(補充性) 등이 요건을 갖추어야 하며 체벌의 방법에 있어서도 사회통념상 비난받지 아니할 객관적 타당성이 있어야 한다고 함을 요구하고 있다.[253]

이와 관련 체벌에 관한 미국의 North Carolina주의 일반 법령 4단계 절차를 음미할 필요가 있다. 즉 첫째로, 학생은 어떠한 행동이 체벌의 대상이 되는가를 고지 받아야 한다. 둘째로, 교사는 체벌 전에 다른 가능한 수단을 시도하여야 한다. 셋째로, 체벌은 다른 교사의 입회 하에 이루어져야 한다. 넷째로, 체벌에 대한 성문의 근거는 부모의 요청이 있을 경우 제시되어야 한다. 이것은 우리나라의 초·중등교육법 제18조 제2항에서 말하는 학생 또는 학부모의 의견 진술의 기회 및 적정 절차와 관련이 깊다 하겠다.

---

253) 대법원 1994.4.15선고 93도2899판결, 1988.1.12선고87다카2240판결, 1990.10.30선고 90도1459판결 참고.

　　체벌과 관련하여 위법성을 조각한 판례는 대법원 1976.4.27선고 75도115판결(학교장의 훈계의 목적으로 교칙 위반 학생에게 뺨을 때린 경우), 대법원 1080.1.29선고 79다1896판결(교사가 학생을 교육목적상 학생을 구타한 경우 폭행죄 성립 부인), 헌법재판소 2000.1.27선고 99헌마481결정(학생부 교사가 교내봉사활동의 징계를 받고 있는 학생이 지도 중 소란과 반항을 이유로 엉덩이와 옆구리를 때린 사건에서 폭행죄의 성립 부인)등이 있고,

　　위법성을 인정한 판례는 대법원 1978.3.14선고 78도203판결(교사가 나이 어린 피해자의 전신을 구타하여 상해까지 입힌 사건에서 제재의 범위를 벗어난 상해행위로 인정)가 있음

다. 特別權力關係와 學生懲戒

특별권력관계라 함은 공법상 일반권력관계에 대응하는 개념으로서 법률규정이나 당사자의 동의 등 특별한 법적 원인에 의하여 성립하며 공법상의 특정한 목적 달성에 필요한 한도 내에서 당사자 한 쪽이 다른 쪽을 포괄적으로 지배하고, 상대방이 이에 복종하는 것을 내용으로 하는 공법상의 특수한 법률관계를 말한다. 국가와 공무원의 관계, 국·공립학교와 학생의 관계, 교도소와 재소자의 관계 등이 이에 해당한다. 이에 대하여는 오늘날 인정 여부에 관하여 학설이 나뉘어져 있으나, 오늘날에도 특정한 목적이나 공법상의 특별한 원인에 의하여 성립하는 특수한 법률관계의 존재 자체를 부인하기 힘들다. 따라서, 교사의 학생에 대한 징계와 체벌을 사회의 건전한 상식을 벗어나지 않는 한 허용되어야 하나 이것은 엄격히 교육목적상 필요한 경우에 다른 대응 방안이 없을 때 제한적으로 사용되어야 하며, 우리의 판례도 일정한 범위 내에서 교사의 학생 체벌을 용인하고 있고, 과잉 사용의 경우에 과실에 의한 처벌을 받는 것이 보통이다.

그러나, 특별권력관계에서 문제가 되는 것은 재량권의 범위인데, 교사와 학생관계에 있어서 교사의 징계권을 무한정 인정할 수는 없는 기속재량행위의 성격이므로 체벌에 대한 일정한 기준이 필요하다고 본다. 미국의 주에서 실시하고 있는 체벌규정을 받아들여 우리의 교육현실과 사회환경에 적합한 체벌규정의 제정이 요청된다.

Ⅲ. 學校事故의 法的 檢討

1. 學校事故에 있어서 違法性

가. 學校事故 類型과 違法性

학교사고에 관하여 손해배상의 책임이 성립하기 위해서는 가해행위에 위법성이 있어야 한다. 학교사고 판례에 있어서 위법성이 문제가 되는 것은 교사 등의 학교측의 작위, 부작위로 인한 위법성과 가해학생의 행위에 대한 위법성이다. 학생간의 싸움에 의한 가해행위에 대하여서는 피고의 동기, 태도, 전후의 상황, 원고의 상해의 정도 등을 종합해서 고려해야할 것이다. 피고의 행위는 비록 연습시간 내에 행하여진 것이지만 연습행위로서가 아니라 그 범위를 넘어선 폭력행위로 긍정한 판례254) 등이 그 예라 하겠다.

또 하나의 문제는 교사의 가해행위로 인하여 위법성이 문제가 되는 경우가 있다. 다시 말하면, 교사에 의한 징계·체벌·폭행행위나, 교육활동 중의 사고가 아닌 학생간의 놀이·폭행행위에 대한 교사의 위법성의 문제이다. 일본 학교교육법 제11조에는 「교장·교사에게 학생의 교화, 육성이라는 교육목적을 위해서 필요한 경우에 학생을 질책, 훈계하는 등의 징계행위를 할 수 있다」는 것을 규정하고 있다. 다만 그 징계행위가 정당한 범위를 넘어서 행하여지는 경우에는 위법행위가 된다. 또한 학교교육법에서는 체벌은 금지되어 있기 때문에 징계행위가 체벌에 해당하는 경우에는 위법적인 것이 된다.255)

---

254) 甕本地判 75. 7. 14.(判例タイムズ)

255) 日本 法務部는 신체에 대한 침해, 피벌자에게 육체적 고통을 전하는 징계는 체벌로 하고 있다. 구체적으로는 ① 용변을 보지 못하게 한다든지, 식사시간을 넘기면서까지 교실에 남겨 놓는 것은 체벌이 된다. ② 수업시간 중 '태만하다', '시끄럽게 한다'고 해서 학생을 교실 밖으로 쫓아내는 것은 허락하지 못하지만 교실 내에 세워두는 것은 체벌이 아니다. ③ 훔치거나, 공포 분위기를 조성한 학생을 징계할 의미로서 방과후에 남기는 것은 정도에 따라서 허용이 된다. ④ 절도의 경우에 학생을 방과후 신문해도 좋지만, 자백이나 진술을 강요하지는 못한다. ⑤ 지각이나 태만하다는 것에 의해 청소당번 등의 횟수를 많게 하는 것은 좋지만, 부당한 차별대우나 혹사하는 것은 안 된다고 되어 있다(1949. 8. 2 법무부 발표 [학생에 대한 체벌금지에 관한 교사의 애로]).

교사들의 징계권의 행사는 학생의 권리 침해를 수반하는 것이 적지 않기 때문에 징계행위의 위법성을 판단하는 데에 있어서는 학생의 비행의 정도, 성격, 연령, 건강상태 등과 해당 징계행위에 의해 얻어지는 교육적 효과를 총체적으로 고려해서 행사하지 않으면 안 된다. 그래서 교사의 가해행위에 대한 위법성의 문제로는 징계, 체벌, 폭행행위 등과 같은 교사 자신에 의한 직접 가해행위의 위법성, 교육활동 중의 사고와 같은 교사의 지시에 의한 작위행위의 위법성, 교육활동 중의 사고나 학생간의 놀이, 폭행행위에 의해 수반되는 교사의 부작위 가해행위의 위법성으로 나눌 수 있다.

나. 學校事故 判例上의 違法性

학교사고 판례에 있어서 위법성이 문제가 되는 경우에는 교장·교사 등 학교측의 작위·부작위에 의한 직접적인 위법성이 문제가 되는 경우와 학생간 사고에 있어서 가해학생의 행위가 위법성이 있는가 하는 것이다. 후자의 위법성에는 가해 학생 또는 가해학생의 법정감독의무자인 친권자에 대하여 손해배상청구를 할 때 문제가 되는 경우와 교사 등 학교측에게 손해배상청구를 하는 경우에 그것의 전제로서 가해 학생의 행위의 위법성이 문제가 되는 경우가 있다.

학교사고 판례에 있어서 위법성에 대해서 살펴보면 여러 종류가 있다. 불법행위의 성립요건으로 주관적 요건으로는 고의·과실과 객관적 요건으로 사회 전체의 법체계상 가치를 부정하는 결과반가치인 위법성이 필요하다는 이분론이 통설이지만, 이와 같은 이분론에 대한 일본 판례의 입장은 고의·과실과 위법성과의 관계에서 위법성 개념을 도외시하고 과실요건만으로 불법행위책임을 논하고 있다.[256]

그러나, 학교사고 판례를 엄밀히 분석하면 이러한 추세를 정당화하기는 어렵다. 학교사고의 경우에는 교사의 부작위 의무가 문제가 되기 때문에 과실로서 주의의무 위반이 인정되는 경우에 작위의무위반에 의해서 생명·신체상에 피해가 발생되는 것과 동일하게 교사의 부작위에도 당연하게 위법성이 문제되어야 한다.

이것은 교육기본법·학교교육법의 취지에 비추어 보면, 교사는 직무상 학생을 상대로 교육활동을 행함에 있어서 학생을 보호·감독할 의무가 있으며 이 의무를 위반한다면 위법이라는 사실에서도 잘 나타나 있다. 그렇다면, 학교사고 판례의 쟁점은 통상 교사의 보호·감독의무위반의 유무의 문제에 집약된다.

우리나라의 경우 판례는 교장이나 교사가 학생을 보호·감독할 의무는 교육법에 따라

---

256) 平井宣雄. 『損害賠償法の理論』, p.376.

학생을 친권자 등 법정감독 의무자에 대신하여 감독할 의무로서 이것은 교육활동 및 이에 밀접불가분의 관계에 있는 학교생활 관계에 미치나 위법성을 가지기 위해서는 예측 가능성이 있어야 한다고 하고 있다. 또한 예측가능성의 기준으로서는 교육활동의 때, 가해자의 분별 능력, 가해자의 성향, 가해자와 피해자의 관계 등 여러 가지 사정을 고려해야 한다고 하고있다.[257] 여기에서 학교사고 판례에 있어서 위법성 판단의 요소를 살펴보면 다음과 같은 유형이 보여진다.

첫째, 피침해이익과 침해행위와의 상관관계를 가지고 판단하는 경우[258]: 예상할 수 있는 교육적 효과와 학생이 입은 권리침해의 정도를 비교해서 판단할 수밖에 없을 것이다. 이 경우의 징계는 교육적 효과가 기대되지 않는 상태에 있었기 때문에 학생의 정신적 자유와 신체적으로 침해를 가한 것은 위법인 것으로 하고 있다.

둘째, 교사의 침해행위만 주목하고 있는 경우[259]: 이 유형 속에는 교사의 행위가 교육적 행위인지 아닌지에 관계없이 침해행위(행위 자체)만 주목한 판례라 볼 수 있다. 그러나, 교육적 행위를 기준으로 한다면, 교육상 공무의 집행을 벗어난 행위인가 아니면 공무집행의 범위 내에 있었는가를 검토하여야 한다.

셋째, 학생의 권리침해(피침해)이익에 주목하는 경우[260]: 학생 인권의 위법적 침해에 주목하고 있는 판례가 그 예이다. 일반적으로 피침해 이익을 중시하는 판례가 많은데, 특히 학교사고 판례에서 피침해 이익을 중시하는 사례가 많은 것은 학생의 생명·신체에 대한 침해가 문제가 되고 있기 때문이다. 그러나, 학교사고에서는 피해학생이 생명·신체라는 중요한 이익이 침해되었다는 것만으로는 충분하지 않고, 학생의 교육을 받을 경우의 침해와 인권침해가 수반될 수 있다는 점에 주목하지 않으면 안될 것이다. 피침해 이익으

---

257) 대법원 1993.2.12선고 92다13646판결, 1997.6.13선고 96다44433판결, 1997.6.27선고 97다15258판결, 1999.9.17선고 99다23895판결

258) 福岡地飯塚地判 70. 8. 12. : 수업중 학생이 사어(욕)를 했다는 이유로 교사가 그 학생을 심하게 꾸짖고 장기간 응접실에 있게 하고 저녁을 주지 않자 이 학생이 심한 모욕감에 자살한 사고로서 징계를 가할 시 예기할 수 있는 교육적 효과와 학생의 이로 인한 권리침해의 정도를 비교하여 볼 때, 교육상 필요한 징계행위의 정당성을 일탈하였음.

259) 東京地判 26. 11. 11.(新報 130号 p.23.) : 체육수업 중 담임교사의 명령에 위반하여 정렬을 하지 아니 한 학생에게 머리를 때려 부상을 당한 사고.; 福岡地久留米支判 50. 11. 26.(新聞 3221号 p.4.) : 담임교사가 학업성적표에 부모의 도장을 찍어 오라는 명령에 자기가 몰래 찍어 제출했다는 이유에서 학생을 구타하여 정신적 장애를 준 사건으로 교사의 위법성을 부정한 판례.; 東京地判 89. 4. 24.(判例タイムズ 707号 p.231.) : 담임교사가 학급일지의 기재에 대해 항의하는 학생에게 안면에 구타를 하여 부상을 당한 사고에 대한 판례.

260) 福岡地飯塚地判 70. 8. 12.(判時 6130号 p.30.).

로서 생명·신체의 침해와 함께 학생의 인권침해나 교육을 받을 권리의 침해가 발생한다
는 것을 고려해서 위법성을 판단하는 것이 필요하다고 본다.

넷째, 교육목적과의 관계를 주목한 경우[261]: 교사의 주관성을 중시하는 판례,[262] 피해학
생과의 태도를 중시하는 판례,[263] 법령 위반을 중시하는 것[264] 등으로 나눌 수 있다.

2. 學校事故에 있어서의 因果關係

가. 因果關係의 判斷

학교사고와 관련하여 손해배상책임이 성립하기 위해서는 가해행위와 손해와의 사이에
인과관계가 있어야 한다. 또한 폭행치사·상과 같은 죄가 성립하기 위해서도 그러한 행위
와 결과 사이에 인과관계가 있어야 함은 물론이다.

학교의 교육활동에 의해 발생한 사고에 대해서도 교사 등의 과실을 근거로 배상책임을
묻는 경우에는 교사 등의 작위·부작위와 손해사이에 인과관계가 있어야 하고, 학교시설
의 설치·관리상의 하자를 근거로 배상책임을 묻는 경우에는 해당 시설의 설치·관리상
의 하자와 손해와의 사이에 인과관계가 있어야 한다. 또한 학생간의 사고에 있어서는
가해학생의 행위와 피해학생의 손해사이에 인과관계도 문제된다.

교사들의 징계행위나 폭행에 의해서 피해가 발생한 경우에는 일정한 작위(행위)와 결과
발생의 인과관계가 문제가 되며 교사들이 적절한 사고방지조치를 하지 않아서, 즉 부작위
사고가 발생한 경우(학교사고에서는 이런 유형에 속하는 일들이 많다)에는 현실적으로
존재하지 않는 조치를 상정해서 '그것과 같은 조치를 취했다면 사고가 발생하지 않았을
것이다'라는 조건설의 형태로써 인과관계의 유무가 판단되어질 수 있다.[265]

---

261) 東京控判 28. 3. 30.(新聞 2826号 p.5.); 大阪地判 82. 1. 22.(判時 1044号 p.415., 判例タイムズ
470号 p.147.); 福岡地飯塚支判 70. 8. 12.(判時 613号 p.30.); 東京地判82. 2. 16.(判時 1051号 p.114.
判例タイムズ号 469頁 p.199.); 東京地判89. 4. 24.(判例タイムズ号 707頁 p.231.).

262) 福岡地飯塚支判 59. 10. 9.(下民集 10卷 10号 p.2121.); 高知地判 88. 6. 28.(判例地方自治 51号
p.40.) ; 東京地判89. 4. 24.(判例タイムズ号 707頁 p.231.).

263) 福岡地久留米支判 30. 11. 26.(新聞 322号 p.4.); 福岡地飯塚支判 59. 10. 9.(下民集 10卷 10号
p.2121.); 福岡地飯塚支判 70. 8. 12.(判時 613号 p.30.); 東京地判89. 4. 24.(判例タイムズ号 707頁
p.231.).

264) 東京控判 28. 3. 30.(新聞 2826号 p.5.); 福岡地久留米支判 30. 11. 26.(新聞 322号 p.4.); 鹿兒島地判
90. 12. 25.(判時 1395号 p.124.).

학교사고 판례에 있어서 인과관계의 판단 상황 이전에 학교나 교사에 관련된 문제를 살펴보면, 인과관계를 부정하고 있는 판례266)가 많다. 이것을 가지고 학교사고 특유의 현상을 살펴볼 수는 없지만 개괄적으로 본다면, 학교행사 중의 사고와 교사의 징계·체벌·폭행 행위사고에 관해서는 인과관계를 긍정하는 경향267)이 있다. 학교행사중의 사고에 대해서는 고도의 주의의무를 요하며, 교사의 징계·체벌·폭행행위사고에 대해서는 교사에 의한 직접 가해행위가 있었기 때문이다. 더욱이 학교시설의 설치·관리상의 하자에 의한 사고의 경우에도 인과관계를 인정하는 것이 두드러진 현상이다.268) 그러므로 학교사고에 있어서 인과관계의 문제는 여러 가지 사건의 정황과 관계를 고려하여 판단할 수밖에 없다. 여기에서 학교사고와 인과관계의 문제와 관련하여 몇 가지를 살펴보면 다음과

---

265) 作爲型 事故의 경우와 不作爲型 事故의 경우에서의 인과관계의 인정하는 방법이 반대가 되는 경우라고 말할 수 있지만, 작위형 사고의 경우에도, 예를 들면 양호교사가 쯔베르클린 반응 검사에서 양성을 음성으로 판단했기 때문에 BCG접종을 해서 건강을 해친 것 같은 사안에 대해서는 판정을 잘못한 BCG접종이 행하여지지 않았더라면 건강을 해치지 않았을 것인가 아닌가가 문제가 되는 것 같이 작위형 사고의 경우에도 반대의 검증에 의할 필요가 있을 경우도 있다(伊藤進. 앞의 책, p.236.).

266) 상당인과관계 부정: 大阪地判 73. 11. 20.(判時 749号 p.87. 담임교사, 학년주임교사, 체육 주임교사가 학생의 심장비대증을 알지 못하여 운동 중 사망한 사건에서 운동과 사망간의 인과관계 부인한 판례). 神戸地判 90. 7. 18.(判例タイムズ 741号 p.225. 수영의 감시대와 사망간의 인과관계를 부인한 판례.) 우리나라의 경우, 대법원 1979.9.11선고 79다522판결(학생들이 보는 앞에서 뺨을 때리고 수업 진행이 어려울 정도로 크게 울어대자 막대기 등으로 때린 것과 정신 장애 악화와의 相當因果關係를 부인)

267) 상당인과관계 긍정: 浦和地判 76. 12. 25.(判時 1252号 p.87.); 靜岡地富士支判 88. 10. 4.(判例タイムズ 691号 p.208.); 津地判 79. 10. 25.(判時 957号 p.94.); 廣島高判 78. 12. 7.(判時 1311号 p.74.). 우리나라의 경우, 대법원 1988.1.12선고 87다카2240판결(비행 학생을 대걸레로 엎드려 때린 후 겁에 질려 물러서는 학생의 배를 다시 찌르고 피하려다 대걸레에 맞아 상해를 입은 사건)과 대법원 1991.5.28선고 90다17972판결(고도 근시 학생의 체벌로 인한 실명의 경우), 대법원 1990.2.27선고 89다카16178판결(체벌로 인한 후유증으로 노동력의 70%를 상실한 경우)에서 相當因果關係를 인정

268) 因果關係 긍정: 廣島地判 77. 6. 22.(判時 873号 p.79.)교실옥상 추락방지시설 부조치와 추락사; 福岡地小倉支判 78. 7. 25.(判時 933号 p.112.)교사 3층 계단설치와 전락사; 松山地八幡兵支判 85. 1. 25.(判時 1156号 p.129.)교사2층 창 설치관리와 전락중상; 佐賀地判 84. 10. 3.(判時 1140号 p.37.) 학교음료용 우물설치관리와 집단간염.

　우리나라의 경우, 因果關係를 부정한 판례는 대법원 1997.5.10선고 96다54102판결(교사의 단속을 피해 담배를 피우려고 화장실 난간을 건너려다 실족사한 경우 營造物 設置·管理上 瑕疵를 부인)

같다.

첫째, 교사의 작위적 행위와 피해학생의 피해와의 사이에 인과관계가 문제시되는 경우 인데, 이런 경우에는 교사의 징계·체벌·폭행과 피해학생의 신체적 피해와 같이 통상의 가해행위와 피해의 인과관계가 문제가 된다. 이것은 학교사고 특유의 인과관계라 하기는 어렵다. 다만, 교사의 작위적 행위의 경우처럼 교사의 교육적 지도에 기초해서 피해가 발생할 경우에는 그와 같은 교육적 지도와 피해 학생의 피해와의 인과관계는 교육적 견지로부터 판단하지 않으면 안되기 때문에 학교사고 특유의 인과관계를 논할 수 있다.

다음으로 교사의 부작위에 의한 사고와의 인과관계도 문제가 된다. 이 경우도 그 형태 가 다소 다른데, 교사의 피해 확대 방지 조치의 미흡과 사고와의 인과관계가 문제가 되는 경우가 많다. 이와 같은 사건은 부작위 불법행위의 인과관계 문제에 그치지 않고 학교사 고 특유의 인과관계론이 존재하게 된다. 즉, 교사의 안전의무 자체가 교육적 견지로부터 인정되어진 것으로 태만과 사고와의 인과관계도 그와 같은 교육적 입장으로부터 판단할 필요가 있기 때문이다.

마지막으로, 피해학생의 본질적 요소나 심인적 요소 혹은 의사적 행동이 덧붙여질 경우 의 인과관계가 문제이다. 교사의 폭행·징계·체벌에 의한 정신적 이상이나 자살을 한 경우269)나, 학생간의 '이지메'에 의한 학생의 자살행위와의 인과관계가 문제된다. 이 때에 발달 성장기에 있는 학생을 교육적으로 지도하는 교사 등의 전문가로서의 입장 등을 고려하여 판단하여야 한다. 그러나, 판례는 교사의 징계나 이지메 등에 의한 학생의 자살 에 대해서 인과관계를 대부분 부정하고 있다. 하지만, 최근에 발생하는 집단 괴롭힘(이른 바 '왕따')의 경우에 판례270)는 교사의 안전배려의무 태만과의 인과관계를 인정하는 경우 도 있어 교사의 고도의 주의의무를 더 요하는 경향이다.

나. 學校事故의 因果關係 論理

인과관계에 있어서는 조건설과 상당인과관계설이 있는데 일본과 독일같은 나라의 경 우에는 條件說의 입장을 취하고 있다. 이것은 형법상 중요한 원인과 중요하지 않은 조건

---

269) 福岡地飯塚支判 70. 8. 12.(判時 613号 p.30.); 福岡高判 75. 5. 1.(判例タイムズ 328号 p.267.); 長崎地判 84. 4. 25.(判時 1147号 p.132.); 最判 77. 10. 25.(判例タイムズ 355号 p.260.)
　　　우리나라의 경우 체벌로 인한 정신장애 악화와의 相當因果關係를 부인한 판례가 있음(대법 원 1979.9.11선고 79다522판결).

270) 헌법재판소 1999. 3. 25. 헌마303 전원 재판부; 이른 바 교내 집단 괴롭힘 사건의 피고소인에 대한 기소유예 처분이 기소편의주의의 한계를 초월한 재량권의 남용이라고 본 사례.

을 구별하는 것이 불가능하기 때문에 여러 행위가 결과에 대한 조건을 이룬 경우에 그 모두가 원인이 된다는 것으로서 인과관계에 대하여 넓게 인정하고 있는 입장이다.

우리나라의 통설적 입장은 상당인과관계설인데, 이것은 인과관계의 범위를 구성요건의 단계에서 제한하고자 하는 이론으로서 이에 의하면 경험상 그 결과를 발생케 한다고 보기에 상당하지 않은 조건은 결과 귀속의 기초가 될 수 없다하여 상당성을 책임의 기준으로 보고 있다.[271]

상당성의 판단 기준은 행위 당시에 평균인이 인식할 수 있었던 사정 및 일반인들이 인식할 수 없었던 사정이라도 행위자가 특히 인식하고 있었던 사정을 기초로 하여 판단하는 것이 우리나라의 통설이다.[272] 학교사고에 있어서 작위형 사고가 발생하는 것은 교사에 의한 징계·체벌·폭행행위 등 사고가 많지만, 정규수업이나 과외활동 사이에 교사가 부적절한 지도로 인하여 오히려 사고 위험성이 더 높아져 사고가 발생한 경우나 양호교사가 잘못된 판단을 해서 부적절한 조치를 취했기 때문에 피해 학생의 상태가 더 악화되는 경우[273] 등도 있다.

또한 학생 개인의 특이한 체질적, 심인적 요소로 인하여 손해가 확대된 것과 같은 경우, 자살과 같이 피해 학생의 의사적 행위가 개재되어 있는 경우, 의료사고와의 경합이나 복수의 폭행이 있을 경우와 같이 제3자의 행위가 개입되어 있는 경우 등에는 특별하게 인과관계의 유무가 문제가 되지만, 이것은 부작위형 사고나 시설·설비의 하자에 의한 사고의 경우와 함께 공통적인 문제가 있다.

학교사고 중 상당수는 사고방지에 필요한 조치를 취하지 않은 것 등과 같은 교사의 과실에 기인한 부작위에 의한 불법행위이다. 부작위에 의한 행위에 있어 인과관계는 작위의무에 위반해서 어떤 행위를 하지 않을 것을 필요로 한다.[274]

인과관계의 본질은 작위형 사고의 경우나 부작위형 사고의 경우가 차이는 없다. 다만 양자는 행위와 결과와의 사이에 관계구조가 다를 뿐이다. 즉, 부작위형 사고의 경우에는 교사들이 적절한 조치를 취했다면 결과의 발생을 방지했다는 개연성을 가지고 인과관계의 유무를 판단하는 것이다.[275] 엄밀하게 말한다면, 부작위 자체에 원인이 있는 것은

---

271) 이재상, 앞의 책, pp.136~140.

272) 정성근, 『형법총론』(서울: 법지사, 1989), p.177.

273) 神戸地判 85. 9. 26.(判時 1182号 p.123.); 양호 교사가 응급처치를 한 후에 치과의사의 진료치료를 받게 하여야 하는데 이에 대한 조치가 미흡하여 상해의 발생을 확대하게 된 것에 대한 책임사유인정.

274) 大判大 7. 7. 12.(民錄 24輯 p.1448.).

275) 我妻榮編著 『事務管理. 不當利得, 不法行爲(判例コメントⅣ)』 p.163.

아니지만, 교사들이 작위의무를 충실히 이행했다고 한다면 사고발생을 방지할 수 있었을 경우에는 개연성이 높다고 본다. 이럴 경우에는 부작위도 또한 결과에 대한 원인이 된다고 말할 수 있기 때문이다.[276] 그래서 부작위형 사고의 인과관계를 규명할 때에는 교사들에게 작위의무가 있는 것을 전제로 해서 그 작위의무를 충실하게 이행했다면 극히 높은 개연성을 가진 피해를 회피할 수 있었는지 없었는지 유무를 역으로 검증을 행하는 것이다.

이상에서 살펴 본 바와 같이 학교사고에 있어서는 교사의 징계·체벌·폭행행위 사고의 경우를 제외하고, 교사들이 적절한 사고 방지 조치를 강구하지 않았기 때문에 발생한 사고 소위 부작위형 사고가 문제가 되는 경우가 많다. 이것은 학교사고 만의 특징은 아니다.

예를 들면, 의료사고 등과 같이 전문가로서의 주의의무가 문제가 되는 것과 같은 유형의 사고에서도 공통적인 특징이라고 말할 수 있다. 부작위에 있어서의 인과관계를 규명하기 위해서는 적절한 조치를 취했다면 그와 같은 결과가 발생하지 않았을 것인가, 아니면 적절한 조치를 취했어도 발생할 가능성이 높았는지 여부에 대해 반대 검증에 의한다. 즉, 현실에 존재하지 않는 조치를 상정해서 그와 같은 조치를 취했다면 사고가 발생하지 않았을 것인가를 검토하는 것이기 때문이다. 이것은 작위형 사고의 경우에는 그 조치를 취한 것이 사고발생의 원인이 되었는가 아닌가라는 형태로써 인과관계를 인정하는 것과 비교해 보면 너무나 논리상 원인과 결과 사이에 비약이 심한 한계점이 존재한다.

부작위형 사고에 있어서도 방지조치를 취했다면 사고가 발생하지 않았을 것이다라는 것이 쉽게 인정될 경우가 있으며, 작위형 사고에 있어서도 작위행위가 있는 즉시 통상 발생하겠다고 생각되어지는 것 같은 손해가 발생한 경우를 제외하고 작위행위와 손해 발생과의 사이에 시간 차이가 있을 경우나, 복수의 원인이 경합했을 경우, 피해자의 체질적, 심인적 요소가 경합했을 경우 등 인과관계를 인정하는 것이 곤란한 경우가 많이 존재한다.

그러므로 작위형인가 부작위형인지에 따라 인과관계 입증의 방법은 비록 차이가 있긴 하지만 학교에서의 사고에는 학교의 특수성을 고려하여 더욱 신중하게 다루어져야 할 것이다.

---

276) 위의 책, p.163.

Ⅳ. 學校事故의 賠償責任

1. 學校事故와 賠償責任의 根據

학교사고의 경우의 배상책임의 근거로서는 다양한 견해들이 있다. 그 중에서 학교시설 사고를 제외하고는 불법행위책임, 채무불이행책임, 안전배려의무(주의의무)위반 등을 근 거로 하고 있으며, 특히 不法行爲責任論에 의한 것이 제일 많다. 그러나, 이론적으로 볼 때, 학교사고에 대해서 불법행위로 취급하는 것이 과연 바람직한 것인가의 문제가 제기된 다.

즉, 불법행위책임을 근거로 할 경우에는 피해자와 가해자와의 관계를 전제로 할뿐이다. 이것은 본래 피해 학생과 학교·교사라는 특수의 관계 즉, 교육관계가 존재하는 것을 전제하고 있는 것이 아니다. 따라서 가해자에 대한 학교·교사의 안전의무를 생각함에 있어서 본래는 교육관계에 있다라는 특수성을 고려할 필요가 없다. 피해학생과 학교·교 사라는 특수한 관계를 고려하지 않고서 일반적인 배상책임의 법리로 다루게 된다는 것이 다. 최근까지 판례의 상당수는 학교사고의 배상책임을 일반적인 불법행위 책임의 법리에 근거하여 판결하고 있지만, 그 자체가 부적절한 판결이라고 할 수는 없다.

그러나, 학교사고의 배상책임을 판단함에 있어서는 피해학생과 학교·교사라는 특수의 관계, 단순한 피해자와 가해자의 관계로서가 아니라 교육관계라는 특수 관계를 전제로 한 안전(주의)의무 등을 고려해야만 된다는 점이다. 피해 학생과 학교·교사사이의 교육관 계 혹은 재학관계를 고려해서 안전의무의 정도와 교사의 과실정도를 판단하여야 할 것이 다.

그렇다면, 학교사고 특유의 배상책임법리를 어떻게 볼 것인가의 문제이다. 채무불이행 책임이나 안전배려(주의) 의무 위반을 책임근거로 할 것인가에 대해서는 채무불이행책임 이 없다면, 안전배려의무위반을 책임근거로 하는 것이 바람직하다고 말할 수 있다. 그래 서 양자의 어느 것에 의하든지 간에 문제가 되는 것은 사립학교의 경우에는 재학계약관계 에 있다는 것에 이론이 없기 때문에 채무불이행책임에 의하더라도 문제가 없지만 국·공 립학교의 경우에는 최근까지 판례는 재학계약관계를 인정하는 것에 대해 부정적이었기 때문에 채무불이행책임을 근거로 하기에는 곤란하다.

그러나, 최근의 판례에서 국·공립학교의 경우에도 재학관계의 존재를 긍정하고 그 재학관계를 전제로 해서 학생의 신체·생명에 대하여 안전배려의무가 있다고 보고 있다. 따라서 앞으로는 적극적으로 학교사고의 배상책임의 근거로서 안전배려의무위반을 들 수 있어야 한다. 더욱이 국·공립학교의 경우, 학교교육을 공권력행사라는 관점으로만 보는 것은 적합하지 않다. 우리나라의 경우 학생이 재해를 입고 손해배상을 청구할 경우는 국·공립학교의 경우는 국가배상법의 배상책임에 관한 규정(제2조 제1항 및 제5조)을, 사립학교는 민법의 사용자의 배상책임에 관한 규정(민법 제756조 내지 제758조)을 적용하는데 양법상의 배상책임은 교사나 학교(시설)가 '가해자인 사실'이 있어야 성립된다.

하지만, 학교사고의 성격상 교사나 학교에게 책임을 물을 수 없는 경우, 예컨대 학생 상호간의 장난이나 싸움으로 인한 사고는 현행 제도로서는 구제할 방법이 없다. 이러한 것에 대비하여 안전배려의무 위반을 근거로 하여 배상책임론을 전개하는 것이 바람직하다고 말할 수 있다. 더욱더 배상책임을 추구하는 주요한 목적은 손해의 보전에 있는 것이기 때문에 그것을 위해 유효한 법적 수단을 사용하지 않으면 안 되는 것은 말할 필요도 없다. 학교사고의 배상책임의 법리로는 불법행위이론, 채무불이행이론에 의하기보다는 일반불법행위와는 달리 교육의 특수성을 고려한 안전배려의무(주의의무)위반을 근거로 함이 타당하다고 본다.

2. 國家賠償法 제2조와 學校事故 賠償

국가배상법 제2조에 의하여 국가가 손해배상책임을 지는 것은 「…공무원이 그 직무를 집행함에 당하여 고의 또는 과실로 법령에 위반하여 타인에게 손해를 가하는…」것이다. 배상책임의 요건을 분설하면, 첫째, 공무원이 직무를 집행함에 대하여 행한 경우 둘째, 고의 또는 과실로 인한 행위 셋째, 법령에 위반한 행위 넷째, 타인에게 손해를 가하였을 것 등이다.

국가배상법에 대한 이론은 발달되어 있으므로 여기서는 개괄적인 것만 소개하기로 한다. 여기서「공무원」이라 함은 국가공무원법 및 지방공무원법 상의 공무원뿐만 아니라 널리 공무를 위임받아 그에 종사하는 모든 자를 총칭한다고 보는 것이 통설이고 판례이다.277) 따라서, 교육공무원도 공무원이기 때문에 국가배상법의 적용을 받는다.

「직무행위」란 공무원이 담당하는 모든 임무를 총칭하는 말이며 직무의 범위에 관하여는 권력작용을 뜻한다는 협의설, 권력작용 뿐만 아니라 비권력작용을 포함한다는 광의설, 권력작용·비권력작용 및 사경제작용이 모두 포함된다는 최광의설로 나누어져 있다. 국가배상법은 이론상 공법이므로 사경제작용에는 적용될 수 없다고 본다. 공무원의 사경제작용에는 사법상의 책임, 민법에 의한 배상책임에 의해 해결되어야 바람직하다. 공무원의 직무행위에 사경제적 행위까지 포함하여 국가의 배상책임을 인정하는 것은 지나친 국가부담이며 이는 또한 국민의 부담이 되는 것이기에 바람직하지 못하다고 본다.

「직무를 집행함에 당하여」라 함은 직무행위 자체는 물론 객관적으로 직무의 범위 내에 속하는 행위라고 인정되거나 직무와 밀접하게 관련된 행위라고 인정되는 경우[278]를 말하며, 직무행위인지의 판단기준은 교사가 주관적으로 직무집행의 외형을 갖추고 있는지의 여부와는 관계없이 객관적으로 직무행위의 외형을 갖추고 있는지 여부에 의해 판결함이 타당할 것이다.

「고의·과실」은 민사상의 불법행위요건으로서의 고의·과실과 같은 개념이다. 즉, 고의란 교원이 자기의 행위로 인하여 손해가 발생할 것이라는 것을 인식했음에도 불구하고 그 행위를 행한 경우이고, 과실이란 자기의 행위로 인하여 손해가 발생할 것이라는 것을 인식하지 못하고 그 인식하지 못함에 공무원의 주의의무를 게을리 한데 기인한 경우를 말한다. 고의·과실은 행위자인 교사를 표준으로 판단하며 경과실이든 중과실이든 과실에 포함된다. 그리고 고의·과실의 입증책임에 대해서는 대위책임설이냐 자기책임설이냐에 따라 논란이 되고 있다. 대위책임설에 의하면, 과실의 입증책임은 피해자인 원고가 입증하여야 하나, 과실의 입증이 매우 곤란하여 사실상 권리구제를 받지 못하게 되는 경우가 많을 것이기에 권리구제를 가능한 최대한 받을 수 있도록 입증책임을 피고(가해자)가 무과실을 입증하도록 함이 바람직하다고 본다.

공무원의 직무행위가 당해 직무를 집행함에 있어서 공무원이 준수하여야 할 「법령에 위반된 것」, 즉 「위법성」이 존재하여야 한다. 공무원의 직무행위가 법령에 위반되지 않으면 일단 정당행위가 되기 때문에 법적으로는 문제가 되지 않기 때문이다. 그러므로 단순한 훈령이나 행정규칙의 위반이라든가, 재량권의 남용이나 일탈에 이르지 않은 정도의 재량행위는 법령위반이 되지 않는다. 고의에 의한 사고의 가장 대표적인 예는 사회상규를 벗어난 교사의 과도한 체벌로 인한 경우이다. 과실에 의한 판단기준으로는 체육, 실습 등 주의의무를 더 많이 요하는 과목 등에 있어서 충분한 사전 연습지도나 주의사항 전달

---

277) 널리 공무를 위탁받아 실질적으로 공무에 종사하고 있는 자도 국가배상법 제2조에서 말하는 공무원이다(대판, 1970. 11. 24. 선고 70다 2253호).

278) 대판: 1965. 5. 31. 선고 66다 664호; 1966. 6. 28. 선고 66다 781호.

과 이행여부 확인, 수업중의 교사의 지도감독의무의 충실 여부 등이 될 것이다. 결국, 위법성 여부는 그 행위가 경험상 예견할 수 있는 결과를 무시했을 때 문제가 된다고 본다.

　여기서 「타인」이란 가해자인 교사 및 그의 직무행위에 가세한 자 이외의 모든 자를 말한다. 손해는 교사의 직무상의 위법행위와 상당한 인과관계가 있는 모든 손해를 말한다. 그것이 재산적 손해, 정신적 손해, 소극적 손해, 적극적 손해를 불문한다.

3. 日本 國家賠償法 제1조와 公權力

　일본의 경우, 국·공립학교 교사의 수업 외 다른 교육활동에 수반되어 발생한 사고에 대하여 학교책임자나 학교설립자인 국가 또는 지방자치단체의 배상책임을 묻는 경우에 있어서는 국가배상법 제1조에 의한 것이 일반적이다. 이 경우 교사들이 행한 교육활동이 국가 또는 지방자치단체의 「공권력의 행사」인지 아닌지에 대한 판단이 필요하다. 「공권력」의 개념을 좁게 해석하여 '학교의 교육활동은 비권력 작용이기 때문에 공권력의 행사에 해당하지 않는다'는 판례도 있었지만, 오늘날에는 공권력의 행사에 해당한다고 해석하는 판례가 압도적으로 많다. 일본에서 공권력과 관계하여 「공권력의 행사」는 그것의 포함 정도에 따라 다음 세 가지로 나누어진다.

　첫째, 공권력의 행사에는 특별권력관계도 포함된다는 견해[279]이다. 이러한 견해를 취하는 판례에서는『공권력의 행사 개념에는 영조물 이용상의 특별권력도 당연히 포함되어 있음을 전제로 해서 학생의 공립학교 이용관계는 특별권력관계이며, 교사의 학생에 대한 명령적 지시는 특별권력관계의 행사의 한 형태이다』[280]라고 하기도 하며,『학교교육은 학생 자신에 의해 공공의 영조물을 이용하는 관계에 있어서 특별권력관계에 속한다』[281] 하기도 하고 있다. 이와 같은 견해에 대해서『공립학교에 있어서 재학관계와 사립학교에 있어서의 그것이 법률상 성질을 달리하는 것이 아니다』라고 하는 것으로부터『공립학교의 재학관계를 특별권력관계라고 해석할 수밖에 없는 합리적 근거는 없다』고 해서 특별권력관계를 부정하면서『비권력적 작용도 공권력 행사에 포함시켜 생각할 수밖에 없다』

---

279)　廣島地判 67. 8. 30.(下民集 18卷 7·8号 p.899.); 大阪地判 71. 7. 14.(判時 649号 p.65.); 福岡地飯塚支判 70. 8. 12.(判時 613号 p.30.)
280)　廣島地判 67. 8. 30.(下民集 18卷 7·8号 p.899.).
281)　大阪地判 71. 7. 14.(判時 649号 p.65.); 福岡地飯塚支判 70. 8. 12.(判時 613号 p.30.).

고 하는 판례[282]도 있다.

둘째, 협의설에 입각해서 교육활동을 공권력의 행사라고 보는 견해이다. 이런 견해는 의무교육이 보호자에게 의무로서 부과되어져 있다는 것, 피고가 된 시에는 사립중학교가 없기 때문이라는 것부터 일정한 연령에 달한 학생은 반드시 시의 설립 중학교에로 취학하지 않으면 안 된다는 점, 교사와 학생사이에는 연령이나 신분의 관계가 평등한 관계가 아니라 학생은 교사의 명령이나 지시에 의해 움직인다는 점등을 이유로 하여 교사는 공권력이 없지만 공권력과 유사한 권력을 가지고 학생을 지배하고 있다고 하겠으며,[283] 그룹활동에 있어서의 활동은 단순한 한 사람으로서의 조언이 아니라 우월적인 의사를 가진 공적인 활동이라는 것을 이유로 공권력의 행사에 해당한다고 할 수 있다.[284]

셋째, 광의설의 입장에서 비권력작용도 포함한다고 보는 견해이다. 이 견해는「공권력의 행사」는 순전히 사경제작용에 속하는 행위 내지 국가배상법 제2조에서 말하는『공공의 영조물 설치·관리작용을 제외한 전체의 작용』을 포함한다고 보는 견해인 것이다. 오늘날에는 판례의 압도적 다수가 이 견해를 취하고 있다.[285]

넷째, 교육작용을 학교관리권의 행사라고 보는 견해이다. 이것은 교장, 교사는 영조물 주체에 있는 학교관리권에 기초하여 교육계획을 세우고 학생을 계획에 따르게 하고, 그렇지 못한 경우에 학생들을 징계할 수도 있다고 한다. 이것은 교육은 수익작용의 수단이라는 것에 지나지 않기 때문에 국가통치권에 유래하는 권력작용이라고 말할 수는 없지마는 학교관리권의 행사에 있어 국가권력작용의 일종으로 해석되어지기 때문에 공권력의 행사에 해당한다고 보는 설이다.[286]

다섯째, 국가활동 전체가 포함된다고 해석하는 견해(최광의설)이다. 이 견해는 공권력의 행사에는 국가활동 전체가 포함된다고 하는 것이다. 국가배상법 제1조의 적용 범위를

---

282) 長野地判 79. 10. 29.(判時 956号 p.104.).

283) 宇都宮支判 63. 1. 12.(下民集 4卷 1号 p.1.).

284) 千葉地判 74. 9. 9.(判時 779号 p.93.).

285) 정규수업 중 사고: 橫浜地判 82. 7. 16. (判時 1057号 p.107.); 最判 87. 2. 6.(判時 1232号 p.100.).
학교행사 중 사고: 津地判 66. 4. 15.(判時 446号 p.23.); 水戸地下妻支判 85. 2. 6.(判例地方自治 11号 p.76.); 津地判 79. 10. 25.(判時 957号 p.94.). 단체활동 중 사고: 長野地判 79. 10. 29.(判時 956号 p.104.); 熊本地判 70. 7. 20.(判時 621号 p.73.); 浦和地判 81. 8. 19.(判時 1023号 p.92.); 東京地判 88. 3. 24.(判時 1272号 p.31.). 휴식시간 및 방과후의 사고: 大阪地判 70. 7. 30.(判時 615号 p.50.). 교사·징계·체벌 사고: 前橋地高崎支判 72. 9. 7.(判時 680号 p.24.); 福岡地飯塚支判 59. 10. 9.(下民集 10卷 10号 p.2121.).

286) 伊藤進, 앞의 책, p.44.

공권력의 작용, 비권력 작용은 물론, 사경제 작용에 속하는 공무원의 행위를 포함해서, 일체의 공무원의 직무상의 행위에 미친다고 해석하는 것이 당연하다고 한다. 이 견해는 공권력작용, 비권력작용과 사경제작용과의 사이에 있어서, 특히 배상책임을 구별하는 합리적 근거가 없다는 점, 「공권력의 행사」라는 문구는 전쟁 전에 뼈아픈 경험에 특별히 주의를 기울인 것이기 때문에 이것을 고치려는 것은 아니라는 생각에 기초하고 있다.[287] 이 견해에 의한다면 국·공립학교의 교사들의 교육활동중의 사고에는 당연하게 국가배상법 제1조가 적용되는 것이 된다. 이 견해에 대해서는 국가배상법 제1조가 『공권력의 행사』라고 기록하고 있기 때문에 해석론으로서 더 논할 필요는 없을 것이다. 실질적으로 국가배상법은 민법에서 보호할 수 없는 분야를 어떻게 하든지 구제하지만 민법의 구제방법보다도 더 적절한 구제방법을 제공할 필요가 있는가 라는 관점에서 접근한다해도 사경제작용까지 포함시켜 국가배상법 제1조에 의해 처리할 타당성은 없다고 하는 비판이 있기도 하다.

이상에서 살펴본 바와 같이, 교육활동에 수반되어 발생하는 사고의 경우, 국가배상법 제1조의 적용을 긍정하는 판례에도 다양한 견해가 보여진다. 그러나, 국가배상의 원리가 사회보장적 차원에까지 확대되어져야 한다는 복리주의적 행정원리가 지배한다면, 결국은 피해자에게 가장 유리한 피해 구제제도를 취할 수밖에 없어 공권력에 대한 해석도 최광의로 해석할 수밖에 없다. 다만, 오늘날에는 다른 이유를 구실로 다른 견해도 있으며 적용을 부정하는 견해는 나타나지 않고 있다.

4. 學校事故의 補償

학교에서 학교업무와 관련하여 사고가 발생하면 사고에 따른 보상처리를 함으로써 피해자를 구제할 수밖에 없는데 그 구제방법은 크게 세 가지로 나눌 수 있다.

첫째, 경미한 사고가 발생하는 경우 당사자간에 자체적인 합의에 의해 해결하는 방법이다. 이러한 방법은 추후에 후유증이 발생할 경우, 더욱더 큰 문제가 될 수 있는 여지가 많이 있다. 실질적으로는 이렇게 법적인 절차 이전에 해결되는 경우가 상당히 많이 존재하는 것이 현실이다.

둘째, 각 시·도 단위에서 설립한 학교안전공제회를 통하여 해결하는 방법이 있다.

---

287) 加藤一郎編, 『註釋民法(19)』 p.392.

이것은 절차상의 과정이 복잡하고 액수가 한계가 있어 피해정도가 클 경우 해결함에 어려움을 겪는 학교사고가 발생할 경우에 학교나 교사가 직접적으로 피해를 보상할 여력이 부족한 경우가 거의 대부분이기 때문에 우리나라의 경우, 학교안전공제회에서 학교사고의 거의 모든 부분을 해결하여야 함에도 불구하고 이러한 학교안전공제회의 역할은 상당히 미흡한 편이다. 특히, 시·도마다 학교안전공제회의 재정적인 차이가 크고, 거의 모두 재정적인 부족으로 인하여 학교사고에 대한 학교안전공제회의 공제비 지급액은 적은 편이다.

셋째, 법적인 해결방법이 있다. 피해자가 손해배상을 제기하여 법원의 판결에 의한 해결방법인데 이는 교사와 학부모, 교사와 학생, 학생과 학생사이의 이해관계가 다르기 때문에 많은 물질적·정신적인 손실을 가져오는 경우가 많다. 특히 학부모의 학교에 대한 불신, 교사의 교직에 대한 회의, 학교와 학생사이의 갈등 등 많은 부작용이 발생될 여지가 상당히 많이 있다.

현재 학교에서 발생하는 학교사고는 아주 경미한 사고(경과실에 의한 사고)를 제외하고는 대부분 각 시·도에 설치된 학교안전공제회에 의해 학교사고에 대한 보상을 실시하여 구제하고 있다. 학교안전공제회의 보상금 지급규칙에 의하면 "학생이 학교 교육활동중의 사고로 인하여 신체상 손해를 입은 때 그 손해를 보상한다"라고 규정하고 있다. 여기에서 '학교 교육활동 중'이란 첫째, 학교 교육과정에 의한 학교수업 또는 특별활동 중 둘째, 학교 교육계획에 의한 교내·외 활동 중 셋째, 기타 학교가 교육상 필요하다고 인정한 청소년 단체의 활동 중에 일어난 사고가 해당되며, 다음과 같은 경우에는 지급되지 않는다.

즉, 회비를 납부하지 않은 경우, 자살, 자해 등의 경우, 천재지변으로 발생하는 경우, 고의적인 폭행, 자동차 사고 등 가해자 또는 다른 방법으로 보상을 받을 수 있는 경우, 등·하교중 학교밖에서 발생한 사고의 경우, 보상가액이 일정금액 이하인 소액의 사고인 경우가 해당된다. 따라서, 학교에서 발생하는 사고의 모두 보상하는 것이 아니라 학교 교육활동중과 같은 일부분에 한정되어 있고 사고의 보상을 사고마다 전액 지급하는 것이 아니다. 시·도별로 학교안전공제회의 운영을 달리하고 있지만 충청북도의 학교사고에 대한 과실상계율표는 다음 <표 27>과 같다.

사단법인 충청북도 학교안전공제회의 사고보상심판위원회 운영 및 심판규칙 제5조 과실상계에 의하여 심판위원회는 피해자의 보상금 지급을 심의·결정함에 있어 피해자의 과실이 있다고 인정될 때에는 객관성 있는 과실인정자료를 수집, 그 정도에 따라 위 <표 27>에 의거 보상금에서 상계하여야 한다고 규정하고 있다.[288]

<표 27> 학교사고에 대한 과실상계율표

		기 본 요 소	과실상계율(%)
교 내	교과 및 특별활동	체육, 교련 실험실습	0
		청소활동	0
		기타 교과(자기과실)	10
		우발적으로 발생한 사고	20
	휴식시간 (정규일과시간)	자기과실에 의한 사고	20
		가해자에 의한 사고	30
		우발적으로 발생한 사고	20
	기타(정규일과시간외)	자기과실로 인한 사고	30
		가해자에 의한 사고	40
		우발적으로 발생한 사고	20
	교칙 및 지도교사지시에 위반한 사고		50
	영조물의 하자로 인하여 발생한 사고		상황에 따라 심의 결정
교 외	특별활동 및 교외활동	각종 특별활동 운동경기에 참가하여 발생한 사고	0
		각종 특별활동 운동경기 연습 중 발생한 사고	0
		가해자에 의한 사고	40
		자기 과실로 인한 사고	30
		우발적으로 발생한 사고	20
	교칙 및 지도교사의 지시에 위반한 사고		50
질 병		피해 원인이 평소의 질병과 관련이 있다고 인정되는 사고	상황에 따라 심의 결정

주: 심의결정은 보상심판위원회의 결정에 따름. 가해자에 의한 사고는 가해자 등으로부터 손해배상을 받을 수 없는 경우로 한다. 과실상계율 적용이 곤란한 경우에 그 정도에 따라 유사한 요소에 적용함.

---

288) 충청북도 학교안전공제회(1999)의 정관 및 제 규정, pp.39~42.

V. 學校事故의 變革

 학교사고의 현황과 특징 및 그 구제대책들에 대하여 판례를 중심으로 개괄적으로 검토하여 보았다. 학교사고를 구제하기 위해서는 학교사고의 현황부터 파악되어야 하는데, 우리의 경우는 이 학교사고 현황에 대해서 법적인 정비가 되어 있지 않기 때문에 현황파악이 되고 있지 않다. 또한 학교사고는 일반적인 배상책임의 법리에 의한 사고로 다루어지기보다는 학교사고 특유의 배상책임 법리를 형성하여야 한다는 것을 알 수 있다. 일본과 우리나라의 교육법의 발달정도와 체계의 상당한 격차를 부인할 수 없다. 특히, 교육판례의 형성 부분에서 두드러진 차이가 보인다.

 일본의 경우에는, 교육법이 상당한 체계를 갖추고 많은 연구자와 연구단체들의 활동으로 학문적으로 완전한 학문으로 정착되어 있다. 물론 엄청난 학교사고 규모만큼이나 교육판례 등을 체계적으로 분석하고 이에 대한 논의가 끊임없이 계속되고 있다.

 이에 비하면, 우리는 아직 교육법이 하나의 학문으로 완전히 정착하지 못한 실정이다. 극히 최근에 와서 이에 대한 연구가 적지만 이루어지고 있는 실정이다. 또한 학교사고가 많이 발생되고 있음에도 아직은 음성적으로 해결하려는 경향이 많기 때문에 그것이 밖으로 표출되어 법적인 쟁점문제가 되어 교육판례로 까지 발전된 경우는 극히 드물다. 교육판례에 대한 연구자체도 우리나라의 교육법의 역사가 미천한 관계로 아직은 초창기에 불과하다고 본다.

 현실적으로 아무리 교사나 교육관계자가 주의의무를 다한다 하더라도 학교사고는 발생할 수밖에 없다. 물론 학교사고는 사전에 예견하고 그것이 발생되지 않도록 노력하는 것이 중요하지만 학교교육의 대상자가 정신적·신체적으로 아직 미숙한 단계에 있고, 교육과정과 교육목적을 추구하는 과정에서 학교사고는 필연적으로 발생되어질 수밖에 없다. 따라서, 학교사고가 발생하면 적절하고 시급한 응급조치를 취한 후 그 피해를 최소화시키는데 교육관계자는 최선을 다해야 할 것은 물론이고, 그 피해자의 구제에 적절한 제도를 마련하여야 할 것이다.

 일본의 경우는 학교의 교육활동 과정에서 발생하는 사고에 대해서 국가가 보상한다는 법의 특별희생론에 입각하여 사회보험과 같은 공개념의 확대를 통하여 피해자 구제 범위를 넓혀가고 있는 추세이다. 우리의 경우도 "사회보험제도"와 같은 공개념의 확대를 통하여 피해자 구제의 길을 넓혀야 할 것이다. 즉, 피해자는 개인이지만 구제자는 전체란 입장에서 학교사고의 피해는 모두가 공적 차원에서 구제할 수 있어야 한다는 것이다. 이것은 학교사고 특유의 배상책임의 법리를 형성해야 한다는 논리를 반영하는 것이라 할 것이다. 그렇게 하기 위하여 등장되는 것이 교사의 행위를 모두가 공적인 행위로 보고, 고의·과실의 문제도 "무과실책임론"을 내세워 "주의의무"의 범위를 확대시키는 것이 필요하다. 물론 이 경우 교사의 권익침해를 고려하여야 할 것이다.

부 록

主要 敎育法令

教育基本法

[법률 제6214호 일부개정 2000. 01. 28.]

第1章 總則

第1條 (目的) 이 法은 敎育에 관한 國民의 權利·義務와 國家 및 地方自治團體의 責任을 정하고 敎育制度와 그 운영에 관한 기본적 사항을 規定함을 目的으로 한다.

第2條 (敎育理念) 敎育은 弘益人間의 理念아래 모든 國民으로 하여금 人格을 도야하고 自主的 生活能力과 民主市民으로서 필요한 資質을 갖추게 하여 人間다운 삶을 영위하게 하고 民主國家의 발전과 人類共榮의 理想을 實現하는데 이바지하게 함을 目的으로 한다.

第3條 (學習權) 모든 國民은 平生에 걸쳐 學習하고, 能力과 適性에 따라 敎育받을 權利를 가진다.

第4條 (敎育의 기회균등) 모든 國民은 性別, 宗敎, 信念, 社會的 身分, 經濟的 地位 또는 身體的 조건 등을 이유로 敎育에 있어서 차별을 받지 아니한다.

第5條 (敎育의 自主性등) ① 國家 및 地方自治團體는 敎育의 自主性 및 전문성을 보장하여야 하며, 地域의 實情에 맞는 敎育의 실시를 위한 施策을 수립·실시하여야 한다.

② 學校運營의 自律性은 존중되며, 敎職員·學生·學父母 및 地域住民 등은 法令이 정하는 바에 의하여 學校運營에 참여할 수 있다.

第6條 (敎育의 中立性) ① 敎育은 敎育 본래의 目的에 따라 그 機能을 다하도록 운영되어야 하며, 어떠한 政治的·派黨的 또는 개인적 偏見의 傳播를 위한 方便으로 이용되어서는 아니된다.

② 國家 및 地方自治團體가 設立한 學校에서는 특정한 宗敎를 위한 宗敎敎育을 하여서는 아니된다.

第7條 (敎育財政) ① 國家 및 地方自治團體는 敎育財政을 안정적으로 확보하기 위하여 필요한 施策을 수립·실시하여야 한다.

② 敎育財政의 안정적 확보를 위한 地方敎育財政交付金 및 地方敎育讓與金 등에 관하여 필요한 사항은 따로 法律로 정한다.

第8條 (義務敎育) ① 義務敎育은 6年의 初等敎育 및 3年의 中等敎育으로 한다. 다만, 3年의 中等敎育에 대한 義務敎育은 國家의 財政輿件을 고려하여 大統領令이 정하는 바에 의하여 順次的으로 실시한다.

② 모든 國民은 第1項의 規定에 의한 義務敎育을 받을 權利를 가진다.

第9條 (學校敎育) ① 幼兒敎育·初等敎育·中等敎育 및 高等敎育을 실시하기 위하여 學校를 둔다.

② 學校는 公共性을 가지며, 學生의 敎育외에 學術과 文化的 傳統을 유지·발전시키고 住民의 平生敎育을 위하여 노력하여야 한다.

③ 學校敎育은 學生의 創意力啓發 및 人性의 함양을 포함한 全人的敎育을 重視하여 이루어져야 한다.

④ 學校의 종류와 學校의 設立·경영 등 學校敎育에 관한 기본적인 사항은 따로 法律로 정한다.

第10條 (社會敎育) ① 國民의 平生敎育을 위한 모든 形態의 社會敎育은 奬勵되어야 한다.

② 社會敎育의 履修는 法令이 정하는 바에 의하여 그에 상응하는 學校敎育의 履修로 인정될 수 있다.

③ 社會敎育施設의 종류와 設立·경영 등 社會敎育에 관한 기본적인 사항은 따로 法律로 정한다.

第11條 (學校등의 設立) ① 國家 및 地方自治團體는 學校 및 社會敎育施設을 設立·경영한다.

② 法人 또는 私人은 法律이 정하는 바에 의하여 學校 및 社會敎育施設을 設立·경영할 수 있다.

第2章 敎育當事者

第12條 (學習者) ① 學生을 포함한 學習者의 기본적 人權은 學校敎育 또는 社會敎育의 過程에서 존중되고 보호된다.

② 敎育內容·敎育方法·敎材 및 敎育施設은 學習者의 人格을 존중하고 個性을 重視하여 學習者의 能力이 최대한으로 발휘될 수 있도록 강구되어야 한다.

③ 學生은 學校의 規則을 준수하여야 하며, 敎員의 敎育·硏究活動을 방해하거나 學內의 秩序를 문란하게 하여서는 아니된다.

第13條 (保護者) ① 父母등 保護者는 그 보호하는 子女 또는 아동이 바른 人性을 가지고 건강하게 成長하도록 敎育할 權利와 責任을 가진다.

② 父母등 保護者는 그 보호하는 子女 또는 아동의 敎育에 관하여 學校에 의견을 제시할 수 있으며, 學校는 이를

존중하여야 한다.

第14條 (敎員) ① 學校敎育에서 敎員의 전문성은 존중되며, 敎員의 經濟的·社會的 地位는 優待되고 그 身分은 보장된다.

② 敎員은 敎育者로서 갖추어야 할 品性과 資質을 향상시키기 위하여 노력하여야 한다.

③ 敎員은 특정 政黨 또는 政派를 支持하거나 反對하기 위하여 學生을 指導하거나 煽動하여서는 아니된다.

④ 敎員은 法律이 정하는 바에 의하여 다른 公職에 就任할 수 있다.

⑤ 敎員의 任用·服務·報酬 및 年金 등에 관하여 필요한 사항은 따로 法律로 정한다.

第15條 (敎員團體) ① 敎員은 상호 協同하여 敎育의 振興과 文化의 暢達에 노력하며, 敎員의 經濟的·社會的 地位를 향상시키기 위하여 각 地方自治團體 및 中央에 敎員團體를 組織할 수 있다.

② 第1項의 規定에 의한 敎員團體의 組織에 관하여 필요한 사항은 大統領令으로 정한다.

第16條 (學校등의 設立·經營者) ① 學校 및 社會敎育施設의 設立·經營者는 法令이 정하는 바에 의하여 敎育을 위한 施設·設備·財政 및 敎員 등을 확보하고 이를 運用·관리한다.

② 學校의 長 및 社會敎育施設의 設立·經營者는 法令이 정하는 바에 의하여 學習者를 선정·敎育하고 學習者의 學習成果등 敎育의 過程을 記錄·관리한다.

③ 學校 및 社會敎育施設의 敎育內容은 學習者에게 사전에 公開되어야 한다.

第17條 (國家 및 地方自治團體) 國家 및 地方自治團體는 學校 및 社會敎育施設을 指導·監督한다.

第3章 敎育의 振興

第17條의2 (男女平等敎育의 증진) ① 國家 및 地方自治團體는 男女平等精神을 보다 적극적으로 실현할 수 있는 施策을 수립·실시하여야 한다.

② 第1項의 規定에 의한 施策에는 體育·科學技術 등 女性의 사회적 활동이 취약한 분야를 중점 육성할 수 있는 敎育的 方案이 포함되어야 한다.

③ 學校敎育에서의 男女平等增進을 學校敎育課程의 기준과 내용 등 大統領令이 정하는 사항에 관한 敎育部長官의 諮問에 응하기 위하여 男女平等敎育審議會를 둔다.

④ 第3項의 規定에 의한 男女平等敎育審議會의 委員의 資格·구성·운영 등에 관하여 필요한 사항은 大統領令으로 정한다.[本條新設 2000·1·28][[施行日 2000·7·29]]

第18條 (特殊敎育) 國家 및 地方自治團體는 身體的·精神的·知的 障碍 등으로 인하여 특별한 敎育的 配慮가 필요한 者를 위한 學校를 設立·경영하여야 하며, 이들의 敎育을 지원하기 위하여 필요한 施策을 수립·실시하여야 한다.

第19條 (英才敎育) 國家 및 地方自治團體는 學問·藝術 또는 體育 등의 분야에서 才能이 특히 뛰어난 者의 敎育에 관하여 필요한 施策을 수립·실시하여야 한다.

第20條 (幼兒敎育) 國家 및 地方自治團體는 幼兒敎育을 振興하기 위하여 필요한 施策을 수립·실시하여야 한다.

第21條 (職業敎育) 國家 및 地方自治團體는 모든 國民이 學校敎育과 社會敎育을 통하여 職業에 대한 素養과 能力의 啓發을 위한 敎育을 받을 수 있도록 하기 위하여 필요한 施策을 수립·실시하여야 한다.

第22條 (科學·技術敎育) 國家 및 地方自治團體는 科學·技術敎育을 振興하기 위하여 필요한 施策을 수립·실시하여야 한다.

第23條 (敎育의 情報化) 國家 및 地方自治團體는 情報化敎育 및 情報通信媒體를 이용한 敎育의 지원과 敎育情報産業의 육성 등 敎育의 情報化에 관하여 필요한 施策을 수립·실시하여야 한다.

第24條 (學術文化의 振興) 國家 및 地方自治團體는 學術文化를 硏究·振興하기 위하여 學術文化施設 設置 및 硏究費 지원 등의 施策을 수립·실시하여야 한다.

第25條 (私學의 육성) 國家 및 地方自治團體는 私立學校를 지원·육성하여야 하며, 私立學校의 多樣하고 特性있는 設立目的이 존중되도록 하여야 한다.

第26條 (評價 및 認證制度) ① 國家는 國民의 學習成果등이 공정하게 評價되어 社會的으로 통용될 수 있도록 하기 위하여 學力評價 및 能力認證에 관한 制度를 수립·실시할 수 있다.

② 第1項의 規定에 의한 評價 및 認證制度는 學校의 敎育課程등 敎育制度와 相互連繫되어야 한다.

第27條 (保健 및 福祉의 增進) 國家 및 地方自治團體는 學生 및 敎職員의 건강 및 福祉의 增進을 위하여 필요한 施策을 수립·실시하여야 한다.

第28條 (奬學制度등) ① 國家 및 地方自治團體는 經濟的 이유로 인하여 敎育을 받기 곤란한 者를 위한 奬學制度 및 學費補助制度 등을 수립·실시하여야 한다.

② 國家는 教員養成教育을 받는 者 및 國家가 특히 필요로 하는 분야를 國內・外에서 專攻하거나 研究하는 者에게 學費 기타 필요한 經費의 전부 또는 일부를 보조할 수 있다.

③ 第1項 및 第2項의 規定에 의한 獎學金 및 學費補助金 등의 지급방법 및 節次와 지급받을 者의 資格 및 義務 등에 관하여 필요한 사항은 大統領令으로 정한다.

第29條(國際教育) ① 國家는 國民이 國際社會의 一員으로서 갖추어야 할 素養과 能力을 기를 수 있도록 國際化教育에 노력하여야 한다.

② 國家는 外國에 居住하는 同胞에게 필요한 學校教育 또는 社會教育을 실시하기 위하여 필요한 施策을 강구하여야 한다.

③ 國家는 學問研究의 振興을 위하여 國外留學에 관한 施策을 강구하여야 하며, 國外에서의 우리나라에 대한 이해와 우리 文化의 正體性確立을 위한 教育・研究活動을 지원하여야 한다.

④ 國家는 外國政府 및 國際機構 등과의 教育協力에 필요한 施策을 강구하여야 한다.

附則

第1條 (施行日) 이 法은 1998年 3月 1日부터 施行한다.

第2條 (다른 法律의 廢止) 教育法은 이를 廢止한다.

第3條 (다른 法律의 改正) ① 教員地位向上을위한特別法중 다음과 같이 改正한다. 第8條 第1項 第5號를 다음과 같이 한다.

5. 教育基本法 第15條第1項의 規定에 의하여 中央에 組織된 教員團體에서 추천하는 者

第11條第1項중 "教育法 第80條의 規定에 의한 教育會"를 "教育基本法 第15條 第1項의 規定에 의한 教員團體"로 한다.

第13條 第1項중 "教育會"를 "教員團體"로 한다.

② 都農複合形態의市設置에따른行政特例등에 관한法律중 다음과 같이 改正한다. 第9條중 "教育法 第8條의2의 規定에 의하여"를 "教育基本法 第8條第1項의 規定에 의하여"로 한다.

第4條 (다른 法令과의 관계) 이 法 施行당시 다른 法令에서 종전의 教育法 또는 그 規定을 인용한 경우에는 이 法중 그에 해당하는 規定이 있는 때에는 종전의 教育法 또는 그 規定에 갈음하여 이 法 또는 이 法의 해당 條項을 인용한 것으로 본다.

附則 [2000・1・28]

이 法은 公布후 6月이 경과한 날부터 施行한다.

初・中等敎育法
[법률 제6209호 일부개정 2000. 01. 28.]

第1章 總則

第1條 (目的) 이 法은 敎育基本法 第9條의 規定에 따라 幼兒敎育 및 初·中等敎育에 관한 사항을 정함을 目的으로 한다.

第2條 (學校의 종류) 幼兒敎育 및 初·中等敎育을 실시하기 위하여 다음 各號의 學校를 둔다.

1. 幼稚園
2. 初等學校·公民學校
3. 中學校·高等公民學校
4. 高等學校·高等技術學校
5. 特殊學校
6. 各種學校

第3條 (國·公·私立學校의 구분) 第2條 各號의 學校(이하 "學校"라 한다)는 國家가 設立·經營하는 國立學校, 地方自治團體가 設立·經營하는 公立學校(設立主體에 따라 市立學校·道立學校로 구분할 수 있다), 法人 또는 私人이 設立·經營하는 私立學校로 구분한다.

第4條 (學校의 設立등) ① 學校를 設立하고자 하는 者는 施設·設備 등 大統領令이 정하는 設立基準을 갖추어야 한다.

② 私立學校를 設立하고자 하는 者는 特別市·廣域市 또는 道 敎育監(이하 "敎育監"이라 한다)의 認可를 받아야 한다.

③ 私立學校를 設立·經營하는 者가 學校를 廢止하거나 大統領令이 정하는 중요사항을 변경하고자 하는 경우에는 敎育監의 認可를 받아야 한다.

第5條 (學校의 竝設) 幼稚園·初等學校·中學校 및 高等學校는 地域의 實情에 따라 상호 竝設할 수 있다.

第6條 (指導·監督) 國立學校는 敎育部長官의 指導·監督을 받으며, 公·私立學校는 敎育監의 指導·監督을 받는다.

第7條 (獎學指導) 敎育部長官 및 敎育監은 學校에 대하여 敎育課程運營 및 敎授·學習方法 등에 대한 獎學指導를 실시할 수 있다.

第8條 (學校規則) ① 學校의 長(學校를 設立하는 경우에는 당해 學校를 設立하고자 하는 者를 말한다)은 法令의 범위안에서 指導·監督機關(國立學校인 경우에는 敎育部長官, 公·私立學校인 경우에는 敎育監을 말한다. 이하 "管轄廳"이라 한다)의 認可를 받아 學校規則(이하 "學則"이라 한다)을 制定할 수 있다.

② 學則의 기재사항 및 制定節次 등에 관하여 필요한 사항은 大統領令으로 정한다.

第9條 (評價) ① 敎育部長官은 學校에 在學중인 學生의 學業成就度를 測定하기 위한 評價를 실시할 수 있다.

② 敎育部長官은 敎育行政의 효율적 수행을 위하여 필요한 경우에는 地方自治團體의 敎育·科學·技術·體育 기타 學藝에 관한 事務를 管掌하는 地方敎育行政機關과 學校에 대하여 評價를 실시할 수 있다.

③ 第2項의 規定에 의한 評價의 대상·기준 및 節次와 評價結果의 公開 등에 관하여 필요한 사항은 大統領令으로 정한다.

④ 評價對象機關의 長은 특별한 사유가 있는 경우를 제외하고는 第1項 및 第2項의 規定에 의한 評價에 응하여야 한다.

第10條 (授業料등) ① 學校의 設立·經營者는 授業料 기타 納付金을 받을 수 있다.

② 授業料 기타 納付金의 徵收등에 관하여 필요한 사항은 敎育部令으로 정한다.

第11條 (學校施設등의 이용) 모든 國民은 學校敎育에 지장이 없는 범위안에서 敎育部令이 정하는 바에 의하여 學校施設등을 이용할 수 있다.

第2章 義務敎育

第12條 (義務敎育) ① 國家는 敎育基本法 第8條第1項의 規定에 의한 義務敎育을 실시하여야 하며, 이를 위한 施設의 확보등 필요한 措置를 강구하여야 한다.

② 地方自治團體는 그 管轄區域안의 義務敎育對象者 全員을 就學시키는데 필요한 初等學校 및 中學校와 初等學校

및 中學校의 課程을 敎育하는 特殊學校를 設立·경영하여야 한다.

③ 地方自治團體는 地方自治團體가 設立한 初等學校·中學校 및 特殊學校에 그 管轄區域안의 義務敎育對象者 全員을 就學시키는 것이 곤란한 경우에는 인접한 地方自治團體와 協議하여 合同으로 初等學校·中學校 또는 特殊學校를 設立·경영하거나, 인접한 地方自治團體나 國立 또는 私立의 初等學校·中學校 또는 特殊學校에 委託하여 義務敎育對象者의 일부에 대한 敎育을 실시할 수 있다.

④ 國·公立學校의 設立·經營者 및 第3項의 規定에 의하여 義務敎育對象者를 委託받은 私立學校의 設立·經營者 는 義務敎育을 받는 者에 대하여 授業料를 받을 수 없다.

第13條 (就學義務) ① 모든 國民은 그가 보호하는 子女 또는 아동이 滿6歲가 된 날의 다음날 이후의 최초 學年初부터 滿12歲(第27條의 規定에 의하여 早期進級 또는 早期卒業을 하는 者의 경우에는 滿12歲에서 해당 年數를 뺀 年齡을 말한다)가 되는 날이 속하는 學年末까지 그 子女 또는 아동을 初等學校에 就學시켜야 한다.

② 初等學校의 長은 第1項의 規定에 불구하고 初等學校의 學生收容能力에 여유가 있는 경우에는 大統領令이 정하는 바에 의하여 滿5歲 아동의 就學을 허용할 수 있다. 이 경우 滿5歲에 就學한 子女 또는 아동을 보호하는 者는 그 子女 또는 아동이 滿11歲(第27條의 規定에 의하여 早期進級 또는 早期卒業을 하는 者의 경우에는 滿11歲에 서 해당 年數를 뺀 年齡을 말한다)가 되는 날이 속하는 學年末까지 그 子女 또는 아동을 初等學校에 就學시켜야 한다.

③ 모든 國民은 그가 보호하는 子女 또는 아동이 初等學校를 卒業한 學年의 다음 學年初부터 滿15歲(第2項의 規定에 의하여 滿5歲에 就學한 者의 경우에는 滿14歲를 말하고, 第27條의 規定에 의하여 早期進級 또는 早期卒業을 하는 者의 경우에는 해당 年數를 뺀 年齡을 말한다)가 되는 날이 속하는 學年末까지 그 子女 또는 아동을 中學校에 就學시켜야 한다.

④ 第1項 내지 第3項의 規定에 의한 就學義務의 履行 및 督勵 등에 관하여 필요한 사항은 大統領令으로 정한다.

第14條 (就學義務의 免除등) 疾病등 부득이한 사유로 인하여 就學이 불가능한 義務敎育對象者에 대하여는 大統領令 이 정하는 바에 의하여 第13條의 規定에 의한 就學義務를 免除하거나 猶豫할 수 있다.

第15條 (雇傭者의 義務) 義務敎育對象者를 雇傭하는 者는 그 雇傭으로 인하여 당해 義務敎育對象者가 義務敎育을 받는 것을 방해하여서는 아니된다.

第16條 (親權者등에 대한 보조) 國家 및 地方自治團體는 義務敎育對象者의 親權者 또는 後見人이 經濟的 사유로 義務敎育對象者를 就學시키기 곤란할 때에는 敎育費를 보조할 수 있다.

第3章 學生과 敎職員
第1節 學生

第17條 (學生自治活動) 學生의 自治活動은 勸奬·보호되며, 그 組織 및 운영에 관한 기본적인 사항은 學則으로 정한다.

第18條 (學生의 懲戒) ① 學校의 長은 교육상 필요한 때에는 法令 및 學則이 정하는 바에 의하여 學生을 懲戒하거나 기타의 방법으로 指導할 수 있다. 다만, 義務敎育過程에 있는 學生을 退學시킬 수 없다.

② 學校의 長은 學生을 懲戒하고자 하는 경우 해당 學生 또는 學父母에게 意見陳述의 기회를 부여하는 등 적정한 節次를 거쳐야 한다.

第2節 敎職員

第19條 (敎職員의 구분) ① 學校에 두는 敎員은 다음 各號와 같다. [改正 99·8·31]

1. 幼稚園에는 園長·園監 및 敎師를 두되, 大統領令이 정하는 일정규모이하의 幼稚園에는 園監을 두지 아니할 수 있다.

2. 初等學校·中學校·高等學校·公民學校·高等公民學校·高等技術學校 및 特殊學校에는 校長·校監 및 敎師 를 둔다. 다만, 學生數 100名이하인 學校 또는 學級數 5學級이하인 學校중 大統領令으로 정하는 일정규모이하의 學校에는 校監을 두지 아니할 수 있다. [[施行日 2000·3·1]]

3. 各種學校에는 第1號 및 第2號의 規定에 준하여 필요한 敎員을 둔다.

② 學校에는 敎員외에 學校運營에 필요한 行政職員등 職員을 둔다.

③ 學校에 두는 敎員과 職員(이하 "敎職員"이라 한다)의 定員·配置基準등에 관하여 필요한 사항은 大統領令으로 정한다.

第20條 (敎職員의 임무) ① 校長 또는 園長은 校務 또는 園務를 統轄하고, 소속 敎職員을 指導·監督하며, 學生 또는 園兒를 敎育한다.

② 校監 또는 園監은 校長 또는 園長을 보좌하여 校務 또는 園務를 관리하고 學生 또는 園兒를 敎育하며, 校長 또는 園長이 부득이한 사유로 職務를 수행할 수 없는 때에는 그 職務를 代行한다. 다만, 校監 또는 園監을 두지 아니하는 學校 또는 幼稚園의 경우에는 校長 또는 園長이 미리 지명한 敎師가 그 職務를 代行한다. [改正 99·8·31] [[施行日 2000·3·1]]

③ 敎師는 法令이 정하는 바에 따라 學生 또는 園兒를 敎育한다.

④ 行政職員등 職員은 校長 또는 園長의 命을 받아 學校의 行政事務와 기타의 事務를 담당한다.

第21條 (敎員의 資格) ① 校長·園長·校監 및 園監은 別表 1의 資格基準에 해당하는 者로서 大統領令이 정하는 바에 의하여 敎育部長官이 檢定·수여하는 資格證을 받은 者이어야 한다.

② 敎師는 正敎師(1級·2級)·準敎師·專門相談敎師·司書敎師·實技敎師 및 養護敎師(1級·2級)로 나누되, 別表 2의 資格基準에 해당하는 者로서 大統領令이 정하는 바에 의하여 敎育部長官이 檢定·수여하는 資格證을 받은 者이어야 한다.

③ 第1項 및 第2項의 規定에 의한 敎員資格의 檢定에 관한 사항을 審議하기 위하여 敎育部長官소속하에 敎員資格檢定委員會를 둔다.

④ 第3項의 規定에 의한 敎員資格檢定委員會의 組織·權限 및 운영과 敎員의 資格檢定에 관하여 필요한 사항은 大統領令으로 정한다.

第22條 (産學兼任敎師등) ① 學校에는 敎育課程運營상 필요한 경우에 第19條第1項의 規定에 의한 敎員외에 産學兼任敎師·名譽敎師 또는 講師등을 두어 學生 또는 園兒의 敎育을 담당하게 할 수 있다.

② 第1項의 規定에 의하여 學校에 두는 産學兼任敎師등의 종류·資格基準 및 任用 등에 관하여 필요한 사항은 大統領令으로 정한다.

第4章 學校
第1節 通則

第23條 (敎育課程등) ① 學校는 敎育課程을 운영하여야 한다.

② 敎育部長官은 第1項의 規定에 의한 敎育課程의 기준과 내용에 관한 기본적인 사항을 정하며, 敎育監은 敎育部長官이 정한 敎育課程의 범위 안에서 地域의 實情에 적합한 기준과 내용을 정할 수 있다.

③ 學校의 敎科는 大統領令으로 정한다.

第24條 (授業등) ① 學校의 學年度는 3月 1日부터 시작하여 다음해 2月末日까지로 한다.

② 授業은 晝間·全日制로 함을 원칙으로 한다. 다만, 法令 또는 學則이 정하는 바에 의하여 夜間授業·季節授業·時間授業 또는 放送·通信에 의한 授業 등을 할 수 있다.

③ 學校의 學期·授業日數·學級編成 및 休業日과 班의 編成·운영 기타 授業에 관하여 필요한 사항은 大統領令으로 정한다.

第25條 (學校生活記錄) 學校의 長은 學生의 學業成就度 및 人性 등을 종합적으로 觀察·評價하여 學生指導 및 上級學校의 學生選拔에 活用할 수 있는 資料를 敎育部長官이 정하는 기준에 따라 작성·관리하여야 한다.

第26條 (學年制) ① 學生의 進級 또는 卒業은 學年制에 의한다.

② 第1項의 規定에 불구하고 學校의 長은 管轄廳의 승인을 얻어 學年制외의 制度를 採擇할 수 있다.

第27條 (早期進級 및 早期卒業 등) ① 初等學校·中學校·高等學校 및 이에 준하는 各種學校의 長은 才能이 우수한 者에 대하여 第23條·第24條·第26條·第39條·第42條 및 第46條의 規定에 불구하고 授業年限의 단축(수업상의 特例를 포함한다)에 의하여 早期進級 또는 早期卒業을 할 수 있도록 하거나 上級學校 早期入學을 위한 資格을 부여할 수 있다.

② 第1項의 規定에 의하여 上級學校로의 早期入學을 위한 資格을 부여받아 上級學校에 入學한 경우에는 早期卒業한 것으로 본다.

③ 第1項 및 第2項의 規定에 의한 才能이 우수한 者의 선정과 早期進級, 早期卒業 및 上級學校 早期入學資格의 부여 등에 관하여 필요한 사항은 大統領令으로 정한다.

第28條 (學習不振兒등에 대한 敎育) 國家 및 地方自治團體는 學習不振 또는 性格障碍 등의 사유로 정상적인 學校生活을 하기 어려운 學生 및 學業을 중단한 學生들을 위하여 大統領令이 정하는 바에 의하여 授業日數 및 敎育課程의 伸縮의 운영 등 敎育상 필요한 施策을 강구하여야 한다.

第29條 (敎科用圖書의 사용) ① 學校에서는 國家가 著作權을 가지고 있거나 敎育部長官이 檢定 또는 인정한 敎科用圖書를 사용하여야 한다.

② 敎科用圖書의 범위・著作・檢定・인정・발행・供給・선정 및 價格査定에 관하여 필요한 사항은 大統領令으로 정한다.

第30條(初・中・高等學校의 統合・운영) ① 學校의 設立・經營者는 효율적인 學校運營을 위하여 필요한 경우 地域의 實情에 따라 初等學校 및 中學校, 中學校 및 高等學校 또는 初等學校・中學校 및 高等學校의 施設・設備 및 敎員등을 統合하여 운영할 수 있다.

② 第1項의 規定에 의하여 統合・운영하는 學校의 施設・設備基準 및 敎員配置基準 등에 관하여 필요한 사항은 大統領令으로 정한다.

第30條의2 (學校會計의 設置) ① 國・公立의 初等學校・中學校・高等學校 및 特殊學校에 學校會計를 設置한다.

② 學校會計는 다음 各號의 收入을 歲入으로 한다.

1. 國家의 一般會計 또는 地方自治團體의 敎育費特別會計로부터의 轉入金
2. 第32條第7號의 學校運營支援費
3. 第33條의 學校發展基金으로부터의 轉入金
4. 第10條의 規定에 의한 授業料 기타 납부금 및 學校運營支援費외에 學校運營委員會의 審議를 거쳐 學父母가 부담하는 經費
5. 國家 또는 地方自治團體의 보조금 및 지원금
6. 사용료 및 手數料
7. 移越金
8. 기타 收入

③ 學校會計는 學校運營 및 學校施設의 設置 등을 위하여 필요한 일체의 經費를 歲出로 한다.

④ 學校會計는 豫測할 수 없는 豫算외의 支出 또는 豫算超過支出에 충당하기 위하여 豫備費로서 상당한 금액을 歲出豫算에 計上할 수 있다.

⑤ 學校會計의 設置에 관하여 필요한 사항은 敎育部令으로 정한다.

[本條新設 2000・1・28][[施行日 2001・1・1]]

第30條의3 (學校會計의 운영) ① 學校會計의 會計年度는 매년 3月 1日에 시작하여 다음해 2月 末日에 종료한다.

② 學校의 長은 會計年度마다 學校會計歲入歲出豫算案을 編成하여 會計年度 開始 30日 전까지 第31條의 規定에 의한 學校運營委員會에 제출하여야 한다.

③ 學校運營委員會는 學校會計歲入歲出豫算案을 會計年度 開始 5日 전까지 審議하여야 한다.

④ 學校의 長은 第3項의 規定에 의한 豫算案이 새로운 會計年度가 開始될 때까지 확정되지 아니한 때에는 다음 各號의 經費를 前年度 豫算에 준하여 執行할 수 있다. 이 경우 前年度 豫算에 준하여 執行된 豫算은 당해 年度의 豫算이 확정되면 그 확정된 豫算에 의하여 執行된 것으로 본다.

1. 敎職員 등의 人件費
2. 學校敎育에 직접 사용되는 敎育費
3. 學校施設의 유지관리비
4. 法令上 支給義務가 있는 經費
5. 이미 豫算으로 확정된 經費

⑤ 學校의 長은 會計年度마다 決算書를 작성하여 會計年度 종료 후 2月 이내에 學校運營委員會에 제출하여야 한다.
⑥ 學校會計의 운영에 관하여 필요한 사항은 敎育部令으로 정한다.

[本條新設 2000・1・28][[施行日 2001・1・1]]

第2節 學校運營委員會

第31條(學校運營委員會의 設置) ① 學校運營의 自律性을 높이고 地域의 實情과 特性에 맞는 多樣한 敎育을 創意的으로 실시할 수 있도록 하기 위하여 國・公立의 初等學校・中學校・高等學校 및 特殊學校에 學校運營委員會를 구성・운영하여야 한다.

② 私立의 初等學校・中學校・高等學校 및 特殊學校에는 第1項의 規定에 의한 學校運營委員會를 구성・운영할 수 있다.

③ 第1項 및 第2項의 規定에 의한 學校運營委員會는 당해 學校의 敎員代表・學父母 代表 및 地域社會 人士로 구성한다.

第31條(學校運營委員會의 設置) ① 學校運營의 自律性을 높이고 地域의 實情과 特性에 맞는 多樣한 敎育을 創意的으

로 실시할 수 있도록 하기 위하여 國·公立 및 私立의 初等學校·中學校·高等學校 및 特殊學校에 學校運營委員會를 구성·운영하여야 한다. [改正 99·8·31]

② 國·公立學校에 두는 學校運營委員會는 당해 學校의 敎員代表·學父母代表 및 地域社會人士로 구성한다. [改正 99·8·31]

③ 國·公立 및 私立學校에 두는 學校運營委員會의 委員定數는 5人이상 15人이내의 범위안에서 學校의 규모 등을 고려하여 大統領令으로 정한다. [改正 99·8·31][[施行日 2000·3·1]]

第32條 (機能) 國·公立의 初等學校·中學校·高等學校 및 特殊學校에 두는 學校運營委員會는 다음 各號의 사항을 審議한다.

1. 學校憲章 및 學則의 制定 또는 改正
2. 學校의 豫算案 및 決算
3. 學校教育課程의 운영방법에 관한 사항
4. 敎科用圖書 및 敎育資料의 선정에 관한 사항
5. 正規學習時間 終了후 또는 放學期間중의 敎育活動 및 修鍊活動에 관한 사항
6. 敎育公務員法 第31條第2項의 規定에 의한 招聘敎員의 추천에 관한 사항
7. 學校運營支援費와 學校發展基金의 造成·運用 및 사용에 관한 사항
8. 學校給食에 관한 사항
9. 學校運營에 대한 提案 및 建議 사항
10. 기타 大統領令, 特別市·廣域市 또는 道(이하 "市·道"라 한다)의 條例로 정하는 사항

第32條 (機能) ① 國·公立學校에 두는 學校運營委員會는 다음 各號의 사항을 審議한다.

1. 學校憲章 및 學則의 制定 또는 改正에 관한 사항
2. 學校의 豫算案 및 決算에 관한 사항
3. 學校教育課程의 운영방법에 관한 사항
4. 敎科用圖書 및 敎育資料의 선정에 관한 사항
5. 正規學習時間 종료후 또는 放學期間중의 敎育活動 및 修鍊活動에 관한 사항
6. 敎育公務員法 第31條第2項의 規定에 의한 招聘敎員의 추천에 관한 사항
7. 學校運營支援費의 造成·運用 및 사용에 관한 사항
8. 學校給食에 관한 사항
9. 大學入學 特別銓衡중 學校長 추천에 관한 사항
10. 學校運動部의 구성·운영에 관한 사항
11. 學校運營에 대한 提案 및 建議 사항
12. 기타 大統領令, 特別市·廣域市 또는 道(이하 "市·道"라 한다)의 條例로 정하는 사항

② 私立學校의 長은 第1項 各號의 사항(第6號의 사항은 제외한다)에 대하여 學校運營委員會의 諮問을 거쳐야 한다. 다만, 第1號·第2號의 사항에 대하여는 學校法人의 요청이 있는 경우에 한한다.

③ 國·公立 및 私立學校에 두는 學校運營委員會는 學校發展基金의 造成·運用 및 사용에 관한 사항에 대하여 審議·議決한다. [全文改正 99·8·31][[施行日 2000·3·1]]

第33條 (學校發展基金) ① 第31條의 規定에 의한 學校運營委員會는 學校發展基金을 造成할 수 있다.

② 第1項의 規定에 의한 學校發展基金의 造成 및 운용방법 등에 관하여 필요한 사항은 大統領令으로 정한다.

第34條 (學校運營委員會의 구성·운영) ① 第31條의 規定에 의한 學校運營委員會중 國立學校에 두는 學校運營委員會의 구성·운영에 관하여 필요한 사항은 大統領令으로 정하고, 公立學校에 두는 學校運營委員會의 구성·운영에 관하여 필요한 사항은 大統領令이 정하는 범위안에서 市·道의 條例로 정한다.

② 第31條의 規定에 의한 學校運營委員會중 私立學校에 두는 學校運營委員會의 구성·운영에 관하여 필요한 사항은 大統領令이 정하는 범위안에서 定款으로 정한다.

② 私立學校에 두는 學校運營委員會의 委員構成에 관한 사항은 大統領令으로 정하고, 기타 운영에 관하여 필요한 사항은 定款으로 정한다. [改正 99·8·31][[施行日 2000·3·1]]

第3節 幼稚園

第35條 (目的) 幼稚園은 幼兒를 敎育하고 幼兒에게 알맞은 敎育環境을 제공하여 心身의 調和로운 발달을 助長하는 것을 目的으로 한다.

第36條 (入學年齡) 幼稚園에 入學할 수 있는 者는 滿3歲부터 初等學校 就學전까지의 幼兒로 한다.

第37條 (無償敎育) ① 初等學校 就學직전 1年의 幼稚園 敎育은 無償으로 하되, 大統領令이 정하는 바에 의하여 順次的으로 실시한다.

② 國家 및 地方自治團體는 第1項의 規定에 의한 幼稚園 敎育을 받고자 하는 幼兒를 就園시키기 위하여 필요한 幼稚園을 設立·경영하여야 한다.

第4節 初等學校·公民學校

第38條 (目的) 初等學校는 國民生活에 필요한 기초적인 初等敎育을 하는 것을 目的으로 한다.

第39條 (授業年限) 初等學校의 授業年限은 6年으로 한다.

第40條 (公民學校) ① 公民學校는 初等敎育을 받지 못하고 就學年齡을 초과한 者에 대하여 國民生活에 필요한 敎育을 하는 것을 目的으로 한다.

② 公民學校의 授業年限은 3年으로 한다.

③ 校舍·마을회관·工場 또는 事業場 기타 校舍로 사용가능한 建物은 公民學校의 校舍로 사용할 수 있다.

第5節 中學校·高等公民學校

第41條 (目的) 中學校는 初等學校에서 받은 敎育의 기초위에 中等敎育을 하는 것을 目的으로 한다.

第42條 (授業年限) 中學校의 授業年限은 3年으로 한다.

第43條 (入學資格등) ① 中學校에 入學할 수 있는 者는 初等學校를 卒業한 者 또는 法令에 의하여 이와 동등이상의 學力이 있다고 인정된 者로 한다.

② 中學校의 入學方法과 節次에 관하여 필요한 사항은 大統領令으로 정한다.

第44條 (高等公民學校) ① 高等公民學校는 中學校課程의 敎育을 받지 못하고 就學年齡을 초과한 者 또는 一般 成人에게 國民生活에 필요한 中等敎育 및 職業敎育을 하는 것을 目的으로 한다.

② 高等公民學校의 授業年限은 1年 내지 3年으로 한다.

③ 高等公民學校에 入學할 수 있는 者는 初等學校 또는 公民學校를 卒業한 者 또는 法令에 의하여 이와 동등이상의 學力이 있다고 인정된 者로 한다.

第6節 高等學校·高等技術學校

第45條 (目的) 高等學校는 中學校에서 받은 敎育의 기초위에 中等敎育 및 기초적인 專門敎育을 하는 것을 目的으로 한다.

第46條 (授業年限) 高等學校의 授業年限은 3年으로 한다. 다만, 第49條의 規定에 의한 時間制 및 通信制課程의 授業年限은 4年으로 한다.

第47條 (入學資格등) ① 高等學校에 入學할 수 있는 者는 中學校를 卒業한 者 또는 法令에 의하여 이와 동등이상의 學力이 있다고 인정된 者로 한다.

② 高等學校의 入學方法 및 節次에 관하여 필요한 사항은 大統領令으로 정한다.

第48條 (學科등) ① 高等學校에 學科를 둘 수 있다.

② 高等學校의 敎科 및 敎育課程은 學生이 개인적 필요·適性 및 능력에 따라 進路를 選擇할 수 있도록 정하여져야 한다.

第49條 (課程) ① 高等學校에 管轄廳의 認可를 받아 全日制의 課程외에 時間制 또는 通信制의 課程을 둘 수 있다.

② 高等學校課程의 設置에 관하여 필요한 사항은 大統領令으로 정한다.

第50條 (分校) 高等學校의 設立·經營者는 특별한 필요가 있는 경우에는 管轄廳의 認可를 받아 分校를 設置할 수 있다.

第51條 (放送通信高等學校) ① 高等學校에 放送通信高等學校를 附設할 수 있다.

② 放送通信高等學校의 設置·敎育方法·授業年限 기타 그 운영에 관하여 필요한 사항은 大統領令으로 정한다.

第52條 (勤勞靑少年을 위한 特別學級등) ① 産業體에 근무하는 靑少年에 대한 中學校 및 高等學校課程의 敎育을 위하여 産業體에 인접한 中學校 및 高等學校에 夜間授業을 주로 하는 特別學級을 둘 수 있다.

② 大統領令이 정하는 産業體는 당해 産業體에서 근무하는 靑少年에 대한 敎育을 위하여 中學校 또는 高等學校(이

하 "産業體附設 中·高等學校"라 한다)를 設立·경영할 수 있다.

③ 第1項 및 第2項의 規定에 의한 特別學級 및 産業體附設 中·高等學校의 設立基準 및 入學方法 등에 관하여 필요한 사항은 大統領令으로 정한다.

④ 第1項 또는 第2項의 規定에 의한 特別學級 또는 産業體附設 中·高等學校에 在學하는 靑少年을 雇傭하는 産業體의 經營者는 大統領令이 정하는 바에 의하여 그 敎育費의 일부를 부담하여야 한다.

⑤ 國家 또는 地方自治團體는 大統領令이 정하는 바에 의하여 第1項 또는 第2項의 規定에 의한 特別學級 또는 産業體附設 中·高等學校에 在學하는 學生의 敎育費中 일부를 부담할 수 있다.

第53條 (就學義務 및 방해행위의 금지) ① 産業體의 經營者는 그가 雇傭하는 靑少年이 第51條의 規定에 의한 特別學級 또는 産業體附設 中·高等學校에 入學을 원하는 경우에는 당해 靑少年을 就學시켜야 한다.

② 産業體의 經營者는 그가 雇傭하는 靑少年이 第51條의 規定에 의한 特別學級 또는 産業體附設 中·高等學校에 入學하는 때에는 당해 學生의 登校 및 授業에 지장을 주는 행위를 하여서는 아니된다.

第54條 (高等技術學校) ① 高等技術學校는 國民生活에 직접 필요한 職業技術敎育을 하는 것을 目的으로 한다.

② 高等技術學校의 授業年限은 1年 내지 3年으로 한다.

③ 高等技術學校에 入學할 수 있는 者는 中學校 또는 高等公民學校(3年制)를 卒業한 者나 法令에 의하여 이와 동등이상의 學力이 있다고 인정된 者로 한다.

④ 高等技術學校에는 高等學校를 卒業한 者 또는 法令에 의하여 이와 동등이상의 學力이 있다고 인정된 者에게 특수한 專門技術敎育을 하기 위하여 授業年限이 1年이상인 專攻科를 둘 수 있다.

⑤ 工場 또는 事業場을 設置·경영하는 者는 高等技術學校를 設立·경영할 수 있다.

第7節 特殊學校등

第55條 (特殊學校) 特殊學校는 身體的·精神的·知的障碍등으로 인하여 特殊敎育을 필요로 하는 者에게 幼稚園·初等學校·中學校 또는 高等學校에 준하는 敎育과 實生活에 필요한 知識·技能 및 社會適應 敎育을 하는 것을 目的으로 한다.

第56條 (專攻科의 設置) 高等學校課程을 設置한 特殊學校에 당해 課程의 卒業者(高等學校의 特殊學級 卒業者를 포함한다)에게 專門技術敎育을 하기 위하여 授業年限이 1年이상인 專攻科를 둘 수 있다.

第57條 (特殊學級) 高等學校이하의 各級學校에 管轄廳의 認可를 받아 特殊敎育을 필요로 하는 學生을 위한 特殊學級을 둘 수 있다.

第58條 (學力의 인정) 特殊學校 또는 特殊學級에서 初等學校·中學校 또는 高等學校課程에 相應하는 敎育課程을 履修한 者는 그에 相應하는 學校를 卒業한 者와 동등한 學力이 있는 것으로 본다.

第59條 (統合敎育) 國家 및 地方自治團體는 特殊敎育을 필요로 하는 者가 幼稚園·初等學校·中學校 및 高等學校와 이에 준하는 各種學校에서 敎育을 받고자 하는 경우에는 별도의 入學節次, 敎育課程 등을 마련하는 등 統合敎育의 실시에 필요한 施策을 강구하여야 한다.

第8節 各種學校

第60條 (各種學校) ① 各種學校라 함은 第2條 第1號 내지 第5號의 1의 學校와 유사한 敎育機關을 말한다.

② 各種學校는 第2條第1號 내지 第5號의 學校와 유사한 명칭을 사용할 수 없다.

③ 各種學校의 授業年限·入學資格 기타 그 운영에 관하여 필요한 사항은 敎育部令으로 정한다.

第5章 補則 및 罰則

第61條 (學校 및 敎育課程 운영의 特例) ① 學校敎育制度를 포함한 敎育制度의 개선과 발전을 위하여 특히 필요하다고 인정되는 경우에는 大統領令이 정하는 바에 의하여 第21條 第1項·第24條 第1項·第26조 제1項·第29條 第1項·第31條·第39條·第42條 및 第46條의 規定을 限時的으로 적용하지 아니하는 學校 또는 敎育課程을 운영할 수 있다.

② 第1項의 規定에 의하여 운영되는 學校 또는 敎育課程에 참여하는 敎員 및 學生 등은 이로 인하여 不利益을 받지 아니한다.

第62條 (權限의 위임) 이 法에 의한 敎育部長官의 權限은 그 일부를 大統領令이 정하는 바에 의하여 敎育監에게 위임할 수 있다.

第63條 (是正 또는 變更命令) ① 管轄廳은 學校가 施設·設備·授業·學事 및 기타 사항에 관하여 敎育關係法令

또는 이에 의한 命令이나 學則을 위반한 경우에는 學校의 設立·經營者 또는 學校의 長에게 期間을 정하여 그 是正 또는 변경을 명할 수 있다.

② 管轄廳은 第1項의 規定에 의한 是正 또는 變更命令을 받은 자가 정당한 사유없이 지정된 기간내에 이를 이행하지 아니한 경우에는 大統領令이 정하는 바에 의하여 그 위반행위를 取消 또는 정지하거나 당해 學校의 學生定員의 감축, 學級·學科의 감축·廢止 또는 學生募集의 정지 등의 措置를 할 수 있다.

第64條(休業 및 休校命令) ① 管轄廳은 災害등의 긴급한 사유로 正常授業이 불가능하다고 인정하는 경우에는 學校의 長에게 休業을 명할 수 있다.

② 第1項의 規定에 의한 命令을 받은 學校의 長은 지체없이 休業을 하여야 한다.

③ 管轄廳은 學校의 長이 第1項의 規定에 의한 命令에 불구하고 休業을 하지 아니하거나 특별히 긴급한 사유가 있는 경우에는 休校處分을 할 수 있다.

④ 第1項 및 第2項의 規定에 의하여 休業된 學校는 休業期間중 授業과 學生의 登校가 정지되며, 第3項의 規定에 의하여 休校된 學校는 休校期間중 단순한 管理業務를 제외하고는 學校의 모든 機能이 정지된다.

第65條(學校등의 閉鎖) ① 管轄廳은 學校가 다음 各號의 1에 해당하여 정상적인 學事運營이 불가능한 경우에는 學校의 閉鎖를 명할 수 있다.

1. 學校의 長 또는 設立·經營者가 故意 또는 重過失로 이 法 또는 이 法에 의한 命令을 위반한 경우

2. 學校의 長 또는 設立·經營者가 이 法 또는 기타 敎育關係法令에 의한 管轄廳의 命令을 數回에 걸쳐 위반한 경우

3. 休暇期間을 제외하고 계속하여 3月이상 授業을 하지 아니한 경우

② 管轄廳은 第4條第2項의 規定에 의한 學校設立認可 또는 第49條의 規定에 의한 分校設置認可를 받지 아니하고 學校의 명칭을 사용하거나 學生을 모집하여 施設을 사실상 學校의 形態로 운영하는 者에 대하여 그가 設置·운영하는 施設의 閉鎖를 명할 수 있다.

第66條(聽聞) 管轄廳은 第65條의 規定에 의하여 學校 또는 施設의 閉鎖를 명하고자 하는 경우에는 聽聞을 실시하여야 한다.

第67條(罰則) ① 다음 各號의 1에 해당하는 者는 3年이하의 懲役 또는 2千萬원이하의 罰金에 處한다.

1. 第4條第2項의 規定에 의한 學校設立認可 또는 第50條의 規定에 의한 分校設置認可를 받지 아니하고 學校의 명칭을 사용하거나 學生을 모집하여 施設을 사실상 學校의 形態로 운영한 者

2. 第4條第3項의 規定에 위반하여 廢止認可 또는 變更認可를 받지 아니한 者

3. 허위 기타 부정한 방법으로 第4條第2項 또는 第4條第3項의 規定에 의한 學校의 設立認可·廢止認可 또는 變更認可를 받거나 第50條의 規定에 의한 分校設置認可를 받은 者

② 다음 各號의 1에 해당하는 者는 1年이하의 懲役 또는 500萬원이하의 罰金에 處한다.

1. 第63條第1項의 規定에 의한 命令을 위반한 者

2. 第65條第1項의 規定에 의한 命令을 위반한 者

第68條(過怠料) ① 다음 各號의 1에 해당하는 者는 100萬원이하의 過怠料에 處한다.

1. 第13條第4項의 規定에 의한 義務履行의 督勵를 받고 이를 이행하지 아니한 者

2. 第15條의 規定에 위반하여 義務敎育對象者의 義務敎育을 방해한 者

3. 第53條의 規定에 위반하여 學生을 就學시키지 아니하거나 登校 및 授業에 지장을 주는 행위를 한 者

② 第1項의 規定에 의한 過怠料는 大統領令이 정하는 바에 의하여 당해 敎育監이 부과·徵收한다.

③ 第2項의 規定에 의한 過怠料處分에 불복이 있는 者는 그 처분의 告知를 받은 날부터 60日이내에 敎育監에게 異議를 제기할 수 있다.

④ 第2項의 規定에 의한 過怠料의 처분을 받은 者가 第3項의 規定에 의하여 異議를 제기한 때에는 敎育監은 지체없이 管轄法院에 그 사실을 통보하여야 하며, 그 통보를 받은 管轄法院은 非訟事件節次法에 의한 過怠料의 裁判을 한다.

⑤ 第3項의 規定에 의한 기간내에 異議를 제기하지 아니하고 過怠料를 납부하지 아니한 경우에는 地方稅滯納處分의 例에 의하여 이를 徵收한다.

附則

第1條(施行日) 이 法은 1998年 3月 1日부터 施行한다.

第2條(學校에 관한 經過措置) 이 法 施行당시 종전의 敎育法에 의한 幼稚園·初等學校·中學校·高等學校·高等

技術學校·公民學校·高等公民學校 및 特殊學校와 이에 준하는 各種學校는 각각 이 法에 의하여 設立된 것으로 본다.

第3條 (學校規則에 관한 經過措置) 이 法 施行당시 高等學校이하 各級學校의 學校規則은 이 法에 의한 學校規則으로 본다.

第4條 (卒業者에 관한 經過措置) 이 法 施行당시 종전의 敎育法에 의하여 幼稚園·初等學校·中學校·高等學校·高等 技術學校·公民學校·高等公民學校 및 特殊學校와 이에 준하는 各種學校를 卒業한 者는 각각 이 法에 의한 幼稚園·初等學校·中學校·高等學校·高等 技術學校·公民學校·高等公民學校 및 特殊學校와 이에 준하는 各種學校를 졸업한 者로 본다.

第5條 (技術學校 卒業者에 관한 經過措置) 이 法 施行당시 종전의 敎育法에 의한 技術學校를 卒業한 者의 資格에 관하여는 종전의 規定에 의한다.

第6條 (學力認定에 관한 經過措置) 이 法 施行당시 종전의 敎育法 第81條 各號의 學校중 高等學校이하 各級學校를 卒業한 者와 동등이상의 學力이 있다고 인정된 者는 각각 이 法에 의하여 그 學力이 있다고 인정된 者로 본다.

第7條 (學校運營委員會에 관한 經過措置) 이 法 施行당시 종전의 地方敎育自治에관한法律에 의하여 國·公·私立의 初等學校·中學校·高等學校 및 特殊學校에 구성된 學校運營委員會는 각각 이 法에 의하여 구성된 것으로 본다.

第8條 (敎員資格에 관한 經過措置) 이 法 施行당시 종전의 敎育法에 의한 敎師資格證과 校長·校監·園長 및 園監資格證을 가지고 있는 者는 각각 이 法에 의한 해당 資格證을 가지고 있는 것으로 본다.

第9條 (技術學校 校長 또는 校監資格에 관한 經過措置) 이 法 施行당시 종전의 敎育法에 의한 技術學校 校長 또는 校監資格證을 가지고 있는 者는 이 法에 의한 高等技術學校 校長 또는 校監資格證을 가지고 있는 것으로 본다.

第10條 (敎導敎師資格에 관한 經過措置) 이 法 施行당시 敎導敎師資格證을 가지고 있는 者는 이 法에 의한 專門相談敎師資格證을 가지고 있는 것으로 본다.

第11條 (罰則에 관한 經過措置) 이 法 施行당시의 행위에 대한 罰則의 적용에 있어서는 종전의 敎育法에 의한다.

第12條 (早期入學資格 賦與者에 관한 적용례) 第27條第2項의 規定은 이 法 施行당시 종전의 敎育法에 의하여 上級學校로의 早期入學을 위한 資格을 부여받아 上級學校에 入學한 者에 대하여도 이를 적용한다.

第13條 (다른 法律의 改正) ① 私立學校法중 다음과 같이 改正한다. 第54條 第3項중 "敎育法 第77條의 缺格事由에 해당하거나 이 法에"를 "이 法에"로 한다. 第57條중 "敎育法 第77條第1號 또는 第2號"를 "國家公務員法 第33條 第1項 各號의 1"로 한다

② 學校給食法중 다음과 같이 改正한다. 第10條第2項중 "地方敎育自治에관한法律 第44條의2의 規定"을 "初·中等敎育法 第31條의 規定"으로 한다.

第14條 (다른 法令과의 관계) 이 法 施行당시 다른 法令에서 종전의 敎育法 또는 그 規定을 인용한 경우에는 이 法중 그에 해당하는 規定이 있는 때에는 종전의 敎育法 또는 그 規定에 갈음하여 이 法 또는 이 法의 해당 條項을 인용한 것으로 본다.

附則 [99·8·31]
이 法은 2000年 3月 1日부터 施行한다.

附則 [2000·1·28]
①(施行日) 이 法은 公布한 날부터 施行한다. 다만, 第30條의2 및 第30條의3의 改正規定은 2001年 1月 1日부터 施行한다.
②(中等學校 正敎師1級 資格에 관한 적용례) 別表 2의 中等學校 正敎師(1級)資格에 관한 改正規定은 敎育大學院 및 敎育部長官이 지정하는 大學院 敎育科의 2001年度 新入生부터 적용한다.
③(養護敎師 2級 資格에 관한 적용례) 別表 2의 養護敎師(2級)資格에 관한 改正規定은 2002年度 大學 新入生부터 적용한다.

初·中等教育法施行令
[대통령령 제16729 호 일부개정 2000. 02. 28.]

제1장 총칙

제1조 (목적) 이 영은 초·중등교육법에서 위임된 사항과 그 시행에 관하여 필요한 사항을 규정함을 목적으로 한다.

제2조 (학교의 설립기준) 초·중등교육법(이하 "법"이라 한다) 제4조제1항의 규정에 의하여 학교를 설립하고자 하는 자가 갖추어야 하는 시설·설비 등 학교의 설립기준에 관한 사항은 따로 대통령령으로 정한다.

제3조 (사립학교의 설립인가신청) 법 제4조제2항의 규정에 의하여 사립학교(사립유치원을 제외한다. 이하 제5조까지 같다)의 설립인가를 받고자 하는 자는 다음 각호의 사항이 기재된 서류를 갖추어 특별시·광역시 또는 도교육감(이하 "교육감"이라 한다)에게 신청하여야 한다.

  1. 목적
  2. 명칭
  3. 위치
  4. 학칙
  5. 경비와 유지방법
  6. 설비
  7. 교지·실습지의 지적도
  8. 교사(체육장을 포함한다)의 배치도·평면도
  9. 개교연월일
  10. 병설학교 등을 둘 때에는 그 계획서
  11. 설립자가 법인인 경우에는 등기 및 출연금 등에 관한 서류
  12. 설립자가 사인인 경우에는 경비의 지급 및 변제능력에 관한 서류

제4조 (사립학교의 폐지인가신청) 법 제4조제3항의 규정에 의하여 학교의 폐지인가를 받고자 하는 사립학교의 설립·경영자는 다음 각호의 사항이 기재된 서류를 갖추어 교육감에게 신청하여야 한다.

  1. 폐지사유
  2. 재학생 및 학적부의 처리방법
  3. 폐지연월일

제5조 (사립학교의 변경인가신청) ① 법 제4조제3항에서 "대통령령이 정하는 중요사항"이라 함은 학교의 설립자 및 제3조제1호 내지 제5호, 제7호·제8호 및 제10호의 사항을 말한다.

  ② 법 제4조제3항의 규정에 의하여 변경인가를 받고자 하는 사립학교의 설립·경영자는 다음 각호의 사항이 기재된 서류를 갖추어 교육감에게 신청하여야 한다.

  1. 변경사유
  2. 변경사항
  3. 변경연월일

제6조 (사립유치원의 설립인가신청 등) ① 법 제4조제3항의 규정에 의하여 사립유치원의 설립인가를 받고자 하는 자는 다음 각호의 사항이 기재된 서류를 갖추어 교육감에게 신청하여야 한다.

  1. 목적
  2. 명칭
  3. 위치
  4. 학칙
  5. 경비와 유지방법
  6. 원지·원사와 유원장의 평면도
  7. 개원연월일
  8. 설립자가 법인인 경우에는 등기 및 출연금 등에 관한 서류
  9. 설립자가 사인인 경우에는 경비의 지급 및 변제능력에 관한 서류

  ② 법 제4조제3항의 규정에 의하여 유치원의 폐지인가를 받고자 하는 사립유치원의 설립·경영자는 다음 각호의

사항이 기재된 서류를 갖추어 교육감에게 신청하여야 한다.

　1. 폐지사유

　2. 원아 및 설비의 처리방법

　3. 폐지연월일

　③ 제5조제1항의 규정에 불구하고 사립유치원의 경우 법 제4조제3항의 규정에서 "대통령령이 정하는 중요사항"이라 함은 유치원의 설립자 및 제1항제1호 내지 제6호의사항을 말한다.

　④ 제5조제2항의 규정은 사립유치원의 변경인가에 관하여 이를 준용한다.

제7조 (병설학교) 법 제5조의 규정에 의한 병설학교의 운영에 관하여 필요한 사항은 법령의 범위안에서 법 제6조의 규정에 의한 지도·감독기관(이하 "관할청"이라 한다)이 정한다.

제8조 (장학지도) 교육부장관 및 교육감은 법 제7조의 규정에 의한 장학지도를 실시함에 있어서 매학년도 장학지도의 대상·절차·항목·방법 및 결과처리 등에 관한 세부계획을 수립하여 이를 장학지도 대상학교에 미리 통보하여야 한다.

제9조 (학교규칙의 기재사항) ① 법 제8조의 규정에 의한 학교(유치원을 제외한다)의 학교규칙(이하 "학칙"이라 한다)에는 다음 각호의 사항을 기재하여야 한다.

　1. 수업연한·학년·학기 및 휴업일

　2. 학급편제 및 학생정원

　3. 교과·수업일수 및 고사와 과정수료의 인정

　4. 입학·재입학·편입학·전학·휴학·퇴학· 수료 및 졸업

　5. 조기진급 및 조기졸업

　6. 수업료·입학금 기타의 비용징수

　7. 학생포상 및 학생징계

　8. 학생자치활동의 조직 및 운영

　9. 학칙개정절차

　10. 기타 법령에서 정하는 사항

　② 유치원의 학칙에는 다음 각호의 사항을 기재하여야 한다.

　1. 교육연한·학기 및 휴업일

　2. 학급편제 및 원아정원

　3. 교육내용

　4. 수업일수 및 수업운영방법

　5. 입학·재입학·편입학·전학·휴학·퇴학· 수료 및 졸업

　6. 수업료·입학금 기타의 비용징수

　7. 학칙개정절차

　③ 병설학교 또는 기숙사 등을 두는 학교나 학과 또는 시간제·통신제과정을 두는 고등학교의 학칙에는 제1항 또는 제2항 각호의 사항외에 각각 그 설치에 관한 사항을 기재하여야 한다.

제10조 (학생의 평가) 법 제9조제1항의 규정에 의한 학생의 학업성취도 평가에 관하여 필요한 사항은 교육부장관이 정한다.

제11조 (평가의 대상) 법 제9조제2항의 규정에 의한 지방교육행정기관에 대한 평가(이하 "기관평가"라 한다)는 특별시·광역시 또는 도(이하 "시·도"라 한다)교육청과 하급교육행정기관을, 학교에 대한 평가(이하 "학교평가"라 한다)는 국·공·사립의 초등학교·중학교·고등학교 및 특수학교를 각각 그 대상으로 한다.

제12조 (평가의 기준) 법 제9조제2항의 규정에 의한 기관평가 및 학교평가는 다음 각호의 사항을 기준으로 하여 실시한다.

　1. 예산의 편성 및 운용

　2. 학교 및 교육기관의 설치·운영

　3. 교육과정 편성·운영 및 교수·학습방법

　4. 교직원의 인사관리 및 후생복지

　5. 기타 교육부장관이 필요하다고 인정하는 사항

제13조 (평가의 절차·공개 등) ① 교육부장관은 매학년도 개시전까지 기관평가 및 학교평가에 관한 기본계획을 수립하여 이를 공표하여야 한다.

② 교육부장관은 기관평가 및 학교평가를 실시하는 때에는 서면평가 · 현장평가 및 종합평가에 의하되, 설문조사 · 관계자면담 등 다양한 방법을 사용하여 평가대상기관에 대한 학생 및 학부모 등의 반응을 조사하고 그 결과를 평가에 반영하여야 한다.

③ 교육부장관은 특히 필요하다고 인정하는 경우를 제외하고는 평가결과를 공개하여야 한다.

④ 교육부장관은 평가의 효율적 실시를 위하여 평가위원회를 구성 · 운영할 수 있다.

⑤ 기관평가 및 학교평가에 관하여 기타 필요한 사항은 교육부장관이 정한다.

제2장 의무교육

제14조 (위탁시의 협의) ① 교육감은 법 제12조제3항의 규정에 의하여 초등학교 · 중학교 및 특수학교를 인접한 지방자치단체와 합동으로 설립 · 경영하거나 의무교육대상자의 일부에 대한 교육을 위탁하고자 할 때에는 학교위치 · 위탁구역 및 경비분담 기타 필요한 사항에 관하여 관계교육감과 협의하여야 한다. 이 경우 중학교 의무교육의 위탁에 관하여 필요한 경비 및 그 산정에 관한 사항은 교육부장관이 정하는 바에 의한다.

② 제1항 전단의 규정에 의한 협의가 성립되지 아니할 때에는 교육부장관이 이를 결정할 수 있다.

제15조 (취학아동명부의 작성 등) ① 읍 · 면 · 동의 장은 매년 11월 1일 현재 그 관내에 거주하는 아동으로서 다음해 3월 1일에 그 연령이 초등학교 취학시기에 달하는 자(법 제13조제2항의 규정에 의하여 만 5세에 취학한 자를 제외한다)를 조사하여 당해 연도 11월 30일까지 취학아동명부를 작성하여야 한다.

② 읍 · 면 · 동의 장이 제1항의 규정에 의하여 취학아동명부를 작성한 때에는 10일이상의 기간을 정하여 아동의 보호자가 이를 열람할 수 있도록 필요한 조치를 하여야 한다.

③ 읍 · 면 · 동의 장은 다음해 3월 1일에 취학할 아동이 제1항의 규정에 의한 취학아동명부의 작성기준일 후 그 관내로 전입한 때에는 지체없이 이를 취학아동명부에 등재하여야 한다.

④ 제1항의 규정에 의한 취학아동의 조사 및 명부작성에 관하여 필요한 사항은 교육부장관이 정한다.

제16조 (입학기일 등의 통보) ① 교육장은 매년도 취학할 아동의 입학기일과 통학구역을 결정하고 당해 연도 1월 20일까지 읍 · 면 · 동의 장에게 이를 통보하여야 한다. 다만, 교육대학 · 사범대학 및 종합교원양성대학(이하 이 조에서 "교육대학 등"이라 한다)의 부설초등학교 및 사립초등학교의 통학구역은 이를 지정하지 아니한다.

② 법 제13조제4항의 규정에 의하여 교육대학 등의 장 및 부설초등학교가 아닌 사립초등학교의 장은 학년도개시 40일전까지 신년도 입학허가자명부를 읍 · 면 · 동의 장에게 통보하여야 한다.

③ 교육장은 제1항 본문의 규정에 의하여 통학구역을 결정하는 때에는 학급편제와 통학편의를 고려하여야 하며, 미리 읍 · 면 · 동의 장의 의견을 들어야 한다.

제17조 (취학의 통지 등) ① 읍 · 면 · 동의 장은 제16조제1항 본문의 규정에 의한 통보를 받은 때에는 입학할 학교를 지정하고 입학기일을 명시하여 당해 연도 2월 25일까지 취학할 아동의 보호자에게 취학통지를 하여야 한다.

② 읍 · 면 · 동의 장은 제1항의 규정에 의한 취학통지를 한 때에는 그 취학할 아동의 명부를 지체없이 입학할 학교의 장에게 통보하여야 한다.

③ 읍 · 면 · 동의 장은 제2항의 규정에 의한 통보를 한 후 아동의 취학에 관하여 변동이 발생한 때에는 지체없이 제1항 및 제2항의 규정에 의한 조치를 하여야 한다.

제18조 (취학학교의 변경) ① 아동의 보호자가 부득이한 사유로 인하여 지정된 학교외의 초등학교에 그 아동을 입학시키고자 할 때에는 입학할 학교의 장의 승낙을 받아야 한다. [개정 99 · 2 · 27]

② 학교의 장은 제1항의 규정에 의하여 입학을 승낙한 경우 그 사실을 당해 아동의 거주지관할 읍 · 면 · 동의 장에게 통보하여야 한다. [신설 99 · 2 · 27]

제19조 (재외국민 자녀의 입학절차 등) ① 재외국민 또는 외국인이 보호하는 자녀 또는 아동이 국내의 초등학교에 입학하거나 최초로 전입학하는 경우에는 출입국관리사무소장이 발행한 출입국에 관한 사실증명서 또는 거류신고증을 거주지를 관할하는 해당 학교의 장에게 제출함으로써 제17조 및 제21조의 규정에 의한 입학 또는 전학절차에 갈음할 수 있다.

② 외국에서 귀국한 아동은 제16조 및 제21조의 규정에 불구하고 교육감이 정하는 바에 따라 귀국학생 특별학급이 설치된 초등학교에 입학 또는 전학할 수 있다.

제20조 (만 5세아동의 취학) ① 교육감은 관할구역안에 소재하는 초등학교의 학생수용능력 등을 고려하여 다음 각호의 사항이 포함된 만 5세아동의 취학에 관한 시행계획을 수립하여 이를 고시하여야 한다.

1. 만 5세아동의 초등학교 취학허용 학생수
2. 취학할 수 있는 아동의 범위

3. 기타 취학절차 등에 관한 사항

② 교육장은 제1항의 규정에 의한 시행계획에 따라 학교별로 취학을 허용할 수 있는 만 5세아동의 수 및 취학절차 등에 관한 세부시행계획을 수립하여 이를 고시하여야 한다.

③ 초등학교의 장은 법 제13조제2항 전단의 규정에 의하여 만 5세아동의 취학을 허용한 때에는 취학일부터 40일이 내에 당해 아동이 거주하는 읍·면·동의 장에게 그 명단을 통보하여야 한다.

제21조 (초등학교의 전학절차) ① 초등학교의 학생이 주소의 이전으로 전학하고자 할 때에는 재학중인 학교에 그 사실을 통지하고, 주소지의 변경을 확인할 수 있는 서류를 전학하고자 하는 학교에 제출하여야 한다.

② 학생이 전학한 때에는 전입학한 학교의 장은 전출한 학교의 장에게 당해 학생의 학교생활기록부(학교생활기록 부가 없는 경우에는 이에 갈음하여 활용하는 자료를 말한다)와 건강기록부의 송부를 요청하고, 전출한 학교의 장은 이를 송부하여야 한다.

③ 초등학교의 장은 학생의 학교생활 부적응 또는 가정사정 등으로 인하여 학생의 교육환경을 바꾸어 줄 필요가 있다고 인정하는 때에는 학생의 보호자 1인의 동의를 얻어 교육장에게 당해 학생의 전학을 추천할 수 있다. 이 경우 교육장은 제1항의 규정에 불구하고 전학할 학교를 지정하여 전학하게 할 수 있다.

제22조 (미입학아동 등의 통보) 초등학교의 장은 제17조제2항 및 제3항의 규정에 의하여 취학통보를 받았거나 제21조 의 규정에 의한 전학절차를 마친 아동 또는 학생중입학기일 또는 전학기일후 7일이내에 취학 또는 전입학하지 아니하거나 주소지와 실제거주지가 다른 자가 있을 때에는 그 성명을 당해 아동 또는 학생의 거주지 읍·면·동의 장에게 통보하여야 한다.

제23조 (중학교 의무교육대상자) ① 교육기본법 제8조의 규정에 의한 3년의 중등교육에 대한 의무교육은 다음 각호의 1에 해당하는 자에 대하여 우선적으로 실시한다. 다만, 제1호 내지 제3호외의 지역에 거주하는 중학교 학령대상자가 제1호 내지 제3호의 지역으로 거주지를 이전한 경우에는 동 거주지의 학교군 또는 중학구의 중학교에 전학 또는 편입학한 경우에 한한다. [개정 99·8·7]

1. 행정구역상 읍·면지역에 거주하는 중학교 학령대상자
2. 별표 1의 도서·벽지지역에 거주하는 중학교 학령대상자
3. 제1호 및 제2호에 해당하는 지역에 소재하는 초등학교를 학구로 하는 지역에 거주하는 중학교 학령대상자
4. 특수교육진흥법 제10조의 규정에 의한 특수교육대상자중 중학교과정 교육대상자

② 제1항제1호 내지 제3호의 규정에 의한 지역을 제외한 의무교육실시 지역은 예산의 범위안에서 교육부장관이 정하여 고시한다. [개정 99·8·7]

③ 제1항제1호 내지 제3호 및 제2항의 규정에 의하여 중학교 의무교육대상자로 된 자는 행정구역의 변경 또는 초등학교 학구의 변동으로 인하여 영향을 받지 아니한다. [개정 99·8·7]

제24조 (중학교 의무교육대상자의 입학절차) ① 중학교 의무교육대상자의 출신 초등학교의 장은 당해 교육대상자의 중학교 배정원서를 제70조의 규정에 의한 그 학교가 속하는 학교군의 중학교입학추첨관리위원회에 제출하여야 한다. 다만, 중학구에 있어서는 그 출신 초등학교의 장이 교육장에게 제출하여야 한다.

② 제1항의 규정에 불구하고 다음 각호의 1에 해당하는 자는 거주지를 학구로 하는 초등학교가 속하는 학교군 또는 중학구를 관할하는 교육장에게 중학교배정원서를 제출하여야 한다.

1. 제28조의 규정에 의하여 취학의무의 유예를 받은 자로서 그 다음 연도에 입학하고자 하는 자
2. 중학교 의무교육 실시지역안에서 학교군 또는 중학구를 달리하는 지역으로 거주지를 이전한 중학교 학령대상자 또는 중학교 의무교육 실시지역외의 지역에서 중학교 의무교육 실시지역으로 전입한 중학교 학령대상자
3. 외국에서 6년이상의 학교교육의 과정을 수료한 자로서 중학교의무교육 실시지역안에 거주하는 중학교 학령대 상자
4. 제96조의 규정에 의한 중학교입학자격검정고시에 합격한 자로서 중학교 의무교육 실시지역안에 거주하는 중학교 학령대상자

제25조 (독촉·경고 및 통보) ① 초등학교 및 중학교의 장은 의무교육대상학생이 다음 각호의 1에 해당하는 때에는 지체없이 그 보호자 또는 고용자에게 학생의 출석을 독촉하거나 의무교육을 받는 것을 방해하지 아니하도록 경고하 여야 한다.

1. 정당한 사유없이 계속하여 7일이상 결석을 하는 때
2. 학생의 고용자에 의하여 의무교육을 받는 것이 방해당하는 때

② 초등학교 및 중학교의 장은 제1항의 규정에 의한 독촉 또는 경고후 7일을 경과하여도 그 상태가 계속되는 때나 2회이상 독촉 또는 경고한 때에는 그 내용을 초등학교의 경우에는 학생의 거주지의 읍·면·동의 장에게,

중학교의 경우에는 교육장에게 각각 통보하여야 한다.

제26조 (취학의 독촉 등) ① 읍·면·동의 장 또는 교육장은 제22조 또는 제25조제2항의 규정에 의한 통보를 받은 때에는 그 학생의 보호자에 대하여 학생의 취학 또는 출석을 독촉하거나 그 고용자에 대하여 의무교육을 받는 것을 방해하지 아니하도록 경고하여야 한다.

② 제1항의 규정에 의한 독촉 또는 경고를 2회이상 하여도 그 상태가 계속되는 경우에는 그 경과를 초등학교의 경우에는 읍·면·동의 장이 교육장에게, 중학교의 경우에는 교육장이 이를 교육감에게 지체없이 보고하여야 한다.

③ 제2항의 규정에 의하여 읍·면·동의 장으로부터 보고를 받은 교육장은 이를 지체없이 교육감에게 보고하여야 한다.

제27조 (취학독려조치) ① 교육감은 의무교육에 대한 취학독려상황을 수시로 확인·점검하고 필요한 조치를 하여야 한다.

② 취학독려의 책임자와 경찰공무원은 학령아동으로서 길거리에서 배회하는 자를 발견한 때에는 그 이유를 조사하여 적절한 취학독려 조치를 하여야 한다.

제28조 (취학의무의 면제 등) ① 법 제14조의 규정에 의한 취학의무의 면제 또는 유예는 당해 학교의 장이 의무교육대상자의 보호자의 신청으로 이를 결정한다. 다만, 보호자가 행방불명 등 부득이한 사유로 이를 신청할 수 없는 때에는 당해 학교의 장이 그 사유를 확인한 후 면제 또는 유예를 결정할 수 있다.

② 초등학교 및 중학교의 장은 제1항의 규정에 의한 면제 또는 유예의 결정을 한 때에는 초등학교의 경우에는 보호자와 읍·면·동의 장에게, 중학교의 경우에는 보호자와 교육장에게 각각 그 내용을 통보하여야 한다. 다만, 보호자에 대한 통보의 경우 보호자의 행방불명 등의 사유로 그 내용을 통보할 수 없는 때에는 그러하지 아니하다.

③ 초등학교 및 중학교의 장은 제1항의 규정에 의하여 취학의무의 면제의 결정을 하는 경우에는 교육감이 정하는 질병 기타 부득이한 사유가 있는 경우에 한하여 행하여야 한다.

④ 취학의무의 유예는 1년이내로 한다. 다만, 특별한 사유가 있는 때에는 다시 이를 유예하거나 유예기간을 연장할 수 있다.

제29조 (유예자 등의 학적관리) 초등학교 및 중학교의 장은 취학의무를 유예받은 자중 입학이후 유예받은 자나 정당한 사유없이 3월이상의 장기결석을 한 자에 대하여 학칙이 정하는 바에 따라 정원외로 학적을 관리할 수 있다.

제3장 학생 및 교직원

제1절 학생

제30조 (학생자치활동의 보장) 학교의 장은 법 제17조의 규정에 의한 학생의 자치활동을 권장·보호하기 위하여 필요한 사항을 지원하여야 한다.

제31조 (학생의 징계 등) ① 법 제18조제1항 본문의 규정에 의하여 학교의 장은 교육상 필요하다고 인정할 때에는 학생에 대하여 다음 각호의 1의 징계를 할 수 있다.

1. 학교내의 봉사
2. 사회봉사
3. 특별교육이수
4. 퇴학처분

② 학교의 장은 제1항의 규정에 의한 징계를 할 때에는 학생의 인격이 존중되는 교육적인 방법으로 하여야 하며, 그 사유의 경중에 따라 징계의 종류를 단계별로 적용하여 학생에게 개전의 기회를 주어야 한다.

③ 교육감은 제1항제3호의 규정에 의한 특별교육이수의 징계를 받은 학생을 교육하는데 필요한 교육방법을 마련·운영하고, 이에 따른 교원 및 시설·설비의 확보 등 필요한 조치를 하여야 한다.

④ 제1항제4호의 규정에 의한 퇴학처분은 의무교육과정에 있는 학생외의 자로서 다음 각호의 1에 해당하는 자에 한하여 행하여야 한다.

1. 품행이 불량하여 개전의 가망이 없다고 인정된 자
2. 정당한 이유없이 결석이 잦은 자
3. 기타 학칙에 위반한 자

⑤ 학교의 장은 퇴학처분을 하기 전에 일정기간동안 가정학습을 하게할 수 있다.

⑥ 학교의 장은 퇴학처분을 한 때에는 당해 학생 및 보호자와 진로상담을 하여야 하며, 지역사회와 협력하여 다른 학교 또는 직업교육훈련기관 등을 알선하는데 노력하여야 한다.

⑦ 학교의 장은 법 제18조제1항 본문의 규정에 의한 지도를 하는 때에는 교육상 불가피한 경우를 제외하고는 학생에게 신체적 고통을 가하지 아니하는 훈육 · 훈계 등의 방법으로 행하여야 한다.

제2절 교직원

제32조 (유치원 교원의 배치기준) ① 법 제19조의 규정에 의하여 유치원에는 원장 · 원감외에 학급마다 교사 1인이상을 배치하여 학급을 담당하게 한다. 다만, 2학급이하인 유치원의 경우에는 원장 및 원감이 학급을 담당할 수 있다.

② 법 제19조제1항제1호에서 "대통령령이 정하는 일정규모이하의 유치원"이라 함은 2학급이하의 유치원을 말한다.

제33조 (초등학교 교원의 배치기준) ① 법 제19조의 규정에 의하여 초등학교에는 교장 · 교감외에 학급마다 교사 1인을 배치하며, 6학급이상의 분교장에는 따로 교감을 배치할 수 있다. 이 경우 6학급미만인 학교에서는 교장 및 교감이, 12학급미만인 학교에서는 교감이 각각 학급을 담당할 수 있으며, 분교장에 배치된 교감은 학급을 담당하여야 한다.

② 초등학교에는 각 학급담당교사외에 체육 · 음악 · 미술 · 영어 기타 교과의 전담을 위하여 교과전담교사를 둘 수 있으며, 그 산정기준은 학교별로 3학년이상 3학급마다 0.75인으로 하되, 학교별 배치기준은 관할청이 정한다.

③ 초등학교에는 제1항 및 제2항의 교사외에 양호교사 · 전문상담교사 및 사서교사를 둘 수 있다. 다만, 18학급이상의 초등학교에는 양호교사 1인을 두어야 한다.

④ 초등학교에는 교사중에서 다음 각호의 구분에 따른 수의 보직교사를 둘 수 있다. 다만, 17학급이하의 학교로서 교육부장관이 지정하는 연구학교에는 다음 각호의 구분에 따른 수보다 보직교사 1인을 더 둘 수 있다.

 1. 6학급이상 11학급이하의 학교에는 2인
 2. 12학급이상 17학급이하의 학교에는 4인이내
 3. 18학급이상 35학급이하의 학교에는 6인이내
 4. 36학급이상의 학교에는 12인이내
 5. 5학급이하의 분교장에는 1인

⑤ 제4항의 규정에 의한 보직교사의 명칭은 관할청이, 학교별 보직교사의 종류 및 그 업무분장은 학교의 장이 이를 정한다.

제34조 (중학교 교원의 배치기준) ① 법 제19조의 규정에 의하여 중학교에는 교장 · 교감외에 3학급까지는 학급마다 3인의 교사를, 3학급을 초과할 때에는 1학급이 증가할 때마다 1.5인이상의 비율로 이를 더 배치하며, 3학급이상의 분교장에는 따로 교감을 배치할 수 있다.

② 중학교에는 제1항의 교사외에 3학급마다 1인이상의 실업과 담당 교사를 더 둔다.

③ 중학교에는 제1항 및 제2항의 교사외에 실기교사 · 양호교사 · 전문상담교사 및 사서교사를 둘 수 있다.

④ 중학교에는 교사중에서 다음 각호의 구분에 따른 수의 보직교사를 둘 수 있다. 다만, 체육중학교의 경우와 11학급이하의 학교로서 교육부장관이 지정하는 연구학교의경우에는 다음 각호의 구분에 따른 수보다 보직교사 각 1인을 더 둘 수 있다.

 1. 3학급이상 8학급이하의 학교에는 1인
 2. 9학급이상 11학급이하의 학교에는 2인
 3. 12학급이상 17학급이하의 학교에는 8인이내
 4. 18학급이상의 학교에는 11인이내
 5. 2학급이하의 분교장에는 1인

⑤ 중학교의 장은 미리 교육부장관의 승인을 얻어 제4항의 규정에 의한 수의 보직교사외에 필요한 보직교사를 더 둘 수 있다.

⑥ 제76조의 규정에 의한 특성화중학교의 장은 제1항 내지 제3항의 규정에 불구하고 교사정원의 3분의 1이내의 수를 법 제22조의 규정에 의한 산학겸임교사 등으로 대치할수 있다.

⑦ 제33조제5항의 규정은 중학교에 두는 보직교사의 명칭 등에 관하여 이를 준용한다.

제35조 (고등학교 교원의 배치기준) ① 법 제19조의 규정에 의하여 고등학교에는 교장 · 교감외에 3학급까지는 학급마다 교사 3인을, 3학급을 초과할 때에는 1학급이 증가할 때마다 2인이상의 비율로 이를 더 배치한다.

② 고등학교에는 제1항의 교사외에 3학급마다 1인이상의 실업과 담당교사를 더 둔다.

③ 고등학교에는 제1항 및 제2항의 교사외에 실기교사 · 양호교사 · 전문상담교사 및 사서교사를 둘 수 있다.

④ 고등학교에는 교사중에서 다음 각호의 구분에 따른 수의 보직교사를 둘 수 있다. 다만, 실업과를 설치한 고등학교 및 체육고등학교의 경우와 8학급이하의 학교로서 교육부장관이 지정하는 연구학교의 경우에는 다음 각호의 구분에 따른 수보다 보직교사 각 1인을 더 둘 수 있다.

1. 3학급이상 5학급이하의 학교에는 2인
2. 6학급이상 8학급이하의 학교에는 3인
3. 9학급이상 17학급이하의 학교에는 8인이내
4. 18학급이상의 학교에는 11인이내

⑤ 제33조제5항 및 제34조제5항의 규정은 고등학교에 두는 보직교사의 명칭 및 증치 등에 관하여 각각 이를 준용한다. 이 경우 "중학교"를 "고등학교"로 본다.

⑥ 제34조제6항의 규정은 제91조의 규정에 의한 특성화고등학교의 산학겸임교사 등에 관하여 이를 준용한다. 이 경우 "제76조의 규정에 의한 특성화중학교"를 "제91조의 규정에 의한 특성화고등학교"로 본다.

제36조 (교감의 증치) ① 제33조제1항 전단·제34조제1항 및 제35조제1항의 규정에 불구하고 43학급이상의 초등학교·중학교 및 고등학교에는 교감 1인을 더 둘 수 있으며, 이 경우 교감중 1인은 수업을 담당할 수 있다.

② 중학교 및 고등학교에 야간학급을 두는 경우에는 야간학급을 담당하는 교감을 따로 둘 수 있다.

제37조 (직원의 배치기준) ① 법 제19조제2항의 규정에 의하여 유치원에는 필요한 경우직원 1인을 둘 수 있다.

② 법 제19조제2항의 규정에 의하여 초등학교·중학교 및 고등학교에는 직원을 1인이상두되, 학교별 배치기준은 관할청이 정한다.

제38조 (공민학교 등의 교직원의 배치기준) ① 제33조·제36조제1항 및 제37조제2항의 규정은 공민학교 교직원의 배치에 관하여 각각 이를 준용한다. 이 경우 "초등학교" 및 "초등학교·중학교 및 고등학교"를 각각 "공민학교"로 본다.

② 제34조·제36조 및 제37조제2항의 규정은 고등공민학교 교직원의 배치에 관하여 각각 이를 준용한다. 이 경우 "중학교", "초등학교·중학교 및 고등학교"와 "중학교 및 고등학교"를 각각 "고등공민학교"로 본다.

③ 공민학교의 장 또는 고등공민학교의 장은 지역의 실정에 따라 필요한 경우 제1항 및 제2항의 규정에 불구하고 교육감의 승인을 얻어 교직원의 배치기준을 달리할 수 있다.

제39조 (고등기술학교 교직원의 배치기준) ① 제35조·제36조 및 제37조제2항의 규정은 고등기술학교 교직원의 배치에 관하여 각각 이를 준용한다. 이 경우 "고등학교", "초등학교·중학교 및 고등학교"와 "중학교 및 고등학교"를 각각 "고등기술학교"로 본다.

② 고등기술학교의 장은 특별한 사정이 있는 때에는 제1항의 규정에 불구하고 교육감의 승인을 얻어 교사정원의 3분의 1이내의 수를 법 제22조의 규정에 의한 산학겸임교사 등으로 대치할 수 있다.

제40조 (특수학교의 교직원) ① 제33조 내지 제37조의 규정은 해당규정에서 정하는 각급학교에 상응하는 특수학교 교직원의 배치에 관하여 각각 이를 준용한다.

② 특수학교의 장은 필요하다고 인정할 때에는 제1항의 규정에 불구하고 교직원을 더 둘 수 있다.

③ 유치원·초등학교·중학교 및 고등학교과정을 2개이상 설치하는 특수학교는 필요한 경우 교직원을 통합하여 운영할 수 있다.

제41조 (교원의 자격) 법 제21조의 규정에 의한 교원의 자격검정과 교원자격검정위원회의 조직·권한 및 운영에 관하여 필요한 사항은 따로 대통령령으로 정한다.

제42조 (산학겸임교사 등) ① 법 제22조의 규정에 의한 산학겸임교사 등은 별표 2의 자격기준에 해당하는 자로서 국·공립학교의 경우에는 학교의 장이, 사립학교의 경우에는 학교법인 또는 사립학교 경영자가 각각 임용한다. 다만, 사립학교의 경우에는 학교법인의 정관 등이 정하는 바에 따라 그 임용권한을 학교의 장에게 위임할 수 있다.

② 제1항의 규정에 의하여 산학겸임교사 등을 임용하고자 하는 때에는 법 제31조의 규정에 의한 학교운영위원회의 심의를 거쳐야 한다. 다만, 학교운영위원회가 구성되지 아니한 학교의 경우에는 그러하지 아니하다.

③ 산학겸임교사 등에 대하여는 예산의 범위안에서 수당 등을 지급할 수 있다.

제4장 학교
제1절 통칙
제43조 (교과) 법 제23조제3항의 규정에 의한 학교의 교과는 다음 각호와 같다.

1. 초등학교 및 공민학교 : 도덕·국어·수학·사회·자연·체육·음악·미술·실과 및 영어와 교육부장관이 특히 필요하다고 인정하는 교과
2. 중학교 및 고등공민학교 : 도덕·국어·수학·사회·과학·체육·음악·미술·가정, 기술·산업, 외국어·한문·컴퓨터 및 환경과 교육부장관이 특히 필요하다고 인정하는 교과

　　3. 고등학교 : 윤리·국어·수학·사회·과학·체육·교련·음악·미술, 실업·가정, 외국어 및 한문과 교육부장
관이 특히 필요하다고 인정하는 교과

　　4. 특수학교 및 고등기술학교 : 교육부장관이 정하는 교과

제44조 (학기) 법 제24조제3항의 규정에 의한 학교의 학기는 매학년도를 두 학기로 나누되, 제1학기는 3월 1일부터
　8월 31일까지, 제2학기는 9월 1일부터 다음해 2월 말일까지로 한다.

제45조 (수업일수) 법 제24조제3항의 규정에 의한 학교의 수업일수는 다음 각호의 기준에 따라 학교의 장이 정한다.

　　1. 유치원(특수학교 유치부를 포함한다) : 매학년 180일이상

　　2. 초등학교·중학교·고등학교·고등기술학교 및 특수학교(유치부를 제외한다) : 매학년 220일이상. 다만, 학교
　의 장은 천재·지변이나 주5일 수업의 실시, 연구학교의운영 또는 제105조의 규정에 의한 자율학교의 운영 등
　교육과정의 운영상 필요한 경우에는 관할청의 승인을 얻어 10분의 1의 범위안에서 수업일수를 감축할 수 있다.

　　3. 공민학교 및 고등공민학교 : 매학년 170일이상

제46조 (학급편성) 법 제24조제3항의 규정에 의한 학교의 학급편성은 같은 학년, 같은 학과로 하여야 한다. 다만,
　학교의 장은 교육과정의 운영상 특히 필요한 경우에는 2개 학년이상의 학생을 1학급으로 편성할 수 있다.

제47조 (휴업일 등) ① 법 제24조제3항의 규정에 의한 학교의 휴업일은 다음과 같다.

　　1. 관공서의 공휴일

　　2. 관할청 또는 학칙이 정하는 여름·겨울 및 학기말의 휴가 또는 개교기념일 등

　　② 학교의 장은 비상재해 기타 급박한 사정이 발생한 때에는 임시휴업을 할 수 있다. 이 경우 학교의 장은 지체없이
　관할청에 이를 보고하여야 한다.

제48조 (수업운영방법 등) ① 유치원은 필요한 경우 반일제·시간연장제 또는 종일제로 운영할 수 있다.

　　② 학교의 장은 교육상 필요한 때에는 학년 또는 학과 등을 달리하는 학생을 병합하여 수업할 수 있다.

　　③ 학교의 장은 교육부장관이 지정하는 방송프로그램을 수업에 활용할 수 있다.

　　④ 학교의 장은 정보통신매체를 이용하여 수업을 운영할 수 있다.

　　⑤ 학교의 장은 교육상 필요한 경우 보호자의 동의를 얻어 교외체험학습을 허가할 수 있다. 이 경우 학교의 장은
　교외체험학습을 학칙이 정하는 범위안에서 수업으로 인정할 수 있다.

제49조 (수업시각) 수업이 시작되는 시각과 끝나는 시각은 학교의 장이 정한다.

제50조 (수료 및 졸업 등) ① 학교의 장은 학생의 교육과정의 이수정도 등을 평가하여 학생의 각 학년과정의 수료
　또는 졸업을 인정한다.

　　② 학생의 각 학년과정의 수료에 필요한 출석일수는 제45조의 규정에 의한 수업일수의 3분의 2이상으로 한다.

　　③ 학교의 장은 당해 학교의 교육과정을 이수하였다고 인정하는 자에게 졸업장을 수여한다.

제51조 (학급수·학생수) 학교의 학급수 및 학급당 학생수는 교육감이 정한다. 이 경우 다음 각호의 1에 해당하는
　자는 학생수에 포함하지 아니할 수 있다.

　　1. 유급생

　　2. 제82조제3항제2호 및 제3호에 해당하는 자

　　3. 재입학·전학 또는 편입학하는 자

　　4. 국가유공자등예우및지원에관한법률에 의한 국가유공자의 자녀

　　5. 기타 지역실정에 따라 교육감이 정하는 자

제52조 (학생수용계획) 교육감은 그가 관할하는 학교의 적정한 학생수용을 위하여 학년도별로 학생수용계획을 수립
　하여야 한다. [전문개정 2000·2·28]

제53조 (조기진급·조기졸업 등) 법 제27조제3항의 규정에 의한 조기진급·조기졸업 및 상급학교 조기입학 자격부여
　등에 관하여 필요한 사항은 따로 대통령령으로 정한다.

제54조 (학습부진아 등에 대한 교육) ① 법 제28조의 규정에 의한 정상적인 학교생활을 하기 어려운 학생 및 학업을
　중단한 학생에 대한 판별은 교육감이 정하는 기준에 따라 학교의 장이 행한다.

　　② 학교의 장은 제1항의 규정에 의한 학생에 대하여 교육감이 정하는 수업일수의 범위안에서 체험학습 등 필요한
　교육을 실시하거나 교육감이 적합하다고 인정하는 교육기관 등에 위탁하여 교육을 실시할 수 있다.

제55조 (교과용도서의 사용) 법 제29조제2항의 규정에 의한 교과용도서의 범위 등에 관하여 필요한 사항은 따로
　대통령령으로 정한다.

제56조 (초·중·고등학교의 통합운영) ① 학교의 설립·경영자는 법 제30조제1항의 규정에 의하여 학교를 통합하여
　운영하고자 할 때에는 학교의 규모, 학생의 통학거리 및 당해 통합운영대상학교가 소재하는 지역주민의 의사

등 교육여건을 고려하여야 한다.

② 통합운영학교의 시설·설비기준에 관하여 필요한 사항은 따로 대통령령으로 정한다.

③ 통합운영학교에는 통합운영되는 학교에 각각 적용되는 교직원배치기준에 의한 교직원을 배치하되, 학교의 설립·경영자는 학교운영에 지장이 없는 범위안에서 교직원을 겸임하게 할 수 있다.

④ 교육과정의 운영, 사무관리 기타 통합운영학교의 운영에 관하여 필요한 사항은 관할청이 정한다.

제57조 (분교장) 교육감은 특별한 사정이 있는 때에는 공립의 초등학교·중학교 및 특수학교에 분교장을 설치할 수 있다.

제2절 학교운영위원회

제58조 (국·공립 학교운영위원회의 구성) ① 법 제31조의 규정에 의한 학교운영위원회(이하 "운영위원회"라 한다)중 국·공립의 초등학교·중학교·고등학교및 특수학교(이하 제62조까지 "국·공립학교"라 한다)에 두는 학교운영위원회 위원의 정수는 다음 각호의 구분에 의한 범위안에서 학교의 규모 등을 고려하여 당해 학교의 학교운영위원회규정(이하 이 절에서 "위원회규정"이라 한다)으로 정한다. [개정 2000·2·28]

1. 학생수가 200명 미만인 학교 : 5인 이상 8인 이내
2. 학생수가 200명 이상 1천명 미만인 학교 : 9인 이상 12인 이내
3. 학생수가 1천명 이상인 학교 : 13인 이상 15인 이내

② 국·공립학교에 두는 운영위원회 위원의 구성비율은 다음 각호의 구분에 의한 범위내에서 위원회규정으로 정한다.

1. 학부모위원(당해 학교의 학부모를 대표하는 자를 말한다. 이하 이 절에서 같다) : 100분의 40 내지 100분의 50
2. 교원위원(당해 학교의 교원을 대표하는 자를 말한다. 이하 이 절에서 같다) : 100분의 30 내지 100분의 40
3. 지역위원(당해 학교가 소재하는 지역을 생활근거지로 하는 자로서 교육행정에 관한 업무를 수행하는 공무원, 당해 학교가 소재하는 지역을 사업활동의 근거지로 하는 사업자, 당해 학교를 졸업한 자 기타 학교운영에 이바지하고자 하는 자를 말한다. 이하 이 절에서 같다) : 100분의 10 내지 100분의 30

③ 제2항의 규정에 불구하고 제80조의 규정에 의한 국·공립의 실업계고등학교 운영위원회 위원의 구성비율은 다음 각호의 구분에 의한 범위내에서 위원회규정으로 정할 수 있다. 이 경우 지역위원중 2분의 1이상은 제2항 제3호의 규정에 의한 사업자로 선출하여야 한다.

1. 학부모위원 : 100분의 30 내지 100분의 40
2. 교원위원 : 100분의 20 내지 100분의 30
3. 지역위원 : 100분의 30 내지 100분의 50

④ 삭제 [2000·2·28]

제59조 (위원의 선출 등) ① 국·공립학교의 장은 운영위원회의 당연직 교원위원이 된다.

② 학부모위원은 학부모중에서 민주적 대의절차에 따라 학부모 전체회의에서 직접 선출한다. 다만, 학교의 규모·시설 등을 고려하여 위원회규정이 정하는 전체회의에서 선출하기 곤란한 사유가 있는 경우에는 당해 위원회규정이 정하는 바에 의하여 학급별 대표로 구성된 학부모대표회의에서 선출할 수 있다. [개정 2000·2·28]

③ 당연직 교원위원을 제외한 교원위원은 교원중에서 선출하되, 교직원전체회의에서 무기명투표로 선출한다. [개정 2000·2·28]

④지역위원은 학부모위원 또는 교원위원의 추천을 받아 학부모위원 및 교원위원이 무기명투표로 선출한다.

⑤운영위원회에는 위원장 및 부위원장 각 1인을 두되, 교원위원이 아닌 위원중에서 무기명투표로 선출한다.

제60조 (운영위원회의 심의 등) ① 국·공립학교의 장은 운영위원회의 심의결과를 최대한 존중하여야 하며, 그 심의결과와 다르게 시행하고자 하는 경우에는 이를 운영위원회와 관할청에 서면으로 보고하여야 한다.

② 국·공립학교의 장은 운영위원회의 심의를 거치는 경우 교육활동 및 학교운영에 중대한 차질이 발생할 우려가 있거나 천재·지변 기타 불가항력의 사유로 운영위원회를 소집할 여유가 없는 때에는 법 제32조 각호의 사항에 대하여 운영위원회의 심의를 거치지 아니하고 이를 시행할 수 있다.

③ 국·공립학교의 장은 제2항의 규정에 의하여 운영위원회의 심의를 거치지 아니하고 시행한 때에는 관련사항과 그 사유를 지체없이 운영위원회와 관할청에 서면으로 보고하여야 한다.

제61조 (시정명령) 관할청은 국·공립학교의 장이 정당한 사유없이 법 제32조제1항 및제3항의 규정에 의한 운영위원회의 심의·의결결과와 다르게 시행하거나 심의·의결결과를 시행하지 아니하는 경우 또는 제60조제2항의 규정

에 의한 사유없이 심의를 거쳐야 할 사항을 심의를 거치지 아니하고 시행하는 경우에는 법 제63조의 규정에 의한 시정을 명할 수 있다. [개정 2000 · 2 · 28]

제62조 (조례 등에의 위임) 국 · 공립학교에 두는 운영위원회의 구성 및 운영에 관하여 이 영에서 규정하지 아니한 사항은 국립학교의 경우에는 학칙으로, 공립학교의경우에는 시 · 도의 조례로 정한다.

제63조 (사립학교의 운영위원회) ① 법 제31조의 규정에 의하여 사립의 초등학교 · 중학교 · 고등학교 및 특수학교(이하 이 조에서 "사립학교"라 한다)에 두는 운영위원회(이하 "사립학교 운영위원회"라 한다)는 당해 학교의 교원위원 · 학부모위원 및 지역위원으로 구성한다.

② 제58조 · 제59조 · 제60조제2항 및 동조 제3항의 규정은 사립학교 운영위원회 위원의 정수 · 선출 등에 관하여 이를 준용하되, 당연직 교원위원을 제외한 교원위원은 정관이 정한 절차에 따라 교직원전체회의에서 추천한 자중 학교의 장이 위촉한다. 이 경우 "국 · 공립학교"는 "사립학교"로, "심의"는 "자문"으로 본다.

③ 학교의 장은 운영위원회의 자문결과를 최대한 존중하여야 한다.

④ 관할청은 사립학교의 장이 정당한 사유없이 법 제32조제3항의 학교발전기금의 조성 · 운용 및 사용에 관한 사항에 대하여 운영위원회의 심의 · 의결을 거치지 아니하거나 심의 · 의결의 결과와 다르게 시행하는 경우 또는 심의 · 의결의 결과를 시행하지 아니하는 경우나 제60조제2항의 규정에 의한 사유없이 자문을 거치지 아니하고 시행하는 경우에는 법 제63조의 규정에 의한 시정을 명할 수 있다.

⑤ 사립학교 운영위원회의 구성에 관하여 이 영에서 규정하지 아니한 사항은 정관으로 정한다.[전문개정 2000 · 2 · 28]

제64조 (학교발전기금) ① 법 제33조의 규정에 의한 학교발전기금(이하 "발전기금"이라한다)은 다음 각호의 방법에 의하여 조성한다.

1. 기부자가 기부한 금품의 접수

2. 학부모 등으로 구성된 학교내 · 외의 조직 · 단체 등이 그 구성원으로부터 자발적으로 갹출하거나 구성원외의 자로부터 모금한 금품의 접수

② 발전기금은 다음 각호의 목적을 위하여 사용한다.

1. 학교교육시설의 보수 및 확충

2. 교육용 기자재 및 도서의 구입

3. 학교체육활동 기타 학예활동의 지원

4. 학생복지 및 학생자치활동의 지원

③ 운영위원회는 교육부령이 정하는 바에 따라 발전기금을 운영위원회 위원장의 명의로 조성 · 운용하여야 한다.

④ 운영위원회는 발전기금의 관리 및 집행과 그 부수된 업무의 일부를 당해 학교의 장에게 위탁할 수 있다.

⑤ 제4항의 규정에 의하여 업무를 위탁받은 학교의 장은 발전기금을 별도회계를 통하여 관리하고, 매 분기마다 발전기금의 집행계획 및 집행내역을 운영위원회에 서면으로 보고하여야 한다.

⑥ 운영위원회는 제5항의 보고를 받은 경우에는 이를 검토하여 그 결과를 학부모에게 통지하여야 한다.

⑦ 운영위원회는 제4항의 규정에 의하여 발전기금에 관한 업무를 당해 학교의 장에게 위탁한 경우에는 발전기금의 집행상황 등에 관하여 감사할 수 있다.

⑧ 운영위원회는 학교의 회계연도 종료후 20일이내에 결산을 완료하여 그 결과를 관할청에 보고하고, 학부모에게 통지하여야 한다.

⑨ 발전기금의 조성 · 운용 및 회계관리 등에 관하여 기타 필요한 사항은 교육부령으로 정한다.

제3절 유치원

제65조 (유치원의 무상교육) ① 법 제37조제1항의 규정에 의한 초등학교 취학직전 1년의 유치원 무상교육은 유치원의 매 학년도 시작일 전일 현재 만 5세에 도달한 유아를 그 대상으로 하되, 예산의 범위 안에서 다음 각호의 1에 해당하는 자에 대하여우선 실시한다.

1. 행정구역상 읍 · 면지역에 거주하는 유치원 취원대상자

2. 도서 · 벽지교육진흥법 제2조의 규정에 의한 도서벽지지역에 거주하는 유치원 취원대상자

3. 생활보호법에 의한 생활보호대상자의 자녀인 유치원 취원대상자

② 제1항 각호외의 자에 대한 유치원 무상교육의 실시는 예산의 범위안에서 순차적으로 확대한다.

③ 제1항제1호 및 제2호의 규정에 의하여 유치원 무상교육대상자로된 자는 행정구역의 변경으로 인하여 영향을 받지 아니한다.

④ 유치원 무상교육 실시에 관하여 기타 필요한 사항은 교육부령으로 정한다.

제4절 중학교

제66조 (중학교 입학 등의 허가) 중학교 학생의 입학·재입학·퇴학·전학·편입학 및 휴학은 특별한 규정이 없는 한 학칙이 정하는 바에 의하여 학교의 장이 행한다.

제67조 (중학교 입학시기 등) ① 중학교의 입학시기는 학년초부터 30일이내로 한다.

② 중학교 학생의 재입학 또는 편입학의 시기는 당해 학교의 교육과정 이수에 지장이 없는 범위안에서 수시로 할 수 있다. 다만, 제77조제2항의 규정에 의하여 교육부령이 정하는 지역에서의 편입학시기는 교육감이 정할 수 있다.

제68조 (중학교 입학방법) ① 교육장은 지역별·학교군별 추첨에 의하여 중학교의 입학지원자가 입학할 학교를 배정하되, 거리·교통이 통학상 극히 불편한 지역의 경우에는 교육감이 설정한 중학구에 따라 입학할 학교를 배정한다.

② 추첨에 의하여 중학교를 배정하는 경우 교육감이 정하여 고시하는 지역에 소재하는 중학교 입학지원자는 교육감이 정하는 방법 및 절차에 따라 2이상의 학교를 선택하여 지원할 수 있으며, 교육장은 그 입학지원자중에서 추첨에 의하여 당해 학교 정원의 전부 또는 일부를 배정할 수 있다.

③ 제1항의 규정에 의한 지역·학교군·중학구 및 추첨방법은 교육감이 교육위원회의 의결을 거쳐 정한다.

④ 교육감이 제3항의 규정에 의하여 지역 등을 정한 때에는 이를 고시하여야 한다.

제69조 (체육특기자 등의 입학방법) ① 교육장은 제68조의 규정에 불구하고 체육특기자에 대하여 당해 교육장 관할지역의 당해 학년 입학정원중 교육감이 정하는 범위안에서 입학하게 할 수 있다. 이 경우 체육특기학교와 종목별 정원은 교육장이 지정하여 배정한다.

② 교육장은 제68조의 규정에 불구하고 지체부자유자에 대하여 당해 학교군내의 학교중학교를 지정하여 입학하게 할 수 있다.

③ 제1항 및 제2항의 규정에 의한 체육특기자의 범위·입학방법과 절차 및 지체부자유자의 인정방법은 교육장이 정한다.

제70조 (중학교입학추첨관리위원회) ① 제68조제1항의 규정에 의한 추첨을 실시하기 위하여 교육장소속하에 학교군별로 중학교입학추첨관리위원회를 둔다.

② 제1항의 규정에 의한 중학교입학추첨관리위원회는 교육장이 임명 또는 위촉하는 5인 내지 7인의 위원으로 구성하되, 그 구성 및 운영에 관하여 필요한 사항은 시·도별 교육규칙으로 정한다.

제71조 (중학교 배정원서의 제출) 중학교에 입학하고자 하는 자는 그 출신 초등학교가 속하는 중학교입학추첨관리위원회에 중학교배정원서를 제출하여야 한다. 다만, 다음 각호의 1의 경우에는 해당 교육장에게 이를 제출하여야 한다.

1. 중학구 거주자 : 거주지를 관할하는 교육장

2. 초등학교졸업자로서 거주지가 이전된 자 및 제96조 각호의 1에 해당하는 자 : 거주지를 학구로 하는 초등학교를 관할하는 교육장

제72조 (중학교 입학포기자에 대한 조치) 제68조 및 제69조의 규정에 의하여 추첨·배정된 자가 당해 학교에의 입학을 포기한 경우에는 당해 연도에 다시 다른 학교에 입학배정을 받지 못한다.

제73조 (중학교의 전학 등) ① 중학교의 전학 또는 편입학은 거주지를 학구로 하는 초등학교가 속하는 학교군 또는 중학구안의 중학교에 한하며, 이 경우 학교군에 있어서는 전·편입학의 신청서류 접수일부터 7일이내에 교육장이 정하는 방법에 의하여 교육장이 추천·배정하고, 중학구에 있어서는 그 중학구안의 중학교의 장이 이를 허가한다. 다만, 학교군에 있어서 거주지를 학구로 하는 초등학교가 속하는 학교군안의 중학교에 결원이 없는 경우로서 전학 또는 편입학하고자 하는 자가 원하는때에는 당해 교육장 관할에 속하는 다른 학교군안의 중학교에 배정할 수 있다.

② 교육장은 제1항 본문의 규정에 불구하고 체육특기자의 경우로서 그 특기에 해당하는 체육특기학교에 체육특기자의 결원이 있는 경우에는 추첨에 의하지 아니하고 전학 또는 편입학하게 할 수 있다.

③ 공무원이 연고지가 아닌 도서·벽지로 전보된 경우 그 자녀가 부모와 동거하면서 지정된 학교군 또는 중학구안에 소재하는 중학교에 통학할 수 없을 때에는 제1항의 규정에 불구하고 당해 공무원의 연고지의 학교군 또는 중학구안의 중학교에 정원의 범위안에서 추첨에 의하지 아니하고 전입학하게 할 수 있다.

④ 제3항에서 "도서·벽지"라 함은 도서·벽지근무수당지급관계법령에 의하여 도서벽지수당을 지급받을 수 있는 지역을 말하며, "연고지의 학교군 또는 중학구"라 함은 다음 각호의 1의 학교군 또는 중학구를 말한다.

1. 당해 공무원이 근무하고 있는 지역을 관할하는 시 · 도안의 학교군 또는 중학구
2. 도서 · 벽지로 전보되기 직전의 거주지를 학구로 하는 초등학교가 속하는 학교군 또는 중학구

⑤ 교육장은 중학교의 장이 학생의 교육상 교육환경을 바꾸어 줄 필요가 있다고 인정하여 다른 학교로의 전학 또는 편입학을 추천한 자와 퇴학한 자로서 재입학을 지원하는 자에 대하여는 제1항 본문의 규정에 불구하고 전학 또는 편입학이나 재입학할 학교를 지정하여 배정할 수 있다.

⑥ 중학교의 장은 교육과정의 이수에 지장이 없는 범위안에서 중학교, 제76조의 규정에의한 특성화중학교와 학력인정 각종학교간의 전학 및 편입학을 허가할 수 있다.

제74조 (편입학 등) ① 편입학할 수 있는 자는 편입학하는 학년의 전학년까지의 과정을 수료한 자 및 이와 동등이상의 학력이 있다고 인정되는 자이어야 한다.

② 퇴학한 자가 재입학할 수 있는 학년은 퇴학당시 학년의 이하학년에 한한다.

제75조 (귀국학생 등의 입학 · 전학 및 편입학) 외국에서 귀국한 학생, 외국인 학생 또는 북한이탈주민의보호및정착지원에관한법률 제2조제2호의 규정에 의한 북한이탈주민의 자녀는 제68조 및 제73조제1항의 규정에 불구하고 교육감이 정하는 바에 따라 중학교에 입학 · 전학 또는 편입학할 수 있다. 이 경우 교육감은 학생 또는 학부모가 귀국학생 등을 위한 특별학급이 설치된 중학교에의 입학 · 전학 또는 편입학을 신청하는 때에는 이를 반영하여야 한다. [전문개정 99 · 2 · 27]

제76조 (특성화중학교) ① 교육부장관은 교육과정의 운영 등을 특성화하기 위한 중학교(이하 "특성화중학교"라 한다)를 지정 · 고시할 수 있다.

② 제1항의 고시에는 학교명 · 학급수 · 학생모집지역 및 그 적용시기가 포함되어야 한다.

③ 특성화중학교의 장은 제68조의 규정에 불구하고 학생의 지원에 의하여 학생을 선발할 수 있다.

④ 특성화중학교의 장은 제3항의 규정에 의하여 학생을 선발하는 경우 필기시험에 의한 전형을 실시하여서는 아니된다.

제5절 고등학교

제77조 (고등학교 입학전형의 실시권자) ① 고등학교의 입학전형은 당해 학교의 장이 실시한다. 이 경우 입학전형방법 등 입학전형에 관하여 필요한 사항은 교육감의 승인을 얻어 당해 학교의 장이 정한다.

② 제1항의 규정에 불구하고 교육부령이 정하는 지역안에 소재하는 고등학교의 입학전형은 당해 교육감이 실시한다.

제78조 (입학전형 실시의 공고) ① 입학전형의 실시권자는 입학전형방법이 전년도와 달라지는 경우에는 그 변경내용을 그 실시기일 10월 이전에 미리 공고하여야 한다.

② 입학전형의 실시권자는 입학전형을 실시하고자 할 때에는 그 실시기일 30일전까지 입학전형일시 · 원서접수 · 전형방법 기타 입학전형의 실시에 관한 사항을 공고하여야 한다.

제79조 (고등학교입학전형위원회) ① 교육감의 자문에 응하여 고등학교의 입학전형에 관한 다음 각호의 사항을 심의하기 위하여 교육감소속하에 고등학교입학전형위원회를 둔다.

1. 입학전형 실시계획에 관한 사항
2. 선발고사의 출제범위 및 방법과 채점기준에 관한 사항
3. 학교생활기록부의 기록 또는 선발고사 성적에 의한 사정방법에 관한 사항
4. 기타 교육감이 부의하는 입학전형 실시에 관한 사항

② 고등학교입학전형위원회의 조직 및 운영에 관한 사항은 시 · 도 교육규칙으로 정한다.

제80조 (선발시기의 구분) 고등학교 신입생의 선발은 전기와 후기로 나누어 행하되, 전기에 선발하는 고등학교(이하 "전기학교"라 한다)는 다음 각호의 학교를 말하며, 후기에 선발하는 고등학교(이하 "후기학교"라 한다)는 전기에 해당되지 아니하는 모든 고등학교로 한다.

1. 실업계고등학교(농업 · 공업 · 상업 · 임업, 정보 · 통신, 수산 · 해운, 가사 · 실업 등의 전문교육을 주로 하는 고등학교를 말한다. 이하 같다)
2. 예 · 체능계고등학교(예술 · 체육 등의 전문교육을 주로 하는 고등학교를 말한다. 이하 같다)
3. 제90조의 규정에 의한 특수목적고등학교
4. 제91조의 규정에 의한 특성화고등학교

제81조 (입학전형의 지원) ① 고등학교 입학전형에 응시하고자 하는 자는 그가 재학한 중학교가 소재하는 지역의 1개 학교를 선택하여 당해 학교의 입학전형 실시권자에게 지원하여야 한다. 다만, 다음 각호의 1에 해당하는 자는

그 거주지의 입학전형 실시권자에게 지원하여야 한다.

1. 제97조제1항 각호의 1에 해당하는 자
2. 중학교 학구로 인하여 다른 시·도에서 수학한 자
3. 중학교 졸업자로서 거주지가 이전된 자

② 제1항의 규정에 불구하고 고등학교 입학전형에 응시하고자 하는 자가 거리·교통이 통학상 극히 불편하여 인접 시·도에 소재한 고등학교에 입학하는 것이 적절하다고 인정되는 경우에는 관계교육감이 협의하여 정하는 바에 따라 그 인접한 고등학교의 입학전형 실시권자에게 지원할 수 있다.

③ 제1항의 규정에 불구하고 전기학교중 제90조의 규정에 의한 특수목적고등학교 및 제91조의 규정에 의한 특성화 고등학교에 입학하고자 하는 자는 당해 학교의 입학전형 실시권자에게 지원하여야 한다.

④ 주간수업(이하 "주간부"라 한다)과 야간수업(이하 "야간부"라 한다)이 있는 고등학교에 입학하고자 하는 자는 동일학교에 한하여 주간부와 야간부를 동시에 지원할 수 있다.

⑤ 제1항 본문의 규정에 불구하고 제77조제2항의 규정에 의하여 교육부령이 정하는 지역의 후기학교 주간부에 입학하고자 하는 자는 교육감이 정하는 방법 및 절차에 따라 2이상의 학교를 선택하여 지원할 수 있다.

제82조 (입학전형방법) ① 전기학교의 입학전형은 그 실시권자가 따로 정하는 방법에 의하거나 제2항의 규정에 의한 입학전형방법에 실기고사, 적성검사, 실험·실습 및 면접 등을 반영하는 방법으로 실시할 수 있다. [개정 99·2·27]

② 후기학교의 입학전형은 중학교의 학교생활기록부(학교생활기록부가 없는 경우에는 이에 갈음하여 활용하는 자료를 말한다)의 기록 또는 선발고사에 의하거나 이를 병합한 방법에 의한다.

③ 제1항 및 제2항의 규정에 불구하고 다음 각호의 1에 해당하는 자에 대하여는 동항의규정에 의한 방법외의 방법으로 입학전형을 할 수 있다.

1. 외국 또는 군사분계선이북지역에서 9년이상의 학교교육과정을 이수한 자
2. 다음 각목의 1에 해당하는 자로서 외국의 학교에서 국내의 중학교에 전학 또는 편입학하여 졸업한 자
  가. 외국의 학교에서 2년이상 재학하고 귀국한 학생(외국에서 부모와 함께 2년이상 거주한 자에 한한다)
  나. 정부의 초청 또는 추천에 의하여 귀국한 과학기술자 및 교수요원의 자녀
  다. 외국인 학생(부모 또는 부모중 1인이 대한민국 국민인 경우에는 외국에서 2년이상의 중학교 교육과정을 이수한 학생을 말한다)
3. 북한이탈주민의보호및정착지원에관한법률 제2조제2호에 의한 보호대상자로서 군사분계선이북지역의 학교에서 2년이상 재학하고 군사분계선 이남지역의 중학교에 편입학하여 졸업한 자

④ 제3항제2호 가목의 규정을 적용함에 있어서 외국학교에의 입학에 소요되는 기간 등 부득이한 사유로 재학기간 또는 거주기간이 2년에 미달된 때에는 시·도별로 설치된 고등학교특례입학자격심사위원회의 심사를 거쳐 동호 동목의 재학기간 및 거주기간을 단축하여 적용할 수 있다. [개정 99·2·27]

⑤ 제4항의 규정에 의한 고등학교특례입학자격심사위원회의 설치 및 운영에 관하여 필요한 사항은 교육감이 정한다. [개정 99·2·27]

제83조 (선발고사방법) ① 제82조제2항의 규정에 의한 선발고사는 제43조제2호의 규정에 의한 중학교의 전 교과에 대하여 실시하되, 입학전형의 실시권자가 특히 필요하다고 인정하는 경우에는 그 중 일부교과를 제외할 수 있다.

② 선발고사는 필기고사에 의하되, 체육교과에 대하여는 체력검사에 의할 수 있다. 다만, 지체부자유자에 대한 체육교과평정은 체력검사외의 다른 방법에 의한다.

③ 제2항 단서의 규정에 의한 지체부자유자의 범위와 지체부자유자의 체육교과평정방법은 교육감이 정한다.

제84조 (후기학교의 신입생 선발 및 배정방법) ① 후기학교의 신입생은 주간부·야간부의 순으로 선발한다.

② 제77조제2항의 규정에 의한 교육부령이 정하는 지역의 후기학교 주간부 신입생은 고등학교 학교군별로 추첨에 의하여 교육감이 각 고등학교에 배정하되, 제81조제5항의규정에 의하여 2이상의 학교를 선택하여 지원한 경우에는 그 입학지원자중에서 추첨에의하여 당해 학교정원의 전부 또는 일부를 배정할 수 있다.

③ 제2항의 규정에 불구하고 제77조제2항의 규정에 의하여 교육부령이 정하는 지역의 주간부 후기학교중 거리·교통이 통학상 극히 불편한 지역에 소재하거나 특별한 사유가 있어 추첨배정이 곤란한 학교로서 교육감이 지정한 학교에 대하여는 추첨에 의하지 아니하고 당해 학교의 장이 학생을 입학하게 할 수 있다.

④ 제77조제2항의 규정에 의하여 교육부령이 정하는 지역의 후기학교 야간부 신입생은 교육감이 각 학교에 통보한 입학전형에 관한 자료에 따라 당해 학교의 장이 선발한다.

⑤ 제2항의 규정에 의한 학교군은 시·도별로 학교분포와 지역적 여건을 참작하여 교육감이 교육위원회의 의결을 거쳐 정한다.

⑥ 교육감은 제5항의 규정에 의하여 학교군을 정한 때에는 이를 고시하여야 한다.

⑦ 제2항의 규정에 의한 후기학교의 추첨·배정에 관하여 교육감의 자문에 응하게 하기 위하여 학교군별로 고등학교입학추첨관리위원회를 두며, 그 조직과 운영에 관한 사항은 시·도 교육규칙으로 정한다.

⑧ 제1항 내지 제4항, 제85조제2항·제86조·제87조의 규정에 의하여 고등학교에 배정된 자가 당해 학교에의 입학을 포기한 경우에는 당해 연도에 다시 다른 학교에 입학배정을 받지 못한다.

제85조 (전기학교 지원자의 후기학교 지원) ① 전기학교의 신입생으로 선발된 자는 후기학교에 입학할 수 없다.

② 전기학교에 지원하여 신입생으로 선발되지 아니한 자가 후기학교에 입학을 원할 때에는 제84조제1항 내지 제4항의 규정에 의하여 교육감이 추첨·배정하거나 당해 학교의 장이 선발한다.

제86조 (추가선발 및 배정) 교육감은 교육부장관이 정하는 바에 따라 제52조의 규정에 의한 학생수용계획상 필요하다고 인정할 때에는 제81조 내지 제85조의 규정에 의하여 고등학교 신입생을 추가로 선발 또는 배정할 수 있다.

제87조(체육특기자 등에 대한 배정) ① 교육감은 입학전형에 응시한 자중 체육특기자에 대하여는 입학전형결과에 불구하고 그 관할지역의 당해 학년 입학정원중 그가 정하는 범위안에서 입학을 허가하되, 제77조제2항의 규정에 의하여 교육부령이 정하는 지역의 후기학교의 경우에는 교육감이 제84조제1항 및 제2항의 규정에 불구하고 학교군에 제한없이 체육종목별로 체육특기학교와 종목별 정원을 정하고 이에 따라 체육특기자를 배정한다.

② 교육감은 입학전형에 응시하여 선발된 지체부자유자중 통학상 불가피하다고 인정되는 자에 대하여는 제84조제1항 및 제2항의 규정에 불구하고 학교를 지정하여 입학하게 할 수 있다.

③ 제1항의 규정에 의한 체육특기자의 범위 및 제2항의 규정에 의한 지체부자유자의 인정방법은 교육감이 정한다.

제88조 (전형료) 제81조의 규정에 의하여 입학전형에 응시하고자 하는 자는 시·도 교육규칙이 정하는 바에 의하여 전형료를 납부하여야 한다.

제89조 (고등학교의 전학 등) ① 고등학교의 장은 교육과정의 이수에 지장이 없는 범위안에서 일반계고등학교, 실업계고등학교, 예·체능계고등학교, 제90조의 규정에 의한 특수목적고등학교, 제91조의 규정에 의한 특성화고등학교 및 학력인정 각종학교간의 전학 또는 편입학을 허가할 수 있다.

② 제1항의 규정에 불구하고 일반계 주간부 고등학교에서 제77조제2항의 규정에 의하여 교육부령이 정하는 지역에 소재하는 일반계 주간부 고등학교로의 전학 또는 편입학의 경우에는 전학 또는 편입학 하고자 하는 자의 거주지가 학교군 또는 시·도가 다른 지역에서 이전된 경우에 한하며, 교육감이 전학 또는 편입학할 학교를 배정한다. 이 경우 거주지가 이전된 자중 당해 학교군에 소재하는 학교에 결원이 없고 인근 학교군에 소재하는 학교에 결원이 있는 경우로서 본인이 원하는 때에는 거주지의 인근 학교군에 소재하는 학교로의 전학을 허용할 수 있다.

③ 제2항의 규정에 불구하고 교육감은 지체부자유자 및 체육특기자에 대하여는 시·도가 같은 지역안에서의 전학을 허용할 수 있다.

④ 제2항에서 "거주지"라 함은 민법 제909조의 규정에 의한 친권자 또는 동법 제928조의 규정에 의한 후견인의 일상생활의 근거지를 말한다. 이 경우 일상생활의 근거지의 여부는 교육감이 결정한다.

⑤ 제73조제5항의 규정은 고등학교의 경우에 이를 준용한다. 이 경우 "교육장"을 "교육감"으로, "제1항 본문"을 "제1항 및 제2항"으로 본다.

제90조 (특수목적고등학교) ① 교육부장관은 다음 각호의 1에 해당하는 학교중에서 특수분야의 전문적인 교육을 목적으로 하는 고등학교(이하 "특수목적고등학교"라 한다)를 지정·고시할 수 있다.

1. 기계·전기·전자·건설등 공업계열의 고등학교
2. 농업자영자 양성을 위한 농업계열의 고등학교
3. 수산자영자 양성을 위한 수산계열의 고등학교
4. 선원 양성을 위한 해양계열의 고등학교
5. 과학영재 양성을 위한 과학계열의 고등학교
6. 어학영재 양성을 위한 외국어계열의 고등학교
7. 예술인 양성을 위한 예술계열의 고등학교
8. 체육인 양성을 위한 체육계열의 고등학교
9. 국제관계 또는 외국의 특정지역에 관한 전문인의 양성을 위한 국제계열의 고등학교

② 제1항의 고시에는 학교명·설치학과·학급수·학생모집지역 및 적용시기가 포함되어야 한다.

제91조 (특성화고등학교) ① 교육부장관은 소질과 적성 및 능력이 유사한 학생을 대상으로 특정분야의 인재양성을 목적으로 하는 교육 또는 자연현장실습 등 체험위주의 교육을 전문적으로 실시하는 고등학교(이하 "특성화고등학교"라 한다)를 지정·고시할 수 있다.

② 제90조제2항의 규정은 특성화고등학교의 경우에 이를 준용한다.

제92조 (준용) ① 제66조 및 제67조의 규정은 고등학교 학생의 입학 등에 관하여 각각 이를 준용한다. 이 경우 "중학교"를 "고등학교"로 본다.

② 제74조의 규정은 고등학교 학생의 편입학 등에 관하여 이를 준용한다.

③ 제75조의 규정은 고등학교의 경우에 이를 준용한다. 이 경우 "중학교"는 "고등학교"로, "제68조 및 제73조제1항"은 "제81조제1항 및 제89조제2항"으로 본다. [개정 99 · 2 · 27]

제93조 (시간제 · 통신제과정의 설치 등) 법 제49조제1항의 규정에 의하여 고등학교에 두는 시간제 · 통신제과정의 설치 및 운영 등에 관하여 필요한 사항은 따로 대통령령으로 정한다.

제94조 (방송통신고등학교의 설치) 법 제51조의 규정에 의한 방송통신고등학교의 설치 및 운영 등에 관하여 필요한 사항은 따로 대통령령으로 정한다.

제95조 (산업체부설 중 · 고등학교의 설치) 법 제52조의 규정에 의한 산업체부설 중 · 고등학교의 설치 및 운영 등에 관하여는 따로 대통령령으로 정한다.

제5장 학력 및 자격인정
제1절 학력인정

제96조 (초등학교 졸업자와 동등의 학력인정) ① 다음 각호의 1에 해당하는 자는 상급학교의 입학에 있어 초등학교를 졸업한 자와 동등의 학력이 있다고 본다.

1. 중학교입학자격검정고시에 합격한 자
2. 외국 또는 군사분계선이북지역에서 6년이상의 학교교육과정을 수료한 자
3. 소년원법 제29조제4항의 규정에 의하여 초등학교에 상응하는 교육과정을 이수한 자

② 제1항제1호의 규정에 의한 검정고시에 관하여 필요한 사항은 시 · 도 교육규칙으로 정한다.

제97조 (중학교 졸업자와 동등의 학력인정) ① 다음 각호의 1에 해당하는 자는 상급학교의 입학에 있어 중학교를 졸업한 자와 동등의 학력이 있다고 본다.

1. 고등학교입학자격검정고시에 합격한 자
2. 교육부장관이 지정한 학교를 졸업한 자
3. 외국 또는 군사분계선이북지역에서 9년이상의 학교교육과정을 수료한 자
4. 교육부장관이 지정한 사회교육시설에서 중학교 교육과정에 상응한 교육과정을 이수한 자
5. 소년원법 제29조제4항의 규정에 의하여 중학교에 상응하는 교육과정을 이수한 자

② 제1항제1호의 규정에 의한 검정고시에 관하여 필요한 사항은 교육부령으로 정한다.

제98조 (고등학교 졸업자와 동등의 학력인정) ① 다음 각호의 1에 해당하는 자는 상급학교의 입학에 있어 고등학교를 졸업한 자와 동등의 학력이 있다고 본다.

1. 고등학교졸업학력검정고시에 합격한 자
2. 교육부장관이 지정한 학교를 졸업한 자
3. 외국 또는 군사분계선이북지역에서 12년이상의 학교교육과정을 수료한 자
4. 한국과학기술원학사규정 제16조제1항제3호에 해당하는 자로서 과학기술대학의 입학전형에 합격하여 등록한 자
5. 교육부장관이 지정한 사회교육시설에서 고등학교 교육과정에 상응한 교육과정을 이수한 자
6. 소년원법 제29조제4항의 규정에 의하여 고등학교에 상응하는 교육과정을 이수한 자
7. 종전의 교육법에 의한 실업고등전문학교에서 3학년이상을 이수한 자

② 제1항제1호의 규정에 의한 학력검정고시에 관하여 필요한 사항은 교육부령으로 정한다.

제2절 자격인정

제99조 (초등학교 졸업자와 동등한 자격인정) 다음 각호의 1에 해당하는 자는 초등학교 졸업자와 동등한 자격이 있다고 본다.

1. 1922년이전의 보통학교 제4학년 졸업자
2. 1938년이전의 보통학교 제6학년 졸업자
3. 1941년이전의 심상소학교 제6학년 졸업자
4. 1942년이후의 국민학교 제6학년 졸업자

제100조 (중학교 제2학년 수료자와 동등한 자격인정) 다음 각호의 1에 해당하는 자는 중학교 제2학년 수료자와 동등한

　　자격이 있다고 본다.
　　　1. 1922년이전의 간이실업학교 제1학년 졸업자
　　　2. 1938년이전의 보통학교 고등과 졸업자
　　　3. 1941년이전의 심상고등소학교 고등과 또는 고등소학교 졸업자
　　　4. 1942년이후의 국민학교 고등과 졸업자
　　　5. 1923년이후의 실업보습학교 제2학년 졸업자

제101조 (중학교 졸업자와 동등한 자격인정) 다음 각호의 1에 해당하는 자는 중학교 졸업자와 동등한 자격이 있다고 본다.
　　　1. 1922년이전의 실업학교 제2학년 졸업자
　　　2. 1923년이후의 실업보습학교 제3학년 졸업자
　　　3. 보통학교 · 소학교 및 국민학교의 고등과를 졸업한 자를 입학자격으로 한 실업학교 또는 실업보습학교 제1학년 수료자 또는 졸업자

제102조 (고등학교 제1학년 수료자와 동등한 자격인정) 다음 각호의 1에 해당하는 자는 고등학교 제1학년 수료자와 동등한 자격이 있다고 본다.
　　　1. 1922년이전의 여자고등보통학교 제3학년 졸업자
　　　2. 1922년이전의 실업학교 제3학년 졸업자
　　　3. 1922년이전의 여자고등보통학교 기예과 제3학년 졸업자
　　　4. 1922년이전의 고등보통학교 교원속성과 졸업자
　　　5. 1924년이전의 각도 교원양성소 수료자
　　　6. 1944년이전의 중학교 · 고등여학교 및 실업학교의 제4학년 수료 또는 졸업자
　　　7. 구 한성사범학교 속성과 및 강습과 수료자
　　　8. 구 도립사범학교 강습과 수료자
　　　9. 구 관립사범학교 특설강습과 수료자
　　　10. 1949년이전의 공립사범학교 강습과 수료자
　　　11. 1950년과 1951년의 중학교 제4학년 졸업자 또는 수료자

제103조 (고등학교 졸업자와 동등한 자격인정) 다음 각호의 1에 해당하는 자는 고등학교 졸업자와 동등한 자격이 있다고 본다.
　　　1. 1916년이전의 경성전수학교 졸업자
　　　2. 1922년이전의 고등보통학교 보습과 졸업자
　　　3. 1922년이전의 고등보통학교 제4학년 졸업자
　　　4. 1922년이전의 실업학교 제4학년 졸업자
　　　5. 1938년이전의 고등보통학교 제5학년 졸업자
　　　6. 1938년이전의 여자고등보통학교 제5학년 졸업자
　　　7. 1944년이전의 실업학교 제5학년 졸업자
　　　8. 1944년이전의 중학교 또는 고등학교 제5학년 졸업자
　　　9. 1945년과 1946년의 중학교 또는 실업학교 제4학년 졸업자
　　　10. 구 한성사범학교 본과 졸업자
　　　11. 구 경성, 평양, 대구고등보통학교 사범과 졸업자
　　　12. 구 경성고등보통학교 교원양성소 수료자
　　　13. 구 도립사범학교 특과 졸업자
　　　14. 구 관립사범학교 심상과 졸업자
　　　15. 구 관립사범학교 강습과 또는 단기강습과 수료자
　　　16. 구 경성, 평양, 대구사범학교 예과 졸업자
　　　17. 1949년이전의 공립사범학교 졸업자

제104조 (종전의 사범학교 졸업자와 동등한 자격인정) 다음 각호의 1에 해당하는 자는 종전의 교육법에 의한 사범학교 졸업자와 동등한 자격이 있다고 본다.
　　　1. 구 고등보통학교 사범과 졸업자
　　　2. 구 여자고등보통학교 사범과 졸업자

3. 구 도립사범학교 특과 졸업자
4. 구 관립사범학교 심상과 또는 보통과의 졸업자 또는 수료자
5. 구 관립사범학교 강습과 수료자
6. 구 한성사범학교 본과 졸업자
7. 고등보통학교 부설 임시교원양성소 본과 졸업자

제6장 보칙

제105조 (학교운영의 특례) ① 법 제61조의 규정에 의한 학교(이하 "자율학교"라 한다)는 국·공·사립의 초등학교·중학교 및 고등학교를 대상으로 교육부장관이 지정한다.

② 자율학교를 운영하고자 하는 학교의 장은 교육감의 추천을 받아 교육부장관의 지정을 받아야 한다.

③ 교육부장관은 다음 각호의 학교에 대하여는 교육감으로 하여금 자율학교를 지정·운영하게 할 수 있다.

1. 법 제28조의 규정에 의한 학습부진아 등에 대한 교육을 실시하는 학교
2. 개별학생의 적성·능력을 고려한 열린교육 또는 수준별 교육과정을 운영하는 학교
3. 특성화중학교
4. 특성화고등학교
5. 기타 교육부장관이 특히 필요하다고 인정하는 학교

④ 자율학교의 장은 제16조·제24조·제68조·제81조 및 제82조의 규정에 불구하고 학생의 지원에 의하여 필기고사외의 방법으로 학생을 선발할 수 있다.

⑤ 자율학교는 3년이내로 지정·운영하되, 교육부장관이 정하는 바에 따라 연장운영할 수 있다.

⑥ 교육부장관 또는 교육감은 자율학교의 운영에 필요한 지원을 하여야 한다.

제106조 (학교의 폐쇄) 학교의 설립·경영자는 관할청이 법 제65조제1항의 규정에 의하여 학교의 폐쇄를 명한 때에는 당해 명령을 받은 날부터 3월이내에 재학생과 학교기본재산의 처리상황을 기재한 서류와 학적부를 관할청에 제출하여야 한다.

제106조의2 (권한의 위임) 법 제62조의 규정에 의하여 교육부장관은 법 별표 1에 의한 교장 또는 원장의 자격인정에 관한 권한을 교육감에게 위임한다. [본조신설 2000·2·28]

제107조 (과태료의 부과) ① 교육감은 법 제68조의 규정에 의하여 과태료를 부과할 때에는 당해 위반행위를 조사·확인한 후 위반사실과 과태료의 금액 등을 서면으로 명시하여 이를 납부할 것을 과태료처분대상자에게 통지하여야 한다.

② 교육감은 제1항의 규정에 의하여 과태료를 부과하고자 할 때에는 10일이상의 기간을 정하여 과태료 처분대상자에게 구술 또는 서면에 의한 의견진술의 기회를 주어야 한다. 이 경우 지정된 기일까지 의견진술이 없는 때에는 의견이 없는 것으로 본다.

③ 교육감은 과태료의 금액을 정함에 있어서는 당해 위반행위의 동기와 그 결과 등을 참작하여야 한다.

부칙

제1조 (시행일) 이 영은 1998년 3월 1일부터 시행한다.

제2조 (다른 법령의 폐지) 다음 각호의 대통령령은 이를 각각 폐지한다.

1. 교육법시행령
2. 중학교의무교육실시에관한규정

제3조 (사립학교의 설립인가신청 등에 관한 경과조치) 이 영 시행당시 종전의 교육법시행령에 의한 사립학교의 설립인가·폐지인가 및 변경인가 신청은 각각 이 영에 의한 신청으로 본다.

제4조 (병설학교에 관한 경과조치) 이 영 시행당시 종전의 교육법시행령에 의한 병설학교는 이 영에 의한 병설학교로 본다.

제5조 (위탁교육에 관한 경과조치) 이 영 시행당시 종전의 교육법시행령에 의하여 실시중인 초등학교 및 중학교의무교육에 관한 위탁교육은 이 영에 의한 위탁교육으로 본다.

제6조 (중학교의무교육에 관한 경과조치) 이 영 시행당시 종전의 중학교의무교육실시에관한규정에 의한 의무교육은 이 영에 의한 중학교의무교육으로 본다.

제7조 (취학의무의 면제 및 유예에 관한 경과조치) 이 영 시행당시 종전의 교육법시행령 또는 중학교의무교육실시에관한규정에 의한 취학의무의 면제 및 유예 결정은 이 영에 의한 결정으로 본다.

제8조 (학생징계 등에 관한 경과조치) 이 영 시행당시 종전의 교육법시행령에 의한 학생징계는 이 영에 의한 학생징계로 본다.

제9조 (주임교사에 관한 경과조치) 이 영 시행당시 종전의 교육법시행령에 의한 주임교사는 이 영에 의한 보직교사로 본다.

제10조 (초·중·고등학교의 통합운영에 관한 경과조치) 이 영 시행당시 종전의 교육법시행령에 의한 통합운영학교는 이 영에 의한 통합운영학교로 본다.

제11조 (학생수용계획에 관한 경과조치) 이 영 시행당시 종전의 교육법시행령에 의하여 교육감이 교육부장관에게 제출한 학생수용계획은 이 영에 의하여 제출된 것으로 본다.

제12조 (분교장에 관한 경과조치) 이 영 시행당시 종전의 교육법시행령에 의하여 설치된 분교장은 이 영에 의하여 설치된 것으로 본다.

제13조 (학교운영위원회의 위원에 관한 경과조치) 이 영 시행당시 종전의 지방교육자치에관한법률시행령에 의하여 선출된 학교운영위원회의 위원은 이 영에 의하여 선출된 학교운영위원회의 위원으로 본다.

제14조 (강사에 관한 경과조치) 이 영 시행당시 종전의 교육법시행령에 의하여 임용된 강사는 이 영에 의하여 임용된 것으로 본다.

제15조 (중학교입학추첨관리위원회 등에 관한 경과조치) 이 영 시행당시 종전의 교육법시행령에 의하여 설치된 중학교입학추첨관리위원회·고등학교입학전형위원회 및 고등학교입학추첨관리위원회는 각각 이 영에 의하여 설치된 것으로 본다.

제16조 (특수목적고등학교 등에 관한 경과조치) 이 영 시행당시 종전의 교육법시행령에 의하여 교육부장관이 지정·고시한 특수목적고등학교 및 특성화고등학교는 이 영에 의하여 지정·고시된 것으로 본다.

제17조 (다른 법령의 개정) 학교보건법시행령중 다음과 같이 개정한다. 제2조중 "교육법 제81조"를 "초·중등교육법 제2조 및 고등교육법 제2조"로 한다. 제4조의2 단서중 "교육법 제81조의 규정에 의한 대학·교육대학·사범대학·전문대학·방송통신대학·개방대학 및 이에 준하는 각종 학교와 유치원"을 "초·중등교육법 제2조제1호의 규정에 의한 유치원과 고등교육법 제2조 각호의 규정에 의한 학교"로 한다. 제6조제1항제1호중 "학교의사 또는 학교약사중 1인과 양호교사 1인을 둔다"를 "학교의사 또는 학교약사중 1인을 두고, 양호교사 1인을 둘 수 있다."로 하고, 동항제4호중 "기술학교·고등기술학교"를 "고등기술학교"로 한다.

제18조 (다른 법령과의 관계) 이 영 시행당시 다른 법령에서 종전의 교육법시행령 또는 중학교의무교육실시에관한규정이나 그 규정을 인용한 경우에는 이 영중 그에 해당하는 규정이 있는 때에는 종전의 교육법시행령 또는 중학교의무교육실시에관한규정이나 그 규정에 갈음하여 이 영 또는 이 영의 해당 조항을 인용한 것으로 본다.

부칙 [98·4·11]

제1조 (시행일) 이 영은 공포한 날부터 시행한다.

제2조 내지 제6조 생략

부칙 [99·2·27]

이 영은 1999년 3월 1일부터 시행한다.

부칙 [99·8·7]

① (시행일) 이 영은 1999년 9월 1일부터 시행한다.

②(중학교 의무교육대상자에 관한 경과조치) 이 영 시행당시 종전의 규정에 의하여 중학교 의무교육대상자로 인정된 자에 대하여는 제23조제1항 및 별표 1의 개정규정에 불구하고 이 영에 의한 중학교 의무교육대상자로 본다.

부칙 [2000·2·28]

① (시행일) 이 영은 2000년 3월 1일부터 시행한다.

② (학교운영위원회 위원에 관한 경과조치) 이 영 시행당시 종전의 규정에 의하여 선출된 학교운영위원회 위원은 이 영에 의하여 선출된 학교운영위원회의 위원으로 본다.

③ (학교운영위원회 위원정수에 관한 경과조치) 이 영 시행당시 종전의 규정에 의하여 구성된 학교운영위원회의 위원정수는 당해 학교운영위원회 위원의 임기가 만료될 때까지 제58조제1항 및 제63조제2항의 개정규정에 불구하고 종전의 규정에 의한다.

④ (학교운영위원회규정의 제정에 관한 특례) 이 영 시행후 최초로 구성하는 사립학교 학교운영위원회의 규정은 당해 학교의 교원 및 학부모의 의견을 수렴하여 학교장이 정한다.

高等敎育法
[법률 제6006호 일부개정 1999. 08. 31.]

第1章 總則
第1條 (目的) 이 法은 敎育基本法 第9條의 規定에 따라 高等敎育에 관한 사항을 정함을 目的으로 한다.
第2條 (學校의 종류) 高等敎育을 실시하기 위하여 다음 各號의 學校를 둔다.
  1. 大學
  2. 産業大學
  3. 敎育大學
  4. 專門大學
  5. 放送大學·通信大學 및 放送通信大學(이하 "放送·通信大學"이라 한다)
  6. 技術大學
  7. 各種學校
第3條 (國·公·私立學校의 구분) 第2條 各號의 學校(이하 "學校"라 한다)는 國家가 設立·경영하는 國立學校, 地方自治團體가 設立·경영하는 公立學校(設立主體에 따라 市立學校·道立學校로 구분할 수 있다), 學校法人이 設立·경영하는 私立學校로 구분한다.
第4條 (學校의 設立등) ① 學校를 設立하고자 하는 者는 施設·設備 등 大統領令이 정하는 設立基準을 갖추어야 한다.
  ② 國家외의 者가 學校를 設立하고자 하는 경우에는 敎育部長官의 認可를 받아야 한다.
  ③ 公·私立學校의 設立·經營者는 學校를 廢止하거나 大統領令이 정하는 중요사항을 변경하고자 하는 경우에는 敎育部長官의 認可를 받아야 한다.
第5條 (指導·監督) ① 學校는 敎育部長官의 指導·監督을 받는다.
  ② 敎育部長官은 學校에 대한 指導·監督을 위하여 필요한 경우에는 學校의 長에 대하여 大統領令이 정하는 바에 따라 관련 資料의 제출을 요구할 수 있다. [新設 99·8·31]
第6條 (學校規則) ① 學校의 長(學校를 設立하는 경우에는 당해 學校를 設立하고자 하는 者를 말한다)은 法令의 범위안에서 學校規則(이하 "學則"이라 한다)을 制定 또는 改正할 수 있다.
  ② 學校의 長이 第1項의 規定에 의하여 學則을 制定 또는 改正한 때에는 이를 지체없이 敎育部長官에게 보고하여야 한다.
  ③ 學則의 기재사항, 制定 및 改正節次, 보고 등에 관하여 필요한 사항은 大統領令으로정한다.
第7條 (敎育財政) ① 國家 및 地方自治團體는 學校가 그 目的을 달성하는데 필요한 財源을 지원·보조할 수 있다.
  ② 學校는 敎育部令이 정하는 바에 의하여 豫算 및 決算을 公開하여야 한다.
第8條 (實驗實習費등의 지급) 國家는 學術·學問硏究의 振興과 敎育의 硏究를 助長하기 위하여 實驗實習費, 硏究助成費, 또는 奬學金의 지급 기타 필요한 措置를 강구하여야 한다.
第9條 (學校間 상호협조의 지원) 國家 및 地方自治團體는 學校 상호간의 敎員交流와 硏究協力의 活性化를 위한 지원을 하여야 한다.
第10條 (學校協議體) ① 大學·産業大學·敎育大學·專門大學 및 放送·通信大學 등은 高等敎育의 발전을 위하여 각 學校의 代表者로 구성하는 協議體를 운영할 수 있다.
  ② 第1項의 規定에 의한 協議體의 組織 및 運營에 관하여는 따로 法律로 정한다.
第11條 (授業料등) ① 學校의 設立·經營者는 授業料와 기타 納付金을 받을 수 있다.
  ② 授業料 기타 納付金의 徵收등에 관하여 필요한 사항은 敎育部令으로 정한다.

第2章 學生과 敎職員
第1節 學生
第12條 (學生自治活動) 學生의 自治活動은 勸奬·보호되며, 그 組織 및 운영에 관한 기본적인 사항은 學則으로 정한다.
第13條 (學生의 懲戒) ① 學校의 長은 敎育上 필요한 때에는 法令과 學則이 정하는 바에 의하여 學生을 懲戒할 수 있다.

② 學校의 長은 學生을 懲戒하고자 하는 경우 해당 學生에게 意見陳述의 기회를 부여하는 등 적정한 節次를 거쳐야 한다.

第2節 敎職員

第14條 (敎職員의 구분) ① 大學·産業大學·敎育大學 및 放送·通信大學에는 學校의 長으로서 總長 또는 學長을 두며, 專門大學 및 技術大學에는 學長을 둔다.

② 學校에 두는 敎員은 第1項의 規定에 의한 總長 및 學長외에 敎授·副敎授·助敎授 및 專任講師로 구분한다.

③ 學校에는 學校運營에 필요한 行政職員등 職員과 助敎를 둔다.

④ 各種學校에는 第1項 내지 第3項의 規定에 준하여 필요한 敎員, 職員 및 助敎(이하 "敎職員"이라 한다)를 둔다.

第15條 (敎職員의 임무) ① 總長 또는 學長은 校務를 統割하고, 소속 敎職員을 監督하며, 學生을 指導한다.

② 敎員은 學生을 敎育·指導하고 學問을 硏究하되, 學問硏究만을 全擔할 수 있다.

③ 行政職員등 職員은 學校의 行政事務와 기타의 事務를 담당한다.

④ 助敎는 敎育·硏究 및 學事에 관한 事務를 보조한다.

第16條 (敎員·助敎의 資格基準 등) 敎員 및 助敎가 될 수 있는 者의 資格基準 및 資格認定에 관한 사항은 大統領令으로 정한다. [改正 99·8·31]

第17條 (兼任敎員등) 學校에는 大統領令이 정하는 바에 의하여 第14條第2項의 敎員외에 兼任敎員·名譽敎授 및 時間講師 등을 두어 敎育 또는 硏究를 담당하게 할 수 있다.

第3章 學校

第1節 通則

第18條 (學校의 명칭) ① 學校의 명칭은 國立學校의 경우에는 大統領令으로 정하고, 公立學校의 경우에는 당해 地方自治團體의 條例로 정하며, 私立學校의 경우에는 당해 學校法人의 定款으로 정한다.

② 第1項의 規定에 의하여 명칭을 정함에 있어 당해 學校 設立目的의 特性을 나타내기 위하여 大統領令이 정하는 범위안에서 第2條의 規定에 의한 學校의 종류와 다르게 사용할 수 있다.

第19條 (學校의 組織) ① 學校는 그 設立目的을 달성하기 위하여 大統領令이 정하는 범위안에서 필요한 組織을 갖추어야 한다.

② 學校의 組織에 관한 기본적 사항은 國立學校의 경우에는 大統領令 및 學則으로 정하고, 公立學校의 경우에는 당해 地方自治團體의 條例 및 學則으로 정하며, 私立學校의 경우에는 당해 學校法人의 定款 및 學則으로 정한다.

第20條 (學年度등) ① 學校의 學年度는 3月 1日부터 다음해 2月 末日까지로 한다.

② 學期·授業日數 및 休業日 등에 관하여 필요한 사항은 大統領令이 정하는 범위안에서 學則으로 정한다.

第21條 (敎育課程의 운영) ① 學校는 學則이 정하는 바에 의하여 敎育課程을 운영하여야 한다. 다만, 外國의 大學과 공동으로 운영하는 敎育課程에 대하여는 大統領令으로 정한다. [改正 99·8·31]

② 敎科의 履修는 評點 및 學點制 등에 의하되, 學點당 필요한 履修時間 등은 大統領令으로 정한다. [改正 99·8·31]

第22條 (授業등) ① 學校의 授業은 學則이 정하는 바에 의하여 晝間授業·夜間授業·季節授業·放送·通信에 의한 授業 및 現場實習授業 등의 방법에 의하여 할 수 있다.

② 學校는 學生의 現場適應力을 높이기 위하여 필요한 경우 學則이 정하는 바에 의하여 實習學期制를 운영할 수 있다.

第23條 (學點의 인정) 學校는 國內·外의 다른 學校에서 취득한 學點을 大統領令이 정하는 범위안에서 學則이 정하는 바에 의하여 이를 당해 學校에서 취득한 學點으로 인정할 수 있다.

第23條의2 (編入學) 學校는 다음 各號의 1에 해당하는 學點을 學則이 정하는 기준이상 취득한 者에 대하여는 學則이 정하는 바에 따라 編入生으로 선발할 수 있다.

1. 國內·外의 다른 學校에서 취득한 學點
2. 學點認定등에관한法律에 의하여 취득한 學點
3. 평생교육법에 의하여 취득한 學點 [[施行日 2000·3·1]] [本條新設 99·8·31]

第24條 (分校) 學校의 設立·經營者는 大統領令이 정하는 바에 의하여 敎育部長官의 認可를 받아 國內·外에 分校를 설치할 수 있다.

第25條 (硏究施設등) 學校에는 硏究所등 그 設立目的을 달성하기 위한 機關을 附設할 수 있다.

第26條 (公開講座) 學校는 學則이 정하는 바에 의하여 學生외의 者를 대상으로 하는 公開講座를 둘 수 있다.

第27條 (外國博士學位의 申告) 外國에서 博士學位를 받은 者는 大統領令이 정하는 바에 의하여 教育部長官에게 申告하여야 한다.

第2節 大學 및 産業大學
第1款 大學

第28條 (目的) 大學은 人格을 도야하고, 國家와 人類社會의 발전에 필요한 學術의 深奧한 理論과 그 應用方法을 教授・研究하며, 國家와 人類社會에 공헌함을 目的으로 한다.

第29條 (大學院) ① 大學(産業大學・教育大學 및 放送・通信大學을 포함한다. 이하 이 條에서 같다)에 大學院을 둘 수 있다.

② 大學院에 學位課程외에 필요에 따라 學位를 수여하지 아니하는 研究課程을 둘 수 있다.

③ 大學에 두는 大學院의 종류, 學位課程, 研究課程 및 그 운영에 관하여 필요한 사항은 大統領令으로 정한다.

第30條 (大學院大學) 특정한 분야의 專門人力을 養成하기 위하여 필요한 경우에는 第29條第1項의 規定에 불구하고 大學院만을 두는 大學(이하 "大學院大學"이라 한다)을 設立할 수 있다.

第31條 (授業年限) ① 大學(大學院大學을 제외한다)의 授業年限은 4年 내지 6年으로 한다. 다만, 授業年限을 6年으로 하는 경우는 大統領令으로 정한다. [改正 99・8・31]

② 大學院의 授業年限은 다음 各號와 같다.

1. 碩士學位課程 및 博士學位課程 : 각각 2年이상

2. 碩士學位 및 博士學位의 課程이 統合된 課程 : 4年이상

③ 學則이 정하는 學點이상을 취득한 者에 대하여는 第1項 및 第2項의 規定에 불구하고 大統領令이 정하는 바에 의하여 第1項 및 第2項의 規定에 의한 授業年限을 단축할 수 있다.

第32條 (學生의 定員) 大學(産業大學・教育大學・專門大學・放送・通信大學・技術大學 및 各種學校를 포함한다)의 學生定員에 관한 사항은 大統領令이 정하는 범위안에서 學則으로 정한다.

第33條 (入學資格) ① 大學(産業大學・教育大學・專門大學 및 放送・通信大學을 포함하며, 大學院大學을 제외한다)에 入學할 수 있는 者는 高等學校를 卒業한 者 또는 法令에 의하여 이와 동등이상의 學力이 있다고 인정된 者로 한다.

② 大學院의 碩士學位課程과 碩士學位 및 博士學位의 課程이 統合된 課程에 入學할 수 있는 者는 學士學位를 가지고 있는 者 또는 法令에 의하여 이와 동등이상의 學力이 있다고 인정된 者로 한다.

③ 大學院의 博士學位課程에 入學할 수 있는 者는 碩士學位를 가지고 있는 者 또는 法令에 의하여 이와 동등이상의 學力이 있다고 인정된 者로 한다.

第34條 (學生의 選拔方法) ① 大學(産業大學・教育大學 및 專門大學을 포함하며, 大學院大學을 제외한다)의 長은 第33條第1項의 規定에 의한 資格이 있는 者중에서 一般銓衡 또는 特別銓衡에 의하여 入學을 許可할 學生을 選拔한다.

② 第1項의 規定에 의한 一般銓衡 또는 特別銓衡의 방법, 學生選拔日程 및 그 운영에 관하여 필요한 사항은 大統領令으로 정한다. [改正 99・8・31]

③ 教育部長官은 入學銓衡資料로 활용하기 위하여 大統領令이 정하는 試驗을 施行할 수 있다. [新設 99・8・31]

④ 第3項의 規定에 의한 試驗에서 부정행위를 한 者에 대하여는 당해 試驗을 無效로 한다. [新設 99・8・31]

第35條 (學位의 수여) ① 大學(産業大學・教育大學을 포함하며, 大學院大學을 제외한다)에서 學則이 정하는 課程을 履修한 者에 대하여는 學士學位를 수여한다.

② 大學院에서 學則이 정하는 課程을 履修한 者에 대하여는 해당 課程의 碩士學位 또는 博士學位를 수여한다.

③ 碩士學位 및 博士學位의 課程이 統合된 課程을 中途에 退學하는 者로서 學則이 정하는 碩士學位의 수여기준을 충족한 者에 대하여는 碩士學位를 수여할 수 있다.

④ 博士學位課程이 있는 大學院을 둔 學校에서는 名譽博士學位를 수여할 수 있다.

⑤ 學位의 종류 및 수여에 관하여 필요한 사항은 大統領令으로 정한다.

⑥ 削除 [99・8・31]

第36條 (時間制 登錄) ① 大學(産業大學, 專門大學 및 放送・通信大學을 포함한다)은 第33條第1項의 入學資格이 있는 者에게 時間制로 登錄하여 당해 大學의 수업을 받게 할 수 있다.

② 第1項의 規定에 의하여 時間制로 登錄할 수 있는 者의 選拔方法 및 登錄人員 등에 관하여 필요한 사항은

大統領令으로 정한다.

第2款 産業大學

第37條 (目的) 産業大學은 産業社會에서 필요로 하는 學術 또는 전문적인 知識・技術의 硏究와 鍊磨를 위한 敎育을 계속하여 받고자 하는 者에게 高等敎育의 기회를 제공하여 國家와 社會의 발전에 기여할 産業人力을 養成함을 目的으로 한다.

第38條 (授業年限) 産業大學의 授業年限 및 在學年限은 각각 이를 제한하지 아니한다.

第39條 (敎科目履修의 인정) 産業大學(專門大學을 포함한다)은 學則이 정하는 바에 의하여 다른 學校・硏究機關 또는 産業體 등에서 행한 敎育・硏究 또는 實習 등을 특정한 敎科目의 履修로 인정할 수 있다.

第40條 (産業體 委託敎育) ① 産業大學(專門大學을 포함한다)은 産業體(産業體를 構成員으로 하는 團體를 포함한다)로 부터 委託받아 敎育을 실시하거나 産業體에 委託하여 敎育을 실시할 수 있다. [改正 99・8・31]

② 第1項의 規定에 의한 産業體 委託敎育에 관하여 필요한 사항은 大統領令으로 정한다.

第3節 敎育大學등

第41條 (目的) ① 敎育大學은 初等學校의 敎員을 養成함을 目的으로 한다.

② 大學의 師範大學(이하 "師範大學"이라 한다)은 中等學校의 敎員을 養成함을 目的으로 한다.

③ 大學에는 특별한 필요가 있는 경우에 大統領令이 정하는 바에 의하여 敎員의 養成을 目的으로 하는 敎育科(이하 "敎育科"라 한다)를 둘 수 있다.

第42條 (敎育大學의 設立 및 授業年限) ① 敎育大學은 國家 또는 地方自治團體가 設立한다.

② 敎育大學의 授業年限은 4年으로 한다.

第43條 (綜合敎員養成大學) ① 國家 및 地方自治團體는 특별한 필요가 있는 경우에 大統領令이 정하는 바에 의하여 敎育大學 및 師範大學의 目的을 동시에 수행할 수 있는 大學(이하 "綜合敎員養成大學"이라 한다)을 設立할 수 있다.

② 法令에 특별한 規定이 있는 경우를 제외하고는 이 法중 敎育大學에 관한 規定은 綜合敎員養成大學의 경우에 이를 準用한다.

第44條 (目標) 敎育大學・師範大學・綜合敎員養成大學 및 敎育科의 敎育은 그 設立目的을 實現하기 위하여 在學生이 다음 各號의 目標를 달성하도록 이루어져야 한다.

  1. 敎育者로서의 확고한 價値觀과 건전한 敎職倫理를 갖추도록 함

  2. 敎育의 理念과 그 구체적 實踐方法을 體得하게 함

  3. 敎育者로서의 資質과 力量을 生涯에 걸쳐 스스로 伸張시켜 나가기 위한 기초를 확립하도록 함

第45條 (附設學校) ① 敎育大學・師範大學 및 綜合敎員養成大學에는 다음 各號의 구분에 따라 在學生의 現場硏究 및 實習을 위한 學校를 附設한다.

  1. 敎育大學 : 初等學校

  2. 師範大學 : 中學校 및 高等學校

  3. 綜合敎員養成大學 : 初等學校・中學校 및 高等學校

② 第1項의 規定에 불구하고 특별한 사정이 있는 경우에는 國・公・私立의 初等學校・中學校・高等學校 및 特殊學校를 附設學校로 代用할 수 있다.

③ 敎育大學・師範大學 및 綜合敎員養成大學에 필요한 경우 第1項의 規定에 의한 附設學校외에 幼稚園・初等學校 및 特殊學校를 附設할 수 있다.

第46條 (臨時敎員養成機關) 敎育部長官은 특별한 필요가 있는 경우에는 大統領令이 정하는 바에 의하여 臨時敎員養成機關 및 臨時敎員硏修機關을 設置하거나 이의 設置를 認可할 수 있다.

第4節 專門大學

第47條 (目的) 專門大學은 社會 각 분야에 관한 전문적인 知識과 理論을 敎授・硏究하고 才能을 鍊磨하여 國家社會의 발전에 필요한 專門職業人을 養成함을 目的으로 한다.

第48條 (授業年限) 專門大學의 授業年限은 2年 내지 3年으로 한다. 다만, 授業年限을 3年으로 하는 경우는 大統領令으로 정한다. [改正 99・8・31]

第49條 (專攻深化課程) 專門大學에 專門大學을 卒業한 者의 繼續敎育을 위하여 大統領令이 정하는 바에 의하여 專攻

深化課程을 設置·운영할 수 있다.

第50條 (學位의 수여) ① 專門大學에서 學則이 정하는 課程을 履修한 者에 대하여는 專門學士學位를 수여한다.

② 專門學士學位의 종류 및 수여에 관하여 필요한 사항은 大統領令으로 정한다.

③ 削除 [99·8·31]

第51條 (編入學) 專門大學을 卒業한 者 또는 法令에 의하여 이와 동등이상의 學力이 있다고 인정되는 者는 大學·産業大學 또는 放送·通信大學에 編入學할 수 있다.

第5節 放送·通信大學

第52條 (目的) 放送·通信大學은 國民에게 情報·通信媒體를 통한 遠隔教育으로 高等教育을 받을 기회를 부여하여 國家와 社會가 필요로 하는 人材를 養成함과 동시에 열린 學習社會를 구현함으로써 平生教育의 발전에 이바지함을 目的으로 한다.

第53條 (放送·通信大學의 課程 및 授業年限) ① 放送·通信大學에는 大統領令이 정하는 바에 의하여 專門學士學位課程 및 學士學位課程을 둘 수 있다.

② 放送·通信大學의 專門學士學位課程의 授業年限은 2年으로 하고, 學士學位課程의 授業年限은 4年으로 한다.

第54條 (學位의 수여) ① 放送·通信大學의 學士學位課程에서 學則이 정하는 課程을 履修한 者에 대하여는 學士學位를 수여한다.

② 放送·通信大學의 專門學士學位課程에서 學則이 정하는 課程을 履修한 者에 대하여는 專門學士學位를 수여한다.

③ 第1項 및 第2項의 規定에 의한 學位의 종류 및 수여에 관하여 필요한 사항은 大統領令으로 정한다.

④ 削除 [99·8·31]

第6節 技術大學

第55條 (目的) 技術大學은 産業體 勤勞者가 産業現場에서 전문적인 知識·技術의 研究·鍊磨를 위한 教育을 계속하여 받을 수 있도록 함으로써 理論과 實務能力을 고루 갖춘 專門人力을 養成함을 目的으로 한다.

第56條 (技術大學의 課程 및 授業年限) ① 技術大學에는 專門學士學位課程 및 學士學位課程을 둔다.

② 第1項의 規定에 의한 각 課程의 授業年限은 각각 2年으로 한다.

第57條 (入學資格등) ① 技術大學의 專門學士學位課程에 入學할 수 있는 者는 高等學校를 卒業한 者 또는 法令에 의하여 이와 동등이상의 學力이 있다고 인정된 者로서 大統領令이 정하는 일정기간이상 産業體에 근무하고 있는 者로 한다.

② 技術大學의 學士學位課程에 入學할 수 있는 者는 專門大學을 卒業한 者 또는 法令에 의하여 이와 동등이상의 學力이 있다고 인정된 者로서 大統領令이 정하는 일정기간이상 産業體에 근무하고 있는 者로 한다.

③ 技術大學의 學生은 第1項 및 第2項의 規定에 의한 資格이 있는 者중에서 選拔하되, 그 選拔方法은 大統領令이 정하는 바에 의하여 學則으로 정한다.

第58條 (學位의 수여) ① 技術大學의 專門學士學位課程에 入學하여 學則이 정하는 課程을 履修한 者에 대하여는 專門學士學位를 수여한다.

② 技術大學의 學士學位課程에 入學하여 學則이 정하는 課程을 履修한 者에 대하여는 學士學位를 수여한다.

③ 第1項 및 第2項의 規定에 의한 學位의 종류 및 수여에 관하여 필요한 사항은 大統領令으로 정한다.

④ 削除 [99·8·31]

第7節 各種學校

第59條 (各種學校) ① 各種學校라 함은 第2條第1號 내지 第6號의 1의 學校와 유사한 教育機關을 말한다.

② 各種學校는 第2條第1號 내지 第6號의 學校와 유사한 명칭을 사용할 수 없다.

③ 教育部長官은 國立 各種學校의 設立·운영에 관한 權限을 大統領令이 정하는 바에 의하여 관계 中央行政機關의 長에게 委託할 수 있다.

④ 第35條第1項·第5項 및 第50條의 規定은 大學 및 專門大學에 준하는 各種學校중 上級 學位課程에의 入學學力이 인정되는 學校로 教育部長官의 지정을 받은 各種學校의 경우에 이를 準用한다. [改正 99·8·31]

⑤ 各種學校에 관하여 기타 필요한 사항은 教育部令으로 정한다.

第4章 補則 및 罰則

第60條 (是正 또는 變更命令) ① 敎育部長官은 學校가 施設·設備·授業 및 學事 기타 사항에 관하여 **敎育關係法令** 또는 이에 의한 命令이나 學則을 위반한 경우에는 기간을 정하여 學校의 設立·經營者 또는 學校의 長에게 그 是正 또는 변경을 명할 수 있다.

② 敎育部長官은 第1項의 規定에 의한 是正 또는 變更命令을 받은 者가 정당한 사유없이 지정된 기간내에 이를 이행하지 아니한 경우에는 大統領令이 정하는 바에 의하여 그 위반행위를 取消 또는 정지하거나 당해 學校의 學生定員의 감축, 學科의 廢止 또는 學生의 모집정지 등의 措置를 할 수 있다.

第61條 (休業 및 休校命令) ① 敎育部長官은 災害등의 긴급한 사유로 正常授業이 불가능하다고 인정하는 경우에는 學校의 長에게 休業을 명할 수 있다.

② 第1項의 規定에 의한 命令을 받은 學校의 長은 지체없이 休業을 하여야 한다.

③ 敎育部長官은 學校의 長이 第1項의 規定에 의한 命令에 불구하고 休業을 하지 아니하거나 특별히 긴급한 사유가 있는 경우에는 休校 處分을 할 수 있다.

④ 第1項 및 第2項의 規定에 의하여 休業된 學校는 休業期間중 授業과 學生의 登校가 정지되며, 第3項의 規定에 의하여 休校된 學校는 休校期間중 단순한 管理業務를 제외하고는 學校의 모든 機能이 정지된다.

第62條 (學校등의 閉鎖) ① 敎育部長官은 學校가 다음 各號의 1에 해당하여 정상적인 學事運營이 불가능한 경우에는 당해 學校의 學校法人에 대하여 學校의 閉鎖를 명할 수 있다.

1. 學校의 長 또는 設立·經營者가 故意 또는 重過失로 이 法 또는 이 法에 의한 命令을 위반한 경우

2. 學校의 長 또는 設立·經營者가 이 法 또는 기타 敎育關係法令에 의한 敎育部長官의 命令을 數回에 걸쳐 위반한 경우

3. 休暇期間을 제외하고 계속하여 3月이상 授業을 하지 아니한 경우

② 敎育部長官은 第4條第2項의 規定에 의한 學校設立認可 또는 第24條의 規定에 의한 分校設置認可를 받지 아니하고 學校의 명칭을 사용하거나 學生을 모집하여 施設을 사실상 學校의 形態로 운영하는 者에 대하여 그 施設의 閉鎖를 명할 수 있다. [改正 99·8·31]

第63條 (聽聞) 敎育部長官은 第62條의 規定에 의하여 學校 또는 施設 등의 閉鎖를 명하고자 하는 경우에는 聽聞을 실시하여야 한다.

第64條 (罰則) ① 다음 各號의 1에 해당하는 者는 3年이하의 懲役 또는 2千萬원이하의 罰金에 처한다.

1. 第4條第2項의 規定에 의한 學校設立認可 또는 第24條의 規定에 의한 分校設置認可를 받지 아니하고 學校의 명칭을 사용하거나 學生을 모집하여 施設을 사실상 學校의 形態로 운영하는 者

2. 第4條第3項의 規定에 위반하여 廢止認可 또는 變更認可를 받지 아니한 者

3. 허위 기타 부정한 방법으로 第4條第2項 또는 第4條第3項의 規定에 의한 學校의 設立認可, 廢止認可 또는 變更認可를 받거나 第24條의 規定에 의한 分校設置認可를 받은 者

② 다음 各號의 1에 해당하는 者는 1年이하의 懲役 또는 500萬원이하의 罰金에 處한다.

1. 第60條第1項의 規定에 의한 命令을 위반한 者

2. 第62條第1項의 規定에 의한 命令을 위반한 者

3. 第33條 및 第57條의 規定에 해당되지 아니한 者에게 入學을 許可한 者

4. 第35條第1項(第59條第4項의 規定에 의하여 準用되는 경우를 포함한다) 내지 第3項, 第50條第1項(第59條第4項의 規定에 의하여 準用되는 경우를 포함한다), 第54條第1項·第2項 또는 第58條第1項·第2項의 規定에 위반하여 學位를 수여한 者

附則

第1條 (施行日) 이 法은 1998年 3月 1日부터 施行한다.

第2條 (大學등에 관한 經過措置) 이 法 施行당시 종전의 敎育法에 의한 大學·敎育大學·師範大學·綜合敎員養成大學·大學院大學·專門大學 및 技術大學과 이에 준하는 各種學校는 각각 이 法에 의한 大學·敎育大學·師範大學·綜合敎員養成大學·大學院大學·專門大學 및 技術大學과 이에 준하는 各種學校로 본다.

第3條 (開放大學에 관한 經過措置) 이 法 施行당시 종전의 敎育法에 의한 開放大學은 이 法에 의한 産業大學으로 본다.

第4條 (放送通信大學에 관한 經過措置) 이 法 施行당시 종전의 敎育法에 의한 放送通信大學은 이 法에 의한 放送·通信大學으로 본다.

第5條 (大學에 설치된 敎育科에 관한 經過措置) 이 法 施行당시 종전의 敎育法에 의하여 大學에 설치된 敎育科는 이 法에 의한 敎育科로 본다.

第6條 (學則에 관한 經過措置) 이 法 施行당시 종전의 敎育法에 의하여 制定된 學則은 이 法에 의하여 制定된 것으로 본다.

第7條 (卒業者에 관한 經過措置) 이 法 施行당시 종전의 敎育法에 의하여 大學 · 開放大學 · 敎育大學 · 師範大學 · 綜合敎員養成大學 · 專門大學 및 放送通信大學과 이에 준하는 各種學校를 卒業한 者는 각각 이 法에 의한 大學 · 産業大學 · 敎育大學 · 師範大學 · 綜合敎員養成大學 · 專門大學 및 放送 · 通信大學과 이에 준하는 各種學校를 卒業한 者로 본다.

第8條 (學位에 관한 經過措置) 이 法 施行당시 종전의 敎育法에 의하여 수여된 專門學士學位 · 學士學位 · 碩士學位 · 博士學位 및 名譽博士學位는 각각 이 法에 의하여 수여된 것으로 본다.

第9條 (專門學士學位 수여에 관한 經過措置) 이 法 施行당시 專門大學을 卒業한 者 또는 放送通信大學의 專門大學課程을 履修한 者에 대하여는 本人의 申請에 의하여 專門學士學位를 수여할 수 있다.

第10條 (學力認定에 관한 經過措置) 이 法 施行당시 종전의 敎育法의 規定에 의한 大學 · 開放大學 · 敎育大學 · 師範大學 · 綜合敎員養成大學 · 專門大學 · 放送通信大學 또는 이에 준하는 各種學校를 卒業한 者와 동등이상의 學力이 있다고 인정된 者는 각각 이 法에 의한 大學 · 産業大學 · 敎育大學 · 師範大學 · 綜合敎員養成大學 · 專門大學 · 放送 · 通信大學 또는 이에 준하는 各種學校를 卒業한 者와 동등이상의 學力이 있다고 인정된 者로 본다.

第11條 (罰則에 관한 經過措置) 이 法 施行당시의 행위에 대한 罰則의 적용에 있어서는 종전의 規定에 의한다.

第12條 (다른 法令과의 관계) 이 法 施行당시 다른 法令에서 종전의 敎育法 또는 그 規定을 인용한 경우에는 이 法中 그에 해당하는 規定에 있는 때에는 종전의 敎育法 또는 그 規定에 갈음하여 이 法 또는 이 法의 해당 條項을 인용한 것으로 본다.

附則 [99 · 8 · 31]

이 法은 公布한 날부터 施行한다. 다만, 第23條의2第3號의 改正規定은 公布후 6月이 경과한 날부터 施行한다.

　6. 복수전공 및 학점인정
　7. 등록 및 수강 신청
　8. 공개강좌 및 특별과정
　9. 교원의 교수시간
　10. 학생회 등 학생자치활동
　11. 장학금지급 등 학생에 대한 재정보조
　12. 학생포상 및 징계
　13. 수업료・입학금 기타의 비용징수
　14. 학칙개정절차
　15. 각종 위원회의 설치・운영
　16. 대학평의원회 및 교수회가 있는 경우에는 그에 관한 사항
　17. 기타 법령에서 정하는 사항
　② 법 제6조제1항의 규정에 의하여 학교의 장이 학칙을 개정하고자 하는 때에는 학칙이 정하는 바에 따라 개정안의 사전공고・심의 및 공포의 절차를 거쳐야 한다.
　③ 교육부장관은 법 제6조제2항의 규정에 의하여 보고된 학칙중 법령에 위반되는 사항이 있다고 인정되는 때에는 그 시정을 요구할 수 있다.

제2장 교직원
제5조 (교원 등의 자격기준) 법 제16조의 규정에 의한 교원 및 조교가 될 수 있는 자의 자격기준에 관하여 필요한 사항은 따로 대통령령으로 정한다.
제6조 (교원의 교수시간) 대학・산업대학・교육대학 및 전문대학의 교원(학교의 장을 제외한다)의 교수시간은 매학년도 30주를 기준으로 매주 9시간을 원칙으로 한다. 다만, 학교의 장이 필요하다고 인정하는 경우에는 학칙으로 다르게 정할 수 있다.
제7조 (겸임교원 등) 학교의 장은 법 제17조의 규정에 의하여 다음 각호의 구분에 따라 겸임교원・명예교수・시간강사・초빙교원 등을 각각 임용 또는 위촉할 수 있다.
　1. 겸임교원 : 법 제16조의 규정에 의한 자격기준에 해당하는 자로서 관련분야에 전문지식이 있는 자
　2. 명예교수 : 교육 또는 학술상의 업적이 현저한 자로서 교육부령이 정하는 자
　3. 시간강사 : 교육과정의 운영상 필요한 자
　4. 초빙교원 등 : 법 제16조의 규정에 의한 자격기준에 해당하는 자. 다만, 특수한 교과를 교수하게 하기 위하여 초빙교원 등을 임용하는 경우에는 그 자격기준에 해당하지 아니하는 자를 임용할 수 있다.

제3장 학교
제1절 통칙
제8조 (학교의 명칭) ① 법 제18조제1항의 규정에 의한 국립학교의 명칭은 따로 대통령령으로 정한다.
　② 법 제18조제2항의 규정에 의하여 학교의 명칭을 법 제2조의 규정에 의한 학교의 종류와 다르게 사용하고자 하는 때에는 대학・산업대학・교육대학과 방송대학・통신대학 및 방송통신대학(이하 "방송・통신대학"이라 한다)은 각각 그 명칭을 대학교또는 대학으로, 전문대학 및 기술대학은 각각 그 명칭을 대학으로 사용하여야 한다.
　③ 제2항의 규정에 의한 학교의 명칭사용에 관하여 기타 필요한 사항은 교육부장관이 정한다.
제9조 (학교의 조직) ① 학교는 법 제19조의 규정에 의하여 그 조직을 갖추는 때에는 학교의 설립목적에 부합하고 학생의 교육받을 권리를 존중하며 교원의 교육 및 연구를도모할 수 있도록 하여야 한다.
　② 대학에는 학과 또는 학부를 둔다.
　③ 대학의 교원은 제2항의 규정에 의한 학과 또는 학부에 소속되는 것을 원칙으로 한다.
제10조 (학기) 법 제20조제2항의 규정에 의한 학기는 매학년도 2학기 내지 4학기로 한다.
제11조 (수업일수) ① 법 제20조제2항의 규정에 의한 수업일수는 매학년도 30주이상으로 한다.
　② 학교의 장은 천재・지변 기타 교육과정의 운영상 부득이한 사유로 인하여 제1항의 규정에 의한 수업일수를 충족할 수 없는 경우에는 교육부장관의 승인을 얻어 매학년도 2주의 범위내에서 수업일수를 감축할 수 있다.
제12조 (휴업일) ① 법 제20조제2항의 규정에 의한 휴업일은 교육과정의 운영에 지장을 주지 아니하는 범위안에서 정한다.

② 학교의 장은 비상재해 기타 급박한 사정이 발생한 때에는 임시휴업을 할 수 있다. 이 경우 학교의 장은 지체없이 교육부장관에게 보고하여야 한다.

제13조 (외국대학과의 교육과정 공동운영) 대학 및 산업대학은 법 제21조제1항의 규정에 의하여 교육과정을 운영함에 있어서 교육부장관이 정하는 바에 따라 외국의 대학과 공동으로 학사학위과정 또는 대학원의 교육과정을 운영할 수 있다.

제14조 (학점당 이수시간) 법 제21조제2항의 규정에 의한 교과의 이수에 있어 학점당 이수시간은 매학기 15시간이상으로 한다.

제15조 (학점의 인정) 법 제23조의 규정에 의하여 국내·외의 다른 학교에서 취득한 학점은 각각 졸업에 필요한 학점의 4분의 1(방송·통신대학의 경우에는 3분의 1)의 범위안에서 이를 당해 학교의 학점으로 인정할 수 있다. 다만, 편입학학생과 대학원학생의 경우 그 범위는 학칙이 정하는 바에 의한다.

제16조 (분교의 인가) 법 제24조의 규정에 의한 국내·외 분교의 설치인가에 관한 사항은 따로 대통령령으로 정한다.

제17조 (외국박사학위의 신고) 외국에서 박사학위를 받은 자는 법 제27조의 규정에 의하여 귀국한 날(귀국후에 박사학위를 받은 자는 그 학위를 받은 날)부터 6월이내에 당해 학위논문 또는 학위논문이 게재된 출판물 1부를 첨부하여 교육부장관에게 신고하여야 한다.

제18조 (통계자료의 요구) 교육부장관은 학교의 장에게 재적생의 변동상황 등 국가의 교육정책 수립에 특히 필요한 통계자료의 제출을 요구할 수 있다.

　　　　　제2절 대학 및 산업대학

제19조 (학생의 전공이수 등) ① 대학의 학생은 본인의 선택에 의하여 학과 또는 학부가 제공하는 전공을 이수하되, 학칙이 정하는 바에 따라 다음 각호의 1에 해당하는 전공을 이수할 수 있다.

　1. 2이상의 전공

　2. 2이상의 학과, 2이상의 학부 또는 학과와 학부가 연계하여 제공하는 전공

　3. 학생이 교육과정을 구성하여 대학의 인정을 받은 전공

　② 대학의 장은 학생이 제1항의 규정에 의한 전공을 이수할 수 있도록 학칙으로 전공인정을 위한 최소학점을 정할 수 있다.

제20조 (학위과정의 연계운영) 대학은 법 제29조제3항의 규정에 의하여 학사학위과정과 대학원의 교육과정을 상호 연계하여 운영할 수 있다.

제21조 (대학원의 종류) ① 법 제29조제3항의 규정에 의한 대학원의 종류는 그 주된 교육목적에 따라 다음 각호와 같이 구분한다.

　1. 일반대학원 : 학문의 기초이론과 고도의 학술연구를 주된 교육목적으로 하는 대학원

　2. 전문대학원 : 전문직업분야 인력의 양성에 필요한 실천적 이론의 적용과 연구개발을 주된 교육목적으로 하는 대학원

　3. 특수대학원 : 직업인 또는 일반성인을 위한 계속교육을 주된 교육목적으로 하는 대학원

　② 대학(대학원대학을 제외한다)에는 일반대학원·전문대학원 또는 특수대학원을 둘 수 있고, 교육대학 및 산업대학에는 특수대학원에 한하여 둘 수 있으며, 대학원대학에는 전문대학원과 특수대학원중 하나에 한하여 둘 수 있다.

제22조 (대학원의 학위과정) 법 제29조제3항의 규정에 의하여 대학원에 두는 학위과정은 다음 각호의 구분에 의한다.

　1. 일반대학원 : 석사학위과정 및 박사학위과정

　2. 전문대학원 : 석사학위과정. 다만, 학칙이 정하는 바에 따라 박사학위과정을 둘 수 있다.

　3. 특수대학원 : 석사학위과정

제23조 (협동과정) ① 법 제29조제3항의 규정에 의하여 대학원에 두는 학위과정으로 학과 또는 전공외에 2이상의 학과 또는 전공이 공동으로 설치·운영하는 협동과정(이하 "학과간 협동과정"이라 한다)과 연구기관 또는 산업체와의 계약에 의하여 설치·운영하는 학·연·산, 학·연 또는 학·산 협동과정(이하 "학·연·산 협동과정"이라 한다)을 둘 수 있다.

　② 제1항의 규정에 의한 학·연·산 협동과정의 설치기준 및 운영 등에 관하여 필요한 사항은 교육부장관이 정한다.

제24조 (대학원위원회) ① 법 제29조제3항의 규정에 의한 대학원의 운영에 관한 사항을 심의하기 위하여 대학원을 둔 대학·산업대학 및 교육대학에 각각 대학원위원회를 둔다.

　② 제1항의 규정에 의한 대학원위원회는 다음 각호의 사항을 심의한다.

  1. 입학·수료 및 학위수여에 관한 사항

  2. 학과 또는 전공의 설치·폐지와 학생정원에 관한 사항

  3. 교육과정에 관한 사항

  4. 대학원에 관한 규정의 제·개정에 관한 사항

  5. 기타 대학원의 운영에 관한 중요사항

  ③ 제1항의 규정에 의한 대학원위원회는 학교의 장이 지명하는 7인이상의 위원으로 구성하되, 그 구성 및 운영에 관한 사항은 학칙으로 정한다.

제25조 (수업연한) 법 제31조제1항의 규정에 의하여 대학(대학원대학을 제외한다)의 수업연한을 6년으로 하는 경우는 의과대학·한의과대학·치과대학 및 수의과대학으로 한다. 이 경우 그 교육과정은 예과를 각각 2년으로, 의학과·한의학과·치의학과 및 수의학과를 각각 4년으로 한다.

제26조 (수업연한의 단축) ① 법 제31조제3항의 규정에 의하여 단축할 수 있는 대학(대학원대학을 제외한다)의 수업연한은 1년이내로 한다.

  ② 법 제31조제3항의 규정에 의하여 단축할 수 있는 대학원의 수업연한은 석사학위 및 박사학위의 과정은 각각 6월이내, 석사학위 및 박사학위의 과정이 통합된 과정은 1년이내로 한다.

제27조 (학생정원 운영의 원칙) 법 제32조의 규정에 의하여 대학(산업대학·교육대학·전문대학·기술대학, 방송·통신대학 및 각종학교를 포함한다. 이하 이 조에서 같다)이 학생정원을 정할 때에는 당해 대학의 교육여건과 사회적 인력수급 전망 등을 반영하여 대학이 특성있게 발전할 수 있도록 정하여야 한다.

제28조 (학생의 정원) ① 법 제32조의 규정에 의한 대학(산업대학·교육대학·전문대학·기술 대학, 방송·통신대학 및 각종학교를 포함하되, 대학원 및 대학원대학을 제외한다)의 학생정원은 입학정원을 기준으로 하여 학칙이 정하는 모집단위(이하 "모집단위"라 한다)별로 학칙으로 정하되, 교육부장관이 학교의 여건상 필요한 경우로서 교원 1인당 학생수 등에 관한 정원책정기준을 정한 경우에는 당해 기준의 범위안에서 정하여야 한다.

  ② 제1항의 규정에 의한 모집단위를 정함에 있어서 대학(대학원 및 대학원대학을 제외한다. 이하 이 항에서 같다)은 복수의 학과 또는 학부별로 이를 정한다. 다만, 대학의 장이 의·약학계 등 학문의 특성 또는 교육과정의 운영상 필요하다고 인정하는 경우에는 해당 관련학과별로 모집단위를 정할 수 있다.

  ③ 제1항의 규정에 의하여 학칙으로 모집단위별 입학정원을 정함에 있어서 교육부장관이 정하는 다음 각호의 사항에 관하여는 이에 따라야 한다.

  1. 교원의 양성과 관련되는 모집단위별 정원

  2. 다음 각목에 해당하는 인력의 양성과 관련되는 모집단위별 정원

    가. 의료법 제2조제1항의 규정에 의한 의료인

    나. 의료기사등에관한법률 제1조의 규정에 의한 의료기사

    다. 약사법 제2조제2항의 규정에 의한 약사 및 한약사

  3. 수도권정비계획법 제18조제3항의 규정에 의하여 총량규제가 적용되는 학교의 정원

  4. 국립학교의 정원

  5. 공립학교의 정원

  ④ 제3항의 규정에 의하여 교육부장관이 제2호 내지 제4호에 관한 사항을 정하는 때에는 관계중앙행정기관의 장과 협의하여야 하며, 제5호에 관한 사항을 정하는 때에는 관계지방자치단체의 장의 의견을 들어야 한다.

제29조 (입학·편입학 등) ① 대학(산업대학·교육대학·전문대학·기술대학, 방송·통신대학 및 각종학교를 포함하되, 대학원 및 대학원대학을 제외한다)의 장은 제28조제1항의 규정에 의하여 학칙이 정하는 모집단위별 입학정원의 범위안에서 입학(편입학 및 재입학을 포함한다. 이하 이 조에서 같다)를 허가한다. 이 경우 모집단위의 폐지로 인하여 폐지된 모집단위의 재적생이 다른 모집단위로 옮기는 경우에는 당해 학생이 그 모집단위에 재적하는 동안에는 그 정원이 따로 있는 것으로 본다.

  ② 다음 각호의 1에 해당하는 자의 입학의 경우에는 제28조제1항의 규정에 불구하고 그정원이 따로 있는 것으로 본다. 이 경우 제2호에 해당하는 자의 학년별 총학생수는 당해 학년 입학정원의 100분의 2를, 제3호에 해당하는 자의 학년별 총학생수는 당해 학년 입학정원의 100분의 5(방송·통신대학 입학의 경우에는 100분의 20)를, 제5호에 해당하는 자의 학년별 총학생수는 당해 학년 입학정원의 100분의 3을, 제8호에 해당하는 자의 모집단위별 총학생수는 당해 모집단위별 입학정원의 100분의 10을 각각 초과할 수 없으며, 제2호·제3호 및 제5호에 해당하는 자의 모집단위별 총학생수는 당해 모집단위별 입학정원의 100분의 10을 각각 초과할 수 없다.

  1. 교육부령이 정하는 위탁학생

2. 재외국민 및 외국인(제6호 및 제7호의 규정에 의한 재외국민 및 외국인을 제외한다)

3. 학사학위를 취득하고 제3학년에 편입학하는 자(전문대학의 경우를 제외한다)

4. 특수교육진흥법 제10조의 규정에 의한 특수교육대상자

5. 학교의 장이 정하는 농·어촌지역의 학생

6. 북한이탈주민 및 부모가 모두 외국인인 외국인

7. 외국에서 우리나라 초·중등교육에 상응하는 교육과정을 전부 이수한 재외국민 및 외국인

8. 대학·산업대학·교육대학·전문대학·기술 대학 및 방송·통신대학의 졸업자 또는 이와 동등이상의 학력이 있다고 인정되는 자(전문대학에 입학하는 경우에 한한다)

③ 대학의 장은 제28조제1항의 규정에 불구하고 학칙이 정하는 바에 따라 제2학년 또는 제3학년 학생이 같은 학년의 다른 모집단위로 옮기는 것을 허가할 수 있다. 다만, 제28조제3항제1호의 규정에 해당하는 모집단위로 옮기는 경우에는 그 입학정원의 100분의 20을 초과할 수 없으며, 제28조제3항제2호의 규정에 해당하는 모집단위로 옮기는 경우에는 그 입학정원의 범위를 초과할 수 없다. [개정 99·3·26]

④ 산업대학·전문대학, 방송·통신대학 및 각종학교의 장은 제28조제1항의 규정에 불구하고 학칙이 정하는 바에 따라 학생이 같은 학년의 다른 모집단위로 옮기는 것을 허가할 수 있다.

제30조 (대학원의 학생정원 등) ① 법 제32조의 규정에 의하여 일반대학원 및 전문대학원의 학위과정의 입학정원은 대학원별 및 계열별로, 특수대학원의 학위과정의입학정원은 대학원별로, 학과간 협동과정 및 학·연·산 협동과정의 입학정원은 그 과정별로 교육부장관이 정하는 범위안에서 학칙으로 정한다.

② 대학원을 둔 학교의 장은 학칙이 정한 입학정원의 범위안에서 입학을 허가하며, 당해 학년도 입학정원에서 재학생수를 뺀 범위안에서 편입학 또는 재입학을 허가할 수있다. 이 경우 학과 또는 전공의 폐지로 인한 재적생이 학과 또는 전공을 옮기는 경우에는 당해 학생이 그 학과 또는 전공에 재적하는 동안에는 그 정원이 따로 있는 것으로 본다.

③ 다음 각호의 1에 해당하는 자가 대학원에 입학·편입학 또는 재입학할 경우에는 제1항의 규정에 불구하고 그 정원이 따로 있는 것으로 본다.

1. 교육부령이 정하는 위탁학생

2. 부모가 모두 외국인인 외국인 학생

3. 외국에서 우리나라 초·중등교육과 대학교육에 상응하는 교육과정을 전부 이수한 재외국민 및 외국인

제31조 (학생의 선발) ① 대학(산업대학·교육대학 및 전문대학을 포함하며, 대학원대학을 제외한다. 이하 제34조까지 같다)의 장이 법 제34조제1항의 규정에 의하여 입학자를 선발함에 있어서는 모든 국민이 능력에 따라 균등하게 교육받을 권리를 보장하고 초·중등교육이 교육 본래의 목적에 따라 운영되는 것을 도모하도록 하여야 한다. 이 경우 국립대학의 장은 국가의 균형발전을 도모하도록 하는 방안을 함께 강구하여야 한다.

② 대학의 장은 법 제34조제1항의 규정에 의한 입학전형을 함에 있어서 학생의 소질·적성 및 능력 등이 반영될 수 있도록 그 방법 및 기준을 다양하게 마련하여 시행하여야 한다.

제32조 (대학입학전형기본계획의 수립·공표) 교육부장관은 대학입학전형의 공정한 관리를 위하여 대학입학전형기본계획을 수립하여 이를 매입학연도의 전학년도 개시일의 전일까지 공표하여야 한다.

제33조 (대학입학전형시행계획의 수립 등) 대학의 장은 제32조의 규정에 의하여 공표된 대학입학전형기본계획에 따라 당해 대학의 교육목적과 특성에 맞게 대학입학전형시행계획을 수립·예고하여야 한다.

제34조 (입학전형의 구분) ① 법 제34조의 규정에 의한 일반전형은 일반학생을 대상으로 보편적인 교육적 기준에 따라 학생을 선발하는 전형으로서 대학의 교육목적에 적합한 입학전형의 기준 및 방법에 따라 공정한 경쟁에 의하여 공개적으로시행되어야 한다.

② 법 제34조의 규정에 의한 특별전형은 특별한 경력이나 소질 등 대학이 제시하는 기준 또는 차등적인 교육적 보상기준에 의한 전형이 필요한 자를 대상으로 학생을 선발하는 전형으로서 사회통념적 가치기준에 적합한 합리적인 입학전형의 기준 및 방법에 따라 공정한 경쟁에 의하여 공개적으로 시행되어야 한다.

제35조 (입학전형자료) ① 대학(교육대학을 포함한다. 이하 이 조에서 같다)의 장은 법 제34조제1항의 규정에 의하여 입학자를 선발하기 위하여 고등학교 학교생활기록부의 기록, 대학수학능력시험의 성적, 대학별고사(논술 등 필답고사, 면접·구술고사, 신체검사, 실기·실험고사 및 교직적성·인성검사를 말한다. 이하 이조에서 같다)의 성적과 자기소개서 등 교과성적외의 자료 등을 입학전형자료로 활용할 수 있다.

② 국·공립의 대학의 장은 고등학교 학교생활기록부의 기록을 필수입학전형자료로 활용하여야 하며, 대학별고사를 필답고사로 시행하는 때에는 논술고사만을 시행하여야한다.

제36조 (대학수학능력시험) ① 제35조제1항의 규정에 의한 대학수학능력시험(이하 제38조까지 "시험"이라 한다)은 교육부장관이 시행한다.

② 교육부장관은 시험의 출제·배점·성적통지 및 시험일정 등을 내용으로 하는 시험시행기본계획을 시험실시연도 3월말까지 공표하여야 한다.

③ 교육부장관은 시험에서 부정한 행위를 한 자에 대하여는 당해 시험을 중지 또는 무효로 하고, 그 처분이 있는 날부터 2년간의 시험응시를 거부한다.

제37조 (출제위원 등) 교육부장관은 대학교육수학능력의 평가에 관한 전문지식이 있는 자중에서 시험의 출제위원을, 교육행정기관 또는 교육연구기관의 직원중에서 시험의 관리요원을 각각 지정 또는 위촉한다.

제38조 (응시수수료 등) ① 시험에 응시하고자 하는 자는 교육부장관이 정하는 응시수수료를 납부하여야 한다.

② 교육부장관은 출제위원 및 관리요원 등 시험에 종사하는 자에게 예산의 범위안에서 교육부장관이 정하는 기준에 따라 수당과 여비를 지급할 수 있다.

제39조 (산업대학의 학생선발방법) ① 산업대학의 장은 제34조제2항의 규정에 의한 특별전형으로 입학자를 선발하는 때에는 다음 각호의 1에 해당하는 자를 우선하여 선발하되, 그 우선순위는 학칙으로 정한다.

1. 산업체에 근무하는 자로서 그 사용자가 교육을 위탁한 자
2. 산업체에 1년6월이상 근무한 경력이 있는 자
3. 자격기본법에 의한 국가자격 또는 국가의 공인을 받은 민간자격을 취득한 자
4. 실업계고등학교 또는 특수목적고등학교를 졸업하고 동일계 모집단위에 지원한 자
5. 일반계고등학교 직업과정 이수자로서 당해 과정과 동일한 계열의 모집단위에 지원한 자
6. 기타 제1호 내지 제5호에 준하는 자로서 학칙이 정하는 자

② 제1항의 규정에 의한 선발의 기준·방법 및 절차와 자격 및 산업체의 범위 등에 관한 사항은 학칙으로 정한다.

③ 제35조제1항의 규정은 산업대학이 일반전형에 의하여 입학자를 선발하는 경우의 전형자료 활용에 관하여 이를 준용한다. 이 경우 "대학(교육대학을 포함한다. 이하 이조에서 같다)"을 "산업대학"으로 본다.

제40조 (전문대학의 학생선발방법) ① 전문대학의 장은 제34조제2항의 규정에 의한 특별전형으로 입학자를 선발하는 때에는 다음 각호의 자를 대상으로 당해 전문대학의 장이 정하는 모집방법과 선발기준에 따라야 한다.

1. 실업계·예능계·체육계고등학교를 졸업한 자(졸업예정자를 포함한다) 또는 일반계고등학교의 2년이상의 직업과정을 이수한 자(이수예정자를 포함한다)로서 동일계 또는 그 직업과정과 관련있는 모집단위의 지원자
2. 자격기본법에 의한 국가자격 또는 국가의 공인을 받은 민간자격을 취득한 자로서 전문대학의 장이 정하는 모집단위의 지원자
3. 산업체에서 1년6월이상 근무하거나 근무한 자로서 전문대학의 장이 정하는 모집단위의 지원자
4. 전문대학과 실업계고등학교가 교육과정을 연계하여 운영하는 경우 당해 과정을 이수한 실업계고등학교를 졸업한 자(졸업예정자를 포함한다)로서 관련 모집단위 지원자
5. 전문대학의 장이 정하는 기준에 해당하는 음악·미술 및 체육 등의 분야별 특기자로서 관련 모집단위 지원자
6. 기타 당해 전문대학의 교육목적과 사회통념적 가치기준에 적합한 자로서 전문대학의 장이 정하는 기준에 해당하는 자

② 삭제 [99·3·26]

제41조 (학생의 선발일정) ① 교육부장관은 수시모집·특차모집·정시모집·추가모집에 관한 대학(교육대학을 포함한다. 이하 제42조까지 같다)의 학생선발일정을 정한다.

② 제1항의 규정에 의한 모집별 선발일정은 교육부장관이 매입학연도의 전학년도 개시일의 전일까지 공표한다.

제42조 (입학지원방법 등) ① 대학에 입학하고자 하는 자는 수시모집·특차모집·정시모집·추가모집에 지원할 수 있다. 이 경우 정시모집의 동일 시험기간군과 특차모집에 있어서는 각각 하나의 대학에만 지원할 수 있으며, 특차모집에 지원하여 합격한 자(추가합격통보를 받은 경우에는 당해 대학에 등록한 자를 말한다)는 정시모집이나 추가모집에 지원할 수 없다.

② 제1항의 규정에 의한 모집별로 지원하여 입학할 학기가 같은 2이상의 대학에 합격한자는 하나의 대학에만 등록하여야 하되, 특차모집에 지원하여 합격한 자(추가합격 통보를 받은 경우에는 당해 대학에 등록한 자를 말한다)는 입학할 학기가 같은 다른 대학에 등록하여서는 아니된다.

③ 대학의 장은 교육부장관이 제1항 내지 제2항의 규정에 위반하여 대학에 입학한 자로당해 입학연도의 말일까지 통보한 경우에는 지체없이 그의 입학을 무효로 하여야 한다.

④ 대학의 장은 매학년도의 개시일부터 30일이내에 제1항 및 제2항의 규정에 의하여 당해 대학에 지원한 자·응시

한 자·합격한 자·등록한 자 및 입학한 자의 명단을 교육부장관에게 보고하여야 한다. [개정 99·3·26]

제43조 (학위의 종류) ① 법 제35조제1항의 규정에 의한 학사학위의 종류는 학칙으로 정한다.

② 법 제35조제2항의 규정에 의한 석사학위 및 박사학위는 학술학위와 전문학위로 구분하되, 그 종류 및 표기방법은 교육부령으로 정한다.

제44조 (학위논문의 제출 및 심사) ① 석사학위 또는 박사학위를 취득하고자 하는 자는 학칙이 정하는 바에 따라 소정의 학점을 취득하고 일정한 시험에 합격한 후 학위논문을 제출하여야 한다. 다만, 석사학위중 전문학위의 경우에는 학칙이 정하는 바에 따라 다른 방법에 의할 수 있다.

② 학위논문의 심사는 교원 또는 학계의 권위자중에서 제24조의 규정에 의한 대학원위원회의 심의를 거쳐 선정된 심사위원(석사학위의 경우에는 3인이상, 박사학위의 경우에는 5인이상)이 행한다.

제45조 (학위논문심사료) 대학·산업대학 및 교육대학의 장은 대학원위원회의 심의를 거쳐 석사학위논문 또는 박사학위논문의 제출자로부터 실비에 상당하는 심사료를 징수할 수 있다.

제46조 (대학원과정의 학위수여) 일반대학원에서는 학술학위를 수여하고, 전문대학원 및 특수대학원에서는 전문학위를 수여한다. 다만, 전문대학원의 경우에는 학문의 특성상 필요한 경우 학칙이 정하는 바에 따라 학술학위를 수여할 수 있다.

제47조 (명예박사학위의 수여) 법 제35조제4항의 규정에 의한 명예박사학위는 학술발전에 특별한 공헌을 하였거나 인류문화의 향상에 특별한 공적이 있는 자에 대하여 대학원위원회의 심의를 거쳐 수여할 수 있다.

제48조 (학위의 수여) ① 학교의 장은 법 제35조제1항 내지 제4항의 규정에 의하여 학위를 수여하는 때에는 학위증서를 발급하여야 한다.

② 학교의 장은 제1항의 규정에 의한 학위증서에 제49조제2항의 규정에 의하여 통보받은 학위등록번호를 기재하여야 한다.

제49조 (학위의 등록) ① 학교의 장은 법 제35조제6항의 규정에 의하여 학위를 등록하고자 하는 때에는 학위수여예정일 15일전까지 학위수여예정자명부를 교육부장관에게 제출하여야 한다.

② 교육부장관은 제1항의 규정에 의하여 학위의 등록신청을 받은 때에는 학위수여예정자별로 학위등록번호를 부여한 후 이를 학교의 장에게 통보하여야 한다.

제50조 (수료자의 등록 등) ① 대학원의 학위과정을 수료한 자는 학칙이 정하는 바에 따라 당해 대학원에 논문준비 등을 위한 등록을 할 수 있다.

② 제1항에서 "학위과정을 수료한 자"라 함은 법 제31조의 규정에 의한 수업연한을 경과하고 학칙이 정하는 소정의 학점을 취득한 자를 말한다.

제51조 (박사학위논문의 공표) 박사학위를 받은 자는 그 받은 날부터 1년이내에 교육부장관이 정하는 바에 따라 박사학위논문을 공표하여야 한다. 다만, 교육부장관이그 공표가 적당하지 아니하다고 인정하는 때에는 그러하지 아니하다.

제52조 (박사학위 등 수여의 취소) ① 박사학위를 수여한 학교의 장은 박사학위를 받은 자가 당해 학위를 부정한 방법으로 받은 경우 또는 명예박사학위를 받은 자가 그 명예를 손상한 경우에는 대학원위원회의 심의를 거쳐 각각 그 학위수여를 취소할 수 있다.

② 학교의 장은 제1항의 규정에 의하여 학위수여를 취소한 때에는 지체없이 이를 교육부장관에게 보고하여야 한다.

제53조 (시간제등록생의 선발 등) ① 대학(산업대학·전문대학 및 방송·통신대학을 포함한다)의 장은 법 제36조의 규정에 의하여 시간제로 등록하여 수업을 받는 자(이하이 조에서 "시간제등록생"이라 한다)를 선발하는 때에는 고등학교 학교생활기록부의 기록 및 면접고사의 결과 등을 전형자료로 활용하되, 이에 관하여 필요한 사항은 학칙으로 정한다.

② 제1항의 규정에 의하여 선발하는 시간제등록생의 등록인원은 당해 대학(산업대학 및 전문대학을 포함한다. 이하 이 항에서 같다) 학칙으로 정한다. 다만, 수도권정비계획법 제2조제1호의 규정에 의한 수도권에 소재하는 대학이 선발하는 시간제등록생은 당해 대학의 모집단위별 입학정원의 100분의 10의 범위안에서 대학의 학칙으로 정한다. [개정 99·3·26]

③ 방송·통신대학의 시간제등록생 등록인원은 이를 제한하지 아니한다.

④ 시간제등록생이 신청할 수 있는 학점은 매학기 취득기준학점의 2분의 1을 초과할 수없다.

제3절 교육대학 등

제54조 (교육과의 설치) 법 제41조제3항의 규정에 의한 대학의 교육과 설치에 관하여 필요한 사항은 교원의 수급상황

등을 고려하여 교육부장관이 정한다.

제55조 (종합교원양성대학의 설립) 법 제43조제1항의 규정에 의한 종합교원양성대학의 설립에 관하여 필요한 사항은 따로 대통령령으로 정한다.

제56조 (임시교원양성기관의 설치) 법 제46조의 규정에 의한 임시교원양성기관은 다음 각호의 1에 해당하는 경우에 설치하거나 이의 설치를 인가할 수 있다.

  1. 정규 교원양성기관에서 양성이 어려운 과목의 교원을 양성하고자 하는 경우
  2. 한시적으로 양성이 필요한 과목의 교원을 양성하고자 하는 경우
  3. 교원수급상 공급인원이 일시적으로 부족하여 단기간에 양성하여 공급할 필요가 있는 경우
  4. 현직의 초·중등교원에게 복수자격 취득기회를 제공하기 위하여 필요한 경우

제4절 전문대학

제57조 (전문대학의 수업연한) 법 제48조의 규정에 의하여 전문대학의 수업연한을 3년으로 하는 경우는 간호과·방사선과·임상병리과·물리치료과·치기공과·치위생과·작업치료과·어업과 및 기관과 기타 교육부장관이 정하는 과로 한다.

제58조 (전공심화과정의 설치·운영) ① 법 제49조의 규정에 의하여 전문대학에 설치하는 전공심화과정은 학위과정으로 할 수 없다.

  ② 전공심화과정의 수업연한은 1년의 범위내에서 학칙으로 정한다.

  ③ 전공심화과정에 등록할 수 있는 자는 전문대학을 졸업한 자 또는 이와 동등이상의 학력이 있다고 인정되는 자로서 졸업 또는 학력인정후 산업체 근무경력이 1년이상 있는 자이어야 한다.

  ④ 전문대학에 전공심화과정을 설치하고자 하는 경우에는 그 설치과정·등록인원 및 운영 등에 대하여 교육부장관이 정하는 기준을 충족하여야 한다.

제59조 (교육과정의 연계운영) 전문대학의 장은 직업교육을 활성화하기 위하여 필요한 경우에는 학칙이 정하는 바에 따라 실업계고등학교·대학·산업대학 및 산업체와 상호연계하여 교육과정을 운영할 수 있다.

제60조 (전문학사학위의 종류) 법 제50조제2항의 규정에 의한 전문학사학위의 종류는 학칙으로 정한다.

제61조 (준용규정) 제35조·제48조 및 제49조의 규정은 전문대학의 입학전형자료 및 학위의 수여·등록에 관하여 각각 이를 준용한다. 이 경우 "대학(교육대학을 포함한다. 이하 이 조에서 같다)"·"대학" 및 "학교"를 각각 "전문대학"으로 본다.

제5절 방송·통신대학

제62조 (방송·통신대학의 과정 설치) 법 제53조제1항의 규정에 의한 방송·통신대학의 전문학사학위과정 및 학사학위과정의 설치에 관한 사항은 따로 대통령령으로 정한다.

제63조 (수업의 운영) 방송·통신대학의 수업운영은 방송·통신강의, 출석수업, 실험실습, 교재에 의한 학습 및 과제물 지도 등의 방법으로 하되, 기타 수업운영에 관하여 필요한 사항은 학칙으로 정한다.

제64조 (준용규정) 제28조제2항·제43조제1항·제48조·제49조 및 제60조의 규정은 방송·통신대학의 학생의 모집단위, 학위의 종류·수여 및 등록에 관하여 각각 이를 준용한다. 이 경우 "대학(대학원 및 대학원대학을 제외한다. 이하 이 항에서 같다)"·"대학" 및 "학교"를 각각 "방송·통신대학"으로 본다.

제6절 기술대학

제65조 (입학자격) ① 법 제57조제1항 및 제2항에서 "대통령령이 정하는 일정기간이상"이라 함은 1년 6월이상을 말한다.

  ② 제1항의 규정에 의한 기간에는 직업교육훈련촉진법 제2조제3호의 규정에 의한 직업교육훈련생이 동법 제7조 본문의 규정에 의하여 현장실습을 받은 기간을 포함한다.

제66조 (학생선발방법) ① 기술대학의 장은 법 제57조제3항의 규정에 의하여 학생을 선발하는 때에는 산업체 근무실적 및 산업체의 장의 추천 등에 의하되, 구체적인 선발방법 및 절차에 관하여 필요한 사항은 학칙으로 정한다.

  ② 기술대학의 장은 학생선발에 있어서 직업교육훈련촉진법 제2조제2호의 규정에 의한 직업교육훈련기관의 교육 훈련과정 이수자 및 관련분야의 자격취득자를 우대할 수 있다.

제67조 (준용규정) 제43조제1항·제48조·제49조 및 제60조의 규정은 기술대학의 학사학위 또는 전문학사학위의 종류·수여 및 등록에 관하여 각각 이를 준용한다. 이 경우 "학교"를 "기술대학"으로 본다.

제7절 각종학교

제68조 (각종학교) 법 제59조제3항의 규정에 의한 국립 각종학교의 설립·운영에 관한의 위탁에 관한 사항은 따로 대통령령으로 정한다.

제69조 (준용규정) 제43조제1항·제48조·제49조 및 제60조의 규정은 법 제59조제4항의 규정에 의하여 상급 학위과정에의 입학학력이 인정되는 학교로 교육부장관의 지정을 받은 각종학교의 학사학위 또는 전문학사학위의 종류·수여 및 등록에 관하여 각각 이를 준용한다.

제4장 학력인정 및 자격인정

제70조 (학력인정) ① 다음 각호의 1에 해당하는 자는 전문대학을 졸업한 자와 동등한 학력이 있다고 본다. [개정 99·3·26]

　1. 대학(산업대학·교육대학, 방송·통신대학 및 이에 준하는 학력인정 각종학교를 포함한다. 이하 이 조에서 같다)에서 2학년 또는 3학년이상의 교육과정을 전부 이수한자

　2. 외국 또는 군사분계선이북지역에서 우리나라의 초·중등교육과 대학 2년의 학교교육에 상응하는 교육과정을 수료한 자로서 대학 2년을 수료한 자와 동등한 학력이 있다고 인정되는 자

② 외국 또는 군사분계선이북지역에서 우리나라의 초·중등교육과 대학교육에 상응하는 교육과정을 전부 이수한 자로서 대학을 졸업한 자와 동등한 학력이 있다고 인정되는 자는 대학을 졸업한 자와 동등한 학력이 있다고 본다.

제71조 (구 학교 등의 졸업자의 자격인정) ① 다음 각호의 1에 해당하는 자는 전문대학졸업자와 동등한 자격이 있다고 본다.

　1. 종전의 관립사범학교 연습과(2년제) 졸업자

　2. 종전의 교육부 중등교원양성소 2년 수료자

　3. 종전의 전문학교 제3학년 또는 제4학년을 졸업한 자

　4. 종전의 대학 예과 수료자

　5. 1922년이전의 농림학교 전문과 제3학년 졸업자

　6. 종전의 관립사범학교 본과 3학년 졸업자

　7. 종전의 대학 전문부 졸업자

　8. 종전의 진해고등해원양성소 연습과 수료자

　9. 종전의 간호학교 졸업자

　10. 1965년이후 종전의 실업고등전문학교 및 전문학교 졸업자

　11. 종전의 초급대학 졸업자

② 1년6월을 수업연한으로 하는 종전의 교육부중등교원양성소 수료자는 대학 학부(의과대학에 있어서는 예과) 1년 수료자와 동등한 자격이 있다고 본다.

③ 종전의 대학령에 의한 대학 제3학년 또는 제4학년을 수료한 자는 대학졸업자와 동등한 자격이 있다고 본다.

④ 종전의 교원교육원령에 의하여 교원교육원 사범대학 과정을 수료한 자는 대학졸업자와 동등한 자격이 있다고 본다.

제5장 보칙

제72조 (학교의 폐쇄) 학교설립자는 교육부장관이 법 제62조의 규정에 의하여 학교의 폐쇄를 명한 때에는 당해 명령을 받은 날부터 3월이내에 재학생과 학교기본재산의 처리상황을 기재한 서류와 학적부를 각각 교육부장관에게 제출하여야 한다.

부칙

제1조 (시행일) 이 영은 1998년 3월 1일부터 시행한다.

제2조 (다른 법령의 폐지) 다음 각호의 대통령령은 이를 각각 폐지한다. 다만, 대학원규정 제3조의 규정은 따로 대통령령으로 정하는 때까지 그 효력을 가진다.

　1. 교육법시행령

　2. 대학원규정

　3. 대학학생정원령

　4. 개방대학설치운영규정

제3조 (학위의 구분 및 수여 등에 관한 적용례) 제43조제2항의 규정중 학술학위·전문학위의 구분에 관한 규정 및 제46조의 규정은 1997년 9월 1일이후 입학자부터 적용하고, 제43조제2항의 규정중 학술학위·전문학위별 종류 및 표기방법에 관한 규정은 1998년 9월 1일이후 입학자부터 적용한다.

제4조 (공·사립학교의 설립인가신청 등에 관한 경과조치) 이 영 시행당시 종전의 교육법시행령에 의한 공·사립학교의 설립·폐지 및 변경인가의 신청은 각각 이 영에 의한 신청으로 본다.

제5조 (병설학교에 관한 경과조치) 이 영 시행당시 종전의 교육법시행령에 의하여 설치된 병설학교의 운영에 관하여는 종전의 규정에 의하되, 병설학교의 운영개선 등에 관하여 필요한 사항은 교육부령으로 정한다.

제6조 (개정인가 신청중인 학칙에 관한 경과조치) 이 영 시행당시 종전의 교육법시행령에 의하여 개정인가를 신청한 학칙은 제4조제2항의 규정에 의한 절차를 거쳐 교육부장관에게 보고한 것으로 본다.

제7조 (외국대학과의 교육과정 공동운영에 관한 경과조치) 이 영 시행당시 종전의 교육법시행령에 의한 외국대학과의 교육과정 공동운영은 이 영에 의한 것으로 본다.

제8조 (대학원위원회에 관한 경과조치) 이 영 시행당시 종전의 대학원 규정에 의하여 구성된 대학원위원회는 이 영에 의한 대학원위원회로 본다.

제9조 (협동과정의 설치에 관한 경과조치) 이 영 시행당시 종전의 대학원규정에 의하여 설치된 학과간 협동과정 및 학·연·산 협동과정은 이 영에 의하여 설치된 것으로 본다.

제10조 (수업연한의 단축에 관한 경과조치) 이 영 시행당시 교육대학 및 방송·통신대학에 재적하고 있는 학생에 대한 수업연한의 단축에 관하여는 종전의 규정에 의한다.

제11조 (학생정원에 관한 경과조치) 이 영 시행당시 학교에 재적하고 있는 학생의 정원·편입학·재입학·전과 등에 따른 별도정원에 관하여는 종전의 규정에 의한다.

제12조 (대학 및 전문대학의 입학전형방법에 관한 경과조치) ① 대학(교육대학·사범대학 및 전문대학을 포함한다. 이하 이 조에서 같다)의 장은 1998학년도까지 고등학교를 졸업한 자가 대통령령 제15127호 교육법시행령중개정령(이하 이 조에서 "구 교육법시행령"이라 한다) 시행이전의 특기자 심사기준에 의한 문학·어학·수학·과학·음악·미술 및 체육분야(전문대학의 경우에는 음악·미술 및 체육분야에 한한다)의 특기자로 대학에 지원하고자 하는 경우 그 지원자에 대하여는 구 교육법시행령 부칙 제2조제1항의 규정에 의한다.

② 대학의 장은 1996년 8월 23일 현재 외국의 학교에 재학하거나 재학한 자 또는 부모가 모두 외국인인 학생으로서 2000학년도까지 국내의 고등학교를 졸업하거나 외국에서 12년이상의 학교교육과정을 이수한 자가 구 교육법시행령 시행이전의 규정에의하여 대학에 지원하고자 하는 경우 그 지원자에 대하여는 구 교육법시행령 부칙 제2조제2항의 규정에 의한다.

③ 대학의 장은 구 교육법시행령 시행이전의 규정에 의한 특수교육대상자가 1999학년도까지 구 교육법시행령의 규정에 의하여 대학에 지원하고자 하는 경우 그 지원자에 대하여는 구 교육법시행령 부칙 제2조제8항의 규정에 의한다.

④ 대학의 장은 구 교육법시행령 시행이전의 규정에 의한 농·어촌 지역에 소재하는 고등학교를 졸업한 자가 1999학년도까지 구 교육법시행령의 규정에 의하여 대학에 지원하고자 하는 경우 그 지원자에 대하여는 구 교육법시행령 부칙 제2조제4항의 규정에 의한다.

제13조 (학사학위종별에 관한 경과조치) 1997년 2월말이전에 대학의 학사과정에 입학한 학생에 대한 학위의 종류에 관하여는 제43조의 규정에 불구하고 종전의 규정에 의한다.

제14조 (석사 및 박사학위의 수여 및 구분 등에 관한 경과조치) ① 1997년 8월 31일전에 대학원의 학위과정에 입학한 학생에 대한 학위의 구분 및 수여는 제43조제2항의 규정중 학술학위·전문학위의 구분에 관한 규정 및 제46조의 규정에 불구하고 종전의 대학원규정 부칙 제2항의 규정에 의한다.

② 1997년 8월 31일전에 대학원과정에 입학한 학생의 학위종류에 관하여는 제43조제2항의 규정중 학술학위·전문학위별 종류 및 표기방법에 관한 규정에 불구하고 종전의 대학원규정 부칙 제3항의 규정에 의한다.

③ 1997년 9월 1일이후 1998년 8월 31일전에 대학원의 학위과정에 입학한 학생에게 수여하는 학위종류에 관하여는 제43조제2항의 규정중 학술학위·전문학위별 종류 및 표기방법에 관한 규정에 불구하고 종전의 대학원규정 제12조의 규정에 의한다.

제15조 (대학원 수료자의 등록에 관한 경과조치) 이 영 시행당시 종전의 대학원규정에 의하여 연구학점을 등록한 자는 이 영에 의하여 등록한 것으로 본다.

제16조 (산업체위탁교육에 관한 경과조치) 이 영 시행당시 종전의 교육법시행령 및 개방대학설치운영규정에 의한 전문대학 및 산업대학의 산업체위탁교육의 실시 및 정원 등에 관하여는 종전의 규정에 의한다.

제17조 (시간제등록생에 관한 경과조치) 이 영 시행당시 종전의 교육법시행령에 의하여 등록한 시간제등록생은 이 영에 의하여 등록한 것으로 본다.

제18조 (학력인정 및 자격인정에 관한 경과조치) 이 영 시행당시 종전의 교육법시행령·한국방송통신대학교설치령

및 개방대학설치운영규정에 의한 학력인정 및 자격인정은 각각 이 영에 의한 것으로 본다.

제19조 (제적학생의 구제를 위한 특례) 1973년 3월 17일부터 1979년 12월 31일까지, 1980년 5월 17일부터 1993년 2월 24일까지 학칙중 학생활동에 관한 규정에 의하여 제적된 자(학칙의 다른 규정에 의하여 제적된 자로서 사실상 학생활동과 관련되어 제적된 자를 포함한다)중 학교의 장이 재입학을 허가하는 경우 제28조제1항의 규정에 의한 정원이 초과되는 때에는 동조동항의 규정에 불구하고 그 정원이 따로 있는 것으로 본다.

제20조 (다른 법령의 개정) ① 기술대학설립·운영규정중 다음과 같이 개정한다. 제1조중 "교육법"을 "고등교육법"으로 한다. 제3조제1항 및 제2항중 "개방대학"을 각각 "산업대학"으로 한다. 제5조제3항을 삭제한다. 제9조제2항중 "교육법 별표 3"을 "교수자격기준등에관한규정 별표"로 한다. 제13조 내지 제23조를 각각 삭제한다. 제26조중 "교육법시행령"을 각각 "고등교육법시행령"으로 한다.

② 대학설립·운영규정중 다음과 같이 개정한다. 제1조중 "교육법"을 "고등교육법"으로, "대학·사범대학·교육대학·개방대학·전문대학"을 "대학·산업대학·교육대학·전문대학"으로 한다. 제6조제4항중 "교육법 별표 3"을 "교수자격기준등에관한규정 별표"로, "개방대학"을 각각 "산업대학"으로 한다. 제9조를 삭제한다.

③ 한국방송통신대학교설치령중 다음과 같이 개정한다. 제1조중 "교육법 제128조의7 및 동법시행령 제59조"를 "고등교육법"으로, "설치·조직·교육과정·교육방법·입학자격"을 "설치·조직"으로 한다. 제5조를 다음과 같이 한다. 제5조 (학부) 방송대학에 인문과학부·사회과학부·교육과학부 및 교양과정부를 둔다. 제14조 내지 제19조, 제21조·제25조 및 제26조를 각각 삭제한다.

④ 행정권한의위임및위탁에관한규정중 다음과 같이 개정한다. 제33조제10항에 제39호 내지 제42호를 각각 다음과 같이 신설한다. 39.고등교육법시행령 제36조제1항의 규정에 의한 대학수학능력시험(이하 제42호까지 "시험"이라 한다)의 실시에 있어서 시험 문제지의 인수·운송 및 관리 40. 시험응시원서의 접수, 시험의 실시 및 감독, 답안지의 회수 등 시험의 관리 41. 제51조제5항의 규정에 의하여 한국교육과정평가원장에게 위탁된 업무를 제외한 시험의 관리에 관한 일반적인 업무 42. 시험종사자에 대한 수당 및 여비의 지급 제51조에 제5항을 다음과 같이 신설한다.

⑤ 교육부장관은 고등교육법시행령(이하 이 항에서 "영"이라 한다) 제36조의 규정에 의한 대학수학능력시험(이하 이 항에서 "시험"이라 한다)에 관하여 다음 각호의 업무를 평가원장에게 위탁한다.

1. 영 제36조제1항의 규정에 의한 시험의 출제, 문제지의 인쇄, 채점 및 성적통지
2. 영 제36조제2항의 규정에 의한 시험시행기본계획에 따른 세부시행계획의 수립 및 시행
3. 영 제37조의 규정에 의한 시험의 출제위원 및 관리요원의 지정 또는 위촉
4. 영 제38조제1항의 규정에 의한 응시수수료의 결정·수납 및 시험경비의 집행
5. 영 제38조제2항의 규정에 의한 시험종사자에 대한 수당 및 여비지급기준의 결정
6. 시험시행의 공고

제21조 (다른 법령과의 관계) 이 영 시행당시 다른 법령에서 종전의 교육법시행령·대학원규정·대학학생정원령 및 개방대학설치운영규정 또는 그 규정을 인용한 경우에 이 영중 그에 해당하는 규정이 있는 때에는 종전의 교육법시행령·대학원규정·대학학생정원령 및 개방대학설치운영규정 또는 그 규정에 갈음하여 이 영 또는 이 영의 해당 조항을 각각 인용한 것으로 본다.

부칙 [99·3·26]

이 영은 공포한 날부터 시행한다.

私立學校法
[법률 제6212호 일부개정 2000. 01. 28.]

第1章 總則

第1條(目的) 이 法은 私立學校의 特殊性에 비추어 그 自主性을 확보하고 公共性을 昂揚함으로써 私立學校의 健全한 발달을 도모함을 目的으로 한다.

第2條(定義) ① 이 法에서 "私立學校"라 함은 學校法人 또는 公共團體 외의 法人 기타 私人이 設置하는 初·中等教育法 第2條 및 高等教育法 第2條에 規定된 學校를 말한다. [改正 99·8·31]

② 이 法에서 "學校法人"이라 함은 私立學校만을 設置·經營함을 目的으로 이 法에 의하여 設立되는 法人을 말한다.

③ 이 法에서 "私立學校經營者"라 함은 初·中等教育法 및 高等教育法과 이 法에 의하여 私立學校를 設置·經營하는 公共團體 외의 法人(學校法人을 제외한다) 또는 私人을 말한다. [改正 99·8·31]

第3條(學校法人이 아니면 設立할 수 없는 私立學校등) ① 學校法人이 아닌 者는 다음 各號의 1에 해당하는 私立學校를 設置·經營할 수 없다. 다만, 初·中等教育法 第52條第2項의 規定에 의하여 産業體가 그 雇傭勤勞靑少年의 教育을 위하여 中學校 또는 高等學校를 設置·經營하는 경우에는 그러하지 아니하다. [改正 76·12·31, 77·12·31, 86·5·9, 95·12·29, 97·1·13, 99·8·31]

1. 初等學校·中學校·高等學校·大學
2. 削除 [99·8·31]
3. 産業大學·專門大學·技術大學
4. 大學·産業大學·專門大學 또는 技術大學에 準하는 各種學校

② 削除 [99·8·31]

第4條(管轄廳) ① 다음 各號의 1에 해당하는 者는 그 住所地를 管轄하는 特別市·廣域市·道(이하 "市·道"라 한다) 教育監의 指導·監督을 받는다. [改正 91·3·8, 95·12·29, 97·1·13, 99·8·31]

1. 私立의 初等學校·中學校·高等學校·高等技術學校·公民學校·高等公民學校·特殊學校·幼稚園 및 이들에 準하는 各種學校
2. 第1號에 規定한 私立學校를 設置·경영하는 學校法人 또는 私立學校經營者

② 削除 [91·3·8]

③ 다음 各號의 1에 해당하는 者는 教育部長官의 指導·監督을 받는다. [개정 72·12·28, 77·12·31, 86·5·9, 90·4·7, 90·12·27, 97·1·13, 99·8·31]

1. 私立의 大學·産業大學·專門大學·技術大學 및 이들에 準하는 各種學校(이하 "大學教育機關"이라 한다)
2. 第1號에 規定한 私立學校를 設置·經營하는 學校法人
3. 第1號에 規定한 私立學校와 기타의 私立學校를 아울러 設置·經營하는 學校法人

第2章 學校法人

第1節 通則

第5條(資産) ① 學校法人은 그 設置·經營하는 私立學校에 필요한 施設·設備와 당해 學校의 經營에 필요한 財産을 갖추어야 한다.

② 第1項에 規定한 私立學校에 필요한 施設·設備와 財産에 관한 基準은 大統領令으로 定한다. [改正 64·11·10]

第6條(事業) ① 學校法人은 그가 設置한 私立學校의 教育에 지장이 없는 범위안에서 그 收益을 私立學校의 經營에 충당하기 위하여 收益을 目的으로 하는 사업(이하 "收益事業"이라 한다)을 할 수 있다. [改正 97·1·13]

② 削除 [99·8·31]

③ 學校法人이 第1項의 規定에 의한 收益事業을 할 때에는 지체없이 다음 事項을 公告하여야 한다.

1. 事業의 名稱과 그 事務所의 所在地
2. 事業의 種類
3. 事業經營에 관한 資本金
4. 事業經營의 代表者의 姓名·住所

　5. 事業의 始期 및 그 期間
　6. 기타 필요한 事項
　④ 第1項의 收益事業에 관한 會計는 당해 學校法人이 設置·經營하는 私立學校의 經營에 관한 會計와 區分하여
別途會計로 經理하여야 한다.
第7條 (住所) 學校法人의 住所는 그 主된 事務所의 所在地에 있는 것으로 한다.
第8條 (設立의 登記) ① 學校法人은 設立許可를 받은 때에는 3週日내에 다음 登記事項을 登記하여야 한다.
　1. 目的
　2. 名稱
　3. 事務所
　4. 設立許可의 年月日
　5. 存立時期나 解散事由를 정한 때에는 그 時期 또는 事由
　6. 資産의 總額
　7. 出資의 方法을 정한 때에는 그 方法
　8. 理事의 姓名·住所
　9. 削除 [81·2·28]
　② 第1項의 規定에 의하여 登記하여야 할 事項은 登記한 후가 아니면 第3者에게 對抗하지 못한다. [改正 97·1·13]
　③ 法院은 登記한 事項을 지체없이 公告하여야 한다.
第9條 (學校法人의 權利能力등) 學校法人의 權利能力과 不法行爲能力에 관하여는 民法 第34條 및 第35條의 規定을
準用한다.

　　　第2節 設立
第10條 (設立許可) ① 學校法人을 設立하고자 하는 者는 一定한 財産을 出捐하고, 다음 各號의 사항을 記載한 定款을
作成하여 大統領令이 정하는 바에 의하여 敎育部長官의 許可를 받아야 한다. 이 경우 技術大學을 設置·經營하는
學校法人을 설립하는 때에는 大統領令이 정하는 바에 의하여 미리 産業體가 일정한 財産을 出捐하여야 한다.
[改正 64·11·10, 90·4·7, 90·12·27, 97·1·13]
　1. 目的
　2. 名稱
　3. 設置·經營하고자 하는 私立學校의 種類와 名稱
　4. 事務所의 所在地
　5. 資産 및 會計에 관한 事項
　6. 任員의 定員 및 그 任免에 관한 事項
　7. 理事會에 관한 事項
　8. 收益事業을 經營하고자 할 때에는 그 事業의 種類 기타 事業에 관한 事項
　9. 定款의 變更에 관한 事項
　10. 解散에 관한 事項
　11. 公告에 관한 事項과 그 方法
　12. 기타 이 法에 의하여 定款에 記載하여야 할 事項
　② 學校法人의 設立當初의 任員은 定款으로 정하여야 한다.
　③ 第1項第6號의 사항을 정함에 있어서 技術大學을 設置·經營하는 學校法人의 경우에는 大統領令이 정하는
바에 의하여 産業體에 勤務하는 者를 任員으로 包含하여야 한다. [新設 97·1·13]
　④ 第1項第10號의 事項을 정함에 있어서 殘餘財産의 歸屬者에 관한 規定을 두고자 할 때에는 그 歸屬者는 學校法人
이나 기타 敎育事業을 經營하는 者중에서 選定되도록 하여야 한다.
第11條 (定款의 補充) ① 學校法人을 設立하고자 하는 者가 第10條 第1項 各號에 規定한 事項중 그 目的과 資産에
관한 事項만을 정하고 死亡한 경우에는 敎育部長官은 利害關係人의 請求에 의하여 그외의 事項을 정할 수 있다.
[改正 90·4·7, 90·12·27]
　② 第1項의 경우에 利害關係人이 없거나 그 請求가 없을 때에는 敎育部長官이 職權으로 第1項의 事項을 정할
수 있다. [改正 90·12·27, 97·1·13]
第12條 (設立의 時期) 學校法人은 그 主된 事務所의 所在地에서 設立의 登記를 함으로써 成立한다.

第13條 (民法의 準用) 民法 第47條·第48條·第50條 내지 第54條 및 第55條第1項의 規定은 學校法人의 設立에 이를 準用한다.

第3節 機關

第14條 (任員) ① 學校法人에는 任員으로서 7人이상의 理事와 2人이상의 監事를 두어야한다. 다만, 幼稚園만을 設置·경영하는 學校法人에는 任員으로서 5人이상의 理事와 1人이상의 監査를 둘 수 있다. [改正 64·11·10, 90·4·7, 97·1·13, 99·8·31]

② 理事중 1人은 定款이 정하는 바에 의하여 理事長이 된다.

第15條 (理事會) ① 學校法人에 理事會를 둔다.

② 理事會는 理事로써 構成한다.

③ 理事會는 理事長이 召集하고 理事長이 그 議長이 된다.

④ 監事는 理事會에 출석하여 發言할 수 있다.

第16條 (理事會의 機能) ① 理事會는 다음 各號의 사항을 審議·議決한다. [改正 81·2·28, 86·5·9, 90·4·7]

 1. 學校法人의 豫算·決算·借入金 및 財産의 取得·處分과 관리에 관한 事項

 2. 定款의 變更에 관한 事項

 3. 學校法人의 合倂 또는 解散에 관한 事項

 4. 任員의 任免에 관한 事項

 5. 學校法人이 設置한 私立學校의 長 및 敎員의 任免에 관한 사항

 6. 學校法人이 設置한 私立學校의 經營에 관한 重要事項

 7. 收益事業에 관한 事項

 8. 기타 法令이나 定款에 의하여 그 權限에 속하는 事項

② 理事長 또는 理事가 學校法人과 利害關係가 相反하는 때에는 그 理事長 또는 理事는 당해 事項에 관한 議決에 參與하지 못한다.

第17條 (理事會의 召集) ① 理事長은 필요하다고 인정할 때에는 理事會를 召集할 수 있다.

② 理事長은 다음 各號의 1에 해당하는 召集要求가 있을 때에는 그 召集要求日로부터 20日이내에 理事會를 召集하여야 한다.

 1. 在籍理事 半數이상이 會議의 目的을 提示하여 召集을 要求한 때

 2. 第19條第4項第4號의 規定에 의하여 監事가 召集을 要求한 때

③ 理事會를 召集할 때에는 적어도 會議 7日전에 會議의 目的을 明示하여 各 理事에게 통지하여야 한다. 다만, 理事 全員이 集合되고 또 그 全員이 理事會의 開催를 要求한 때에는 예외로 한다.

④ 理事會를 召集하여야 할 경우에 그 召集權者가 闕位되거나 또는 이를 忌避함으로써 7日이상 理事會의 召集이 불가능할 때에는 在籍理事 過半數의 贊同으로 管轄廳의 승인을 얻어 이를 召集할 수 있다. [改正 90·4·7, 97·1·13]

第18條 (議決定足數) 理事會의 議事는 定款에 특별한 規定이 없는 限 在籍理事 過半數의 贊成으로 議決한다. [改正 97·1·13]

第19條 (任員의 職務) ① 理事長은 學校法人을 代表하고 이 法과 定款에 規定된 職務를 행하며 기타 學校法人 內部의 事務를 統轄한다.

② 理事長이 闕位되거나 事故로 인하여 職務를 수행할 수 없을 때에는 定款이 정하는 바에 의하며, 定款에 規定이 없을 때에는 理事會의 互選에 의하여 다른 理事가 理事長의 職務를 代行한다.

③ 理事는 理事會에 출석하여 學校法人의 業務에 관한 事項을 審議·決定하며, 理事會 또는 理事長으로부터 委任받은 事項을 처리한다.

④ 監事는 다음의 職務를 행한다. [改正 81·2·28, 90·4·7]

 1. 學校法人의 財産狀況과 會計를 監査하는 일

 2. 理事會의 運營과 그 業務에 관한 事項을 監査하는 일

 3. 學校法人의 財産狀況과 會計 또는 理事會의 運營과 그 業務에 관한 事項을 監査한 결과 不正 또는 不備한 點이 있음을 발견한 때 이를 理事會와 管轄廳에 보고하는 일

 4. 第3號의 보고를 하기 위하여 필요한 때에는 理事會의 召集을 要求하는 일

 5. 學校法人의 財産狀況 또는 理事會의 運營과 그 業務에 관한 事項에 대하여 理事長 또는 理事에게 의견을

陳述하는 일

第20條 (任員의 選任과 任期) ① 任員은 定款이 정하는 바에 의하여 理事會에서 選任한다.

② 任員은 管轄廳의 승인을 얻어 就任한다. [改正 64・11・10, 81・2・28, 90・4・7, 97・1・13]

③ 理事長・理事 및 監事의 任期는 定款으로 정하되, 理事는 5年, 監事는 2年을 초과할 수 없다. 그러나, 重任할 수 있다. [改正 64・11・10]

第20條의2(任員就任의 承認取消) ① 任員이 다음 各號의 1에 해당하는 행위를 하였을 때에는 管轄廳은 그 就任承認을 取消할 수 있다. [改正 90・4・7]

1. 이 法 또는 同施行令의 規定에 違反한 때

2. 任員間의 紛爭・會計不正 및 顯著한 부당등으로 인하여 당해 學校法人의 設立目的을 達成할 수 없게 한 때

3. 學事行政에 관하여 당해 學校의 長의 權限을 侵害하였을 때

② 第1項의 規定에 의한 就任承認의 取消는 管轄廳이 당해 學校法人에게 그 事由를 들어 是正을 要求한 날로부터 15日이 경과하여도 이에 응하지 아니한 경우에 限한다. [改正 90・4・7]

③ 削除 [90・4・7]

[本條新設 64・11・10]

第21條 (任員選任의 制限) ① 理事定數의 半數이상은 大韓民國國民이어야 한다. 다만, 大學教育機關중 大統領令이 정하는 學校를 設置・경영하는 學校法人으로서 大韓民國國民이 아닌 者가 學校法人의 基本財產額의 2分의 1이상에 해당하는 財產을 出捐한 學校法人인 경우에는 理事定數의 3分의 2미만을 大韓民國國民이 아닌 者로 할 수 있다. [改正 97・8・22]

② 理事會의 構成에 있어서 各 理事相互間에 民法 第777條에 規定된 親族關係나 妻의 3寸이내의 血族關係가 있는 者가 그 定數의 5分의 2를 초과하여서는 아니된다. [改正 90・4・7]

② 理事會의 構成에 있어서 各 理事相互間에 民法 第777條에 規定된 親族關係에 있는 者가 그 定數의 3分의 1을 초과하여서는 아니된다. [改正 90・4・7, 99・8・31] [[施行日 2000・3・1]]

③ 理事중 적어도 3分의 1이상은 教育經驗이 3年이상 있는 者라야 한다. [改正 86・5・9, 97・1・13]

④ 監事는 監事相互間 또는 理事와 民法 第777條에 規定된 親族關係나 妻의 3寸이내의 血族關係가 있는 者가 아니어야 한다. ④ 監事는 監事相互間 또는 理事와 民法 第777條에 規定된 親族關係에 있는 者가 아니어야 한다. [改正 99・8・31] [[施行日 2000・3・1]]

⑤ 大統領令으로 정하는 基準이상의 學校法人에서는 監事중 1人은 公認會計士의 資格을 가진 者라야 한다. [新設 81・2・28]

제22조 (임원의 결격사유) 다음 각호의 1에 해당하는 자는 학교법인의 임원이 될 수 없다. [改正 81・11・23, 90・4・7]

1. 國家公務員法 第33條의 규정에 해당되는 者

2. 제20조의2제1항의 규정에 의하여 임원취임승인이 취소된 자로서 2년이 경과하지 아니한 자

3. 第54條의2의 規定에 의한 解任要求에 의하여 解任된 者로서 2년이 경과하지 아니한 者

[전문개정 73・3・10]

第23條 (任員의 兼職禁止) ① 理事長은 당해 學校法人이 設置・經營하는 私立學校의 長을 兼할 수 없다.

② 理事는 監事 또는 당해 學校法人이 設置・經營하는 私立學校의 教員 기타 職員을 겸할 수 없다. 다만, 學校의 長은 예외로 한다.

③ 監事는 理事長・理事 또는 學校法人의 職員(당해 學校法人이 設置・經營하는 私立學校의 教員 기타 職員을 포함한다)을 겸할 수 없다.

④ 削除 [90・4・7]

第24條 (任員의 補充) 理事 또는 監事중에 缺員이 생긴 때에는 2月이내에 이를 補充하여야 한다.

第25條 (臨時理事의 選任) ① 教育部長官은 學校法人이 理事의 缺員補充을 하지 아니한 경우에, 이로 인하여 당해 學校法人의 目的을 달성할 수 없거나 損害가 생길 염려가 있다고 인정한 때에는 利害關係人의 請求 또는 職權에 의하여 臨時理事를 選任하여야 한다.

② 臨時理事는 조속한 시일내에 第1項의 規定에 의한 사유가 해소될 수 있도록 노력하여야 한다.

③ 臨時理事는 第1項의 規定에 의한 사유가 해소될 때까지 在任한다. 이 경우 그 사유가 장기간 지속되는 경우에도 그 在任期間은 2年이내로 하되, 1次에 한하여 連任할 수 있다.

④ 臨時理事는 第20條의 規定에 의한 任員으로 選任될 수 없다. [全文改正 99・8・31]

第26條 (任員의 報酬制限) ① 學校法人의 任員중 定款에서 정한 常勤하는 任員을 제외한 任員에 대하여는 報酬를 支給하지 아니한다. 다만, 實費의 辨償은 예외로 한다. [改正 81 · 2 · 28, 97 · 1 · 13]

② 學校法人은 그 學校法人의 基本財産額의 3分의 1이상에 해당하는 財産을 당해 法人의 基本財産으로 出捐 또는 寄贈한 者중 生計가 곤란한 者에 대하여는 당해 學校法人의 收益이 있는 범위안에서 生計費 · 醫療費 · 葬禮費 를 支給할 수 있다. 다만, 第1項의 規定에 의하여 報酬를 받는 者에 대하여는 그러하지 아니하다. [新設 78 · 12 · 5, 86 · 5 · 9, 97 · 1 · 13]

③ 第2項의 財産을 出捐 또는 寄贈한 者중 生計가 곤란한 者의 基準과 生計費 · 醫療費 · 葬禮費의 범위는 大統領令 으로 정한다. [新設 78 · 12 · 5]

第26條의2 (大學評議員會) ① 大學敎育機關에 敎育에 관한 중요사항을 審議하게 하기 위하여 大學評議員會를 둘 수 있다.

② 大學評議員會의 組織 및 운영에 관하여 필요한 사항은 定款으로 정한다. [本條新設 90 · 4 · 7]

第27條 (民法의 準用) 民法 第59條第2項 · 第61條 · 第62條 · 第64條 및 第65條의 規定은 學校法人의 理事長과 理事에 게 이를 準用한다. 다만, 民法 第62條중 "他人"을 "다른 理事"로 한다.

第4節 財産과 會計

第28條 (財産의 管理 및 保護) ① 學校法人이 그 基本財産을 賣渡 · 贈與 · 交換 또는 用途變更하거나 擔保에 제공하고 자 할 때 또는 義務의 負擔이나 權利의 抛棄를 하고자할 때에는 管轄廳의 許可를 받아야 한다. 다만, 大統領令이 정하는 경미한 사항은 이를 管轄廳에 申告하여야 한다. [改正 90 · 4 · 7, 97 · 1 · 13]

② 學校敎育에 直接 사용되는 學校法人의 財産중 大統領令이 정하는 것은 이를 賣渡하거나 擔保에 제공할 수 없다. [改正 64 · 11 · 10]

③ 初 · 中等敎育法 第10條 및 高等敎育法 第11條의 規定에 의한 授業料 기타 納付金(入學金 · 學校運營支援費 또는 期成會費를 말한다. 이하 같다)를 받을 權利와 이 法 第29條 第2項의 規定에 의하여 별도 計座로 관리되는 수입에 대한 預金債權은 이를 押留하지 못한다. [新設 99 · 1 · 21]

第29條 (會計의 區分) ① 學校法人의 會計는 그가 設置 · 經營하는 學校에 속하는 會計와 法人의 業務에 속하는 會計로 區分한다.

② 第1項의 規定에 의한 學校에 속하는 會計는 이를 校費會計와 附屬病院會計(附屬病院이 있는 경우에 한한다)로 區分할 수 있으며, 각 會計의 歲入 · 歲出에 관한 事項은 大統領令으로 정하되 授業料 기타 納付金은 校費會計의 수입으로 하여 이를 별도 計座로 관리하여야 한다. [改正 99 · 1 · 21]

③ 第1項의 規定에 의한 法人의 業務에 속하는 會計는 이를 一般業務會計와 第6條의 規定에 의한 收益事業會計로 區分할 수 있다.

④ 第2項의 規定에 의한 學校에 속하는 會計의 豫算은 당해 學校의 豫算 · 決算諮問委員會의 諮問을 거쳐 學校의 長이 編成하여 學校法人의 理事會가 審議 · 議決하고 學校의 長이 執行한다. 다만, 幼稚園은 豫算 · 決算諮問委員 會의 諮問을 거치지 아니할 수 있다. [改正 90 · 4 · 7, 99 · 8 · 31]

⑤ 豫算 · 決算諮問委員會는 10人이상의 敎職員으로 구성하되, 그 組織 및 운영에 관하여 필요한 사항은 定款으로 정한다. [新設 90 · 4 · 7]

⑥ 第2項의 規定에 의한 校費會計에 속하는 收入은 다른 會計에 轉出하거나 貸與할 수 없다. 다만, 借入金의 元利金을 償還하는 경우에는 그러하지 아니하다. [全文改正 81 · 2 · 28]

第30條 (會計年度) 學校法人의 會計年度는 그가 設置 · 經營하는 私立學校의 學年度에 따른다.

第31條 (豫算 및 決算의 제출) ① 學校法人은 大統領令이 정하는 바에 의하여 每 會計年度 開始전에 豫算을, 每 會計年度 終了후에는 決算을 管轄廳에 제출하여야 한다. [改正 64 · 11 · 10, 90 · 4 · 7]

② 管轄廳은 第1項의 豫算이 부당하게 編成되었다고 인정할 때에는 그 是正을 指導할 수 있다. [改正 90 · 4 · 7]

③ 學校에 속하는 會計의 決算은 每 會計年度 종료후 豫算 · 決算諮問委員會의 諮問을 거쳐야 한다. 다만, 幼稚園은 豫算 · 決算諮問委員會의 諮問을 거치지 아니할 수 있다.[新設 90 · 4 · 7, 99 · 8 · 31]

④ 管轄廳은 學校法人이 第1項의 規定에 의하여 決算書를 제출할 때에 學校法人으로부터 獨立된 公認會計士 또는 會計法人의 監査證明書를 첨부하게 할 수 있다. [新設 97 · 1 · 13]

⑤ 第4項의 規定에 의하여 監査證明書를 제출하여야 할 學校法人의 대상범위, 實施時期등에 관하여 필요한 사항은 大統領令으로 정한다. [新設 97 · 1 · 13]

第32條 (財産目錄등의 備置) ① 學校法人은 每 會計年度 終了후 2月이내에 每 會計年度末 현재의 財産目錄 · 貸借對照

表 및 收支計算書 기타 필요한 帳簿 또는 書類를 作成하여 이를 恒時 그 事務所에 備置하여야 한다. [改正 97·1·13]

② 第1項에 의하여 備置할 帳簿 또는 書類의 種類와 그 書式은 敎育部令으로 정한다. [改正 90·12·27]

第33條 (會計規則등) 學校法人의 會計規則 기타 豫算 또는 會計에 관하여 필요한 事項은 敎育部長官이 정한다. [改正 90·4·7, 90·12·27]

第5節 解散과 合併

第34條 (解散事由) ① 學校法人은 다음의 事由에 의하여 解散한다. [改正 90·12·27]

1. 定款에 정한 解散事由가 발생한 때
2. 目的의 達成이 불가능한 때
3. 다른 學校法人과 合併한 때
4. 破産한 때
5. 第47條의 規定에 의한 敎育部長官의 解散命令이 있은 때

② 第1項第2號의 事由에 의한 解散은 理事定數의 3分의 2이상의 同意를 얻어 敎育部長官의 認可를 받아야 한다. [改正 90·12·27]

第35條 (殘餘財産의 歸屬) ① 解散한 學校法人의 殘餘財産은 合併 및 破産의 경우를 제외하고는 敎育部長官에 대한 淸算終結의 申告가 있은 때에 定款으로 指定한 者에게 歸屬된다. [改正 90·12·27]

② 第1項의 規定에 의하여 處分되지 아니한 財産중 大學敎育機關을 設置·經營하는 學校法人의 財産은 國庫에, 第4條第1項第1號에 規定한 學校를 設置·경영하는 學校法人의 財産은 당해 地方自治團體에 각각 귀속된다. [改正 90·4·7, 97·1·13]

③ 國家 또는 地方自治團體는 第2項의 規定에 의하여 國庫 또는 地方自治團體에 귀속된 財産을 私立學校敎育의 지원을 위하여 다른 學校法人에 대하여 讓與·無償貸付 또는 補助金으로 支給하거나 기타 學校事業에 사용한다. [改正 90·4·7]

④ 第2項의 規定에 의하여 國庫에 귀속된 財産은 敎育部長官이, 地方自治團體에 귀속된 財産은 당해 市·道敎育監이 管理하되, 第3項의 規定에 의한 處分을 하고자 할 때에는 미리 敎育部長官은 財政經濟部長官의, 市·道敎育監은 敎育部長官의 同意를 얻어야 한다. [改正 90·4·7, 90·12·27, 91·3·8, 97·1·13, 99·5·24]

第35條의2 (解散 및 殘餘財産歸屬에 관한 特例) ① 高等學校이하 各級學校를 設置·경영하는 學校法人은 學生數의 激減으로 인하여 그 目的의 달성이 곤란한 경우에는 第34條第1項의 規定에 불구하고 市·道敎育監의 認可를 받아 解散할 수 있다.

② 第1項의 規定에 의하여 市·道敎育監의 認可를 받고자 하는 學校法人은 解散認可申請書에 殘餘財産處分計劃書를 첨부하여 市·道敎育監에게 제출하여야 한다.

③ 第1項의 規定에 의한 解散과 第2項의 規定에 의한 殘餘財産處分計劃은 理事定數의 3分의 2이상의 同意를 얻어야 한다.

④ 第1項 및 第2項의 規定에 의한 學校法人의 解散 및 殘餘財産의 처분에 관한 사항을 審査하기 위하여 市·道敎育監소속하에 私學整備審査委員會를 둔다.

⑤ 第4項의 規定에 의한 私學整備審査委員會의 구성 및 운영등에 관한 사항은 大統領令으로 정한다.

⑥ 第1項 내지 第4項의 規定에 의하여 解散한 學校法人은 그 殘餘財産의 전부 또는 일부를 第10條 第4項의 規定에 불구하고 第2項의 規定에 의한 殘餘財産處分計劃書에서 정한 者에게 귀속시키거나 公益法人의設立·運營에관한法律 第2條의 規定에 의한 公益法人의 設立을 위한 財産으로 出捐할 수 있다. [本條新設 97·8·22]

第36條 (合併節次) ① 學校法人이 다른 學校法人과 合併하고자 할 때에는 理事定數의 3分의 2이상의 同意가 있어야 한다.

② 第1項의 規定에 의한 合併은 敎育部長官의 認可를 받아야 한다. [改正 90·12·27]

③ 第2項의 規定에 의한 認可를 받고자 할 때에는 그 認可申請書에 合併후 存續하는 學校法人 또는 合併에 의하여 設立되는 學校法人의 定款과 기타 大統領令이 定하는 書類를 첨부하여야 한다. [改正 64·11·10]

第37條 (同前) ① 學校法人은 第36條第2項의 認可를 받은 때에는 그 認可의 통지를 받은 날로부터 15日이내에 財産目錄과 貸借對照表를 作成하여야 한다.

② 學校法人은 第1項의 期間내에 그 債權者에 대하여 異議가 있으면 一定한 期間내에 提議할 것을 公告하고, 또 알고 있는 債權者에게는 各別로 이를 催告하여야 한다. 다만, 그 期間은 2月이상이어야 한다.

第38條 (同前) ① 債權者가 第37條第2項의 期間內에 合併에 대하여 異議를 提議하지 아니한 때에는 合併으로 인하여 存續 또는 設立된 學校法人의 債務引受를 承認한 것으로 본다.

② 債權者가 第37條第2項의 期間內에 異議를 提議한 때에는 學校法人은 이를 辨濟하거나 상당한 擔保를 제공하여야 한다.

第39條 (同前) 合併에 의하여 學校法人을 設立할 경우에는 定款 기타 學校法人의 設立에 관한 事務는 各 學校法人이 選任한 者가 共同으로 행하여야 한다.

第40條 (合併의 效果) 合併후 存續하는 學校法人 또는 合併에 의하여 設立된 學校法人은 合併에 의하여 消滅된 學校法人의 權利 義務(당해 學校法人이 그가 經營하는 事業에 관하여 敎育部長官의 認可 기타 處分에 基因하여 가지는 權利·義務를 包含한다)를 承繼한다. [改正 90·12·27]

第41條 (合併의 時期) 學校法人의 合併은 合併후 存續하는 學校法人 또는 合併에 의하여 設立되는 學校法人의 主된 事務所의 所在地에서 登記함으로써 그 效力이 생긴다.

第42條 (民法등의 準用) ① 民法 第79條, 第81條 내지 第95條의 規定은 學校法人의 解散과 淸算의 경우에 이를 準用한다. 다만, 民法 第79條중 "理事"를 "理事長"으로 한다. [改正 64·11·10]

② 이 法 第18條와 民法 第59條第2項·第61條·第62條·第6 4條 및 第65條의 規定은 學校法人의 淸算人에 이를 準用한다.

第6節 支援과 監督

第43條 (支援) ① 國家 또는 地方自治團體는 敎育의 振興上 필요하다고 인정할 때에는 私立學校敎育의 지원을 위하여 大統領令 또는 당해 地方自治團體의 條例가 정하는 바에 의하여 補助를 申請한 學校法人 또는 私學支援團體에 대하여 補助金을 交付하거나 기타의 지원을 할 수 있다. [改正 64·11·10, 90·4·7]

② 管轄廳은 第1項 또는 第35條第3項의 規定에 의하여 지원을 받은 學校法人 또는 私學支援團體에 대하여 다음 各號에 規定하는 權限을 가진다. [改正 64·11·10, 90·4·7]

1. 지원에 관하여 필요한 경우에는 당해 學校法人 또는 私學支援團體로부터 그 業務 또는 會計의 狀況에 관한 보고를 받는 일

2. 당해 學校法人 또는 私學支援團體의 豫算이 지원의 目的에 비추어 부적당하다고 인정할 때에는 그 豫算에 대하여 필요한 變更措置를 勸告하는 일

③ 國家 또는 地方自治團體는 第1項 또는 第35條第3項의 規定에 의하여 學校法人 또는 私學支援團體에 대하여 지원을 하는 경우에 그 支援成果가 低調하여 계속지원이 부적당하다고 인정하거나, 學校法人 또는 私學支援團體가 第2項의 規定에 의한 管轄廳의 勸告에 따르지 아니한 때에는 그 후의 지원은 이를 中斷할 수 있다. [改正 64·11·10, 90·4·7]

第43條의2 削除 [77·12·31]

第44條 (實業敎育의 優先的인 지원) 國家 또는 地方自治團體가 第43條第1項 또는 第35條 第3項의 規定에 依하여 學校法人을 지원하고자 할 때에는 實業學校를 設置·經營하는 學校法人에게 優先權을 주어야 한다. [改正 90·4·7]

第45條 (定款變更) 學校法人의 定款의 變更은 理事定數의 3分의 2이상의 贊成에 의한 理事會의 議決을 거쳐 敎育部長官의 認可를 받아야 한다. [改正 90·12·27] [全文改正 75·7·23]

第46條 (收益事業의 停止命令) 管轄廳은 第6條 第1項의 規定에 의하여 收益事業을 하는 學校法人에 다음 各號의 1에 해당하는 事由가 있다고 인정할 때에는 당해 學校法人에 대하여 그 事業의 정지를 命할 수 있다. [改正 90·4·7]

1. 당해 學校法人이 당해 事業으로부터 생긴 收益을 그가 設置한 私立學校의 經營 이외의 目的에 사용한 때

2. 당해 事業을 계속함이 당해 學校法人이 設置·經營하는 私立學校의 敎育에 支障이 있을 때

第47條 (解散命令) ① 敎育部長官은 學校法人에 다음 各號의 1에 해당하는 事由가 있다고 인정할 때에는 당해 學校法人에 대하여 解散을 命할 수 있다. [改正 90·12·27]

1. 設立許可條件에 違反한 때

2. 目的의 達成이 불가능한 때

② 제1항의 規定에 의한 학교법인의 해산명령은 다른 방법으로는 감독의 목적을 달성할 수 없을 때 또는 管轄廳이 시정 지시한 후 6월이 경과하여도 이에 응하지 아니한 때에 한하여야 한다. [개정 73·3·10, 90·4·7]

第47條의2 (청문) 敎育部長官은 第47條의 規定에 의하여 學校法人의 解散을 命하고자 하는 경우에는 청문을 실시하여

야 한다.

[本條新設 97·12·13 法5453]

第48條 (보고徵收등) 管轄廳은 監督上 필요한 때에는 學校法人 또는 私學支援團體에 대하여 報告書의 提出을 命하거나, 帳簿·書類등을 檢査할 수 있으며 이에 따른 필요한 措置를 命할 수 있다. [改正 64·11·10, 90·4·7]

第3章 私立學校經營者

第49條 削除 [99·8·31]

第50條 (學校法人에의 組織變更) ① 私立學校經營者중 民法에 의한 財團法人은 그 組織을 變更하여 學校法人이 될 수 있다.

② 削除 [99·8·31]

第50條의2 削除 [77·12·31]

第51條 (準用規定) 第5條·第28條第2項·第29條·第31條 내지 第33條·第43條·第44條 및 第48條의 規定은 私立學校經營者에게 이를 準用한다. 다만, 第31條 내지 第33條의 準用에 있어서는 그 設置·經營하는 私立學校에 관한 部分에 限한다.

第4章 私立學校敎員

第1節 資格·任免·服務

第52條 (資格) 私立學校의 敎員의 資格에 관하여는 國·公立學校의 敎員의 資格에 관한 規定에 의한다.

第53條 (學校의 長의 任免) ① 各級學校의 長은 당해 學校를 設置·經營하는 學校法人 또는 私立學校經營者가 任免한다. [改正 90·4·7]

② 第1項의 規定에 의하여 學校法人이 大學敎育機關의 長을 任期중에 解任하고자 하는 경우에는 理事定數의 3分의 2이상의 贊成에 의한 理事會의 議決을 거쳐야 한다. [新設 97·1·13]

③ 各級學校의 長의 任期에 관하여는 다른 法律에 특별한 規定이 없는 한 學校法人 및 法人인 私立學校經營者는 定款으로, 私人인 私立學校經營者는 規則으로 정할 수 있다.

[全文改正 81·2·28]

第53條의2 (學校의 長이 아닌 敎員의 任免) ① 各級學校의 敎員은 당해 學校法人 또는 私立學校經營者가 任免하되, 다음 各號의 1에 의하여야 한다. [改正 90·4·7]

1. 學校法人 및 法人인 私立學校經營者가 設置·經營하는 私立學校의 敎員의 任免은 당해 學校의 長의 提請으로 理事會의 議決을 거쳐야 한다.

2. 私人인 私立學校經營者가 設置·經營하는 私立學校의 敎員의 任免은 당해 學校의 長의 提請에 의하여 행하여야 한다.

② 大學敎育機關의 敎員의 任免權은 당해 學校法人의 定款이 정하는 바에 의하여 總長·學長에게 委任할 수 있다. [改正 90·4·7]

③ 大學敎育機關의 敎員은 당해 學校法人의 定款이 정하는 바에 따라 期間을 정하여 任免할 수 있다. 이 경우 國·公立大學의 敎員에게 적용되는 任用期間에 관한 規定을 準用한다. [新設 90·4·7, 97·1·13] ③ 大學敎育機關의 敎員은 定款이 정하는 바에 따라 勤務期間·給與·勤務條件, 業績 및 成果約定 등 契約條件을 정하여 任用할 수 있다. 이 경우 勤務期間에 관하여는 國·公立大學의 敎員에게 적용되는 관련 規定을 準用한다. [改正 99·8·31] [[施行日 2002·1·1]]

④ 第3項의 規定에 의하여 任用된 敎員의 任用期間이 종료되는 경우에 任免權者는 敎員人事委員會의 審議를 거쳐 당해 敎員에 대한 再任用與否를 결정하여야 한다. [新設 99·8·31]

[全文改正 81·2·28]

第53條의3 (敎員人事委員會) ① 各級學校(初等學校·高等技術學校·公民學校·高等公民學校·幼稚園과 이들에 準하는 各種學校를 제외한다)의 敎員(學校의 長을 제외한다)의 人事에 관한 중요사항을 審議하기 위하여 당해 學校에 敎員人事委員會를 둔다. [改正 90·4·7, 95·12·29, 2000·1·28]

② 敎員人事委員會의 組織·機能과 運營에 관하여 필요한 事項은 學校法人 및 法人인 私立學校經營者의 경우에는 定款으로, 私人인 私立學校經營者의 경우에는 規則으로 정한다. [改正 90·4·7] [本條新設 81·2·28]

第53條의4 (國·公立大學 敎員에 관한 規定의 準用) 學校의 長이 아닌 大學敎育機關의敎員의 任用에 관하여는 敎育公務員法 第11條第4項·第5項 및 第6項의 規定을 準用한다.

[本條新設 99·8·31] [[施行日 2000·3·1]] ✦

第54條 (任免에 관한 보고 및 解職등의 要求) ① 各級學校의 敎員의 任免權者가 敎員을 任免(各級學校의 長으로서 任期滿了로 解任된 경우는 제외한다)한 때에는 任免한 날부터 7日이내에 管轄廳에 보고하여야 한다. [改正 90·4·7]

② 削除 [90·4·7]

③ 管轄廳은 私立學校의 敎員이 이 法에 規定된 免職事由 및 懲戒事由에 해당한 때에는 당해 敎員의 任免權者에게 그 解職 또는 懲戒를 요구할 수 있다.

[改正 90·4·7, 97·12·13 法5438] [全文改正 81·2·28]

第54條의2 (解任要求) ① 各級學校의 長이 다음 各號의 1에 해당할 때에는 管轄廳은 任免權者에게 당해 學校의 長의 解任을 요구할 수 있다. [改正 81·2·28, 90·4·7]

1. 第58條第1項 各號의 1에 해당할 때

2. 學生의 入學(編入學을 포함한다)·授業 및 卒業에 관한 당해 學校의 長의 權限에 속하는 事項으로서 敎育關係法律 또는 그 法律에 의한 命令에 違反할 때

3. 이 法 또는 이 法에 의한 命令 또는 다른 敎育關係法令에 違反하였을 때

4. 學校에 속하는 會計의 執行에 관하여 不正 또는 顯著히 부당한 일을 행하였을 때

② 第1項의 規定에 의한 解任의 요구는 管轄廳이 당해 學校法人 또는 私立學校經營者에게 그 事由를 밝혀 是正을 要求한 날로부터 15日이 경과하여도 이에 응하지 아니한 경우에 限한다. [改正 90·4·7] [本條新設 64·11·10]

第54條의3 (任命의 제한) ① 다음 各號의 1에 해당하는 者는 學校의 長에 任命될 수 없다. [改正 81·11·23, 90·4·7, 97·1·13]

1. 第20條의2의 規定에 의하여 任員就任承認이 取消되고 2年이 경과하지 아니한 者

2. 第54條의2의 規定에 의한 解任要求에 의하여 解任되고 2年이 경과하지 아니한 者

3. 國家公務員法 第74條의2 및 敎育公務員法 第36條의 規定에 의하여 退職한 者

② 削除 [90·4·7] [全文改正 81·2·28]

第54條의4 (期間制敎員) ① 各級學校 敎員의 任免權者는 다음 各號의 1에 해당하는 사유가 있는 경우에는 敎員資格證을 가진 者중에서 기간을 정하여 任用하는 敎員(이하 "期間制敎員"이라 한다)을 任用할 수 있다. 이 경우 任免權者는 學校法人의 定款등이 정하는 바에 의하여 그 權限을 學校의 長에게 위임할 수 있다. [改正 97·8·22]

1. 敎員이 第59條第1項 各號의 1에 해당하는 사유로 休職하여 後任者의 補充이 불가피한 때

2. 敎員이 派遣·研修·停職·職位解除 또는 休暇등으로 1月이상 職務에 종사할 수 없어 後任者의 補充이 불가피한 때

3. 罷免·解任 또는 免職處分을 받은 敎員이 敎員地位向上을위한特別法 第9條第1項의 規定에 의하여 敎員懲戒再審委員會에 再審을 請求하여 後任者의 補充發令을 하지 못하게 된 때

4. 特定敎科를 限時的으로 담당할 敎員이 필요한 때

② 期間制敎員에 대하여는 第56條, 第58條第2項, 第58條의2, 第59條, 第61條 내지 第64條, 第64條의2, 第65條, 第66條 및 第66條의2의 規定을 適用하지 아니하며 任用期間이 만료되면 당연히 退職된다. [改正 97·8·22, 97·12·13 法5454]

③ 期間制敎員의 任用期間은 1年이내로 하되, 필요한 경우 3年의 범위내에서 그 기간을 연장할 수 있다. [新設 97·8·22] [本條新設 90·4·7]

第55條 (服務) 私立學校의 敎員의 服務에 관하여는 國·公立學校의 敎員에 관한 規定을 準用한다.

第2節 身分保障 및 社會保障

第56條 (意思에 反한 休職·免職등의 금지) ① 私立學校 敎員은 刑의 宣告·懲戒處分 또는 이 法에 정하는 事由에 의하지 아니하고는 本人의 意思에 反하여 休職 또는 免職등 不利한 處分을 받지 아니한다. 다만, 學級·學科의 改廢에 의하여 廢職이나 過員이 된 때에는 그러하지 아니하다. [改正 90·4·7]

② 私立學校 敎員은 勸告에 의하여 辭職을 당하지 아니한다. [全文改正 81·2·28]

第57條 (當然退職의 事由) 私立學校의 敎員이 國家公務員法 第33條 第1項 各號의 1에 해당하게 된 때에는 당연 退職된다. [改正 97·12·13 法5438]

第58條 (免職의 事由) ① 私立學校의 敎員이 다음 各號의 1에 해당할 때에는 당해 敎員의 任免權者는 이를 免職시킬 수 있다. [改正 77·12·31, 81·2·28]

1. 身體 또는 精神上의 障碍로 1年이상 職務를 감당하지 못할만한 支障이 있을 때
2. 勤務成績이 극히 不良한 때
3. 政府를 破壞함을 目的으로 하는 團體에 加入하고 이를 幇助한 때
4. 政治運動 또는 勞動運動을 하거나 集團的으로 授業을 拒否하거나 또는 어느 政黨을 支持 또는 反對하기 위하여 學生을 指導·煽動한 때
5. 人事記錄에 있어서 不正한 採點·記載를 하거나 虛僞의 證明이나 陳述을 한 때

② 第1項第2號 내지 第5號의 事由에 의하여 免職시키는 경우에는 第62條의 規定에 의한 敎員懲戒委員會의 同意를 얻어야 한다.

第58條의2 (職位의 解除) ① 私立學校의 敎員이 다음 各號의 1에 해당할 때에는 당해 敎員의 任免權者는 職位를 賦與하지 아니할 수 있다. [改正 97·1·13] [1997·1·13 法律 第5274號에 의하여 1994·7·29 憲法裁判所에서 違憲決定된 本項 但書를 削除]

1. 職務遂行能力이 부족하거나 勤務成績이 극히 不良한 者, 또는 敎員으로서 勤務態度가 심히 不誠實한 者
2. 懲戒議決이 요구중인 者
3. 刑事事件으로 起訴된 者(略式命令이 請求된 者는 제외한다)

② 第1項의 規定에 의하여 職位를 賦與하지 아니한 경우에 그 사유가 消滅된 때에는 任免權者는 지체없이 職位를 賦與하여야 한다.

③ 任免權者는 第1項第1號에 의하여 職位解除된 者에 대하여 3月이내의 기간 待機를 命한다.

④ 第3項의 規定에 의하여 待機命令을 받은 者에 대하여는 任免權者는 能力回復이나 態度改善을 위한 硏修 또는 특별한 硏究課題의 賦與등 필요한 措置를 하여야 한다.

⑤ 私立學校 敎員에 대하여 第1項第1號와 第2號 또는 第3號의 職位解除事由가 競合하는 때에는 第2號 또는 第3號의 職位解除處分을 하여야 한다. [全文改正 90·4·7]

第59條 (休職의 事由) ① 私立學校의 敎員이 다음 各號의 1에 해당하는 사유로 休職을 원하는 경우에는 당해 敎員의 任免權者는 休職을 命할 수 있다. 다만, 第1號 내지 第4號 및 第11號의 경우에는 本人의 의사에 불구하고 休職을 명하여야 하고, 第7號의 경우에는 本人이 원하는 경우 休職을 명하여야 한다. [改正 90·4·7, 90·12·27, 97·1·13, 2000·1·28]

1. 身體·精神上의 障碍로 長期療養을 요할 때
2. 兵役法에 의한 兵役의 服務를 위하여 徵集 또는 召集된 때
3. 天災·地變 또는 戰時·事變이나 기타의 사유로 인하여 生死 또는 所在가 不明하게 된 때
4. 기타 法律의 規定에 의한 義務를 수행하기 위하여 職務를 離脫하게 된 때
5. 學位取得을 目的으로 海外留學을 하거나 外國에서 1年이상 硏究 또는 硏修하게 된 때
6. 國際機構·外國機關 또는 在外國民敎育機關에 雇傭된 때
7. 子女(休職申請당시 1歲미만인 子女에 한한다)를 養育하기 위하여 필요하거나 女敎員이 姙娠 또는 出產하게 된 때
8. 敎育部長官이 지정하는 國內의 硏究機關이나 敎育機關등에서 硏修하게 된 때
9. 事故 또는 疾病등으로 長期間의 療養을 요하는 父母, 配偶者, 子女 또는 配偶者의 父母의 看護를 위하여 필요한 때
10. 配偶者가 國外勤務를 하게 되거나 第5號에 해당하게 된 때
11. 敎員의勞動組合設立및운영등에관한法律 第5條의 規定에 의하여 勞動組合 專任者로종사하게 된 때
12. 기타 定款이 정하는 사유가 있는 때

② 第1項의 休職의 期間과 休職者의 身分 및 處遇등에 관하여는 定款(私立學校經營者의 경우에는 그가 정하는 敎員의 身分保障 및 懲戒에 관한 規則을 말한다. 이하 같다)으로 정한다.

③ 任免權者는 第1項第7號의 規定 의한 休職을 이유로 人事上 불리한 處遇를 하여서는 아니되며, 同號의 休職期間은 勤續期間에 算入한다. [新設 2000·1·28]

第60條 (敎員의 不逮捕特權) 私立學校의 敎員은 現行犯人의 경우를 제외하고는 所屬學校長의 同意없이 學園안에서 逮捕되지 아니한다.

第60條의2 (사회보장) ① 사립학교의 교원 및 사무직원이 질병·부상·폐질·퇴직·사망 또는 재해를 입었을 때에는 본인이나 그 유족에게 법률이 정하는 바에 따라 적절한 급여를 지급한다. [改正 77·12·31]

② 제1항의 법률에는 다음의 사항이 규정되어야 한다.

1. 상당한 기간 근무하고 퇴직하거나 사망한 경우에 본인이나 그 유족에게 연금 또는 일시금을 지급하는 사항
2. 직무로 인한 부상 또는 질병으로 인하여 사망하거나 퇴직한 경우에 본인이나 그 유족에게 연금 또는 보상금을 지급하는 사항
3. 직무로 인한 부상 또는 질병으로 인한 요양기간중 소득능력에 장애를 받을 경우에 그 본인이 받는 손실보상에 관한 사항
4. 직무로 인하지 아니한 사망·폐질·부상·질병·출산 기타 사고에 대한 급여의 지급에 관한 사항 [본조신설 73·12·20]

第60條의3 (名譽退職) ① 私立學校教員으로서 20年이상 勤續한 者가 停年전에 자진하여 退職하는 경우에는 豫算의 범위안에서 名譽退職手當을 支給할 수 있다.
② 第1項의 名譽退職手當의 支給對象範圍·支給額·支給節次 기타 필요한 사항은 定款으로 정한다. [本條新設 90·4·7]

第3節 懲戒

第61條 (懲戒의 事由 및 種類) ① 私立學校의 敎員이 다음 各號의 1에 해당하는 때에는 당해 敎員의 任免權者는 懲戒議決의 要求를 하여야 하고, 懲戒議決의 결과에 따라 懲戒處分을 하여야 한다.
1. 이 法과 기타 敎育關係法令에 違反하여 敎員의 本分에 背馳되는 行爲를 한 때
2. 職務上의 義務에 違反하거나 職務를 태만히 한 때
3. 職務의 내외를 不問하고 敎員으로서의 品位를 損傷하는 行爲를 한 때
② 懲戒는 罷免·解任·停職·減俸·譴責으로 한다. [改正 86·5·9]
③ 停職은 1月이상 3月이하의 期間으로 하고, 停職處分을 받은 者는 그 期間중 身分은 보유하나 職務에 종사하지 못하며 報酬의 3分의 2를 減한다. [新設 86·5·9]
④ 減俸은 1月이상 3月이하의 期間, 報酬의 3分의 1을 減한다. [改正 86·5·9]
⑤ 譴責은 前過에 대하여 訓戒하고 회개하게 한다. [全文改正 81·2·28]

第62條 (敎員懲戒委員會의 設置) ① 私立學校의 敎員의 懲戒事件을 審議·議決하기 위하여 그 任免權者의 區分에 따라 學校法人·私立學校經營者 및 당해 學校에 敎員懲戒委員會를 둔다. 다만, 私立幼稚園 敎員의 懲戒事件은 敎育公務員法 第50條의 規定에 의하여 設置되는 敎育公務員懲戒委員會에서 審議·議決한다. [改正 99·8·31]
② 第1項의 規定에 의한 敎員懲戒委員會는 5人이상 9人이하의 委員으로 구성하되, 그 委員은 당해 學校의 敎員 또는 學校法人의 理事중에서 당해 學校法人 또는 私立學校經營者가 任命한다. 다만, 學校法人인 경우에는 당해 學校法人의 理事인 委員의 數가 委員의 2分의 1을 초과할 수 없다. [新設 90·4·7]
③ 敎員懲戒委員會의 組織·權限 및 審議節次등에 관하여 필요한 事項은 大統領令으로 정한다. [全文改正 81·2·28]

第63條 (除斥事由) 敎員懲戒委員會委員은 그 자신에 관한 懲戒事件을 審理하거나 被懲戒者와 親族關係가 있을 때에는 당해 懲戒事件의 審理에 관여하지 못한다.

第64條 (懲戒議決의 要求) 私立學校의 敎員의 任免權者는 그 소속 敎員중에 第61條 第1項의 懲戒事由에 해당하는 者가 있을 때에는 미리 充分한 調査를 한 후 당해 懲戒事件을 管轄하는 敎員懲戒委員會에 그 懲戒議決을 要求하여야 한다. [全文改正 81·2·28]

第64條의2 (懲戒議決要求事由의 통지) 懲戒議決要求權者가 第64條의 規定에 의하여 懲戒議決을 요구할 때에는 懲戒議決要求와 동시에 懲戒對象者에게 懲戒事由를 기재한 說明書를 송부하여야 한다. [本條新設 90·4·7]

第65條 (眞相調査 및 의견의 開陳) ① 敎員懲戒委員會는 懲戒事件을 審理함에 있어서 眞相을 調査하여야 하며, 懲戒議決을 행하기 전에 本人의 陳述을 들어야 한다. 다만, 2回이상 書面으로 召喚하여도 不應한 때에는 예외로 한다. [改正 64·11·10]
② 敎員懲戒委員會는 필요하다고 인정한 때에는 關係人을 출석시켜 의견을 들을 수 있다.

第66條 (懲戒議決) ① 敎員懲戒委員會는 懲戒事件을 審理한 결과 懲戒를 議決한 때에는 主文과 理由를 記錄한 懲戒議決書를 作成하고 이를 任命權者에게 통고하여야 한다.
② 任命權者가 第1項의 통고를 받은 때에는 그 통고를 받은 날로부터 15日이내에 그 議決內容에 따라 懲戒處分을 하여야 한다. 이 경우에 있어서 任命權者는 懲戒處分의 事由를 記載한 決定書를 당해 敎員에게 交付하여야 한다. [改正 99·8·31]
③ 第1項의 懲戒議決은 在籍委員 3分의 2이상의 출석과 在籍委員 過半數의 贊成으로 행하여야 한다. [改正 90·4·

7]

第66條의2 (懲戒事由의 時效) ① 懲戒議決의 요구는 懲戒事由가 발생한 날부터 2年을 경과한 때에는 이를 행하지 못한다.

② 懲戒委員會의 구성·懲戒議決 기타 節次上의 瑕疵나 懲戒量定의 過多를 이유로 敎員地位向上을위한特別法에 의한 敎員懲戒再審委員會 또는 法院에서 懲戒處分의 無效 또는 取消의 決定이나 判決을 한 때에는 第1項의 期間이 경과하거나 그 殘餘期間이 3月미만인 경우에는 그 決定 또는 判決이 확정된 날부터 3月이내에는 다시 懲戒議決을 요구할 수 있다.

[改正 97·1·13] [本條新設 90·4·7]

第67條 내지 第69條 削除 [91·5·31]

第5章 補則

第70條 (보고·調査등) 管轄廳은 私立學校의 敎育에 관하여 調査를 하거나 統計 기타 필요한 事項에 관한 보고를 하게 하거나, 所屬公務員으로 하여금 帳簿 기타 書類등을 檢査하게 하거나 敎育의 實施狀況을 調査하게 할 수 있다. [改正 90·4·7]

第70條의2 (事務機構 및 職員) ① 學校法人 또는 私立學校 經營者는 그의 事務와 그가 設置·經營하는 學校의 事務를 처리하기 위하여 필요한 事務機構를 두되, 그 設置·運營과 事務職員의 定員·任免·報酬·服務 및 身分保障에 관하여는 學校法人 또는 法人인 私立學校 經營者의 경우에는 定款으로 정하고, 個人인 私立學校 經營者의 경우에는 規則으로 한다. [改正 90·4·7, 99·8·31]

② 各級學校의 소속事務職員은 學校의 長의 제청으로 學校法人 또는 私立學校經營者가 任免한다. [改正 90·4·7]

[本條新設 76·12·31]

第71條 (權限의 위임) 이 法에 의한 敎育部長官의 權限은 그 일부를 大統領令이 정하는 바에 의하여 市·道敎育監에게 위임할 수 있다. [全文改正 97·1·13]

第72條 削除 [2000·1·28]

第6章 罰則

第73條 (罰則) 學校法人의 理事長 또는 私立學校經營者(法人인 경우에는 그 代表者 또는 理事)가 다음 各號의 1에 해당할 때에는 2年이하의 懲役 또는 2千萬원이하의 罰金에 處한다. [改正 81·2·28, 90·4·7, 97·1·13, 99·8·31]

1. 第46條의 規定에 의한 管轄廳의 命令에 違反하여 事業을 계속한 때
2. 第28條(第51條에 의하여 準用되는 경우를 포함한다)의 規定에 違反한 때
3. 削除 [81·2·28]
4. 第48條(第51條에 의하여 準用되는 경우를 포함한다)의 規定에 의한 管轄廳의 命令에 違反한 때

第73條의2 (罰則) 學校法人의 理事長이나 私立學校經營者(法人인 경우에는 그 代表者 또는 理事) 또는 大學敎育機關의 長이 第29條第6項(第51條에 의하여 準用되는 경우를 포함한다)의 規定에 違反한 때에는 2年이하의 懲役 또는 2千萬원이하의 罰金에 處한다.

[改正 90·4·7, 97·1·13] [本條新設 81·2·28]

第74條 (過怠料) ① 學校法人의 理事長·監事 또는 淸算人이나 私立學校經營者(法人인 경우에는 그 代表者 또는 理事)가 다음 各號의 1에 해당할 때에는 500萬원이하의 過怠料에 處한다. [改正 97·1·13, 99·8·31]

1. 이 法에 의한 登記를 하지 아니한 때
2. 第6條第3項의 規定에 의한 公告를 하지 아니하거나 公告하여야 할 사항을 허위로 또는 누락하여 公告한 때
3. 第13條에 의하여 準用되는 民法 第55條第1項의 規定에 의한 財産目錄 또는 第32條(第51條에 의하여 準用되는 경우를 포함한다) 및 第37條第1項의 規定에 의한 財産目錄 기타 書類를 비치하지 아니하거나 이에 기재할 사항을 허위로 또는 누락하여 기재한 때
4. 第19條第4項第3號·第48條(第51條에 의하여 準用되는 경우를 포함한다)의 規定에 의한 보고를 하지 아니하거나 보고하여야 할 사항을 허위로 또는 누락하여 보고한 때
5. 第31條(第51條에 의하여 準用되는 경우를 포함한다)·第37條 第2項 또는 第38條 第2項의 規定에 위반한 때
6. 第42條에 의하여 準用되는 民法 第79條 또는 第93條 第1項의 規定에 의한 破産宣告의 申請을 하지 아니한 때

7. 第42條에 의하여 準用되는 民法 第88條 第1項 또는 第93條 第1項의 規定에 의한 公告를 하지 아니하거나 公告할 사항을 허위로 또는 누락하여 公告한 때

8. 第42條에 의하여 準用되는 民法 第86條 또는 第94條의 規定에 의한 申告를 태만하거나 不實한 申告를 한 때

9. 第42條에 의하여 準用되는 民法 第90條의 規定에 위반한 때

② 私立學校 敎員의 任免權者가 第54條第1項의 規定에 의한 보고를 하지 아니하거나 허위보고를 한 때에는 500萬 원이하의 過怠料에 處한다. [改正 91·5·31, 97·1·13, 99·8·31]

③ 第1項 및 第2項의 規定에 의한 過怠料는 大統領令이 정하는 바에 의하여 管轄廳이 賦課·徵收한다.

④ 第3項의 規定에 의한 過怠料 處分에 대하여 불복이 있는 者는 그 處分의 告知를 받은 날부터 30日이내에 管轄廳에 異議를 제기할 수 있다.

⑤ 第3項의 規定에 의하여 過怠料 處分을 받은 者가 第4項의 規定에 의하여 異議를 제기한 때에는 管轄廳은 지체없이 管轄法院에 그 사실을 통보하여야 하며, 통보를 받은 管轄法院은 非訟事件節次法에 의한 過怠料의 裁判을 한다.

⑥ 第4項의 規定에 의한 期間안에 異議를 제기하지 아니하고 過怠料를 납부하지 아니한 때에는 그 管轄에 따라 國稅滯納處分 또는 地方稅滯納處分의 예에 의하여 이를 徵收한다.

[全文改正 90·4·7]

第74條의2 削除 [90·4·7]

附則 [99·8·31]

① (施行日) 이 法은 公布한 날부터 施行한다. 다만, 第21條第2項·第4項 및 第53條의4의 改正規定은 2000年 3月 1日부터 施行하고, 第53條의2第3項의 改正規定은 2002年 1月 1日부터 施行한다.

② (契約制 任用에 관한 經過措置) 종전의 規定에 의하여 기간을 정하여 任用된 敎員의 경우에는 第53條의2 第3項의 改正規定에 불구하고 당해 任用期間이 종료될 때까지는 종전의 規定에 의한다.

③ (臨時理事에 관한 經過措置) 이 法 施行당시 在任중인 臨時理事의 任期는 1999年 12月 31日까지로 한다.

附則 [2000·1·28]

이 法은 公布한 날부터 施行한다. 다만, 第59條 第1項의 改正規定중 本人이 원하는 경우 休職을 명하여야 하는 育兒休職 關聯規定은 2001年 1月 1日부터 施行한다.

平生敎育法
[법률 제6003호 전문개정 1999. 08. 31.]

제1장 총칙
제1조 (목적) 이 법은 평생교육에 관한 사항을 정함을 목적으로 한다.[[시행일 2000·3·1]]

제2조 (정의) 이 법에서 사용하는 용어의 정의는 다음과 같다.

1. "평생교육"이라 함은 학교교육을 제외한 모든 형태의 조직적인 교육활동을 말한다.

2. "평생교육단체"라 함은 평생교육을 주된 목적으로 하는 법인·단체를 말한다.

3. "평생교육시설"이라 함은 이 법에 의하여 인가·등록·신고된 시설과 학원 등 다른 법령에 의한 시설로서 평생교육을 주된 목적으로 하는 시설을 말한다. [[시행일 2000·3·1]]

제3조 (다른 법률과의 관계) 평생교육에 관하여는 다른 법률에 특별한 규정이 있는 경우를 제외하고는 이 법을 적용한다. [[시행일 2000·3·1]]

제4조 (평생교육의 이념) ① 모든 국민은 평생교육의 기회를 균등하게 보장받는다.

② 평생교육은 학습자의 자유로운 참여와 자발적인 학습을 기초로 이루어져야 한다.

③ 평생교육은 정치적·개인적 편견의 선전을 위한 방편으로 이용되어서는 아니된다.

④ 일정한 평생교육과정을 이수한 자에게는 그에 상응한 사회적 대우를 부여하여야 한다.[[시행일 2000·3·1]]

제5조 (교육과정 등) 평생교육의 과정·방법·시간 등에 관하여 이 법과 다른 법령에 특별한 규정이 있는 경우를 제외하고는 이를 실시하는 자가 정하되, 학습자의 필요와 실용성을 존중하여야 한다. [[시행일 2000·3·1]]

제6조 (공공시설의 이용) ① 평생교육을 실시하는 자는 평생교육을 위하여 공공시설을 그 본래의 용도에 지장이 없는 범위안에서 관련 법령이 정하는 바에 따라 이용할 수 있다.

② 제1항의 경우 공공시설의 관리자는 특별한 사유가 없는 한 그 이용을 허용하여야 한다.[[시행일 2000·3·1]]

제7조 (학습휴가 및 학습비 지원) 국가·지방자치단체 기타 공공기관의 장 또는 각종 사업의 경영자는 소속 직원의 평생학습기회를 확대하기 위하여 유급 또는 무급의 학습휴가를 실시하거나 도서비·교육비·연구비 등 학습비를 지원할 수 있다. [[시행일 2000·3·1]]

제8조 (평생교육시설 설치자의 역할) 평생교육시설의 설치자는 다양한 평생교육프로그램을 개발하여 지역사회주민을 위한 평생교육에 기여하여야 한다. [[시행일 2000·3·1]]

제2장 국가 및 지방자치단체의 임무
제9조 (국가 및 지방자치단체의 임무) ① 국가 및 지방자치단체는 이 법과 다른 법령이 정하는 바에 의하여 평생교육시설의 설치, 평생교육사의 양성, 평생교육프로그램의 개발 및 평생교육기관에 대한 경비보조 등의 방법으로 모든 국민에게 평생학습의 기회가 부여될 수 있도록 노력하여야 한다.

② 국가 및 지방자치단체는 그 소관에 속하는 단체·시설·사업장 등의 설치자에 대하여 평생교육의 실시를 적극 권장하여야 한다. [[시행일 2000·3·1]]

제10조 (평생교육협의회) ① 평생교육의 효율적인 실시를 위한 협의·조정 기타 평생교육실시자 상호간의 협력증진을 위하여 교육감소속하에 평생교육협의회를 둔다.

② 제1항의 규정에 의한 평생교육협의회의 조직과 운영 등에 관하여 필요한 사항은 당해 지방자치단체의 조례로 정한다. [[시행일 2000·3·1]]

제11조 (경비보조) ① 국가 및 지방자치단체는 평생교육의 진흥에 필요한 경비를 보조할 수 있다.

② 제1항의 규정에 의한 경비보조는 학습자에 대한 직접지원을 원칙으로 하여야 한다. [[시행일 2000·3·1]]

제12조 (지도 및 지원) ① 국가 및 지방자치단체는 평생교육단체 또는 평생교육시설 설치자의 요청이 있는 때에는 그 단체 또는 시설의 평생교육활동을 지도 또는 지원할 수 있다.

② 국가 및 지방자치단체는 평생교육단체 또는 평생교육시설 설치자의 요청이 있는 때에는 그 단체 또는 시설에서 평생교육활동에 종사하는 자의 능력향상에 필요한 연수를 실시할 수 있다.

③ 교육부장관 및 교육감은 평생교육실시자에 대하여 평생교육의 운영에 관한 자료를 요구하거나 소속공무원으로 하여금 평생교육의 현황을 조사하게 할 수 있다.[[시행일 2000·3·1]]

제13조 (평생교육센터 등의 운영) ① 교육부장관은 평생교육에 대한 연구, 평생교육 종사자에 대한 연수 및 평생교육에

관한 정보의 수집·제공 등 평생교육센터의 기능을 수행하여야 한다.

② 교육부장관은 교육·연구와 관련된 법인 또는 단체로 하여금 제1항의 규정에 의한 기능을 대행하게 할 수 있다.

③ 교육감은 관할구역안에서 지역주민을 대상으로 평생교육프로그램 운영과 제1항의 규정에 의한 기능을 수행하는 평생학습관을 운영하여야 한다.

④ 제3항의 규정에 의한 평생학습관의 운영은 당해 지방자치단체의 조례가 정하는 바에 의하되, 지역의 특성에 따라 평생교육시설 등을 활용할 수 있다. [[시행일 2000·3·1]]

제14조 (지역평생교육정보센터의 운영) ① 교육부장관 및 교육감은 평생교육단체 또는 평생교육시설을 지정하여 제13조제3항의 규정에 의한 평생학습관의 기능과 평생교육의 정보제공, 평생학습의 상담 등을 수행하는 지역평생교육정보센터를 운영할 수 있다.

② 교육부장관 및 교육감은 지역평생교육정보센터를 중심으로 평생교육단체 및 평생교육시설의 상호 연계체계를 구축하여야 한다.

③ 교육부장관 및 교육감은 제2항의 규정에 의한 상호 연계체계를 바탕으로 평생교육을 받고자 하는 자에게 다양한 평생교육기회 및 정보를 신속히 제공하여야 한다.[[시행일 2000·3·1]]

제15조 (정보화관련 평생교육의 진흥) 국가 및 지방자치단체는 각급학교·민간단체· 기업 등과 연계하여 교육의 정보화와 정보화관련 평생교육과정의 개발에 적극 노력하여야 한다.[[시행일 2000·3·1]]

제16조 (인적자원의 활용) ① 국가 및 지방자치단체는 각급학교·평생교육단체 및 평생교육시설 등이 유능한 인적자원을 효율적으로 활용할 수 있도록 하기 위하여 대통령령이 정하는 바에 따라 강사에 관한 정보를 제공·관리하는 제도를 운영할 수 있다.

② 국가는 인적자원의 효율적인 개발·관리를 위하여 국민의 개인적 학습경험을 종합적으로 집중관리하는 제도를 도입·운영할 수 있도록 노력하여야 한다. [[시행일 2000·3·1]]

제3장 평생교육사

제17조 (평생교육사) ① 교육부장관은 고등교육법 제2조의 규정에 의한 학교(이하 "대학"이라 한다)에서 평생교육 관련 과목을 일정학점이상 이수한 자 또는 제18조의 규정에 의한 평생교육사 양성기관에서 소정의 과정을 이수한 자에게 평생교육사의 자격을 부여한다.

② 평생교육사는 평생교육의 기획·진행·분석·평가 및 교수업무를 수행한다.

③ 제20조제4항제1호 내지 제5호의 1에 해당하는 자는 평생교육사가 될 수 없다.

④ 평생교육사의 종류, 등급, 자격요건, 등급별 직무범위, 이수과정, 연수 및 자격증의 교부절차 등에 관하여 필요한 사항은 대통령령으로 정한다. [[시행일 2000·3·1]]

제18조 (평생교육사 양성기관) 교육부장관은 평생교육사의 양성 및 연수를 위하여 대통령령이 정하는 바에 따라 평생교육단체 또는 평생교육시설을 평생교육사 양성기관으로 지정할 수 있다. [[시행일 2000·3·1]]

제19조 (평생교육사의 배치) ① 평생교육단체 및 평생교육시설에는 효율적인 평생교육의 실시를 위하여 평생교육사를 배치하여야 한다.

② 제1항의 규정에 의한 평생교육사의 배치대상 및 배치기준은 대통령령으로 정한다.[[시행일 2000·3·1]]

제4장 평생교육시설

제20조 (학교형태의 평생교육시설) ① 학교형태의 평생교육시설을 설치·운영하고자 하는 자는 대통령령이 정하는 시설·설비를 갖추어 교육감에게 등록하여야 한다.

② 교육감은 제1항의 규정에 의한 학교형태의 평생교육시설중 일정기준이상의 요건을 갖춘 평생교육시설에 대하여는 이를 고등학교졸업이하의 학력이 인정되는 시설로 지정할 수 있다.

③ 제2항의 규정에 의한 학력인정시설의 지정기준·절차 등에 관하여 필요한 사항은 대통령령으로 정한다.

④ 다음 각호의 1에 해당하는 자는 학교형태의 평생교육시설의 설치자가 될 수 없다.

1. 금치산자 또는 한정치산자

2. 파산선고를 받고 복권되지 아니한 자

3. 금고이상의 실형의 선고를 받고 그 집행이 종료(집행이 종료된 것으로 보는 경우를 포함한다)되거나 집행이 면제된 날부터 3년이 경과되지 아니한 자

4. 금고이상의 형의 집행유예 선고를 받고 그 유예기간중에 있는 자

    5. 법원의 판결 또는 다른 법률에 의하여 자격이 정지 또는 상실된 자

    6. 제29조의 규정에 의하여 인가 또는 등록이 취소된 후 3년이 경과되지 아니한 자

    7. 임원중에 제1호 내지 제6호의 1에 해당하는 자가 있는 법인 [[시행일 2000·3·1]]

제21조 (사내대학형태의 평생교육시설) ① 대통령령이 정하는 규모이상의 사업장의 경영자는 교육부장관의 인가를 받아 전문대학 또는 대학졸업자와 동등한 학력·학위가 인정되는 평생교육시설을 설치·운영할 수 있다.

② 제1항의 규정에 의한 사내대학형태의 평생교육시설은 당해 사업장에 고용된 종업원을 대상으로 하되, 교육에 필요한 비용은 고용주가 부담함을 원칙으로 한다.

③ 제1항의 규정에 의한 사내대학형태의 평생교육시설의 설치기준, 학점제 등 운영방법에 관하여 필요한 사항은 대통령령으로 정한다.

④ 제1항의 규정에 의한 사내대학형태의 평생교육시설을 폐쇄하고자 하는 경우에는 교육부장관에게 이를 신고하여야 한다.

⑤ 제20조제4항 각호의 1에 해당하는 자는 사내대학형태의 평생교육시설의 설치자가 될 수 없다. [[시행일 2000·3·1]]

제22조 (원격대학형태의 평생교육시설) ① 누구든지 정보통신매체를 이용하여 특정 또는 불특정 다수인에게 원격교육을 실시하거나 다양한 정보를 제공하는 등의 평생교육을 실시할 수 있다.

② 제1항의 경우 불특정 다수인을 대상으로 학습비를 받고 이를 실시하고자 하는 경우에는 대통령령이 정하는 바에 따라 교육부장관에게 신고하여야 한다. 이를 폐쇄하고자 하는 경우에는 그 사실을 교육부장관에게 통보하여야 한다.

③ 제1항의 경우 전문대학 또는 대학졸업자와 동등한 학력·학위가 인정되는 원격대학형태의 평생교육시설을 설치하고자 하는 경우에는 대통령령이 정하는 바에 따라 교육부장관의 인가를 받아야 한다. 이를 폐쇄하고자 하는 경우에는 교육부장관에게 신고하여야 한다.

④ 제3항의 규정에 의한 원격대학형태의 평생교육시설의 설치기준, 학점제 등 운영방법에 관하여 필요한 사항은 대통령령으로 정한다.

⑤ 제20조제4항 각호의 1에 해당하는 자는 원격대학형태의 평생교육시설의 설치자가 될 수 없다. [[시행일 2000·3·1]]

제23조 (사업장부설 평생교육시설) ① 대통령령이 정하는 규모이상의 사업장의 경영자는 당해 사업장의 고객 등을 대상으로 하는 평생교육시설을 설치·운영할 수 있다.

② 제1항의 규정에 의한 사업장부설 평생교육시설을 설치하고자 하는 자는 대통령령이 정하는 바에 따라 교육감에게 신고하여야 한다. 이를 폐쇄하고자 하는 경우에는 그 사실을 교육감에게 통보하여야 한다. [[시행일 2000·3·1]]

제24조 (시민사회단체부설 평생교육시설) ① 시민사회단체는 상호유기적인 협조체제를 구축하고 공공시설 및 민간시설 등 유휴시설을 활용하여 다양한 평생교육과정을 운영하도록 노력하여야 한다.

② 대통령령이 정하는 시민사회단체는 일반시민을 대상으로 하는 평생교육시설을 설치·운영할 수 있다.

③ 제2항의 규정에 의한 시민사회단체부설 평생교육시설을 설치하고자 하는 자는 대통령령이 정하는 바에 따라 교육감에게 신고하여야 한다. 이를 폐쇄하고자 하는 경우에는 그 사실을 교육감에게 통보하여야 한다. [[시행일 2000·3·1]]

제25조 (학교부설 평생교육시설) ① 각급학교의 장은 당해 학교의 교육환경을 고려하여 그 특성에 맞는 평생교육을 실시할 수 있다.

② 각급학교의 장은 평생교육실시자가 당해 학교의 도서관, 박물관, 기타 시설을 평생교육을 위하여 이용하고자 하는 경우에는 이에 적극 협조하여야 한다.

③ 각급학교의 장은 학생·학부모 및 지역주민을 대상으로 교양증진 또는 직업교육을 위한 평생교육시설을 설치·운영할 수 있다. 평생교육시설을 설치한 경우 각급학교의 장은 관할관청에 이를 보고하여야 한다.

④ 대학의 장은 대학생 또는 대학생외의 자를 대상으로 자격취득을 위한 직업교육과정 등 다양한 평생교육과정을 운영할 수 있다.

⑤ 각급학교의 시설은 다양한 평생교육을 실시하기에 편리한 형태의 구조와 설비를 갖추어야 한다. [[시행일 2000·3·1]]

제26조 (언론기관부설 평생교육시설) ① 신문·방송 등 언론기관을 경영하는 자는 당해 언론매체를 통하여 다양한 평생교육프로그램을 방영하는 등 국민의 평생교육진흥에 기여하여야 한다.

② 대통령령이 정하는 언론기관을 경영하는 자는 일반국민을 대상으로 교양증진과 능력향상을 위한 평생교육시설

을 설치·운영할 수 있다.

③ 제2항의 규정에 의한 언론기관부설 평생교육시설을 설치하고자 하는 자는 대통령령이 정하는 바에 따라 교육감에게 신고하여야 한다. 이를 폐쇄하고자 하는 경우에는 그 사실을 교육감에게 통보하여야 한다. [[시행일 2000·3·1]]

제27조 (지식·인력개발사업관련 평생교육시설) ① 국가 및 지방자치단체는 지식정보의제공과 교육훈련을 통한 인력개발을 주된 내용으로 하는 지식·인력개발사업을 적극 진흥·육성하여야 한다.

② 제1항의 규정에 의한 지식·인력개발사업을 경영하는 자중 대통령령이 정하는 자는 평생교육시설을 설치·운영할 수 있다.

③ 제2항의 규정에 의한 지식·인력개발사업관련 평생교육시설을 설치하고자 하는 자는 대통령령이 정하는 바에 따라 교육감에게 신고하여야 한다. 이를 폐쇄하고자 하는 경우에는 그 사실을 교육감에게 통보하여야 한다. [[시행일 2000·3·1]]

제5장 보칙

제28조 (학점 등의 인정) ① 이 법에 의하여 학력이 인정되는 평생교육과정외에 이 법 또는 다른 법령의 규정에 의한 평생교육과정을 이수한 자는 학점인정등에관한법률이 정하는 바에 따라 학점 또는 학력을 인정받을 수 있다.

② 다음 각호의 1에 해당하는 자는 학점인정등에관한법률이 정하는 바에 따라 그에 상응하는 학점 또는 학력을 인정받을 수 있다.

1. 각급학교 또는 평생교육시설에서 각종 교양과정 또는 자격취득에 필요한 과정을 이수한 자

2. 산업체 등에서 일정한 교육을 받은 후 사내인정자격을 취득한 자

3. 국가·지방자치단체·각급학교·산업체 또는 민간단체 등이 실시하는 능력측정검사를 통하여 자격을 인정받은 자

4. 문화재보호법에 의하여 인정된 중요무형문화재보유자와 그 문하생으로서 일정한 전수교육을 받은 자

③ 각급학교 및 평생교육시설의 장은 학습자가 제22조의 규정에 의하여 국내외의 각급학교 및 평생교육시설로부터 취득한 학점·학력 및 학위를 상호 인정할 수 있다.[[시행일 2000·3·1]]

제29조 (행정처분) 교육부장관 또는 교육감은 평생교육시설의 설치자가 다음 각호의 1에 해당하는 경우에는 그 시설의 설치인가 또는 등록을 취소하거나 1년이내의 기간을 정하여 평생교육과정의 전부 또는 일부에 대한 운영의 정지를 명할 수 있다. 다만, 제1호 및 제4호의 경우에는 그 인가 또는 등록을 취소하여야 한다.

1. 허위 기타 부정한 방법으로 인가를 받거나 등록한 경우

2. 인가 또는 등록기준에 미달하게 된 경우

3. 평생교육시설을 부정한 방법으로 관리·운영한 경우

4. 제20조제4항 각호의 1의 결격사유에 해당하는 경우[[시행일 2000·3·1]]

제30조 (청문) 교육부장관 또는 교육감은 제29조의 규정에 의하여 인가 또는 등록을 취소하고자 하는 경우에는 청문을 실시하여야 한다.[[시행일 2000·3·1]]

제31조 (권한의 위임) 이 법에 의한 교육부장관 또는 교육감의 권한은 그 일부를 대통령령이 정하는 바에 의하여 대학기관의 장·교육감 또는 교육장에게 위임할 수 있다.[[시행일 2000·3·1]]

제32조 (과태료) ① 다음 각호의 1에 해당하는 자는 500만원이하의 과태료에 처한다.

1. 제12조제3항의 규정에 위반하여 자료를 제출하지 아니하거나 허위의 자료를 제출한자

2. 제21조제4항, 제22조제2항·제3항, 제23조제2항, 제24조제3항, 제26조제3항 및 제27조제3항의 규정에 의한 신고를 태만히 한 자

② 제1항의 규정에 의한 과태료는 대통령령이 정하는 바에 의하여 관할관청이 부과·징수한다.

③ 제2항의 규정에 의한 과태료처분에 대하여 불복이 있는 자는 그 처분의 고지를 받은 날부터 30일이내에 관할관청에 이의를 제기할 수 있다.

④ 제2항의 규정에 의한 과태료처분을 받은 자가 제3항의 규정에 의하여 이의를 제기한때에는 관할관청은 지체없이 관할법원에 그 사실을 통보하여야 하며, 통보를 받은 관할법원은 비송사건절차법에 의한 과태료의 재판을 한다.

⑤ 제3항의 규정에 의한 기간내에 이의를 제기하지 아니하고 과태료를 납부하지 아니한 때에는 국세 또는 지방세체납처분의 예에 의하여 이를 징수한다. [[시행일 2000·3·1]]

부칙

제1조 (시행일) 이 법은 공포후 6월이 경과한 날부터 시행한다.

제2조 (사회교육시설에 관한 경과조치) 이 법 시행당시 종전의 규정에 의하여 설치된 사회교육시설은 이 법에 의하여 설치된 평생교육시설로 본다.

제3조 (사회교육이수자에 관한 경과조치) 이 법 시행당시 종전의 규정에 의하여 사회교육과정을 이수한 자는 이 법에 의한 평생교육과정을 이수한 것으로 본다.

제4조 (학력인정에 관한 경과조치) 이 법 시행당시 종전의 규정에 의한 사회교육과정을 이수하여 중학교 또는 고등학교 졸업자와 동등한 학력이 있다고 인정된 자는 각각 이 법에 의한 평생교육과정을 이수하여 해당 학력이 인정된 자로 본다.

제5조 (사회교육전문요원에 관한 경과조치) 이 법 시행당시 종전의 규정에 의하여 사회교육전문요원의 자격을 취득한 자는 이 법에 의한 평생교육사의 자격을 취득한 것으로 본다.

제6조 (벌칙에 관한 경과조치) 이 법 시행전의 행위에 대한 벌칙의 적용에 있어서는 종전의 규정에 의한다.

제7조 (다른 법령과의 관계) 이 법 시행당시 다른 법령에서 종전의 사회교육법 또는 그 규정을 인용한 경우 이 법에 그에 해당하는 규정이 있는 때에는 이 법 또는 이 법의 해당 규정을 인용한 것으로 본다.

地方敎育自治에관한法律
[법률 제6216호 전문개정 2000. 01. 28.]

第1章 總則

第1條 (目的) 이 法은 敎育의 自主性 및 전문성과 地方敎育의 특수성을 살리기 위하여 地方自治團體의 敎育·科學·技術·體育 기타 學藝에 관한 事務를 管掌하는 機關의 設置와 그 組織 및 운영등에 관한 사항을 規定함으로써 地方敎育의 발전에 이바지함을 目的으로 한다.

第2條 (敎育·學藝事務의 管掌) 地方自治團體의 敎育·科學·技術·體育 기타 學藝(이하 "敎育·學藝"라 한다)에 관한 事務는 特別市·廣域市 및 道(이하 "市·道"라 한다)의 事務로 한다.

第2章 敎育委員會
第1節 組織

第3條 (敎育委員會의 設置) 市·道의 敎育·學藝에 관한 중요사항을 審議·議決하기 위하여 市·道에 敎育委員會를 둔다.

第2節 敎育委員

第4條 (敎育委員의 任期) ① 敎育委員의 任期는 4年으로 한다.

② 第1項의 任期는 前任敎育委員의 任期滿了日의 다음날부터 開始한다.

③ 敎育委員의 任期가 開始된 후에 실시하는 選擧에 의한 敎育委員의 任期는 당선이 決定된 때부터 開始되며 前任者의 殘任期間으로 한다.

④ 第7條第3項의 規定에 의하여 承繼한 敎育委員의 任期는 承繼한 날부터 開始되며 前任者의 殘任期間으로 한다.

⑤ 第59條第3項 後段 및 同條第4項의 後段의 規定에 의하여 選出되는 敎育委員의 任期는 選出된 날부터 開始되어 分割전의 敎育委員 任期의 殘任期間으로 한다.

第5條 (兼職등의 금지) ① 敎育委員은 다음 各號의 1에 해당하는 職을 겸할 수 없다.

1. 國會議員·地方議會議員

2. 國家公務員法 第2條에 規定된 國家公務員 및 地方公務員法 第2條에 規定된 地方公務員과 私立學校法 第2條의 規定에 의한 私立學校의 敎員. 다만, 高等敎育法 第2條의 規定에 의한 大學, 産業大學, 敎育大學, 專門大學, 放送·通信大學, 技術大學 및 이에 준하는 各種學校와 다른 法令에 의하여 設置된 大學의 專任講師이상의 敎員을 제외한다.

3. 私立學校經營者 또는 私立學校를 設置·經營하는 法人의 任·職員

② 敎育委員은 당해 地方自治團體의 敎育機關(敎育行政機關, 敎育硏究機關, 敎育硏修·修鍊機關, 圖書館, 敎員·學生福祉厚生機關등을 포함한다. 이하 같다)과 營利를 目的으로 하는 去來를 할 수 없으며, 이와 관련된 財産의 讓受人 또는 管理人이 될 수 없다.

第6條 (敎育委員의 義務) ① 敎育委員은 敎育發展등 公共의 이익을 우선하여 良心에 따라 그 職務를 성실히 수행하여야 한다.

② 敎育委員은 淸廉의 義務를 지며 敎育委員으로서의 品位를 유지하여야 한다.

③ 敎育委員은 在職중은 물론 退職후에도 그 職務상 알게 된 秘密을 지켜야 한다.

第7條 (敎育委員의 辭任·退職 및 承繼) ① 敎育委員은 당해 敎育委員會의 同意를 얻어 그 職을 辭任할 수 있다. 다만, 閉會중에는 敎育委員會 議長의 同意를 얻어 그 職을 辭任할 수 있다.

② 敎育委員이 다음 各號의 1에 해당된 때에는 退職된다.

1. 敎育委員의 資格이 없게 된 때(地方自治團體의 區域變更 또는 廣域市의 設置로 인하여 被選擧權이 없게 된 때를 제외한다)

2. 敎育委員이 겸할 수 없는 職을 겸하게 된 때

3. 懲戒에 의하여 除名된 때

③ 敎育委員에 闕員이 생긴 때에는 第115條第6項의 規定에 따라 闕員된 敎育委員이 經歷者인 경우에는 經歷者인 敎育委員豫定者 중에서, 經歷者가 아닌 경우에는 經歷者가 아닌 敎育委員豫定者 중에서 미리 정한 順位에 따라 敎育委員이 된다.

第3節 權限

第8條 (敎育委員會의 議決事項) ① 敎育委員會는 당해 市·道의 敎育·學藝에 관한 다음 各號의 사항을 審議·議決한다.

1. 市·道議會에 제출할 條例案
2. 市·道議會에 제출할 豫算案 및 決算
3. 市·道議會에 제출할 特別賦課金·使用料·手數料·分擔金 및 加入金의 賦課와 徵收에 관한 사항
4. 市·道議會에 제출할 起債案
5. 基金의 設置·運用에 관한 사항
6. 大統領令으로 정하는 重要財産의 취득·처분에 관한 사항
7. 大統領令으로 정하는 公共施設의 設置·관리 및 처분에 관한 사항
8. 法令과 條例에 規定된 것을 제외한 豫算의 義務負擔이나 權利의 포기에 관한 사항
9. 請願의 受理와 처리
10. 外國 地方自治團體와의 交流協力에 관한 사항
11. 기타 法令과 市·道 條例에 의하여 그 權限에 속하는 사항

② 第1項第5號 내지 第11號에 規定된 사항에 대하여 행한 敎育委員會의 議決은 市·道議會의 議決로 본다.

③ 敎育監은 敎育·學藝에 관한 議案중 다음 各號의 1에 해당하는 議案을 敎育委員會에 제출하고자 할 때에는 미리 特別市長·廣域市長·道知事(이하 "市·道知事"라 한다)와 協議하여야 한다.

1. 住民의 財政的 부담이나 義務賦課에 관한 條例案
2. 地方自治團體의 一般會計와 관련되는 사항

④ 敎育委員會 議長은 敎育委員이 第3項 各號의 1에 해당하는 議案을 發議한 때에는 이를 議決하기 전에 미리 市·道知事의 의견을 들어야 한다.

第9條 (議案의 移送등) ① 敎育委員會에서 議決된 議案은 議長이 이를 5日이내에 敎育監에게 移送한다.

② 敎育監은 第1項의 規定에 의하여 移送된 議案으로서 市·道議會의 議決을 필요로 하는 議案은 地方自治法 第58條(議案의 發議)第1項의 規定에 불구하고 이를 市·道議會에 제출한다.

③ 市·道議會는 第2項의 規定에 의하여 제출된 議案중 豫算案에 있어 支出豫算 각 項의 금액을 增額하거나 새 費目을 設置하고자 할 때에는 敎育監의 同意를 얻어야 한다.

④ 市·道議會 議長은 第2項의 規定에 의하여 제출된 議案이 議決된 때에는 이를 5日이내에 敎育監에게 移送하여야 한다.

⑤ 第4項의 規定에 의하여 移送된 議案중 條例案은 地方自治法 第19條(條例와 規則의 制定節次等)第2項의 規定에 불구하고 敎育監이 大統領令이 정하는 바에 의하여 20日이내에 이를 公布하여야 한다.

⑥ 條例案의 再議要求 및 公布에 관하여는 地方自治法 第19條 第3項 내지 第7項의 規定을 準用한다. 이 경우 同條 第3項·第5項 및 第6項중 "地方自治團體의 長"은 "敎育監"으로 본다.

第4節 會議 및 事務職員

第10條 (會議) ① 敎育委員會의 會議는 敎育監 또는 在籍敎育委員 3分의 1이상의 요구에 의하여 集會한다. 다만, 敎育委員會가 새로 구성된 후 최초로 召集되는 敎育委員會 會議는 敎育委員 任期開始日부터 25日이내에 敎育監이 召集한다.

② 敎育委員會 議長은 第1項 本文의 規定에 의한 集會要求가 있을 때에는 集會日 7日전에 이를 公告하여야 한다. 다만, 議長이 긴급한 사유로 集會할 필요가 있다고 인정할 경우에는 그러하지 아니하다.

③ 敎育委員會의 會議日數는 年 50日을 초과하지 아니하는 범위내에서 당해 敎育委員會의 會議規則으로 정한다. 다만, 특별히 필요한 경우에는 敎育委員會의 議決로 10日의 범위내에서 會議日數를 연장할 수 있다.

④ 敎育委員會의 開會·休會·閉會·會期 기타 議事에 관하여 필요한 사항은 당해 敎育委員會의 會議規則으로 정한다.

第11條 (議長·副議長의 選出등) ① 敎育委員會에 議長 및 副議長 각 1人을 둔다.

② 議長 및 副議長은 敎育委員중에서 無記名投票로 選出하되, 在籍敎育委員 過半數의 得票로 당선된다.

③ 第2項의 得票者가 없을 때에는 2次投票를 하여 最高得票者를 當選者로 한다. 이 경우 最高得票者가 2人이상인 때에는 年長者를 當選者로 한다.

④ 議長 및 副議長의 任期는 2年으로 한다.

⑤ 議長과 副議長은 敎育委員會의 同意를 얻어 그 職을 辭任할 수 있다.

第12條 (議長의 職務) ① 議長은 敎育委員會를 代表하고 議事를 정리하며, 會議場안의 秩序를 유지하고 敎育委員會의 事務를 監督한다.

② 議長이 事故가 있을 때에는 副議長이 그 職務를 代行한다.

第13條 (小委員會의 設置) ① 敎育委員會는 會議規則이 정하는 바에 의하여 小委員會를 둘 수 있다.

② 小委員會는 그 小委員會에서 審査한 案件이 敎育委員會에서 議決될 때까지 存續한다.

③ 小委員會의 委員은 敎育委員會에서 選任한다.

④ 小委員會에 委員長 1人을 두되, 小委員會에서 互選한다.

第14條 (議事定足數) ① 敎育委員會는 在籍敎育委員 過半數의 출석으로 開議한다.

② 會議중 第1項의 規定에 의한 定足數에 달하지 못할 때에는 議長은 會議의 중지 또는 散會를 宣布한다.

第15條 (議決定足數) 敎育委員會의 議事는 이 法에 특별한 規定이 있는 경우를 제외하고는 出席敎育委員 過半數의 贊成으로 議決한다.

第16條 (議案의 發議 및 제출) ① 敎育委員會에서 審議할 議案은 敎育監이 제출하거나 在籍敎育委員 3分의 1이상의 連署로 發議한다. 다만, 豫算案과 決算은 敎育監이 이를 제출한다.

② 第1項의 議案은 文書로써 議長에게 제출하여야 한다.

第17條 (議事局의 設置등) ① 敎育委員會에는 事務를 처리하기 위하여 條例로 정하는 바에 의하여 議事局을 두고, 議事局에는 議事局長과 필요한 職員을 둔다.

② 第1項의 規定에 의하여 두는 議事局長 및 職員(이하 이 節에서 "事務職員"이라 한다)은 地方公務員으로 補한다.

③ 事務職員의 定數는 條例로 정한다.

④ 事務職員은 敎育委員會의 議長과 協議하여 敎育監이 任命한다.

第18條 (事務職員의 職務) 議事局長은 敎育委員會 議長의 명을 받아 敎育委員會의 會議를 보좌하고 그 事務를 맡아 처리하며, 소속職員을 指揮·監督한다.

第19條 (地方自治法의 準用) 地方自治法 第5條, 第21條, 第32條, 第32條의2, 第34條의2, 第35條의2, 第36條, 第37條, 第37條의2, 第44條, 第46條 내지 第49條, 第53條, 第59條 내지 第68條, 第74條 내지 第81條의 規定은 敎育委員會에 이를 準用한다. 이 경우 "地方議會議員"은 "敎育委員"으로, "議員"은 "委員"으로, "地方議會"·"議會" 또는 "本會議"는 "敎育委員會"로, "地方自治團體의 事務"는 "地方自治團體의 敎育·學藝에 관한 事務"로, "地方自治團體의 長" 또는 "市·道知事"는 "敎育監"으로, "行政自治部長官"은 "敎育部長官"으로, "委員會"는 "小委員會"로, "委員長"은 "小委員會委員長"으로 본다.

第3章 敎育監
第1節 地位와 權限

第20條 (敎育監) ① 市·道의 敎育·學藝에 관한 事務의 執行機關으로 市·道에 敎育監을 둔다.

② 敎育監은 敎育·學藝에 관한 所管事務로 인한 訴訟이나 財産의 登記등에 대하여 당해 市·道를 代表한다.

第21條 (國家行政事務의 위임) 國家行政事務중 市·道에 위임하여 施行하는 事務로서 敎育·學藝에 관한 事務는 敎育監에게 위임하여 행한다. 다만, 法令에 다른 規定이 있는 경우에는 그러하지 아니하다.

第22條 (管掌事務) 敎育監은 敎育·學藝에 관한 다음 各號의 사항에 관한 事務를 管掌한다.

1. 條例案의 작성
2. 豫算案의 編成
3. 決算書의 작성
4. 敎育規則의 制定
5. 學校 기타 敎育機關의 設置·移轉 및 廢止에 관한 사항
6. 敎育課程의 운영에 관한 사항
7. 科學·技術敎育의 振興에 관한 사항
8. 社會敎育 기타 敎育·學藝振興에 관한 사항
9. 學校體育·保健 및 學校環境淨化에 관한 사항
10. 學生通學區域에 관한 사항
11. 敎育·學藝의 施設·設備 및 敎具에 관한 사항
12. 財産의 취득·처분에 관한 사항
13. 特別賦課金·使用料·手數料·分擔金 및 加入金에 관한 사항

14. 起債·借入金 또는 豫算외의 義務負擔에 관한 사항
15. 基金의 設置·運用에 관한 사항
16. 소속國家公務員 및 地方公務員의 人事管理에 관한 사항
17. 기타 당해 市·道의 敎育·學藝에 관한 사항과 위임된 사항

第23條 (敎育監의 任期) ① 敎育監의 任期는 4年으로 하되, 1次에 한하여 重任할 수 있다.

② 第1項의 任期는 前任者의 任期가 만료된 다음날부터 開始한다. 다만, 前任者의 任期가 만료된 후에 실시하는 選擧와 關位로 인한 選擧에서 選出된 敎育監의 任期는 당선이 決定된 때부터 開始되며 前任者의 殘任期間으로 한다.

第24條 (敎育監의 辭任) ① 敎育監이 그 職을 辭任하고자 할 때에는 당해 敎育委員會 議長에게 미리 辭任日을 기재한 書面(이하 "辭任通知書"라 한다)으로 통지하여야 한다.

② 敎育監은 辭任通知書에 기재된 辭任日에 辭任된다. 다만, 辭任通知書에 기재된 辭任日까지 敎育委員會 議長에게 통지가 되지 아니한 경우에는 敎育委員會 議長에게 辭任의 통지가 된 날에 辭任된다.

第25條 (兼職의 제한) ① 敎育監은 다음 各號의 1에 해당하는 職을 겸할 수 없다.

1. 國會議員·地方議會議員·敎育委員
2. 國家公務員法 第2條에 규정된 國家公務員과 地方公務員法 第2條에 규정된 地方公務員 및 私立學校法 第2條의 規定에 의한 私立學校의 敎員
3. 私立學校經營者 또는 私立學校를 設置·경영하는 法人의 任·職員

② 敎育監이 당선전부터 第1項의 兼職이 금지된 職을 가진 경우에는 任期開始日전일에 그 職에서 解職된다.

第26條 (敎育監의 退職) 敎育監이 다음 各號의 1에 해당된 때에는 그 職에서 退職된다.

1. 敎育監이 兼任할 수 없는 職에 就任한 때
2. 第27條의 규정에 의하여 敎育監의 職을 상실한 때
3. 第61條의 規定에 의한 資格이 없게 된 때

第27條 (市·道의 廢置·分合과 敎育監) ① 市·道가 다른 市·道에 編入되어 廢止된 때에는 그 編入된 市·道의 敎育監은 그 職을 상실한다.

② 2개이상의 市·道가 합하여져 새로운 市·道가 設置된 때에는 종전의 敎育監은 모두 그 職을 상실하고 당해 市·道의 敎育監은 새로 選出한다.

③ 第2項의 경우 敎育部長官은 새로운 敎育監이 選出될 때까지 당해 市·道의 敎育監의 職務를 代行할 者를 종전의 敎育監중에서 지정한다.

④ 1개의 市·道가 分割되어 2개이상의 市·道가 設置된 때에는 종전의 敎育監은 選出당시의 市·道의 事務所가 위치하는 地域을 관할하는 市·道의 敎育監으로서 殘任期間동안 在任하고, 다른 市·道의 敎育監은 새로 選出한다. 다만, 새로운 敎育監이 選出될 때까지 敎育部長官이 당해 市·道의 敎育監의 職務를 代行할 者를 지정한다.

⑤ 市가 廣域市로 昇格된 때에는 새로운 敎育監이 選出될 때까지 敎育部長官이 당해 廣域市의 敎育監의 職務를 代行할 者를 지정한다.

第28條 (敎育規則의 制定) ① 敎育監은 法令 또는 條例의 범위안에서 그 權限에 속하는 事務에 관하여 敎育規則을 制定할 수 있다.

② 敎育監은 大統領令이 정하는 일정한 방식에 의하여 敎育規則을 公布하여야 하며, 敎育規則은 특별한 規定이 없는 한 公布한 날부터 20日이 경과함으로써 효력을 발생한다.

第29條 (事務의 위임·委託등) ① 敎育監은 條例 또는 敎育規則이 정하는 바에 의하여 그 權限에 속하는 事務의 일부를 補助機關, 所屬敎育機關 또는 下級敎育行政機關에 위임할 수 있다.

② 敎育監은 敎育規則이 정하는 바에 따라 그 權限에 속하는 事務의 일부를 당해 地方自治團體의 長과 協議하여 區·出張所 또는 邑·面·洞(特別市·廣域市 및 市의 洞을 말한다. 이하 이 條에서 같다)의 長에게 위임할 수 있다. 이 경우 敎育監은 당해 事務의 執行에 관하여 區·出張所 또는 邑·面·洞의 長을 指揮·監督할 수 있다.

③ 敎育監은 條例 또는 敎育規則이 정하는 바에 의하여 그 權限에 속하는 事務중 調査·檢査·檢定·管理事務 등 住民의 權利·義務와 직접 관계되지 아니하는 事務를 法人 또는 團體에 委託할 수 있다.

④ 敎育監이 위임 또는 委託받은 事務의 일부를 第1項 내지 第3項의 규정에 의하여 다시 위임 또는 委託하는 경우에는 미리 당해 事務를 위임 또는 委託한 機關의 長의 승인을 얻어야 한다.

第30條 (職員의 任用등) 敎育監은 소속공무원을 指揮·監督하고 法令과 條例·敎育規則이 정하는 바에 의하여 그 任用·敎育訓鍊·服務·懲戒등에 관한 사항을 처리한다.

第31條(市·道議會등의 議決에 대한 再議와 提訴) ① 敎育監은 敎育委員會 또는 市·道議會의 議決이 法令에 위반되거나 公益을 현저히 저해한다고 판단될 때에는 이를 敎育部長官에게 보고하고 그 議決事項을 移送받은 날부터 20日이내에 이유를 붙여 再議를 요구할 수 있다. 敎育監이 敎育部長官으로부터 再議要求를 하도록 요청받은 경우에는 그 敎育委員會 또는 市·道議會에 再議를 요구하여야 한다.

② 第1項의 規定에 의한 再議要求가 있을 때에는 그 敎育委員會 또는 市·道議會는 再議에 붙이고 在籍敎育委員 또는 在籍委員 過半數의 출석과 出席敎育委員 또는 出席委員 3分의 2이상의 贊成으로 전과 같은 議決을 하면 그 議決事項은 확정된다.

③ 第2項의 規定에 의하여 再議決된 사항이 法令에 위반된다고 판단될 때에는 敎育監은 이를 敎育部長官에게 보고하고 再議決된 날부터 20日이내에 大法院에 提訴할 수 있다. 다만, 再議決된 사항이 法令에 위반된다고 판단됨에도 당해 敎育監이 訴를 제기하지 않은 때에는 敎育部長官은 당해 敎育監에게 提訴를 지시하거나 직접 提訴할 수 있다.

④ 第3項의 規定에 의하여 再議決된 사항을 大法院에 提訴한 경우 그 提訴를 한 敎育部長官 또는 敎育監은 그 議決의 執行을 정지하게 하는 執行停止決定을 申請할 수 있다.

第32條(敎育監의 先決處分) ① 敎育監은 敎育委員會 또는 市·道議會가 成立되지 아니한 때(敎育委員 또는 市·道議會議員의 拘束등의 사유로 第15條 또는 地方自治法 第56條(議決定足數)의 規定에 의한 議決定足數에 미달하게 된 때를 말한다)와 敎育委員會 또는 市·道議會의 議決事項중 學生의 安全과 敎育機關등의 財産保護를 위하여 긴급하게 필요한 사항으로서 敎育委員會 또는 市·道議會가 召集될 시간적 여유가 없거나 敎育委員會 또는 市·道議會에서 議決이 지체되어 議決되지 아니한 때에는 先決處分할 수 있다.

② 第1項의 規定에 의한 先決處分은 지체없이 敎育委員會 또는 市·道議會에 보고하여 승인을 얻어야 한다.

③ 敎育委員會 또는 市·道議會에서 第2項의 승인을 얻지 못한 때에는 그 先決處分은 그 때부터 효력을 상실한다.

④ 敎育監은 第2項 및 第3項에 관한 사항을 지체없이 公告하여야 한다.

⑤ 敎育監은 第1項의 規定에 의하여 先決處分을 한 때와 先決處分을 한 후 처음으로 召集되는 敎育委員會 또는 市·道議會에서 그 처분에 대한 승인을 얻은 때에는 이를 즉시 敎育部長官에게 보고하여야 한다.

第2節 補助機關 및 所屬敎育機關

第33條(補助機關) ① 敎育監 밑에 國家公務員으로 補하는 副敎育監을 두되, 그 職級은 大統領令으로 정한다.

② 副敎育監은 당해 市·道敎育監이 추천한 者를 敎育部長官의 提請으로 國務總理를 거쳐 大統領이 任命한다.

③ 副敎育監은 敎育監을 보좌하여 事務를 처리하며, 敎育監이 事故가 있을 때에는 그 職務를 代理한다.

④ 敎育監 밑에 필요한 補助機關을 두되, 그 設置·運營등에 관하여 필요한 사항은 大統領令이 정한 범위안에서 市·道의 條例로 정한다.

⑤ 敎育監은 第4項의 規定에 의한 補助機關의 設置·運營에 있어서 合理化를 도모하고 다른 市·道와의 균형을 유지하여야 한다.

第34條(敎育機關의 設置) 敎育監은 그 所管事務의 범위안에서 필요한 때에는 大統領令 또는 당해 市·道의 條例가 정하는 바에 의하여 敎育機關을 設置할 수 있다.

第35條(公務員의 配置) ① 敎育監의 補助機關과 第34條의 敎育機關 및 第36條의 下級敎育行政機關에는 당해 市·道의 敎育費特別會計가 부담하는 經費로써 地方公務員을 두되, 그 定員은 法令이 정한 기준에 의하여 市·道의 條例로 정한다.

② 敎育監의 補助機關과 第34條의 敎育機關 및 第36條의 下級敎育行政機關에는 第1項 및 地方自治團體에두는國家公務員의定員에관한 法律에 불구하고 大統領令이 정하는 바에 의하여 國家公務員을 둘 수 있다.

第3節 下級敎育行政機關

第36條(下級敎育行政機關의 設置) ① 市·道의 敎育·學藝에 관한 事務를 分掌하게 하기 위하여 1개 또는 2개이상의 市·郡 및 自治區를 管轄區域으로 하는 下級敎育行政機關(이하 "敎育廳"이라 한다)을 둔다.

② 敎育廳의 管轄區域과 명칭은 大統領令으로 정한다.

③ 敎育廳에 敎育長을 두되 奬學官으로 補하고, 그 任用에 관하여 필요한 사항은 大統領令으로 정한다.

④ 敎育廳의 組織과 운영등에 관하여 필요한 사항은 大統領令으로 정한다.

第37條(敎育長의 分掌事務) 敎育長은 市·道의 敎育·學藝에 관한 事務중 다음 各號의 事務를 위임받아 分掌한다.

　1. 公·私立의 幼稚園·初等學校·中學校·公民學校·高等 公民學校 및 이에 준하는 各種學校의 운영·관리에

관한 指導·監督

2. 기타 市·道의 條例로 정하는 事務

第4章 敎育財政

第38條 (敎育·學藝에 관한 經費) 敎育·學藝에 관한 經費는 敎育에 관한 特別賦課金·手數料·使用料 기타 敎育·學藝에 관한 財産收入, 地方敎育財政交付金, 地方敎育讓與金 및 당해 地方自治團體의 一般會計로부터의 轉入金 기타 敎育·學藝에 속하는 收入으로 충당한다.

第39條 (義務敎育經費등) ① 義務敎育에 종사하는 敎員의 報酬와 기타 義務敎育에 관련되는 經費는 地方敎育財政交付金法이 정하는 바에 의하여 國家가 부담한다.

② 第1項의 規定에 의한 義務敎育외의 敎育에 관련되는 經費는 地方敎育財政交付金法이 정하는 바에 의하여 國家와 地方自治團體가 부담한다.

第40條 (敎育費特別會計) 市·道의 敎育·學藝에 관한 經費를 따로 經理하기 위하여 당해 地方自治團體에 敎育費特別會計를 둔다.

第41條 (敎育費의 보조) ① 國家는 豫算의 범위안에서 市·道의 敎育費를 보조한다.

② 國家의 敎育費補助에 관한 事務는 敎育部長官이 管掌한다.

第42條 (豫算의 編成 및 제출) ① 敎育監은 매 會計年度마다 敎育部長官이 시달하는 豫算編成基本指針에 의하여 豫算案을 編成하여 會計年度開始 70日전까지 敎育委員會에 제출하여야 한다.

② 敎育監은 敎育委員會에서 議決된 豫算案을 會計年度開始 50日전까지 市·道議會에 제출하여야 한다.

③ 敎育監은 豫算案을 제출한 후 부득이한 사유로 인하여 그 내용의 일부를 修正하고자 할 때에는 修正豫算案을 작성하여 당해 敎育委員會 또는 市·道議會에 다시 제출할 수 있다.

第43條 (豫算案의 審議·議決) ① 敎育委員會는 第42條第1項의 規定에 의한 豫算案을 會計年度開始 60日전까지 議決하여야 한다.

② 敎育委員會는 敎育監의 同意없이 支出豫算 各項의 금액을 增額하거나 새 費目을 設置할 수 없다.

第44條 (特別賦課金의 賦課·徵收) ① 第38條의 規定에 의한 特別賦課金은 특별한 財政需要가 있는 때에 당해 市·道의 條例가 정하는 바에 의하여 賦課·徵收한다.

② 第1項의 規定에 의한 特別賦課金은 特別賦課를 필요로 하는 經費의 總額을 초과하여 賦課할 수 없다.

第45條 (地方自治法의 準用) 地方自治法 第115條, 第116條, 第119條 내지 第123條, 第125條, 第127條 내지 第131條, 第133條 내지 第136條의 規定은 敎育監과 敎育委員會에 이를 準用한다. 이 경우 "地方自治團體"는 "市·道"로, "地方自治團體의 長" 및 "市·道知事"는 각각 "敎育監"으로, "地方議會"는 "敎育委員會 또는 市·道議會"로, "行政自治部長官"은 "敎育部長官"으로 본다.

第5章 指導와 監督

第46條 (指導·資料提出등) 敎育部長官은 市·道의 敎育·學藝에 관한 事務에 대하여 助言 또는 권고하거나 指導할 수 있으며, 이를 위하여 필요한 때에는 敎育監에 대하여 資料의 제출을 요구할 수 있다.

第47條 (指揮·監督등) ① 敎育監은 國家의 事務로서 위임된 事務에 관하여는 敎育部長官의 指揮·監督을 받는다.

② 敎育部長官은 敎育監의 命令 또는 처분이 法令에 위반되거나 현저히 부당하여 公益을 저해한다고 인정될 때에는 기간을 정하여 書面으로 是正을 명하고 그 기간내에 이행하지 아니할 때에는 그 命令 또는 처분을 取消하거나 그 執行을 정지할 수 있다. 이 경우 敎育·學藝에 관한 自治事務에 대한 命令이나 처분에 있어서는 法令에 위반하는 것에 한한다.

③ 敎育監은 第2項의 規定에 의한 敎育·學藝에 관한 自治事務에 대한 命令이나 처분의 取消 또는 그 執行의 정지에 대하여 異議가 있을 때에는 그 取消 또는 정지처분을 통보받은 날부터 15日이내에 大法院에 提訴할 수 있다.

第48條 (敎育監에 대한 職務履行命令) ① 敎育監이 法令의 規定에 의하여 그 義務에 속하는 國家委任事務의 관리 및 執行을 명백히 懈怠하고 있다고 인정되는 때에는 敎育部長官은 기간을 정하여 書面으로 이행할 사항을 命令할 수 있다.

② 敎育部長官은 당해 敎育監이 第1項의 기간내에 이를 이행하지 아니할 때에는 당해 市·道의 費用負擔으로 代執行하거나 行政·財政상 필요한 措置를 할 수 있다. 이 경우 行政代執行에 관하여는 行政代執行法을 準用한다.

③ 敎育監은 第1項의 履行命令에 異議가 있는 때에는 履行命令書를 접수한 날부터 15日이내에 大法院에 訴를

제기할 수 있다. 이 경우 教育監은 履行命令의 執行을 정지하게 하는 執行停止決定을 申請할 수 있다.

第49條 (教育・學藝에 관한 自治事務에 대한 監査) 教育部長官은 教育・學藝에 관한 自治事務에 대하여 보고를 받거나 書類・帳簿 또는 會計를 監査할 수 있다.

第50條 (地方自治法의 準用) 地方自治法 第97條, 第99條, 第140條 및 第141條는 教育監에 이를 準用한다. 이 경우 "地方自治團體"는 "市・道"로, "地方自治團體 또는 그 長", "地方自治團體의 長", "市・道 또는 그 長", "市・道知事"는 각각 "教育監"으로, "市・郡 및 自治區 또는 그 長"은 "教育長"으로, "地方議會"는 "市・道議會 또는 教育委員會"로, "行政自治部長官"은 "教育部長官"으로 본다.

第6章 教育委員 및 教育監 選出
第1節 通則

第51條 (選擧管理) ① 中央選擧管理委員會는 이 法에 특별한 規定이 있는 경우를 제외하고는 教育委員 및 教育監選擧의 選擧事務를 統轄・관리하며 下級選擧管理委員會의 違法・부당한 처분에 대하여 이를 取消하거나 변경할 수 있다.

② 市・道選擧管理委員會는 教育委員 및 教育監選擧의 選擧事務에 관한 下級選擧管理委員會의 違法・부당한 처분에 대하여 이를 取消하거나 변경할 수 있다.

第52條 (選擧區選擧管理) ① 選擧區選擧事務를 행할 選擧管理委員會(이하 "選擧區選擧管理委員會"라 한다)는 다음 各號와 같다.

1. 教育委員選擧 : 自治區・市・郡(이하 "區・市・郡"이라 한다)選擧區를 관할하는 區・市・郡選擧管理委員會중에서 中央選擧管理委員會規則으로 정하는 區・市・郡選擧管理委員會

2. 教育監選擧 : 市・道選擧管理委員會

② 第1項에서 "選擧區選擧事務"라 함은 選擧에 관한 事務중 候補者登錄 및 當選人決定 등과 같이 당해 選擧區를 단위로 행하여야 하는 選擧事務를 말한다.

③ 選擧區選擧管理委員會 또는 直近 上級選擧管理委員會는 選擧管理를 위하여 특히 필요하다고 인정하는 때에는 中央選擧管理委員會가 정하는 바에 따라 당해 選擧에 관하여 選擧事務의 범위를 調整할 수 있다.

第53條 (選擧事務協助) 官公署 기타 公共機關은 選擧事務에 관하여 選擧管理委員會의 협조의 요구를 받은 때에는 우선적으로 이에 따라야 한다.

第54條 (選擧權行使의 보장) 選擧人이 選擧人名簿를 閱覽하거나 投票하기 위하여 필요한 時間은 보장되어야 하며, 이를 休務 또는 休業으로 보지 아니한다.

第55條 (公務員의 中立義務등) ① 公務員 기타 政治的 中立을 지켜야 하는 者(機關・團體를 포함한다)는 選擧에 부당한 영향력의 행사 기타 選擧結果에 영향을 미치는 행위를 하여서는 아니된다.

② 檢事 또는 警察公務員(檢察搜査官을 포함한다)은 이 法의 規定에 위반한 행위가 있다고 인정되는 때에는 신속・공정하게 團束・搜査하여야 한다.

第56條 (社會團體등의 公明選擧推進活動) ① 社會團體등은 選擧不正을 감시하는 등 公明選擧推進活動을 할 수 있다. 다만, 다음 各號의 1에 해당하는 團體는 團體의 名義로 公明選擧推進活動을 할 수 없다.

1. 特別法에 의하여 設立된 國民運動團體로서 國家 또는 地方自治團體의 出捐 또는 보조를 받는 團體

2. 法令에 의하여 政治活動이 금지된 團體

3. 候補者, 候補者의 配偶者와 候補者 또는 그 配偶者의 直系尊・卑屬과 兄弟姉妹나 候補者의 直系卑屬 및 兄弟姉妹의 配偶者(이하 "候補者의 家族"이라 한다)가 設立하거나 운영하고 있는 團體

4. 政黨 또는 政黨이나 候補者를 지원하기 위하여 設立된 團體

② 社會團體등이 公明選擧推進活動을 함에 있어서는 항상 공정한 자세를 견지하여야 하며, 특정 政黨 또는 候補者의 選擧運動에 이르지 아니하도록 유의하여야 한다.

③ 各級選擧管理委員會(投票區選擧管理委員會를 제외한다)는 社會團體등이 불공정한 活動을 하는 때에는 경고・중지 또는 是正命令을 하여야 하며, 그 행위가 選擧運動에 이르거나 選擧管理委員會의 중지 또는 是正命令을 이행하지 아니하는 때에는 告發등 필요한 措置를 하여야 한다.

第2節 教育委員의 定數와 教育委員・教育監의 選擧區 및 資格

第57條 (教育委員會의 구성 및 定數) 教育委員會는 7人 내지 15人의 教育委員으로 구성하며, 市・道別 教育委員의 定數는 人口, 地域的 특성등을 고려하여 別表 1과 같이 한다.

第58條 (選擧區 및 定數) ① 教育委員은 教育委員의 選擧區 단위로 選出한다.

② 敎育委員의 選擧區는 人口, 行政區域, 地勢, 交通 기타 조건을 고려하여 이를 劃定하되, 市·道別 選擧區의 명칭, 區域 및 選擧區別 敎育委員 定數는 別表 2와 같이 한다.

③ 市·道의 敎育監은 市·道를 하나의 選擧區로 하여 選出한다.

第59條 (地方自治團體의 廢置·分合에 따른 敎育委員 定數의 調整) ① 市·道가 다른 市·道에 編入되어 廢止된 때에는 그 廢止된 市·道의 敎育委員은 종전의 敎育委員의 資格을 상실하고 編入된 市·道의 敎育委員의 資格을 취득하되, 종전의 敎育委員의 殘任期間동안 在任하며, 그 殘任期間동안에는 第57條의 規定에 불구하고 在職敎育委員數를 당해 市·道의 敎育委員 定數로 한다.

② 2개이상의 市·道가 합하여져 새로운 市·道가 設置된 때에는 종전의 敎育委員會는 새로운 市·道의 敎育委員會로 統合되고, 종전의 모든 敎育委員은 殘任期間동안 在任하며, 그 殘任期間동안에는 第57條의 規定에 불구하고 在職敎育委員數를 당해 市·道의 敎育委員 定數로 한다.

③ 1개 市·道안의 敎育委員選擧區의 전부가 새로운 市·道로 分割되어 2개이상의 市·道가 設置되거나 다른 市·道에 編入된 때에는 당해 選擧區에서 選出된 敎育委員은 종전의 敎育委員의 資格을 상실하고 그 選擧區가 소속되는 市·道의 敎育委員의 資格을 취득하되(分割되거나 編入된 地域을 관할하는 市·道에 住所地가 있거나 그 地域을 관할하는 市·道가 아닌 市·道에 住所地가 있는 敎育委員의 경우 그 選擧區가 변경된 날부터 14日이내에 住所地를 이동하는 경우에 한한다) 종전의 敎育委員 殘任期間동안 在任한다. 이 경우 在職敎育委員數가 第57條에 規定된 委員定數에 미달하는 때에는 미달하는 數만큼의 敎育委員은 第127條의 規定에 의한 增員選擧를 실시하고, 초과하는 때에는 在職敎育委員數를 敎育委員 定數로 한다.

④ 1개 市·道안의 敎育委員選擧區의 일부가 새로운 市·道로 分割되어 2개이상의 市·道가 設置되거나 다른 市·道에 編入된 때에는 당해 選擧區에서 選出된 敎育委員은 그 選擧區가 변경된 날부터 14日이내에 자신이 속할 敎育委員會를 선택하여 당해 敎育委員會에 書面으로 申告하여야 하며 그 선택한 敎育委員會가 종전의 敎育委員會가 아닌 때에는 종전의 敎育委員의 資格을 상실하고 새로운 敎育委員의 資格을 취득하되(선택한 市·道敎育委員會 관할 市·道에 住所地가 없는 경우 選擧區가 변경된 날부터 14日이내에 住所地를 이동하는 경우에 한한다) 종전의 敎育委員의 殘任期間동안 在任한다. 이 경우 在職敎育委員數가 第57條에 規定된 委員定數에 미달하는 때에는 미달하는 數만큼의 敎育委員은 第127條의 規定에 의한 增員選擧를 실시하고, 초과하는 때에는 在職敎育委員數를 敎育委員 定數로 한다.

⑤ 1개 市·道안에서 敎育委員選擧區의 전부 또는 일부가 변경이 있는 경우에도 당해 選擧區에서 選出된 敎育委員은 당해 市·道敎育委員으로서의 資格을 유지하고 殘任期間동안 在任하며 그 殘任期間동안의 市·道敎育委員 定數는 종전의 敎育委員 定數로 한다.

第60條 (敎育委員의 資格등) ① 敎育委員은 學識과 德望이 높고 市·道議會議員의 被選擧權이 있는 者로서 候補者登錄日부터 과거 2年동안 政黨의 黨員이 아닌 者이어야 한다.

② 敎育 또는 敎育行政經歷이 있는 者(이하 "經歷者"라 한다)로서 敎育委員候補者가 되고자 하는 者는 候補者登錄日을 기준으로 敎育 또는 敎育行政經歷이 10年이상 있거나 兩經歷을 합하여 10年이상 있는 者이어야 한다.

③ 第2項의 "敎育經歷" 및 "敎育行政經歷"은 다음과 같다.

 1. 敎育經歷 : 初·中等敎育法 第2條 및 高等敎育法 第2條에 規定된 學校에서 敎員으로 근무한 經歷

 2. 敎育行政經歷 : 國家 또는 地方自治團體의 敎育機關(敎育行政機關, 敎育硏究機關, 敎育硏修·修鍊機關, 圖書館 및 敎員·學生福祉厚生機關등을 포함한다)에서 國家公務員 또는 地方公務員으로 敎育·學藝에 관한 사무에 종사한 經歷과 敎育公務員法 第2條第1項第2號 또는 第3號의 規定에 의한 敎育公務員으로 근무한 經歷

第61條 (敎育監의 資格) ① 敎育監은 學識과 德望이 높고 당해 市·道知事의 被選擧權이 있는 者로서 候補者登錄日로부터 과거 2年동안 政黨의 黨員이 아닌 者이어야 한다.

② 敎育監은 候補者登錄日을 기준으로 第60條 第3項의 規定에 의한 敎育經歷 또는 敎育公務員으로서의 敎育行政經歷이 5年이상 있거나 兩經歷을 합하여 5年이상 있는 者이어야 한다.

第3節 選擧人團 구성

第62條 (選擧人團의 구성등) ① 敎育委員 또는 敎育監의 選擧人團은 選擧日公告日 현재 初·中等敎育法 第31條(學校運營委員會의 設置)의 規定에 의한 學校運營委員會 委員 全員(이하 "學校運營委員會選擧人"이라 한다)으로 구성한다.

② 選擧日 현재 敎育委員 또는 敎育監의 選擧人이 公職選擧및選擧不正防止法 第18條에 해당하는 경우에는 選擧權이 없다.

第63條 (選擧人 名單通報) ① 學校의 長은 學校運營委員會選擧人의 姓名등 人的事項을 당해 選擧의 選擧日公告日

다음날까지 그 學校의 所在地를 관할하는 區·市·郡選擧管理委員會에 통보하여야 한다.

② 第1項의 規定에 의한 通報書式 기타 필요한 사항은 中央選擧管理委員會規則으로 정한다.

第4節 選擧期間 및 選擧日 公告

第64條 (選擧期間) ① 敎育委員 및 敎育監選擧의 選擧期間은 11日로 한다.

② 第1項의 規定에 불구하고 第122條第1項의 規定에 의한 再選擧의 選擧期間 및 第123條第1項의 規定에 의한 再投票期間은 10日로 한다.

③ 第1項에서 "選擧期間"이라 함은 候補者登錄申請開始日부터 選擧日까지를 말한다.

第65條 (選擧日 公告) ① 敎育委員 또는 敎育監의 任期滿了로 인한 새로운 敎育委員 또는 敎育監의 選出은 敎育委員 또는 敎育監 任期滿了日 30日 내지 10日전에 실시한다. 다만, 任期滿了에 의한 選擧의 選擧期間이 大統領選擧등 公職選擧의 選擧期間 전후 50日이내에 겹치는 경우에는 당해 敎育委員 또는 敎育監의 選擧는 그 任期滿了日전 90日부터 이를 실시할 수 있다.

② 第1項의 規定에 의한 選擧日은 당해 市·道選擧管理委員會委員長이 당해 市·道敎育監과 協議하여 決定하되, 당해 選擧의 選擧日전 17日까지 이를 公告하여야 한다.

第5節 選擧人名簿

第66條 (選擧人名簿의 작성) ① 區·市·郡選擧管理委員會는 第63條第1項의 規定에 의하여 통보받은 學校運營委員會選擧人의 姓名등 人的事項에 의하여 당해 選擧의 選擧日전 16日부터(이하 "選擧人名簿作成基準日"이라 한다)부터 5日(이하 "選擧人名簿作成期間"이라 한다)이내에 選擧人名簿를 작성하여야 한다.

② 選擧人名簿에는 選擧人의 姓名·住所·性別·生年月日 및 所屬學校名 기타 필요한 사항을 기재하여야 한다.

③ 2개校이상에서 學校運營委員會選擧人이 되는 者는 1개의 學校運營委員會를 선택한 후 나머지 學校運營委員會에 대하여는 당해 學校의 長에게 그 뜻을 알려야 하며, 당해 學校의 長은 그 選擧人의 姓名등 人的事項을 해당 區·市·郡選擧管理委員會에 통지하여서는 아니된다.

④ 選擧人名簿의 書式 기타 필요한 사항은 中央選擧管理委員會規則으로 정한다.

第67條 (名簿閱覽) ① 區·市·郡選擧管理委員會委員長은 選擧人名簿作成期間滿了日의 다음날부터 3日間 場所를 정하여 閱覽開始日전 3日까지 公告하고 이를 第63條第1項의 規定에 의한 해당 學校의 長에게 통보하여야 하며, 해당 學校의 長은 選擧人이 選擧人名簿를 閱覽할 수 있도록 하여야 한다.

② 候補者 또는 選擧人은 누구든지 選擧人名簿를 자유로이 閱覽할 수 있다.

第68條 (異議申請과 決定) ① 候補者 또는 選擧人은 누구든지 選擧人名簿에 漏落 또는 誤記가 있거나 資格이 없는 選擧人이 올라 있다고 인정되는 때에는 閱覽期間내에 口述 또는 書面으로 당해 區·市·郡選擧管理委員會委員長에게 異議를 申請할 수 있다.

② 區·市·郡選擧管理委員會委員長은 第1項의 申請이 있는 때에는 그 申請이 있는 날의 다음날까지 審査·決定하되, 그 申請이 이유있다고 決定한 때에는 즉시 選擧人名簿를 訂正하고 申請人에게 통지하여야 하며, 그 申請이 이유없다고 決定한 때에는 그 뜻을 申請人에게 통지하여야 한다.

第69條 (名簿漏落者의 救濟) ① 選擧人 또는 관계인은 第68條第1項의 規定에 의한 異議申請期間滿了日의 다음날부터 選擧人名簿 확정일 전일까지 業務錯誤등의 사유로 인하여 정당한 選擧人이 選擧人名簿에 漏落된 것이 발견된 때에는 疎明資料를 첨부하여 당해 區·市·郡選擧管理委員會委員長에게 書面으로 選擧人名簿登載申請을 할 수 있다.

② 第68條第2項의 規定은 第1項의 경우에 이를 準用한다.

第70條 (名簿의 확정과 효력) 選擧人名簿는 選擧日전 4日에 확정되며, 당해 選擧에 한하여 효력을 가진다.

第6節 候補者

第71條 (候補者 登錄) ① 敎育委員 또는 敎育監候補者(이하 "候補者"라 한다)로 登錄하고자 하는 者는 당해 選擧의 選擧日전 10日(1日間)에 管轄選擧區選擧管理委員會에 書面으로 申請하여야 한다.

② 管轄選擧區選擧管理委員會는 候補者登錄申請이 있는 때에는 즉시 이를 수리하되, 登錄申請書·戶籍抄本·住民登錄抄本·敎育 經歷 또는 敎育行政經歷을 증명할 수 있는 書類(敎育委員候補者의 경우에는 第60條第2項의 規定에 의한 經歷者에 한한다) 및 寄託金을 갖추지 아니한 登錄申請은 이를 수리할 수 없다.

③ 候補者登錄의 申請 및 接受時間은 公休日을 포함하여 매일 오전 9時부터 오후 5時까지로 한다.

④ 候補者의 登錄申請書의 書式 등 기타 필요한 사항은 中央選擧管理委員會規則으로 정한다.

第72條 (登錄無效) ① 登錄된 候補者의 資格에 관하여는 管轄選擧區選擧管理委員會가 이를 調査하여야 한다.

② 登錄된 候補者중 第60條 및 第61條의 規定에 의한 資格이 없는 者가 발견된 때에는 그 候補者의 登錄은 이를 無效로 한다.

③ 管轄選擧區選擧管理委員會는 候補者의 登錄이 無效로 된 때에는 지체없이 그 候補者에게 登錄無效의 사유를 명시하여 이를 통지하여야 한다.

第73條 (候補者辭退의 申告) 候補者가 辭退하고자 하는 때에는 自身이 직접 管轄選擧區選擧管理委員會에 가서 書面으로 申告하여야 한다.

第74條 (候補者登錄등에 관한 公告) 候補者가 登錄·辭退·死亡하거나 登錄이 無效로 된 때에는 管轄選擧區選擧管理委員會는 지체없이 이를 公告하고, 上級選擧管理委員會에 보고하여야 하며, 下級選擧管理委員會에 통지하여야 한다.

第75條 (寄託金) ① 候補者登錄을 申請하는 者는 登錄申請時에 候補者 1人마다 다음 各號의 寄託金을 中央選擧管理委員會規則이 정하는 바에 따라 管轄選擧區選擧管理委員會에 납부하여야 한다.

1. 敎育委員選擧 : 600萬원
2. 敎育監選擧 : 3千萬원

② 第1項의 寄託金은 滯納處分이나 强制執行의 대상이 되지 아니한다.

③ 第169條의 規定에 의한 不法施設物등에 대한 代執行費用은 第1項의 寄託金에서 부담한다.

第76條 (寄託金의 반환등) ① 候補者가 다음 各號에 해당하는 때 또는 候補者가 당선되거나 死亡한 때에는 寄託金을 選擧日후 30日이내에 寄託者에게 반환한다.

1. 敎育委員選擧 : 候補者의 得票數가 有效投票總數를 候補者 數로 나눈 數의 100分의50이상인 때
2. 敎育監選擧 : 候補者의 得票數가 有效投票總數의 100分의 10이상인 때

② 第75條第1項 各號에 의한 寄託金은 候補者가 辭退하거나 登錄이 無效로 된 때 또는 候補者의 得票數가 第1項 各號에 미달되는 때에는 選擧日후 30日이내에 당해 市·道에 귀속한다.

③ 寄託金의 반환 및 귀속에 관한 節次 기타 필요한 사항은 中央選擧管理委員會規則으로 정한다.

第7節 選擧運動

第77條 (選擧運動의 定義) 이 法에서 "選擧運動"이라 함은 당선되거나 되게 하거나 되지 못하게 하기 위한 행위를 말한다. 다만, 選擧에 관한 단순한 의견의 개진·의사의 표시·立候補와 選擧運動을 위한 준비행위는 選擧運動으로 보지 아니한다.

第78條 (選擧運動의 제한) 누구든지 자기 또는 특정인을 敎育委員 또는 敎育監으로 당선되게 하거나 되지 못하게 할 目的으로 選擧運動期間동안 管轄選擧區選擧管理委員會에서 主管하는 選擧公報의 발행·配布와 所見發表會 開催, 第83條의 規定에 의한 言論機關등 招請 對談·討論會외의 일체의 選擧運動을 하여서는 아니된다.

第79條 (選擧運動期間) 選擧運動은 당해 候補者의 登錄이 끝난 때부터 選擧日 전일까지에 한하여 이를 할 수 있다.

第80條 (選擧公報) ① 敎育委員 및 敎育監選擧에 있어서 選擧運動에 사용하는 選擧公報에는 候補者의 寫眞·姓名·記號·經歷 및 所見 기타 弘報에 필요한 사항을 게재하며, 4色度(白色은 1色度로 보지 아니한다)이내로 印刷하여야 한다. 學歷을 게재하는 경우에는 初·中等敎育法 및 高等敎育法에서 인정하는 正規學歷외에는 게재할 수 없으며, 正規學歷에 준하는 外國에서 修學한 學歷을 게재하는 때에는 그 敎育課程名과 修學期間 및 學位를 취득한 때의 取得學位名을 기재하여야 한다.

② 選擧公報는 候補者가 2枚(양면에 게재할 수 있다)이내로 작성하여 候補者登錄마감일후 3日까지 管轄選擧管理委員會委員長에게 제출하고, 管轄選擧區選擧管理委員會는 選擧公報 제출마감일후 2日까지 選擧人에게 郵便으로 발송하되, 필요한 경우 投票案內文發送時 함께 발송할 수 있다. 이 경우 選擧人名簿 확정결과 選擧公報를 발송하지 아니한 選擧人이 있는 때에는 그 選擧人에게 추가로 발송하여야 한다.

③ 候補者가 第2項의 規定에 의한 제출마감일까지 選擧公報를 제출하지 아니하거나 規格을 넘거나 미달하는 選擧公報를 제출한 때에는 그 選擧公報를 발송하지 아니한다.

④ 第2項의 規定에 의하여 제출된 選擧公報는 訂正 또는 撤回할 수 없다. 다만, 경미한 사항에 대하여는 中央選擧管理委員會規則이 정하는 바에 의하여 訂正하게 할 수 있다.

⑤ 選擧公報의 내용중 經歷·學歷·學位 또는 賞罰(이하 "經歷등"이라 한다)에 관한 허위사실의 게재를 이유로 하여 書面에 의한 異議提起가 있는 때에는 管轄選擧區選擧管理委員會는 候補者에게 그 證明書類의 제출을 요구할

수 있으며, 그 證明書類의 제출이 없거나 허위사실임이 判明된 때에는 그 사실을 公告하여야 한다.

⑥ 管轄選擧區選擧管理委員會는 第1項의 選擧公報에 다른 候補者, 그의 配偶者 또는 直系尊·卑屬이나 兄弟姉妹의 私生活에 대한 사실을 摘示하여 誹謗하는 내용이 이 法에 위반된다고 인정하는 때에는 이를 告發하고 公告하여야 한다.

⑦ 選擧公報의 작성·印刷費用은 당해 候補者가 부담하고, 그 發送費用과 郵便料金은 당해 市·道가 부담한다.

⑧ 選擧公報의 作成數量·規格·작성·제출·확인·발송 및 기타 필요한 사항은 中央選擧管理委員會規則으로 정한다.

第81條 (所見發表會) ① 管轄選擧區選擧管理委員會는 候補者登錄마감후 적당한 場所와 日時를 정하여 다음 各號에 의하여 所見發表會를 開催하여야 한다.

  1. 教育委員選擧 : 選擧區마다 2回
  2. 教育監選擧 : 教育委員選擧區마다 각 1回

② 發表時間은 候補者마다 20分의 범위내에서 균등하게 配定하여야 한다.

③ 管轄選擧區選擧管理委員會는 所見發表會의 日時·場所등을 開催日전 2日까지 公告하여야 하며, 候補者·選擧人 및 區·市·郡選擧管理委員會에 통지하여야 한다.

④ 所見發表會에 있어서 발표의 順位는 추첨에 의하여 決定하며, 候補者가 發表順位 추첨시각까지 참석하지 아니한 때에는 管轄選擧區選擧管理委員會委員長 또는 委員長이 지명한 委員이 그 候補者의 發表順位를 추첨할 수 있다.

⑤ 候補者가 자신의 所見發表時刻까지 참석하지 아니한 때에는 所見發表를 포기한 것으로 본다.

⑥ 당해 選擧區의 候補者가 아니면 所見發表會에 참가하여 발표할 수 없다.

第82條 (所見發表會場의 秩序維持) ① 管轄選擧區選擧管理委員會委員長·委員 또는 소속公務員은 所見發表會에서 候補者가 이 法에 위반되는 내용을 발표하는 때에는 이를 제지하여야 하며, 그 命令에 불응하는 때에는 所見發表의 중지 기타 필요한 措置를 하여야 한다.

② 管轄選擧區選擧管理委員會委員長·委員 또는 소속公務員은 所見發表會場에서 所見發表를 방해하거나 所見發表會場의 秩序를 문란하게 하는 者가 있는 때에는 이를 제지하고, 그 命令에 불응하는 때에는 所見發表會場 밖으로 退場시킬 수 있다.

③ 管轄選擧區選擧管理委員會는 所見發表의 내용을 錄音하여야 한다.

第83條 (言論機關등 초청 對談·討論會) ① 텔레비전放送局·라디오放送局·綜合有線放送法에 의한 綜合有線放送局 및 報道에 관한 프로그램供給業·定期刊行物의登錄등에관한 法律에 의한 一般日刊新聞社등 言論機關(이하 "言論機關"이라 한다)은 選擧運動期間중 候補者의 승낙을 받아 1人 또는 數人을 초청하여 候補者의 教育政策이나 見解 기타사항을 알아보기 위한 對談·討論會를 開催하고 이를 報道할 수 있다.

② 다음 各號의 1에 해당하지 아니하는 團體는 候補者 1人 또는 數人을 초청하여 候補者의 教育政策이나 見解 기타사항을 알아보기 위한 對談·討論會를 中央選擧管理委員會規則 정하는 바에 따라 屋內에서 開催할 수 있다.

  1. 國家·地方自治團體·政府投資機關
  2. 계모임등 개인간의 私的 모임
  3. 第56條第1項 各號의 1에 規定된 團體

③ 第1項 및 第2項에서 "對談"이라 함은 1人의 候補者가 教育政策이나 見解 등 기타사항에 관하여 司會者 또는 質問者의 質問에 대하여 答辯하는 것을 말하고, "討論"이라 함은 2人이상의 候補者가 司會者의 主管하에 候補者의 教育政策이나 見解 기타사항에 관한 主題에 대하여 司會者를 통하여 質問·答辯하는 것을 말한다.

④ 第2項의 規定에 의하여 對談·討論會를 開催하고자 하는 團體는 中央選擧管理委員會規則이 정하는 바에 따라 主催團體名·代表者姓名·事務所 所在地·會員數·設立根據 등 團體에 관한 사항과 초청할 候補者의 姓名, 對談·討論의 主題, 司會者의 姓名, 진행방법, 開催日時와 場所 및 參席豫定者數 등을 開催日전 2日까지 管轄選擧區選擧管理委員會에 書面으로 申告하여야 한다. 이 경우 초청할 候補者의 參席承諾書를 첨부하여야 한다.

⑤ 第2項의 規定에 의하여 對談·討論會를 開催하는 때에는 中央選擧管理委員會規則이 정하는 바에 따라 第2項에 의한 對談·討論會임을 표시하는 標識를 게시 또는 첨부하여야 한다.

⑥ 第1項 및 第2項의 對談·討論은 모든 候補者에게 공평하게 실시하여야 하되, 候補者가 초청을 수락하지 아니한 경우에는 그러하지 아니하며, 對談·討論會를 開催하는 言論機關 등은 討論이 공정하게 진행되도록 하여야 한다.

⑦ 候補者 또는 그 家族과 관계있는 會社 등은 第1項과 第2項의 規定에 의한 對談·討論會와 관련하여 對談·討論會를 主催하는 言論機關등 團體 또는 司會者에게 金品·饗應 기타의 이익을 제공하거나 제공할 의사의 표시 또는 그 제공의 약속을 할 수 없다.

⑧ 第1項 및 第2項의 對談·討論會를 開催하는 言論機關 및 團體는 그 費用을 候補者에게 부담시킬 수 없다.

⑨ 第2項의 規定에 의한 對談·討論會의 開催申告書와 標識의 書式 기타 필요한 사항은 中央選擧管理委員會規則으로 정한다.

第84條 (地位를 이용한 選擧運動禁止) ① 公務員은 그 地位를 이용하여 選擧運動을 할 수 없다.

② 누구든지 敎育的·宗敎的 또는 職業的인 機關·團體 등의 組織안에서의 職務上 행위를 이용하여 그 구성원에 대하여 選擧運動을 하거나 하게 하거나, 계열화나 下都給 등 거래상 특수한 지위를 이용하여 企業組織·企業體 또는 그 구성원에 대하여 選擧運動을 하거나 하게 할 수 없다.

③ 누구든지 敎育的인 특수관계에 있는 選擧權이 없는 者에 대하여 敎育上의 행위를 이용하여 選擧運動을 할 수 없다.

第8節 投票

第85條 (選擧方法) ① 選擧는 記票方法에 의한 投票로 한다.

② 投票는 選擧人이 직접하되, 1人 1票로 한다.

③ 選擧人은 投票를 함에 있어서 그 姓名 기타 選擧人을 推定할 수 있는 표시를 하여서는 아니된다.

第86條 (投票所의 設置) ① 區·市·郡選擧管理委員會는 1개의 投票所를 設置하되, 選擧日前 7日까지 投票所의 所在地를 公告하고, 選擧日 전일까지 해당 場所에 投票所를 設置하여야 한다. 이 경우 天災·地變 기타 부득이한 사유가 있는 때에는 投票所를 변경할 수 있으며, 그 사실을 즉시 公告하여 選擧人에게 알려야 한다.

② 投票所에는 記票所·投票函·番號紙函 및 投票參觀人의 座席 기타 投票管理에 필요한 施設을 設備하여야 한다.

③ 記票所는 그 안을 다른 사람이 엿볼 수 없도록 設備하여야 하며, 어떠한 표시도 하여서는 아니된다.

④ 候補者는 投票所의 設備에 대하여 그 是正을 요구할 수 있다.

⑤ 投票所에는 投票事務를 보조하게 하기 위하여 投票事務員을 둘 수 있다. 이 경우 投票事務員은 一般職公務員 또는 敎員중에서 區·市·郡選擧管理委員會가 위촉하되, 選擧日前 3日까지 그 姓名을 公告하여야 한다.

⑥ 投票所의 設備, 投票事務員의 姓名 公告 및 手當등 기타 필요한 사항은 中央選擧管理委員會規則으로 정한다.

第87條 (投票用紙) ① 投票用紙에는 候補者의 記號 및 姓名을 표시하여야 한다.

② 記號는 投票用紙에 게재할 候補者의 順位에 의하여 "1, 2, 3" 등으로 표시하여야 하며, 候補者의 姓名은 한글로 기재한다. 다만, 한글로 표시된 姓名이 같은 候補者가 있는 경우에는 괄호속에 漢字를 함께 기재한다.

③ 候補者의 揭載順位는 候補者 姓名의 가, 나, 다順에 의하되, 동일한 姓名의 경우에는 年長者順으로 한다.

④ 候補者登錄마감일후에 候補者가 辭退·死亡하거나 登錄이 無效로 된 때라도 投票用紙에서 그 候補者의 記號 및 姓名을 抹消하지 아니한다.

⑤ 投票用紙는 管轄選擧區選擧管理委員會가 작성하되, 投票用紙에는 一連番號와 管轄選擧區選擧管理委員會의 廳印을 捺印하여야 한다.

⑥ 管轄選擧區選擧管理委員會는 投票用紙를 選擧日 전일까지 區·市·郡選擧管理委員會에 송부하여야 한다.

⑦ 投票用紙의 規格 등 投票用紙에 관하여 필요한 사항은 中央選擧管理委員會規則으로 정한다.

第88條 (投票函) ① 投票所에는 동시에 2개의 投票函을 사용할 수 없다.

② 投票函은 大統領選擧등 公職選擧에서 사용하는 投票函을 사용한다.

第89條 (投票案內文등의 발송) ① 區·市·郡選擧管理委員會는 選擧人의 姓名·選擧人名簿登載番號·投票所의 위치·投票할 수 있는 時間·投票할 때 가지고 가야 할 지참물·投票節次·投票用紙 모형 기타 投票參與를 勸誘하는 내용 등이 기재된 投票案內文을 작성하여 選擧人名簿確定日의 다음날까지 選擧人에게 郵便으로 발송하여야 한다. 이 경우 投票案內文 작성·郵便料金등 發送費用은 당해 市·道가 부담한다.

② 投票案內文의 書式·規格 및 기재사항등에 관하여 필요한 사항은 中央選擧管理委員會規則으로 정한다.

第90條 (投票時間) ① 投票時間은 選擧日 오전 6時부터 오후 6時까지로 한다.

② 投票를 開始하는 때에는 區·市·郡選擧管理委員會委員長은 投票函 및 記票所內外의 異常有無에 관하여 檢査를 하여야 하며, 投票參觀人으로 하여금 參觀하게 하여야 한다. 다만, 投票開始時刻까지 投票參觀人이 참석하지 아니한 때에는 최초로 投票하러 온 選擧人으로 하여금 參觀하게 하여야 한다.

第91條 (投票의 제한) ① 選擧人名簿에 올라 있지 아니한 者는 投票할 수 없다. 다만, 第68條 第2項 또는 第69條 第2項의 規定에 의한 이유있다는 決定通知書를 가지고 온 者는 投票할 수 있다.

② 選擧日公告日에 選擧人의 資格이 없는 者는 選擧人名簿登載에 불구하고 投票할 수 없다.

第92條 (投票用紙受領 및 記票節次) ① 選擧人은 자신이 投票所에 가서 投票參觀人의 參觀下에 住民登錄證(住民登錄證이 없는 경우에는 國家 또는 地方自治團體가 발행한 증명서로서 寫眞이 첨부된 旅券·運轉免許證 또는 公務員證을 말하며, 이하 "身分證明書"라 한다)을 제시하고 本人임을 확인받은 후 選擧人名簿에 署名 또는 拇印하고, 投票用紙 1枚를 받아야 한다.

② 區·市·郡選擧管理委員會委員長은 身分證明書를 제시하지 아니한 選擧人에게 投票用紙를 교부하여서는 아니된다.

③ 選擧人은 投票用紙를 받은 후 區·市·郡選擧管理委員會委員長과 投票參觀人의 앞에서 番號紙를 떼어 番號紙函에 넣은 다음 記票所에 들어가 投票用紙에 1人의 候補者를 선택하여 投票用紙의 해당 欄에 記標한 후 그 자리에서 記標內容이 다른 사람에게 보이지 아니하게 접어 區·市·郡選擧管理委員會委員長 또는 投票參觀人 앞에서 投票函에 넣어야 한다.

④ 投票用紙를 교부받은 후 그 選擧人에게 責任이 있는 사유로 投票用紙가 毁損 또는 汚損된 때에는 다시 이를 교부하지 아니한다.

⑤ 視覺 기타 身體의 障碍로 인하여 자신이 직접 投票할 수 없는 選擧人은 그 家族 또는 本人이 지명한 2人을 동반하여 投票를 보조하게 할 수 있다.

⑥ 第5項의 경우를 제외하고는 같은 記票所안에 2人이상이 동시에 들어갈 수 없다.

⑦ 投票用紙의 封函·보관·교부방법 및 記票節次등에 관하여 필요한 사항은 中央選擧管理委員會規則으로 정한다.

第93條 (記票方法) 選擧人이 投票用紙에 記票를 하는 때에는 "卜"標가 刻印된 記標用具를 사용하여야 한다.

第94條 (選擧管理委員會委員 過半數의 참석) 投票를 開始한 이후에는 投票所에 區·市·郡選擧管理委員會 在籍委員 過半數가 참석하여야 하며, 늦어도 投票開始 1時間전까지 출석하여야 한다.

第95條 (投票參觀) ① 區·市·郡選擧管理委員會는 投票參觀人으로 하여금 投票用紙의 교부상황과 投票狀況을 參觀하게 하여야 한다.

② 候補者는 投票參觀人을 選擧日전 2日까지 選擧人중에서 각 2人씩 선정하여 區·市·郡選擧管理委員會에 書面으로 申告하여야 한다.

③ 投票參觀人은 8人으로 하되, 第2項의 규정에 의하여 선정·申告한 人員數가 8人을 넘는 때에는 區·市·郡選擧管理委員會가 추첨에 의하여 지정한 者를 投票參觀人으로 한다. 다만, 投票參觀人의 선정이 없거나 선정·申告한 人員數가 4人에 미달하는 때에는 區·市·郡選擧管理委員會가 選擧人중에서 本人의 승낙을 얻어 4人에 달할 때까지 선정한 者를 投票參觀人으로 한다.

④ 區·市·郡選擧管理委員會가 第3項의 규정에 의하여 投票參觀人을 지정하는 경우에 候補者數가 8人이 넘는 때에는 候補者別로 1人씩 우선 선정한 후 추첨에 의하여 8人을 지정하고, 候補者數가 8人에 미달하되 候補者가 선정·申告한 人員數가 8人을 넘는 때에는 候補者別로 1人씩 선정한 者를 우선 지정한 후 나머지 人員은 추첨에 의하여 지정한다.

⑤ 候補者인 選擧人은 投票參觀人이 될 수 없다.

⑥ 區·市·郡選擧管理委員會는 投票參觀人을 投票參觀人數의 2分의 1씩 교대하여 參觀하게 하되, 한 候補者가 선정한 投票參觀人 모두를 동시에 參觀하게 하여서는 아니된다. 다만, 候補者가 선정·申告한 投票參觀人數가 4人이하인 경우에는 그러하지 아니하다.

⑦ 區·市·郡選擧管理委員會는 投票用紙의 교부상황과 投票狀況을 쉽게 볼 수 있는 場所에 投票參觀人席을 마련하여야 한다.

⑧ 投票參觀人은 投票에 간섭하거나 投票를 권유하거나 기타 어떠한 방법으로든지 選擧에 영향을 미치는 행위를 하여서는 아니된다.

⑨ 區·市·郡選擧管理委員會는 投票參觀人이 投票干涉 또는 不正投票 기타 이 法의 규정에 위반되는 사실을 발견하고 그 是正을 요구한 경우에 그 요구가 정당하다고 인정하는 때에는 이를 是正하여야 한다.

⑩ 投票參觀人은 投票所안에서 事故가 발생한 때에는 投票狀況을 촬영할 수 있다.

⑪ 投票參觀人의 手當등은 區·市·郡選擧管理委員會委員의 手當등과 같은 금액으로 하되, 中央選擧管理委員會規則이 정하는 바에 따라 당해 市·道가 부담한다.

⑫ 投票參觀人申告書의 書式등 投票參觀에 관하여 필요한 사항은 中央選擧管理委員會規則으로 정한다.

第96條 (投票所등의 出入制限) ① 投票하려는 選擧人, 投票參觀人, 區·市·郡選擧管理委員會 및 그 上級選擧管理委員會委員·職員 및 投票事務員을 제외하고는 누구든지 投票所에 들어갈 수 없다.

② 投票參觀人, 選擧管理委員會委員・職員 및 投票事務員이 投票所에 出入하는 때에는 中央選擧管理委員會規則이 정하는 바에 따라 標識를 달거나 붙여야 하며, 그 標識외에는 選擧와 관련한 어떠한 表示物도 달거나 붙일 수 없다.

③ 第2項의 標識는 다른 사람에게 讓渡・讓與할 수 없다.

第97條 (投票所등의 秩序維持) ① 區・市・郡選擧管理委員會委員長・委員 또는 職員은 投票所의 秩序가 심히 문란하여 공정한 投票가 실시될 수 없다고 인정하는 때에는 投票所의 秩序를 유지하기 위하여 正服을 한 警察公務員 또는 警察官署의 長에게 지원을 요구할 수 있다.

② 第1項의 規定에 의하여 지원을 요구받은 警察公務員 또는 警察官署의 長은 즉시 이에 응하여야 한다.

③ 第1項의 요구에 의하여 投票所안에 들어간 警察公務員 또는 警察官署의 長은 區・市・郡選擧管理委員會委員長의 指示를 받아야 하며, 秩序가 회복되거나 區・市・郡選擧管理委員會委員長의 요구가 있는 때에는 즉시 投票所안에서 退去하여야 한다.

第98條 (武器나 凶器등의 휴대금지) 第97條第1項의 規定에 의하여 지원을 요구받은 警察公務員 또는 警察官署의 長을 제외하고는 누구든지 投票所안에서 武器나 凶器 또는 爆發物을 지닐 수 없다.

第99條 (投票所內外에서의 騷亂言動禁止등) ① 投票所안 또는 投票所로부터 100미터안에서 소란한 言動을 하거나 특정 候補者를 支持 또는 反對하는 言動을 하는 者가 있는 때에는 區・市・郡選擧管理委員會委員長・委員 또는 職員은 이를 制止하고, 그 命令에 불응하는 때에는 投票所 또는 그 제한거리 밖으로 退去하게 할 수 있다. 이 경우 區・市・郡選擧管理委員會委員長・委員 또는 職員은 필요하다고 인정하는 때에는 正服을 한 警察公務員 또는 警察官署의 長에게 지원을 요구할 수 있다.

② 第1項의 規定에 의하여 退去당한 選擧人은 최후에 投票하게 한다. 다만, 區・市・郡選擧管理委員會委員長이 投票所의 秩序를 문란하게 할 우려가 없다고 인정하는 때에는 그 전에라도 投票하게 할 수 있다.

第100條 (投票의 秘密保障) ① 投票의 秘密은 보장되어야 한다.

② 選擧人은 投票한 候補者의 姓名을 누구에게도 또한 어떠한 경우에도 陳述할 義務가 없으며, 누구든지 選擧日의 投票마감시각까지 이를 質問하거나 그 陳述을 요구할 수 없다.

③ 選擧人은 자신이 記票한 投票紙를 公開할 수 없으며, 公開된 投票紙는 無效로 한다.

第101條 (投票函등의 封鎖・封印) ① 區・市・郡選擧管理委員會委員長은 投票마감시각이 된 때에는 投票所의 入口를 닫아야 하며, 投票所안에 있는 選擧人의 投票가 끝나면 投票參觀人의 參觀下에 投票函의 投入口와 그 자물쇠를 封鎖・封印하여야 한다. 다만, 정당한 사유없이 參觀을 거부하는 投票參觀人이 있는 때에는 그 權限을 포기한 것으로 보고, 第102條의 規定에 의한 投票錄에 그 사유를 기재하여야 한다.

② 投票函의 열쇠와 殘餘投票用紙 및 番號紙는 第1項의 規定에 준하여 각각 封印하여야 한다.

第102條 (投票錄의 작성) ① 區・市・郡選擧管理委員會는 投票錄을 작성하여 委員長과 출석한 委員 全員이 署名・捺印하여야 한다. 다만, 정당한 사유없이 署名・捺印을 거부하는 委員이 있는 때에는 그 權限을 포기한 것으로 보고, 投票錄에 그 사유를 기재하여야 한다.

② 投票錄의 書式・기재사항 등에 관하여 필요한 사항은 中央選擧管理委員會規則으로 정한다.

第9節 開票

第103條 (開票管理) ① 開票事務는 區・市・郡選擧管理委員會가 이를 행한다.

② 開票所에는 開票를 開始한 이후부터 開票가 끝날 때까지 區・市・郡選擧管理委員會在籍委員의 過半數가 참석하여야 한다.

③ 區・市・郡選擧管理委員會는 選擧日전 7日까지 開票所를 設置할 場所를 公告하여야 한다.

第104條 (開票事務員) 區・市・郡選擧管理委員會는 開票事務를 보조하게 하기 위하여 開票事務員을 두되, 開票事務員은 第86條第5項의 規定에 의한 投票事務員이 겸한다.

第105條 (投票函의 開函) ① 投票函을 開函하는 때에는 區・市・郡選擧管理委員會委員長은 그 뜻을 宣布하고, 출석한 委員 全員과 함께 投票函의 封鎖와 封印을 檢査한 후 이를 열어야 한다. 다만, 정당한 사유없이 檢査를 거부하는 委員이나 參觀을 거부하는 開票參觀人이 있는 때에는 그 權限을 포기한 것으로 보고, 第113條의 規定에 의한 開票錄에 그 사유를 기재하여야 한다.

② 區・市・郡選擧管理委員會委員長은 投票函을 開函한 후 投票數를 계산하여 投票錄에 기재된 投票用紙 交付數와 對照하여야 한다. 다만, 정당한 사유없이 開票事務를 지연시키는 委員이 있는 때에는 그 權限을 포기한 것으로 보고, 開票錄에 그 사유를 기재하여야 한다.

第106條 (開票의 진행) ① 開票는 하나의 投票函의 投票數 計算이 끝난 후 다음의 投票函을 開函하되, 동시에 2개의 投票函을 開函할 수 없다.

② 候補者別 得票數의 公表는 區·市·郡選擧管理委員會委員長이 投票函別로 集計·작성된 開票狀況表에 의하되, 출석한 區·市·郡選擧管理委員會 全員은 公表전에 得票數를 檢閱하고 開票狀況表에 署名·捺印하여야 한다. 다만, 정당한 사유없이 開票事務를 지연시키는 委員이 있는 때에는 그 權限을 포기한 것으로 보고 開票錄에 그 사유를 기재한다.

③ 누구든지 第2項의 規定에 의한 候補者別 得票數의 公表전에는 이를 報道할 수 없다.

④ 開票節次 및 開票狀況表의 書式 기타 필요한 사항은 中央選擧管理委員會規則으로 정한다.

第107條 (無效投票) ① 다음 各號의 1에 해당하는 投票는 無效로 한다.

1. 正規의 投票用紙를 사용하지 아니한 것
2. 2이상의 欄에 標를 한 것
3. 어느 欄에도 標를 하지 아니한 것
4. 어느 欄에 標를 한 것인지 識別할 수 없는 것
5. Ⓐ標가 아닌 다른 文字 또는 記號등을 記入한 것
6. Ⓐ標외에 다른 사항을 記入하거나 候補者欄외에 Ⓐ標를 추가한 것
7. 選擧管理委員會의 記標用具가 아닌 用具로 標를 한 것

② 다음 各號의 1에 해당하는 投票는 無效로 하지 아니한다.

1. Ⓐ標가 일부분 표시되거나 Ⓐ標안이 메워진 것으로서 選擧管理委員會의 記票用具를 사용하여 記票를 한 것이 명확한 것
2. 한 候補者欄에만 2이상 記票되거나 重疊記票된 것
3. 記票欄외에 記票된 것으로서 어느 候補者에게 記票한 것인지가 명확한 것
4. 두 候補者欄의 구분선상에 記票된 것으로서 어느 候補者에게 記票한 것인지가 명확한 것
5. 記票한 것이 轉寫된 것으로서 어느 候補者에게 記票한 것인지가 명확한 것
6. 印朱로 오손되거나 훼손되었으나 正規의 投票用紙임이 명백하고 어느 候補者에게 記票한 것인지가 명확한 것

第108條 (投票의 효력에 관한 異議에 대한 決定) ① 投票의 효력에 관하여 異議가 있는 때에는 區·市·郡選擧管理委員會는 在籍委員 過半數의 출석과 出席委員 過半數의 議決로 決定한다.

② 投票의 효력을 決定함에 있어서는 選擧人의 의사가 존중되어야 한다.

第109條 (開票參觀) ① 開票參觀人은 第95條의 規定에 의한 投票參觀人이 겸한다.

② 區·市·郡選擧管理委員會委員長은 開票參觀人으로 하여금 開票所안에서 開票狀況을 參觀하게 하여야 한다.

③ 開票參觀人은 投票函의 封鎖·封印을 檢査하며 그 관리상황을 參觀할 수 있다.

④ 開票參觀人은 開票所안에서 開票狀況을 언제든지 巡廻·監視 또는 촬영할 수 있으며, 區·市·郡選擧管理委員會委員長이 開票所안 또는 一般觀覽人席에 지정한 場所에 電話·컴퓨터 기타의 通信設備를 設置하고, 이를 이용하여 開票狀況을 候補者에게 통보할 수 있다.

⑤ 第95條第2項 내지 第5項, 第7項 및 第9項의 規定은 開票參觀에 관하여 각각 이를 準用한다. 이 경우 "投票參觀人"은 "開票參觀人"으로, "投票狀況"는 "開票狀況"으로, "投票參觀人席"은 "開票參觀人席"으로, "投票干涉"은 "開票干涉"으로, "不正投票"는 "不正開票"로 본다.

第110條 (開票觀覽) ① 누구든지 區·市·郡選擧管理委員會가 발행하는 觀覽證을 받아 區劃된 場所에서 開票狀況을 觀覽할 수 있다.

② 第1項의 觀覽證의 枚數는 開票場所를 참작하여 적당한 數로 하되, 候補者別로 균등하게 배부되도록 하여야 한다.

③ 區·市·郡選擧管理委員會는 一般觀覽人席에 대하여 秩序維持에 필요한 設備를 하여야 한다.

第111條 (開票所의 出入制限과 秩序維持등) ① 區·市·郡選擧管理委員會와 그 上級選擧管理委員會의 委員·職員, 開票事務員 및 開票參觀人을 제외하고는 누구든지 開票所에 들어갈 수 없다. 다만, 觀覽證을 배부받은 者와 放送·新聞·通信의 取材·報道要員이 開票參觀人席에 들어가는 경우에는 그러하지 아니하다.

② 第96條第2項·第3項, 第97條 및 第98條의 規定은 開票所의 出入制限과 秩序維持등에 관하여 각각 이를 準用한다. 이 경우 "投票參觀人"은 "開票參觀人"으로, "投票事務員"은 "開票事務員"으로, "投票所"는 "開票所"로 본다.

第112條 (投票紙의 구분) 開票가 끝난 때에는 投票紙를 有效·無效로 구분하고, 有效投票紙는 區·市·郡選擧管理委

員會委員長과 출석한 委員 全員이 封印하여야 한다. 다만, 정당한 사유없이 封印을 거부하는 委員이 있는 때에는 그 權限을 포기한 것으로 보고, 開票錄에 그 사유를 기재하여야 한다.

第113條 (開票錄 및 選擧錄의 작성등) ① 區·市·郡選擧管理委員會는 開票結果를 즉시 公表하고 開票錄을 작성하여 中央選擧管理委員會規則이 정하는 바에 따라 管轄選擧區選擧管理委員會에 송부하여야 한다.

② 第1項의 開票錄을 송부받은 管轄選擧區選擧管理委員會는 지체없이 候補者別 得票數를 計算·公表하고 選擧錄을 작성하여야 한다.

③ 開票錄 및 選擧錄에는 당해 選擧管理委員會委員長과 출석한 委員 全員이 署名·捺印하여야 한다. 다만, 정당한 사유없이 署名·捺印을 거부하는 委員이 있는 때에는 그 權限을 포기한 것으로 보고, 開票錄 및 選擧錄에 그 사유를 기재한다.

④ 開票錄 및 選擧錄의 書式 기타 필요한 사항은 中央選擧管理委員會規則으로 정한다.

第114條 (投票紙·開票錄 및 選擧錄등의 보관) ① 區·市·郡選擧管理委員會는 投票紙·投票函·投票錄·開票錄·選擧錄(敎育監選擧를 제외한다) 기타 選擧에 관한 모든 書類를, 市·道選擧管理委員會는 選擧錄(敎育監選擧에 한한다) 기타 選擧에 관한 모든 書類를 그 當選人의 任期중 보관하여야 한다.

② 第1項의 경우 選擧에 관한 爭訟이 제기되지 아니하거나 계속되지 아니하게 된 때에는 中央選擧管理委員會規則이 정하는 바에 따라 그 보존기간을 단축할 수 있다.

第10節 當選人

第115條 (敎育委員當選人의 決定·公告·통지 및 敎育委員豫定者名簿 작성) ① 敎育委員選擧에 있어서는 選擧區選擧管理委員會가 당해 選擧區에서 有效投票의 多數를 얻은 者順으로 當選人을 決定한다. 다만, 得票數가 같은 候補者가 2人이상이 있는 때에는 年長者順에 의하여 當選人을 決定한다.

② 第1項의 規定에 의한 投票結果 得票順位가 選擧區別 敎育委員 定數이내인 者중 經歷者의 數가 選擧區別 敎育委員 定數의 2分의 1미만인 경우에는 第1項 本文의 規定에 불구하고 먼저 選擧區別 敎育委員 定數의 2分의 1(1미만의 端數는 1로 본다. 이하 이 條에서 같다)까지 經歷者중 多數得票者順으로 當選者를 決定하고 나머지 敎育委員은 經歷者가 아닌 者중 多數得票者順으로 當選者를 決定한다.

③ 候補者登錄마감시각에 候補者가 당해 選擧區의 委員定數이하일 때, 候補者登錄마감후 選擧日의 投票開始時刻까지 候補者가 辭退·死亡하거나 登錄無效로 候補者가 당해 選擧區 委員定數이하일 때, 選擧日의 投票開始時刻부터 마감시각까지 候補者가 辭退·死亡하거나 登錄無效로 되어 委員定數이하인 때에는 投票를 실시하지 아니하고 候補者 全員을 當選人으로 決定한다. 다만, 候補者가 당해 選擧區의 委員定數를 초과하나 敎育經歷者가 2分의 1이하인 때에는 敎育經歷者에 대하여는 投票를 실시하지 아니하고 當選人으로 決定하며 經歷者가 아닌 者에 대하여만 投票를 실시하여 多數得票者順으로 當選人을 決定한다.

④ 選擧日 投票마감시각 후 當選人決定전까지 辭退·死亡하거나 登錄이 無效로 된 候補者가 有效投票의 多數를 얻은 때에는 그 候補者는 없는 것으로 보고 多數得票順으로 當選人을 決定한다.

⑤ 第1項 내지 第4項의 規定에 의하여 敎育委員 當選人이 決定된 때에는 管轄選擧區選擧管理委員會委員長은 이를 公告하고 지체없이 當選人에게 當選證을 교부하여야 하며, 당해 敎育委員會와 市·道敎育監에게 當選者名簿를 통지하여야 한다.

⑥ 管轄選擧區選擧管理委員會委員長은 敎育委員 當選人이 決定된 후 敎育委員으로 選出되지 아니한 候補者를 經歷者 및 經歷者가 아닌 者로 구분하여 多數得票者順으로 敎育委員豫定者名簿를 작성·비치하여야 한다.

第116條 (敎育監當選人의 決定·公告·통지) ① 市·道選擧管理委員會는 有效投票의 過半數를 얻은 者를 敎育監當選人으로 決定한다.

② 第1項의 得票者가 없는 때에는 最高得票者가 1人이면 最高得票者와 次點者에 대하여, 最高得票者가 2人이상이면 最高得票者에 대하여 決選投票를 하여 多數得票者를 當選者로 하고, 多數得票者가 2人이상인 경우에는 年長者를 當選者로 한다.

③ 候補者登錄마감시각에 候補者가 1人이거나 候補者登錄마감후 選擧日投票마감시각까지 候補者가 辭退·死亡하거나 登錄이 無效로 되어 候補者가 1人이 된 때에는 投票를 실시하여 그 得票數가 投票者總數의 過半數에 달하여야 當選人으로 決定한다.

④ 市·道選擧管理委員會는 當選者가 決定된 때에는 이를 公告하고 지체없이 當選者에게 當選證을 교부하며, 당해 市·道敎育委員會 및 敎育監에게 통지하여야 한다.

第117條 (資格喪失로 인한 當選無效등) ① 選擧日에 敎育委員 또는 敎育監 資格이 없는 者는 當選人이 될 수 없다.

② 當選人이 任期開始전에 第60條 또는 第61條의 規定에 의하여 資格이 없게 된 때에는 그 당선의 효력이 상실된다.

③ 當選人이 任期開始전에 다음 各號의 1에 해당되는 때에는 그 당선을 無效로 한다.

1. 當選人이 第1項의 規定에 위반하여 당선된 것이 발견된 때

2. 當選人이 第72條第1項의 登錄無效事由에 해당하는 사실이 발견된 때

第118條 (當選人決定의 錯誤是正) ① 選擧區選擧管理委員會委員長은 當選人決定에 명백한 착오가 있는 것을 발견한 때에는 選擧日後 10日이내에 當選人의 決定을 是正하여야 한다.

② 選擧區選擧管理委員會委員長이 第1項의 規定에 의한 是正을 하는 때에는 敎育監選擧에 있어서는 中央選擧管理委員會의, 敎育委員選擧에 있어서는 市·道選擧管理委員會의 審査를 받아야 한다.

③ 第115條第5項 및 第116條第4項의 規定은 當選人決定 是正의 경우에 이를 準用한다.

第119條 (當選人의 再決定) 選擧區選擧管理委員會는 當選人決定의 違法을 이유로 當選無效의 判決이나 決定이 확정된 때에는 지체없이 當選人을 다시 決定하여야 한다.

第11節 再選擧와 補闕選擧등

第120條 (再選擧) 다음 各號의 1에 해당하는 사유가 있는 때에는 再選擧를 실시한다.

1. 당해 選擧區의 候補者가 없는 때

2. 當選人이 없거나 敎育委員選擧에 있어 當選人이 당해 選擧區에서 選擧할 委員定數에 미달한 때

3. 選擧의 全部無效의 判決 또는 決定이 있는 때

4. 當選人이 任期開始전에 辭退하거나 死亡한 때

5. 當選人이 任期開始전에 第117條第2項의 規定에 의하여 당선의 효력이 상실되거나 同條第3項의 規定에 의하여 당선이 無效로 된 때

第121條 (選擧의 延期) ① 天災·地變 기타 부득이한 사유로 選擧를 실시할 수 없거나 실시하지 못한 때에는 管轄選擧區選擧管理委員會委員長이 選擧를 延期하여야 한다.

② 第1項의 경우 選擧를 延期한 때에는 처음부터 選擧節次를 다시 진행하여야 하고, 選擧日만을 다시 정한 때에는 진행된 選擧節次에 이어 계속하여야 한다.

③ 第1項의 規定에 의하여 選擧를 延期하는 때에는 지체없이 당해 選擧區選擧管理委員會委員長은 延期할 選擧名과 延期事由등을 公告하고, 지체없이 해당 敎育委員會 또는 敎育監에게 통보하여야 한다.

第122條 (選擧의 一部無效로 인한 再選擧) ① 選擧의 一部無效의 判決 또는 決定이 확정된 때에는 管轄選擧區選擧管理委員會는 選擧가 無效가 된 당해 區·市·郡選擧管理委員會의 管轄區域의 再選擧를 실시한 후 다시 當選人을 決定하여야 한다.

② 第1項의 再選擧를 실시함에 있어 判決 또는 決定에 특별한 명시가 없는 한 第70條의 規定에 불구하고 당초 選擧에 사용된 選擧人名簿를 사용한다.

第123條 (天災·地變등으로 인한 再投票) ① 天災·地變 기타 부득이한 사유로 인하여 어느 區·市·郡의 投票를 실시하지 못한 때와 投票函의 紛失·멸실 등의 사유가 발생한 때에는 管轄選擧區選擧管理委員會는 당해 區·市·郡의 再投票를 실시한 후 당해 選擧區의 當選人을 決定한다.

② 第1項의 規定에 의한 再投票가 당해 選擧區의 選擧結果에 영향을 미칠 염려가 없다고 인정되는 때에는 再投票를 실시하지 아니하고 當選人을 決定한다.

第124條 (延期된 選擧등의 실시) 第121條第1項의 延期된 選擧 또는 第123條 第1項의 再投票는 가능한 한 동시에 실시하여야 한다.

第125條 (補闕選擧) ① 敎育監이 闕位된 때에는 補闕選擧를 실시한다.

② 敎育監이 闕位된 때에는 闕位된 敎育監의 職務를 代行하는 者가 당해 敎育委員會議長과 市·道選擧管理委員會에 이를 통보하여야 한다.

第126條 (補闕選擧등에 관한 特例) ① 補闕選擧등은 補闕選擧등의 실시사유가 확정된 때부터 그 殘餘任期가 1年미만일 때에는 補闕選擧를 실시하지 않을 수 있다.

② 第129條第2項 또는 第133條의 規定에 의하여 당선의 효력에 관한 爭訟이 係屬중인 때에는 補闕選擧를 실시하지 아니한다.

③ 補闕選擧등의 사유가 발생하였으나 第1項의 規定에 해당되는 경우 당해 敎育監의 職務를 代行하는 者는 補闕選擧등의 실시여부를 決定하여 그 補闕選擧등의 실시사유가 확정된 날부터 10日이내에 敎育委員會議長과 市·道選擧管理委員會에 이를 통보하여야 한다. 이 경우 당해 市·道選擧管理委員會가 補闕選擧 등을 실시하지 아니함을

통보받은 때에는 지체없이 이를 公告하여야 하며, 그 公告가 있는 때에는 第128條第4項의 規定에 불구하고 選擧의 실시사유가 확정되지 아니한 것으로 본다.

第127條 (教育委員의 增員選擧) ① 第59條 第3項 後段 및 第4項 後段의 規定에 의한 增員選擧는 第57條·第58條의 規定에 의하여 새로 劃定한 選擧區에 의하되, 종전 教育委員이 없거나 종전 教育委員會委員數가 그 選擧區의 委員定數에 미달되는 選擧區에 대하여 실시한다.

② 第1項의 增員選擧에 관한 사무는 당해 區·市·郡選擧管理委員會가 설치되지 아니한 경우에는 市·道選擧管理委員會가 지정하거나 그 區域을 관할하던 종전의 區·市·郡選擧管理委員會로 하여금 그 選擧事務를 행하게 할 수 있다.

第128條 (補闕選擧등의 選擧日) ① 教育委員의 增員選擧, 教育監의 補闕選擧·再選擧 및 地方自治團體의 設置·廢止·分割 또는 合倂에 의한 教育監選擧는 그 選擧의 실시사유가 확정된 때부터 60日이내에, 教育委員의 再選擧는 그 選擧의 실시사유가 확정된 때부터 180日이내에 실시하되, 市·道選擧管理委員會委員長은 당해 市·道教育監과 協議하여 選擧日을 정하고, 당해 選擧의 選擧日전 17日까지 公告하여야 한다.

② 第121條의 規定에 의한 延期된 選擧 또는 第123條의 規定에 의한 再投票를 실시하는 때에는 管轄選擧區選擧管理委員會委員長이 당해 市·道教育監과 協議하여 그 選擧日을 정하여 公告하여야 한다.

③ 第122條의 規定에 의한 再選擧는 確定判決 또는 決定의 통지를 받은 날부터 30日이내에 실시하되 管轄選擧區選擧管理委員會委員長은 당해 市·道教育監과 協議하여 그 再選擧日을 정하여 公告하여야 한다.

④ 이 法에서 "選擧의 실시사유가 확정된 때"라 함은 다음 各號에 해당하는 날을 말한다.

1. 補闕選擧는 市·道選擧管理委員會委員長이 그 사유의 통지를 받은 날
2. 再選擧는 그 사유가 확정된 날(判決 또는 決定에 의하여 사유가 확정된 때에는 당해 市·道選擧管理委員會委員長이 그 判決이나 決定의 통지를 받은 날)
3. 教育委員의 增員選擧는 새로 정한 選擧區에 관한 別表 2의 효력이 발생한 날
4. 地方自治團體의 設置·廢止·分割 또는 合倂에 의한 教育監選擧는 당해 地方自治團體의 設置·廢止·分割 또는 合倂에 의한 法律의 효력이 발생한 날
5. 延期된 選擧는 第121條第3項의 規定에 의하여 그 選擧의 延期를 公告한 날
6. 再投票는 그 再投票日을 公告한 날

第12節 選擧에 관한 爭訟

第129條 (選擧訴請) ① 教育委員 및 教育監選擧에 있어서 選擧의 효력에 관하여 異議가 있는 選擧人 또는 候補者는 選擧日부터 14日이내에 당해 選擧區選擧管理委員會委員長을 被訴請人으로 하여 教育委員選擧의 경우에는 市·道選擧管理委員會에, 教育監選擧의 경우에는 中央選擧管理委員會에 訴請할 수 있다.

② 教育委員 및 教育監選擧에 있어서 당선의 효력에 관하여 異議가 있는 候補者는 當選人決定日부터 14日이내에 第72條第2項 또는 第117條의 사유에 해당함을 이유로 하는 때에는 當選人을, 第115條 또는 第116條의 規定에 의한 決定의 違法을 이유로 하는 때에는 당해 選擧區選擧管理委員會委員長을 각각 被訴請人으로 하여 教育委員選擧의 경우에는 市·道選擧管理委員會에, 教育監選擧의 경우에는 中央選擧管理委員會에 訴請할 수 있다.

③ 第1項 및 第2項의 規定에 의하여 被訴請人으로 될 選擧區選擧管理委員會委員長이 闕位된 때에는 당해 選擧區選擧管理委員會委員 全員을 被訴請人으로 한다.

④ 第2項의 規定에 의하여 被訴請人으로 될 當選人이 辭退 또는 死亡하거나 第117條第2項의 規定에 의하여 당선의 효력이 상실되거나 同條第3項의 規定에 의하여 당선이 無效로 된 때에는 당해 選擧區選擧管理委員會委員長을, 당해 選擧區選擧管理委員會委員長이 闕位된 때에는 당해 選擧區選擧管理委員會委員 全員을 被訴請人으로 한다.

⑤ 第1項 및 第2項의 規定에 의한 訴請은 書面으로 하되, 다음 各號의 사항을 기재한 후 記名·捺印하여야 한다. 이 경우 訴請狀에는 當事者數에 해당하는 副本을 첨부하여야 한다.

1. 訴請人의 姓名과 住所
2. 被訴請人의 姓名과 住所
3. 訴請의 취지 및 이유
4. 訴請의 대상이 되는 처분의 내용
5. 代理人 또는 選定代表者가 있는 경우에는 그 姓名과 住所

⑥ 第5項의 規定에 의한 訴請狀을 접수한 中央選擧管理委員會 또는 市·道選擧管理委員會는 지체없이 訴請狀 副本을 當事者에게 송달하여야 한다.

⑦ 第6項의 規定에 의하여 訴請狀 副本을 송달받은 被訴請人은 中央選擧管理委員會 또는 市·道選擧管理委員會가 지정한 期日까지 答辯書를 제출하여야 한다. 이 경우 當事者數에 상응하는 副本을 첨부하여야 하며, 答辯書를 접수한 中央選擧管理委員會 또는 市·道選擧管理委員會는 그 副本을 當事者에게 송달하여야 한다.

第130條 (訴請에 대한 決定) ① 第129條第1項 또는 第2項의 訴請을 접수한 中央選擧管理委員會 또는 市·道選擧管理委員會는 訴請을 접수한 날부터 60日이내에 그 訴請에 대한 決定을 하여야 한다.

② 第1項의 決定은 다음 各號의 사항을 기재한 書面으로 하여야 하며, 決定에 참여한 委員이 署名·捺印하여야 한다.

1. 事件番號와 事件名
2. 當事者·참가인 및 代理人의 姓名과 住所
3. 主文
4. 訴請의 취지
5. 이유
6. 決定한 날짜

③ 中央選擧管理委員會 또는 市·道選擧管理委員會는 지체없이 第2項의 決定書의 正本을 訴請人·被訴請人 및 참가인에게 송달하여야 하며, 그 決定要旨를 公告하여야 한다.

④ 訴請의 決定은 訴請人에게 第3項의 規定에 의한 송달이 있는 때에 그 효력이 생긴다.

第131條 (行政審判法의 準用) ① 選擧訴請에 관하여는 이 法에 規定된 것을 제외하고는 行政審判法 第7條(委員의 除斥·기피·回避)(第2項 後段을 제외한다), 第11條(選定代表者), 第13條(被請求人의 適格 및 更正)第2項 내지 第5項, 第14條(代理人의 選任), 第15條(代表者등의 資格), 第16條(審判參加), 第20條(請求의 變更), 第21條(執行停止)第1項, 第23條(補正), 第25條(主張의 補充), 第26條(審理의 方式), 第27條(證據書類등의 제출), 第28條(證據調査), 第29條(節次의 倂合 또는 分離), 第30條(請求등의 취하), 第32條(裁決의 구분)第1項·第2項, 第39條(再審判請求의 금지), 第40條(證據書類등의 반환), 第41條(書類의 송달) 및 第44條(權限의 위임)의 規定을 準用하고, 選擧訴請費用에 관하여는 民事訴訟法을 準用하되, 行政審判法을 準用하는 경우 "行政審判"은 "選擧訴請"으로, "請求人"은 "訴請人"으로, "被請求人"은 "被訴請人"으로, "審判請求 또는 審判"은 "訴請"으로, "審判請求書"는 "訴請狀"으로, "裁決"은 "決定"으로, "裁決期間"은 "決定期間"으로, "委員會 또는 裁決廳"은 "中央選擧管理委員會 또는 市·道選擧管理委員會"로, "裁決書"는 "決定書"로 본다.

② 訴請에 관하여 필요한 사항은 中央選擧管理委員會規則으로 정한다.

第132條 (選擧訴訟) ① 敎育委員 및 敎育監選擧에 있어서 選擧의 효력에 관한 第130條의 決定에 불복이 있는 訴請人(當選人을 포함한다)은 당해 選擧區選擧管理委員會委員長을 被告로 하여 그 決定書를 받은 날부터 10日이내에, 第130條 第1項의 기간내에 決定하지 아니한 때에는 그 기간이 종료된 날부터 10日이내에 敎育委員選擧에 있어서는 그 選擧區를 관할하는 高等法院에, 敎育監選擧에 있어서는 大法院에 訴를 제기할 수 있다.

② 第1項의 規定에 의하여 被告로 될 選擧區選擧管理委員會委員長이 闕位된 때에는 당해 選擧區選擧管理委員會委員 全員을 被告로 한다.

第133條 (當選訴訟) ① 敎育委員 및 敎育監選擧에 있어서 당선의 효력에 관한 第130條의 決定에 불복이 있는 訴請人 또는 當選人인 被訴請人[第129條(選擧訴請)第2項 後段의 規定에 의하여 選擧區選擧管理委員會委員長이 被訴請人인 경우에는 當選人을 포함한다]은 當選人[第129條(選擧訴請)第2項 後段을 이유로 하는 때에는 管轄選擧區選擧管理委員會委員長을 말한다]을 被告로 하여 그 決定書를 받은 날부터 10日이내에, 第130條第1項의 기간내에 決定하지 아니한 때에는 그 기간이 종료된 날부터 10日이내에 敎育委員選擧에 있어서는 그 選擧區를 관할하는 高等法院에, 敎育監選擧에 있어서는 大法院에 訴를 제기할 수 있다.

② 第1項의 規定에 의하여 被告로 될 당해 選擧區選擧管理委員會委員長이 闕位된 때에는 당해 選擧區選擧管理委員會委員 全員을 被告로 한다.

③ 第1項의 規定에 의하여 被告로 될 當選人이 辭退·死亡하거나 第117條第2項의 規定에 의하여 당선의 효력이 상실되거나 同條第3項의 規定에 의하여 당선이 無效로 된 때에는 管轄高等檢察廳檢事長을 被告로 한다.

第134條 (選擧無效의 判決등) 訴請이나 訴狀을 접수한 選擧管理委員會 또는 大法院이나 高等法院은 選擧爭訟에 있어 選擧에 관한 規定에 위반된 사실이 있는 때라도 選擧의 결과에 영향을 미쳤다고 인정하는 때에 한하여 選擧의 전부나 일부의 無效 또는 당선의 無效를 決定하거나 判決한다.

第135條 (訴訟등의 처리) 選擧에 관한 訴請이나 訴訟은 다른 爭訟에 우선하여 신속히 決定 또는 裁判하여야 하며, 訴訟에 있어서는 受訴法院은 訴가 제기된 날부터 180日이내에 처리하여야 한다.

第136條 (訴訟등에 관한 통지) ① 이 節의 規定에 의하여 訴請이 제기된 때 또는 訴請이 係屬되지 아니하게 되거나 決定된 때에는 市·道選擧管理委員會 또는 中央選擧管理委員會는 당해 敎育委員會와 敎育監 및 管轄選擧區選擧 管理委員會에 통지하여야 한다.

② 이 節의 規定에 의하여 訴가 제기된 때 또는 訴訟이 係屬되지 아니하게 되거나 判決이 확정된 때에는 高等法院長 또는 大法院長은 당해 敎育委員會와 敎育監과, 管轄選擧區選擧管理委員會 및 中央選擧管理委員會에 통지하여야 한다.

第137條 (行政訴訟法의 準用등) 選擧에 관한 訴訟에 관하여는 이 法에 規定된 것을 제외하고는 行政訴訟法 第8條(法適 用例)第2項 및 第26條(職權審理)의 規定을 準用한다. 다만, 同法 第8條 第2項에서 準用되는 民事訴訟法 第135條(和 解의 勸告), 第138條(失機한 攻擊, 防禦方法의 却下), 第139條(擬制自白)第1項, 第206條(和解, 抛棄, 認諾調書의 效力), 第259條(準備節次終結의 效果) 및 第261條(不要證事實)의 規定을 제외한다.

第138條 (證據調査) ① 候補者는 開票完了後에 選擧爭訟을 제기하는 때의 증거를 보전하기 위하여 그 區域을 관할하는 地方法院 또는 그 支院에 投票函·投票紙 및 投票錄 등의 保全申請을 할 수 있다.

② 法官은 第1項의 申請이 있는 때에는 現場에 出張하여 調書를 작성하고 적절한 보관방법을 취하여야 한다. 다만, 訴請審査에 필요한 경우 市·道選擧管理委員會 또는 中央選擧管理委員會는 證據保全申請者의 申請에 의하 여 關與法官의 入會下에 證據保全物品에 대한 檢證을 할 수 있다.

③ 第2項의 처분은 第129條의 規定에 의한 訴請의 제기가 없거나 第132條 및 第133條의 規定에 의한 訴의 제기가 없는 때에는 그 효력을 상실한다.

④ 選擧에 관한 訴訟에 있어서는 大法院 및 高等法院은 高等法院·地方法院 또는 그 支院에 證據調査를 촉탁할 수 있다.

第139條 (印紙貼付에 관한 特例) 選擧에 관한 訴訟에 있어서는 民事訴訟등印紙法의 規定에 불구하고 訴訟書類에 첨부하여야 할 印紙는 民事訴訟등印紙法에 規定된 금액의 10倍로 한다.

第13節 罰則

第140條 (選擧運動制限規定違反罪) 第78條의 規定에 위반한 者는 2年이하의 懲役 또는 400萬원이하의 罰金에 處한다.
第141條 (買收 및 利害誘導罪) ① 다음 各號의 1에 해당하는 者는 5年이하의 懲役 또는 1千萬원이하의 罰金에 處한다.

1. 敎育委員 또는 敎育監으로 당선되거나 되게 하거나 되지 못하게 하거나, 敎育委員 또는 敎育監의 選擧人으로 하여금 投票를 하게 하거나 하지 아니하게 할 目的으로 敎育委員 또는 敎育監의 選擧人, 投·開票 參觀人에게 金錢·物品·車馬·饗應 기타 財産上의 이익이나 公私의 職을 제공하거나 그 제공의 의사를 표시하거나 그 제공을 約束한 者

2. 選擧運動에 이용할 目的으로 學校·敎員團體·同窓會 기타의 機關·團體·모임·施設에 金錢·物品 등 財産 상의 이익을 제공하거나 그 제공의 의사를 표시하거나 그 제공을 約束한 者

3. 第1號 및 第2號에 規定된 이익이나 職의 제공을 받거나 그 제공의 의사표시를 승낙한 者

② 第1項 各號의 1에 規定된 행위에 관하여 指示·勸誘·요구하거나 알선한 者는 7年이하의 懲役 또는 1千500萬원 이하의 罰金에 處한다.

③ 選擧管理委員會의 委員·職員 또는 選擧事務에 관계있는 公務員이나 警察公務員(司法警察官吏를 포함한다)이 第1項 各號의 1 또는 第2項에 規定된 행위를 하거나 하게 한 때에는 7年이하의 懲役에 處한다.

第142條 (候補者에 대한 買收 및 利害誘導罪) ① 다음 各號의 1에 해당하는 者는 7年이하의 懲役 또는 500萬원이상 3千萬원이하의 罰金에 處한다.

1. 敎育委員·敎育監候補者(이하 "候補者"라 한다)가 되지 아니하게 하거나 候補者가 된 것을 辭退하게 할 目的으 로 候補者가 되고자 하는 者나 候補者에게 第141條 第1項 第1號에 規定된 행위를 한 者 또는 그 이익이나 職의 제공을 받거나 제공의 의사표시를 승낙한 者

2. 候補者가 되고자 하는 것을 중지하거나 候補者를 辭退한데 대한 代價를 目的으로 候補者가 되고자 하였던 者나 候補者이었던 者에게 第141條 第1項 第1號에 規定된 행위를 한 者 또는 그 이익이나 職의 제공을 받거나 제공의 의사표시를 승낙한 者

② 第1項 各號의 1에 規定된 행위에 관하여 指示·勸誘·요구하거나 알선한 者는 10年이하의 懲役 또는 500萬원이 상 3千萬원이하의 罰金에 處한다.

③ 選擧管理委員會의 委員·職員 또는 選擧事務에 관계있는 公務員이나 警察公務員(司法警察官吏를 포함한다)이 당해 選擧에 관하여 第1項 各號의 1 또는 第2項에 規定된 행위를 한 때에는 10年이하의 懲役에 處한다.

第143條 (當選人에 대한 買收 및 利害誘導罪) ① 다음 各號의 1에 해당하는 者는 1年이상 10年이하의 懲役에 處한다.

1. 당선을 辭退하게 할 目的으로 教育委員・教育監當選人(이하 "當選人"이라 한다)에 대하여 第141條第1項第1號에 規定된 행위를 한 者

2. 第1號에 規定된 이익 또는 職의 제공을 받거나 그 제공의 의사표시를 승낙한 者

② 第1項 各號의 1에 規定된 행위에 관하여 指示・勸誘・요구하거나 알선한 者는 1年이상 10年이하의 懲役에 處한다.

第144條 (當選無效誘導罪) 第162條 또는 第163條의 規定에 의한 當選無效에 해당되어 候補者의 당선을 無效로 되게 할 目的으로 第162條 또는 第163條에 規定된 者를 誘導 또는 挑發하여 그 者로 하여금 第141條 내지 第143條, 第160條第1項에 規定된 행위를 하게 한 者는 1年이상 10年이하의 懲役에 處한다.

第145條 (買收와 利害誘導罪로 인한 이익의 沒收) 第141條 내지 第144條의 罪를 범한 者가 받은 이익은 이를 沒收한다. 다만, 그 전부 또는 일부를 沒收할 수 없을 때에는 그 價額을 追徵한다.

第146條 (選擧의 自由妨害罪) ① 選擧에 관하여 다음 各號의 1에 해당하는 者는 10年이하의 懲役 또는 500萬원이상 3千萬원이하의 罰金에 處한다.

1. 候補者・候補者가 되고자 하는 者 또는 當選人을 暴行・脅迫 또는 誘引하거나 不法으로 逮捕・監禁한 者

2. 交通을 방해하거나 僞計・詐術 기타 부정한 방법으로 選擧의 자유를 방해한 者

3. 業務・雇傭 기타의 관계로 인하여 자기의 보호・指揮・監督하에 있는 者에게 특정 候補者를 支持・추천하거나 反對하도록 強要한 者

② 檢事 또는 警察公務員(司法警察官吏를 포함한다)이 第1項 各號의 1에 規定된 행위를 나 하게 한 때에는 1年이상 10年이하의 懲役과 5年이하의 資格停止에 處한다.

③ 이 法에 規定된 所見發表會場 또는 對談・討論會場에서 위험한 물건을 던지거나 候補者를 暴行한 者는 다음 各號의 구분에 따라 處罰한다

1. 主謀者는 5年이상의 有期懲役

2. 다른 사람을 指揮하거나 다른 사람에 앞장서서 행동한 者는 3年이상의 有期懲役

3. 附和하여 행동한 者는 7年이하의 懲役

第147條 (投票의 秘密侵害罪) ① 第100條의 規定에 위반하여 投票의 秘密을 침해하거나 選擧日의 投票마감시각종료이전에 選擧人에 대하여 그 投票하고자 하는 候補者의 표시를 요구한 者와 投票結果를 예상하기 위하여 投票所로부터 500미터이내에서 質問하거나 投票마감시각전에 그 경위와 결과를 公表한 者는 3年이하의 懲役 또는 600萬원이하의 罰金에 處한다.

② 選擧管理委員會의 委員・職員, 選擧事務에 관계있는 公務員, 檢事, 警察公務員(司法警察官吏를 포함한다)이 第1項에 規定된 행위를 하거나 하게 한 때에는 5年이하의 懲役에 處한다.

第148條 (投票・開票의 간섭 및 妨害罪) ① 投票를 방해하기 위하여 第92條 第1項의 規定에 의한 本人임을 확인할 수 있는 身分證明書를 맡기게 하거나 이를 引受한 者 또는 投票所나 開票所에서 정당한 사유없이 投票나 開票에 간섭한 者 또는 投票所에서 특정 候補者에게 投票를 勸誘하거나 投票를 公開하거나 하게 하는 등 投票 또는 開票에 영향을 미치는 행위를 한 者는 3年이하의 懲役에 處한다.

② 開票所에서 第109條의 規定에 의하여 開票參觀人이 設置한 通信設備를 파괴 또는 훼손한 者는 5年이하의 懲役에 處한다.

③ 檢事・警察公務員(司法警察官吏를 포함한다)이 第1項에 規定된 행위를 하거나 하게 한 때에는 1年이상 10年이하의 懲役에 處한다.

第149條 (投票函등에 관한 罪) ① 法令에 의하지 아니하고 投票函을 열거나 投票函(빈 投票函을 포함한다)이나 投票函안의 投票紙를 取去・파괴・훼손・은닉 또는 탈취한 者는 1年이상 10年이하의 懲役에 處한다.

② 檢事・警察公務員(司法警察官吏를 포함한다)이 第1項에 規定된 행위를 하거나 하게 한 때에는 2年이상 10年이하의 懲役에 處한다.

第150條 (選擧事務管理關係者나 施設등에 대한 暴行・擾亂罪) 選擧管理委員會의 委員・職員 또는 選擧事務에 종사하는 者(投票事務員 및 開票事務員을 포함한다)나 參觀人을 暴行・脅迫・誘引 또는 不法으로 逮捕・監禁하거나, 暴行이나 脅迫을 가하여 投票所・開票所 또는 選擧管理委員會 事務所를 騷擾・교란하거나, 投票用紙・投票紙・投票補助用具・電算組織 등 投票와 開票에 관한 設備 또는 選擧人名簿 기타 選擧에 관한 書類나 選擧에 관한 印章을 억류・훼손 또는 탈취한 者는 1年이상 10年이하의 懲役 또는 500萬원이상 3千萬원이하의 罰金에 處한다.

第151條 (投票所등에서의 武器携帶罪) ① 武器・凶器・爆發物 기타 사람을 殺傷할 수 있는 물건을 지니고 投票所・開票所 또는 選擧管理委員會 事務所에 함부로 들어간 者는 7年이하의 懲役에 處한다.

② 정당한 사유없이 第1項에 規定된 물건을 지니고 이 法에 規定된 所見發表會場 또는 對談·討論會場에 들어간 者는 3年이하의 懲役 또는 600萬원이하의 罰金에 處한다.

③ 第1項 또는 第2項의 罪를 범한 경우에는 그 지닌 武器등 사람을 殺傷할 수 있는 물건은 이를 沒收한다.

第152條 (多數人의 選擧妨害罪) ① 多數人이 집합하여 第149條 내지 第151條에 規定된 행위를 한 때에는 다음 各號의 구분에 따라 處罰한다.

1. 主謀者는 3年이상의 有期懲役

2. 다른 사람을 指揮하거나 다른 사람에 앞장서서 행동한 者는 2年이상 10年이하의 懲役

3. 附和하여 행동한 者는 5年이하의 懲役

② 第149條 내지 第151條에 規定된 행위를 할 目的으로 집합한 多數人이 關係公務員으로부터 3回이상의 解散命令을 받았음에도 불구하고 解散하지 아니한 때에는 그 主導的 行爲者는 5年이하의 懲役에 處하고, 기타의 者는 1年이하의 懲役 또는 200萬원이하의 罰金에 處한다.

第153條 (詐僞登載·虛僞捺印罪) ① 第66條第3項 後段의 規定을 위반하거나 詐僞의 방법으로 選擧人名簿에 오르게 한 者 또는 第92條第1項의 경우에 있어서 허위의 署名 또는 捺印을 한 者는 3年이하의 懲役 또는 500萬원이하의 罰金에 處한다.

② 選擧管理委員會의 委員·職員, 選擧事務에 종사하는 公務員 또는 選擧人名簿作成에 관계있는 者가 選擧人名簿에 故意로 選擧人을 기재하지 아니하거나 허위의 사실을 기재하거나 하게 한 때에는 5年이하의 懲役 또는 1千萬원이하의 罰金에 處한다.

第154條 (詐僞投票罪) ① 姓名을 詐稱하거나 身分證明書를 僞造·變造하여 사용하거나 기타 詐僞의 방법으로 投票하거나 하게 하거나 또는 投票를 하려고 한 者는 5年이하의 懲役 또는 1千萬원이하의 罰金에 處한다.

② 選擧管理委員會의 委員·職員 또는 選擧事務에 관계있는 公務員(投票事務員 및 開票事務員을 포함한다)이 第1項에 規定된 행위를 하거나 하게 한 때에는 7年이하의 懲役에 處한다.

第155條 (投票僞造 또는 增減罪) ① 投票를 僞造하거나 그 數를 增減한 者는 1年이상 7年이하의 懲役에 處한다.

② 選擧管理委員會의 委員·職員 또는 選擧事務에 관계있는 公務員(投票事務員 및 開票事務員을 포함한다)이나 從事員이 第1項에 規定된 행위를 한 때에는 3年이상 10年이하의 懲役에 處한다.

第156條 (虛僞事實公表罪) ① 당선되거나 되게 할 目的으로 演說·放送·新聞·通信·雜誌·壁報·宣傳文書 기타의 방법으로 候補者(候補者가 되고자 하는 者를 포함한다. 이하 이 條에서 같다)에게 유리하도록 候補者, 그의 配偶者 또는 直系尊·卑屬이나 兄弟姉妹의 소속·身分·職業·財産·經歷·學歷(學位를 포함한다) 등에 관하여 허위의 사실(敎育關係法令에서 인정하는 正規學歷외의 學歷을 게재하는 경우와 正規學歷에 준하는 外國에서 修學한 學歷을 게재하는 때에는 그 敎育課程名, 修學期間, 學位를 취득한 때의 取得學位名을 기재하지 아니한 경우를 포함한다)을 公表하거나 公表하게 한 者와 허위의 사실을 게재한 宣傳文書를 配布할 目的으로 소지한 者는 5年이하의 懲役 또는 3千萬원이하의 罰金에 處한다.

② 당선되지 못하게 할 目的으로 演說·放送·新聞·通信·雜誌·壁報·宣傳 文書 기타의 방법으로 候補者에게 불리하도록 候補者, 그의 配偶者 또는 直系尊·卑屬이나 兄弟姉妹에 관하여 허위의 사실을 公表하거나 公表하게 한 者와 허위의 사실을 게재한 宣傳文書를 配布할 目的으로 소지한 者는 7年이하의 懲役 또는 500萬원이상 3千萬원이하의 罰金에 處한다.

第157條 (候補者誹謗罪) 당선되거나 되게 하거나 되지 못하게 할 目的으로 演說·放送·新聞·通信·雜誌·壁報·宣傳 文書 기타의 방법으로 공연히 사실을 摘示하여 候補者(候補者가 되고자 하는 者를 포함한다), 그의 配偶者 또는 直系尊·卑屬이나 兄弟姉妹를 誹謗한 者는 3年이하의 懲役 또는 500萬원이하의 罰金에 處한다. 다만, 眞實한 사실로서 公共의 이익에 관한 때에는 處罰하지 아니한다.

第158條 (選擧運動期間違反罪) ① 選擧日에 投票마감시각전까지 選擧運動을 한 者는 3年이하의 懲役 또는 600萬원이하의 罰金에 處한다.

② 選擧運動期間전에 다음 各號의 1에 해당하는 행위를 한 者는 이 法에 다른 規定이 있는 경우를 제외하고는 2年이하의 懲役 또는 400萬원이하의 罰金에 處한다.

1. 壁報·懸垂幕·애드벌룬·標識板·宣傳塔·廣告板 기타 명칭의 여하를 불문하고 宣傳施設物이나 用具 또는 각종 印刷物을 사용하여 選擧運動을 하거나 하게 한 者

2. 放送·新聞·通信 또는 雜誌 기타 刊行物을 이용하여 選擧運動을 하거나 하게 한 者

3. 所見發表會·座談會·討論會·鄕友會·同窓會 또는 班常會 기타의 集會를 開催하여 選擧運動을 하거나 하게 한 者

4. 選擧運動을 위한 機構를 設置하거나 私組織을 만들어 選擧運動을 하거나 하게 한 者

5. 戶別訪問하여 選擧運動을 하거나 하게 한 者

③ 第2項에 規定된 방법외의 방법으로 選擧運動期間전에 選擧運動을 하거나 하게 한 者는 1年이하의 懲役 또는 200萬원이하의 罰金에 處한다.

第159條 (不正選擧運動罪) ① 다음 各號의 1에 해당하는 者는 3年이하의 懲役 또는 600萬원이하의 罰金에 處한다.

1. 第83條第2項 및 第8項의 規定에 위반하여 候補者招請 對談·討論會를 開催한 者

2. 第84條第2項의 規定에 위반한 행위를 하거나 하게 한 者

② 第84條第1項 또는 第3項의 規定에 위반하여 選擧運動을 하거나 하게 한 者는 5年이하의 懲役에 處한다.

第160條 (寄附行爲罪) ① 敎育委員 또는 敎育監의 任期滿了에 의한 選擧에 있어서는 任期滿了日전 180日부터, 再選擧·補闕選擧·增員選擧·再投票등에 있어서는 그 選擧의 실시사유가 확정된 때부터 選擧日까지(이하 "寄附行爲制限期間"이라 한다) 당해 選擧와 관련하여 다음 各號의 1에 해당하는 寄附行爲를 하거나 第83條 第7項의 規定을 위반한 者는 5年이하의 懲役 또는 1千萬원이하의 罰金에 處한다. 이 경우 "寄附行爲"라 함은 選擧人 또는 당해 選擧區안에 있는 者(機關·團體·施設을 포함한다. 이하 같다), 이들의 모임이나 행사, 당해 選擧區밖에 있더라도 이들과 緣故가 있는 者에 대하여 다음 各號의 1에 해당하는 행위를 하는 것을 말한다.

1. 金錢·花環·달력·書籍 또는 飮食物 기타 이익이 되는 物品의 제공행위

2. 物品이나 施設의 無償貸與나 無償讓渡 또는 債務의 免除·輕減行爲

3. 觀光의 편의를 제공하기 위한 經費의 전부 또는 일부의 부담행위

4. 交通施設便宜의 제공행위

5. 公開場所에서의 對談·討論會에 참석하는 者나 이들 集會에 聽衆을 動員해 주는 者에 대한 代價의 제공행위

6. 財産上의 價値가 있는 情報의 제공행위

7. 物品이나 用役을 싼 값 또는 無料로 제공하거나 비싼 값으로 購入하는 행위

8. 宗敎·社會團體 등에 金品의 제공 기타의 財産上의 이익을 제공하는 일체의 행위

9. 기타 第1號 내지 第8號에 規定된 외에 그 명칭의 여하를 불문하고 이익을 제공하는 행위

10. 第1號 내지 第9號의 規定에 의한 이익제공의 의사표시를 하거나 그 제공을 약속하는 행위

② 第1項에 規定된 행위와 관련하여 指示·勸誘·要求하거나 알선한 者는 3年이하의 懲役 또는 500萬원이하의 罰金에 處한다.

③ 第1項 내지 第2項의 罪를 범한 者가 받은 이익은 이를 沒收한다. 다만, 그 전부 또는 일부를 沒收할 수 없을 때에는 그 價額을 追徵한다.

第161條 (自首者에 대한 特例) 第141條 第1項 또는 第160條 第2項의 規定에 위반한 者중 金錢·物品 기타 이익을 받거나 받기로 승낙한 者(候補者와 그 家族, 參觀人 또는 詐僞의 방법으로 이익 등을 받거나 받기로 승낙한 者를 제외한다)가 自首한 때에는 그 刑을 免除한다.

第14節 補則

第162條 (當選人의 選擧犯罪로 인한 當選無效) 當選人이 당해 選擧에 있어 이 法에 規定된 罪를 犯함으로 인하여 懲役 또는 100萬원이상의 罰金刑의 宣告를 받은 때에는 그 당선은 無效로 한다.

第163條 (直系尊·卑屬등의 選擧犯罪로 인한 當選無效) 候補者의 直系尊·卑屬, 配偶者 및 候補者의 選擧業務를 총괄하는 者가 당해 選擧에 있어서 第141條 내지 第144條의 罪를 범함으로 인하여 懲役刑의 宣告를 받은 때에는 그 候補者의 당선은 無效로 한다. 다만, 다른 사람의 誘導 또는 挑發에 의하여 당해 候補者의 당선을 無效로 되게 하기 위하여 罪를 범한 때에는 그러하지 아니하다.

第164條 (選擧犯罪로 인한 公務擔任등의 제한) 다른 法律의 規定에 불구하고 이 法에 規定된 罪를 범함으로 인하여 懲役刑의 宣告를 받은 者는 그 執行을 받지 아니하기로 확정된 후 또는 그 刑의 執行이 종료되거나 免除된 후 10年間, 刑의 執行猶豫의 宣告를 받은 者는 그 刑이 확정된 후 10年間, 100萬원이상의 罰金刑의 宣告를 받은 者는 그 刑이 확정된 후 5年間 다음 各號의 1에 해당하는 職에 就任하거나 任用될 수 없다.

1. 公職選擧및選擧不正防止法 第53條(公務員등의 立候補)第1項 各號의 1에 해당하는 職[同條同項第5號의 경우 각 組合의 組合長 및 醫療保險法 第12條(保險者)第1項중 地域醫療保險組合의 常任 代表理事·職員과 同法 第27條(醫療保險聯合會)의 醫療保險聯合會의 常任 任·職員을 포함한다]

2. 公職選擧및選擧不正防止法 第60條(選擧運動을 할 수 없는 者)第1項 第6號 또는 第7號에 해당하는 職

3. 公職者倫理法 第3條(登錄義務者)第1項 第10號 또는 第11號에 해당하는 機關·團體의 任·職員

4. 私立學校法 第53條(學校의 長의 任免) 또는 同法 第53條의2(學校의 長이 아닌 敎員의 任免)의 規定에 의한

敎員

5. 放送法 第12條(구성등)의 規定에 의한 放送委員會의 委員

第165條 (起訴·判決에 관한 통지) ① 選擧에 관한 犯罪로 當選人, 候補者, 候補者의 直系 尊·卑屬 및 配偶者를 起訴한 때에는 당해 選擧區選擧管理委員會에 이를 通知하여야 한다.

② 第140條 내지 第160條의 犯罪에 대한 確定判決을 행한 裁判長은 그 判決書謄本을 당해 選擧區選擧管理委員會에 송부하여야 한다.

第166條 (公訴時效) 이 法에 規定한 罪의 公訴時效는 당해 選擧日후 6月(選擧日후 당해 選擧와 관련하여 이 法에 規定된 罪를 범한 때에는 행위시부터 6月)을 경과함으로써 完成한다. 다만, 犯人이 逃避한 때에는 그 기간은 3年으로 한다.

第167條 (裁判의 관할) 選擧犯과 그 共犯에 관한 第1審 裁判은 法院組織法 第32條(合議部의 審判權)第1項의 規定에 의한 地方法院合議部 또는 그 支院의 合議部의 관할로 한다. 다만, 軍事法院이 裁判權을 갖는 選擧犯과 그 共犯에 관한 第1審裁判은 軍事法院法 第11條(普通軍事法院의 審判事項)의 規定에 의한 普通軍事法院의 관할로 한다.

第168條 (選擧犯의 裁判期間) 選擧犯과 그 共犯에 관한 裁判은 다른 裁判에 우선하여 신속히 하여야 하며, 그 判決의 宣告는 第1審에서는 公訴가 제기된 날부터 6月이내에, 第2審 및 第3審에서는 前審의 判決의 宣告가 있은 날부터 각각 3月이내에 하여야 한다.

第169條 (不法施設物등에 대한 措置 및 代執行) ① 各級選擧管理委員會는 이 法의 規定에 위반되는 選擧에 관한 壁報·印刷物·懸垂幕 기타 宣傳物이나 類似機關 또는 施設 등을 발견한 때에는 지체없이 그 첩부 등의 중지 또는 撤去·收去·閉鎖 등을 명하고, 이에 불응하는 때에는 代執行을 할 수 있다. 이 경우 代執行은 行政代執行法에 의하되, 그 節次는 行政代執行法 第3條(代執行의 節次)의 規定에 불구하고 中央選擧管理委員會規則이 정하는 바에 의할 수 있다.

② 各級選擧管理委員會는 第1項의 不法施設物등에 中央選擧管理委員會規則이 정하는 바에 따라 不法施設物임을 표시하는 標識를 하거나 公告할 수 있다.

③ 第75條第3項의 規定에 의하여 寄託金에서 부담하는 代執行費用의 공제·납입·徵收委託등에 관하여는 公職選擧및選擧不正防止法 第261條(過怠料의 賦課·徵收등)第4項의 規定을 準用한다.

第170條 (選擧에 관한 廣告의 제한) ① 選擧管理委員會는 放送·新聞·雜誌 기타 刊行物에 放映·게재하고자 하는 廣告內容이 이 法에 위반된다고 인정되는 때에는 당해 放送社 또는 日刊新聞社 등을 경영·관리하는 者와 廣告主에게 廣告中止를 요청할 수 있다.

② 第1項의 規定에 의한 중지요청을 받은 者는 이에 따라야 하며, 당해 選擧管理委員會는 중지요청에 불응하고 廣告를 하는 때에는 지체없이 管轄搜査機關에 搜査依賴 또는 告發하여야 한다.

③ 第1項의 "廣告"라 함은 候補者(候補者가 되고자 하는 者를 포함한다)의 當落에 유리 또는 불리한 廣告를 말한다.

第171條 (不法宣傳物의 郵送中止) ① 各級選擧管理委員會는 職權 또는 候補者의 요청에 의하여 第156條에 해당하는 犯罪의 嫌疑가 있는 宣傳物을 郵送하려 하거나 郵送중임을 발견한 때에는 당해 郵遞局長에게 그 宣傳物에 대한 郵送의 금지 또는 중지를 요청할 수 있다.

② 郵遞局長이 第1項의 郵送禁止 또는 중지를 요청받은 때에는 그 郵便物의 郵送을 즉시 중지하고, 발송인에 대하여 그 사실을 통보하여야 한다. 다만, 발송인의 住所가 기재되지 아니한 때에는 發送郵遞局 게시판에 郵送中止의 사실을 公告하여야 한다.

③ 第1項의 規定에 의한 郵送의 금지 또는 중지를 요청한 때에는 당해 選擧管理委員會는 지체없이 搜査機關에 調査를 의뢰하거나 告發하고, 해당 郵便物의 押收를 요청하여야 한다.

④ 第3項의 경우 搜査機關은 刑事訴訟法 第200條의4(緊急逮捕와 令狀發付期間)의 기간내에 해당 郵便物에 대한 押收令狀의 발부여부를 당해 選擧管理委員會 및 郵遞局長에게 통보하여야 하되, 이 기간내에 押收令狀을 발부받지 못한 때에는 郵遞局長은 즉시 그 郵便物의 郵送中止를 解除하여야 한다.

⑤ 郵遞局長이 各級選擧管理委員會의 요청에 의하여 郵便物의 郵送을 중지한 경우에는 郵便法 第50條(郵便取扱拒否의 罪등)의 規定을 적용하지 아니한다.

第172條 (選擧犯罪의 調査등) ① "選擧犯"이라 함은 第6章第13節 罰則에 規定된 罪를 범한 者를 말한다.

② 選擧管理委員會委員·職員은 選擧犯에 관하여 그 犯罪의 嫌疑가 있다고 인정되거나, 候補者가 제기한 그 犯罪의 嫌疑가 있다는 疏明이 이유있다고 인정되는 경우 또는 現行犯의 申告를 받은 경우에는 그 場所에 出入하여 관계인에 대하여 質問·調査하거나 關聯書類 기타 調査에 필요한 資料의 제출을 요구할 수 있다.

③ 누구든지 第2項의 規定에 의한 場所의 出入을 방해하여서는 아니되며 質問·調査를 받거나 資料의 제출을

요구받은 者는 이에 응하여야 한다.

④ 各級選擧管理委員會委員·職員이 第2項의 規定에 의한 場所에 出入하거나 質問·調査·資料의 제출을 요구하는 경우에는 관계인에게 그 身分을 표시하는 證票를 제시하고 소속과 姓名을 밝히고 그 目的과 이유를 설명하여야 한다.

⑤ 第2項 및 第4項의 規定에 의한 疏明節次·방법, 證票의 規格 기타 필요한 사항은 中央選擧管理委員會規則으로 정한다.

第173條 (裁定申請) ① 第140條 내지 第144條, 第146條, 第154條 내지 第156條, 第159條第2項, 第160條의 罪에 대하여 告訴 또는 告發을 한 候補者는 檢事로부터 公訴를 제기하지 아니한다는 통지를 받은 날부터 10日이내에 그 檢事所屬의 高等檢察廳에 대응하는 高等法院에 그 當否에 관한 裁定을 申請할 수 있다.

② 第1項의 規定에 의한 裁定申請에 관하여는 刑事訴訟法 第260條(裁定申請)第2項·第261條(檢事長 또는 支廳長의 處理)·第262條(高等法院의 裁定決定)·第263條(公訴堤起의 擬制)·第264條(代理人에 依한 申請과 1人의 申請의 效力, 取消) 및 第265條(公訴의 維持와 指定辯護士)의 規定을 적용한다.

③ 第1項의 規定에 의한 裁定申請書가 刑事訴訟法 第260條第2項에 規定한 그 檢事所屬의 地方檢察廳 또는 支廳에 접수된 때에는 그때부터 刑事訴訟法 第262條第1項의 決定이 있을 때까지 公訴時效의 진행이 정지된다.

④ 第1項의 規定에 의한 裁定申請에 관하여는 檢事가 당해 選擧犯罪의 公訴時效滿了日前 10日까지 公訴를 제기하지 아니한 때에는 그 때 檢事로부터 公訴를 제기하지 아니한다는 통지가 있는 것으로 본다.

第174條 (選擧에 관한 申告등의 時間) 이 法 또는 中央選擧管理委員會規則에 의하여 選擧期間중 各級行政機關과 各級選擧管理委員會에 대하여 행하는 申告·申請·제출·보고 등은 이 法에 특별한 規定이 있는 경우를 제외하고는 公休日에 불구하고 一般職國家公務員의 平日의 正規勤務時間중에 하여야 한다.

第175條 (選擧運動의 제한·중지) 敎育委員選擧에 있어서 候補者登錄마감후 候補者가 辭退·死亡하거나 등록이 無效로 된 경우 그 選擧區의 敎育委員候補者가 敎育委員定數를 넘지 아니하게 되어 투표를 하지 아니하게 된 때에는 그 사유가 확정된 때부터 이 法에 의한 당해 敎育委員選擧의 選擧運動은 이를 중지한다.

第176條 (選擧管理經費) ① 敎育委員 및 敎育監選擧의 관리준비와 실시에 필요한 다음 各號에 해당하는 經費는 당해 市·道가 부담한다. 이 경우 任期滿了에 의한 選擧에 있어서는 당해 選擧의 選擧期間開始日이 속하는 年度의 本豫算에 編成하여야 하되 늦어도 選擧期間開始日前 10日까지 市·道選擧管理委員會에 납부하여야 하며, 補闕選擧등에 있어서는 그 事務의 수행에 지장이 없도록 그 選擧의 실시사유가 확정된 때부터 15日까지 市·道選擧管理委員會에 납부하여야 한다.

1. 이 法의 規定에 의한 選擧의 管理準備와 실시에 필요한 經費
2. 選擧에 관한 啓導·弘報 및 團束事務에 필요한 經費
3. 選擧에 관한 訴請 및 訴訟에 필요한 經費
4. 選擧에 관한 訴請 및 訴訟의 결과로 부담하여야 할 經費
5. 選擧結果에 대한 資料의 정리에 필요한 經費
6. 選擧管理를 위한 選擧管理委員會의 운영 및 事務處理에 필요한 經費

② 第1項의 規定에 의하여 市·道가 選擧管理經費를 납부한 후에 이미 그 經費를 납부한 選擧와 동시에 選擧를 실시하여야 할 새로운 사유가 발생하거나 납부한 經費에 부족액이 발생한 때에는 당해 市·道選擧管理委員會의 요구에 의하여 지체없이 추가로 납부하여야 한다.

③ 第1項 및 第2項의 規定에 의한 經費의 算出基準·納付節次와 방법·執行·檢査 및 반환 기타 필요한 사항은 中央選擧管理委員會規則으로 정한다.

附則

① (施行日) 이 法은 2000年 3月 1日부터 施行한다.
② (敎育監 등의 任期에 관한 經過措置) 이 法 施行당시의 敎育監·敎育委員은 이 法에 의하여 選出된 것으로 본다. 이 경우 그 任期는 종전의 規定에 의하여 選出된 날부터 起算한다.
③ (敎育委員 및 敎育監의 兼職禁止에 관한 經過措置) 第5條第1項第2號 但書·同項第3號, 第25條第1項第3號 및 第25條第2項의 改正規定은 이 法 施行후 최초로 選出되는 敎育委員 및 敎育監부터 적용한다.
④ (敎育委員 및 敎育監의 資格에 관한 經過措置) 第60條第1項 및 第61條第1項의 改正規定은 이 法 施行후 최초로 選出되는 敎育委員 및 敎育監부터 적용한다.
⑤ (다른 法令과의 관계) 이 法 施行당시 다른 法令에서 종전의 地方敎育自治에관한法律의 規定을 인용한 경우 이 法중 그에 해당하는 規定이 있는 경우에는 이 法의 해당 規定을 인용한 것으로 본다.

參考 文獻

■ 단행본

강인수 외(1995), 『교육법론』, 서울: 도서출판 하우.

곽윤직(1989), 『민법총칙』, 서울 : 박영사.

교육개혁심의위원회(1987), 『중학교 의무교육 확대 실시 방안』.

교육법전편찬회(1998), 『교육법전』서울 : 교학사.

교육부(1998), 『고등교육법 및 동법시행령』, 서울 : 선명인쇄주식회사.

_____(1998), 『교육 50년사』, 교육부.

_____(1998), 『평생교육백서』, 교육부.

구병삭(1993), 『신헌법개론』, 서울 : 박영사.

국회사무처 입법조사국(1991), 『주요국의 교육자치제도(입법부 참고자료 제279호)』.

권두승(1995), 『평생교육론』, 서울 : 교육과학사.

_____(1998), 『사회교육법규론』, 서울 : 교육과학사.

권영성(1997), 『헌법학 개론』, 서울 : 법문사.

권이종(1990), 『사회교육개론』, 서울 : 교육과학사.

김낙운(1986), 『교육법 해설』, 서울 : 하서출판사.

김남순(1989), 『교육행정과 교육경영』, 서울 : 세영사.

김남진(1991), 『행정법(Ⅰ)』, 서울 : 법문사.

김도창(1988), 『일반행정법론(상)』, 서울 : 청운사.

_____(1993), 『일반행정법론(하)』, 서울 : 청운사.

김범주・정현승(1999), 『교육판례』, 미출간.

김봉수(1983), 『학교행정』, 서울 : 학문사

김용기(1975), 『서양교육통사』, 서울 : 일조각.

김종철(1982), 『교육행정의 이론과 실제』, 서울 : 교육과학사.

_____(1983), 『한국교육과 행정의 제문제』, 서울 : 교육과학사.

_____(1990), 『한국교육정책연구』, 서울 : 교육과학사.

김종철・이종재(1994), 『교육행정의 이론과 실제』, 서울 : 교육과학사.

김창걸(1985), 『교육행정학』, 서울 : 박문각.

김철수(1997), 『신헌법학개론』, 서울 : 박영사.

김충기・정채기(1998), 『평생교육의 이론과 실제』, 교육과학사.

남정걸(1991), 『교육행정과 교육경영』, 서울 : 교육과학사.

박윤흔(1992), 『행정법강의(상)』, 서울 : 국민서관.

박재윤(1995), 『사립학교법편람』, 서울 : 원예사.

_____(1995), 『학교교육법편람』, 서울 : 원예사.

백현기(1963), 『교육재정』, 서울 : 을유문화사.

_____(1977), 『교육행정의 기초』, 서울 : 배영사.

법전출판사(1997), 『소법전』, 서울 : 법전출판사.

법제처(1990), 『대한민국현행법령집』, 제16편(교육・학술).

손인수(1998), 『한국교육사』, 서울 : 문음사.

송기창・윤정일(1997), 『교육재정정책론』, 서울 : 양서원.

심임섭(1988), 『교사와 교육법』, 서울 : 거름.

안기성(1994), 『교육법학의 연구』, 서울 : 고려대출판부.

안용교(1990), 『한국헌법』, 서울 : 고시연구사.

윤정일(1992), 『교육재정학』, 서울 : 세영사.

윤정일 외 3(1996), 『한국교육정책의 탐구』, 서울 : 교육과학사.

윤정일 외5인(1995), 『교육재정론』, 서울 : 도서출판 하우.

이종국(1982), 『사립학교법 축조해설』, 서울 : 재동문화사.

이 중(1982), 『교육과 사회』, 서울 : 배영사.

이기문 감수(1997), 『새국어사전』, 서울 : 동아출판사.

이상규(1991), 『신행정법론(상)』, 서울 : 법문사.

이원정(1986), 『교육법의 이론과 실상』, 서울 : 문음사.

이원필(1982), 『교육학개론』, 서울 : 동진문화사.

이재상(1997), 『형법총론』, 서울 : 박영사.

_____(1997), 『형법각론』, 서울 : 박영사.

이형행 · 고 전(1998), 『교육행정론』, 서울 : 양서원.

장기옥(1991), 『학교교육제도』, 서울 : 대한교과서주식회사.

정성근(1989), 『형법총론』, 서울 : 법지사.

정우현(1989), 『현대교사론』, 서울 : 배영사.

정재철(1967), 『서양교육사』, 서울 : 교육출판사.

정태수(1996), 『한국교육기본법제 성립사』, 서울 : 예지각.

조성일 · 안세근 공저(1998), 『지방교육자치제도론』, 서울 : 양서원.

하영철(1996), 『교육학신강』, 서울 : 형설출판사.

한경주(1983), 『교육법 강의』, 서울 : 법문사.

한국교육행정학회(1996), 『교육제도론』, 서울 : 도서출판 하우.

한기언(1982), 『교육학개론』, 서울 : 법문사.

한상진 편저(1997), 『21세기 한국교육 정책의 전략』, 서울 : 원미사.

한태연(1985), 『헌법학』, 서울 : 법문사.

허 영(1987), 『헌법이론과 헌법(중)』, 서울 : 박영사.

_____(1996), 『한국헌법론』, 서울: 박영사.

허재욱(1997), 『교육법규론』, 서울 : 형설출판사.

_____(1998), 『교육법신강』, 서울 : 형설출판사.

허종렬(1995), 『헌법과 교육법』, 서울 : 한국교육.

홍준형(1995), 『행정법총론』, 서울 : 한울아카데미.

■ 논문 및 학술지

강인수(1980), "한국 제헌국회의 교육법 제정과정 연구," 고려대학교 석사학위청구논문.

_____(1992), "학부모의 학교교육참가제도의 현황과 문제", 『韓國敎育法硏究』.

_____(1998), "교육기본법 및 초 · 중등교육법의 내용과 과제", 『교육진흥(봄호)』.

강현욱(1990), "헌법상 교육권에 관한 고찰", 원광대학교 석사학위청구논문.

고 전(1997), "초 · 중등교육법안과 교원의 법적 지위", 『한국 교육법 연구』.

고석용(1993), "지방교육재정의 재원 확충에 관한 연구", 강원대학교 석사학위청구논문.

곽상진(1984), "교육공무원의 정치활동제한에 관한 연구", 『경상대 논문집(제23집)』.

교육개혁심의위원회(1997), "삶의 질 향상을 위한 평생학습법의 기본방향과 시안",
　　　　　　　　　　　제1-4차 대통령보고 교육개혁방안 평생학습법 시안 배경 설명자료.

교원복지신보사(1998), "초 · 중등교육법 시행령안 주요내용", 교원복지신문, 1998. 1. 21.

교육부(1997), "교육법 이렇게 개편됐다", 「교육월보」12월호.

_____(1997), 「문답으로 풀어본 지방교육자치에관한법률 개정 법률안」.

국회사무처 입법조사국(1991), "주요국의 교육자치제도".

권형준(1997), "고등교육법(안)과 대안자치의 구현", 『한국교육법연구』.

김계환(1980), "평등권에 관한 연구", 성균관대학교 박사학위청구논문.

김문식(1994), "사립학교법 무엇이 문제인가", 『지방자치』 1994. 5.

김범주(1979), "행정규칙-행정규칙의 법규성을 중심으로", 한성대학논문집.

_____(1996), "韓國의 敎育財政關係法令의 考察", 한국교원대학교 새마을연구소.

_____(1997), "교육법 개정의 논리", 「'97 중등자격연수교재」, 충청남도교원연수원.

_____(1998), "유아교육관련법규", 한국교원대학교 유치원장(감)연수자료.

_____(1999), "학교사고의 현상과 구제", 한국교원대학교 새마을연구소.

김봉수(1991), "지방교육자치제에 관한 연구", 충남대학교 석사학위논문.

김성규(1985), "헌법의 교육조항 및 교육법에 대한 '교육법학'적 고찰",『새교육』, 3.

김승한(1983b), "평생교육과 사회교육법",『복지사회와 교육』, 법문사.

김영목(1992), "한국과 일본의 기본교육법규 비교연구", 충남대학교 석사학위청구논문.

김윤섭(1986), "우리나라 교육법의 기본원리에 관한 연구", 성균관대학교 석사학위청구논문.

김재윤(1983), "학생체벌에 관한 법적 고찰", 한국교원대학교 석사학위청구논문.

김종서(1982), "교원의 전문성",『현대사회와 교원』.

김철수(1978), "교육을 받을 권리와 의무",「고시연구」, 1978년 10월호.

김형철(1998), "학사모형을 다양화하자", 새교육 98년 4월호,

박태우(1990), "한국 교육법의 원리에 관한 법제적 한계에 관한 연구",한국교원대학교 석사학위청구논문.

박팔도, "교육자치제 변천에 관한 연구", 경상대학교 석사학위청구논문.

배춘일(1997), "초・중등교육법안, 지방교육자치에관한법률안, 교육분쟁조정등에관한법률안에 대한 전
　　　　국교직원노동조합의 입장"『한국교육법연구』.

사립학교법 연구위원회(1998), "사학보고서-사립학교법의 현황과 과제".

성낙인(1997), "교육개혁과 교육기본법의 제정",『한국교육법연구』.

손순택(1998), "교육현장의 문제점 해결을 위한 교육법 정립방안", 한국교원대학교 석사학위청구논문.

손영돈(1996), "판례를 통해 본 교원체벌의 한계에 관한 연구", 충북대학교 석사학위청구논문.

신두범(1982), "공무원의 정치적 중립",「고시계」, 1982. 5.

신명철(1998), "21세기의 새로운 변화에 대비하는 학부제", 대한교육, 1998.

신양균(1998), "학부제를 다시 생각한다", 대한교육, 1998.

신현직(1990), "교육기본권에 관한 연구", 서울대학교 박사학위청구논문, 1990.

양　건(1989), "교육관계법령의 헌법적합성의 검토", 한양대학교 연구논문.

양을근(1992), "우리나라 현행 교육자치제도의 문제와 개선에 관한 연구," 계명대학교석사논문.

여영진(1992), "교육자치제의 정신과 현행 법제도", 조선대학 교육연구.

우종옥 외(1998), "1998년도 자체 평가 보고서", 한국교원대학교.

유재국(1976), "국민의 권리·의무에 정한 행정규칙에 관한 연구", 서울대학교 논문.

윤정일(1997), "한국 교육의 과제와 교육재정",『21세기 한국 교육 정책의 전략』, 대한교과서.

윤정일 외(1991), "교육법의 기본원리와 구조에 관한 법철학적 분석연구", 서울대학교 논문.

이강혁(1978), "교육의 자유와 교육을 받을 권리",「법정」, 1978. 2.

이기우(1998), "교육자치와 학교자치 및 지방교육행정제도에 대한 법적 검토",『한국교육법학회』

이덕하(1989), "학생체벌의 교육적 고찰", 충남대학교 석사학위청구논문.

이시우(1997), "사립학교법의 개정과 법인이사회의 위상",『한국교육법연구』.

이정표(1999), "일본의 평생학습평가인정제도의 구축 동향과 시사점",『사회교육학연구』.

이진숙(1980), "교육의 기회균등에 대한 분석적 고찰",「경남대학 논문집」.

이천수(1997), "교육법제 개혁의 현황과 과제",『한국교육법연구』.

　　　　(1998), "교육현실과 교육법적 대응",『한국교육법학회』.

정현승(2000), "교원의 노동3권과 교원단체의 정립에 관한 연구", 한국교원대학교 석사학위청구논문.

조정제(1998), "학부모 교육권의 법리적 분석과 쟁점 사례연구", 강원대학교 석사학위청구논문.

주철환(1995), "학과 중심 행정체제 수립을 위한 행정인력 배치에 관한 연구".

총무처(1998), 대한민국정부 관보, 제13838호(그2) 1998. 2. 24. 대통령령제15664-5호. 1

최희선, "의무교육제도의 성격과 과제", 김종철 회갑기념논문집(교육과학사).

충청북도(1999), 학교안전공제회의 정관 및 제규정.

황홍규(1996), "학생사고에 대한 발전적 대응·방안 연구", 서울상록과학학술재단보고서.

한국교원단체총연합회(1994),『교육법제 정비 방안 연구』.

한국교육신문사(1998), "초・중등・고등교육법시행령 주요 내용", 한국교육신문 1998년 3월 1일.

허종렬(1997), "지방교육자치에관한법률 개정법률안의 쟁점과 대안",『한국교육법연구』.

헌재 1991. 2. 11(90헌가27), 헌재판례집 제3권.

■ **외국서적**

謙子 仁(1965) "學校管理と特別權力關係理論", その論點と考方,「敎育經營 (第14號)」.

560

_____(1972),『教育法學と教育裁判』, 東京 : 勁草書房.
_____(1972),『法と判例』, 東京 : 學陽社.
_____(1973),『教育法』, 東京 : 有斐閣.
_____(1973),『教育裁判判例集』, 東京 : 東京大 出版會.
_____(1974),『教育行政と教育法の理論』, 東京 : 東京大 出版會.
_____(1980),『講座 教育法 I 』, 東京 : 日本教育法學會.
_____(1985),『教育小六法』, 東京 : 學陽書房.
橋本恭廣,『[判批] 法律實務』266頁 判例解說.
根本和男, "學校行事の 事故と 安全, 救濟",『學校事故全書』.
今村成和, "學校事故と法的 責任",『季刊教育法』4號.
_____,『[批判] 教育判例百選<第2版>』.
牧 柾名(1980),『教師の 教育權』, 東京 : 青林書店.
文部省地方課法令研究會 編(1982),『教育關係判例要旨集』, 東京 : 第一法規出版.
森部 英生(1997), "教育法學の 生成と展開", <季刊教育法 第108号>.
上原貞雄(1992),『教育法規 要解』, 東京 : 福村出版.
上井長久(1976), "學校事故の判例研究", 日本教育法學會年報, 第5號, 東京 : 有斐閣.
小林文人・末本誠(1995),『社會教育基礎論』, 東京 : 國土社.
松井一麿(1976), "公敎育과 敎育權", 眞野宮雄(編),『敎育權』, 東京: 第一法規出版.
我妻 榮 外(1973),「新版 新法律學 辭典」, 東京 : 有斐閣.
　我妻 榮 編著『事務管理. 不當利得, 不法行爲(判例コメントIV)』.
野村好弘(1973),「學校事故と民事判例」, 東京 : 有斐閣.
伊藤高義, "學生同僚間の 事故と學校の 賠償責任",『學校事故全書 ②』
伊藤公一(1981),「敎育法の研究」, 京都 : 法律文化社.
伊藤進, "在學關係と契約理論",『季刊教育法』30號.
_____, "教育私法序說",『季刊教育法』29호
伊藤進, 織田博子(1992),『解說學校事故』, 東京 : 三省堂.
李藤和衛(1970), "學校における特別權力關係理論の克服", 東京敎育大 敎育學部紀要, 16.
田中二郎,『行政法 上』.
天城勳(1978),『教育法規概說』, 東京 : 第一法規..
_____(1978),『現代教育用語辭典』, 東京 : 第一法規.
平井宣雄.『損害賠償法の理論』.
Alexander, K & Alexander, M.D. (1985), *American Public School Law*, New York : West Publishing Company.
Biddle, B.J. (1995). "Teachers' Roles", *International Encyclopedia of Teaching and Teacher Education*, Columbia : University
　　　　　　of South Carolina.
Blau, P.M., & Scott, W. (1963). *Formal Organization* : A Comparative approach. N. Y. : Routledge & Kegan Paul.
Chamberlain, N.W. (1965). *The Labor Sector*. N.Y. : McGraw-Hill Book Co.
Spoulding, C.J. (1974). "Lifelong Education : A Model for Planning and Research" Comparative Education. 10(2).
Cosin, B., Flude, M., & Hales, M. (1989). *School, Work and Equality*. London : The Open Univ.
Fisher, L. & Schimmel, D. (1982). *The Rights of Students and Teachers*. New York : Harper and Row.
Ford, R.L. (1988). *WORK, ORGANIZATION, AND POWER*. Massachusettes : Southwest Texas State Univ.
Garms, W.I., James, W.G, & Lawrence C. Pierce. (1978). *School Finance*, N.J. : Prentice Hall co.
Hoyle, E. (1980). *The Role of the Teacher*. N.Y. : Routledge & Kegan Paul.
Jones, T.H. (1985). *Introduction to School Finance*, N.Y. : Macmillian Publishing co.
Kerchner, C.T., & Mitchell, D.E. (1988). The Changing Idea of Teachers' Union. Philadelphia, PA:The Falmer Press.
La Morte, M.W. (1990). *School Law cases and concepts*, N.J. : Prentice Hall inc.
Menacker, J. (1987). *School Law*, N.J. : Prentice Hall inc.
Myron Lieberman. (1956). *Education as a Profession*. N.J. : Prentice Hall co.
Poole, K.P. (1988). *Education law, London* : Sweet & Maxwell.
Steven, S.G. (1982). *Special Education Law*. N. Y. : Plenum Press.
Titmus, C.J. (1989). *Lifelong Education for Adults on International Handbook*. Oxford : Pergamon Press.